中国高等教育学会医学教育专业委员会规划教材
全国高等医学院校教材

供基础、临床、预防、口腔医学类专业用

法医学
Forensic Medicine

主　编　赵　虎　王慧君

副主编　官大威　陈　腾　刘　良　宋印利

编　委　（按姓名汉语拼音排序）

蔡继峰（中南大学基础医学院）
陈　腾（西安交通大学医学部）
成建定（中山大学中山医学院）
樊爱英（新乡医学院）
高　阳（哈尔滨医科大学大庆校区）
官大威（中国医科大学）
韩　卫（西安交通大学医学部）
黄代新（华中科技大学同济医学院）
靳占峰（哈尔滨医科大学）
李冬日（南方医科大学）
李淑瑾（河北医科大学）
刘　良（华中科技大学同济医学院）

刘　敏（四川大学华西基础医学与法医学院）
莫耀南（河南科技大学法医学院）
沈忆文（复旦大学上海医学院）
盛延良（佳木斯大学基础医学院）
宋印利（哈尔滨医科大学大庆校区）
孙宏钰（中山大学中山医学院）
陶陆阳（苏州大学医学部）
王　起（南方医科大学）
王慧君（南方医科大学）
于建云（昆明医科大学）
赵　虎（中山大学中山医学院）
赵　锐（中国医科大学）

北京大学医学出版社

FAYIXUE

图书在版编目（CIP）数据

法医学 / 赵虎，王慧君主编 .—北京：北京大学医学出版社，2013.12（2017.8 重印）

ISBN 978-7-5659-0773-9

Ⅰ．①法… Ⅱ．①赵…②王… Ⅲ．①法医学－医学院校－教材 Ⅳ．① D919

中国版本图书馆 CIP 数据核字（2013）第 317600 号

法医学

主　　编：	赵　虎　王慧君
出版发行：	北京大学医学出版社
地　　址：	（100191）北京市海淀区学院路 38 号　北京大学医学部院内
电　　话：	发行部 010-82802230；图书邮购 010-82802495
网　　址：	http://www.pumpress.com.cn
E-mail：	booksale@bjmu.edu.cn
印　　刷：	北京瑞达方舟印务有限公司
经　　销：	新华书店
责任编辑：	王　霞　刘陶陶　　责任校对：金彤文　　责任印制：张京生
开　　本：	850mm×1168mm　1/16　印张：20.5　彩插：8　字数：575 千字
版　　次：	2013 年 12 月第 1 版　2017 年 8 月第 2 次印刷
书　　号：	ISBN 978-7-5659-0773-9
定　　价：	38.00 元

版权所有，违者必究

（凡属质量问题请与本社发行部联系退换）

全国高等医学院校临床专业本科教材评审委员会

主 任 委 员　王德炳　柯　杨
副主任委员　吕兆丰　程伯基
秘 书 长　陆银道　王凤廷
委　　　员　（按姓名汉语拼音排序）

　　　　　　　白咸勇　曹德品　陈育民　崔慧先　董　志
　　　　　　　郭志坤　韩　松　黄爱民　井西学　黎孟枫
　　　　　　　刘传勇　刘志跃　宋焱峰　宋印利　宍远航
　　　　　　　孙　莉　唐世英　王　宪　王维民　温小军
　　　　　　　文民刚　线福华　袁聚祥　曾晓荣　张　宁
　　　　　　　张建中　张金钟　张培功　张向阳　张晓杰
　　　　　　　周增桓

序

北京大学医学出版社组织编写的全国高等医学院校临床医学专业本科教材（第2套）于2008年出版，共32种，获得了广大医学院校师生的欢迎，并被评为教育部"十二五"普通高等教育本科国家级规划教材。这是在教育部教育改革、提倡教材多元化的精神指导下，我国高等医学教材建设的一个重要成果。为配合《国家中长期教育改革和发展纲要（2010—2020年）》，培养符合时代要求的医学专业人才，并配合教育部"十二五"普通高等教育本科国家级规划教材建设，北京大学医学出版社于2013年正式启动全国高等医学院校临床医学专业（本科）第3套教材的修订及编写工作。本套教材近六十种，其中新启动教材二十余种。

本套教材的编写以"符合人才培养需求，体现教育改革成果，确保教材质量，形式新颖创新"为指导思想，配合教育部、国家卫生和计划生育委员会在医药卫生体制改革意见中指出的，要逐步建立"5 + 3"（五年医学院校本科教育加三年住院医师规范化培训）为主体的临床医学人才培养体系。我们广泛收集了对上版教材的反馈意见。同时，在教材编写过程中，我们将与更多的院校合作，尤其是新启动的二十余种教材，吸收了更多富有一线教学经验的老师参加编写，为本套教材注入了新鲜的活力。

新版教材在继承和发扬原教材结构优点的基础上，修改不足之处，从而更加层次分明、逻辑性强、结构严谨、文字简洁流畅。除了内容新颖、严谨以外，在版式、印刷和装帧方面，我们做了一些新的尝试，力求做到既有启发性又引起学生的兴趣，使本套教材的内容和形式再次跃上一个新的台阶。为此，我们还建立了数字化平台，在这个平台上，为适应我国数字化教学、为教材立体化建设作出尝试。

在编写第3套教材时，一些曾担任第2套教材的主编由于年事已高，此次不再担任主编，但他们对改版工作提出了很多宝贵的意见。前两套教材的作者为本套教材的日臻完善打下了坚实的基础。对他们所作出的贡献，我们表示衷心的感谢。

尽管本套教材的编者都是多年工作在教学第一线的教师，但基于现有的水平，书中难免存在不当之处，欢迎广大师生和读者批评指正。

王德炳　柯杨

2013 年 11 月

前　言

在教育部实施教育改革、提倡教材多元化的精神指导下，北京大学医学部联合国内多家医学院校于2003年出版了临床医学专业本科教材第1版，受到了各医学院校师生的好评。这套教材于2008年改版为第2版，共32种，并于2012年被评选为教育部"十二五"普通高等教育本科国家级规划教材。《法医学》是最近被列入此套教材的新编教材之一。

本轮教材编写以"符合人才培养需求，体现教育改革成果，确保教材质量，形式新颖创新"为指导思想，并配合教育部、原卫生部在《关于实施临床医学教育综合改革的若干意见》中提出的总体要求，即逐步建立"5+3"（五年医学院校本科教育加三年住院医师规范化培训）为主体的临床医学人才培养体系。

《法医学》教材与临床医学专业本科人才培养目标、专业核心能力、主要实践环节相结合，紧扣执业医师资格考试大纲和研究生入学考试"西医综合"科目的考试要求，严格把握内容深浅度，突出"三基"（基本理论、基本知识和基本技能），体现"五性"（思想性、科学性、先进性、启发性和适用性），强调理论和实践相结合。教材还加入已定论的法医学新技术、新方法，以确保教材的新颖性。针对选修本专业的学生多为临床医学专业的特点，教材按照临床实践的基本要求和特点，整合法医学的基本内容，并以临床案例为中心进行教学内容的介绍，强调法医学专业理论与临床实践的结合。

合格的卫生人才应是知识、技能、创新等综合素质全面优秀的人才。教材建设必须适应人才培养的目标。随着我国社会主义法制建设的不断加强，各项法律制度的不断完善，法律实践对法医学提出了更高的要求；同时，科学技术的飞速发展也进一步扩展了法医学应用领域的广度和深度；要求人们的行为，特别是临床各项工作必须纳入法制的轨道。作为将来要从事临床工作的临床医学生，既要面对各种法律、法规，更要面对容易引起各种医疗纠纷的生、老、病、死、伤诸问题，应该学习和掌握相关的法医学知识。

法医学作为一门独立的医学学科，应由具有专门知识和技能的专业人员从事相关研究和法医鉴定工作。但作为一门应用医学，法医学又具有广泛的社会性。医学生毕业后，多将成为一名医生或从事与医学相关的工作，也经常会遇到一些法医学或与法医学相关的问题，系统了解和掌握一定的法医学知识和技能是十分必要的。

随着中国司法鉴定制度的改革，法医临床类司法鉴定机构多依附于医院，依法获得司法鉴定人资格的从业人员多为临床医生。同时，《中华人民共和国刑事诉讼法》第一百一十九条规定："为了查明案情，需要解决案件中某些专门性问题的时候，应当指派、聘请有专门知识的人进行鉴定。"在解决与医学有关的专门性问题时，所谓有专门知识的人，除了专业的法医司法鉴定人以外，临床医生或从事与医学相关工作的专业人员也可以受聘作为鉴定人，就某些专业性较强的医学问题进行鉴定。作为法医司法鉴定人或从事法医司法鉴定相关工作的人员，应从新的角度掌握并利用医学知识，并具备相应的基本素质。

编写本教材的指导思想是使学生通过对法医学的基本理论、基本知识和基本技能的系统学习，扩展知识面，提高综合素质，了解作为法医司法鉴定人和证人应具备的基本知识，掌握在临床工作中维护患者和自身合法权益的能力。本教材在保持法医学知识的系统性和连续性的基础上，力求能及时反映本学科的新进展和新成就，并着重阐述与临床医学相关的法医学知识；强调作为法医司法鉴定人从事鉴定工作应掌握的相关知识内容；强调在临床诊断、治疗、护理、康复过程中科学、客观记录检查结果的方法，并为案件审理、保险理赔等提供法律证据的重要意义；加强对诈病、造作伤（病）、虐待及中毒等临床表现的认识、诊断与鉴别诊断能力的培养；系统阐述DNA多态性分析的基本原理、重要技术和法医学应用；介绍科学评估生物检材的检验结果，及其对保证法医学鉴定结论正确性的重要作用；介绍精神病患者非自愿住院的医学鉴定程序与评定内容；阐述医疗损害案件发生的原因、预防措施及医疗事故处理方面的知识等。相信广大医学生通过对法医学知识的学习，将进一步提高综合知识水平和社会适应能力，成为知识、技能、创新等综合素质全面的优秀临床医学人才。

鉴于我们的知识水平和经验有限，本书难免存在不足乃至错误之处，敬请广大读者批评指正，以便再版时更正。

编　者

目 录

第一章　绪论 ………………………………1
　　第一节　概述 ……………………………1
　　第二节　法医学鉴定 ……………………6
　　第三节　法医学的工作内容 ……………11
　　第四节　临床医学工作者学习法医学
　　　　　　的意义 …………………………14

第二章　死亡和尸体现象 …………………18
　　第一节　死亡概述 ………………………18
　　第二节　尸体现象 ………………………23
　　第三节　死亡时间推断 …………………31
　　第四节　临床实践中的死亡问题 ………34

第三章　机械性损伤 ………………………37
　　第一节　机械性损伤的机制 ……………37
　　第二节　机械性损伤的常见类型 ………41
　　第三节　道路交通事故损伤 ……………52
　　第四节　损伤检验 ………………………61

第四章　机械性窒息与溺死 ………………64
　　第一节　机械性窒息概述 ………………64
　　第二节　常见类型的机械性窒息 ………67
　　第三节　溺死 ……………………………77

第五章　高温、低温及电流损伤 …………83
　　第一节　烧伤及烧死 ……………………83
　　第二节　中暑死亡 ………………………86
　　第三节　冻伤及冻死 ……………………90
　　第四节　电流损伤 ………………………94
　　第五节　雷击死 …………………………98
　　第六节　其他物理性损伤 ………………99

第六章　猝死 ………………………………104
　　第一节　概述 ……………………………104
　　第二节　常见的猝死性疾病 ……………107
　　第三节　原因不明的猝死 ………………116

　　第四节　猝死患者的临床与法医学
　　　　　　联系 ……………………………119

第七章　虐待与杀婴 ………………………122
　　第一节　虐待 ……………………………122
　　第二节　杀婴 ……………………………126

第八章　群体性灾难事故的法医学鉴定 …135
　　第一节　概述 ……………………………135
　　第二节　群体性灾难事故的尸体特征
　　　　　　与法医学鉴定 …………………137
　　第三节　恐怖袭击事件的尸体特征
　　　　　　与法医学鉴定 …………………146

第九章　中毒 ………………………………149
　　第一节　概述 ……………………………149
　　第二节　常见毒物中毒 …………………152
　　第三节　中毒的诊断及法医学鉴定 ……166

第十章　活体损伤鉴定 ……………………171
　　第一节　概述 ……………………………171
　　第二节　损伤程度鉴定 …………………176
　　第三节　劳动能力与伤残程度评定 ……177
　　第四节　诈病与造作病（伤）…………186

第十一章　性侵害与性心理障碍 …………192
　　第一节　强奸 ……………………………192
　　第二节　猥亵行为 ………………………196
　　第三节　性心理障碍 ……………………198

第十二章　法医精神病学鉴定 ……………201
　　第一节　法医精神病学的研究内容与
　　　　　　任务 ……………………………201
　　第二节　非自愿住院的医学鉴定 ………202
　　第三节　法定能力的鉴定 ………………204
　　第四节　精神损伤与精神伤残的鉴定 …209

目 录

　　第五节　伪装精神病的鉴定 …………212

第十三章　医疗纠纷 …………………**216**
　　第一节　概述 ………………………216
　　第二节　医疗事故的医学鉴定 ………218
　　第三节　医疗损害的司法鉴定 ………220
　　第四节　临床实践中医疗纠纷的防范 …226

第十四章　法医物证DNA分析技术 ……**230**
　　第一节　概述 ………………………230
　　第二节　法医DNA分型技术 …………232

第十五章　亲权鉴定 …………………**253**
　　第一节　概述 ………………………253
　　第二节　亲权鉴定技术 ………………254
　　第三节　亲权鉴定结果评估 …………266
　　第四节　亲权鉴定在临床医学中的
　　　　　　应用 ………………………274

第十六章　生物性检材的个体识别 ……**277**
　　第一节　生物性检材的采集和送检 …277
　　第二节　生物性检材的确认 …………278
　　第三节　生物性检材的DNA分析 ……286
　　第四节　个体识别的结果评估 ………289
　　第五节　个体识别在临床医学中的
　　　　　　应用 ………………………293

第十七章　出庭作证 …………………**297**
　　第一节　出庭作证的必要性 …………297
　　第二节　质证的程序与内容 …………299
　　第三节　出庭作证的要求与技巧 ……302

主要参考文献 …………………………**308**

中英文专业词汇索引 …………………**311**

第一章 绪 论

第一节 概 述

法医学（forensic medicine，或 legal medicine）是应用医学和相关自然科学的理论与技术，研究并解决法律实践中有关医学问题的一门医学科学。法医学是应法律的需要而产生，并为法律服务的一门医学科学，具有与医学和法学密切相关的特有属性。法医学鉴定意见作为诉讼活动中重要的科学证据，在刑事、民事和行政诉讼等案件的侦查、审判过程中发挥着重要的作用。

一、法医学的历史

在世界法医学史上，法医学的形成有两大体系：一个是古代法医学的形成，以外表检查为基础建立的法医学体系，发源于中国，盛行于中、朝、日等亚洲各国。另一个是随着现代自然科学的兴起而形成的现代法医学体系，发源于欧洲，普及于全世界。古代欧洲虽然可追溯许多法律与医学相互影响的史实，以及有关法医学鉴定人的规定和个别的法医学检验事例，但是并未形成古代的法医学体系。

（一）中国法医学简史

我国最早的法医学检验可以追溯到战国时代（公元前475年—前221年）。《礼记》和《吕氏春秋》曾记载："命理瞻伤，察创、视析、审断、决狱讼、必端平。"其中瞻、察、视、审即为法医学检验，说明当时已有理官进行损伤检验。

1975年12月，我国考古学界在湖北省云梦县睡虎地发掘了12座战国末期至秦代的墓葬，出土的大量秦代竹简，称《云梦秦简》。其内容不仅有《秦律》，还有与法医学关系密切的解释律文的问答和有关治狱的文书程式，即《法律答问》和《封诊式》。《法律答问》多采用问答形式，明确规定对不同程度的损伤处以不同程度的刑罚。《云梦秦简》中与法医学关系最密切的《封诊式》，是世界上最早的具有丰富法医学内容的刑侦书籍。《封诊式》内容包括：审讯、犯人历史调查、查封、抓捕、自首、惩办和勘验。介绍的勘验范围相当广泛，包括活体检验、首级检验、尸体检验、现场检验和法兽医学检验（验牛齿）等。说明早在两千三四百年前，我国的法医学已取得了惊人的成就。

汉唐时期（公元前206年—公元907年）是我国古代法律进一步发展完善的时期。《唐律疏议》（公元653年）是我国现存最完整、最早的一部封建法典，其中明确规定了尸体、受伤者及诈病者为实行检验的对象；明确了损伤的定义，即"见血为伤"；并将致伤物分为手足、他物和兵刃，为刑罚提出了损伤程度的分类；提出确定致命伤及进行死因鉴定的重要性。这一规定说明唐代的医学检验已成为被确定的检验制度，且一直沿用到清代，成为历代检验制度的基础。

在同一时期，我国的古代法医学提出了死亡的两个主征，即"脉短、气绝，死"（《素问·玉版论要篇》）；提出以新棉置口鼻之上证明呼吸是否停止；明确了不同程度损伤的定义，即"皮曰伤，肉曰创，骨曰折，骨肉皆绝曰断"（《礼记》）。

三国吴末（公元253年—280年），张举以猪作为实验动物，结合他杀而后焚尸的案例，提出了烧死和焚尸的初步鉴别法：被烧死者口内有灰，被焚尸者口内无灰（《疑狱集》）。同时期还比较正确地指出自缢的定义，以及溺死、冻死、饥饿死、中暑死和暴死的发病机制和临床表现。

《洗冤集录》出版于 1247 年，是中外法医学者公认的现存最早的系统法医学著作，为中国古代伟大的法医学家宋慈所撰。《洗冤集录》是一部广泛总结法医学尸体外表检查经验的书籍，对于尸体现象、窒息、损伤、现场和尸体检查等各方面，都做了大量的科学观察和归纳。该书不仅使我们了解了宋代如何进行尸体检验，更重要的是它所记载的一些法医学重要发现至今仍有意义。《洗冤集录》在祖国法医学史上，堪称划时代的著作，它不仅继承了宋代以前的法医学尸体检验成就，而且成为后世历代法医检验书籍的祖本，为中国法医学乃至世界法医学做出了不可磨灭的贡献。该著作面世后被译成荷兰、英、法、德等文字出版，在世界法医学发展史上具有重要的位置。

元代对法医学的重要贡献是《检验法式》（公元 1304 年）的颁发，以图标的形式记载尸表检验结果，简明、扼要。《检验法式》是现存最古老的验尸正式文件，其法律效用相当于今日的鉴定书，这个文件一直沿用至清代初年（17 世纪）。

明代建立了从活体检查到尸体检查的程序。

清代编撰的《律例馆校正洗冤录》统一了尸体检验及其结论的制订标准。《大清律例》规定了仵作的定额、招募、学习、考试、待遇和奖惩，并规定对不遵守这些办法的州县官进行处罚。

1911 年，随着清朝封建统治的结束，中国法医学检验制度也发生了巨大的变化。1912 年颁布的《刑事诉讼律》明确规定："警察及检验官对于非解剖不能确知其致命之由者，指派医士执行解剖。"这意味着为查明死因，法律准许尸体解剖。尸体解剖的开展成为我国古代法医学与现代法医学的分水岭，也是现代法医学赖以发展的基础，标志着我国已经开始跨入现代法医学的历史行列。从此，我国法医工作者能公开地研究人体内部疾病及损伤情况，进行法医学鉴定。

现代法医学形成初期，由于长期受封建束缚的影响，传统陈腐的观念使法医职业被视为贱业，法医人才匮乏，极大地阻碍了中国现代法医学的发展和进步。我国现代法医学的奠基人，中国现代法医学的先行者林几教授（1897—1951），1915 年在国立北京医学专门学校开设了裁判医学（法医学）课程。1931 年，林几教授在北平大学医学院首建了法医学科，正式受理各地法院送检的法医学案件，并培养法医学人才。1934 年，他创办了我国第一部法医学杂志《法医月刊》。

中华人民共和国成立以后，在我国社会主义建设取得飞跃发展的同时，法医学高等教育体系逐渐形成。1950 年原卫生部颁布了《解剖尸体暂行规则》，规定了法医学尸体解剖的对象、目的和原则。1950 年原卫生部成立了医学教材编审委员会，设有法医学组。1951 年原卫生部委托南京中央大学医学院开办第一届法医师资进修班，为各高等医学院校开设法医课培养了第一批师资。1954 年原卫生部制订并颁布了我国第一部法医学必修课教学大纲。1956 年前苏联波波夫原著的《法医学》翻译本出版，并由原卫生部指定为高等医药院校试用教材。1959 年，由上海第一医学院法医学教授陈康颐主编的《法医学》由人民卫生出版社出版，这是第一部中国法医学教师自编的法医学教科书。由于这些有力的措施，我国多数医学院校在短时间内都配备了法医师资，建立了一批法医学教研室或病理解剖教研室内的法医学教学组，制订了教学大纲，开设必修课和培养研究生。

1977 年至今，是我国历史上法医学教育事业发展最快、最成功的时期。随着社会的不断进步，法制建设的不断完善，高等教育事业的振兴及科学技术的飞速发展，我国的法医教育事业也朝气蓬勃，蒸蒸日上。改革开放后，法医工作者不断被派出国进修学习。回国后，他们把国外先进的思想、技术和方法带到自己的实际工作和研究中，进一步促进了法医学的发展，使法医真正成为我国法制建设中一支不可缺少的队伍。

1979 年起，原卫生部指定中国医科大学、中山医学院和四川医学院开始通过高等医学院校招生考试招收法医专业学生，开办法医专业班，培养法医师资和法医专业医师，这是我国有史以来的第一次，也是世界法医学教育史上的一项创举。为了适应法医人才培养的需要，《实用法医学》、《中国医学百科全书·法医学》分卷、高等学校法医学教材《法医学》于1980年和1982年相继出版；同时在西安、武汉、南京、山西、广州、沈阳、四川等地医学院校相继举办法医师资和法医培训班，有些学校也开始招收硕士研究生。1986年8月，国务院学位委员会批准中山医科大学法医学系和中国医科大学法医学系为法医学专业的首批博士学位授权单位；至今已有多个院校法医系成为博士学位授权单位。

1983年山西太原"晋祠会议"的召开，是我国高等法医学专业教育快速发展的转折点。全国法医学专业教育指导委员会的成立，确定在全国六所医科大学设法医学专业，每年招收法医学专业本科生，规划和编写出版了系统的法医学专业教材（8门），建立了一个适合我国国情的、以本科教育为核心的、独特的法医专业人才培养模式。

2000年司法部为了规范面向社会服务的司法鉴定机构，保障司法公正，颁布了《司法鉴定机构登记管理办法》，这是我国司法制度改革的一项重要的举措。该办法规定高等学校、科研机构、社会团体、其他组织或机构可申请设立司法鉴定机构。目前面向社会服务的法医司法鉴定机构主要设置在高等院校。

（二）外国法医学简史

在公元前后的巴比伦、波斯、希腊、埃及和印度的一些法典和医学著作中，已有一些关于法医学的内容。14世纪，法国的法律规定：处理损伤、杀害、奸淫等问题时，需征求外科医师的意见。15世纪30年代，朝鲜翻译了由我国传入的《洗冤集录》，这是在外国最先发行的法医学著作。

14—16世纪，是欧洲文艺复兴时期，与医学鉴定有关的法律制度亦于此时起源于德国。1507年德国的旁贝尔邦法（Constitutio Bamber Gensis）规定：法官对杀婴、头部损伤等一些刑事案件和医疗事故案件应召请医生参与。1532年在旁贝尔邦法的基础上经过修订后又颁布了加洛林刑法（Constitutio Criminalis Carolina）。该法典与法医鉴定有关的主要内容涉及人身伤害、杀人、自杀、杀婴、堕胎、隐瞒和伪装妊娠、缢死、溺死、医疗事故、创伤程度、诈病、中毒、精神异常等。同时还规定，刑罚必须与犯罪行为所造成的肉体伤害和后果成比例，因而要求在医学上对犯罪的后果做出切实的评价。法典不仅要求医生参与鉴定，还准许医生进行解剖，以便查清被害人体内的情况。1598年，意大利巴勒莫大学教授Fortunato Fedele（1550—1630）出版了《医师的报告》，这是欧洲第一部全面而系统的法医学著作。主要内容有创伤、诈病、医疗过失、处女、阳痿、妊娠、胎儿生活能力、生与死、创伤的致命性、窒息、雷击死和中毒等，并强调了完整解剖的重要性。1642年德国莱比锡大学首次开办系统的法医学讲座。

19—20世纪以来，随着科学的不断发展进步，法医学借助现代科学技术，如显微镜、细菌学、生物学、组织化学、免疫学、分子生物学技术不断应用于法医检案和科学研究中，使尸体现象的形成机制，死亡时间、损伤时间的推断，生前、死后伤的鉴别，心肌缺血的早期诊断等研究水平不断提高，欧洲的法医学进步显著。1985年英国的遗传学家Jeffreys首次成功应用DNA技术进行了亲子鉴定，给法医学的发展带来了一场深刻的革命。1995年以来，英国率先建立了基因库，建立了像指纹档案一样的DNA档案，并开始在识别罪犯方面发挥作用。

二、法医学与基础医学、临床医学等其他学科的关系

法医学是一门应用医学学科，实践性强，理论上属于医学学科范畴，实践上为法庭服务，即为法庭提供医学证据。它需要有广阔扎实的基础医学和临床医学的理论和技术，同时也需要掌握生物学（如遗传学、人类学、动物学等）、物理学、化学及心理学等自然科学与社会科学的知识。这些科学的知识与法医学的存在和发展密切相关。如应用病理学、生理学的理论和技

术剖验尸体,以推定死因;应用人类学和解剖学的理论和技术鉴别个体的种族、性别、年龄和身高;借助临床医学各学科知识判定损伤与伤残程度;应用心理学与精神病学的理论与技术,对精神病患者进行精神状态、法定能力、精神损伤与伤残进行鉴定;根据遗传学原理解决亲权鉴定问题;应用毒理学和分析化学的理论和技术鉴定中毒等。

法医学作为一门独立的医学学科,有其独特的研究对象、研究目的和需要解决的问题。如针对尸体,主要分析死亡原因、死亡方式、推断死亡时间和(或)损伤时间,推断致伤方式和致伤物,分析外伤或疾病与死因的关系等;针对人体的损伤,分析损伤成因、性质、形态特征、程度、预后等。

法医学的发展和成就又将进一步丰富医学的内容。如通过对猝死机制的研究,探讨其诱发因素,可有利于预防猝死的发生;通过对医疗损害案件的鉴定,阐明各种医疗事故可能发生的原因,有助于提高临床医疗质量,避免医疗事故的发生。

三、法医学与法学的关系

法医学的诞生与发展源于法律及法律科学的产生与发展,是法学和法律发展到一定阶段的产物。因此,法医学的理论研究和司法实践离不开法学及法律的引领和指导,否则法医学便会成为无源之水,无本之木。法学是研究法律这一特定社会现象及其发展规律的科学,法学的最终目的是研究如何规范和解决社会实践中的具体问题,调整各种社会关系,规范人们的社会行为,引导人们去实现社会的规范有序。在人们的社会活动中,涉及医学、生物学内容的法律事件时有发生,法医学是为依法处理这类事件提供科学理论和技术的一门学科。因此,法医学在为法律实现其公平、正义社会价值的过程中发挥着重要功能,对法学的发展起着科技支撑的作用。

四、法医学的分支学科及其研究内容

司法实践为法医学发展提供了广阔的天地,现代医学和其他自然科学的成就为法医学的发展提供了最新的理论基础与技术手段,原来单一的法医学逐渐形成多分支学科的综合性应用科学,这些学科包括:法医病理学、法医临床学、法医精神病学、法医物证学、法医毒理学、法医毒物分析、法医人类学、法医昆虫学、法医法学等。

(一)法医病理学

法医病理学(forensic pathology)是研究与法律有关的人身伤亡的发生发展规律的一门医学科学。法医病理学是法医学的重要分支学科,是传统法医学的核心学科。

法医病理学的研究对象主要是尸体。该学科应用人体解剖学、病理生理学、病理解剖学及各临床医学的理论与技术研究或分析以下内容:①死亡和死亡学说、死后变化、死亡时间、死亡方式(自杀、他杀或意外)、生活反应;②物理因素(如机械、高低温、雷电等)、化学因素(如化学物质、药物、毒物等)及生物因素引起的各种损伤;③因疾病引起的、意外的猝死,和临床诊疗过程中不明原因死亡的医疗纠纷;④死亡与损伤、中毒、疾病的关系;对不明身份的尸体进行个人识别等。

(二)法医临床学

法医临床学(clinical forensic medicine)是应用临床医学和法医学的理论和技术,研究并解决与法律有关的人体损伤、残疾,以及其他生理病理等医学问题的一门学科。

法医临床学的研究对象主要是活体。该学科通过临床书证审核、临床检验、临床辅助检查,分析与研究损伤的性质、损伤的程度、伤残程度、劳动能力;年龄、性别、性犯罪;重要器官(如视觉、听觉及性功能等)生理功能及其他病理状态与损伤的关系;医疗损害鉴定;诈

病与造作病（伤）鉴定等。

（三）法医精神病学

法医精神病学（forensic psychiatry）是应用现代精神医学的理论和技术，对涉及法律问题的当事人的精神状态、法定能力、精神损伤、精神伤残程度等进行评定的一门学科。

法医精神病学的研究对象为活体。该学科通过临床书证审核、精神检查、临床辅助检查、心理测验及调查取证，分析与研究当事人的精神状态、刑事责任能力、受审能力、服刑能力、民事行为能力；精神损伤程度、精神伤残等级及劳动能力；精神科医疗损害鉴定；非自愿住院治疗的医学鉴定等。

（四）法医物证学

法医物证学（forensic biology）是对涉及法律问题的生物检材进行检验，解决个人识别和亲权鉴定问题的法医学分支学科。

法医物证学的研究对象是生物检材，包括人体及其他生物体的组织器官或分泌物、排泄物，如血液（血痕）、精液（斑）、阴道液（斑）、唾液（斑）、毛发、牙齿和骨骼等。该学科应用遗传学、血清学、免疫学、生物化学及分子生物学实验原理与技术，进行个体识别和亲子鉴定。

（五）法医毒理学

法医毒理学（forensic toxicology）或称法医中毒学，是研究因自杀、他杀以及意外中毒，导致机体生理、病理损害过程的一门学科，也涉及药物成瘾、公共灾难及食物中毒。

法医毒理学的研究对象为人体（尸体或活体）。该学科通过对毒物在体内的代谢过程，造成机体器质性损害和功能障碍的机制及病理改变，以及临床表现特点的观察和分析，研究是否中毒、何种毒物中毒、毒物的性质、毒物进入体内的途径、是否中毒致死及中毒方式、毒物的量与中毒或死亡的关系。

（六）法医毒物分析

法医毒物分析（forensic toxicological analysis）是法医毒理学的一个分支学科，通过对毒物的分离、定性及定量，为确定是否中毒或为中毒死亡提供重要依据。

研究和检测的对象包括人体生物检材、相关药品及植物。通过对检材中各种化学物质的定性与定量分析，对检材中是否含有毒物或其代谢衍生物、毒物的性质与毒物的量做出鉴定结论。

（七）法医人类学

法医人类学（forensic anthropology）是运用基础医学与体质人类学的理论和方法，研究并解决法律实践中涉及人类的种族、性别、年龄、身高以及面貌特征的学科。

法医人类学的研究对象包括活体、尸体、骨骼、牙齿、毛发等，以骨骼为主要研究对象。该学科通过对骨骼的检验、牙齿检验、毛发检验、活体测量、X线检查、肤纹检验、血型和DNA的检验，进行个体识别、亲权鉴定、骨骼种类确定及入土时间的鉴定。

五、法医学的基本任务

法医学的基本任务是遵循相应的法律程序和司法鉴定程序通则，接受委托，应用自然科学与社会科学的理论和技术，通过对相关人体及成分或其他材料进行检查、检验、分析，做出客观、科学的鉴定报告或结论，为说明案件真相或揭露犯罪提供线索，为刑事及民事案件的审判等提供法医学证据。

（一）为刑事案件侦查、审判提供科学证据

对各类伤害、死亡案件进行勘察鉴定，重建案件现场，确定死亡原因，推断死亡时间和死

亡方式，进行个体识别、损伤程度鉴定，评定刑事责任能力与受审能力，为侦察犯罪、审理案件提供证据。

（二）为民事案件伤害赔偿提供科学证据

确定残疾等级、劳动能力丧失程度、伤病关系、护理依赖程度、医疗损害等，为民事赔偿提供科学证据。

（三）为灾害、事故处理提供科学依据

对群体性的中毒、火灾、空难等事故，以及地震、泥石流等自然灾害，法医学调查协助查明事故原因、澄清事故性质，为灾害事故的预防、事后紧急处理和行政处理提供科学依据。

（四）促进临床医学诊疗水平的提高

在临床工作中，有时在诊疗、护理过程中会出现各种医疗纠纷。通过对医疗损害案件的鉴定，明确疑难案件的死亡原因和误诊、误治的原因，既可以增强临床医生的责任心，也可以不断提高临床医疗水平，并达到有效地防止医疗事故发生的目的。外伤涉及刑事或民事诉讼时，医生在初诊、抢救及以后的诊治过程中形成的检查记录、化验单、手术记录及病历等都将成为重要的原始书证，因此，通过对临床医生和临床专业医学生的法医学教育还可提高临床医生执业的法律意识和证据采集的能力。

（五）参与相关立法及技术规范的制定

为相关立法及技术规范的制定提供科学依据。例如死亡判定标准、器官移植、现代生殖技术、精神卫生等，同时为解决这些新技术带来的社会问题制定相关法律提供科学依据。另外，通过一系列法医学检验技术规范的制定，促进法医学鉴定工作的规范管理。

（赵 虎）

第二节 法医学鉴定

法医学鉴定是指运用法医学的理论和方法，以人体及来源于人体的生物检材等为鉴定对象，解决与法律有关的人身伤亡、生理病理状态及其他专门问题的鉴定。法医学鉴定是作为诉讼活动的一部分而存在的，这是法医学鉴定不同于一般临床实践的特点。法医学鉴定程序必须符合诉讼法及相关法律法规的规定，委托鉴定的主体是法定主体，鉴定的对象是案件中的专门性问题，鉴定结论是法定证据。

一、司法鉴定人

司法鉴定人是指受司法机关或个人指派或聘请，运用专门知识或者技能，对案件中的某些专门性问题进行鉴别或者判定的人。从事法医学鉴定的专门人员，被称作法医司法鉴定人。目前在我国，司法鉴定人应当具备规定的条件，经省级司法行政机关审核登记，取得《司法鉴定人执业证》，按照登记的司法鉴定执业类别，从事司法鉴定业务。司法鉴定管理实行行政管理与行业管理相结合的管理制度。全国实行统一的司法鉴定机构及司法鉴定人审核登记、名册编制和名册公告制度，供司法机关、仲裁机关及其他委托人选任。

二、司法鉴定人的权利与义务

（一）鉴定人的权利

①根据鉴定需要，司法鉴定人有权查阅与鉴定有关的材料，询问当事人、证人等相关人员，复制鉴定所需的材料；②送检材料不充分或不符合要求时，有权提出补充鉴定相关材料的

要求；③在特殊情况下（业务水平所限、提供的鉴定材料不足、设备条件不充分），无法完成鉴定项目时，有权拒绝接受鉴定委托；④出庭作证时有权拒绝回答与鉴定无关的问题；⑤有权独立得出鉴定结论。

（二）鉴定人的义务

①在规定的时间内完成鉴定任务；②按照委托的要求，出具规范的鉴定书；③不得遗失、损坏鉴定相关的材料与物品（如病历、X线片、卷宗等）；④根据法律的有关规定，申请回避；⑤根据有关规定出庭接受对鉴定的质证；⑥如在鉴定过程中不遵守相关法律法规，应承担法律责任。

三、法医学鉴定的原则

法医学鉴定必须在一定原则的指导下进行，才能保证鉴定结论的科学性、客观性及合法性。

（一）依法鉴定原则

司法鉴定机构和司法鉴定人进行司法鉴定活动，应当遵守法律、法规、规章，遵守职业道德和执业纪律，尊重科学，遵守技术操作规范。司法鉴定机构和司法鉴定人进行司法鉴定活动应当依法接受监督。依法鉴定原则既是对整个法医学鉴定过程的要求，又是对具体案件鉴定的要求。

法医学鉴定如果涉及刑事案件，根据诉讼进程分别由案件的受理机关公安部门、检察院、法院决定委托；如果涉及民事和行政诉讼案件，由法院决定委托；如果涉及非司法鉴定，如保险赔偿，由保险公司决定委托；亲权鉴定也可由个人决定委托。

司法鉴定的过程必须按程序进行，以保障司法鉴定质量，保障诉讼活动的顺利进行。司法鉴定程序是指司法鉴定机构和司法鉴定人进行司法鉴定活动应当遵循的方式、方法、步骤以及相关的规则和标准。我国司法鉴定必须按照司法部颁布的《司法鉴定程序通则》组织实施（司法鉴定机构必须通过资质认定），根据法医学专业有关的鉴定标准与技术规范进行评定。司法鉴定机构和司法鉴定人在完成委托的鉴定事项后，应当向委托人出具司法鉴定文书。司法鉴定文书包括司法鉴定意见书和司法鉴定检验报告书。司法鉴定文书的制作应当符合统一规定的司法鉴定文书格式，并由司法鉴定人签名并加盖司法鉴定人执业印章。多人参加司法鉴定，对鉴定意见有不同意见的，应当注明并附卷备查。

（二）客观性原则

客观性原则即实事求是原则。受理鉴定时应了解案情、检验目的和要求，斟酌本人的学识与能力能否胜任；鉴定必须在充分调查研究和反复实验比较的基础上，认识和掌握客观事物的本质属性，在检验中以严肃的科学态度进行，以事实为依据分析检验结果。鉴定的手段和方法必须符合科学原理，并根据法医学专业有关的鉴定标准与技术规范进行评定。

（三）独立性原则

鉴定执行权属于鉴定机构，并由鉴定人独立行使。鉴定意见不受任何部门、团体及上级领导等外在因素的影响。由数人进行的联合鉴定，不能以少数服从多数的方式统一鉴定意见（由医学会组织的医疗事故鉴定实行合议制，以过半数鉴定人的意见作为鉴定意见）。司法鉴定实行鉴定人负责制度。司法鉴定人应当依法独立、客观、公正地进行鉴定，并对自己做出的鉴定意见负责。司法鉴定机构和司法鉴定人在执业活动中应当依照有关诉讼法律和《司法鉴定程序通则》的规定实行回避。

（四）保密原则

司法鉴定机构和司法鉴定人应当保守在执业活动中知悉的国家秘密、商业秘密、科技秘密，不得泄露个人隐私。未经委托人的同意，不得向其他人或者组织提供与鉴定事项有关的信息，但法律、法规另有规定的除外。

四、法医学鉴定的思维模式与分析方法

(一)法医学鉴定的思维模式

医护人员在日常的临床医学工作中,需面对不同的患者及患者家属。患者因为病痛求治来到医院。医护人员与患者之间存在着和谐的"医患关系"。在这样的关系中,医护人员承担着救死扶伤的光荣职责,应该对患者进行及时而准确的诊断,制订正确、有效、经济的诊疗方案。医护人员的最终目的与患者及其家属一致,就是让患者早日摆脱病痛,恢复健康。正因为如此,医护人员一般不会对患者的主诉及体征表示怀疑,相反,有经验的医生还能从线索的"蛛丝马迹"中找出诊断证据。显然,医护人员面对患者时,他们采用的是"有病推定"的思维模式。

但是,法医学鉴定与临床医学实践明显不同,主体与环境均发生了巨大的变化。在日常法医学鉴定实践中,司法鉴定人代替了医护人员,被鉴定人代替了患者,自然"司法鉴定人与被鉴定人的关系"也代替了"医患关系"。与"医患关系"不同的是,"司法鉴定人与被鉴定人的关系"有时是冲突的。司法鉴定人的职责是还原真相,科学鉴定,做到司法公正。但是,有时被鉴定人为了逃避罪责或获得高额赔偿,在鉴定过程中夸大病情或诈伤、诈病。因此,司法鉴定人面对被鉴定人时,为了客观判定,应该采用"无病推定"的思维模式。另外,由于一些被鉴定人就是犯罪嫌疑人,因此在法院判决定罪之前,司法鉴定人还应采用"无罪推定"的思维模式,独立客观地分析案情,做出科学的鉴定结论。

随着中国司法鉴定制度的改革,允许临床医生在职或退休后经转岗培训成为法医临床司法鉴定人,致使出现法医临床司法鉴定人执业人员多为临床医生的现象。具有长期临床工作经历的司法鉴定人,在解决与临床医学相关问题时,与一般的法医学专业毕业的司法鉴定人相比,具有一定的专业优势。但同时,这一类的司法鉴定人在司法鉴定过程中,也极易将"医患关系"带入日常工作中,忽略"司法鉴定人与被鉴定人的关系"的存在,并采用错误的"有病推定"的思维模式进行司法鉴定,因此,在职能角色转变的同时,应转变和修正思维模式。

(二)法医学鉴定的分析方法

法医学鉴定涉及非常广泛的分支学科,各分支学科的性质及分析方法均存在着巨大的差异。法医病理学、法医临床学及法医精神病学等属于检查类别的法医学专业;法医物证学、法医毒物分析则属于检验类别的法医学专业。在具体鉴定过程中,两类鉴定的分析方法也有所不同。

1. 检查类别的法医学专业 法医病理学、法医临床学及法医精神病学的鉴定,除了根据仪器设备检测结果和临床辅助检查外[血压计、纯音听力计、血液生化、心电图、脑电图、计算机断层扫描(CT)等],更多的是依赖司法鉴定专家的专业知识和工作经验,对委托机关提供的与委托检查有关的材料(病史、影像学资料、案情、调查笔录等)进行审查、甄别,并利用上述材料所提供的信息进行综合判断,形成鉴定意见。

就信息来源与分析方法而言,法医病理学、法医临床学及法医精神病学鉴定三者各有特点。人体解剖与组织镜下观察是法医病理学的主要信息来源。法医病理学司法鉴定人主要应用人体解剖学、病理生理学、病理解剖学及各临床医学的理论与技术,根据上述信息,综合分析死亡原因与死亡机制,分析死亡与损伤、中毒和疾病的关系。门诊及住院病史资料、临床辅助检测报告及法医学检查结果,则是法医临床学的主要信息来源。法医临床学司法鉴定人根据临床医学的专业理论和技术,利用上述外来信息和自身获取的信息,结合对被鉴定人日常生活自理能力的调查取证,综合分析损伤、残疾、劳动能力等问题。与法医临床工作一样,法医精神病同属于临床医学的范畴。但是,法医精神病鉴定的主要信息来源是精神检查及心理测验等。在分析方法上,更注重对认知能力、精神状态、社会功能水平的分析。

2. 检测类别的法医学专业　法医物证学、法医毒物分析属于检测类别的法医学专业。检测是按照一定的程序，借助必要的仪器设备对检测对象进行分析，根据测验数据，进行专业判断，形成鉴定意见。

法医物证学鉴定所需要的信息，主要来源于对生物检材DNA遗传多态性信息的提取；同时根据医学遗传规律与生物信息学理论进行分析与挖掘，形成亲权关系或同一认定的鉴定意见。而法医毒物分析鉴定所需要的信息，更侧重于化学分析的理论和技术，并对检材中各种化学物质进行定性与定量分析。

五、对司法鉴定机构及司法鉴定人的法律要求

《刑事诉讼法》第一百四十四条规定："为了查明案情，需要解决案件中某些专门性问题的时候，应当指派、聘请有专门知识的人进行鉴定。"第一百四十五条规定："鉴定人进行鉴定后，应当写出鉴定意见，并且签名。"第一百八十七条还规定："公诉人、当事人或者辩护人、诉讼代理人对鉴定意见有异议，人民法院认为鉴定人有必要出庭的，鉴定人应当出庭作证。经人民法院通知，鉴定人拒不出庭作证的，鉴定意见不得作为定案的根据。"因此，鉴定书作为证据是否被采纳，最终必须在法庭经过质证后由法官决定。

六、法医鉴定程序

法医学鉴定一般分为委托与受理、司法鉴定的实施、司法鉴定文书的出具三个程序。法医鉴定程序根据《司法鉴定程序通则》的要求，在司法鉴定资质认定准则的指导下制定，在具体实施中，根据检查和检测的工作性质和特点而有所区别。

委托鉴定人解决的专门性问题，被称作鉴定事项，如死亡原因、伤残等级、刑事责任能力、亲权关系、有无医疗过失等。司法鉴定机构应当统一受理司法鉴定的委托。司法鉴定机构收到委托，应当对委托的鉴定事项进行审查；对属于本机构司法鉴定业务范围，委托鉴定事项的用途及鉴定要求合法，提供的鉴定材料能够满足鉴定要求的鉴定委托，可以受理。同时，司法鉴定人应对资料的完整性、关联性、合法性进行评审。司法鉴定机构对符合受理条件的鉴定委托，应当及时做出受理的决定；对疑难、复杂或者特殊鉴定事项的委托，可以与委托人协商确定受理的时间。

司法鉴定机构受理鉴定委托后，应当指定本机构中具有该鉴定事项执业资格的司法鉴定人进行鉴定。司法鉴定人进行鉴定，应当进行实时记录并签名。记录可以采取笔记、录音、录像、拍照等方式。记录应当记载鉴定中所用仪器设备、鉴定过程、鉴定方法、技术标准和技术规范、检验检测结果等。记录的内容应当真实、客观、准确、完整、清晰，记录的文本或者音像等载体应当妥善保存。司法鉴定机构应当在与委托人签订司法鉴定协议书之日起30个工作日内完成委托事项的鉴定。鉴定事项涉及复杂、疑难、特殊的技术问题或者检验过程需要较长时间的，经本机构负责人批准，完成鉴定的时间可以延长，延长时间一般不得超过30个工作日，并告知委托人。司法鉴定机构与委托人对完成鉴定的时限另有约定的，从其约定。在鉴定过程中补充或者重新提取鉴定材料所需的时间，不计入鉴定时限。

补充鉴定是原委托鉴定的组成部分。补充鉴定的目的在于使原鉴定结论更为完备、准确，谬误之处得到修正。补充鉴定实际上是原鉴定的继续，一般应由原鉴定人进行。有下列情形之一的，司法鉴定机构可以根据委托人的请求进行补充鉴定：①委托人发现委托的鉴定事项有遗漏；②委托人就同一委托鉴定事项又提供新的鉴定材料；③其他需要补充鉴定的情形。

重新鉴定是委托单位或当事人对原鉴定有异议，可以再委托新的鉴定机构或其他鉴定专家进行鉴定。接受重新鉴定委托的司法鉴定机构的资质条件，一般应当高于原委托的司法鉴定机

构。由于重新鉴定是重新解决案件中的专门性问题，又具有审核原鉴定结论的性质，所以一般应指派或聘请水平更高的鉴定人进行。重新鉴定对提高鉴定质量，防止和纠正错案起到积极的作用。

司法鉴定机构和司法鉴定人在完成委托的鉴定事项后，应当向委托人出具司法鉴定文书。司法鉴定文书包括司法鉴定意见书和司法鉴定检验报告书。

七、法医学鉴定文书

法医学鉴定书（documentary evidence of medicolegal expertise）指鉴定人在接受委托单位的指派或聘请后，对案件材料进行检验、鉴定后，针对案件中的专门性问题进行判断、分析，得出鉴定结论，将其检验的经过、检验记录及检验结论编写成的书面报告。《刑事诉讼法》第一百四十四条规定："为了查明案情，需要解决案件中某些专门性问题的时候，应当指派、聘请有专门知识的人进行鉴定。"第一百四十五条也规定："鉴定人进行鉴定后，应当写出鉴定意见，并且签名。"《民事诉讼法》第七十七条规定："鉴定人应当提出书面鉴定意见，在鉴定书上签名或者盖章。"法医学鉴定书作为一种独立的诉讼证据，其内容必须以科学事实为依据，客观准确地反映事实，解释事实，结论明确，根据充分。

法医学鉴定书作为一种司法鉴定文书，其制作应当符合统一规定的司法鉴定文书格式。属于检查类别的法医学专业（如法医病理学、法医临床学、法医精神病学），出具司法鉴定意见书；属于检验类别的法医学专业（如法医物证学、法医毒物分析），根据不同情况而定，如法医物证鉴定，具有法律效力的，出具司法鉴定意见书，不具法律效力，出具咨询意见书，法医毒物分析则出具司法鉴定检验报告书。司法鉴定意见书是司法鉴定机构和司法鉴定人对委托人提供的鉴定材料进行检验、鉴别后出具的记录司法鉴定人专业判断意见的文书，一般包括标题、编号、基本情况、检案摘要、检验过程、分析说明、鉴定意见、落款、附件及附注等内容。司法鉴定检验报告书是司法鉴定机构和司法鉴定人对委托人提供的鉴定材料进行检验后出具的客观反映司法鉴定人的检验过程和检验结果的文书，内容包括检验过程、检验结果，其他与司法鉴定意见书相同。

鉴定书的格式并无严格的规定，其正文内容应包括以下各项。

(1) 标题：写明司法鉴定机构的名称和委托鉴定事项。

(2) 编号：写明司法鉴定机构缩略名、年份、专业缩略语、文书性质缩略语及序号。

(3) 基本情况：写明委托人、委托鉴定事项、受理日期、鉴定材料、鉴定日期、鉴定地点、在场人员、被鉴定人等内容。

(4) 鉴定材料应当客观写明委托人提供的与委托鉴定事项有关的检材和鉴定资料的简要情况，并注明鉴定材料的出处。

(5) 检案摘要：写明委托鉴定事项涉及案件的简要情况。

(6) 检验过程：写明鉴定的实施过程和科学依据，包括检材处理、鉴定程序、所用技术方法、技术标准和技术规范等内容。

(7) 检验结果：写明对委托人提供的鉴定材料进行检验后得出的客观结果。

(8) 分析说明：写明根据鉴定材料和检验结果形成鉴定意见的分析、鉴别和判断的过程。引用的资料应当注明出处。

(9) 鉴定意见：应当明确、具体、规范，具有针对性和可适用性。

(10) 落款：由司法鉴定人签名或者盖章，并写明司法鉴定人的执业证号，同时加盖司法鉴定机构的司法鉴定专用章，并注明文书制作日期等。

(11) 附注：对司法鉴定文书中需要解释的内容，可以在附注中做出说明。

法医学鉴定报告应针对委托事由，根据检查结果和法医学专业判断，准确地做出有科学依据的结论。结论应简明扼要地分条列出。尽可能做出确定性判断,并叙述确认某种结果及排除其他结果的依据。如不能确定结果,也必须说明不能确定的原因。若受限于被检查样品的条件,可以提出倾向性意见,或说明不能提出倾向性意见的理由。对于有争议的疑难、复杂技术问题的鉴定,司法鉴定人对同一案件存在不同鉴定意见的,应当在分析说明中分别予以说明。

(赵 虎)

第三节 法医学的工作内容

法医学工作的主要内容包括案情调查、现场勘验、活体检查、尸体剖验、物证检验、毒物检验及书证检验等,不仅为刑事及民事案件的审理审判提供科学证据,同时也服务于医疗、环境、保险等行业,为政府决策和立法提供建设性意见。

一、案情了解

案情了解是以调查询问的方式,向知情人了解情况,获得一些线索,为案情定性提供帮助。对案情的了解,根据案件性质不同而有所不同。就法医调查及取证而言,如刑事案件,通常公、检、法等机构的法医具有调查取证权。《刑事诉讼法》第一百二十二条规定,"侦查人员询问证人,可以在现场进行,也可以到证人所在单位、住处或者证人提出的地点进行,在必要的时候,可以通知证人到人民检察院或者公安机关提供证言。"对交通事故案件,根据我国法律法规要求,归属于公安交警部门来完成,因此,调查取证工作应由交警完成,如社会司法鉴定机构参与交警委托的交通事故司法鉴定时,需在公安交警部门的授权下完成对案情的调查和取证工作。对一些通常不涉及调查取证权的民事事件,如医疗纠纷,工伤事故,社会司法鉴定机构可以直接向单位、医院、患者等了解相关情况。

刑事案件的案情了解是法医学工作的基础要求。刑事案件的案情了解一般在现场勘验前,对事件发生或发现的时间、地点、相关人员、案情经过、现场的破坏程度及保护状况等基本情况进行了解。可先向相关人员(报案者、发现者、被害人、加害人、知情人等)进行询问,做好笔录后再进行现场勘察。对报案者和发现者,主要询问发现案件的时间和地点;对被害人或加害人,主要询问案件的详细经过、受害情况、犯罪嫌疑人的特征,如身高、体格、发色、面貌、衣着、口音及其他特征等;对知情人主要询问案发当时有无可疑声音或人物出现,被害人的社会关系、家庭关系、工作及经济情况等。如有监控录像,应尽快和有关部门联系,取得录像材料。《刑事诉讼法》第一百三十条规定:"为了确定被害人、犯罪嫌疑人的某些特征、伤害情况或者生理状态,可以对人身进行检查,可以提取指纹信息,采集血液、尿液等生物样本。犯罪嫌疑人如果拒绝检查,侦查人员认为必要的时候,可以强制检查。检查妇女的身体,应当由女工作人员或者医师进行。"第一百三十一条规定:"勘验、检查的情况应当写成笔录,由参加勘验、检查的人和见证人签名或者盖章。"

一般情况下,被询问人员都能积极地配合侦查人员,提供与案件相关的真实信息。但是也有一部分人,尤其是被害人或加害人,在陈述被害的详细经过时,有意或无意地掺入自己的主观因素,夸大、扭曲事实,甚至虚构被害情节,淡化或隐瞒自身责任,仅提供片面的,甚至虚假的信息。即使是与案件毫无干系的目击者提供的信息也并非完全准确可靠,受周围环境、精神状态、生理或病理状况等因素影响,目击者会产生与实际不符,甚至是完全错误的虚假记忆,而其本人并没有意识到自己的记忆错误。如果侦查人员不加以分辨,盲目相信目击者提供的这种错误信息,就会对侦查产生严重影响,甚至使案件侦破误入歧途。例如某入室抢劫杀人案件，一位目击者向警方提供了犯罪嫌疑人染有黄发的信息，而案件破获后，证实犯罪嫌疑人从未染过黄发，染黄发的其实是被害者。如果侦查人员完全相信目击者的虚假记忆，在排查嫌疑人时，势必会延误案件的侦破。另外，向非他杀案件的当事人家属了解案情时，语言应尽量委婉，以免引发矛盾，遭到家属谩骂乃至围攻。

对民事案件而言，调查了解工作同样具有一定的作用，一方面通过对委托人、当事人、知情人了解到一些相关情况，这些情况不一定委托材料中全部包含，另一方面可以对一些有争议的信息，进行核实。如涉及医疗纠纷的医疗损害鉴定，通常司法鉴定机构要求医患双方到场听证，陈述双方的观点和意见，就是一种对医患双方信息的了解和收集，可为司法鉴定意见的得出提供一定的帮助。值得注意的是，一些由个体提供的委托资料，需要对其真伪进行甄别和核实无误后才能作为合格的外部信息被采用。

二、现场勘验

根据《刑事诉讼法》第一百二十六条的规定，侦查人员对于与犯罪有关的场所、物品、人身、尸体应当进行勘验或者检查。在必要的时候，可以指派或者聘请具有专门知识的人，在侦查人员的主持下进行勘验、检查。现场勘验是侦查破案和事故解决的重要环节。

法医学现场勘验特指发生犯罪、事故后，发现尸体或其他疑似留有犯罪痕迹的地点。现场勘验是为了发现并提取与案件相关的线索和其他物证、查明案件性质、揭露并证实犯罪行为的一系列侦查行为。现场勘验应遵循相应的法律法规程序，刑事案件现场勘验一般由侦查人员、法医、痕迹人员等在指挥人员的组织下相互配合完成。

现场勘验总的原则是抓住中心，照顾全面。勘验的开始阶段应尽可能保持现场的原状，对现场的全貌及与周围环境的关系进行详细观察、记录、绘图、拍照等，记录现场的方位和概观情况，为进一步勘验打下坚实基础。然后运用各种技术手段，对现场的各种可疑物体分别进行勘察，发现并提取物证，同时做好记录、绘图及拍照。例如采用各种光线角度去寻找可疑足迹，用放大镜观察等。采取或触摸可疑物体时，必须戴手套操作。对复杂的现场，需反复勘验，并根据已找到的可疑痕迹和物证来研究犯罪活动，然后再根据这些犯罪活动进一步寻找犯罪痕迹，深入细致地勘验有关细节项目。对于案情复杂、暂时无法理清细节的现场，应全部或局部保存，以便反复勘验。对主要痕迹和物证应先进行细目拍照。如为命案现场，则首先检查受伤人是否已经死亡。如有生命体征，应立即送往医院进行抢救，既可挽救伤者的生命，也有利于迅速破案。对于已经死亡者应在现场立即进行尸体外表检查，详细观察尸体的位置、姿势、衣着种类和数量、衣服表面破损情况及其与体表损伤的关系、衣服内容物、尸体周围能说明案情的物品情况等，并做好记录和拍照。切忌盲目翻动尸体，人为破坏相关痕迹、物证，造成无法弥补的损失。现场勘验的顺序，应依据案情和现场的特点、范围和物件的位置排列等具体情况，一般遵循下列顺序：从中心向外围、从外围向中心、沿犯罪嫌疑人行走路线、分片分段、从现场入口处开始和沿地形的界线勘验等。

勘验现场时应及时全面，仔细认真。如现场在室内则尤其应注意进出通道处有无可疑痕迹，如血痕、指纹、足迹或其他可疑犯罪嫌疑人的遗留物品；门窗是否关闭，有无破损、撬痕，家具有无移动，衣物有无翻动痕迹；有无异常气味（酒、烟、火药等）；尸体的位置、姿态、衣着、有无移动痕迹、手表停止时间；有无凶器、弹头、弹壳、血痕、毛发、痰迹、烟头；各种物品上的指纹，尤其是发现凶器后，切勿用手直接接触，以防破坏凶器上的指纹。在勘验时应提高警惕，注意自我保护。如怀疑电击现场，在切断电源前，切勿贸然开始勘验，以免触电而引起伤亡。即使切断电源，安全起见，也应配备探测电源工具，确保绝缘后再进入现场。在爆炸现场，更应按规范操作，排除危险品，防止残留在现场的爆炸物危害勘验人员的安全。勘验人员应严格保守案件的秘密，不要与无关人员谈及勘验情况及分析意见，防止犯罪嫌疑人逃避犯罪事实和销毁犯罪证据。

在某些凶杀案现场，犯罪嫌疑人在作案后，故意变动现场尸体、物品等位置，制造假现场，更有甚者移尸或者分尸而造成第二或第三现场。勘察人员应提高警惕，善于辨别。

对现场场景的记录，需借助照相机拍照、标尺标示、记录表单、绘图等基本方法和手段，获得标识现场的二维图像照片和文字记录等资料。如今，科学勘测技术的进步，为现场勘验提供了新的方法，如3D扫描仪，利用激光技术，可在几分钟内扫描复杂环境和几何物体表面，获得数百万彩色点云数据，构建详细准确的三维图像，可将当前环境数字化再现，用于对室内现场和室外大场景现场的快速还原再现，特别有助于爆炸现场、交通事故现场的信息采集、证据保全及案件分析。

三、活体检查

我国《刑事诉讼法》第一百三十条规定："为了确定被害人、犯罪嫌疑人的某些特征、伤害情况或者生理状态，可以对人身进行检查，可以提取指纹信息，采集血液、尿液等生物样本。犯罪嫌疑人如果拒绝检查，侦查人员认为必要的时候，可以强制检查。检查妇女的身体，应当由女工作人员或者医师进行。"

活体检查主要是对因打斗、交通事故、工伤事故等对受检者造成的各种损伤情况、个人特征、生理和（或）病理状态等进行检查。主要包括损伤的性质、受伤时间、推断致伤物和作用方式、预后情况、损伤与疾病的关系及损伤程度和后果（有无残废、伤残等级、劳动能力丧失程度等）；个体的性别、年龄、发育状态、血型；性功能、生殖能力、是否被强奸、妊娠、分娩、堕胎；精神状态、有无责任能力或行为能力；是否诈病、造作病（伤）及匿病，有无虐待；酗酒程度；所患疾病及所受医疗处置是否构成医疗过错或事故等。

活体检查依据法律规定，在有关部门委托下进行。一般在司法鉴定机构的活体诊察室或被指定的医院门诊施行。活体检查与临床医学各学科有广泛的联系，需借助临床医学各科理论知识、检查方法和诊断技术，要以客观检查为主，合理利用影像学和电生理学等学科的技术手段；对被检者的陈述和自觉症状要谨慎分析，综合判断，如有需要可请专科医生会诊。

四、尸体剖验

尸体剖验是法医学鉴定的最重要内容之一。我国《刑事诉讼法》第一百二十九条规定："对于死因不明的尸体，公安机关有权决定解剖，并且通知死者家属到场。"原卫生部《解剖尸体规则》规定："凡符合下列条件之一者应进行法医解剖：①涉及刑事案，必须经过尸体解剖始能判明死因的尸体和无名尸体需查明死因及性质者；②急死或突然死亡，有他杀或自杀嫌疑者；③因工、农业中毒或烈性传染病死亡涉及法律问题的尸体。""病理解剖或法医解剖，一般应在一个月内向委托单位发出诊断报告，如发现其死因为烈性传染病者，应于确定诊断后12小时内报告当地卫生主管部门。"另外，诸如在疾病治疗过程中死亡而死因不明、发生医疗纠纷而怀疑医疗事故者等，也应进行尸体剖验。法医学尸体剖验的任务包括确定死因、判断死亡方式、推测死亡时间、对死者进行个人识别及解决其他问题等。

尸体剖验应在专门的场所（如公安机关、鉴定机构、火葬场的解剖室等）进行，刑事案件发现的尸体，如果条件不允许，也可在发现尸体的现场进行，应尽量选择通风处，避开危房、危墙和地理环境较危险的地点进行，解剖时应避免被群众围观、拍照和录像。尸体剖验应严格按照操作规范技能要求，在有效的防护下进行。在现场进行的剖验，更应加强防护意识，防患于未然，避免伤害。

五、物证检验

法医学物证是指生物检材。法医物证检验是指对生物检材,如血液、唾液、精液、体液、毛发、骨骼、组织等,利用化学、血清学、免疫学、分子生物学等方法对物证进行检查,确定其性质、种属及个体特征等。物证是重要的客观证据,必须经过查证属实,才能作为定案的根据。物证检验的结果在案件的侦查、审理过程中,对推断犯罪的罪行、认定犯罪和排查嫌疑人的过程中有重要的意义。

六、毒物检验

法医学的毒物检验是运用法医毒物学、分析化学、医学、药学的理论和方法,使用现代的仪器分析技术,对体内外已知或未知毒(药)物、毒品或其代谢产物进行的定性或定量分析。通过对检查结果的分析,结合中毒症状、尸体剖验所见,综合做出毒(药)物中毒的判断。毒物检验应由法医毒物检验专业人员完成。

中毒案件检材的收集,是毒物检验最重要的环节。现场可疑的剩余物品,如饮食、药物、呕吐物、排泄物、注射器具等,均应该准确提取。对于固体物质,应全面多量,避免遗漏;对于液体物质,应注意沉淀物和上清液的提取。生物检材的提取原则是合适、及时、足量采取。尸体剖验时一般以胃及胃内容物、肠及肠内容物、血液、肝、尿液、肾、脑为常规检材。另外,怀疑阿片或海洛因中毒时应收集胆汁;慢性砷中毒应采集毛发和指甲,采取时毛发应连同毛根拔下,指甲应完整拔下,不要剪取;慢性铅中毒应取骨骼作为检材,一般取股骨中段;腐败尸体,可取骨骼肌(腰大肌或大腿肌肉)作为检材。实质器官检材原则上不少于100g,液体检材不少于100ml,头发和指甲10g左右,胃及胃内容应全部提取为宜。检材一定要分别盛装、密封、冷冻(藏)保存,尽快送检。随同检材需另附一份书面材料,详细记载检材来源、名称、收集日期、案情摘要及毒物检验目的等基本信息。应尽可能根据案情调查和中毒症状等特点,结合解剖所见,向检验部门提供可疑毒物建议或要求通过检验排除本地常见毒物。检验部门除分析工作必须取用的部分外,剩余的检材均应保留,保留量原则上不得少于送检材料的1/3。如送检材料较少,无法保留时,应事先声明并征得送检方许可。

七、书证检验

对案件的真实情况有证明作用的文字资料称为书证。通过对书证进行的全面分析、细致审查、科学论证,答复委托机关所提出的问题,即为书证检验。与法医学有关的书证包括与案件相关的调查记录、医院病历、法医学鉴定书及各种检验报告和证明书等。单纯根据书证检验下结论必须谨慎,应争取进行其他检验,综合分析判断。例如医疗损害鉴定,法院仅提供病历等文字材料,但在实际鉴定过程,还包括对医患双方的听证了解,邀请临床专家提供专业意见等过程。

(王慧君)

第四节 临床医学工作者学习法医学的意义

法医学在国外发达国家,是临床医学生必修课程,并属于毕业统考科目。我国教育部于1984年6月16日向各高等医药院校和有关部门发出《关于高等医学院校医学类各专业增开法医学课程的通知》,为了加强我国的社会主义法制建设,确保各项法律的贯彻执行,并"培养医学类各专业毕业生具备比较全面的医学知识结构",决定全国各高等医学院校五年及六年制的医学、儿科、口腔医学等医学类专业,一律增开法医学必修课。其他各专业以及中医学院、药学院、医学专科学校,可不开设法医学课程,或酌情增开法医选修课、法化学选修课及有关专题讲座。至此,我国医学院校的法医学课程设置开始逐步走向普及。

随着我国社会主义法制不断健全和完善,医学类各专业毕业生具备法医学知识已是医师执业之所需,临床医学工作者在日常诊疗工作中,几乎都不可避免地遇到与法医学相关的问题,使医生自然成为一些医学证据的最原始记录者和提供者。例如在外科急诊室,绝大多数外伤涉及刑事案件、交通事故、劳动工伤、自然灾害和意外伤害,上述损伤或涉及刑事处罚,或涉及保险赔付及其他民事赔偿问题。各种人身及健康相关的保险和医疗保险,几乎涉及医院的各个医疗科室。2011年7月1日《侵权责任法》实施,该法第七章有11个条款规范了医疗损害责任,确定了一般过错赔偿原则,使医疗机构和医生自身亦在其中,成为医疗损害过失追责的对象。同时,临床医生可以作为临床专家,为医疗损害鉴定中涉及的临床问题提供专业性参考意见。因此,临床医学工作者较系统地掌握一定的法医学基础知识和技能,不仅是医疗服务和医疗事业发展之所需,也是医生职业发展,规避医疗风险之所需。

一、临床医学工作者可能涉及的法医学任务

(一)医疗证据的提供

我国《刑事诉讼法》第一百四十四条规定:"为了查明案情,需要解决案件中某些专门性问题的时候,应当指派、聘请有专门知识的人进行鉴定。"实践证明,在解决与医学相关的专业性问题时,具有扎实的理论知识、丰富的临床经验和诊治技能的高水平临床专家参与,是对法医学鉴定有益的补充。如请眼科专家鉴定视功能损害程度,鉴别外伤或疾病与损害后果的关系;请妇产科专家对产后大失血救治的时期和措施提出专业性看法,请心血管外科专家对某先天性心脏病手术适应证的评估,以及手术操作是否符合医疗规范提供意见等。但在医学证据的提供中,医生与法医的眼光往往不完全一致,医生主要关注的是疾病的发生、发展规律,诊断和如何用药治疗。而法医的主要任务是使用一切可能利用的技术手段和方法,为案件提取科学证据。有时医生忽略的事情,法医却不能忽略。例如在检验损伤方面,对皮肤创口,临床医生多不精确测量长度,或仅估计长度,而法医就是要具体测量长度,因为损伤程度鉴定标准要求准确地测量长度。

(二)社会责任、职业责任和义务

医生的职业性质,使之成为最先获得一手医疗资料的人。例如,打架斗殴致人受伤、强奸、儿童虐待、家庭暴力等各种暴力伤害案件,受害人首先是到医院寻求医疗救治,而不是直接找法医。医生在医疗救治过程中,一方面,知晓其属于刑事案件的性质,有义务报警或协助报警;另一方面,通过对伤口处理中的发现和详细描述,甚至必要时拍照,帮助法医看到原始受伤的实情。如描述伤口的大小、长短、边缘是否锐利、有无组织间桥、创腔内有无砖石瓦屑、泥沙、草屑等,为日后法医对伤情性质的判断,致伤物的判断打下基础,为公安刑事侦查提供线索。同时,医务工作者还负有保密责任,保护受害者的隐私,对处理中的案件保密等。

(三)熟悉和了解司法鉴定相关法律、法规及程序

按照法律,司法鉴定有其严格的程序,我国司法部发布的《司法鉴定程序通则》是指导性法规,如果鉴定程序不符合法律、法规的规定,其鉴定意见将不具备法律效力。

(四)鉴别诈病、造作病(伤)及匿病的能力

在临床工作中,患者大都尽量真实准确介绍自己的病情,积极配合医生进行诊治,争取早日康复。但有时医生也会接触到一些持有异常求医动机的患者,他们可能是某些刑事或民事案件的当事人,为了达到个人目的而夸大(或隐匿)病情、自伤或诈病。如有的吞食异物或毒物

造成腹痛症状，有的私下使用散瞳药物，伪装视神经病变，欺骗临床医学工作者，以达到保外就医目的。有的刑事案件犯罪嫌疑人犯罪后伪装精神病，企图逃避法律惩罚。有的当事人与别人发生争执后，以"外伤后血尿伴有腰痛"为主诉就诊，检查时扎破指尖，将血液混入尿中，伪造成外伤性血尿，企图欺骗临床医学工作者，以便日后索取更多经济赔偿。在面对此类患者的时候，临床医学工作者应提高警惕，仔细检查，去伪存真。例如，以诈病为例，尽管诈病者表现不尽相同，但仍有一定的规律。首先，症状与体征不符，表现在主诉症状多，客观体征常缺乏相应支持证据。其次，自述症状和伪装体征不具备常见病的变化规律，诈病者目的一旦达到或被识破，自述症状和相应伪装的体征会突然减轻或消失。再次，诈病者为避免被发现和揭发伪装疾病，往往不配合，甚至拒绝医生检查。

（五）参与医疗损害责任的鉴定工作

临床医学工作者应该充分地认识到，医疗职业的高风险性，应利用自身的专业技术特长，参与由医学会组织的医疗事故鉴定和司法鉴定机构组织的医疗损害鉴定。医生参与医疗事故和医疗损害鉴定，不应仅仅局限于单纯的医学诊疗过程，应深入地了解和掌握鉴定项目所涉及的法律法规、医学理论、技能及技术操作规范，在面对相关鉴定，学习以证据为基础的法医学思维方式，尤其是在复杂疑难案件的鉴定时，能客观、科学、准确地提供专业性意见，为司法鉴定提供帮助。

二、医学诊疗证据的收集与保全

当人体受到外力（或其他致伤因素）作用，造成机体器质性或功能性损伤后，往往先去医院接受诊治。医生在初诊、抢救及以后的诊治过程中形成的检查记录、化验单、手术及病程记录、出院小结等都将成为重要的原始书证。在有些情况下（如伤者已痊愈或死亡而未经解剖），这些原始书证可能是与案件有关的唯一证明材料，对案件的侦破及轻、重伤的判断等有重要意义。同时，经治医生可能被传唤作为证人出庭作证。因此，医生在临床工作中应准确、全面、详细地书写病历十分重要。如出现错别字、细节不清、前后不符、医护记录内容不一致，甚至部分记录丢失的情况，则会降低病历的可信程度。如果由于医院改动病历，使原始证据丢失，导致不能查明事实，法院将认定病历不真实，医院承担全部责任，会依法直接判定医院败诉。近年来，传统医疗模式正逐渐被信息化医疗模式所取代。电子病历的逐步推广和普及，减轻了医生的工作负担，提高了医院管理的工作效率和医疗质量。但电子病历在应用过程中也存在一些问题，如有的医生因为贪图方便，大量使用现成的模板，对同一病种进行简单复制、粘贴，导致所记录的病历不能正确反映患者的真实症状，更有些内容甚至与患者病症相悖；更重要的是，电子病历容易被修改、改动、销毁，导致其真实性难以保障，发生医疗纠纷时，因为电子病历一直被院方保管，最容易遭到当事人质疑。但随着电子数据鉴定的出现，对文档的任何一次修改，都可以留下电子数据"指纹"。因此，真实、及时、客观的记录是保存证据的最佳手段。

三、临床医学工作者的出庭作证

我国《刑事诉讼法》第一百八十七条规定："公诉人、当事人或者辩护人、诉讼代理人对鉴定意见有异议，人民法院认为鉴定人有必要出庭的，鉴定人应当出庭作证。经人民法院通知，鉴定人拒不出庭作证的，鉴定意见不得作为定案的根据。"鉴定人有义务回答法官及诉辩双方对鉴定过程及鉴定意见等相关问题的质证，同时作为司法鉴定人的临床医生应根据法律要求出庭作证，这是对鉴定人的要求。

鉴定人在出庭过程中有时会面临苛刻的提问，甚至遇到一些语言陷阱，面临的提问不仅仅是医学专业问题，还涉及法律知识和出庭作证的技巧，鉴定人的逻辑思维、语言表达和临场应变能力等均会对鉴定意见的采信产生影响。例如在某疑难案件的鉴定过程中，多名国内鉴定专家经过仔细分析、激烈辩论最终达成统一意见。而在出庭时，辩护律师第一个问题就是鉴定专家们的意见是否由始至终保持一致，若回答不慎，则会对鉴定意见的采信甚至案件的审判产生不良影响。因此，鉴定人除专业知识外，还应掌握相关的法律知识并具有较高的综合素质。

（王慧君）

思考题

1. 中国古代法医学与现代法医学的主要区别是什么？
2. 法医学的主要分支学科及其研究内容有哪些？
3. 司法鉴定的原则有哪些？
4. 法医学鉴定的思维模式与临床医学有何不同？

第二章 死亡和尸体现象

"救死扶伤"是医务工作者的天职,医务人员了解和掌握死亡学(thanatology)的基本理论和知识,有利于根据患者的临床表现正确地抢救濒死期患者和准确进行死亡诊断和死亡讨论,对死亡的患者予以正确的死因分析,同时也有助于提高医疗技术水平和医疗服务质量,预防和减少医疗纠纷的发生,有时甚至能够为揭露犯罪提供证据,充当专家证人的角色。法医死亡学(forensic thanatology)是法医学的重要研究内容,也是有别于其他学科的研究内容之一,它主要研究死亡的概念、过程、种类、原因、机制、方式、征象、管理、死后变化,以及利用死后变化推断死亡时间等。

第一节 死亡概述

生与死是在生物界广泛存在的一对矛盾。针对人类而言,生命体征(vital sign)是评价生命存在的重要征象,也是临床医生评价生命是否存在的重要依据,包括心跳、呼吸、体温、血压等。死与生是相对应的概念,死亡是生命的必然结果。

一、死亡的概念、分类及过程

人类个体生命主要依靠脑、心、肺等人体生命器官的正常功能来维持,这些器官又被称作生命中枢器官。因此,任何一个生命中枢器官的功能不可逆转的障碍都将引起个体生命的终结。死亡(death)是指个体生命功能的永久终止,生命体征也将随之永久消失。目前,临床上对个体死亡的诊断都是以心功能作为诊断标准,即心脏停搏或心电图表现为持续的直线即可宣布该个体死亡。在死亡学中,死亡则分为心脏死亡、肺死亡和脑死亡,前两者又被称为传统的死亡学分类方法,而脑死亡的引入则具有重要的意义。

心脏死亡(heart death)是指源于心脏的疾病或损伤而导致心功能严重障碍或衰竭所引起的心脏停搏先于呼吸停止的死亡,又称为心性死亡(cardiac death)。心脏死亡的根本死亡原因是循环功能障碍,常见于心脏的原发性疾病或外伤而导致心搏骤停,包括心外膜、心肌、心瓣膜、心内膜、冠状动脉系统、心脏传导系统等的各种病变,以及心脏的各种暴力性损伤等都可造成心脏停搏先于呼吸停止。

肺死亡(lung death)是指源于呼吸系统(尤其是肺)的疾病或损伤导致呼吸功能严重障碍或衰竭所引起呼吸停止先于心脏停搏的个体死亡,也称为呼吸性死亡(respiratory death)。肺死亡的根本死亡原因是呼吸功能障碍和呼吸衰竭,引起呼吸功能障碍的原因包括呼吸系统的严重损伤或疾病、机械性窒息、中毒性窒息(如一氧化碳、氰化物、亚硝酸盐等中毒)及所有能引起呼吸中枢或呼吸肌麻痹的因素。如呼吸道阻塞、肺出血、肺水肿、肺气肿、休克肺、各种肺炎、气胸或血气胸、胸腔积液、呼吸肌麻痹及限制性呼吸等。肺死亡的临床特点为低氧血症、高碳酸血症、酸碱平衡紊乱、组织缺氧和酸中毒。

脑死亡(brain death)是指大脑、小脑和脑干在内的全脑功能不可逆转的永久性丧失,也称为全脑死亡(total brain death)。不管心跳、脑外体循环,以及脊髓等脑外器官功能是否存在,均可宣告人的个体已进入死亡。脑死亡可以分为原发性脑死亡(primary brain death)和继发性脑死亡(secondary brain death)。原发性脑死亡是由原发性脑部病变或损伤引起的全脑功能不可逆转的永久性丧失。各种暴力造成的严重的颅脑外伤而引起的死亡多为原发性脑死亡。继发于脑外器官(如心、肺、肝等)的原发性病变或损伤所引起的脑死亡为继发性脑死亡。

原发性脑死亡和继发性脑死亡的病理学改变有明显区别。前者脑内有引起脑死亡的原发性损伤或病变,如致命性的脑挫裂伤、脑血肿、脑肿瘤,或脑炎等;后者的脑病变是继发性的,是由脑外器官病变引起脑内缺血缺氧所造成。

由于脑死亡者无自主呼吸,必须长期依赖人工呼吸机来维持心跳和呼吸,从而引起脑死亡者的脑的变化被称为呼吸机脑(respiratory brain)。此脑标本的肉眼诊断标准为:脑组织暗灰色、淤血、弥漫性脑肿胀伴有脑疝形成,脑实质软化呈粥状,小脑和脑干软化,小脑扁桃体组织可通过枕骨大孔脱落入脊髓腔内,有时可观察到蛛网膜下腔片、灶状出血。与真正意义上的坏死脑组织相比,呼吸机脑由于脑血流完全停止,病理组织学检查时缺乏白细胞浸润等生活反应,因此呼吸机脑是死后自溶改变。

根据脑死亡的定义,全球已经对脑死亡提出了三十余种诊断标准,目前比较公认的有以下三种标准,即哈佛标准(1968年)、英联邦皇家医院标准(1976年)和美国"协作组"标准(1977年)。我国原卫生部也组织专家制订了脑死亡标准,但尚未立法。综合以上三种标准,其共同点为:

(1)深度昏迷:对外界刺激完全无反应,即使是最疼痛的刺激也无反应。

(2)无自主呼吸:观察1h,撤去人工呼吸机3min仍无自主呼吸。

(3)无反射:瞳孔散大、固定、对光反射消失,转动患者头部或向其耳朵内灌注冰水也无眼球运动反应,无眨眼运动,无姿势性运动(去大脑现象),无吞咽、咀嚼、发声,无角膜反射和咽反射,无腱反射。

(4)平直脑电图:又称大脑电沉默(electrocerebral silence),即等电位脑电图,记录至少持续10min。24h后再重复一次,在排除低温(32.2℃以下)、中枢神经抑制剂(如巴比妥类)中毒等情况后仍无反应。

(5)脑循环停止:脑血管造影和放射性核素检查以证明脑血流停止,是确诊脑死亡最可靠的指征,尤其当颅内病变或损害性质不明、诊断不清及有药物作用或中毒可疑时。

确认脑死亡有严格的规定,一般要求由两个与器官移植无关的医生参加,其中一个必须是神经科医生。有的国家则规定应有法医参加脑死亡的确认。

脑死亡的检查方法包括:

(1)阿托品试验:静脉注射阿托品1~5mg,同时做心电图并观察5~15min,心率增加20%~40%者为阳性,脑死亡者则无反应。

(2)变温试验:向外耳道内灌注冰水,观察眼球有无震颤,脑死亡者无眼球震颤。

(3)脑电图检查:平波脑电图即表示脑组织已发生不可逆的死亡。在确定脑死亡中,最好是临床检查与脑电图检查相结合。脑电图检查应在24h后重复一次。

(4)脑超声波检查:脑死亡者脑超声波检查时不显示脑动脉搏动的反射波,此方法简单易行。有时在脑电图出现平线以前,若见脑动脉反射波消失,即预示脑死亡即将到来。

(5)其他:除上述方法外,还有脑血管造影、脑CT、脑干诱发电位检查、脑磁共振检查、放射性核素检查、脑脊液乳酸检查等。

脑死亡已被医学界所认可。国际上已有包括美国在内的14个国家有关于脑死亡的正式法律条文,承认脑死亡是宣布死亡的依据;比利时等10个国家虽无正式法律条文,但在临床上也已承认脑死亡状态,并作为宣布死亡的依据。在这些国家中,若确认患者已发生脑死亡后就可以停止复苏,并可以依照器官移植程序将脑死亡者的器官作为移植的供体。但要注意的是,植物状态（persistent vegetative state，PVS）或植物人与脑死亡在性质上有着根本不同，不能混淆。所谓植物状态是指由于大脑的高级部位（脑的外周部位）皮质功能丧失，使患者呈现意识障碍或昏迷状态，而大脑的中心部位（皮质下核和脑干）所管理和控制的诸如呼吸、体温、消化吸收、分泌排泄、新陈代谢，以及心跳循环等自主功能依然存在的一种病理状态。由此可见，将重度脑损伤而处于持续植物生存状态的患者错误地当作脑死亡者，从而放弃抢救或者施行摘取器官是不合法的，要提醒医生们注意。此外，日本等5个国家是等待心脏停搏才宣布死亡和允许进行器官摘除。而我国尚没有脑死亡法律的颁布。

二、死亡过程

多种情况下，死亡是一个逐渐发展的过程。死亡学将死亡过程分为濒死期（agonal stage）、临床死亡期（clinical death）和生物学死亡期（biological death）。根据死亡的概念，特别是在脑死亡的概念被引入后，从生物学角度将人体死亡分为整体死亡（somatic death）和分子死亡（molecular death）。

1．整体死亡　又称躯体死亡或个体死亡，即作为整体的一个人的死亡。此时，全脑功能或者循环呼吸功能已发生不可逆的终止，也标志着死亡的开始。但个体死亡发生时某些器官（如肾、肝、心、角膜等）的功能仍能维持一段时间，可作为供体器官进行移植。所以，整体死亡阶段是进行器官移植的理想时间窗。

2．分子死亡　又称细胞性死亡（cellular death），指机体已经从分子和细胞水平上经历着死亡，组织逐渐分解，开始表现出一系列死后变化。因此，分子死亡是一个过程：全身各器官、组织、细胞生命活动逐渐停止、相继死亡，超生反应消失，身体组织逐渐分解，表现出一系列死后变化并呈现出不同的尸体现象。

整体死亡与分子死亡之间并无截然的界限，不同器官和组织的死亡过程长短不一、完成分子死亡的时间也不同步，有的器官组织早已进入分子死亡阶段，而有的可能仍处在整体死亡阶段。

三、死亡原因、死亡机制及死亡方式

死亡原因（cause of death）简称死因，是指引起个体死亡的具体原因，可以是衰老、疾病、损伤、中毒等，也可以是它们其中的两种或多种因素的联合，确定死因是法医学工作的重要内容之一，也是临床医生时常需要进行讨论的问题。

（一）死因分类

按照在个体死亡发生中所起的作用，通常将死因分为：

1．根本死因（primary cause of death）　是指造成死亡的原发性疾病、损伤、窒息或外源性毒物中毒等，是引起死亡的初始原因。根本死因不是并发症或继发的病理变化后果，也不是继发性的生理功能紊乱，大多数根本死因能在世界卫生组织的《国际疾病分类（ICD-10）》中查到。

2．直接死因（immediate cause of death）　是指源于根本死因的直接致命的并发症，如感染、出血、栓塞、肺水肿、内源性的毒素吸收中毒等，它不是一种独立的疾病或损伤。如果根本死因不经过中间环节直接引起死亡，则该死因既是根本死因又是直接死因。根本死因和直接死因不是主次关系，而是因果关系。如果是死于原发损伤、疾病或中毒的并发症或合并症，在填写诊断时，要把这些并发症或合并症写在"直接死因"项内，而把原发性损伤（疾病或中毒）写在"根本死因"项内。这样既符合国际死因统计的要求，又符合法医学死因分析规范。

3．辅助死因（contributory cause of death）　是指独立于根本死因和直接死因之外的自然性疾病或暴力性损伤。它在死因中不是主要者，它们本身或单独并不足以致命，与根本死因毫无因果关系，但在死亡过程中起到辅助作用。辅助死因可以是某种原先就有的或者并发、继发的疾病，或者合并存在的一定程度的外伤等。例如巨大胸主动脉瘤患者被人用拳重击胸部后使动脉瘤破裂死亡，动脉瘤造成的失血性休克是根本死因，拳击是辅助死因，但如无证据表明有较大外力直接作用于胸部，或仅有轻微外力间接作用胸部时，该外力则可能是诱因，要结合实际案情，综合分析。

4. 死亡诱因（inducing cause of death） 是指诱发身体内原有潜在的或处于代偿状态下的疾病急性发作或突然恶化而引起死亡的因素，包括各种精神因素、劳累过度、运动、吸烟、轻微外伤、大量饮酒、性交、过度饱食、饥饿、寒冷等。对于确认的死亡诱因，常常能从病理学上分析与其后发生的死亡确实存在逻辑上的因果关系，并且在时间上通常与其后发生的死亡相隔时间较短。诱因在个体死亡中起到的作用较轻微，但它与根本死因间存在一定的因果关系。如冠状动脉性心脏病（冠心病）患者可因疲劳、剧烈运动、情绪激动、寒冷、饮酒等原因诱发冠心病急性发作，冠心病是根本死因，上述作用则是死亡的诱因。

5. 联合死因（combined cause of death） 又称合并死因，是指两种或两种以上难以区分主次的死因，在同一案例（病例）中共同引起死亡的死因。联合死因包括病与病联合致死；病与暴力联合致死，如患有冠心病的人，心前区遭受拳击而死亡；暴力与暴力联合致死，可以再细分为下列几种情况：①性质和程度相同的几个损伤联合在一起构成死因；②两种性质各异的严重损伤，如脑外伤和肝破裂要判定主次关系，分析死因；③在受到一个可致命的损伤后，濒死之际又受到另一致命伤而死亡；④在同一个死亡案例中，有数种暴力同时作用，如被"烧死"者，有火焰烧伤、窒息或一氧化碳等中毒，还有跌倒以及房屋倒塌所致损伤等。此时，将这些因素联合成一个"烧死"来表示死因。

（二）死亡机制

在各种民事或刑事案件中，应用生物学、病理学、法医学，以及其他医学各科的知识、理论和技能，解释和论证死亡过程、死亡机制和明确死亡原因，对法医学鉴定死亡方式具有决定性的作用，可为澄清是非、揭露犯罪提供线索，并为法律的实施提供科学和公正的医学证据。同时，还可丰富和完善医学及法医学等学科的内容，并可通过正确的死因分析为国家和地区提供准确的统计数据，有利于医疗健康水平的观察、医学科研和防治措施的制订。

死亡机制（mechanism of death）是死因在引起死亡的过程中，机体所发生的致死性的病理生理过程。这些病理生理变化过程有些可被相关的病理变化所证实，但也有些需要理论性分析，所以死亡机制是根据客观检测到的病理变化及死亡过程中的临床表现，运用病理生理学理论及临床分析方法对死亡原因进行综合分析的过程。因此，死亡机制与死因不同，死因是指直接或间接造成死亡的各种损伤或疾病，但死亡机制不是指损伤或疾病本身，而是许多死因通向死亡终点的几条共同通道，通过死亡机制可以明确死因并分清死因的主次及相互关系，对法医学实践具有十分重要的意义。在进行死亡机制的分析时，首先应该详细了解案情、现场情况和死亡过程，在掌握大量相关资料的基础上，经过详细的法医学检查查明致死的病变、损伤或中毒等，并通过病理生理学理论客观地论证和综合分析，才能准确地确定死亡机制和死亡原因。

在法医实际工作中经常会遇到受伤者同时患有某种疾病的情况，在鉴定时必须尽可能明确地判断其损伤与疾病之间的相互关系，以及两者与死亡之间的关系。通常，损伤和疾病与死亡的关系可分成以下五种情况：①损伤是死亡原因，与疾病无关，如绝对致命伤；②疾病是死亡原因，与损伤无关，如患有致命性疾病；③损伤为主要死因，疾病促使其死亡，如条件致命伤；④疾病为主要死因，损伤促使其死亡，如非致命伤；⑤损伤与疾病并存，对死亡的作用基本相等，难分主次。若损伤与疾病之间有因果关系，则要区分谁是因谁是果。此外，还有疾病与疾病的主次关系分析、损伤与损伤的主次关系分析等。死亡机制的分析不仅涉及刑事责任的法律诉讼和定罪量刑，还关系到民事赔偿、劳保待遇，以及医源性损伤和医疗纠纷等诸多问题的处理。特别是在有死亡后果的医疗纠纷鉴定中，评判患者的死亡后果与临床各项诊疗措施是否存在因果关系，主要依靠死亡机制分析。死亡机制分析要注意以下几点：

1. 全面系统地调查案情　尽可能获取病历资料及其他与死亡相关的资料，必要时勘验现场，例如电击死，现场相关人员所提供的电线漏电证明，可作为重要的辅助检查证据。

2. 法医学尸体剖验　进行全面而规范的法医病理学尸体剖验，是判明死亡原因、死亡机制和死亡方式的基础，同时还可以为丰富和发展医学其他学科知识、改善和提高医疗水平提供第一手资料。鉴定中绝大多数尸体通过全面细致的法医学尸体剖验，结合案情调查、现场勘察、必要的辅助检查，均可明确死因，并做出科学客观的鉴定结论。

3. 扎实的医学理论基础和科学的逻辑思维　死因机制分析需要全面可靠的案情、必要的现场勘查、全面细致的尸体检验及其他必要的检查（如病理组织学检查、毒物分析、物证检验以及血液生化、细菌培养、免疫功能检测等）作为基础，依靠病理生理及其他医学科学理论和客观合理的逻辑思维，综合分析后方可提出合理的死亡机制。

死因机制分析是一个动态的、由实践到认识反复进行的辨证过程。对每一案例，都需要具体问题具体分析。法医学鉴定人实践经验越丰富、医学理论知识越广博，掌握的案情、现场、尸体检验以及各种辅助检查的材料越多，其最终得出的死因、死亡机制和死亡方式等结论的准确性就越高。

（三）死亡方式

根本死因发生的方式称为死亡方式（manner of death），有的人习惯上也称其为案件性质或死亡性质。鉴定死亡方式是法医学工作者的重点工作之一，也是公安司法部门立案和审判的重要依据。死亡方式分为自然性死亡（natural death）和非自然性死亡（unnatural death）两大类。

自然性死亡（natural death）又称非暴力性死亡（none violent death），是指符合生命或疾病的自然发展规律，在没有暴力因素干预的条件下而发生的死亡。所以又称为内因性死亡或正常死亡，包括衰老死和疾病死。

非自然性死亡（unnatural death）又称暴力性死亡（violent death）、非正常死亡（abnormal death），是指由于暴力因素所导致的死亡。所谓"暴力"是指疾病以外的所有作用于人体的因素，可概括为三大类：物理性、化学性和生物性因素。此外，非自然死亡还见于涉及医疗纠纷的死亡、司法机关监护中人员的死亡、危害公众的烈性传染病的死亡、非法行医过程中的死亡，以及其他可能涉及法律问题的死亡等。

暴力因素既可以是外界的（他人的、环境的），也可以是自己实施的；可以是故意的，也可以是非故意的或是意外造成的。通常暴力死亡有以下几种：

1. 自杀死（suicidal death）　是指故意结束自己的生命、自己对自己施加暴力手段的行为而引起的死亡。

2. 他杀死（homicidal death）　是指违背他人意愿、非法使用暴力手段故意伤害、剥夺他人生命的行为而引起的死亡。

3. 意外死（accidental death）　是指出于意料之外的、非故意的行为所造成的死亡。意外死包括灾害死（如地震、海啸等）、意外事件死（如交通意外、生产意外、医疗意外等）、自伤或自残死（如性窒息死）。

（陶陆阳）

第二节 尸体现象

人死后人体各器官、组织和细胞的生命活动停止，在受到物理、化学以及生物学等各种因素的作用而发生的一系列特殊变化，称为死后变化（postmortem change），这种变化在体内外所呈现出的特殊现象称为尸体现象（postmortem phenomena）。在自然环境下，人为地按照死后 24h 这一时间点为界限，一般将尸体现象划分为早期尸体变化（early postmortem change）和晚期尸体变化（late postmortem change）。按照尸体是否完整又将尸体现象分为毁坏型尸体现象、保存型尸体现象。研究尸体现象的发生、发展变化的特点及其规律，对确定死亡时的体位、姿态，死后经过的时间、死亡原因、死亡方式等有重要意义。

一、早期尸体现象

早期尸体现象指人死后 24h 以内发生的变化，死亡 24h 以后发生的变化称为晚期尸体现象。然而尸体现象的发生发展是一个连续的过程，故早期、晚期尸体现象不能截然分开，不同的内外部环境变化都可能影响到各种尸体现象的出现时间。早期尸体现象包括超生反应、肌肉松弛、角膜混浊、尸冷、尸斑、尸僵、尸体痉挛、内部器官血液坠积、自溶和自家消化。

（一）超生反应（supravital reaction）

超生反应是指机体死亡后组织、器官、细胞仍保持生命功能，对刺激仍有一定反应。如死后数小时内仍有骨骼肌在机械性刺激下收缩、瞳孔在药物的作用下仍然可以发生变化，肠蠕动仍存在，精子仍具有活动能力。超生反应可以在法医学上用来推断死亡时间，超生反应的存在也是器官移植的基础。

（二）肌肉松弛（muscular flaccidity）

肌肉松弛是指机体死亡后由于肌肉和皮肤失去了弹性和张力。表现为瞳孔放大、眼微睁、口微开、面部无表情、沟纹变浅、四肢关节可弯曲。由于括约肌松弛，大小便、精液可能外溢。

在尸体现象中肌肉松弛出现最早，与濒死或死亡同时发生，但也有肌肉松弛不明或缺如的案例，如死前强烈的挣扎等情况。由于肌肉松弛，体表受物体压迫可形成与接触物表面形态特征相似的压痕。此种压痕可在尸体上保持相当长的一段时间，这对判断尸体死后原始姿态、是否移尸，以及移尸的时间均具有重要意义。

（三）角膜混浊（postmortem turbidity of cornea）

角膜混浊是指机体死亡后角膜透明度逐渐降低，混浊呈灰白色，最后不能透视瞳孔（图 2-1，彩图 2-1）。角膜混浊与黏多糖和水的含量有关。死后不久，黏多糖及水分保持平衡时，角膜清晰，随后黏多糖的水合作用受阻，水分逐渐增加，角膜开始混浊并随水分的增加而加重。另外，角膜混浊与角膜 pH 值、离子含量和蛋白质变化有关。

角膜混浊有一定规律。在自然存放条件下，人死后 5～6h 角膜上出现白色小点，以后小点逐渐扩大，至 6～12h 呈轻度混浊，可透视瞳孔。15～24h 混浊加重，角膜混浊呈云雾状，中度混浊，半透明，尚可透视瞳孔。至 48h 或更长时间时呈高度混浊，不能透视瞳孔。因此，可根据角膜混浊程度推测死后经过的时间。

（四）尸冷（algor mortis，postmortem cooling）

人死后新陈代谢停止，不再产生热量维持体温，同时原有热量不停散发，使尸体温度逐渐下降接近环境温度，称为尸冷。尸体存放的外部环境（如衣着、温度、湿度、通风状况等）和尸体本身的因素（年龄、体态和死因等）都可以影响尸冷的发生。法医学尸体检验时，通常以测直肠温度（肛温）或肝表面温度代表尸体体内温度。尸温是推断死后经过时间的重要依据之一。

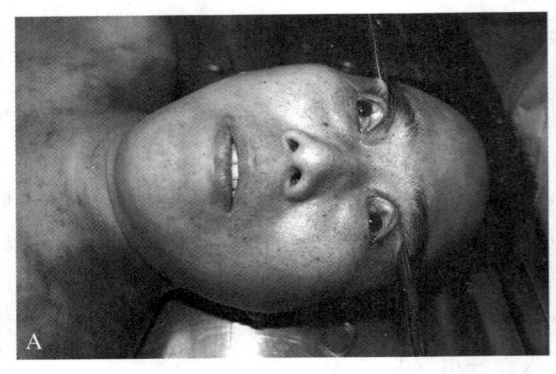
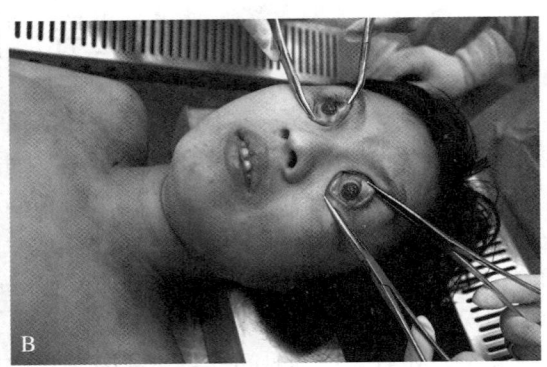
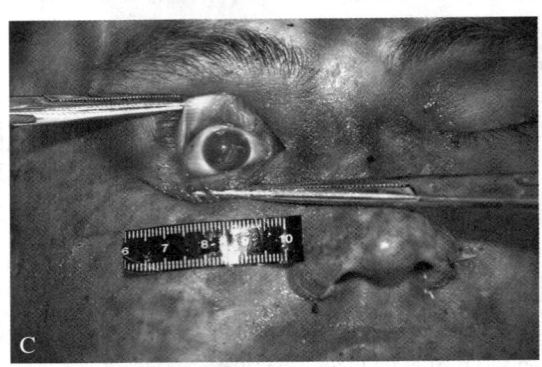

图 2-1 角膜混浊
A. 轻度混浊；B. 中度混浊；C. 重度混浊

（五）尸斑（livor mortis，cadaveric lividity）

尸体血液因重力作用而坠积于未受压迫的低下部位的血管内，并在该处皮肤表面呈现边缘不清的有颜色的团块状或片状形态变化称为尸斑（图2-2，彩图2-2）。根据发生发展过程和形态特征，尸斑被大致分为：

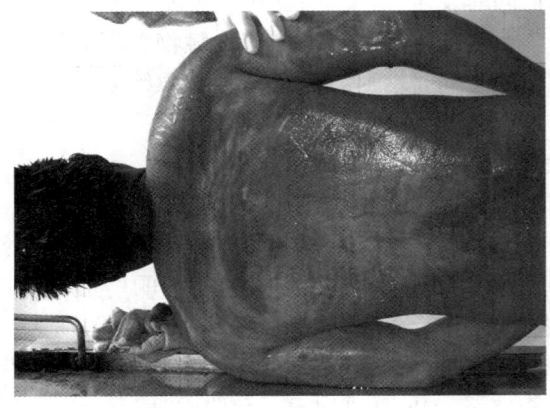

图 2-2 尸斑

1. 沉降期尸斑　一般指自开始出现至死后12h 以内的尸斑。尸斑开始时呈散在的小块或条纹状，经3～6h 融合成片状，颜色逐渐加深呈紫红色，周围边界模糊不清。此期尸斑用手指按压（以按压的手指指甲变色为度）可以暂时褪色，移去手指又重新出现。死后约6h 内，如改变尸体的位置，则原已形成的尸斑可逐渐消失，而在新的低下部位重新出现尸斑，这种现象称为尸斑的转移。在死亡6h 后再改变尸体的体位时，则原有的尸斑不再完全消失，而在新的低下部位又可出现尸斑，此种现象称为两侧性尸斑。

2. 扩散期尸斑　一般指死后12～24h 的尸斑。此期尸斑中血管周围的组织液渗透入血管内使红细胞溶血，被血红蛋白染色的血浆被稀释后，又向血管外渗出，即为扩散期。尸斑的颜色继续加深、范围扩大，呈紫红色大片状。用手指按压仅稍微褪色；改变尸体的体位后，原有尸斑不会消失，新的低下部位也不易形成尸斑；有的在体位改变较长时间后，新的尸斑虽然可出现，但颜色浅淡。

3. 浸润期尸斑　一般为死亡24h 后的尸斑。被血红蛋白染色的渗出液体不仅渗入组织间隙，而且浸润到组织细胞，使之着红色，称为浸润期。此期尸斑完全固定，无论直接按压或改变体位，原尸斑不再褪色或消失，也不能形成新尸斑。

尸斑的分布与尸体姿势有关。仰卧位时，尸斑位于枕、项、背、腰、臀及四肢低下部位未受压处。俯卧时，则位于颜面、颈、胸、腹及四肢的低下部位未受压处。悬垂（如缢死尸体）或直立位时，尸斑见于腹、腰部裤带的上缘区，双上肢的腕关节以下部位和双下肢的足部。流水中的尸体随水流翻动，体位不固定且有浮力作用，则尸斑浅淡、不固定。

尸斑的颜色主要取决于血红蛋白及其衍生物的颜色。人死后氧合血红蛋白转变为还原血红蛋白，而呈暗红色，透过皮肤呈暗紫红色。尸斑的颜色也受死亡时间、种族和死因等多种因素的影响。在尸斑的发展过程中，尸体经历的时间越长，坠积的血液越多，其颜色越深。白种人和黄种人尸斑的颜色较黑种人明显。冻死者因尸体在寒冷情况下组织内耗氧量减少，氧合血红蛋白不易解离，故尸斑呈氧合血红蛋白的鲜红色。死后很快被冷藏的尸体，其尸斑也较鲜红。氰化物中毒的尸体，由于血中氰化血红蛋白形成，尸斑也可呈鲜红色。一氧化碳中毒的尸体，因血液中有碳氧血红蛋白，尸斑呈较特殊的樱红色。氰酸钾、亚硝酸盐等中毒死者，因血液中形成的正铁血红蛋白，使尸斑呈灰褐色。

影响尸斑的因素包括尸体内在因素（包括体态、死因和死亡时间等，其中尤以死因关系密切）和外界因素（主要是尸体所处的环境、温度等）。

尸斑是最早出现的死亡征象之一，尸斑出现即可确证死亡。根据尸斑的发生、发展情况可大致推测死亡时间，有时尸斑的颜色还可提示死因。根据尸斑的位置和分布情况可推测死亡时的体位及死后有无变动，尸斑还能提示尸体接触面的表面形态，甚至有时可以直接确定死亡方式等。

死后血液坠积也发生于尸体的内部器官。内部器官的血液因自身重力而坠积于这些器官低下部位的血管内，使这些器官内的血量分布不均，上部少而下部多，称为内部器官的血液坠积（postmortem internal hypostasis）。内部器官的血液坠积有时容易与生前病变（如淤血、出血等）相混淆，应注意鉴别。

（六）尸僵（rigor mortis，postmortem rigidity）

尸僵是指人死后，肌肉松弛出现之后，各肌群逐渐僵硬并使关节固定（图2-3，彩图2-3）。有时尸僵发展得快而程度强，可使尸体呈强直状态。当尸僵充分发生后，随着时间的延长还将会逐渐消失，重新进入松弛状态。

通常情况下，尸僵于死后1～3h开始发生，先在一些小肌群出现，随后4～6h发展到全身，12～15h发展达到高峰，使全身关节僵硬。之后于死后24～48h开始缓解，3～7天完全缓解。在尸僵的发展过程中，死后4～6h内，若人为地将已形成的尸僵破坏，很快又可重新发生，这种现象称为再僵直（re-stiffness），但强度较原尸僵为弱。在6～8h以后破坏尸僵，则不易形成新的尸僵。由于尸僵受多种因素的影响，包括体态、死因等自身因素和外界环境因素，故其发生发展直到缓解均有较大的时间差别。冬季尸僵可持续72h或更久，夏季36～48h即可完全缓解。

尸僵形成的顺序与肌群的大小有关，小肌群出现得早，大肌群出现较迟。一般分为上行型和下行型两型，原因和机制尚不清楚。上行型尸僵从下肢开始，逐渐向上发展至头面部，下行型尸僵自下颌和颈部的小肌群开始，逐渐向下扩展至全身。尸僵缓解和消失的顺序常与发生的顺序相同。

心肌和平滑肌同样会出现尸僵，死后1～2h，心尖部心肌开始出现尸僵，7～8h累及全心，持

图2-3　尸僵

续1天左右。发生尸僵的心脏变硬、体积缩小，心脏内的血液被挤出，左心室空虚。有病变的心脏可不发生或仅有微弱的尸僵，也有人认为心脏尸僵的发生与死亡时心脏所处的收缩舒张周期也有一定的关系。平滑肌尸僵发生的时间，因不同部位而异。胃、肠平滑肌尸僵一般在死后1h开始，约5h达高峰，7h左右缓解。

尸僵形成的机制至今尚未完全明了，有几种不同的假说。有学者认为尸僵形成与肌肉中的乳酸和神经因素等有关，但目前多认为尸僵的发生与尸体肌肉内三磷酸腺苷（ATP）的消耗有关。

影响尸僵的因素包括个体因素（包括年龄、体态和死亡原因）和外界因素（主要是环境温度）。身体健康、肌肉发达者的尸僵出现较迟、程度较强，缓解慢。婴幼儿、老人、体弱者的尸僵程度弱、持续时间短。外伤引起的急性死亡者尸僵发生迟，程度强。慢性消耗性疾病死者尸僵发生早而弱。气温高，尸僵发生早，缓解快；温度低，尸僵出现迟、持续久。冰冻尸体的僵硬主要是冻结所致。

尸僵是确证死亡的证据之一，尸僵出现的时间、顺序、范围和强度有助于推测死亡时间，还可根据尸僵固定下来的尸体姿势分析死亡时的状态和有无移尸。

（七）尸体痉挛（cadaveric spasm, instantaneous rigor）

人死后肌肉未经松弛阶段、立即发生僵直，使尸体保持着临死时的动作和姿态，称为尸体痉挛。其形成机制目前不完全清楚。但死前有剧烈的肌肉运动或精神处于高度兴奋或紧张状态，是发生尸体痉挛的重要条件。尸体痉挛一般是局部的，如溺死者手中紧抓水草或其他异物。由于尸体痉挛可保存着死者生前最后时刻全身或身体局部某些肌群的收缩状态，故对分析死亡方式具有重要意义。

（八）皮革样化（parchment-like transformation）

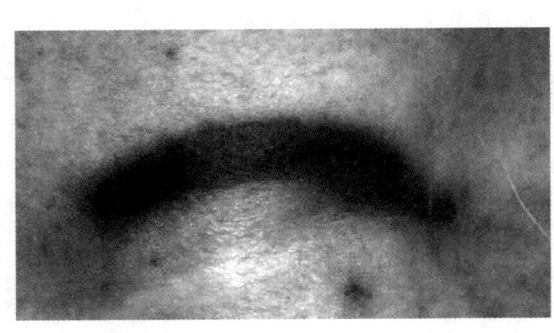

图2-4 皮革样化

皮革样化是指尸表皮肤较薄或有损伤的局部因水分迅速蒸发，干燥变硬，呈现蜡黄色、黄褐色后出现羊皮纸样变化，也称为局部干燥（local desiccation）（图2-4，彩图2-4）。皮革样化对于损伤的鉴别具有重要的法医学意义，如口唇的皮革样化易被误认为挫伤或腐蚀性毒物所致，区别皮革样化原先有无挫伤的方法是切开皮肤检查有无皮下出血；皮革样化可保留某些损伤的形态和使擦伤更明显，有助于推断案件的性质和作案人的意图。

（九）自溶（autolysis）与自家消化（autodigestion）

自溶是指人死后组织、细胞因自身固有的各种酶的作用而发生结构破坏、溶解，使组织变软、液化的现象。其形成原因是死后组织、细胞因缺氧，胞质中的溶酶体破裂，释放出所含的各种酶类，如蛋白水解酶、水解核酸和多糖的酶等，使蛋白质和核酸等大分子化合物，以及糖蛋白、脂质等复合物逐渐降解，组织、细胞的形态被破坏，直至完全溶解、液化。由于体内存在多种细菌参与作用，自溶发生更加迅速。

除自溶外，人死后胃、肠壁组织因受消化液的作用溶解称为自家消化。胃的自家消化多见于胃体部的胃黏膜，其消化程度和大小不等，较重者可致胃壁穿孔，胃液及内容物流入腹腔，进一步造成肠壁、膈肌或食管下段等邻近组织被胃液消化，自家消化导致的胃、肠穿孔应与腐蚀性毒物中毒，以及溃疡性病变相鉴别。

不同器官组织自溶的发生、发展时间不同，有助于推断死后经过时间。同时，还要注意将组织、细胞的自溶与变性、坏死等生前病变相鉴别。另外，由于自溶的发展，死者生前的一些损伤和病变也必将随之发生变化，影响尸体检验诊断。因此，应尽早进行法医学尸体检验，并妥善切取检材、固定组织标本，以利于做出正确的鉴定结论。

二、晚期尸体现象

晚期尸体现象一般是指人死亡 24h 以后尸体所发生的变化。根据是否可以影响尸体的完整性，晚期尸体现象分为毁坏型和保存型两类。毁坏型尸体现象包括尸体腐败、霉尸及白骨化；保存型尸体现象包括干尸（木乃伊）和尸蜡等。

（一）毁坏型尸体现象

尸体因受多种体内外因素的影响，器官组织被部分或完全破坏而失去原有形态，称为毁坏型尸体现象，或称尸体分解，包括腐败、霉变、白骨化等，自溶和自家消化也应该属于毁坏型尸体变化。

1. 腐败（putrefaction, postmortem decomposition） 因腐败细菌的作用使蛋白质逐渐分解和消失的过程称为腐败。此外，尸体分解过程中脂肪和糖类（碳水化合物）也会被分解：脂肪被细菌分解为脂肪酸和甘油，称为酸败；糖类被分解为单糖、醇，甚至二氧化碳和水，称为酵解。法医学中腐败的概念可作为三者的统称。腐败是一个逐渐发展的过程，其发生的早晚和发展的快慢受多种内、外界因素的影响，腐败所表现出的形态也各不相同。

（1）尸臭（odor of putrefaction）：人死后 3～6h，肠管内的腐败细菌开始产生以硫化氢和氨为主的腐败气体，并从口、鼻和肛门排出，具有特殊的腐败气味，称为尸臭。

（2）腐败气体、气泡和水泡：某些腐败细菌能产生大量的腐败气体，使各器官组织胀气，特别是胃和肠管，会造成腹部膨胀。腐败气体窜入表皮与真皮之间，形成大小不等的气泡，称为皮下腐败气泡，并逐步融合生成大的腐败气泡（putrefactive blister）。当气泡内含有腐败液体时，称为腐败水泡（图 2-5，彩图 2-5）。在自然环境下人死后 3～4 天，腐败气泡溃破，表皮剥脱，裸露出暗红色污秽的真皮。

（3）尸绿（greenish discoloration on cadaver）：腐败气体中的硫化氢与血红蛋白生成硫化血红蛋白，透过皮肤呈绿色，称为尸绿。尸绿通常在死后 24h 左右开始出现，最初多见于右下腹部，随着腐败的进展，尸绿逐渐扩展到全腹壁及全身。

（4）死后循环（cadaveric circulation）：尸体血管内产生的腐败气体压迫血液使之流动，称为死后循环。这使得腐败细菌随血液散布至全身各器官，促进腐败的发展。

（5）腐败静脉网（putrefactive venous networks）：尸体内部器官及血管中的血液在腐败气体的压迫下流向体表，使皮下静脉扩张，充满腐败血液，在体表呈现暗红色或污秽绿色的树枝状血管网，称为腐败静脉网（图 2-6，彩图 2-6）。一般在死后 2～4 天出现，早期多见于腹部和上胸部，逐渐扩展至全身。

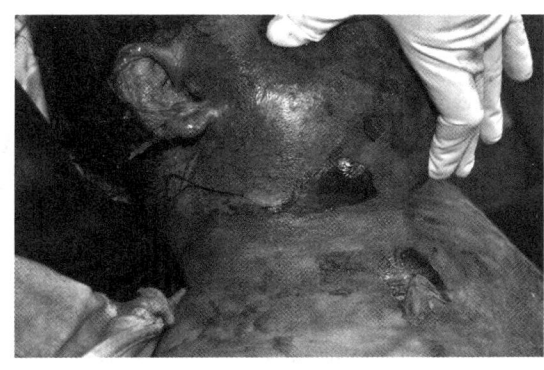

图 2-5 腐败水泡

图 2-6 腐败静脉网

(6) 泡沫器官（foaming organ）：因尸体器官组织被腐败气体充填而形成大小不等的空泡，呈海绵样，称为泡沫器官（图2-7，彩图2-7），多见于肝、脾、肾等实质器官，在切面易于观察，握之有弹性并有腐败液体被挤出。病理切片上可见到较细小的空泡，组织结构难以辨认。

(7) 巨人观（bloated cadaver）：尸体腐败扩展的全身时，尸体软组织内充满腐败气体而使整个尸体膨胀，体积变大，称为巨人观（图2-8，彩图2-8）。表现为颜面膨大、眼球突出、口唇外翻、舌尖外露，容貌难以辨认，颈部变粗，胸、腹部显著膨胀隆起，阴茎、阴囊或阴唇高度肿胀，皮肤呈污绿色，腐败静脉网多见，皮下组织和肌肉呈气肿状，四肢增粗，有的手和足的皮肤可呈手套和袜套状脱落。在对巨人观的尸体进行解剖时，可先在尸体检验前拍照和提取容易丢失的物证，之后采取冷冻使尸体大致接近原貌，再次进行拍照和检验，这将会在无名尸体的个人识别和法医学尸体检验方面起重要作用。

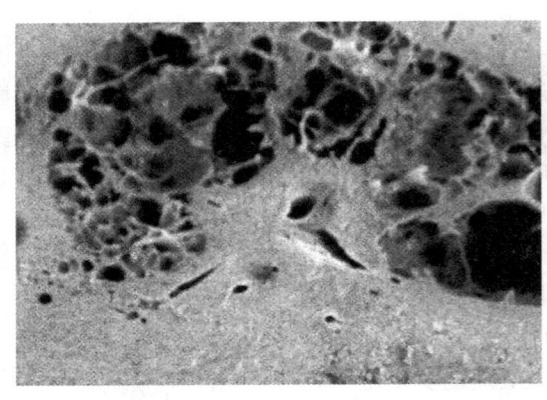
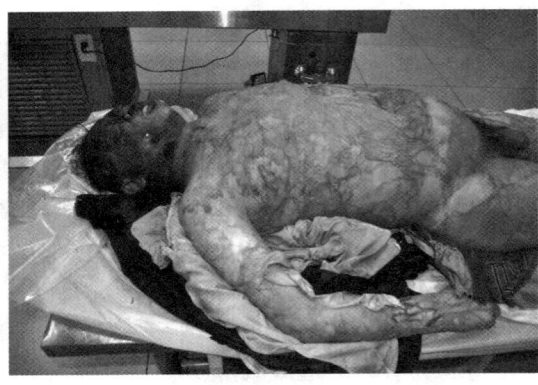

图2-7　泡沫器官　　　　　　　　　　图2-8　巨人观

(8) 死后呕吐（postmortem vomiting）和口、鼻血性液体流出：死后胃内容物因受腐败气体的压迫，从食管经口鼻排出，称为死后呕吐。有时这种反流的胃内容物可进入气管和支气管，易被误认为是呕吐物误吸引起的窒息死亡，值得注意。当腹腔内的腐败气体使膈肌上升而压迫肺时，可使积聚在气管、支气管腔内的腐败血性液体自口鼻溢出，称为死后口、鼻血性液体流出。要注意与急性中毒、损伤或某些疾病所致的出血相区别。

(9) 肛门、子宫、阴道脱垂和死后分娩（postmortem delivery）：腹腔内大量腐败气体压迫腹、盆腔时，可使直肠中的粪便排出、肛门脱垂；还可使妇女子宫、阴道脱垂。孕妇死后，胎儿因受腹腔内腐败气体压迫而被压出尸体外的现象，称为死后分娩。

环境因素和尸体自身因素均可影响腐败的进程和程度，凡有利于腐败细菌滋生的因素均能加速尸体腐败（如肥胖、生前感染性疾病、高温、高湿等）；反之，则抑制腐败的发生发展。

腐败的法医学意义在于，可根据尸体腐败的发生发展程度推测死后经过的大致时间；同时，要认识各种腐败现象，避免将其误诊为生前疾病和损伤。因此，要尽早检验尸体，防止腐败的发生。

2．霉尸（molded cadaver）　尸体被置于适宜真菌生长的潮湿的环境中，在尸体裸露部位表面滋生一层白色或灰绿色的霉斑和霉丝称为霉尸。霉斑开始多见于颜面部的眼、双耳、鼻、口唇及周围，以及颈部和腹股沟等处，以后逐渐向全身扩散。尸体表皮剥脱处也容易形成，有时内部器官组织也可形成。

根据霉尸可以推测尸体所处的环境条件，有助于分析案情；认识霉尸变化，尸检时注意与某些损伤和疾病相鉴别，还应在个人识别时加以注意。

3．白骨化（skeletonized remains）　尸体软组织经腐败而逐渐液化直至完全溶解消失，毛发和指（趾）甲脱落，最后仅剩下骨骼的现象，称为白骨化（图2-9，彩图2-9）。尸体白骨化的时间主要受所处环境的影响。

白骨化的法医学意义在于，骨骼在个人识别方面具有重要意义；白骨化虽可破坏尸体软组织和器官的病变与损伤，但尸骨上的损伤痕迹有些可长期保存；某些毒物（如重金属毒物）在骨髓或骨质内可长久保存，包括尸体周围的土壤均可做中毒的化验检材；白骨化时间不长的骨髓可用于硅藻检查甚至DNA检测。

（二）保存型尸体（preserved corpse）

由于尸体受某些内外界因素的影响，腐败过程中断，软组织免于崩解破坏而被不同程度地保留下来，称为保存型尸体。

1. 干尸（mummification） 当尸体处于通风、干燥、温度较高的环境条件下，或尸体周围有吸水物（如石灰、香灰等）时，尸体因水分迅速蒸发而不发生腐败，以干枯状态保存下来，称为干尸或称木乃伊（mummy）（图2-10，彩图2-10）。干尸的外形干瘪，体积缩小，体重明显减轻；皮肤和软组织干燥、皱缩、变硬，呈灰色、浅棕色或暗褐色；内部器官也干燥、变硬、包膜皱缩、体积缩小。

图 2-9　白骨化

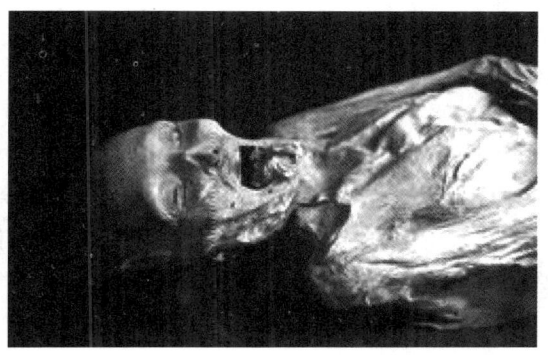

图 2-10　木乃伊

干尸可能保持生前的某些损伤，如索沟、刺创、骨折等，对揭露犯罪和分析死因具有一定意义。干尸还可能保持某些个人特征，有助于进行个人识别。另外，干尸可能保持生前的某些病变，如动脉粥样硬化、风湿小结、结核结节、寄生虫卵等，有助于分析死者生前健康状况和死亡原因。

2. 尸蜡（adipocere） 长期埋于空气不足的湿土或浸于水中的尸体，皮下脂肪组织因皂化或氢化作用，形成灰白色或黄白色蜡样物质称为尸蜡（图2-11，彩图2-11）。尸蜡多为局部性，全身性尸蜡罕见。尸蜡一般呈灰白色或黄白色较坚实的脂蜡样物，触之有油腻感，可以压陷，但脆而易碎、易燃。尸蜡可能保存某些生前损伤痕迹，如索沟、扼痕和骨折等，对揭露犯罪、分析死因有一定意义，还有助于进行个人识别、查找尸源，以及推测尸体埋葬地点、埋葬时间等。

3. 泥炭鞣尸（cadaver tanned in peat bog） 处于酸性土壤或泥炭沼泽中的尸体，因鞣酸和多种腐殖酸等酸性物质的作用，腐败停止发展，皮肤鞣化，肌肉与其他组织脱水，蛋白质逐渐溶解，骨骼、牙齿脱钙，变成体积小、重量轻、易弯曲的软尸，称为泥炭鞣尸。泥炭鞣尸又称"软尸"，是一种很少见的保存型尸体，可保持某些生前损伤的痕迹，对分析死因和案件性质

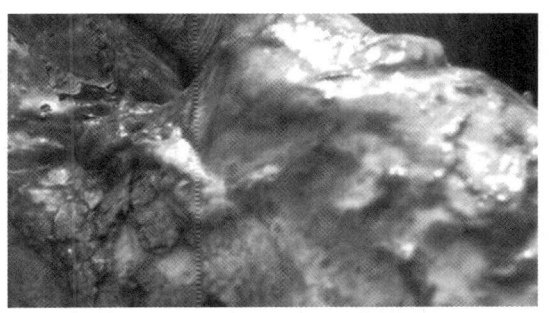

图 2-11　尸蜡

有一定的参考价值。

4．特殊型古尸（the ancient corpse） 葬于特制棺墓的年代久远的保存型尸体称为特殊型古尸，是一种特殊类型的保存型尸体。如20世纪70年代在湖南长沙马王堆和湖北江陵纪南城出土的西汉古尸。古尸对研究当时当地的文化传统、风土人情、生活习俗及人类文明进展具有重要意义。

三、其他尸体现象

人死后，除了形成上述的尸体现象外，还会发生一些化学和生物化学变化，还可能会遭受其他一些外在因素（如动物、昆虫等）以及人为因素的作用，使尸体遭受不同程度的破坏。这些破坏也将会不同程度地加速死后变化的发展，同时也影响了对生前损伤、疾病甚至是死亡原因的观察和判断。

（一）死后化学变化

人死后，尸体各种组织、细胞和体液因持续分解而发生的一些化学和生物化学变化，称为死后化学变化（postmortem chemical changes）。研究死后化学变化的学科又被称为尸体化学。死后化学变化的检测方法包括化学、生物化学、组织化学、酶组织化学、免疫组织化学和分子生物学等方法。

血液是进行尸体化学研究和检测的最常见、最重要的样品之一，其次是脑脊液。玻璃体液在死后变化小而慢，不易受尸体其他部位死后变化和污染的影响，是一种较为理想的死后化学检测样品。此外，心包液、尿液、胆汁、羊水和肌肉等也可用于死后化学变化检测。死后化学研究与检测的主要目的是用于推测死后经过时间（详见第三节死亡时间推断），同时还有助于分析死亡原因和生前是否患有疾病或损伤。

（二）动物、昆虫对尸体的毁坏

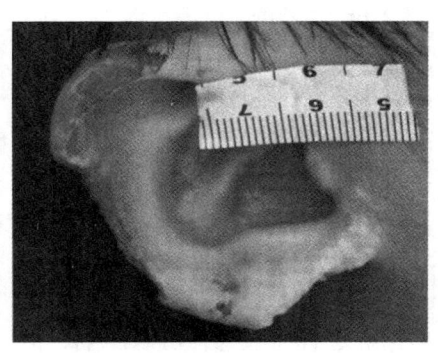

图2-12 动物对尸体的毁坏

动物对尸体的毁坏，容易被误认为是生前损伤，必须认真鉴别，以避免错误判断死亡性质（图2-12，彩图2-12）。常见的主要是鼠、犬、豺狼、蚂蚁、鸟类、水族动物。

昆虫在法医学中的地位和作用越来越受到人们的重视，目前已发展成一门新的学科——法医昆虫学（forensic entomology）。其主要目的是用来推测死后经过时间，并为侦查破案提供线索。绝大多数昆虫都可对尸体造成不同程度的损害，其中主要是双翅目的蝇、膜翅目的蚂蚁和鞘翅目的甲虫。

（三）死后人为现象

死后人为现象（postmortem artifacts）是指由于人为因素对尸体的作用所造成的尸体破坏或其他改变。有时容易误将其判断为生前损伤或病理变化而导致鉴定错误，常见的死后人为现象有以下几种。

1．抢救过程对尸体的影响 严格说此种损伤多属濒死期的损伤，如濒死期时抢救，进行胸外心脏按压和人工呼吸可造成肋骨或胸骨骨折、胃内容物反流并进入呼吸道，这些情况常导致对死因产生争议，检验时应仔细了解案情，结合损伤的具体情况而定。

2．搬运尸体所致尸体的结构破坏 搬运尸体动作过大时可造成颈椎骨折、头部损伤、长骨骨折等；拖拉尸体时可形成死后表皮剥离。

3．尸体检验时的人为因素 包括在尸检过程中由于操作失误或不规则而导致的预料之外的结构破坏，如取出颈部器官时用力过猛而造成舌骨骨折，捺印指纹时引起的手指骨折等，易被误认为是生前损伤。

另外，罪犯为了掩盖罪行，也可能对尸体进行破坏，常见的手段有碎尸、焚尸、毁容、腐蚀尸体，应注意进行个人识别，区别生前伤和死后伤。

死后人为现象在法医病理学实践工作中较常见，容易被误认为生前损伤或病变，或造成正常组织形态、结构的损伤和破坏，影响观察与诊断，从而导致检案错误，甚至造成冤案、假案和错案。因此，鉴别这些死后人为现象极为重要，工作中应该尽量避免或减少人为现象对尸体的影响。

（陶陆阳）

第三节　死亡时间推断

死亡时间（time of death）在法医学上是指死后经历时间（time since death，TSD）或称死后间隔时间（postmortem interval，PMI），即检验尸体时距死亡发生时的时间间隔。

死亡时间推断（estimation of time since death）即推断死后经历或间隔时间，也就是推测检验尸体时距死亡发生已有多久。死亡时间推断是法医学鉴定中需要解决的重要问题之一。除院内死亡的患者，有明确的死亡时间记录以外，多数涉及非自然死亡乃至凶杀案的死亡时间不详，其中一些个体的死亡时间与案发生时间直接相关。因此，推断死亡时间对确定发案时间，认定和排除嫌疑人有无作案时间，划定侦查范围乃至案件的最终侦破均具有重要作用。

习惯上根据尸体死后变化人为地将其划分为死后早期尸体和晚期（腐败）尸体，为叙述方便，我们按死后早期死亡时间推断和晚期死亡时间推断分别加以叙述，并对法医实践及科研工作进展的若干方面做出简述。

一、早期尸体的死亡时间推断

人体死亡后所出现的各种死后改变在时间上具有一定的规律性，根据早期尸体现象诸如尸温的变化、尸斑、尸僵、角膜混浊程度等改变，可综合推断早期死亡时间（表2-1）。

表2-1　各种早期尸体现象与死亡时间的关系

各种早期尸体现象		死后经历时间（TSD）
尸温（10h内）	每小时下降	1℃（环境16～18℃）
		0.4℃（环境26～31℃）
	瘦型尸体	不降（环境＞35℃）
		1h内完全冷却（冰雪条件下）
	肥胖型尸体	0.75℃
尸温（10h后）	每小时下降	0.5℃（无论胖瘦尸体）
尸斑	开始出现	0.5～2h
	出现，指压能褪色（按压者指甲变色为度）	2～4h
	开始融合	3～12h
	固定，强力压迫颜色可减退	12～24h
	指压不褪色	24h后

续表

各种早期尸体现象		死后经历时间（TSD）
尸僵	开始出现	1~4h
	用力破坏后能重新发生	4~6h
	延及全身，达到高峰	6~15h
角膜改变	轻度混浊	6~12h
	混浊加重，瞳孔可见，表面有小皱褶	18~24h

二、根据各种晚期尸体现象推断死亡时间

根据尸体腐败过程的动态变化规律，可用于推断死亡时间（表2-2）。一般情况下，死后24~48h，尸体右下腹皮肤出现污绿色斑迹（尸绿）。死后3~4天，腐败血液沿着静脉丛形成树枝状污绿色的腐败静脉网。死后5~7天，由于细菌不断生长繁殖，产生的大量腐败气体充满各种体腔和组织间隙使尸体体积增大、膨胀、眼球突出、舌伸出、皮肤呈污绿色，形成所谓的腐败巨人观。

表2-2 各种晚期尸体现象与死亡时间的关系

各种晚期尸体现象	死后经历时间（TSD）
角膜完全混浊，看不见瞳孔	48h
眼睑遮盖部分角膜肿胀，形成乳白色斑块，其余部分干燥，变棕黄色，羊皮纸样（动物实验）	3天
眼球腐败，轻度突出，角膜重度混浊	4天
尸僵开始缓解	24~48h
各关节容易活动	2~3天
尸僵完全缓解	3~4天
右下腹出现尸绿，皮肤出现轻度腐败静脉网	约24h
全腹见尸绿，出现腐败静脉网及腐败气、水泡	2~3天
腐败巨人观	5~7天
腐败充分发展时期	1个月，或更长，甚至1年
皮下脂肪尸蜡化开始（水中）	1~2个月，高温2~3周
皮下脂肪尸蜡化完成（水中）	2~4个月，高温2~3周
面部表面某些肌肉尸蜡化	6个月
深部肌肉出现尸蜡化	1年以上
成人四肢尸蜡化	3~6个月
全身尸蜡化（潮湿的土中）	约4年或更长
尸体干化（干尸）	最早1个月以内，一般3个月或以上
地面上尸体白骨化	新生儿几周，成人几个月至1年
土中尸体白骨化，软组织消失	3~5年
土中尸体的韧带和软骨消失	5年或以上
骨骼上的脂肪消失	5~10年
骨骼开始风化	10~15年
骨组织毁坏、脆弱	数十年

三、根据尸体昆虫生长规律推断死亡时间

昆虫常常最早到达尸体。暴露于野外的尸体，仅数分钟蝇类即可到达，不同种蝇类达到尸体的先后时间有区别。夏季里数分钟，苍蝇即可聚集到尸体上，1h 左右可在眼角、口角、外耳道、肛门、外阴等处产卵，孵化出的蛆可吐出含有蛋白溶解酶类的液体，消化、破坏尸体软组织，成人尸体经 3～4 周，婴儿尸体只需 6～8 天，蛆可吃尽软组织。

昆虫有其生长规律。春秋季节，蛆每日生长约 0.1cm，10～12 天变成蛹，4 周变成蝇。气温在 30℃以上时，蛆每日生长 0.24～0.3cm，4～5 天后成熟。因此，夏季若在尸体旁边看到蛹壳，说明尸体至少已经暴露 2 周，在春秋季节则已经暴露大约 4 周。

四、根据化学变化推断死亡时间

人死后，尸体内各组织和体液如血液、尿液、脑脊液、玻璃体液、眼房水等，其化学成分发生一系列变化，称为死后化学变化（postmortem chemical change）。这是继尸体解剖之后逐步发展起来的研究领域，并且已经积累了不少资料，如玻璃体液钠、钾离子的改变随时间表现出一定规律性，对法医实际工作中推断死亡时间和死因具有重要的意义。

五、根据 DNA 检测推断死亡时间

根据 DNA 检测推断死时间是死亡时间推断领域内的一项新进展。机体死亡后，细胞形态结构崩解，在脱氧核糖核酸酶的作用下，核染色质双螺旋结构的 DNA 崩解为小碎片，由于核膜破裂，DNA 碎片分散于胞浆中，最后染色质中残余蛋白质被溶蛋白酶溶解，核便完全消失。因此，细胞核大分子 DNA 的含量在死后随时间的延长而减少，与死亡时间呈线性关系，可用来推断死亡时间。

六、根据胃、肠内容物消化程度推断死亡时间

食物在胃内停留的时间和食糜及食物残渣通过小肠的时间有一定的规律性，根据这一规律性变化，可以推断死亡距最后一次进餐的时间，从而间接推测死亡时间。一般认为，胃内充满食物呈原始状态而没有消化时，为进食后不久死亡；胃内容大部分移向十二指肠，并有相当程度的消化时，为进食后 2～3h 死亡；胃内空虚或仅有少量消化物，十二指肠内含有消化物或食物残渣时，为进食后 4～5h；胃和十二指肠内均已空虚，为进食后 6h 以上死亡。对于死亡前长时间未进食的，根据食糜在肠道下行的情况可进一步做出推断。

食物在胃肠内的消化和排空，受许多因素的影响，包括食物种类和性状、进食的量、胃肠功能状态和健康状况、个人的精神状态、药物和饮酒等影响。一般来说，流体食物比固体食物排空快，小颗粒食物比大块食物排空快，碳水化合物比蛋白质排空快，蛋白质又比脂肪排空快。在根据胃肠内容物消化程度推断死亡时间时，应充分考虑这些影响因素。

七、根据现场情况推测死亡时间

推断死亡时间也可以参照现场的一些情况综合判断。现场的一些遗留物，如报纸杂志、摔坏的手表、印有日期的食品包装袋等，都可以为死亡时间划定一个界限。此外，根据现场折断的植物及其生长规律也可以大致推断死亡时间。

（莫耀南）

第四节　临床实践中的死亡问题

一、假死

法医学中的假死（apparent death）是指人的循环、呼吸和脑的功能活动受到抑制，生命活动处于极度微弱状态，用一般的临床检查方法查不出生命指征，从外表看好像人已经死亡，但实际人还活着的一种状态。

假死状态是可逆的，在抑制因素去除后，仍可以恢复生命活力。人在假死状态下能量的产生和消耗都急剧减少，甚至具有一些特殊的抵抗环境压力的能力，如极端的温度、缺氧以及一些物理损伤。现在已经研究证明哺乳动物能够通过机体深低温、吸入抑制细胞内呼吸的气体如硫化氢等方法诱导进入假死状态。这些技术可用于临床，如用这种技术让严重创伤甚至失血性心脏停搏的患者进入假死状态从而赢得外科手术的时间；在进行复杂的心脏或大脑手术时可以用这种技术保护重要器官功能，减少损伤等。法医学研究假死的意义，就是要避免由于将假死误认为已死而放弃救治。

假死的本质是大脑缺血、缺氧导致生命活动的高度抑制。引起假死的原因很多，小儿尤其是新生儿、早产儿，特别容易出现假死状态。在成人，有人总结出容易发生假死的五种情况（A、E、I、O、U），即A，酒精（alcohol）中毒、贫血（anemia）、低氧血症（anoxia）、窒息（asphyxia）；E，电流损伤（electricity）；I，损伤（injury），尤其是脑损伤；O，阿片（opium）、催眠药及麻醉药；U，尿毒症（uremia）及糖尿病性昏迷。

假死可以通过以下方法进行诊断与鉴别：

（1）眼底检查：用眼底镜检查视网膜血管，见有血流，说明循环还存在，此人并未完全死亡。

（2）微弱呼吸检查：检查微小气流可用听诊器置于喉头，仔细听有无呼吸音；或用纤细的棉花丝放在鼻孔，看其是否摆动；或在胸前放置一满杯清水，观察杯中液平面是否有波动。

（3）微弱心跳检查：用听诊器、X线等检查方法能检测到心跳情况。

（4）心电图检查：假死者可见到心脏的生物电反应。

（5）瞳孔变形实验：若假死者，双拇指压迫眼球后即松开，瞳孔可慢慢复圆。

（6）线扎手指头：用细线结扎任一手指头后观察数分钟，如为假死，手指头色青紫并肿胀，说明有生命活动存在。

（7）荧光色素钠试验：用1%的荧光素钠滴眼，结膜与巩膜立即染黄，若2～5min内黄色消退则为假死。

二、安乐死

（一）概述

安乐死（euthanasia）是指对患有不治之症的患者在濒死状态时，为了减少患者痛苦，在患者或家属的要求下，经过医生的许可，用人为的方法加速患者死亡的措施。安乐死的目的是使受不治之症痛苦折磨的人，安详无痛苦地死去。该词源自希腊文euthanasia，原意为安逸死亡、无痛苦死亡。《牛津法律大词典》定义，安乐死是指在"在不可救药的患者或病危患者自己的要求下所采取的引起或加速其死亡的措施"。

按照"安乐死"的实施方式，安乐死常被分为主动和被动两种。主动安乐死（active euthanasia）是指采取主动措施（如注射或让患者服用可无痛快速致死的药物）引致患者死亡，又称为"仁慈杀死"（mercy killing）。被动安乐死（passive euthanasia）是指对需要依赖生命维持技术生存的患者不给予或撤除生命支持措施,任其死亡,又称为"听任死亡"(letting die)。

因此,安乐死的死亡方式既不是自然死亡,也不同于自杀或者他杀的死亡方式。广义说安乐死是三者的相互交叉。

(二)安乐死的道德伦理

从 1986 年我国第一例安乐死案件在汉中发生,直到现在,司法实务界和法学界对安乐死是否应该合法化的争论就没有停止过。从道德伦理来看,"救死扶伤"历来被从医者视为天经地义之事,是医道、医德的根本体现。而现代医学注重以人为本,看重个人的意愿和精神享受,医生的职责不仅仅在于救死扶伤,挽救患者的生命,还在于采取一定必要的措施来减轻或免除患者所遭受的痛苦,包括使死者死得安然。安乐死的出现导致了医道、人道与传统医学观念的冲突,使医务工作者在面对安乐死的请求时,处于进退两难的尴尬境地。但无论如何,是否执行安乐死属于法律解决的问题,医生无权擅自处理患者及家属关于安乐死的请求。

(三)安乐死的立法问题

自 20 世纪 50 年代起,一些西方国家开始尝试为安乐死立法。1976 年,美国加利福尼亚州颁布了《自然死亡法》,这是人类历史上第一个有关安乐死的法案。1993 年 2 月 9 日,荷兰议会通过了默认安乐死合法化的法律,成为迄今为止世界上第一个把安乐死合法化的国家。2001 年,荷兰颁布了一部有关"安乐死"的法令,安乐死实现了有条件的合法化。

迄今,只有瑞典、丹麦、美国、英国、新西兰和以色列等不到 10 个国家认可被动安乐死。绝大多数国家是不予正式认可任何形式的安乐死的。因此,安乐死按照传统的伦理观念与法律规定还是不被允许的。

我国对安乐死没有立法认可,因此,在我国,实施安乐死属于违法行为。临床医生必须切记,无论是患者主观意愿还是家属要求,医生都无权以安乐死的方式结束患者的痛苦,否则将构成中国刑法规定的故意杀人罪,只是在量刑时认为情节轻微、危害不大,或依据是否被上诉等进行相应处理。

三、我国关于脑死亡的立法问题

尽管从科技发展的角度来看,脑死亡概念的提出标志着人类对死亡的认识达到了一个全新的层次,脑死亡作为一种客观存在的事实已被科学证实,世界上已有多个国家和地区为脑死亡立法。但是由于种种原因,目前在我国有关脑死亡作为判断死亡标准尚未被法律认可,因此在临床上,仍以呼吸死、心脏死作为判断死亡的标准,否则容易引起医疗纠纷事件。

四、法医学实践中死亡的确证

经典医学的死亡标准,不是指单独心死亡或肺死亡,而是包括心跳、呼吸停止,意识丧失,瞳孔散大,所有深浅反射消失,肛门括约肌松弛等多器官系统功能丧失,这实际是心、肺、脑三大生命器官功能停止的综合。脑死亡的出现完全是医学科学技术进步的产物。没有呼吸维持技术和重症监护病房(ICU)的应用,也就没有脑死亡这种形式的提出。心脏停搏、呼吸停止和脑死亡是构成死亡过程三大必不可少的事件。在自然状态下,三大生命器官任一功能丧失,其余两器官随之必然发生功能停止。不同原发病因造成三者发生顺序先后不同并相互关联和转化构成了多种临床死亡形式,这些死亡形式对复杂案件的死因分析至关重要。

目前,法医学实践中仍以传统的心肺死亡作为个体死亡的标志,但由于法医尸体检验一般均在个体死亡后一段时间进行,此时,尸冷、尸斑、尸僵等死后早期尸体现象多已出现。法医尸体检验的首要任务是确认死亡,而早期尸体现象的出现也就成为死亡的佐证,也就是说,在法医进行检验时,如果已经出现尸冷、尸斑、尸僵等死后早期尸体现象,则该个体已确证死亡。如果这些早期尸体现象尚未出现或不明显，法医学不能确认死亡，在这种情况下需辨认该个体是否尚有呼吸、心跳等生命体征，避免把假死当作死亡，从而酿成悲剧。

对于临床工作者来说，亦有重要意义是，在掌握临床死亡判断标准的同时，掌握法医学判断死亡的标准，即尸冷、尸斑、尸僵等早期尸体现象是法医确认死亡的标准。可以在某些重大灾害或事故急救现场对死伤者进行快速辨别。另外，按照刑诉法规定，作为临床医生，常可受邀作为专家辅助人出庭或是现场见证，故应对法医学死亡的概念和确认有所认识，因为这同样是基础医学知识的部分。

（莫耀南）

思考题

1. 脑死亡的概念及诊断标准是什么？
2. 死因的分类及各自的内涵是什么？
3. 死亡方式有哪几种？
4. 早期、晚期尸体现象有哪些？
5. 其他尸体现象有哪些？
6. 脑死亡与持续植物状态的根本区别是什么？
7. 如何鉴别假死？
8. 实施安乐死涉及的医学问题有哪些？
9. 法医学判断死亡的标准是什么？
10. 如何根据尸温、尸斑、尸僵等死后改变综合推断死亡时间？

第三章 机械性损伤

第一节 机械性损伤的机制

广义的损伤概念是指物理、化学或生物因素所致的人体的组织或器官结构破坏、功能或代谢障碍。因机械性暴力造成的人体损伤称为机械性损伤(mechanical injury)。机械性损伤不同于高温、低温、电流、雷击、放射线和中毒所导致的损伤,它是由于有形物体与人体相对运动引起的。在法医实践中,机械性损伤是最常见的暴力性死亡原因。

一、作用力的强度

机械性损伤的程度与作用力的强度、性质、人体受力的部位,以及人体组织结构的个体差异等诸多因素有关。作用力的强度与物体的质量、速度、作用时间、运动方式等有密切关系。

(一)影响作用力强弱的物理学因素

在机械致伤过程中,致伤物体的运动速度和质量决定了损伤程度的大小。根据物理学原理:

(1) $F=ma$,$a=(v_1-v_0)/(t_1-t_0)$:致伤物质量(m)与加速度(a)越大,作用时间(t_1-t_0)越小,则作用力的强度(F)越大,其所形成的损伤也越严重。

(2) $E_k=1/2mv^2$:从式中可知致伤物体的质量(m)和速度(v)直接影响致伤物体的能量(E_k),致伤物体的质量和速度越大,其所具有的能量也越大,则造成的损伤也越严重。

(3) $E_p=mgh$ 和 $v^2=2gh$:高度(h)即致伤物或躯体离地面越高,质量(m)越大,所具有的势能(E_p)也越大,则造成的损伤越重。

(4) $P=F/S$:当作用力(F)不变,受力面积(S)越小,则压强(P)越大,所以锋利尖锐的器具,容易穿破组织造成深部组织器官的损伤。

(5) $P=m_2v_2-m_1v_1=Ft$:致伤物体与躯体组织之间的运动方向和运动状态对创伤有直接的影响。在动量(P)相同时,如致伤物与躯体组织运动方向相同,那么受力部位由于顺向移动作用,相对的受力时间延长,相对的速度减小,损伤减轻;反之,两者的运动方向相反,则损伤严重。

(6) 根据力的分解法则,当作用力与躯体组织垂直接触时,造成的损伤要比斜向接触时产生损伤严重。能量守恒定律在组织损伤过程中依然受用。

(二)生物体组织器官的结构特性和反应性

生物力学研究证实,人体各种组织均具有不同的抗压力、抗拉力、抗冲击力、抗剪应力。人体均具有反应性、韧性、弹性与收缩性,这些是活体组织的共同特性。

1. 生物体组织的结构特性 损伤最常见于皮肤,然而全身不同部位的皮肤有着不同的厚度、角化程度、皮纹方向和皮下结构。在同等力的作用下,不同部位的皮肤损伤情况可不相同。人体是由颅腔、胸腔、腹腔、盆腔及四肢组成的圆柱形结构,各个空腔器官对其内组织又具有不同程度的保护作用,在不同程度上降低了损伤的程度。

2. 组织或器官的生物力学特征 机体组织或器官因其结构和成分不同,其弹性、韧性、张力、收缩力也不相同,对外力的抵抗力也有很大的差异。骨组织含水分较少,但其仍具有一定的弹性和可塑性,当所受作用力超过骨的弹性限度时就会造成骨折。一般而言,头皮对颅骨和脑具有很好的保护作用,头皮能够削减暴力的35%,以保护和避免颅骨和脑的损害。组织器官所处的状态影响其受损伤的程度。正常的脾有一定的弹性,脆性很小,有病变的脾较正常脾的脆性大、弹性小,当遭受暴力时,容易发生破裂。胃充盈时比胃空虚时受外力作用更易破裂,肝、肾、脾等实质器官比空腔器官更易破裂。腹部受打击时,有时受打击部位的皮肤无明显损伤或只有轻微损伤,但腹部器官可能会发生破裂。生物力学证实,人体松弛的皮肤可拉长至1.4倍,具有较大的弹性和韧性,可以抵抗较大强度的机械性暴力。肌腱有较强的延展性和韧性,肌腱和骨都具有很高的硬度,可以抵抗较大的暴力冲击。

3. 其他因素　机体的损伤情况还受年龄、营养状态、健康状态、疾病等的影响。如年轻人的组织弹性、韧性和收缩力比老年人强;肝、脾大时容易受外力破裂;骨质疏松的患者容易发生骨折;血液病患者容易发生出血等。

二、致伤物的性质和性状

在机械性损伤过程中,致伤物的性质和性状与损伤的情况密切相关,也为案件的侦查提供了参考线索。每种致伤物都因其质量、大小和形状不同,而形成不同的损伤情况。在作用力与受力部位相同的情况下,铁质或其他金属物体要比木质、骨质、塑料质造成的损伤严重;同等力作用下打击面宽的要比打击面窄的造成的损伤轻;有刃的致伤物造成的损伤,要比钝性的致伤物重。有时非金属致伤物作用于机体时,外表可以无损伤,但器官可能产生严重的形态改变或功能障碍。例如钝力打击头部,有时可以造成轻微脑震荡,甚至死亡,而体表损伤却很轻微;钝力打击心前区、脾区、肾区等可造成心脏震荡、心脏挫伤或脾、肾挫伤或破裂等。火器由于其威力所在,造成的损伤也相对严重,不同种类的火器对机体造成的损伤也有差异,主要见于枪弹伤、散弹伤、爆炸伤。其中爆炸伤引起的损伤一般为多种损伤共同存在的复合伤,损伤情况更为严重复杂。

致伤物的性状根据物体的形状同样可以分为三种:气体(爆炸冲击波等)、液体(高压水枪等)、固体(刀、斧、砖等),可以根据损伤的特征来推断致伤物。

三、机械性损伤基本形态

机械性损伤可导致机体解剖结构和生理功能改变,根据损伤的表现不同,可以将其分为以形态变化为主的损伤和以功能变化为主的损伤。

(一)形态改变为主的损伤

以形态改变为主的损伤包括擦伤、挫伤、创、骨折、内脏破裂和肢体断离等。

1. 擦伤(abrasion)是指致伤物与体表摩擦导致的皮肤各层的剥脱或缺损,又称表皮剥脱。擦伤常见于遭到钝器打击、坠落、交通事故等情况。擦伤可以发生在体表的任何部位,但以突出的部位常见,其形状、大小各异,有点状、条状、片状或同时存在。通过残留的表皮碎屑或游离皮瓣,可以推断作用力的方向及致伤物的粗糙程度。通常情况下,游离缘为作用力的起始端,附着缘为作用力的终止端。表皮中不含有血管,单纯的表皮剥脱或缺损无出血现象,只有组织液渗出,结痂成黄色或浅棕色(图3-1,彩图3-1)。当伤及真皮时常伴有出血,可见血液渗出。显微镜下可见血管扩张、

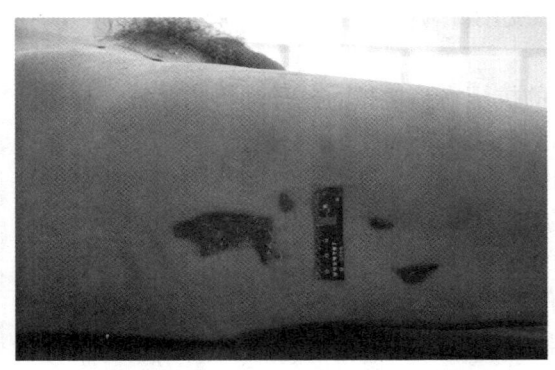

图3-1　表皮剥脱
本照片系大庆市公安局王宝军提供

出血及白细胞浸润等炎症反应。擦伤的表面被渗出的组织液或组织液和血液的混合液所覆盖，随之形成痂，数日后痂脱落，损伤面愈合，通常不留瘢痕。表皮剥脱或缺损极少合并感染，其愈合过程可作为判断损伤经过的时间根据之一。如伤后 3～6h，可见真皮内毛细血管扩张，形成血管网；12～24h 结痂；3 天左右从痂的周围开始剥离；5～7 天完全脱落。

根据致伤物运动方向及其作用机制的不同，可将擦伤分为以下四类：

（1）抓痕（scratches，finger nail abrasion）：由指甲或有尖头的硬物抓擦或划过皮肤形成的损伤。在扼死时，抓痕常见于面部和颈部。强奸案件中抓痕常见于受害者的外阴、双侧乳房、手腕、大腿内侧或臀部等部位。虐待儿童的抓痕多见于上肢前臂。

（2）擦痕（grazes，brush abrasion）：由体表与粗糙物体或地面摩擦而形成的损伤。多见于人体较突出的部位，成片状、条状，或二者兼有。表面通常可见沙粒、泥土等异物附着。伤及真皮层可有出血和痂形成。通常擦痕的起点处较深，受损面积大，而擦痕的末端浅，由此可推断力的作用方向。

（3）撞痕（impact abrasion，crushing abrasion）：由致伤物以垂直或较大角度于体表撞击，致伤物陷入皮肤时，其边缘形成的擦伤。此损伤多见于车辆撞击或坠落伤，有时在皮肤上留有特殊印痕，称为印痕状擦伤（patterned abrasion）。通常伴有深部组织的损伤（图 3-2，彩图 3-2）。

（4）压擦痕（fiction abrasion，pressure abrasion）：由表面粗糙的物体，在压迫皮肤的同时，与皮肤表面摩擦而形成的损伤，压擦伤不仅可伤及表皮、真皮及皮下组织，也可因受压而致真皮乳头变扁平，血管受压，局部缺血。压痕处由于表皮损伤并显著变薄，表面水分容易蒸发变干燥，死后可迅速形成皮革样化，其压痕可真实地反映致伤物的某种形态特征，而且压痕处经常可以检查到致伤物的粉尘或纤维等附着物，这对案件的侦查以及致伤物的确认有重要意义。压擦伤常见于缢吊、咬伤、地震灾害现场等（图 3-3，彩图 3-3）。

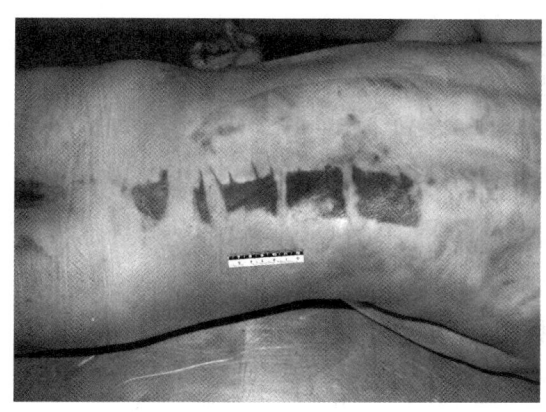

图 3-2　高坠撞痕
本照片系大庆市公安局王宝军提供

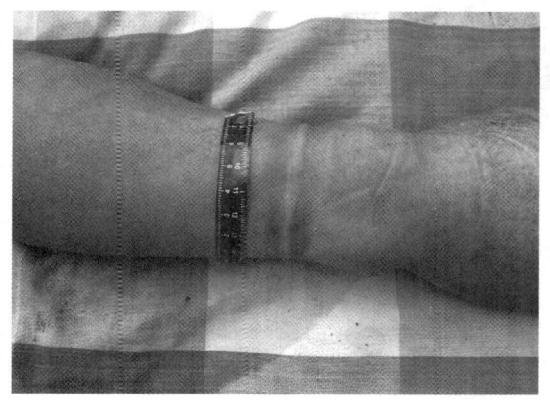

图 3-3　绳索形成的压擦痕
本照片系大庆市公安局王宝军提供

2．挫伤（contusion，bruise）　是由钝性致伤物作用于人体造成皮内或皮下血管破裂，进而引起皮下内出血或皮下出血为主要表现的闭合性损伤。挫伤可伴有表皮剥脱、局部肿胀和白细胞浸润等炎症反应。损伤的大小、形态、出血程度等因作用力大小与受损部位组织特点不同而异。例如眼眶、面颊部、女性乳房、大腿内侧、会阴等部位皮肤较薄，皮下组织疏松，血管丰富，受暴力后不仅易发生血管破裂、出血，而且出血量大、范围广。对于手掌、脚掌等部位，皮下组织致密、组织间隙小、血管分布少、角质程度高，受暴力后皮下出血量小。

挫伤也可以发生在肌肉或内部有膜包被的器官，例如脑、心脏、肺、肝、脾、肾、肠系膜等。

3．创（wound）　是由较大的暴力引起皮肤全层和皮下组织（肌肉、血管、神经）断裂或内部器官破裂。由致伤物的不同又可分为：①挫裂创：由钝器打击形成（图3-4，彩图3-4）；②切创：由切器切割所致（图3-5，彩图3-5）；③刺创：由带有尖端锐器刺插造成（图3-6，彩图3-6）；④剪创：由剪器剪割形成；⑤枪创：由枪弹头或弹丸打击形成。

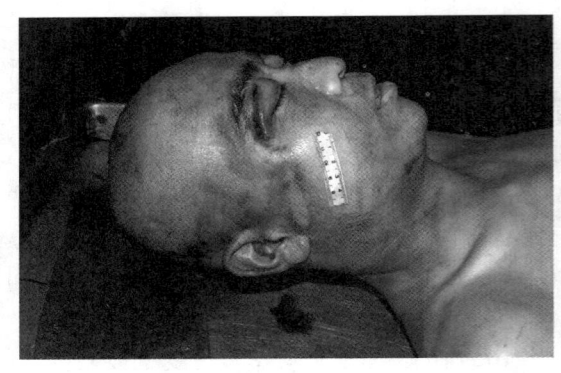

图3-4 挫裂创
本照片系大庆市公安局王宝军提供

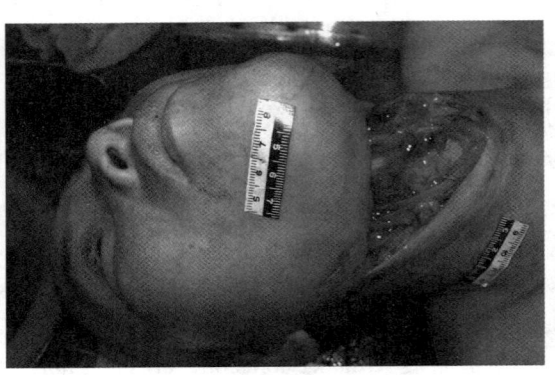

图3-5 切创
本照片系大庆市公安局王宝军提供

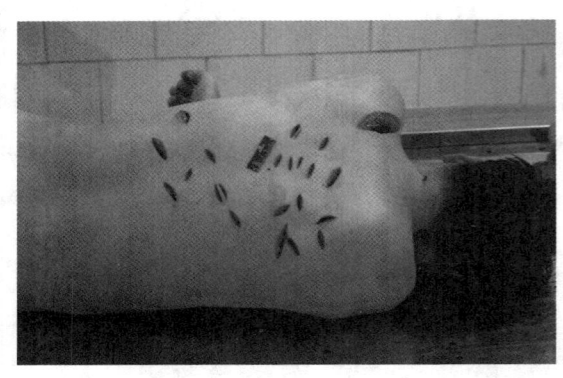

图3-6 刺创
本照片系大庆市公安局王宝军提供

无论哪种创伤都由创口、创缘、创角、创壁、创腔（创道）和创底六部分组成。组织破裂形成的皮肤及组织裂口称创口，创口周围皮肤的边缘成为创缘，由组织收缩在创口下形成的腔隙称为创腔，创腔周围的组织断面称为创壁，创腔底部组织称为创底，创缘皮肤交界形成的角称为创角。除圆形创口（如枪弹创）外，通常一个创口至少有两个创缘和两个创角。创壁之间未完全断裂的血管/神经和结缔组织称为组织间桥（tissue bridge）。创的原始形状和大小对推断致伤物种类及判断致伤方式有重要意义。

4．骨折（fracture） 由机械性暴力引起的骨组织解剖结构的完整性与连续性的破坏称为骨折。与创并存的骨折称为开放性骨折，仅有骨折而无创形成称闭合性骨折。根据外力作用方式和形成机制，骨折可分为骨折发生在致伤物着力处的直接骨折和骨折远离受力点的间接骨折。根据骨折的严重程度和形态可分为线性骨折、凹陷骨折、孔状骨折和粉碎性骨折。颅骨骨折在法医学鉴定中最为常见，其次为肋骨骨折、四肢骨骨折、脊椎骨骨折、盆骨骨折。

骨折常见于高坠、交通事故和灾害性事件。在伤害案件中常会造成颅骨骨折。老年人常有骨质疏松，易发生骨折。此外，一些骨骼疾病也可以造成病理性骨折。

5．内脏破裂（rupture of viscera） 作用力导致人体内部器官解剖结构完整性的破坏称为内脏器破裂。时常见于高坠、交通事故或灾害性事件。实质器官和空腔器官均可发生。实质器官破裂是指器官的被膜和实质部分被破坏，常见于脑、心脏、肝、脾、肾；空腔器官破裂是指器官壁层全层断裂，如胃、肠、子宫和膀胱。这些损伤均可导致功能损坏、出血、感染、休克等，甚至死亡。

6．肢体断离（dismemberment） 巨大暴力的作用使人体躯干、四肢遭受严重的破坏和离断称为肢体断离。肢体断离常见于交通事故、爆炸、建筑物倒塌、高坠、灾害性事件等，也见于死后碎尸。

(二)功能改变为主的损伤

功能改变为主的损伤是指引起重要生理功能发生急剧的、致命性变化为主的损伤,而无明显的形态学变化。主要包括以下两种:

1. 神经源性休克(neurogenic shock) 是指机体某些部位的神经末梢对机械性暴力的作用非常敏感,受到打击时,可引起严重的反射性自主神经功能紊乱,出现休克,甚至迅速死亡的一种病理状态。人体的太阳神经丛、喉返神经分布区、颈动脉窦区、外阴部和直肠肛门部等属此类敏感区,也称触发区(trigger region)。对此种情况,应该详尽地调查案情和临终症状,并进行全面的尸体剖验和其他实验室检查,以排除其他可能的死因。此外,强烈的疼痛或高位脊髓损伤等均可通过抑制心血管运动中枢或阻断交感神经缩血管反射,引起休克、循环衰竭或心搏骤停,导致死亡。

2. 震荡伤(concussive injury) 由剧烈的变速性外力作用于头部、颈部或心前区而引起的脑震荡、脊髓震荡和心脏震荡。其损伤的形态学改变较轻微,常规组织学检查仅见散在的小灶性出血;神经纤维或心肌纤维牵拉性损伤、间质淤血、水肿。脑震荡可影响神经中枢或心肌电生理活动,引起神经源性休克、心源性休克或心搏骤停,导致死亡。心脏震荡时可发生心电紊乱,因严重的心律失常,如室性心动过速、心室颤动等而死亡。

(高 阳)

第二节 机械性损伤的常见类型

一、钝器伤

钝器伤(blunt force injury,blunt instrument injury)是由钝器(无锋利刃缘、尖端的物体)作用于人体造成的机械性损伤。

钝器种类繁多,从人体的拳、足、牙到各种生活用品、生产工具,都可以用作致伤物,故其损伤形态多样。常见钝器为棍棒、斧锤、砖石,其次为徒手伤等。钝器伤可表现为擦伤、挫伤、挫裂创、骨折、内部器官破裂或肢体断离等形态,其中以擦伤、挫伤和挫裂创最多见。挫伤常与擦伤并存,挫裂创一般都伴有擦伤和挫伤。

(一)棍棒伤

棍棒打击人体造成的损伤称棍棒伤(injury by club)。按棍棒外形特征,可分为圆柱形、棱面形及不规则形等。按质地不同可分为木质、金属、竹、藤及塑胶等。棍棒的基本形态是有一个长条形的棒体和两个棒端,以棒体打击为多,受伤部位以头部多见,躯干、四肢次之。

1. 圆柱形棍棒伤 因圆柱形棍棒表面呈圆弧形,打击时仅有部分接触人体,且各部位的压强也不同,因而形成的损伤有其特征性。常见的是长条状皮内、皮下出血,中心部位较重,向两侧逐渐减轻,边界模糊不清,出血带宽度较棍棒直径小。木质棍棒表面不平滑时,可在打击范围内出现孤岛状表皮剥脱,铁质棍棒形成的表皮剥脱较重,在打击范围内常有条状表皮剥脱。

(1) 圆柱形棍棒若快速、重力打击在平坦且软组织较丰满部位,可出现中空性挫伤(图3-7,彩图3-7)。中空区的宽度一般小于棍棒直径,尤其是木、竹质圆柱形棍棒更易形成。在我国以往的法医学著作中称为"竹打中空或棒打中空"或称铁轨样挫伤(train-line or railway line bruise)。中空性挫伤的形成机制可能由于致伤物接触的中心部分的皮肤快速垂直下压,牵拉力撕裂两侧血管，当中心压力瞬间释放后，血液迅速进入损伤区边缘组织间隙而发生出血。

（2）圆柱形棍棒若打击在头部，因颅骨衬垫及头皮血管丰富、脆性大，易出现头皮挫裂创，两侧创缘可见对称性挫伤带，称为"镶边"样挫伤带（图3-8，彩图3-8）；垂直打击时，创缘两侧的挫伤带宽度一致；偏击时，棍棒运行方向与头部夹角小于90°的一侧因受力较大，该侧的挫伤带宽于另一侧。创腔内可有木屑或树皮、铁锈、油污等附着物，检查时应注意提取，以备实验室检验。

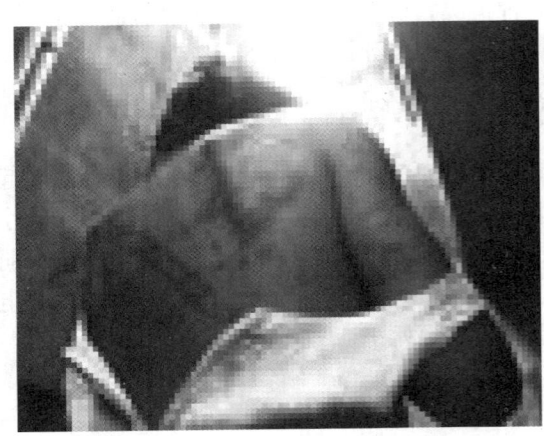 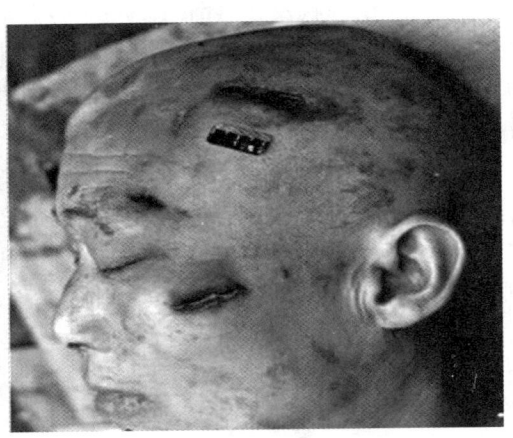

图3-7　中空性挫伤　　　　　　　　　图3-8　圆柱形棍棒致头皮挫裂创
背部可见两处中空性挫伤，由木棍打击形成　　　左颞顶部创口两侧创缘可见对称"镶边"样挫伤带

图3-9　"舟状"凹陷性骨折
与打击方向一致的主骨折线周围，可见一类椭圆形环状骨折线，两者之间有放射状截断骨折线，骨折区中央凹陷呈"舟状"

此外，头皮及皮下组织易被挫裂或挫碎，棒体端部打击时，形成弧形挫裂创。棒体打击力量较大时会导致颅骨骨折，轻者为线形骨折，重者形成"舟状"凹陷性骨折（图3-9，彩图3-9）。木质棍棒多形成线形骨折，铁质棍棒多形成凹陷性骨折，周围常伴有嵌压性小骨裂。多次打击形成粉碎性骨折。用棍棒任一端部戳击时，出现相同直径的圆形皮内、皮下出血，重者可致颅骨洞穿性骨折。

2. 方形棍棒伤　方形棍棒常常是人为加工后的一些特殊棍棒类型，其特点是棒体具有多个平面和平面之间的棱边。从棒端截面看，可以是长方形、正方形、三角形、梯形或多边形等。

（1）以棒体的平面垂直打击人体时，形成均匀的带状挫伤，界限清楚，宽度与接触面宽度基本一致；快速、猛击平坦且软组织丰厚的部位，可形成带状中空性挫伤；用棒端打击时，出现槽状中空性皮下出血，中空区宽度可反映接触面宽度，力量较大时，可形成线状骨折，或长方形凹陷骨折、粉碎性骨折。

（2）以棒体的棱边垂直打击人体，其擦伤、挫伤常呈条状，中心部位较重。在有骨质衬垫的软组织部位，易形成条状挫裂创，创口边缘平直，创缘周围出血带不明显，创腔内常无组织间桥，易误判为锐器伤，此时应特别仔细检查创底骨面上有无锐器损伤痕迹和覆盖物（如毛发）断面的形态特征以资鉴别。当铁质致伤物打击力量较大时，可形成颅骨沟状凹陷骨折（图3-10，彩图3-10）。

(3) 以棒端截击，可形成与棍棒端截面现状相似的方形挫伤。若以端部一角打击时，可形成三角形皮内、皮下出血或挫裂创，在颅骨上可形成三角形凹陷骨折。

3．不规则形棍棒损伤　不规则形棍棒是指纵轴弯曲、粗细不均、表面凹凸不平，以及有分枝或其他附属物的特殊棍棒，打击时棍棒不能与人体表面完全接触，常形成散在的，大小不等、形态不一、程度不同的擦伤、挫伤及挫裂创。如棍棒有分枝或其他附属物，常形成一些与这些分枝或附属物相对应的损伤，这对于致伤物的同一认定至关重要。此外，创腔内可留下木屑或树皮、铁锈等，检查时要注意发现和提取，以供实验室检验，为致伤工具认定提供依据。

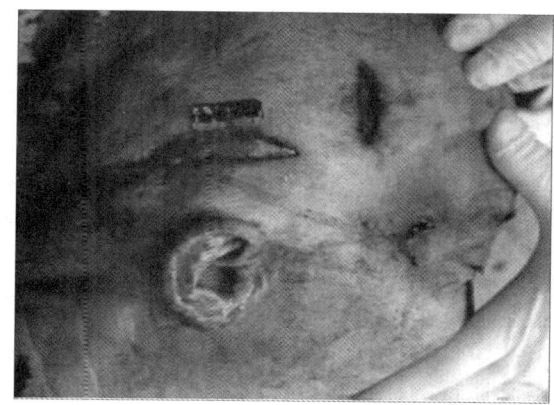

图 3-10　方形棍棒棱边致头皮条状挫裂创

图片上方可见两处长短不一的条状挫裂创，创缘的挫伤带较窄；右下方一呈直角三角形的挫裂创为棒端截击所致

（二）砖、石伤

砖头（brick）、石块（stone）打击造成的损伤统称砖石伤。砖、石类是常见的建筑材料，容易获取，因此，在钝器损伤案件中较常见。用砖、石类伤人时多为贴近打击，亦可抛掷伤人。砖、石损伤最多见于头面部，所致的损伤形态较复杂，损伤程度差别甚大，可造成挫伤、挫裂创和骨折。致伤砖、石多为就地取材，作案后，常将沾染有被害人血迹、毛发的砖、石遗留在现场附近。

1．砖头伤　用砖头打击人体形成的损伤称砖头伤（injury by brick）。砖的种类很多，在案件中以普通的黏土砖较多见。此种砖重约 2.5kg，主要含有氧化硅、钴、钙、铁等，实际工作中多用不完整的砖作为致伤物，故打击时砖屑、灰沙等可脱落遗留在损伤处，对推断和认定致伤物有重要意义。

(1) 砖头平面打击：以砖头的平面垂直打击在人体头面部，其挫伤区常伴有砖石粗糙面所致的点状擦痕；平面垂直打击于软组织丰满部位，可形成长方形中空性挫伤。若平面打击头部弧度较大的部位，可形成类圆形或不规则形头皮出血，常伴有表皮剥脱；若打击力大，可形成星芒状挫裂创（图 3-11，彩图 3-11），创口周围伴有表皮剥脱和砖屑遗留；高速打击头部，可形成线状骨折或骨缝分离；打击在胸部可致肋骨骨折；打击在腹部易致肝、脾等器官破裂出血。

(2) 砖头棱边或棱角打击：砖头棱边或棱角打击头部，在头皮可形成条形、三角形皮内、皮下出血和表皮剥脱。如打击力大，在头皮可形成条形、三角形挫裂创，有时可见组织挫碎，创口周围可遗留碎砖屑、灰沙等物，对应的骨质可形成线形骨折或成角状的凹陷骨折。

(3) 断砖头打击：砖头的断端因其凹凸不平、不规则，作用于身体时因受力不均，形成损伤轻重不一、形态不规则。在同一损伤区内可同时存在多发性、大小形状不一的擦伤、挫伤、挫裂创。

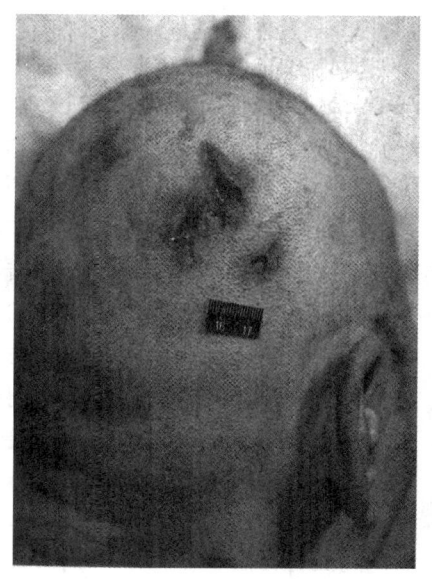

图 3-11　星芒状挫裂创

图中 4 个星芒状挫裂创周围有明显的挫伤带，挫伤带边界不清

2. 石头伤　用石头打击人体形成的损伤称为石头伤（injury by stone）。石头打击致伤的案件，多见于发生在野外的暴力性案件，常以山石和鹅卵石损伤较为多见。受伤部位多为头部。

(1) 山石伤：山石表面凹凸不平，并有不规则的棱边和棱角，其大小和重量不等，硬度不同，故形成的损伤形态多样。不规则的山石一次打击，常可形成大小不等、深浅不一、形态各异的损伤，与断砖打击形成的损伤相似，有时易被误认为多次打击所致。山石打击头部所致的挫裂创，可表现为多种形状，但大多数为不规则形，有多个创角，创腔内可见石屑，呈现出周围着力较轻、中央着力较重的趋势，并且在创口周围伴有多种形态、轻重不一的擦伤和挫伤。山石边缘常呈不规则条形，打击在头顶常形成不规则的头皮挫裂创。

山石棱角猛击头部，可形成凹陷骨折，若棱角较尖，亦可形成孔状骨折，其半径较小，周围有伴行的环状骨裂。山石边缘打击重时则可能形成不规则线形骨折或凹陷骨折，甚至脑损伤。致伤石块上常可见血迹和毛发，有些山石易碎，故有时创腔内可检见碎石屑。

(2) 鹅卵石伤：鹅卵石多见于河滩野外，呈不规则圆形或椭圆形，表面较光滑，质地较坚硬致密。在实施暴力时，往往就地取材，损伤部位亦多见于头部。鹅卵石打击可在头皮上形成表皮剥脱和皮下出血，其形状多为类圆形或椭圆形，中心部位出血较严重，色泽较深，周边逐渐浅淡，边界不清。鹅卵石所致挫裂创多呈星芒状，创口周围常伴有范围较大的表皮剥脱，皮下出血（参见图 3-11）。

鹅卵石打击造成的骨折，与打击力的大小和接触面有关。在一般外力打击下，可在骨外板形成类圆形的骨质压痕。若打击力量与接触面大，可形成弧形的线状骨折，颅顶、颅底联合骨折或大范围的粉碎性骨折。若打击力大而接触面小，则可形成类圆形塌陷骨折或粉碎性骨折，此种骨折周边不规则，有的可呈弧形，常伴有放射状骨折线从着力中心向四周延伸，骨折区内碎骨块大，数量少。骨折区相应的脑损伤也较常见。

(三) 斧、锤类伤

斧由斧体和斧柄组成，斧体为铁质，分斧背和斧刃两部分。斧刃为锐器，斧背为钝器，是凶杀案件中的常见凶器。斧的种类很多，常见的斧背形状以方形或长方形最为多见，少数为圆形。其损伤部位常见于头面部。

1. 斧背伤（injury by back of axe）

(1) 斧头质量重，打击动量大。用斧背打击头面部时，常可形成反映斧背形状、大小的挫伤或挫裂创，有时反映出斧背完整的边缘，有的仅呈部分直边和直角，其出血挫伤区的边缘为斧背棱边所致的挫裂创，挫裂创的外创缘一般较平直，内创缘不整齐，可伴有组织挫碎。斧背快速垂直打击在较丰满的软组织时，亦可形成"中空性皮内、皮下出血"。

(2) 斧背打击头部曲率较大部位或以其角面接触时，亦可形成类圆形或三角形的皮内、皮下出血，以及星芒状或凹三角形的挫裂创。对此类变异伤痕，应仔细观察其周围有无典型的边界清晰的直角形皮下出血。斧背打击头部时，常伴有颅骨的线形骨折或凹陷骨折、粉碎性骨折，亦可见骨缝裂开。骨折的性状取决于斧背与头皮的接触面，当斧背垂直打击头部，因作用面积小，打击力集中，易形成类方形的凹陷骨折或粉碎性骨折，甚至形成孔状骨折，骨折区往往大于斧背面积，在骨折边缘上有时反映出斧背棱边、棱角的形态特征。若斧背斜击头部，轻者在颅骨外板上形成三角形骨质压迹，重者则形成三角形斜坡样凹陷骨折。斧背打击容易在颅骨骨折的下方形成冲击性脑挫裂伤、骨折性脑挫（裂）伤和颅内血肿。

2. 锤击伤（injury by hammer）　锤由锤体和柄构成。锤体多为铁质，分锤面和锤背两部分，锤面有方形、圆形和多角形；锤背的形状有乳头状、羊角状、鸭嘴状、帽状、圆锥状等多种形态。锤的锤面和锤背打击时可形成形态各异的不同损伤。锤击伤多见于头面部，受害者常死于重度脑损伤或颅内出血。

(1) 圆形锤面所致损伤：锤面垂直打击人体较平坦的部位可形成与锤面形态大小相近的

皮内、皮下出血,若打击部位为丰满的软组织,可形成中空性挫伤。锤面垂直打击头部曲率较大部位,可形成圆形或半月形皮内、皮下出血,但出血范围往往小于锤面直径,其出血边界不清。此种打击所致的挫裂创除呈弧形外,还可呈星芒状或不规则状,挫裂创的中央可见组织挫碎,其周围可见表皮剥脱、皮下出血。有时一次打击也可形成相对应的两个挫裂创,两创口之间伴有挫伤区。重力打击可形成圆形或类圆形凹陷骨折,甚至孔状骨折(图3-12,彩图3-12)。多次重击可造成严重的粉碎性骨折,此种骨折的骨碎片较小,骨折区周边多呈波纹或阶梯状,其弧形大小近似。圆形锤面偏击人体可形成半月形皮内、皮下出血,亦可形成弧形挫裂创。挫裂创弧内伴有挫伤区,近弧边损伤较重,可有组织挫碎。此种打击力量大时,可致颅骨形成半月形阶梯状凹陷骨折,骨折的弧边内陷较深,骨面呈斜坡状。

(2) 方形锤面所致损伤:方形锤面打击头部形成的损伤形态与斧背打击相似,但两者需进行鉴别。斧背伤在同一尸体上还可能伴有斧刃砍伤,而锤面伤可能同时伴有锤背或锤体侧面所形成的损伤。

(3) 锤背所致损伤:锤背所致损伤与其自身的形状相关。奶头状锤背打击人体软组织,可形成小于奶头直径的圆形或类圆形皮内、皮下出血,若有骨质衬垫亦可形成类圆形或星芒状挫裂创。挫裂创中心可伴有组织挫碎,有时露出骨质,对应的骨质可出现圆形凹陷骨折。羊角状锤背打击头部,可形成与羊角末端形态近似的挫裂创;打击力大时,亦可形成形态近似的凹陷骨折或孔状骨折。鸭嘴状锤背打击头部,可形成扁长方形皮内、皮下出血、挫裂创、凹陷骨折或孔状骨折(图3-13,彩图3-13)。

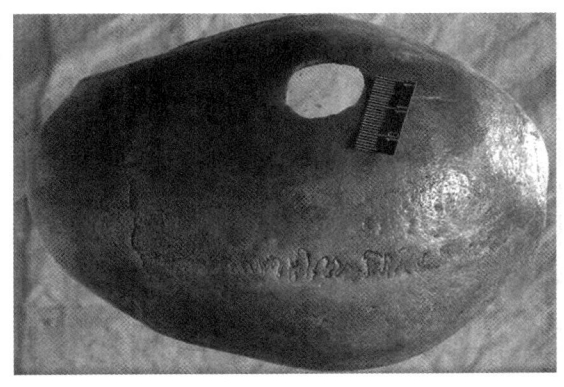

图 3-12　颅骨圆形孔状骨折
圆形锤面打击导致颅骨孔状骨折

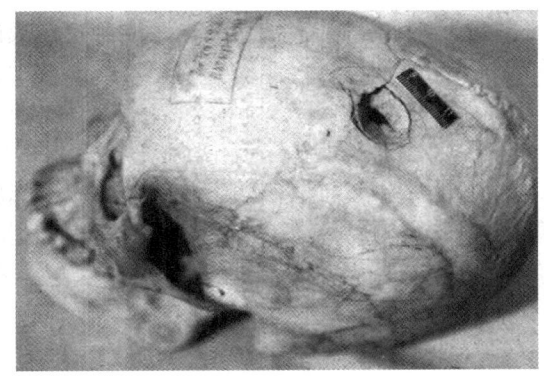

图 3-13　颅骨类圆形凹陷性骨折
奶头状锤背打击致颅骨类圆形凹陷骨折

二、锐器伤

锐器伤 (sharp instrument injury) 指利用致伤物的锐利刃缘和(或)锋利尖端作用于人体上所形成的损伤。具有这种锐利刃缘和(或)锋利尖端的致伤物,称为锐器。常见的锐器有各种刀、斧、匕首、剪刀、玻璃片、金属片、瓷片及木刺等。锐器造成的损伤皮肤通常都破裂,故称锐器伤。锐器伤在法医实际工作中很常见,尤其是他杀案件。

锐器伤的形态较规则,创口可呈裂隙状或裂开,裂开的程度与皮纹走向有关。锐器伤有以下共同特点:创角尖锐、创缘整齐、创壁平滑、两创缘或创壁之间无组织间桥、创腔较深、创缘不伴或仅有很轻的擦伤、创口出血明显等。大多数锐器伤的创口形状呈梭形或长梭形。

根据锐器的种类及着力方式的不同,可将锐器伤分为刺创、切创、砍创及剪创。

(一) 刺器及刺创

1. 刺器　是指具有体长和锋利尖端,或同时有锐利刃缘的致伤物均称为刺器 (stab

weapon）。刺器有长有短，长者如刺刀、杀猪刀；短者如缝衣针、铁钉等。按其有无刃缘，分为无刃刺器和有刃刺器两大类。

（1）无刃刺器：无刃刺器指仅有锋利尖端而无刃缘的致伤物，如缝衣针、铁钉、骨针及铁锥等。在法医实践中较少见。

（2）有刃刺器：有刃刺器指既具有锋利尖端又有锐利刃缘的致伤物，在法医实际工作中较常见，又可细分为：①单刃刺器，如杀猪刀、水果刀、刺刀、餐刀及弹簧刀等；②双刃刺器，如匕首、剑等；③多刃刺器，如三棱刮刀等。

刺器按有无柄部相连，还可以分为有柄刺器和无柄刺器。刺器横断面可以是各种形状的，如圆形、窄梭形、三角形、弧形及不规则形等。

2．刺创　具有锋利尖端的物体沿其长轴方向插入人体所形成的锐器伤，称为刺创（stab wound）。刺创的形态特点分述如下。

（1）刺创：刺创的创口小，创腔深，常伤及内部器官或大血管而危及生命。贯通刺创由刺入口、刺创管和刺出口组成；盲管刺创无刺出口。刺入口的形状常与刺器横断面形状相似，据此可推断刺器的类型。由于皮肤弹性回缩，刺创口常略小于刺器横断面。

（2）刺切创：当刺创与切创同时存在时，称刺切创（stab-incised wound）。刺切创同时具有刺创和切创的特点。刺切器造成的创口，可分单刃刺切创、双刃刺切创、多刃刺切创，及变异型刺切创等。

1）单刃刺切创：刺入口一般呈菱形，创缘整齐，无表皮剥脱及皮下出血，创角一钝一锐，锐角为刺器刃部形成，钝角为背部形成。由于刺器背部厚薄不一，使刺入口边棱成角钝锐程度不同，有时刺入口钝角端的两个角向外延伸成两条条状表皮剥脱，或形成小裂创。有些单刃刺器的背部菲薄，刺入人体时如沿刃口方向移动，所致的刺切创口酷似双刃刺器所形成。

2）双刃刺切创：其刺入口呈菱形，两创角均呈锐角，创缘整齐而无表皮剥脱及皮下出血。

3）多刃刺切创：三角刮刀可形成三角形创口。其创口形态依被刺部位皮肤的厚薄及皮下脂肪组织的多少而有所不同。皮肤厚而皮下脂肪少的部位，如头部，创口呈"人"字形；皮肤薄而皮下脂肪厚的部位，如腹部，由于皮下脂肪外翻，创口常呈弧形。三角刮刀所致的三角形创口，各边长及夹角大小并不一定相等，根据刺入角度不同可呈"T"形或"Y"形。如刺伤骨骼，可留下三角形孔状骨折。

4）变异型刺切创：变异型刺切创是指有刃缘的刺器插入人体后，刃部转动或刺入后拔出时刃部的方向改变，形成与刺器横断面差异较大的刺切创口。有的创口则由于在同一部位多次刺入而造成。如单刃刺器可形成两创角皆钝或皆锐，一创角或两创角呈分支、弧形、椭圆形，甚至成为不规则形的刺创；双刃刺器可形成两创角皆钝或一钝一锐、一创角或两创角有分支，甚至形成椭圆形创口等。

3．无刃刺器所致刺创的形态　无刃刺器所致刺创创口形态与刺器尖端的形状及体表位置有关。

（1）针刺伤：注射治疗或抢救注射，中医针灸，自己注射毒品，他人注射投毒或游医针刺均遗留针刺伤。针孔一般呈圆形，孔周有或无轻微皮下出血，无表皮剥脱，显微镜下可见出血。长针可刺破肺，引起气胸；刺破心脏，尤其是心房、心耳部，可引起心包积血。针刺哑门穴有时可伤及延髓，危及生命。我国古代就有用针刺杀人或自杀的记载。

（2）钉刺创：以自杀为多见。钉刺创的创口呈圆形，创周有环状表皮剥脱及皮下出血，类似于远距离射击所致射入口，应注意鉴别。钉入板状骨造成规则的孔状骨折，周围常无骨折线，外板口小且整齐，内板口大且有缺损。从颅顶正中缝钉入不一定造成死亡，曾有铁钉在活体颅内存留多年的报道。如钉刺后立即拔出，可引起出血导致死亡。

4．刺创的检验　重点是推测刺器种类、刺创形成方式和确定死亡原因。应注意：

(1) 刺创口：①皮肤刺创口的形态检查，皮肤刺创口的大小与刺器大小有一定关系。无刃刺器所致刺创口常小于刺器横断面；有刃刺器所致刺创口，如刺入和拔出过程中刺器和身体均无扭动，则刺创口大小近似于刺器横断面大小；当形成刺切创时同时有切割作用，其入口大于刺器横断面。对皮肤刺创的检查，应先在自然状态下观察创口形态并照相，然后将其合拢检查，有助于与嫌疑致伤刺器比对。也可在立体显微镜下观察。②内部器官刺破口检查，检测刺创时，应探测创道的深度。刺创的深度不能反映刺器的长度，由于皮肤可被压下后回弹，刺创的深度常大于刺器的长度。若刺器刺破胸膜、腹膜、膈肌或有包膜的实质器官，可将这些部位的刺入口与皮肤上刺创口对比。③衣物刺破口检查，刺创死者常可在衣物上发现刺破口，要详细记录布纤维断裂情况，破口大小及方向是否与皮肤刺创口一致等。

(2) 刺创管：即刺器刺入人体内形成的管状创腔。刺创管的方向与刺器刺入的方向一致。当刺器刺入人体后未全部抽出又重复刺入时，则可形成一个刺入口、多个刺创管的现象。刺创管的长度与刺器刺入人体内的长度和受伤部位的情况有关。刺创管如累及骨骼和实质器官则有相应的损伤，则刺创形状常能较好地反映刺器横断面的形状。

(3) 刺出口：仅见于贯通性刺创。其形状与相应刺入口相似，略小，创缘不伴有擦伤。如刺器未拔出又反复刺入并贯通时，可形成一个刺入口和多个刺出口。

5. 刺创的死亡原因　大出血是刺创最常见、最主要的死因，尤其是伤及心脏或大血管时。如损伤含血丰富的实质器官，如心、肺、肝、脾、肾，可导致急性失血性休克，如刺伤心包破口较小，可导致急性心脏压塞而致死。如刺伤肺，可发生血胸、气胸或血气胸，导致肺压迫死亡。有时由于创口收缩或软组织阻挡，外出血较少而内出血较重，尸检时应详细记录体腔内出血的量。刺创形成的胸、腹或颅脑的开放性损伤可继发感染导致死亡。有时刺破较大的动脉可继发假性动脉瘤，动脉瘤破裂出血亦能致死。

(二) 切器及切创

1. 切器　以刃部按压皮肤并用力牵拉可致伤的锐器称为切器，其共同特点是具有锐利而薄的刃部。各类切器大小、重量、形状及刃长，依其自身的用途不同而差异很大。切器大小不同，所形成的损伤形状和程度也存在差异。按刃部的长短和形状一般分为三类：①长刃切器，如菜刀、杀猪刀、镰刀等；②短刃切器，如小水果刀、剃须刀、手术刀等；③不规则刃切器，如碎玻璃片、碎玻璃瓶、碎瓷片等。其中以菜刀较常见。

2. 切创　用切器的刃部下压，并沿刃缘的长轴方向推拉牵引形成的损伤，称为切创（incised wound），或割创。切创是典型的锐器伤，具有锐器伤所有的共同特点。被致伤物既砍又切，或既刺又切形成的损伤，习惯上称为砍切创或刺切创，为常见的复合型锐器伤。

3. 切创的特征　创口多为长梭形，呈条状裂隙，也可呈纺锤形、棱形和不规则形，主要取决于所在部位不同，两侧创缘合拢后呈细线状。除在四肢的切创较短外，切创一般均较长，多在10cm以上，常超过致伤切器刃口的长度，这是切创不同于砍创、刺创的显著特点之一。切创的创角尖锐细长，两侧创角常有深浅不同之分，如果重复切割时，创角常有多个浅表的小创角，形似鱼尾状。切创的创缘平整，有时因皮肤收缩可使创缘呈波浪状；有皱褶的皮肤被切割时，在创缘上出现小的尖锐皮瓣；创缘一般不伴有擦伤和挫伤。切创的创底多不平直，呈倾斜状，一侧较深，另一侧较浅。切创的创腔一般不深，但多有血管损伤，故外出血明显。

自杀切创最多见于颈部，其次是腕部、腹股沟部和腹部。通常将自杀者的主创口创缘旁边的、孤立的、与主创口平行而无连续的、浅表短小的创口称为自杀试切创（hesitation mark, hesitation wound）。而他杀时与主创口平行的切创多与主创口连续或是其分叉。自杀切颈者有时颈部创口长、大而深，甚至可在颈椎椎体前出现数条表浅切痕，这是自杀者在死亡之前短时间内反复切割形成，需要认真鉴别。自杀切颈者所用致伤物多是菜刀等长刃切器，但也有用剃须刀、匕首、水果刀等其他切器；自杀切腕、切腹股沟部多用短刃切器等。自杀性致伤切器大多遗留在现场尸体旁，有时甚至因尸体痉挛而紧握在手中。但自杀者有时也可能出于某种原因，在临死前故意将切器丢弃或隐藏在现场附近。小的切器也会掉在尸体旁血泊中，因此仔细勘察现场很重要。

他杀切颈较少见，尤其是单纯用切颈方式杀人者，更是少见。偶有切颈杀死熟睡者的情况，但多与其他杀人方式联合使用，如先击伤或砍伤头部致昏迷，或先扼颈致昏迷后再切颈。他杀时，由于被害人的抵抗或防卫，可在手上或上肢前臂外侧形成抵抗伤（defense wound）。上述一般性切创基本特点也要视切器类型和切创部位而异，当切身体突出的部位，如乳头、阴茎、鼻、耳等可形成切断创，这种创无创腔，只有创缘和创面，其创缘整齐，创面平整。

4. 切创的死亡原因　急性失血性休克是切创导致血管损伤而发生的最常见和最重要的死因。颈部切创常导致颈部动脉、静脉损伤出血。腕部切创常伤及桡、尺动脉及相应的静脉。腹股沟部切创则多损伤股动静脉。颈部切创的出血可被吸入被切断的气管，导致吸入性窒息死亡。颈部静脉低于大气压的负压状态，可吸引空气自静脉破口进入血循环，形成空气栓塞而导致死亡。腹部切创如果损伤肝或脾等器官，可死于急性失血性休克，此时出血可主要表现为内出血；而损伤胃肠，则可导致急性感染性腹膜炎。

（三）砍器及砍创

1. 砍器　以其刃部自上而下垂直或倾斜挥动致伤的锐器称为砍器。它们一般具有相当的重量和体积，并有一定长度、便于持握和挥动的柄，故砍伤的作用力较大，造成的损伤较重。砍器一般分为两类：一类为长刃刀类，如菜刀、砍柴刀、屠刀、铡刀、马刀等；另一类为斧类，如柴斧、木工斧、肉斧等。最典型的砍器是斧，其刃长一般在10cm左右，刃部较厚。有的斧（如木工斧、肉斧）刃部锐利，有的斧（如柴斧）刃部可能因钢质不好或长期使用而变钝，甚至出现缺损、卷曲等。菜刀是日常生活中最多见的具有砍、切双重功能的刀类，其刃部较长，多超过10cm，甚至更长；其背部较薄，有的背部较锐利，但用背部致伤者较少。

2. 砍创及其特征　挥动砍器，以其刃部自上而下垂直或倾斜作用于人体形成的损伤称砍创（chop wound）。砍创的特征有：

（1）砍器常较重，体积也较大，以挥动砍击为致伤方式，故砍创的明显特点是损伤程度严重，不仅创腔深，还常常合并有较重的骨质与内脏器官损伤、内脏器官破裂，甚至造成肢体离断。砍切创一般为他杀，以头面、胸、腹、背部多见。他杀（包括伤害）砍创的数目常较多，以头面、胸、颈等部位多见，且程度重，分布凌乱。被害人前臂和双手常见抵抗伤。有时还可能在被害者头部等处检出钝器打击所形成的损伤，如斧砍创可能还伴有斧背击伤。

单纯使用砍器自杀者罕见，且一般不能致死。自杀者常使用刀类砍器在前额部连续砍击，虽可致该部位皮肤损伤较重，但一般最多在额骨外板上留下多数集中的、浅表、并列、走向一致的砍痕，最后用其他方式致死。

（2）砍创口多呈棱形，创口长度与砍器刃部砍入组织的长度有关。垂直砍入较平坦的人体部位（如胸、腹、背部），刃部全部进入人体组织，则砍创长度近似于或等于砍器刃长；砍器刃部全部进入人体组织，且伴有切创（砍切创）时，创口长度则长于砍器刃长；砍击人体较隆突部位（如头顶、颈部、四肢），或砍器刃部仅部分进入人体组织内时，则创口长度小于砍器刃部长度。

砍创具有锐器伤的基本特征，但当刃部较钝或较宽的砍器（如柴斧）所致的砍创，其创缘常伴有擦伤；如倾斜砍击，砍器体部常与创口一侧的创缘摩擦而形成较宽的擦伤，而另一侧创缘则可能向上翘起，形成瓣状创；如砍器刃部一端完全砍入体内，则形成一钝一锐的创角。如果砍切创由既能砍又能切的砍切器所形成，除具以上切创的基本特点外，还具有创腔较深，创底骨质和内部器官损伤严重的特点。

（3）砍创在深部骨质上损伤，依致伤作用力的轻重和部位不同而有差异。以损伤多见的头颅骨为例，轻者形成颅骨外板局部缺失（砍痕）；稍重则形成平直线状骨折或凹陷骨折；更重则形成反映砍器刃部及体部特征的孔状骨折等；反复砍击头颅局部，也可致颅骨粉碎性骨折。仔细检查，可见砍器刃部在直接作用部位形成的颅骨粉碎性骨折，或平直线状骨折，或颅骨板断面的砍痕，即骨折断面较平直，并可留下反应砍器刃部缺损或卷曲细节特征的痕迹（图3-14，彩图3-14）。人体其他部位如四肢、脊柱、肋骨上砍创所致的骨折，骨折断面也有平直砍痕，这是不同于其他锐器伤的特征。他杀时被害人前臂和双手常见因抵抗、搏斗形成砍创，甚至肢体离断，称为抵抗伤。

3. 砍创的死亡原因　头面部是砍创最常见部位，因此脑损伤及颅内出血是最常见和最重要的死因。如砍创发生在四肢、颈部和躯干，则较大血管和（或）内脏器官损伤导致的急性失血性休克为最常见死因。砍创所致的开放性

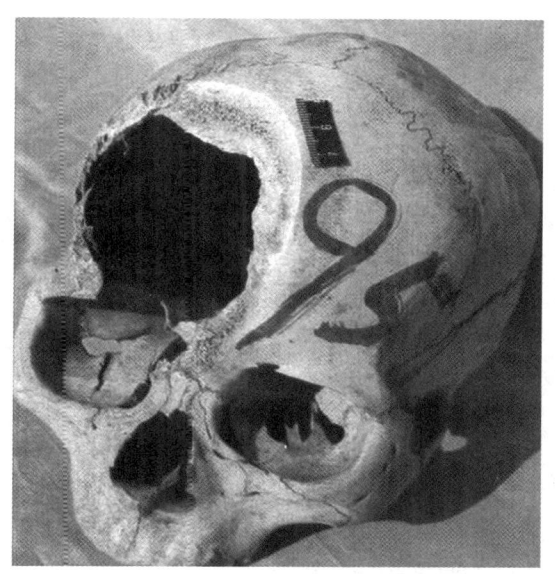

图3-14　右前额颅骨洞样砍创
右前额颅骨洞样砍创的内上方呈典型的平直砍创断面，而断面的其他部位则由砍后撬折呈凸凹不平

损伤可成为继发感染的途径，严重的继发感染亦可致死。如果砍创程度较轻，未伤及重要器官和血管，愈合康复后可致伤者不同程度的残疾，如面容毁损、肢体残废。

（四）剪器及剪创

1. 剪器　以其两刃片刃口相向运动而夹剪致伤的锐器称为剪器（scissor）。依用途不同又分为家用剪、裁衣剪、手术剪、理发剪、指甲剪及修枝剪等，其大小形状各异，刃口的锋利程度也不同。剪器除可用于夹剪外，也可用作刺器。

2. 剪创及其特征　是指以剪刀的两刃绞夹人体形成的损伤。剪创与其他锐器伤一样，是以致伤作用方式（刺、切、剪）来命名的，除剪刀形成特有的剪创（clip wound）外，还可形成刺创或切创。剪创的基本特点如下：

(1) 夹剪创：典型的剪创，其创腔多较浅，创口形状依夹剪方式不同而异。①当剪刀的两刃分开、垂直夹剪体表时，创口常呈直线形和略带弧形，在两创缘的中央部位常有两刃交合而成的小皮瓣突起；②如果垂直夹剪至中途停止、两刃未合拢时，则形成两个在一条直线上的短条状创口，两创口的内外创角均尖锐；③当剪刀的两刃分开，以一定倾斜角度夹剪体表时，则创口呈"V"形，且倾斜度愈大，其创口两夹角愈小；④当以倾斜角度夹剪，两刃部尚未完全合拢即拔出时，则形成两个倒"八"字形排列的创口、创角外圆内尖；⑤当夹剪时被剪处的皮肤出现皱褶，则一次夹剪，可形成几个大小不等的"V"字形创口。

(2) 剪断创：指因夹剪作用而致人体突出部位的组织被剪断的损伤，有完全和不完全之分，完全剪断创指被剪断的组织完全与身体分离。剪断创所形成的是创面，而不是创口，在身体剪断创面的中央，可见由两刃部交合处形成的嵴状突起。

(3) 刺剪创：指用剪刀的单刃或双刃插入人体再进行夹剪作用所形成的损伤。当两刃部分开倾斜刺入人体后再夹剪，两刃部最后合拢时，创口呈人字形，创角外圆内尖；两刃部最后未合拢时，则创口呈前述倒八字形，创角亦外圆内尖；当剪刀的一刃部刺入人体，另一刃部未刺入而夹剪时，则创角为一圆一尖。

3. 剪创的死亡原因　剪创通常不会很深，因此除非损伤较大的血管，一般不易导致死亡。颈部剪创可以损伤颈浅部的大血管和（或）气管，其后果类似于颈部切创，可因急性失血性休

克或血液吸入性窒息、静脉空气栓塞或继发感染而致死。

三、火器伤

火器是借助于爆炸物燃烧时产生大量气体从而将投射物投出的一类工具，由火器引起火药引爆所致的人体损伤统称火器伤（firearm injury）。火器伤在本节中仅指枪弹创和爆炸伤两种损伤。在战争期间，各种火器伤皆可遇到。在和平时期，由弹头或爆炸物所致损伤，常见于他杀、自杀和意外事件。

（一）枪弹创

枪弹创（bullet wound）是由发射的弹头或其他投射物击中人体所致的损伤。枪弹创的形态特征与枪弹类型、射击距离和角度、组织的结构等有关。典型枪弹创为贯通性枪弹创，由射入口（entrance of bullet）、射创管（canal of bullet）和射出口（exit of bullet）三部分组成。非典型枪弹创包括：①盲管枪弹创（bind tract gunshot wound），指无射出口的枪弹创；②沟状枪弹创，指弹头沿人体表面擦过而形成的枪弹创；③反弹枪弹创（ricochet gunshot wound），弹头碰到坚硬物体，反弹击中人体而形成的枪弹创，其射入口因弹头已变形、变向，失去射入口特征；④回旋枪弹创（circumferential gunshot wound），为盲管枪弹创的变异，其特殊之点在于弹头在体内遇到质地较硬的组织如骨骼的阻挡时，弹头转变方向继续向前移动，常形成无射出口的曲线射创管。

枪弹创有以下形态特征：

1. 射入口　贴近射击、近距离射击和远距离射击，射入口的形态极不一致。接触射击火药燃烧产生的强大气流，在弹头穿破皮肤时，气体大量涌入皮下组织，使皮肤撕裂呈芒状；远距离射击时，创口大小一般与弹头直径相一致，或因皮肤弹性回缩而略小于弹头直径；近距离射击，弹头穿过皮肤后，由于皮肤回缩，圆形缺损的直径或椭圆形的短径略小于弹头的直径，若软组织较少，皮下衬有骨组织，其口径等于或略大于弹头直径。

典型枪弹创射入口的形态学改变包括：①皮肤有圆形缺损，其直径一般小于弹头直径。这是由于弹头穿过皮肤时，先使皮肤伸长，中心部挫灭而成圆形缺损，穿孔后皮肤回缩所致；②弹头旋转穿过皮肤时，与皮肤撞击摩擦而在环绕缺损皮肤的边缘，造成一宽度为 2～3mm 的擦伤带和呈红色的挫伤区，称为挫伤轮（contusion collar）；③弹头上附着的油污、铁锈、金属粉末和尘埃覆盖于挫伤轮之上，称污垢轮（grease collar），又称擦拭圈；④燃烧不完全的火药颗粒和随弹头飞射的金属粉末嵌在皮肤和创道口组织中，称火药烟晕。射击距离愈近，烟晕范围愈小，色愈浓。反之范围大。射击距离超过 50cm，则看不到烟晕、灼伤、火药颗粒沉着等。创口及其附近的创道、周围皮肤常有烧灼伤的改变，射击距离愈近烧灼伤改变愈明显；⑤接触射击时，枪口冲出的高压气体进入皮下，皮肤局部可形成枪口的印痕。

近距离射击的组织切片中，可见到创口出血区有纤维蛋白形成、组织凝固性坏死，以及火药粉末附着。扫描电镜下，可见明显纤维蛋白网，其间包裹红细胞和血小板的残片；胶原纤维肿胀。能谱测定可证明残留在组织中火药颗粒和金周颗粒的化学组成。

2. 射创管　又称创道。贯通枪弹创形成的射创管呈直线型，而回旋枪弹创的射创管为弯曲型。射创管入口端常见衣物碎片等异物，出口端可有碎骨片或其他器官组织碎片。盲管枪弹创弹头可滞留于射创管的盲端，有时也可掉入体腔内。射创管周围组织可见大小不等的出血。特别在组织密度较均匀的实质器官如肝、肾、脾等常在弹头穿过时，由液体力学原因，常破裂呈星芒状，但出血区域边界清楚；心、肺和胃肠有穿孔，肠穿孔可以有数个。

射创管的管壁组织学特征为可见到原发创道区、挫伤区、震荡区三层不同程度的改变。原发创道区指弹头直接损伤的组织，可见大量破碎组织、凝血块、血液和各种异物。挫伤区指围绕原发创道的邻近组织。组织学改变以肌组织为例，挫伤区内层为坏死肌组织，肌纤维失去正常结构呈均质状，染色稍淡。有些肌纤维的胞浆染色不均匀，出现粗细不等的颗粒，并可见空泡形成。挫伤区早期组织学改变不明显，经过一段时间后，变性坏死加剧，甚至坏死组织脱落，从而使原发创道变大。震荡区为挫伤区外围的组织，主要病理变化是血液循环障碍。伤后短时间内表现不明显，随后逐渐加重，表现为充血、出血、血栓形成、渗出和水肿等。

3．射出口　射出口一般大于射入口，常有皮肤撕裂，中心无组织缺损。撕裂多不规则，有时可呈星芒状。创口皮肤多外翻。颅脑和四肢的枪弹创，射出口部可见骨骼碎片。

颅骨由骨内板和骨外板组成。因此，在颅骨遭受枪弹射击时，射入口的外板缺损小，内板缺损大，断面呈漏斗状，漏斗尖端为弹头飞来方向，出口处反之，此特征在判断头颅部枪弹创的射击方向和角度极为重要。

枪弹创的法医学鉴定主要是确定是否为枪弹创，推测射击距离和方向，以及判断案件性质。典型枪弹创的确定并不困难，不典型枪弹创如沟状枪创和盲管枪创有时可误认为挫裂创和锐器伤。现场勘查及尸体解剖时，要注意现场是否有枪支、弹头、弹壳等，并加以保存。残留体内的弹头可通过 X 线检查或详细尸体解剖证实；根据射入口、射创管和射出口部位的形态特征，可推断射击距离。有时自杀者用长枪置于远处，枪口对准自己，然后利用脚趾或用绳套系于扳机上发射。此时自杀者血液的回溅现象值得注意；根据射入口、射创管和射出口及中弹后子弹在体内运行情况，并结合现场的物体，如玻璃、墙壁上的弹孔或射击的痕迹等，可综合判断射击方向；现场留存的枪支对自杀与他杀的鉴别很重要。对于自杀者，射入口的部位、射击方向和距离均与死者本人手活动范围一致，几乎都能发现死者用以自杀的枪支。若死者手中紧握枪，其致命枪弹创又与手中的枪相符，即可证明为自杀。个别的案例在造成致命的自杀枪弹创后还可以进行有意识的行动，因而发现死者的现场可与发现枪支的现场隔开相当远的距离。为此，采取死者指纹和枪扳机上的指纹进行同一认定，也可应用尸体手上射击残留物的检验来鉴别自杀。

（二）散弹创

散弹创（shotgun wound）是由猎枪或土制枪弹丸所造成的枪弹创。猎枪弹有不同的型号和规格，内装由铅制成的铅镝合金制的弹丸。土枪则用铁颗粒、铁锌颗粒或其他金属碎屑，乃至玻璃碎片等充填。因此可在人体上形成多数性、形状各异、大小不同的弹丸创。发射时引爆火药，弹丸呈圆锥形散开，由于弹丸或金属碎屑的能量较小，故多形成盲管枪创。贴近射击或近距离射击，散弹密集在一起，形成大的单个不规则形的射入口，边缘呈锯齿状。射击距离远时，散弹孔呈圆锥形散开。在人体形成的创口亦随射击距离的增大而逐渐散开，在中央一个较大的射入口周围形成许多小的散弹射入口。距离越远，则小的射入口越多。一般距离 1m 时，可形成直径约 3cm 的集合弹孔区；距离 2m 时，扩散直径约为 7cm；距离 3～4m 时，扩散直径为 16～18cm。扩散范围除与射击距离有关外，尚与枪支性能、火药种类和弹丸的性质有关。射击距离在 6m 内时，均可在皮肤内发现弹丸或其他充填物，故散弹创多为盲管枪弹创。散弹创因弹丸小、数目多、分布广，手术不易取尽，通常长时间保留在体内。

（三）爆炸伤

爆炸伤（explosion injury）是由易燃易爆品爆炸所致的人体多种复合性损伤。常在火药、爆竹、化工厂、矿井、锅炉及液化气罐或煤气管道等爆炸时形成。爆炸伤多见于破坏与意外事故，也见于他杀或自杀。

爆炸物引爆时，瞬间释放出巨大的能量和高温，迅速由爆炸中心向四周传播，形成一种超音速的高压波，称冲击波（blast wave）。人体的损伤与爆炸中心的距离关系极为密切。距离愈近，损伤愈重，愈远则愈轻。

因爆炸所造成的损伤形态多样，轻重不一，可分为以下几种：

1．炸碎伤　处于爆心或接近爆心的人体可全部或部分炸碎，造成人体各式各样的骨折、挫裂创、肢体断离和内脏破裂。肌肉、骨碎片、内脏碎片及各种组织可四处飞散。如果处于爆炸中心位置，人体可全部或部分炸碎。对炸碎尸体进行个人识别，有时极为困难。

2．抛射物所致损伤　距爆炸中心较近时，可由装盛炸药或雷管的金属碎片或其他异物，造成人体的贯通创、盲管创和各式各样的钝器、锐器样损伤。

3．冲击波损伤　冲击波损伤（blast wave injury）常累及许多人。其特点为外表损伤可不严重，但内脏的损坏甚为严重。强大冲击波和气压可使肺泡破裂，导致气胸、血气胸、肝、脾破裂、脑震荡、脑挫伤、颅内出血、颅骨骨折以及鼓膜破裂等。

4．烧灼伤　在爆炸时火焰所及的范围可引起不同程度烧灼伤。

5．其他损伤　建筑物、车辆、电线杆及爆炸中心附近的其他物体倒塌可形成挤压伤、砸伤、机械性窒息；在燃烧现场可导致有毒气体中毒等。

爆炸伤的法医学鉴定主要解决：①根据爆炸现场的尸体检验，尸体损伤特征，判断爆炸中心；②综合现场勘查和损伤程度、部位分析确定死亡人数，进行个人识别；③确定死亡原因和死亡方式；④提取爆炸残留物，进行实验室检查。

（于建云）

第三节　道路交通事故损伤

一、交通损伤概述

交通损伤（traffic injury，injury in traffic）指在交通运输过程中发生的各种损伤总称，即指各类交通运输工具和参与交通运输活动中的物体，在运行过程中导致人体组织器官结构的完整性破坏或功能障碍，甚至死亡。它包括道路交通事故损伤、铁路交通事故损伤、航空交通事故损伤、船舶交通事故损伤。其中以道路交通事故损伤最为常见。此外，按损伤发生性质可分为交通事故损伤、交通意外损伤、自杀性交通损伤和他杀性交通损伤。

交通损伤的危害与"交通医学"诞生。交通运输工具已成为现代社会不可或缺的重要组成部分。从1886年世界上第一辆汽车在德国诞生以来的一百多年里，已有四千多万人死于交通事故。据WHO预计到2020年道路交通伤害造成的全球死亡和伤残将从1990年的排名第九位上升到第三位，届时交通事故将成为第三大导致死亡和残疾的原因，其影响程度高于疟疾、肺结核和艾滋病。因此，有人将交通事故这一当今世界性的问题比喻为"车祸流行病"或"第一公害"。

为了更好地预防事故的发生和减少伤亡，早在1957年和1960年分别在美国和意大利成立了两大专业组织：汽车医学发展学会（the Association for the Advancement of Automotive Medicine，AAAM）和国际意外事故和交通医学学会（the International Association of Accident and Traffic Medicine，IAATM）。经过半个多世纪的发展和努力，作为一门新兴的边缘学科——交通医学（traffic medicine）已经形成，其目的在于研究各种交通事故的流行病学及其规律，探讨改进交通安全的途径和提高交通事故损伤的救治水平。

我国自2004年5月1日颁布实施《中华人民共和国道路交通安全法》及2013年1月1日实施新交通规则以来，全国道路交通事故的管理及交通损伤的防治水平已有了明显提高。

二、道路交通事故损伤

道路交通事故损伤（road traffic accident injury）是指在发生道路交通事故中的机械性损伤。它既可以发生在交通运输工具之外，也可发生在交通运输工具之内；它既多见于事故，也可见于自杀和他杀。

（一）道路交通事故现象与致伤方式

交通损伤主要发生于不同的交通事故现象（phenomenon of traffic accident），如碰撞、碾轧、刮擦和拖拉、翻车、坠车、失火、爆炸或跳车等之中。上述各种交通事故现象对人体的致伤方式可归纳为以下 8 种。

1. 碰撞伤　碰撞伤指机动车对人体的碰撞所致的损伤。包括车外碰撞和车内构件对人体碰撞引起的损伤。

2. 碾轧伤　碾轧伤指车轮碾轧人体造成的损伤。通常情况下，在碾轧发生时都伴有碰撞和刮擦现象，但个别情况如人体躺卧在道路上被碾轧除外。

3. 刮擦与拖擦伤　机动车在行驶过程中，其侧面或其他突出部件刮擦人体，或正在行驶中的自行车，造成与人体接触部位的刮擦伤，继发摔跌伤或碾轧伤。拖擦伤则是机动车刮带人体在路面上拖擦所形成的损伤。

4. 抛掷或摔跌伤　当碰撞、坠车、翻车时，因惯性将人体抛出摔于地上，造成严重的摔跌伤和皮肤与路面接触形成的擦伤。

5. 挤压伤　挤压伤主要指车辆与车辆、车辆与建筑物、车辆与交通环境、车辆碰撞后车内部件的变形和滑移对人体挤压形成的损伤。挤压伤可分为车内挤压伤和车外挤压伤。

6. 砸压伤　砸压伤指当翻车、坠车时，车体或车内物体砸压人体所形成的损伤。可将其分为车体的砸压、车上所载物品的砸压或被撞毁的电杆建筑物的砸压等。

7. 烧伤　在事故发生中由于碰撞和车内电路故障、打火引起车辆燃烧造成人体烧伤。

8. 爆炸伤　爆炸伤指车内爆炸物品爆炸造成人体的损伤，受害人多为车内人员。

交通事故损伤的形成过程尽管错综复杂，但其性质仍属于钝性的机械性损伤，特别是有些损伤可以反映出损伤接触面的特征，因此，准确地认识和把握这些损伤特点，对法医学的鉴定及事故重建将有重要的意义。

（二）车外行人的损伤

车外行人的致伤方式主要有撞击、摔跌、拖擦及碾轧（图 3-15）。其中撞击伤和摔跌伤是人体交通事故损伤的主要方式。

1. 撞击伤（impact injury）　是交通事故损伤中最常见的损伤。车辆不同部位碰撞人体可造成不同特点的损伤形态。

（1）保险杠损伤：保险杠损伤（bumper injury）是指车辆保险杠撞击人体时，在距地面

图 3-15　车外行人致伤方式
主要由撞击与摔跌形成撞击三联伤和摔跌伤

50～60cm处（以小型轿车为例）的人体下肢形成横带状表皮剥脱（撞痕，impact abrasion），皮下出血和骨折。典型的保险杠所致胫骨损伤呈楔状骨折，楔形的底为力的作用点，楔形的尖指向车辆行驶方向（图3-16，彩图3-16；图3-17）。随着车型的增大，撞击伤的部位可发生上移。当人体站立时，双下肢均为重力腿，而行走或跑步时，两腿轮流为重力腿。机动车前保险杠碰撞行人重力腿所造成的损伤，其特征是重力腿往往出现骨折，而非重力腿多仅呈现软组织的挫伤或裂创。

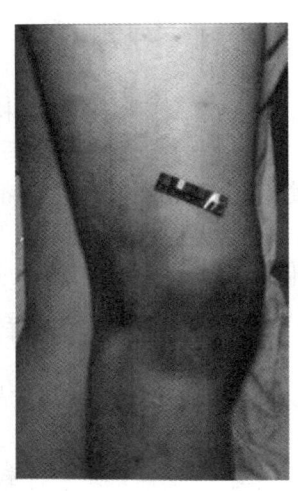

图3-16 保险杠损伤

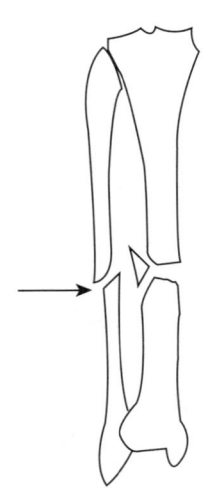

图3-17 胫骨撞击形成的楔状骨折

（2）机动车车头所致的碰撞伤：主要指由汽车发动机罩、冷却器栅格、车头灯和挡风玻璃等撞击人体造成的损伤。这些车辆结构因位置较高，常造成人体大腿、臀部和骨盆的损伤。表现为局部软组织挫伤出血，骨折和内部器官损伤。

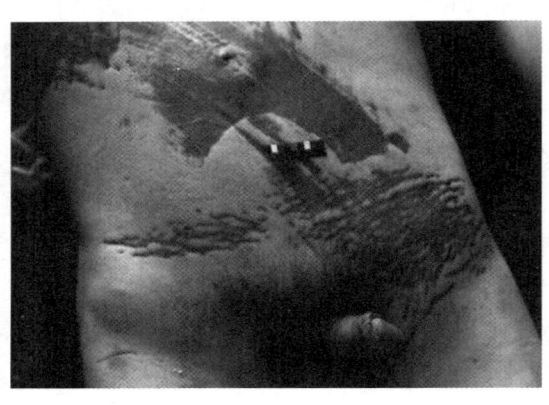

图3-18 伸展创

2．伸展创（extension wound） 指皮肤组织受极大的牵拉，使皮肤沿皮纹裂开形成浅小的撕裂创（图3-18，彩图3-18），表现为在人体四肢与躯干相连部位如腹股沟、腋前、腘窝等身体屈侧部位，呈多数微小撕裂群，各撕裂呈断断续续平行排列，其走行方向多与皮肤纹理一致。

3．碾轧伤（run-over injury） 是人体被机动车轮胎碾轧形成的损伤，是交通事故损伤中比较严重的一种损伤类型。

（1）碾轧类型：根据碾轧时是否刹车可将其分为无刹车碾轧和刹车碾轧（图3-19，彩图3-19）。

1）无刹车碾轧（run-over no in braked）：其特征是受害人被碾轧伤亡的中心位置区无机动车，或机动车距受害人较远，在尸体附近无刹车制动痕迹。受害人皮肤上一般留有轮胎凹面花纹印迹。人体被碾轧破裂时，轮胎胎面上沾有血迹或人体组织，并随车轮滚动沾染在车辆离去方向的路面上。

2）刹车碾轧（run-over in braking）：其特征是机动车紧急制动后滑行，在到达人体倒卧碾轧中心位置之前的地面上有明确的刹车拖痕，人体倒卧在拖痕的终止处。由于车轮仅有少许旋转或不再旋转，受害人皮肤在轮胎凸面的作用下造成接触处皮肤留有凸性花纹印痕、表皮剥脱

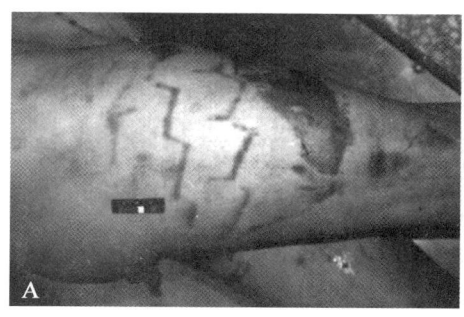 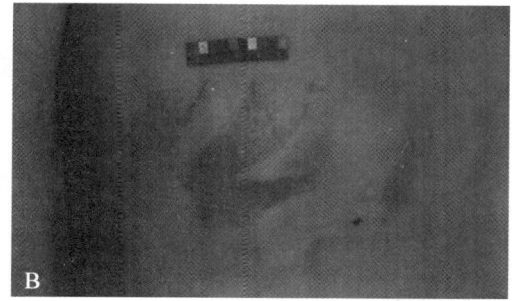

图 3-19　汽车轮胎碾轧印痕

A．轮胎凹面花纹印迹；B．轮胎凸性花纹印痕

和皮下出血。

（2）人体不同部位受碾轧所形成的损伤：

1）头部被碾轧时，常发生头皮和颅骨崩裂，脑组织外溢（图 3-20，彩图 3-20）。

2）胸腹部被碾轧时，除皮肤留下轮胎印痕和伸展创外，还会造成胸骨、肋骨和盆骨骨折，胸腹腔器官破裂、出血，甚至器官脱出体外或疝入胸腔（图 3-21，彩图 3-21；图 3-22，彩图 3-22）。

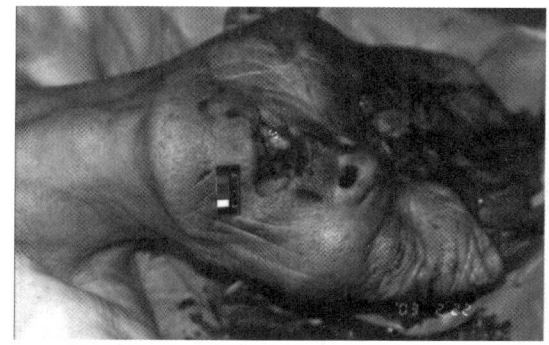 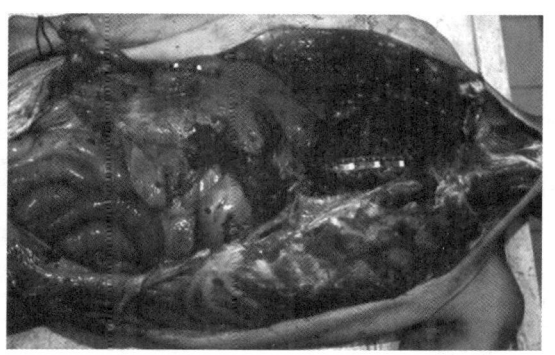

图 3-20　头颅被碾轧崩裂变形　　　　图 3-21　碾轧腹部致胃破裂和肝、胃疝入胸腔

3）四肢被碾轧时，多造成皮肤在皮下组织与肌肉深筋膜之间撕脱分离，形成囊腔样改变或皮肤破裂撕脱称皮肤撕脱创或剥皮创（avulsion injury of skin）（图 3-23）。皮肤撕脱创可分为闭合性与开放性两种。闭合性撕脱创表现为肢体表面皮肤完整，但创内呈囊腔样充满血液，触之有波动感；数日后可发生渐进性凝固性坏死，坏死的大小可反应车轮的宽度尺寸（图 3-24，彩图 3-24）。开放性撕脱创可表现为：①环状撕脱创；②半环状撕脱创；③"S"形撕脱创；④肢体末端的不规则撕裂和菱形撕裂创（图 3-25，彩图 3-25）。

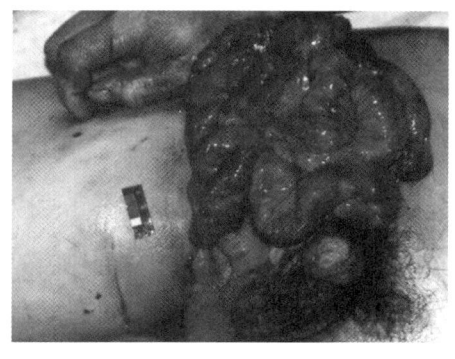 

图 3-22　碾轧腹部致腹壁破裂和腹腔器　　　　图 3-23　肢体碾轧示意图
　　　　　官脱出体外

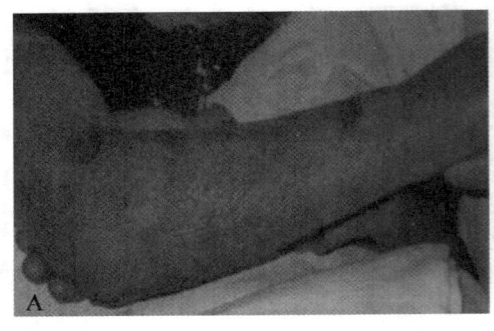 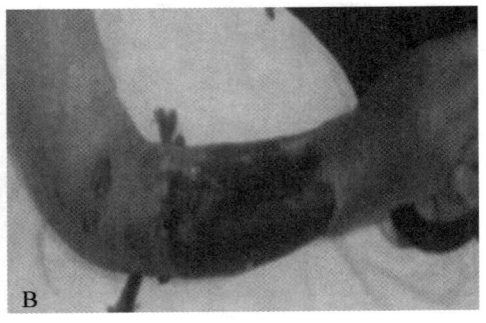

图 3-24 碾轧致闭合性撕脱创

A．右前臂被一夏利轿车前轮碾轧，形成闭合性撕脱创，伤后二十余天受损皮肤发暗，起水泡；B．右前臂被一夏利轿车前轮碾轧，其闭合性撕脱创在伤后三十余天呈半环状干性坏死缺失，边缘整齐，其宽度与轮宽吻合

4．摔跌伤（tumbling injury） 交通事故所致的摔跌伤与一般的摔伤不同。其损伤形态及程度取决于路面情况，汽车传递给人体的能量大小，人体落地时的姿势和部位、衣着情况。表现为挫伤和擦伤并存，即挫擦伤，常以深部出血、骨折和内脏损伤为重。

5．拖擦伤（dragging injury） 拖擦伤程度与车速、拖拉的距离、地面状态，及人体有无衣着保护有关。其形态表现为大面积的擦伤，不伴有或伴有挫伤，具有很好的方向指示性。常分布在身体的突出部位，如头面部、躯干的胸部、背部和臀部，在四肢关节部位呈圆形或椭圆形。轻则表皮剥脱，重则皮肤脱落缺失，甚至相应部位的骨骼皮质上也出现擦划痕迹。在擦伤周边的体表凹陷处，则没有或仅有轻微损伤（图 3-26，彩图 3-26）。

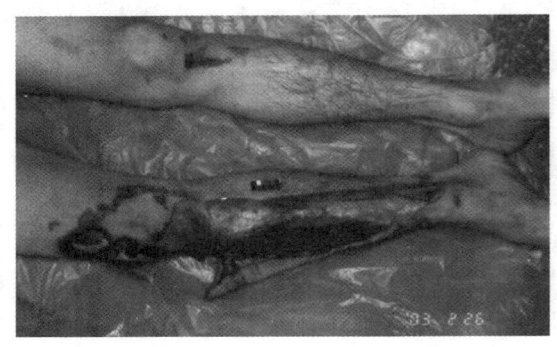 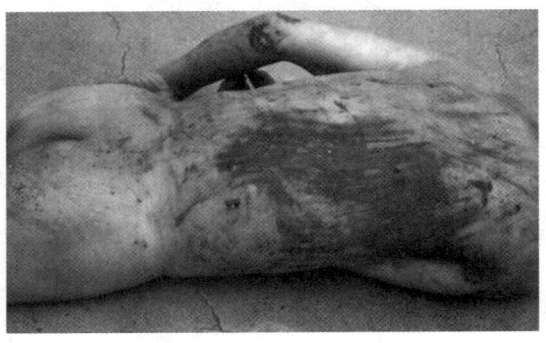

图 3-25 小腿皮肤碾轧至环形撕脱　　　　　　　图 3-26 背部擦伤

6．砸压伤与挤压伤

（1）交通事故的砸压伤（tamp injury）：特点是现场有较庞大的砸压物，受损皮肤常出现不规则的挫裂创，软组织不同程度的挫伤，人体被砸压部位变形明显，内部多发生粉碎性骨折和内脏破裂或破碎。在被砸压的边缘或受压较轻部位的皮肤可出现皮下水疱。

（2）交通事故挤压伤（crush injury）：多发生在胸腹部和四肢，严重的损伤和创伤性窒息是造成死亡的主要原因。现场可保留有人体被机动车挤压的状态。

（三）车内人员的损伤

驾驶员、最前排乘客和后排乘客由于与车内不同装置、不同位置的车辆部件相撞击，造成不同的损伤（图 3-27 至图 3-29）。

1．驾驶员损伤 驾驶员损伤是指机动车驾驶员在行驶过程中，因交通事故发生而造成驾驶员本人的损伤。

（1）挡风玻璃及玻璃框碰撞损伤：当与机动车前方发生撞击时，在无安全带和安全气囊保护情况下，驾驶员头部碰撞挡风玻璃或玻璃框，常造成驾驶员前额和发际部位的擦伤、挫伤

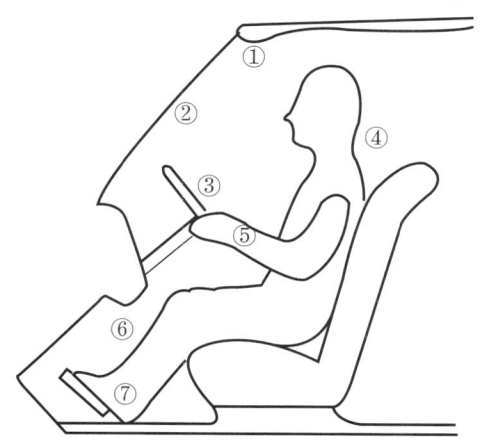

图 3-27 驾驶员致伤方式
①额顶部挡风玻璃框损伤；②颜面部挡风玻璃刺划伤；③方向盘挤压伤；④颈部挥鞭样损伤；⑤腕、前臂等上肢支撑性损伤；⑥膝部仪表盘损伤；⑦脚踝部脚踏板损伤

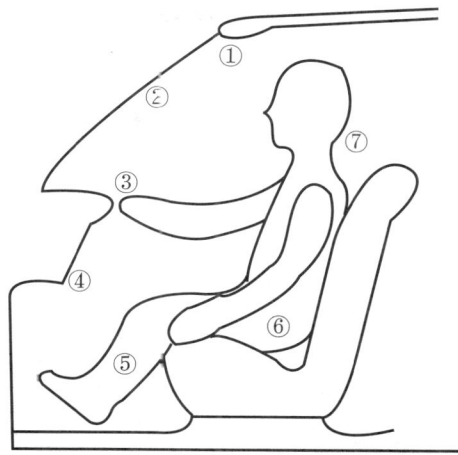

图 3-28 前排乘客致伤方式
①挡风玻璃框造成前额和顶部损伤；②挡风玻璃易造成颜面、前额、颈前部损伤；③工作台或贮物箱造成腕及上肢骨折；④贮物箱下端可造成乘客膝部和胫前损伤；⑤地板与脚踏位置相对固定，在碰撞的瞬间由于上部身体扭转导致胫腓骨扭转性骨折；⑥股骨颈的传导性骨折及股骨头脱位；⑦颈部挥鞭样损伤

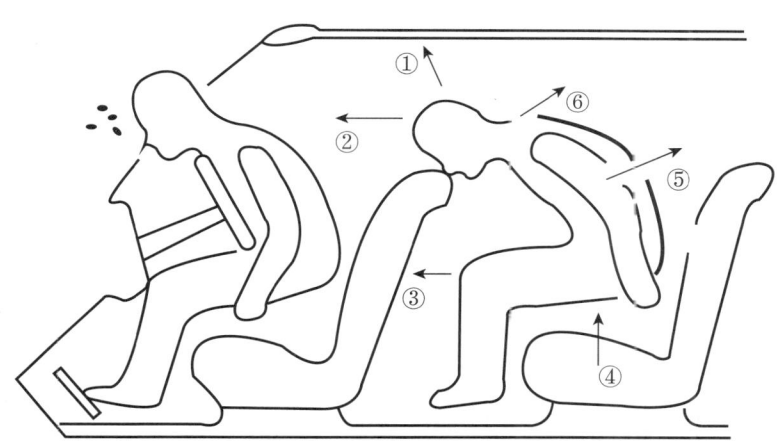

图 3-29 后排乘客致伤方式
①头顶部与车顶碰撞损伤；②前额、面部与前座椅碰撞损伤；③前膝碰撞，除局部擦伤外，可导致传导性股骨颈骨折；④双膝碰撞前座位导致双腿外展性损伤，形成股骨颈骨折，股骨头脱位和会阴部撕裂伤。此外人体在碰撞回弹时，钝坐于座位上，可形成骨盆与脊柱的损伤；⑤上肢腕、肘骨折和脱位；⑥颈部挥鞭样损伤

和挫裂创，以及颅前和颅中凹的骨折，大脑额、颞极的挫裂创。挡风玻璃损伤表现为小斑块状表皮剥脱和皮下出血，有时皮肤出现微小裂创、小刺创和玻璃刺划伤，创口较小并密集方向一致（图3-30，彩图3-30）。有时创口中可发现玻璃碴。

（2）挥鞭样损伤：挥鞭样损伤（whiplash injury）指头部急剧加速或减速运动致颈椎过度伸屈而造成的损伤。驾驶员或乘客由于车辆行驶中突然加速（追尾）或减速（正面碰撞）时

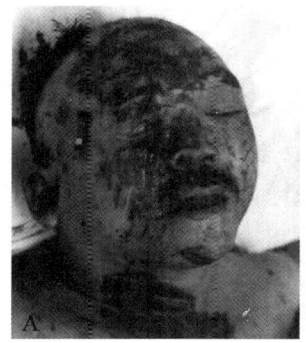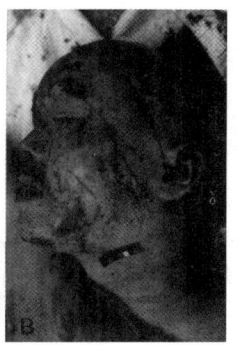

图 3-30 挡风玻璃损伤
A．颜面部的片状擦挫伤；B．颜面部的玻璃刺划伤

易发生这种损伤。表现为颈椎脱位,椎体前缘及横突的骨折,韧带和关节囊的撕裂出血,颈髓震荡和挫伤。颈部的挥鞭样损伤在致命性车祸中约占 1/3。

(3) 胸前方向盘及安全带挤压损伤:胸前的方向盘挤压损伤(steering wheel injury)是交通事故碰撞发生时方向盘对驾驶员胸部挤压的特征性损伤。没有系安全带的驾驶员在车辆碰撞时,身体前倾、驾驶席位也惯性前移、使驾驶者胸部或上腹部撞击在方向盘上。有时因车头碰撞变形、发动机和方向盘后移、将驾驶员挤压于方向盘与席位之间。上述两方面的作用常造成驾驶员胸部的方向盘损伤(图 3-31,彩图 3-31)。表现为胸部皮肤上出现与方向盘边缘一致的弧形表皮剥脱和皮下出血;有时因衣着的影响,外表损伤不严重,但有胸骨的横行骨折,肋骨多发性骨折,胸廓变形和肺、心及主动脉的挫伤和破裂。此外,位于上腹部的肝、肾等也可因方向盘的猛烈撞击而发生损伤。安全带可有效保护乘客,减少乘客因身体移动撞击车内物件形成损伤的机会。但另一方面,安全带在紧急限制人体运动的同时,也会对局部挤压造成损伤。表现为身体与安全带作用部位一致的胸腹壁软组织损伤,相应内脏器官也可出现损伤。

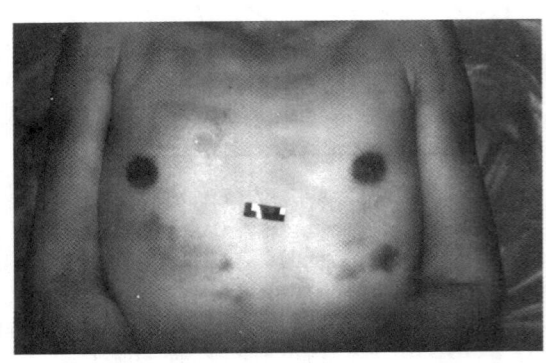

图 3-31　方向盘挤压伤

(4) 四肢的损伤:当车辆碰撞的瞬间,驾驶员双手因本能防卫性抓紧方向盘或用力撑住身体的避险性动作,常造成手腕和前臂尺桡骨的骨折。同时驾驶员右腿本能性的用力急踩刹车踏板而形成支撑腿,而车辆碰撞产生的冲击作用力就集中传导至该支撑腿上,造成小腿关节(踝关节)脱位或骨折,跟腱断裂,或右脚嵌入刹车与油门踏板之间形成损伤,故称之为脚踏板损伤(pedal injury)(图 3-32A,彩图 3-32A)。值得注意的是,在这种情况下刹车踏板可在右脚的鞋底留下印痕(图 3-32B,彩图 3-32B)。

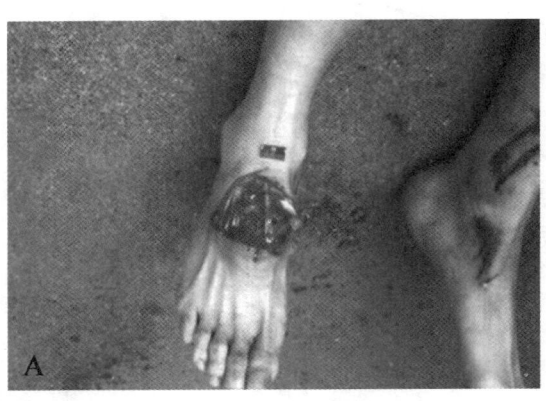 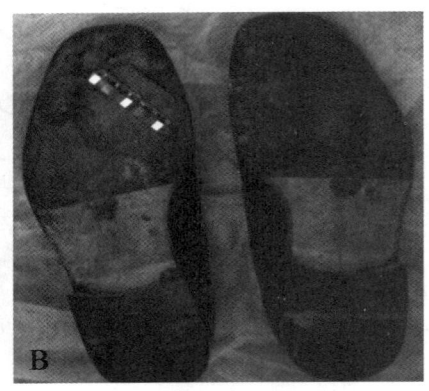

图 3-32　脚踏板损伤
A. 右脚脚踏板损伤;B. 右脚鞋底刹车踏板印痕

驾驶员下肢的另一类损伤可由膝部和胫前部在车辆碰撞时,向前移动与仪表盘架的下方相撞击,形成擦伤、挫伤和挫裂创。膝关节韧带撕裂,关节腔出血。股骨下端的骨折或髌骨楔入股骨内外骨髁之间。此外,来自仪表板的撞击力还向上传导,常造成股骨头的脱位,有时伴有股骨颈骨折和骨盆的损伤。

2. 乘客损伤　在道路交通事故中,乘客发生伤亡的情况仅次于行人或骑自行车的人,占第二位。

(1) 前排乘客的损伤:前排乘客指与驾驶席平行乘坐的人员。小型客车或轿车的前排乘客在交通事故时最容易受到损伤，其伤亡率高于驾驶员和后排乘客，故有人称此座位是"死亡席"。前排乘客的损伤在很多方面与驾驶员的损伤相似，但不会形成方向盘挤压伤和脚踏板损伤（图 3-28）。其特点是损伤主要以头面部多见，其次是上肢多于下肢，胸腹部损伤较小。

（2）后排乘客损伤：后排乘客由于位置在车的中部和后部，位于座位之间，其损伤不同于驾驶员和前排乘客（图 3-29）。后排乘客损伤的特点是以四肢损伤多见，且下肢多于上肢，其次是头面部，再其次是胸颈和躯干部。损伤表现为：①前额和下颌部与前方座位靠背碰撞形成前额的横行挫裂创、颅前、中窝的骨折，大脑额、颞极的挫裂伤。下颌部的碰撞可形成颏部擦伤、下颌部骨折，及大脑枕叶的挫裂伤；②双腿外展式损伤。突然碰撞时身体前移，双膝抵在前座椅靠背上，但臀部和骨盆继续向前移，使大腿剧烈屈曲外展，可造成髋关节的骨折、脱位和关节损伤，甚至是双侧性损伤。也可发生股骨颈骨折、骨盆分离；③撞裂创与肢体离断。撞裂创类似砍创，是由靠窗乘客与具有一定厚度的邻近损坏车身铁板撞击而形成，故呈现较大的条状巨大裂创。由车体铁板撞击形成的肢体离断，其断离面参差不齐，断缘不整，皮肤创缘有明显的撕裂痕；④后排乘客的头颈部挥鞭样损伤也多于前排乘客。

三、道路交通事故损伤的法医学鉴定

道路交通损伤非常多见，有的情况还很复杂。伤亡人员可以是驾驶员、乘客，也可以是行人或躺在公路上的人。造成伤亡的原因和方式可以由违反交通法规意外而死，亦可以是自杀或他杀，或肇事逃逸。故法医在进行道路交通事故损伤死亡鉴定时应回答的问题有：①死亡原因是交通事故造成的致命伤，还是由其他暴力因素、疾病发作、醉酒或中毒致死；②死亡性质是交通事故，还是自杀或他杀；③根据损伤特征和交通事故物证检验结果，进行事故经过的重建；④是生前碾轧，还是死后碾轧，是单轮碾轧还是双轮碾轧，碾轧次数；⑤收集各种法医物证，并根据交通事故物证检验结果和损伤特点，提供肇事车辆的特征或认定，为逃逸车辆的侦查提示方向；⑥区分死者为驾驶员、乘客还是行人；⑦无名尸身源的确认。

1．交通事故伤亡的法医学检验及相关鉴定的标准化　由于法医学检验鉴定结论在解决交通损伤案件中的重要作用，我国先后制定和实施了一系列法医行业的国家和部门行业标准，与交通事故损伤相关的有：①《道路交通事故尸体检验》（GA268—2001）；②《法医学尸体解剖》（GA/T147—1996）；③《中毒尸体检验规范》（GA/T167—1997）；④《法医病理学检材的提取、固定、包装及送检方法》（GA/T148—1996）；⑤《道路交通事故痕迹物证勘验》（GA41—1992）；⑥《道路交通事故勘验照相》（GA150—1993）；⑦《法医学物证检材的提取，保存与送检》（GA/T169—1997）；⑧《道路交通事故受伤人员伤残评定》（GB18667—2002）等。通过大力推广和实施这一系列法医学和相关技术标准，将会极大地提高交通伤亡检验鉴定的实际水平和质量。

2．交通事故再现（traffic accident reconstruction）　是建立在对交通损伤案件发生时涉及的"人－车－路（物）"进行全面的勘验鉴定后，对整个案件过程进行模拟重建，为肇事逃逸案件的侦破和事故责任的区分提供科学依据。由于它在交通事故处理中的重要意义，1980 年成立了国际交通事故重建专家学会（International Association of Accident Reconstruction Specialist, IAARS），由事故再现分析人员，事故及现场调查勘验人员、警察、汽车工程师、法医和律师共同组成。事故重建的目的就是要回答交通事故是怎样发生的。它需要上述多学科专家的协同工作，对所能获得的有关某一交通事故的全部物证痕迹信息进行综合分析评价。在其中，法医学就成为从受害者人体和相关物质上，发现事故发生过程中遗留下来的痕迹物证（也包括损伤痕迹特征等），并解释其意义的一个重要组成部分。

近 20 年来，由于计算机软、硬件的发展，汽车市场竞争的日益激烈，车辆碰撞的计算机

模拟仿真技术迅速发展。欧美等发达国家通过不断的改进和完善各种汽车碰撞模型，相继研发出用于汽车碰撞电脑模拟仿真的商业化软件系统如 CRASH、SMAC、PC-CRASH 等，并广泛应用于交通事故再现、汽车及其安全装置、道路设施的设计，以及碰撞中人体生物力学响应分析等研究方面。典型事故再现分析软件的基本功能包括三部分：①事故收集：绘制事故现场图并将各种参数数据输入计算机；②事故再现：结合专家经验，利用模型的分析计算，进行运动学和动力学再现；③事故过程分析：以动画模拟仿真等形式给出分析结果。其中事故再现分析人员合理地选取参数特征值如碰撞中心、回弹系数、接触面摩擦系数、车辆变形特性等对提高事故再现的准确性具有重要意义。

美国于 20 世纪 70 年代就开始应用计算机仿真技术进行交通事故分析，其中 SMAC 和 CRASH 软件是模拟类软件的代表。奥地利 Steffan 开发的 PC-CRASH 软件及其改版，是用于典型交通事故和车撞行人分析的模拟系统。20 世纪 90 年代 Day 研制的 HVE（Human-Vehicle-Environment）实用化仿真软件达到了较大的人－车－路环境综合分析功能。法国、日本也有相应的研发软件系统。目前，国内北京、西安、上海等地也开展了一些这方面的研究工作。

3．酒精、药物滥用与交通事故　酒精与药物滥用已成为当今世界一个普遍性问题，它可通过影响驾驶员的精神状态、心理和生理活动，干扰驾驶员的正常驾驶，使交通安全性下降。

酒精对汽车驾驶者的不安全性影响主要有：①视觉障碍：饮酒后视轴明显变长，视力受损，出现景物深浅不清、视像变得弥散和不稳，视像融合范围受到明显抑制，暗适应延长并受干扰、视物不清；醉酒时可出现辨色力障碍，有时出现视动性眼震；②平衡失调：酒精可致前庭功能障碍，出现肌肉协调障碍，口齿不清，踉跄摇晃，运动失调；③注意力障碍：血中酒精含量达 0.8‰ 时，对光、声的反应时间延长 1～2 倍，当血中酒精含量达 1.0‰ 时，出现注意力障碍、不能保持注意力集中；④心理变态：过高估计自己、轻率、肆无忌惮、不计后果，如超车绕行、蛇形曲线行驶、甚至离道行驶；⑤疲劳：饮酒后驾驶易发生疲劳和困倦，表现为偏离车道，多数偏左，行驶无规律，常无故加速或减速等；⑥酒精具有扩张血管：增加血管内血液充盈度和抑制凝血机制等作用，故饮酒后脑血管处于一种特殊的临界状态，一旦有轻微的外力作用极易发生破裂形成颅内出血导致死亡。

药物滥用主要是指违背公认的医疗用途和社会规范而使用任何一种药物。被滥用的常是一些能改变人的精神和心理状态并容易产生依赖性的药物。常见的有：①麻醉药品，如吗啡、海洛因、盐酸二氢埃托啡等；②催眠、镇静剂，如巴比妥类、安眠能、地西泮（安定）等；③兴奋剂，如苯丙胺、可卡因等；④致幻剂，如大麻、二乙麦角酰胺等。这些药物通过干扰驾驶人员中枢神经系统的正常功能，降低其正常的操作控制行为能力，使交通安全性下降。因药物滥用造成交通事故的情况在西方国家已成了较大的问题。近年来，在我国的交通事故中，频频发生醉酒驾车致多人伤亡的惨剧，已引起社会高度关注。

针对酒精对驾车带来的危害，世界上一些国家制定了驾驶员血中酒精浓度（blood alcohol concentration，BAC）容许标准，如美国为 0.5～1.5g/L，超过 1.5g/L 被禁止驾驶；英国为 0.4g/L；日本为 0.5g/L。《中华人民共和国道路交通安全法》第二十二条明文规定："严禁酒后开车，严禁服用国家管制的精神药品或麻醉药品后开车。"并配套有一系列的有关饮酒、醉酒后驾车的处罚措施，实施了全国统一的驾驶员饮酒和醉酒时的 BAC 标准，即饮酒为 0.2g/L；醉酒为 0.8g/L。为交通法规的顺利实施提供了客观准确的依据。

此外，在交通事故现场对怀疑饮酒的驾车者还可利用气敏电子酒精检测器，对被检测者呼出的气体进行酒精快速定性定量检测；如果没有气敏电子酒精检测器在场的情况下，可利用气袋收集呼出气体密封后快速送检；也可立即到就近的医院抽取嫌疑人的静脉血密封送检。

4．交通事故物证与肇事车辆认定　交通事故的物证是指在交通事故发生过程中车辆、物品、人员等遗留下来的物质、痕迹和受侵害的遗体等。它以两种方式形成：①物质结构形态的破坏，如车灯的撞碎、油漆的脱落等；②物体交叉转移，即某物体的一部分向其他物体或物质移动、黏附、掺和、结合于其他物质上，这种现象又称物证交叉。如人体被碾轧时，轮胎花纹或油污在衣服或人体皮肤上留下印迹和斑迹，同时人体组织、血液或衣物纤维黏附到车轮上等。交通事故物证包括三类：第一类是痕迹物证，第二类是法医物证，第三类是微量物证。它们能反应事故各方在事故过程中的运动状态，确定事故发生的初始接触点，推算事故车辆的速度，为逃逸案件的侦破提供线索，是交通事故重建的客观依据。物证交叉转移和人体损伤特点所反映出的致伤物特征是确认肇事车辆、事故关联人和物的重要依据。因此，在交通事故的检验鉴定中，应高度重视各类交通事故物证的及时全面发现、合法提取及送检。

综上所述，道路交通事故损伤的法医学鉴定应做到：①认真地进行现场勘验及案情调查，注意尸体的位置姿势，血泊、毛发、组织、衣物碎片、轮胎印痕、破碎漆片及玻璃片的分布，对认定是否为原始碰撞现场很重要；②全面系统地进行尸体解剖检验，对判断生前、死后伤，作用力的方向，死亡原因和死亡性质特别重要；③交叉物证的提取和对比是确认肇事车辆的重要证据；④对肇事车驾驶者、受害者进行酒精、药物检测，对判定事故性质有重要价值；⑤对全部收集到的各类痕迹物证信息进行全面综合评价分析，以再现事故发生过程。

（于建云）

第四节 损伤检验

法医按照损伤（如出血、炎症反应等）的形态有无改变和强弱，判明生前伤、濒死伤和死后伤，对分析案情性质有重要作用。根据损伤的性状推断致伤物的种类或特征，可为侦察提供线索。判明损伤的程度及其与死亡的关系，可为审判提供科学依据。法医工作者在进行法医鉴定时要详细检查伤者或死者的情况，从而给出科学或最接近于事实的致伤或致死原因，为生者解除疑虑，为法律提供真实有效的证据。对于机械性损伤，法医主要从以下方面进行检查。

一、损伤的检查、客观描述和准确记录

（一）尸表检验

应注意观察衣着破口形态特征、擦挫痕迹、血迹及组织的分布，比对衣着破损与体表损伤的相对应部位；观察锐器伤的分布、形态，确定损伤部位、数量、类型（刺、切、砍、剪等）及创口的特征，测量、固定原始创口状态及复位后的形态特征；观察擦伤的位置、特征、方向和炎症反应，并测量面积；观察挫伤的位置、颜色及形状，并测量面积；观察挫裂创的位置、数量、形态及特征（创长、创缘、创壁、创角、创腔、创底和创周）；创周及创内有无附着物。

1．损伤的部位　根据人体解剖学体表标志对每一处损伤进行准确定位，或者十字坐标法进行定位，如躯干部纵向以前正中线、胸骨旁线、锁骨中线、腋前线、腋中线、腋后线、肩胛下角线、后正中线等，横向以肋间、脊柱等作为标记。

2．损伤的数目　从整体和局部观察损伤种类、数量、分布及相互关系，外力的次数及先后顺序。

3．损伤的形状　由于致伤原因的不同，损伤的形状各异，分规则的几何形状与不规则几何形状。在描述记录时规则的损伤形状应该用线形、三角形、弧形、方形、圆形等形象贴切的词语描述记录。不规则形状可以采取绘图的方式进行记录。

4．损伤大小　在描述记录过程中，已测量损伤的长度（厘米）和宽度（厘米），对于创口的深度和创道的长度的测量要注意，不能损坏创道的形状。对已缝合的创口，在描述和测量

在缝合状态的所见外，还应将缝合线去除并描述和测量创口。

5. 损伤的方向　对于存在于活体或尸体体表和内脏的损伤要仔细检查并认真描述记录，如创口皮瓣的方向，创缘表皮的剥脱的位置与方向，弹道的入口与出口等。这些对于损伤性质的鉴定有重要的意义。

6. 损伤的颜色　对于损伤，无论是表皮的剥脱、皮下出血、创口、组织缺失、组织坏死或感染都要仔细检查并观察颜色。尤其是皮下出血的颜色变化与损伤时间的密切联系。这些都要具体描述并记录。

7. 创的形态　创口、创缘、创壁、创角、创腔（道）、创底等因致伤物不同，其形态特点也不同，应详细描述记录，必要时绘图说明。

8. 其他　在法医鉴定过程中还要注意伤口周围的污染物，例如火药、烟灰、泥沙、漆皮、金属颗粒、发丝、布片等；创口周围血液流注方向，血流及血迹分布的形态和范围，这些有助于判断致伤工具及致伤方式。应详细描述并记录。

（二）解剖检验

1. 锐器伤检验

（1）逐层剖开，观察创道走向、创缘、创壁、创角、创腔和创底形态特征，测量创口和创道长度。

（2）创道内各器官损伤程度及特征。

（3）注意发现创道内致伤物残片及其他异物。

2. 钝器伤检验

（1）观察皮肤颜色改变处，由内向外逐层剖验，发现并确定损伤，观察头皮内毛根处挫伤面（即致伤物接触面）的大小和形态特征。根据需要提取损伤部位头皮冰冻或福尔马林（甲醛溶液）固定后进行组织学检查。

（2）测量并观察颅骨骨折长度、面积、数量、形态特征及相互关系。

（3）硬膜外、硬膜下出血的部位、体积和重量，蛛网膜下腔出血的部位，脑组织挫伤的部位、程度。

（4）分层剖验颈、胸、腹壁皮下和肌组织，观察有无软组织损伤和胸骨、肋骨骨折。

（5）必要时，剖验背部及四肢等部位的皮肤颜色改变处，确定损伤及损伤程度。

二、自伤、他伤及诈伤的鉴别

在各种机械性损伤中，由于实施暴力主体的不同，所形成的损伤也有各自特点。在法医鉴定过程中自伤、他伤和诈伤的鉴别对案件的侦破以及裁判的公平性有重要意义。

（一）自伤与他伤的鉴别

1. 损伤目的不同　一般自伤是为避免某些责任，或骗取某些利益，故意造成自身伤害；他伤的目的具有胁迫性，施暴人为强行获取或占有钱财、情色等对他人实施暴力造成的损伤。

2. 损伤分布不同　自伤大多分布于自身方便触及的部位，而他伤分布凌乱，多有抵抗伤，一些创口分布部位自身难以形成。

3. 损伤的排列与方向不同　自伤时伤口排列比较整齐，方向较一致，他伤时损伤排列与方向凌乱。

4. 损伤严重程度不同　他伤的损伤程度往往较重，常伴有头脑、内脏损伤。

5. 损伤的经过不同　自伤者描述受伤经过时容易出现矛盾或漏洞。有时为了掩盖犯罪事实，一些嫌疑人会将他伤谎称为自伤，例如强奸案中嫌疑人将身上的抓痕，咬伤等说成是自伤行为造成；有些嫌疑人破坏原有损伤特征，以迷惑法医鉴定人员，掩盖证据。

（二）自伤与诈伤的鉴别

自伤与诈伤的目的性表现较一致。诈伤的症状描述一般较夸张，与损伤程度不符。

1．损伤程度不同　一般诈伤是以无伤装有伤，轻伤伪装重伤。
2．损伤经过与感受不同　诈伤者描述时漏洞百出，症状与损伤程度不符。

（三）他伤与诈伤的鉴别

1．目的不同　诈伤的主要表现为逃避出勤、服役或欺骗保险等，他伤主要是出于加害或攻击的目的。
2．损伤分布不同　伤分布比较模糊或随意，损伤数量比较单一，而他伤相比较非常明显。
3．严重程度不同　他伤损伤程度往往较重，诈伤轻微或无。
4．损伤经过不同　诈伤描述前后多有矛盾。
5．诈伤多选择一般手段不易检查出来的伤或病进行伪装，并且查体时多不合作并对检查者产生敌视。常见的诈伤包括：诈聋、诈哑、诈盲、诈瘫痪、诈抽搐等，也可能存在诈病的因素。

（四）自伤、他伤和诈伤鉴定时应该注意的问题

在法医鉴定过程中，由于伤者所在生活环境、文化程度、对医学的认识程度和自身素质不同，对自伤、他伤、诈伤的表述有很大差异。自伤和诈伤往往因这些因素变得更难甄别。

1．仔细检查损伤、了解病情或案情　事件的发生、经过，伤、病情的陈述。
2．仔细审查客观的证据和材料　①有无冒名顶替的现象，②是否用过去曾经患过的某种疾病的诊断证明来进行混淆，③是否伪造临床诊断证明书或者法医伤残鉴定报告等文书，④有无涂改病历及辅助检查的检验报告。
3．结合相应的辅助检查　如X线检查、B超检查等。

（高　阳）

思考题

1．机械性损伤分为几大类？每种损伤形态的特点是什么？
2．机械性损伤的致死原因有哪些？
3．机械性损伤的一般检查方法有哪些？
4．锐器伤的共同特征有哪些？
5．交通事故现象与人体道路交通损伤间的关系是什么？
6．道路交通事故发生时，车外人员损伤与车内人员损伤的形成机制有何不同？
7．根据车外人员损伤过程，车辆不同部位可造成什么特征性损伤，有何意义？
8．车内不同位置乘员的损伤是如何形成的，有何特点及意义？酒精如何影响驾驶人员的操作控制能力？
9．如何鉴别自伤、他伤及诈伤？

第四章 机械性窒息与溺死

第一节 机械性窒息概述

一、窒息的定义与分类

人体新陈代谢过程中需要不断地吸入氧气（O_2）并排出二氧化碳（CO_2），这种机体与外界环境之间气体交换的过程称之为呼吸。人体呼吸过程包括外呼吸、气体的血液运输和内呼吸，其中，①外呼吸是指肺泡壁毛细血管中血液与环境之间的气体交换，主要是 O_2 进入血液循环，CO_2 经肺泡被排出体外；②血液的运输是指将从肺内获得的氧气运输到组织细胞，同时将组织细胞的代谢产物 CO_2 运输到肺而排出；③内呼吸是指循环血液与组织细胞之间的气体交换。这三个过程中的任何一个发生障碍，均可影响呼吸过程的进行，引起体内缺氧和 CO_2 的潴留，造成细胞代谢和生理功能的紊乱而导致窒息（asphyxia）。因窒息而死亡者称之为窒息死（asphyxial death）。

根据窒息发生的原因，可分为六类：

1. 机械性窒息（mechanical asphyxia） 由机械性外力作用所引起的呼吸障碍，如压迫颈部或胸腹部，捂压口鼻或异物阻塞咽喉、气管等而发生的窒息。
2. 中毒性窒息（toxic asphyxia） 因毒物的作用，使血红蛋白变性或毒物与血红蛋白结合，血红蛋白失去携氧功能；或使细胞内氧化酶的功能减退、丧失；细胞膜的通透性的改变导致氧扩散障碍等发生的窒息。
3. 电性窒息（electric asphyxia） 由触电或雷击使呼吸肌强直，或电流作用于呼吸中枢使之麻痹而导致的窒息。
4. 空气缺氧性窒息（asphyxia due to low atmospheric oxygen content） 处于密闭的箱柜或头部套在塑料袋中，或被困在塌陷的坑道内，因身处缺氧环境中；或短时间内进入氧气稀薄的高原地带等而发生的窒息。
5. 病理性窒息（pathological asphyxia） 因严重的呼吸道疾病、过敏致喉头水肿、颈部肿瘤、血肿压迫喉室腔或气管等疾患引起的窒息。
6. 新生儿窒息（neonatal asphyxia） 由脐带受压、胎盘早剥等引起胎儿在子宫内缺氧，或新生儿呼吸窘迫综合征、原发性肺发育不良等均可引起新生儿窒息。

上述六类窒息中，以机械性窒息案例在法医学实践中最为常见。根据机械性暴力作用的方式和部位的不同，又可将机械性窒息分为五类：

1. 闭塞呼吸道入口所致的窒息 如用手或柔软物体同时压闭口、鼻部引起的捂死。
2. 压迫颈项部所致的窒息 包括缢死、勒死、扼死等。
3. 异物堵塞呼吸道所致的窒息 各种固体或非液体性流体异物堵塞咽喉或气道所致的死亡，如食物、水果块、果核、硬币、血液或呕吐物等吸入呼吸道所引起的窒息性死亡，即哽死。
4. 压迫胸腹部所致的窒息 包括压死、挤死、活埋等。
5. 体位性窒息 因长时间被限制于某种异常体位，使呼吸功能及静脉回流受阻而发生的窒息。

二、机械性窒息过程中的表现

机械性窒息过程中,由于缺氧,某些器官(特别是脑)同时受到缺血的影响,人体呼吸、循环、神经、内分泌等各个系统均会受到不同程度损害,并表现出相应的症状与体征。其中,以呼吸系统的功能障碍最为显著,主要是缺氧和二氧化碳潴留而引起的损害所致。

1. 呼吸系统功能障碍 机械性窒息所致的呼吸系统功能障碍是一个连续的过程,一般人为地将它分为六期:

(1) 窒息前期(prodromal stage of asphyxia):窒息发生时,氧气吸入受阻,但体内尚有剩余的氧可以利用,可以不表现出任何症状。一般人体可耐受约半分钟,如受过训练或耐受力强者可持续 1min 以上。

(2) 吸气性呼吸困难期(stage of inspiratory dyspnea):如果导致窒息的因素未解除,因体内缺氧加剧和二氧化碳浓度增高,刺激延髓呼吸中枢,使呼吸加深,吸气强于呼气。同时,心率加快、血压升高。因吸气运动加强,胸腔内负压增大,致使回心血液流量增多,引起静脉系统淤血。此期可持续 1~1.5min。

(3) 呼气性呼吸困难期(stage of expiratory dyspnea):因体内二氧化碳持续性增多,刺激迷走神经,反射性地引起呼气运动加剧,使呼气强于吸气,出现全身肌肉痉挛,可由阵发性转变为强直性,甚至角弓反张。因严重脑乏氧,意识逐渐丧失,瞳孔变小,心率下降。因平滑肌收缩,还可出现大小便失禁或排精现象。此期一般不超过 1 分钟。

(4) 呼吸暂停期(stage of apnea):此期因呼吸中枢严重缺氧受到抑制而主要表现为呼吸浅、慢,出现呼吸暂时停止。中枢神经系统功能逐渐丧失,肌肉松弛,全身痉挛消失,心脏搏动微弱,血压下降,状如假死。此期持续约 1~2min。

(5) 终末呼吸期(stage of irregular respiration):因呼吸中枢处于衰竭状态,主要表现为出现间歇性张口、深呼吸,鼻翼煽动,通常约有数次间歇性深呼吸。瞳孔散大,血压下降,肌肉松弛。此期持续一至数分钟。

(6) 呼吸停止期(stage of respiratory arrest):此期呼吸停止,但心脏仍有微弱搏动,其持续时间因人而异,可自数分钟至数十分钟,最后心脏停搏。

2. 其他系统功能障碍 机械性窒息过程中,除呼吸系统功能障碍外,其他系统包括中枢神经系统、血液循环系统等也表现出功能障碍。窒息初期,中枢神经系统的脑血管代偿性扩张,使脑部血流量增加约 50%,特别是耗氧量最多的脑皮质血管扩张最明显,血供量也最多。当持续性缺氧缺血时,神经系统的出现功能紊乱,表现为判断力下降,运动不协调。严重时,可导致烦躁、惊厥,渐次出现阵发性痉挛,或发展为全身强直性痉挛。

循环系统在吸气性呼吸困难期,因剧烈的吸气运动,使胸腔内负压加剧,回心血量增多,肺内血管及右心均充盈血液,大静脉高度淤血,表现为颈静脉怒张、颜面青紫、肿胀,此时心搏开始变慢。发展到呼气性呼吸困难期,肺内部分血液注入左心和大动脉,血压上升。肺、心可因毛细血管破裂而发生出血,被膜下可见淤点性出血。此后心肌陷入疲劳,并由于持续性缺氧,心搏逐渐减弱,心率变慢,血压明显下降,并伴有心电紊乱,如 ST 段降低、T 波低平、双向或倒置、传导性降低、心律不齐等。

窒息全过程所经历的时间为 5~6min,称为急性窒息死亡。但有时机械性外力的作用并未使气道完全闭塞,或气道闭塞短时间后又缓解,使窒息死亡经过时间延长,称为亚急性窒息死亡。如果再延长者,或因窒息产生的并发症所致的死亡,称为迁延性或迟发性窒息死亡。

三、机械性窒息死者的尸检所见

1. 尸体外表征象

(1)颜面发绀、肿胀：颜面肿胀或发绀程度因机械性窒息死亡的原因而异。因勒颈、扼颈或压迫胸部等死亡者，头面部静脉因回流受阻而怒张，致颜面部高度淤血而显示肿胀并呈暗紫红色。颜面部发绀是因缺氧血液中还原血红蛋白含量增多所致，其他原因死亡尸体在死后较长时间后，颜面部也可出现发绀现象。因此，因机械性窒息死亡的颜面发绀只有在死后不久观察到才有一定意义。

(2)淤点性出血：常见于眼球睑结膜和颜面部皮肤，出血点呈淡红色或暗红色圆形、针尖状大小，孤立或融合成片状。

(3)尸斑显著、出现早：因窒息死者血液呈流动状态，且还原血红蛋白含量增多，故死后不久便可出现广泛而显著的尸斑。

(4)尸冷缓慢：窒息时，在呼吸困难期常发生惊厥，产热增多而体温升高，使尸体冷却速度变慢。

(5)牙齿出血：也称玫瑰齿。可能是窒息过程中因缺氧使牙龈毛细血管破裂出血浸染所致。主要在牙颈部表面出现玫瑰色（或淡棕红色），经过酒精浸泡后其色泽更为鲜艳。玫瑰齿对于鉴别腐败尸体有无窒息有一定的价值，但并非绝对的指征。

(6)其他所见：窒息过程中发生惊厥时，可使平滑肌收缩或痉挛而出现大小便失禁或精液排出。还可见唾液和鼻涕流出、眼球突出等现象。

2．尸体内部征象

(1)血液呈暗红色流动性：窒息时，因缺氧损害血管内皮细胞，释放纤溶酶激活物，使纤维蛋白原及纤维蛋白降解，血液呈暗红色；同时，因血液中还原血红蛋白增多而呈暗红色。

(2)器官淤血：主要因吸气性呼吸困难期胸腔负压增高，回心血量增多，静脉系统淤滞所致。

(3)器官被膜或黏膜淤点性出血：此种淤点性出血常见于窒息死者肺浆膜，包括肺叶间浆膜、心及主动脉起始部外膜、甲状腺、颌下腺、睾丸和婴儿胸腺被膜下以及脑蛛网膜等处，也见于口腔、咽喉、气管、胃肠、肾盂、膀胱、子宫外口等处的黏膜（图4-1，彩图4-1；图4-2，彩图4-2）。1866年，法国学者Tardieu AA在检验扼颈死亡尸体中首先描述了此种现象，故也称为Tardieu斑（Tardieu's spots）。其形成机制与机械性窒息者皮肤及睑结膜出血点机制相似，但淤点性出血也可见于猝死、败血症、磷中毒、砷中毒、急性酒精中毒死者尸体，并非窒息所特有。

(4)肺气肿或肺淤血、水肿：在剧烈的吸气性呼吸困难期，肺扩张，肺泡膨胀，可形成局灶性肺气肿。严重者发生肺泡破裂，甚至形成气胸。肺组织呈淤血、水肿及肺泡内出血改变。

(5)脾贫血：窒息时，因代偿性机制增加输氧能力，死者的脾常呈贫血状，体积缩小，包膜皱缩，色淡。窒息时脾收缩，是一种代偿性机制，可使大量的红细胞进入血液循环。

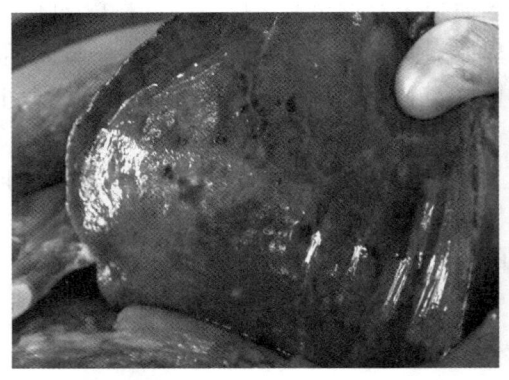 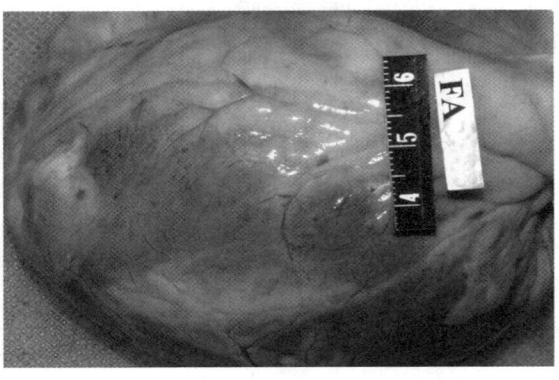

图4-1　肺浆膜淤点性出血（勒死）　　　　图4-2　心外膜淤点性出血（扼死）

3. 机械性窒息的组织学变化　脑对缺氧最敏感，完全缺氧 6～8min，脑神经细胞即可出现不可逆性的退行性改变，表现为细胞肿胀，变圆，核仁及尼氏小体溶解，细胞嗜酸性染色增强。脑细胞和血管周围间隙增宽，小静脉和毛细血管扩张充血，并可见血管周围灶状出血。

心肌对缺氧的较为敏感。缺氧 5～6min 后，心肌细胞水样变性，嗜酸性染色增强，呈节段状，心肌纤维波浪样改变等。

其他器官，如肝细胞、肾近曲小管上皮细胞等也可表现为细胞肿胀，水样变性等。胰腺被膜下、间质可见灶、状出血，不能误认为急性出血坏死性胰腺炎。

（官大威）

第二节　常见类型的机械性窒息

一、缢死

利用自身全部或部分体重，使颈部压迫套在颈部的绳索或其他类似物而引起的死亡称为缢死（death from hanging），俗称吊死。

缢死可发生在悬位、立、蹲、跪、坐、卧等任何体位。缢颈时体位不同，颈部承受的压力也不同。一般认为，悬位缢颈者颈部承受体重 100% 的压力，称为完全性缢颈。立位和蹲位者为体重的 70%～80%，坐位者为体重的 15%～20%，卧位者占体重的 15%～40%，均称为不完全性缢颈。实验表明，颈部各血管受压闭塞只需要不足十几千克的力，各种体位缢颈时，身体部分重力已足够压闭血管引起死亡。

（一）绳套和缢型

1. 绳套　缢颈所用的绳索，称为缢索。多为日常生活中的常见物品，如床单条、围巾、毛巾、尼龙丝袜、领带、鞋带、尼龙绳、麻绳、草绳、皮带等。缢颈时，将绳索类物做成套，将绳索的一端固定在高处。绳套可为单套、双套或多套，其周径如果在缢颈时不发生变化，称为固定绳套（死套）；如果因体重作用绳套周径而变小而勒于颈部，称为滑动绳套（活套）。固定绳套又根据其周径大小分开放式和闭锁式，滑动绳套易呈闭锁式。绳结是在绳套上所打的结扣，有多种样式，如活结、死结、帆结、瓶口结、牛柱结、领带结、外科结等。

2. 缢型　根据缢索着力的部位不同分为前位、侧位和后位三类缢型，前位缢型又称为典型缢型。

（1）前位缢型：缢索的着力部位在颈前部，多位于舌骨与甲状软骨之间，分别绕经颈部左、右两侧斜行向后上方，沿下颌骨角，经耳后，升入发际，达到枕部上方时形成提空（古代称"八字不交"），最后将绳索系在枕后上方的固定点处，头向前倾斜。此型最为常见（图 4-3，彩图 4-3）。

（2）侧位缢型：缢索着力部位在颈部左侧或右侧，一侧在颈前经过相当于甲状软骨水平向对侧走行，经对侧下颌骨角下至耳、乳突部位；另一侧经过项部绕至对侧而斜行向上，在其对侧形成提空，头部向着力处一侧倾斜（图 4-4，彩图 4-4）。

（3）后位缢型：缢索的着力部位主要在项部，分别绕过两侧下颌骨角，在颈前中线上方提空，死者头向后方倾斜（图 4-5，彩图 4-5）。

（二）缢死的机制

1. 呼吸道受压闭塞　前位缢型缢颈，缢索多位于舌骨与甲状软骨之间，舌根被推向后上方，使其紧贴于咽后壁及软腭的后部，闭塞咽腔气道。同时，可使会厌盖住喉头而完全闭塞呼吸道。侧位缢型缢颈，缢索可压迫甲状软骨和气管而部分或完全闭塞呼吸道。后位缢型缢颈，

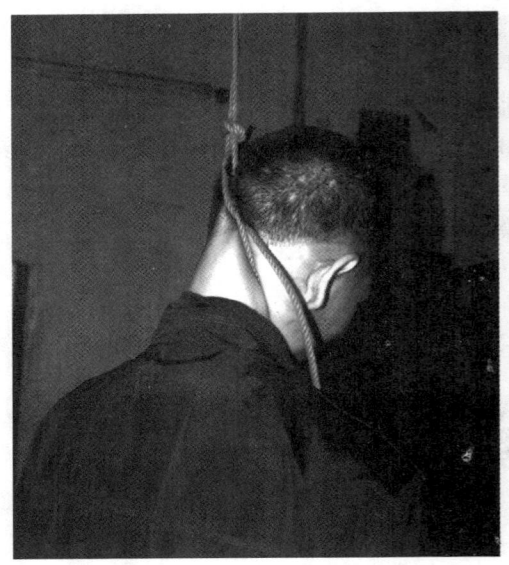

图 4-3 前位缢型（典型缢型）缢死

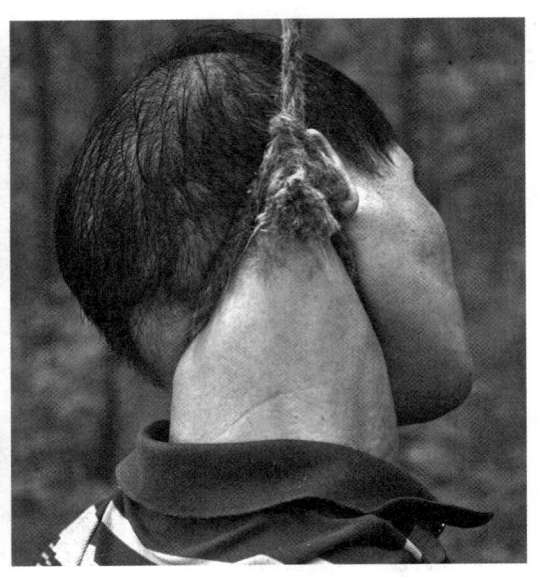

图 4-4 侧位缢型缢死

图 4-5 后位缢型缢死

绳索压迫项部使颈椎向前凸出，间接压迫呼吸道。实验研究表明，闭塞呼吸道需要 15kg 的压力。

2．颈部血管受压闭塞　前位缢型缢颈，特别是前位缢型完全性的缢颈者，颈部受压力大，可使颈部两侧的静脉、动脉，甚至椎动脉均被压闭，导致脑部供血中断。非典型缢型缢颈者，一般颈静脉受压闭塞，而颈动脉不能完全被压闭，使脑组织淤血，产生严重脑水肿，脑功能障碍，意识逐渐丧失。研究证明，颈部受到 2kg 的压力可压闭颈静脉，5kg 可压闭颈动脉，16.6kg 可压闭椎动脉。而无论是悬位或其他体位缢颈者，其颈部所受到的缢索的压力均已超过 17kg。

3．颈部神经受压反射性抑制心跳和呼吸　缢索压迫迷走神经或颈动脉窦，引起反射性心搏变慢乃至停止。缢索压迫还可刺激迷走神经、喉上神经引起反射性呼吸骤停，刺激颈部感觉神经纤维，还可反射性地引起大脑皮质抑制。

4．颈椎和颈髓损伤　单纯缢颈者损伤颈椎和颈髓较少见，常见于国外绞刑死者。受刑者颈部套上绳索，站在离地面一定高度的绞刑架踏脚板上，突然抽去踏脚板时受刑者身体迅速下坠而悬空，其颈项部因猛烈牵拉而使 2～3 或 3～4 颈椎分离，甚至骨折碎裂，脊髓撕裂，意识立即丧失。

（三）缢死尸体的所见

1．颈部皮肤损伤

（1）缢沟：缢死者颈部的损伤主要是缢沟。缢沟（furrow，groove）是缢吊时绳索压迫颈部皮肤所形成的沟状痕迹。缢沟的性状与缢索的性质、绳套、绳结、着力点和其缢型等有关。

1）缢沟的位置和方向：因缢型不同而有差异。前位缢型缢沟常见于舌骨和甲状软骨之间或甲状软骨水平，与缢索的性状有关。后位缢型的缢沟常位于项的中部。侧位缢型缢沟在颈部左侧或右侧最明显。缢沟的方向，在着力部位大致呈水平线状，其两侧斜行上升，逐渐变浅，最后互相接近或提空。

2）缢沟的数目：取决于直接压迫皮肤的缢索的数目。一条缢索或两条缢索互相重叠缢颈时常形成一条缢沟。两条缢索平行着力压迫颈部时可形成双条缢沟，如果两条缢索发生交叉，则缢沟也在相应部位出现交叉现象。如果一条缢索缢颈时发生滑动，也可形成类似于交叉的缢沟。

3）缢沟的宽度和深度：与缢绳的性状、压力强度和悬吊时受压着力的时间长短有关。一般宽而软的缢索形成宽而浅的缢沟，不一定伴有表皮剥脱，称为软缢沟；细而硬的缢绳形成深而窄的缢沟，常发生表皮剥脱，称为硬缢沟。若局部与缢索之间有衣物等垫衬时，缢沟浅淡或不明显。缢索着力部位的缢沟最深，沿缢索行走至提空处，缢沟也逐渐变浅，甚至消失。此外，缢吊时间越长，缢沟也越深。肥胖体重者的缢沟比瘦弱体轻者为深。

4）缢沟的颜色与损伤：缢沟的颜色与缢沟处皮肤受损的程度有关。缢吊时间短，局部皮肤损伤轻，缢沟初期呈苍白色，以后因缢沟处渗出液蒸发而逐渐干燥，颜色也随之变深。粗糙质硬的缢绳，可摩擦颈部皮肤而出现程度不同的表皮剥脱和出血，以后逐渐干燥，颜色变深，呈浅褐色或暗褐色，形成皮革样化（图4-6，彩图4-6）。有时缢沟间的皮肤，受绳套的挤压，血液向上、下缘排挤，血浆渗透毛细血管而聚集在表皮下，形成许多粟粒大小含有淡黄色或血性液体的水疱，绳套解除后水疱可自行消散。缢颈者如被及时解救复苏，由于受压处发生贫血后充血，其缢沟充血明显，呈暗红色，伴有出血点。

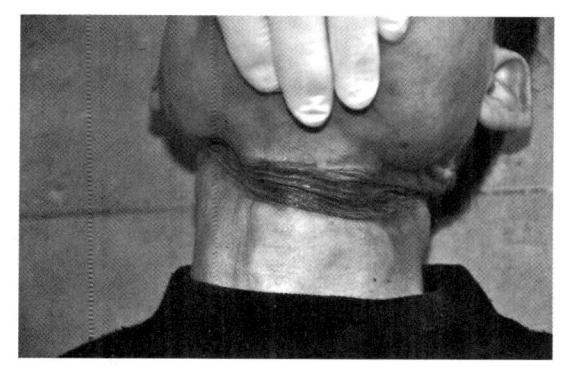

图4-6　多匝缢索形成的缢沟，呈皮革样化

5）缢沟的印痕及附着物：缢颈时，如果使用表面有花纹的缢索，在缢沟的表面有时可显示相应花纹样的印痕。如果缢索表面附着有异物或污物，也可遗留在缢沟表面。通过缢沟表面的印痕或污物的检验，可与现场遗留的缢索进行相互认证，或追查缢索。

（2）缢沟的组织学改变：经苏木精-伊红（HE）染色，缢沟处的皮肤因受缢索的挤压和摩擦，其角化层缺失，相应表皮层变薄，各层细胞致密、细胞伸长，并与表面平行排列。真皮乳头变平、消失，真皮内胶原纤维致密化、血管闭塞，皮脂腺、汗腺受压呈索条状。缢沟边缘区的皮肤内和皮下组织可见灶状出血。如果采用特殊染色，如用苦味酸靛胭脂红染色，生前缢沟皮肤染成黄绿色。正常皮肤组织的表皮层呈淡红色，真皮层结缔组织呈蓝色。用改良Poley酸性复红-甲基绿染色，受压皮肤的表皮及真皮结缔组织呈粉红色（阳性反应）；正常皮肤呈绿色（阴性反应）。但上述皮肤组织颜色的变化只能表明局部皮肤受过外力作用，不能区分是否为生前损伤。

（3）缢沟深部组织的改变

1）颈部肌肉损伤：损伤程度与一所的种类、缢颈的方式、缢型、缢吊时间等因素有关。如胸锁乳突肌、胸骨舌骨肌、甲状舌骨肌、肩胛舌骨肌等因缢绳的压迫，可出现压陷痕迹，也称内部缢沟。肌肉有局限性挫伤出血，因挫压肌肉出现玻璃样变性。缢沟附近组织中的血管和神经周围可见出血。有时在胸锁乳突肌起始部可发现微小的出血点。缢沟深部的脂肪组织，因挫伤而呈乳化状，并可出现脂肪微粒。细而硬的缢索缢吊时间常者，内部缢沟明显。

2）舌骨及甲状软骨骨折：多见于前位缢型缢颈。当缢索位于颈部喉结上方时，可将舌骨大角和甲状软骨上角推压至颈椎椎体前面，同时甲状软骨上角受牵拉而发生骨折，骨折局部出血。舌骨大角骨折，可为单侧性，也可为双侧性，可呈内向性或外向性。舌骨和甲状软骨骨折多见于老年人。主要是由于舌骨关节和甲状软骨骨化以及骨质变脆的缘故。有时，还可见甲状软骨和环状软骨骨折。

3）颈动脉损伤：因缢绳的牵拉作用，颈总动脉在颈内和颈外动脉分支处下方的内膜可发生 1～2 条横向断裂，可伴有内膜下出血（图 4-7，彩图 4-7）。牵拉力较大时，颈动脉中膜也可破裂。这种现象并不常见，在老年人缢颈死亡者中较为多见。

2．缢死尸体的其他所见

（1）面部所见

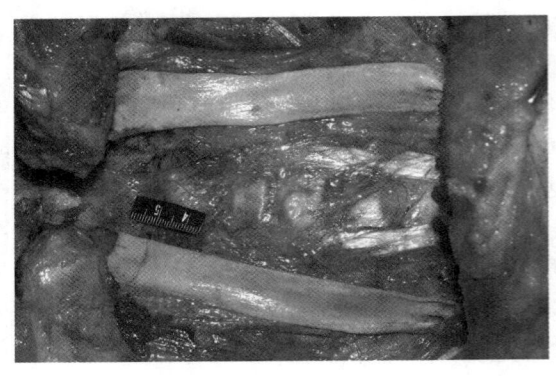

图 4-7 缢死者右侧颈总动脉内膜横裂

1）面色苍白或淤血、肿胀：以前位缢型缢颈时，由于颈动、静脉均受压闭塞，面部颜色苍白。以侧位缢型缢颈时，因为一侧的颈动脉、颈静脉完全被压闭，而另一侧仅静脉受压，血液回流受阻，面部淤血；或以后位缢型缢颈时，两侧颈部静脉受压，但颈动脉未闭塞或部分闭塞，特别是椎动脉仍通畅，因此典型缢死者面部多表现为青紫、肿胀，结膜和表面皮肤也常有散在的淤点性出血。

2）口、鼻腔涎涎流注：缢吊时，缢索的压迫可刺激颌下腺使之分泌增多，前位缢型时，头面部前倾，鼻腔黏膜淤血，刺激腺体分泌也增多，形成口、鼻腔涎涎流注现象。涎涎流注现象在死后悬尸者也可出现。有时头面部淤血严重时，鼻黏膜血管破裂，还可见鼻腔流血。

3）舌尖露出牙列外：舌尖是否露出牙列外，与颈部缢索的位置有关。若缢绳压在喉结的上方，则舌尖抵牙而不伸出。如压迫在甲状软骨的下方，舌根被推向上方，使舌体伸向前上方，舌尖可露出牙列外。如发生抽搐，舌尖上可出现牙齿的咬痕。侧位缢死者，舌尖常斜向颈部着力侧的对侧露出。

4）大小便失禁、精液排出：缢颈过程中，因缺氧发生痉挛，缢死者可出现大小便失禁、精液排出。

（2）体表及手足损伤：一般自缢死者的体表和手足无损伤。但缢颈过程中，如果发生痉挛或身体摆动，与附近的硬物体相互碰撞，可出现表皮剥离、皮下出血或表浅的挫裂创，常见于身体突出的部位，不应误认为他人所致。

（3）尸斑及尸僵：立位或完全性缢颈死亡者，在四肢的手足、前臂和小腿等处可出现暗紫红色尸斑，或伴有散在的出血点。裤带压迫处皮肤呈苍白色，裤带压迫以上部位出现围腰带状尸斑。他杀后立即被伪装成自缢的尸体，其尸斑分布与自缢者相类似。完全性缢颈死亡的尸体发生尸僵后，其足尖保持下垂姿态。

（4）器官变化：前位缢型死者的脑膜和脑组织贫血。非典型缢型的尸体，其脑膜和脑组织有不同程度的淤血，可见蛛网膜下腔少量出血，脑实质内可见血管周围灶状出血。其他内部器官主要是淤血改变，被膜或浆膜下有淤点性出血。

（四）缢索的物证意义及缢死的法医学鉴定

1．缢颈者所用的缢索具有重要的物证意义，在现场检查时必须注意以下几方面：

（1）搜集并保留现场的缢索，留作物证，并拍照、记录。

（2）检查现场缢绳的性状、绳套及其圈数等，与颈部缢沟的性状、条数、印痕、提空部位等进行对比，检验两者是否完全相符。若相符合，说明此缢绳应为缢颈的工具。如果不相符，应进一步追查缢索。

（3）保留绳结原始状态。绳结能提示作案人的职业性质和其习惯的打结方法。在现场勘验取下颈项部的缢索时，不应解开绳结，应在结扣的对侧或其侧面剪断缢索。在取下缢绳后，再用细线连接其两个断端。如为多匝缢索，相应重叠、交叉处也应固定。

(4) 检验缢绳纤维中的附着物（如粉尘、油污、金属屑等）是否与缢沟上的相符合。

2．缢死的法医学鉴定　缢死多见于自杀，利用缢颈杀人案件少见；偶见意外性缢死，多见于儿童。也有以其他方式杀人后伪装自杀的案例。缢死的法医学鉴定应注意以下事项：

（1）应首先了解案情，再进行现场勘验，自杀缢死现场平静，常有遗书；他杀缢颈现场有他人进入和搏斗的迹象等。

（2）注意尸体的体位、姿态、缢绳性质和其扣结的形式等，并详细记录、照相。要保留缢绳，剪开绳套时注意避开扣结处。进行尸体解剖时应注意：①有无窒息死亡的一般征象；②颈项部缢沟的性状与现场缢绳的性状是否互相符合；③根据体位、颈部索沟的位置、走行、结扣等，鉴别是缢死还是勒死；④根据缢死者的体位、姿态、缢沟以及有无抵抗伤或暴力痕迹等鉴别自杀还是他杀；⑤通过缢沟皮损处有无生活反应，鉴别是缢死还是死后悬尸。可通过常规组织学检查检验是否有出血反应。研究表明，生前缢沟皮肤的组织胺总量并不增高，但游离组织胺和 5-羟色胺的含量较正常者显著增高。死后缢沟皮肤两者的含量均不增高。

二、勒死

勒死（strangulation by ligature），又称绞死。是以绳索类物缠绕颈部，由他人或勒颈者本人的手，或通过某种机械作用等自身以外的力量，使绳索类物勒紧并压迫颈项部而导致的死亡。

绞勒颈部时所用的绳索称为勒索或绞索。常见有麻绳、电线、布条、皮带、尼龙绳或尼龙袜、毛巾、围巾等，一般常用半硬半软的绳索。勒索缠绕颈部的匝数不定。一般他杀案件中，由于作案者意在迅速使被害人死亡，时间仓促，且被害人往往挣扎抵抗，故以一匝、二匝者居多。自杀案件中，由于自杀者决心已定，可能勒索缠绕颈部的匝数较多。结扣的形式因人而异，有半结、死结等，也有多匝勒索而无结扣者。他杀者结扣多在项部或颈的侧面，也可在颈前（图 4-8，彩图 4-8）。自杀勒颈者多在颈前部或一侧。

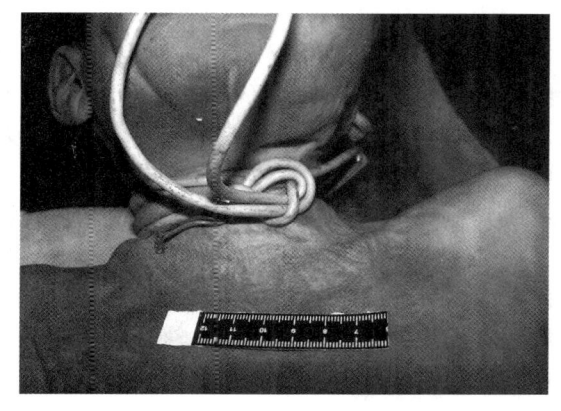

图 4-8　勒死者颈部勒索及结扣（他杀）

最常见的勒颈方式是将勒索的两端交叉，以双手向两侧相反的方向用力拉紧勒索或打结，压迫颈部。有些自勒者先用勒索缠绕颈部打结后，再将木棒状物插入勒套中，并扭转以达到窒息死亡的目的。也有将勒索的两端分别系以重物等，压迫颈部。个别性窒息者将勒索一端固定后，另一端用脚收紧，绞勒颈部。

（一）勒死的机制

1．压迫呼吸道　勒颈时，勒索的位置一般在甲状软骨水平或其下方，因施加外力时颈部均匀受力，或同时受害人挣扎抵抗，使气管常不能完全被压闭，因此窒息过程相对较长。

2．压迫颈部血管　勒颈过程中，颈部静脉容易被压闭，但动脉不能完全压闭，特别是椎动脉因其位置较深，不会被压闭，加之被害人的抵抗挣扎，颈部受力不均匀而勒索时松时紧，血液仍可流向大脑。勒颈者意识丧失较慢，窒息过程较长，死亡较迟缓。

3．压迫颈部神经　如果勒索位于喉头上方勒颈时，可刺激迷走神经及其分支喉上神经引起呼吸抑制，或刺激颈动脉窦引起反射性心脏停搏而死亡。

（二）勒死尸体的所见

1. 颈部改变

（1）勒沟：勒索压迫颈部所形成的皮肤沟痕称为勒沟。勒沟可反映勒索的性质、勒索表面的纹理及其他一些特征（图4-9，彩图4-9）。通过勒沟的特征也可鉴别缢沟。

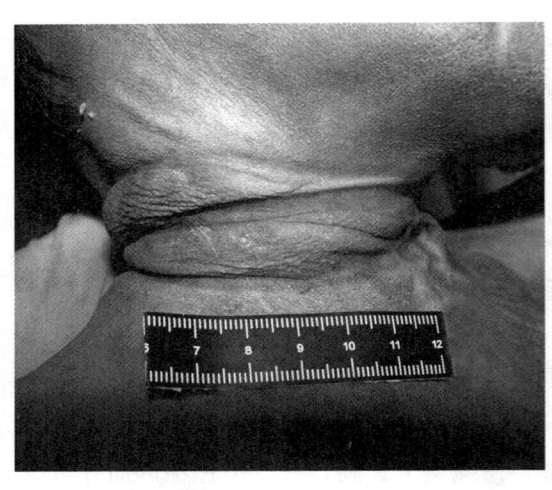

图4-9　颈部勒沟，可见结扣印痕（他杀）

1）勒沟的位置和方向：多位于喉结下方，也可位于颈项部任何部位，水平方向环绕颈部呈闭锁状。如果在勒索与颈部之间有衬垫物，衬垫处勒沟可以不明显或出现间断。

2）勒沟的数目：多为1～2圈，多圈者少见。一般情况下，勒沟的数目与缠绕颈部的勒索圈数一致。当勒索互相重叠时，勒沟的数目也不能完全反映绳圈数目。如果两条勒索发生交叉，勒沟也可表现为交叉状态。

3）勒沟的宽度和深度：勒沟的宽度取决于勒索的粗细，一般与勒索的粗细相当。勒沟的深度比较一致，但结扣处较深，形成局部凹陷压痕。

4）勒沟的颜色：一般为淡棕褐色。如果受害者抵抗和挣扎，易形成表皮剥脱和皮下出血，皮革样变后其颜色变深，呈黄褐色或暗褐色的。勒沟的上、下缘处可有散在的点状出血，有时还可出现水疱。

5）勒沟的印痕与附着物：如果质地较硬的勒索表面有某种花纹，勒沟表面也可出现相应的印痕。当勒索不在现场时，可根据勒沟的印痕特征与可疑勒索进行比对。如果勒索表面有油污或其他污物，也可转移至勒沟。同样，勒颈时皮肤表皮组织也可粘连于勒索表面。

（2）颈深部组织改变：勒沟处皮下组织及肌层常有出血，多见于死前挣扎者，一般无肌肉断裂。甲状腺、扁桃体及舌根部均有明显的淤血和出血。勒颈时，如果颈部受到强烈的绞压，常发生甲状软骨和环状软骨骨折，甚至颈椎棘突骨折。如果勒索位于喉结上方，舌骨大角可发生骨折和出血。

2. 勒死尸体的其他所见

（1）颜面：勒颈时，由于颈部均匀受压，一般仅压闭静脉，而颈动脉特别是椎动脉不能完全被压闭塞，且窒息过程较长，缺氧明显，因此颜面青紫、肿胀明显。眼球睑结膜及勒索以上的颈部、颜面部的皮肤常可见散在的点状出血。当勒索位于喉结处或其下方时，其舌尖常露于牙列之外。有时舌尖被咬破出血，舌尖表面常留有齿痕。

（2）体表及手足损伤：采用勒颈杀人时，因受害者的挣扎、抵抗，其体表和手足等部位常有抵抗伤，手中可抓有加害人的衣物碎片、纽扣或血迹和皮肤组织碎片等。

（3）尸斑及尸僵：尸斑呈暗紫红色，出现较早，分布较弥漫，尸斑内可见淤点性出血。尸僵形成较早，程度较强。

（4）器官改变：主要为一般机械性窒息的内部器官所见。

（三）勒死的法医学鉴定

勒死案例多为他杀，自勒少见，偶见意外性勒死。

1. 他勒　现场多凌乱，有搏斗迹象，并留有他人足迹。被害人身上常有抵抗伤，如表皮剥脱、皮下出血，甚至有较为严重的其他外伤。死者手中常抓有加害者的毛发、衣服碎片、纽扣，指甲缝中可能嵌有加害者的血迹、皮肤组织碎片等。为防止被害人呼喊口中可被塞有异物，或捂压口鼻，可造成口唇黏膜破损，口周围表皮剥脱及皮下出血。常见颈部勒索缠绕较紧，打成死结，甚至将衣领、发辫、杂草等勒入勒索与颈部之间（图4-10，彩图4-10）。勒沟深而明显，皮下组织出血严重，喉头软骨常骨折。

2. 自勒　现场一般较为安静，室内物品无翻动迹象，摆放整齐，门窗紧闭。一般尸体呈仰卧位，肘关节弯曲，双上肢保持牵拉勒索两端的姿势。如为多圈勒索缠绕颈部，则先紧后松。如果打结，结扣多位于颈前；如有重复打结，结扣越打越松。有时颈部垫有衬垫物。现场可见自杀的迹象或遗书。

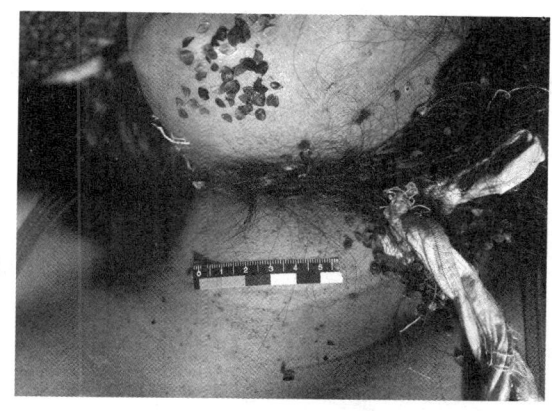

图4-10　他杀勒死，将发辫勒入勒索与颈部之间

（四）缢死与勒死的鉴别

依据颈部索沟的特征及其他尸体所见可对缢死和勒索进行鉴别，见表4-1。

表4-1　缢死与勒死的鉴别

项目	缢死	勒死
索沟形成	颈部压迫缢索形成的皮肤印痕	勒索压迫颈部形成的皮肤印痕
索沟位置	多在舌骨与甲状软骨之间	多在甲状软骨水平或其下方
索沟走向	着力处水平，两侧斜行向上提空，缢沟多不闭锁；复杂缢型可呈环形，闭锁状态	基本上呈环形水平状，呈闭锁状态
索沟深度	着力部位最深，向两侧逐渐变浅消失	深度基本均匀，结扣处有压痕
皮下组织损伤	肌肉多无出血，颈动脉分叉下内膜可有横向裂伤	肌肉常有出血，颈动脉内膜多无裂伤
颈部骨折	舌骨大角、甲状软骨上角可骨折	可有甲状软骨、环状软骨骨折
颅脑淤血	典型缢死者脑组织、脑膜淤血不明显，非典型缢死者较明显	脑组织及脑膜淤血明显，伴点状出血
舌尖外露	舌尖可外露	舌尖多外露
颜面征象	典型缢死者颜面苍白，非典型缢死者颜面淤血肿胀，眼结膜可有出血点	颜面青紫、肿胀，勒沟以上颈部、面部皮肤及眼结膜常可见出血点

三、扼死

扼死（manual strangulation）用单手或双手、上肢等扼压颈部而引起的窒息性死亡称为扼死，又称掐死。用肘部、前臂或器械压迫颈部，或脚踩压颈部致死者也属于扼死。扼死均属于他杀，自扼死亡是不可能的，因为自己用手压迫颈部引起意识丧失时，四肢肌肉发生松弛，而不能继续扼颈。

（一）扼死的机制

扼死的机制与勒死相似。用手压迫颈部，因压力的大小以及扼压的部位的不同，均能导致气道不同程度的压闭。有时，因扼颈时将舌骨、喉头或气管推向后上方，堵闭咽后壁而发生呼吸障碍致死。由于拇指与四指分开，从颈的两侧压挤，可使颈静脉完全闭塞，但颈动脉不易完全闭塞，椎动脉仍能保持通畅。一般情况下，由于被害人挣扎抵抗，颈部呼吸道不易被完全压闭，颈部血管不能完全被压闭，因此窒息过程较长，窒息征象较明显。喉上神经受压刺激可引起反射性呼吸抑制。而颈动脉窦受压可引起反射性心跳、呼吸停止，此时窒息征象不明显。

颈部受扼压所致呼吸道受压、颈部血管受压和神经受压等常共同发挥作用而导致死亡，但决定死亡速度的重要因素是扼颈力量的大小以及扼颈的部位。

（二）扼死的形态学改变

1. 体表征象

（1）颈部扼痕：扼压颈部，可形成手指和指甲压痕，称为扼痕（throttling mark），是扼死尸体最重要的征象。指甲可形成新月形或短线状表皮剥脱；指端指腹扼痕为圆形或椭圆形的挫伤，有时颈部扼痕呈片、灶状表皮剥脱（图4-11，彩图4-11）。扼痕一般多分布在喉结两侧。用右手扼压颈部时，可在右侧颈部形成拇指所致的一个扼痕，而左侧颈部皮肤上留有其余四指形成的扼痕；如用左手扼压时，则扼痕分布相反。喉结处可形成虎口印痕。用双手扼压时，颈部两侧各有4~5个扼痕。当扼痕发生皮革样化时更为明显。受害人挣扎、抵抗时，也可能自己抓伤颈部，形成相应的损伤。

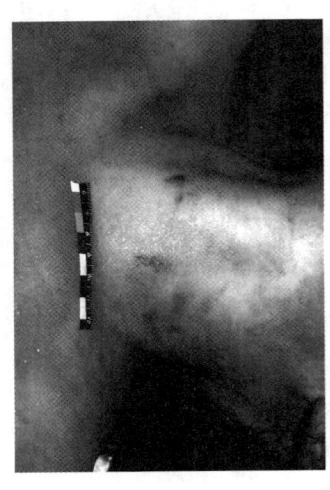

图4-11 颈部扼痕，呈片、灶状表皮剥脱

（2）颜面改变：被扼颈死亡者的颜面常发绀、肿胀，抵抗、挣扎时间长者更明显。睑结膜、口腔黏膜可见散在的淤点性出血。舌尖有时微露于牙列之外，有咬伤。若扼颈时伴有捂嘴还会造成被害人口唇周围表皮剥脱、软组织挫伤以及口腔黏膜破裂、出血等损伤。

（3）四肢及其他体表损伤：受害者因挣扎、抵抗，在其胸、背部和四肢常可形成条片状表皮剥脱、皮下出血等损伤。强奸案件中，被害人会阴部以及大腿内侧也可出现损伤。有些案例，罪犯先用其他暴力致被害人昏迷，失去反抗能力，再实施扼颈。

（4）受害者的手中异物：受害者的手中可抓有加害人的毛发、衣着碎片、纽扣等，指甲内抓有加害人皮肤组织碎片、血痕等。

2. 颈内部征象

（1）皮下及肌肉出血：手指和指甲扼压部位的皮肤常见皮下片、灶状出血（图4-12，彩图4-12），相应部位胸锁乳突肌、胸骨舌骨肌、肩胛舌骨肌等常有出血；甲状腺、颌下腺、喉头黏膜、舌根部出血或伴有声门水肿。

（2）舌骨及甲状软骨骨折：在扼死案例中，由于凶手扼颈时用力较大，甲状软骨、环状软骨往往骨折，甲状软骨骨折多发生在上角，尤以右上角为多，约占50%。舌骨大角有时也见骨折，约占35%。

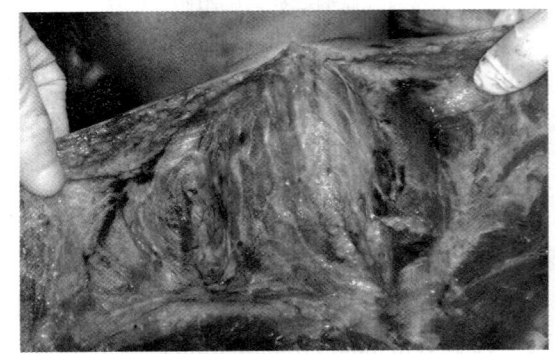

图4-12 扼颈死亡，颈部皮下出血

（3）器官变化：内部器官淤血，肺浆膜、心外膜等淤点性出血等机械性窒息的一般内部征象。

（三）扼死的法医学鉴定

扼死属于他杀。现场常见有搏斗痕迹。被害人的尸体呈非常规体位，手足和头面部常有损伤，衣着散乱，撕破。如果被害人先被以其他方式，如中毒或被击昏等置于昏迷状态被扼死，常无抵抗伤痕。如系女性尸体，应注意有无被强奸征象。详细检查现场留有的指纹、足印、血迹和死者手中抓取的物证。注意是否对尸体和现场进行了伪装。应尽早进行尸体检验和解剖，应注意对颈部的检查，并排除中毒。

四、其他类型的机械性窒息

（一）捂死及闷死

捂死（smothering）是以柔软物体同时捂压或堵塞口腔和鼻孔，阻碍呼吸道通气，影响气体交换而导致的窒息性死亡。捂死的方式包括用手或毛巾、被褥、衣物等压捂口、鼻孔，或面部朝下，使口、鼻部捂压在被褥、泥土等物体上。也有用塑料袋套住头颈部等。捂死以他杀为多见，常见于无抵抗能力的婴幼儿或年迈老人，以及因受中枢神经系统抑制药物、醉酒或其他因素影响而处于昏迷状态、沉睡或手足被捆绑而无力抵抗者，对健康成人难以通过捂压口鼻方式达到杀人的目的。

闷死（suffocation）是由于局部环境缺氧所致的窒息性死亡。闷死绝大多数为意外事故，如矿井、坑道坍塌或进入废弃的矿井、地窖、通风不良的山洞等。

捂死的死亡机制较为单一，主要是口、鼻孔道被压闭后，阻断了气体交换。因此，捂死属于典型的缺氧性窒息死亡。闷死的机制主要是局部环境缺氧，但是当环境中存在 CO_2，或者产生有毒气体（如 CO、SO_2 等），可以使人迅速窒息或窒息与有毒气体中毒共同导致死亡。

捂死的尸体检验中，可见窒息的一般征象，如颜面部发绀，眼球结膜及口腔黏膜散在淤点性出血等。应特别注意口、鼻部的改变，用手强力捂压时，口、鼻部受压部位可见片灶状表皮剥脱、皮下出血或指甲抓痕等，有时伴有轻度口、鼻歪斜等受压迹象。口唇、口腔黏膜、牙龈等处可有破裂及出血，也可伴有牙齿松动或脱落（图4-13，彩图4-13）。用柔软的物体捂压时，被害人的面部常不遗留任何痕迹。用泥土捂压口、鼻时，口腔内、鼻孔内及周围有较多的泥土或沙粒。有时，可见舌黏膜破裂或咬痕。内部器官主要表现为心、肺表面淤点性出血及各器官淤血等改变。

闷死的尸体体表及内脏器官一般无典型的窒息征象和特征性的形态学改变。因坑道坍塌或被人捆绑后置于密闭空间内死亡者，尸体上可见相应的机械性损伤。

（二）哽死

哽死（choking）是由于异物堵塞内部呼吸道，阻碍气体交换而引起的窒息性死亡。哽死多属意外性事件，常见于婴幼儿喂奶或食物时，因哭闹、说话，将乳汁或食物、水果块等吸入呼吸道内；也见于儿童将纽扣、玻璃球、硬币、笔帽等放在口中，不慎吸入呼吸道。成人多见于麻醉、醉酒或头部受到外力作用后处于昏迷状态者，或癫痫发作者将呕吐物误吸入呼吸道（图4-14，彩图4-14）；晚期肝硬化者因食管静脉丛曲张、破裂大出血或肺结核大咯血者将血液、血凝块吸入呼吸道。采用将软性物体如纱团、布团、泥团、纸团等，强行塞入咽喉部堵塞呼吸道的方式进行杀人的案件罕见。

哽死的死亡机制主要是由于异物完全堵塞或部分堵塞呼吸道，阻碍气体交换，引起窒息性死亡。异物堵塞呼吸道时，还可刺激喉头、气管、支气管黏膜，引起喉头水肿及反射性气管、

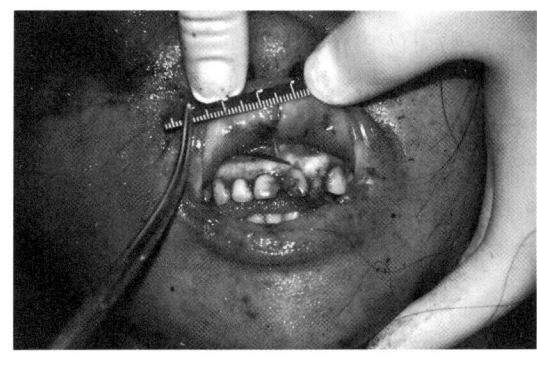

图 4-13　被捂死者口唇黏膜破裂、出血

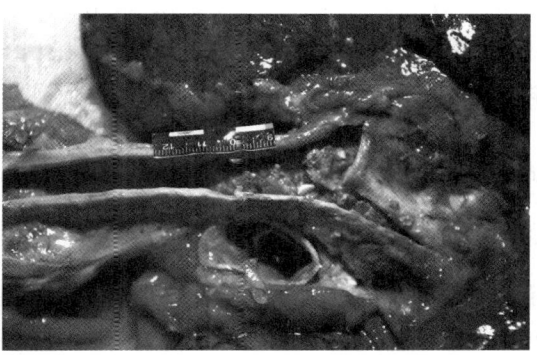

图 4-14　胃内容物吸入气管腔

支气管痉挛加重呼吸困难,加速死亡。

哽死的尸体检验时,呼吸道内有异物,应注意观察其形态、性质、存在的部位和量、阻塞呼吸道的程度等。不能将死后腐败所致的胃内容物进入呼吸道误认为是哽死。

(三)压迫胸腹部所致的窒息

压迫胸腹部所致的窒息(asphyxia due to overlay)是指胸部或腹部受到强烈的挤压,严重阻碍了胸廓和膈肌的呼吸运动所致的窒息。国外专业书中称之为创伤性窒息(traumatic asphyxia),由此所引起的死亡又称为挤压性窒息死。压迫胸腹部所致的窒息性死亡多因意外性或灾害性事故所致,如房屋倒塌、矿井或坑道塌陷、车辆翻覆、山体滑坡或雪崩、人群挤压、踩踏等压迫胸腹部。熟睡中母亲的手臂或腿压在婴儿的胸腹部,也可引起死亡。

一般成人胸腹受到 40~50kg、健壮者受到 80~100kg 的压力时,即可严重影响呼吸运动而导致窒息性死亡。一侧胸廓受压经 30~50min 后也可引起窒息死亡。

尸体检验中,可见重物压迫胸腹部产生的重物压陷痕迹,或伴有表皮剥脱、皮下出血等损伤。如被褥、厚重衣物等柔软物体压迫婴儿而致死者,体表可无明显的压痕。窒息征象较明显,如颜面和颈部淤血、发绀、肿胀、皮下和结膜下有出血点,有时受压迫部位以上的皮肤也可见淤点性出血。内部器官表现为一般的窒息性所见,如心、肺表面淤点性出血及肺淤血、水肿、出血等。重物压迫时,可伴有肋骨、胸骨骨折。如果心、肺、肝等内部器官破裂,需要鉴别死亡系因窒息还是器官破裂所致的失血性休克而死亡。

(四)性窒息

性窒息(sexual asphyxia)是性心理和性行为变态者独自在极为隐蔽的场所采用某种或奇异的窒息方式,引起一定程度的缺氧以刺激其性欲和增强其性快感而进行的一种性行为活动。由于所用的措施失误或过度,意外地导致窒息性死亡。因此,性窒息导致的死亡均属于意外。

实施性窒息者害怕这种性活动行为被他人所知,但难以控制自己,只能秘密进行。因此,性窒息的场所常是僻静而隐蔽之处,如自己的卧室、浴室、地下室、树林深处、库房、废弃的厕所等,常反锁门窗。现场有时可发现色情画报或色情书刊,观察自己性活动的小镜子,妇女的发辫、胸罩、花布或其他妇女用品,各种绳索、塑料薄膜袋。有的死者裸体或着女性衬衣、内裤,戴假乳房,扎女性发辫,用女性物品等男扮女装(图 4-15,彩图 4-15)。现场还可以发现以往多次进行类似性窒息活动的痕迹,如绳索摩擦的印痕等。

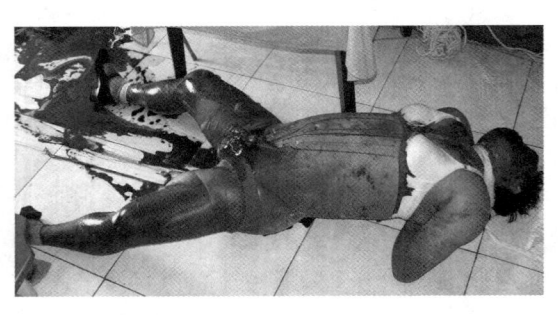

图 4-15　性窒息死亡者穿着乳罩及女性内裤、高跟鞋

若死者发生在自己家中,被亲人发现后可能移去现场许多女性用的物品而掩盖现场真实所见。

窒息方式多种多样,最常见的是用各种绳索、束带、长筒袜等而缢吊,或用绳索缠绕身体,捆绑手足,结成奇特绳套而进行绞勒;有的还在下肢上坠以重物。为了减轻疼痛,并不在颈部遗留印痕,常在颈部与绳索间衬垫柔软的毛巾、围巾、衣服等柔软物。

性窒息的死亡机制与所采用的窒息方式有关,如采用缢颈、勒颈、用塑料袋罩笼头面等方式达到缺氧的目的,但由于保护措施失灵或过度缺氧而未能及时解脱导致死亡。死亡机制与缢、勒死等相同。

现场检验尸体时,可见全裸或半裸体,裸露生殖器,有的阴茎上系以绳索或套有塑料袋,常有射精迹象;也可见男扮女装。因实施性窒息过程中因身体的移动或因脑缺氧发生痉挛,可造成身体的突出部位,如头皮、肩、肘等处局灶性表皮剥脱或挫伤。尸体的颜面部呈发绀、睑结膜及口腔黏膜的淤点性出血等窒息征象。内部器官主要表现为机械性窒息的一般病理形态学改变。法医学鉴定主要依据现场特征和尸体检验所见,并排除毒物中毒等进行综合判断,做出鉴定意见。

(五)体位性窒息

体位性窒息(positional asphyxia)是因长时间处于某种限制性异常体位,使呼吸功能及静脉回流受阻而发生的窒息性死亡,也称为限制性体位性窒息。

体位性窒息的方式包括上肢或一下肢或双下肢捆绑,头部向上或向下长时间悬挂在某一高度,或将两上肢水平伸展并固定在一定的位置上,或长时间身体蜷缩在狭窄空间使头颈部过度屈曲,或四肢被捆绑于背侧呈仰卧姿势等。由于这些限制性体位可使胸廓运动受限、呼吸肌疲劳等使肺换气功能障碍,或使呼吸道受阻而影响呼吸道的通畅,使机体缺氧,CO_2潴留,并继发呼吸性酸中毒、血液中离子紊乱,导致心律失常。

体位性窒息常缺少机械性暴力直接作用于颈部和口鼻部的损伤,包括颈部血管、气管及其他软组织损伤。在一些被强制人员(犯罪嫌疑人或罪犯)中发生的体位性窒息者,可见肢体被捆绑的痕迹以及身体其他部位被殴打所致的损伤。在一些因曲颈或身体屈曲发生体位性窒息者中,暴力损伤不很明显。在大多数体位性窒息者中,窒息的尸体征象常较为明显,如全身淤血、发绀,黏膜、浆膜以及皮肤出血点内脏器官的瘀血水肿等。

因肢体捆绑所致的异常限制性体位而死亡的案件尸体检验中,可见肢体等被捆绑的痕迹或损伤,尸体上有体表及内部器官的窒息征象及有长时间固定在某一特定体位的现场事实。其致死的机制和过程较复杂,鉴定时应持慎重态度,并需要排除疾病、中毒致死。体位性窒息致死多属于意外,他杀或自杀者罕见。

(官大威)

第三节 溺 死

一、溺死的概念及分类

溺死(drowning)是由于大量液体吸入呼吸道所引起的窒息性死亡,俗称淹死。被吸入呼吸道的液体称为溺液,一切具有可流动性的液态物质均可成为溺液。常见的溺液多为江、河、湖、海、井、池塘水等,少数为酒、油、尿、羊水、血液以及液态粪便等,个别情况下液态反流性胃内容物亦可成为溺液。依溺死发生的环境、死亡征象及条件等又可分为典型溺死和非典型溺死。

1. **典型溺死** 指全身浸没在液体内发生的溺死。其实仅口鼻腔浸没在液体内即能溺死,如醉酒、癫痫、卒中或各种病因昏倒者,其口鼻腔浸没水洼、水潭或其他液态物质内,因其不能主动翻转体位,在缺乏救助时,也能发生溺死。

2. **非典型溺死** 又称干性溺死(dry drowning),指溺水者入水后,因冷水刺激喉头黏膜致喉头肌肉、声门痉挛引起呼吸道闭塞发生窒息死亡,或迷走神经兴奋,反射性抑制心脏停搏所引发的休克性死亡,有学者称之为水中休克死。也有某些患有潜在的心脏病的人入水后,因冷水刺激、胸腹部受压或激烈运动,致心脏负荷增加,诱发急性心力衰竭死亡。以上溺死者,因突然死于水中,缺乏典型的溺死征象,故又称为水中猝死。

此外,有极少数溺水者经抢救复苏后经过短暂一段时间存活后又发生死亡,称为迟发性溺死(delayed drowning)。而对个别死后呼吸道内被动进水,或者是死后抛尸水中者,因不具备生前溺死的征象,属伪造溺死的案例,需要法医学鉴定及临床急救时加以甄别。

二、死亡的过程和机制

(一) 死亡的过程

水中溺死的过程类似机械性窒息过程。所经历的过程可为分为前驱期(窒息前期)、呼吸困难期(二氧化碳蓄积期)、失神期(意识丧失期)、呼吸暂停期、终末呼吸期及呼吸停止期六个阶段。所经历的时间约 6min。但由于死者生前身体状况、精神状态、年龄、水性、水温、溺液的性质等因素的不同,溺死的过程长短不一。

(二) 溺死的机制

1. **窒息** 溺液进入呼吸道和肺后,影响气体交换,导致体内缺氧和 CO_2 潴留,从而发生窒息死亡。

2. **心力衰竭和呼吸衰竭** 淡水(低渗性)溺死中,因吸入的溺液透过肺泡壁毛细血管迅速进入血液循环中,血容量急剧增加,致心脏负荷增加;另一方面红细胞因低渗性溶血,释放出大量 K^+,致血浆电解质紊乱,出现心室颤动。以上情况均可诱发急性心力衰竭或心搏骤停死亡。此外,海水(高渗性)溺死中,因吸入肺泡的溺液盐分较高或高渗性,体液从血液循环渗入肺泡引起严重肺水肿,血液浓缩而致呼吸衰竭。此两种情况的病理生理基础都是缺氧和酸中毒。

3. **心搏骤停和原发性休克** 由于冷水刺激,使迷走神经兴奋,反射性引起心搏骤停和原发性休克,有学者称之为水中休克死亡。

4. **其他因素** 极少数溺水者被抢救复苏后经过一段时间而死亡,称为迟发性溺死 (delayed drowning),死亡原因多为继发性肺水肿、支气管肺炎或肺脓肿等。

三、溺死的尸体征象

典型溺死者都具有窒息死的一般尸体征象,如口唇、指端发绀,血液不凝固,眼结膜、浆膜、黏膜有出血点,内脏器官淤血等。此外,还可呈现出溺死尸体的特有征象。

(一) 尸表征象

1. **尸斑浅淡** 尸体在水中常随水流漂浮翻滚,体位多不固定,皮肤血管遇冷水刺激而收缩,尸斑出现缓慢且不明显。由于水温较低,血液内的氧合血红蛋白(HbO_2)不易分解,水中氧气渗入血管,形成高浓度的 HbO_2。所以溺死者的尸斑常色浅,有时呈淡红色或粉红色,个别情况局部尸体低下部位可呈鲜红色(如头面部,外观易被误认为皮下出血)。尸斑部位以外的皮肤为苍白色。

2. **口、鼻孔处蕈形泡沫** 在溺死过程中,溺液吸入呼吸道,刺激呼吸道黏膜分泌黏液增多。黏液、空气及溺液在剧烈的呼吸运动过程中,互相混合搅拌,形成细小均匀的白色泡沫,随胸腹腔内压力增加逐渐涌出附着在口鼻孔和其周围,宛如白色棉花团堵塞呼吸道孔道,又因其外观形似蕈伞,故也称蕈形泡沫。这些泡沫因富含黏液而较为稳定,不易破灭消失,抹去后可再次涌出形成。如混有血液时,泡沫可染成浅红色。一般情况下,夏季可保持 1~2 天,春、秋季可保持 2~3 天,冬季可保持 3~5 天。泡沫干燥后,可在口、鼻部或其周围皮肤处形成淡褐色痂皮样残留附着物。蕈形泡沫是生前形成的,是一种生活反应,对确认是生前溺死具有一定的意义。

3. **鸡皮样皮肤** 皮肤受冷水刺激,立毛肌收缩,毛囊隆起,毛根竖立,故皮肤呈鸡皮样外观或鹅皮样改变。一般以双侧上、下肢外侧皮肤较为明显。值得注意的是,死后不久抛尸入水的尸体也可见到此种征象。

4. **手及指甲内抓有异物** 由于溺水者在水中拼命挣扎,死后尸检时常发现其手中常抓有水草、树枝、泥沙或其他物品,指甲内嵌有泥沙。是确认生前溺死的特有征象之一。

5. 皮肤膨胀、皱缩、脱落　尸体在水中浸泡一段时间后，表皮角质层被浸软、变白、膨胀、皱缩，以手、足部皮肤为著，又被称为洗衣妇手（washerwoman's hands）样皮肤。在一定时间后，手、足部的皮肤脱落，宛如手套和袜子样，被称为手套、袜套样剥脱。手足部皮肤的这些变化并非生前溺死者特有的征象，尸体较长时间地浸泡在水中也可出现。

6. 尸体的浮沉　人体的比重，呼气后为 1.057，比淡水稍重，吸气后为 0.967，比淡水稍轻。当吸入溺液后，比重超过水，故沉入水底。发生腐败产生气体后，比重减小，尸体浮于水面，俗称浮尸。一般情况下，因男性全身重心偏向前方，故浮尸多呈俯卧状态；女性全身重心偏向后方，故浮尸多呈仰卧状态。

7. 其他　溺水时，因受冷水刺激，皮肤和肌肉容易收缩。如男性阴囊、阴茎收缩，阴茎也可因血液流注而勃起。女性阴唇和乳房因肌肉收缩而形成皱折或僵硬。刚打捞出水的尸体温度相对较周围环境低。此外，尸体在水中漂流时，常可与水中硬物（如石头、桥墩、河床等）相撞或被船只的螺旋桨击中，尸表可留下生前、濒死期形成的各种损伤痕迹或死后形成的尸体破坏现象，由于水的浸泡或冲洗，尸检时鉴别较困难。

（二）内部器官征象

生前溺死的鉴定不能仅靠尸表征象的检验判定，必须进行系统的尸体剖验及相关的实验室检验才能证明。其中以呼吸道及肺组织内溺液及实验室内浮游生物硅藻的检验尤为重要。

1. 上呼吸道内有溺液、泡沫及水中异物　生前溺死者，气管和支气管腔内常充满与口鼻孔相同的白色或血色泡沫液，呼吸道黏膜表面可发现吸入的异物如泥沙与水草等。此外，因溺水过程中剧烈呛咳，呼吸道黏膜常可出现充血、出血和水肿。

2. 水性肺气肿（aqueous emphysema）　溺死者因大量溺液吸入呼吸道及肺泡腔内，可造成水性肺气肿。大体所见：两肺体积增大，重量增加，约为正常肺的 2 倍。表面湿润光泽，颜色较淡，呈浅灰色伴淡红色的点状浆膜下出血斑，系肺内压增加，肺泡壁破裂出血并溶血形成的溺死斑（又称 Paltauf 斑）。多见于肺叶之间及肺下叶。肺表面可见肋骨压痕，边缘钝圆。触之有揉面感，指压凹陷。切开肺，切面流出大量泡沫可带血色液体。全肺呈水性肺气肿改变，在溺死尸体中约占 80%，以青壮年溺尸较为明显。其形成机制主要是溺水者剧烈呼吸使溺液、黏液、空气三者在呼吸道内混合成泡沫，泡沫溺液吸入肺泡后不易呼出所致。水性肺气肿是一种生活反应，是生前溺水死亡的重要征象之一。

3. 心血管的改变　静脉一般淤血怒张。右心腔扩张淤血，常充盈暗红色不凝固可流动性血液。肺由于溺液充盈使血循环受阻，故右心淤血比一般淤血者更为明显。左心淤血程度不一。在淡水中溺死者，左心腔的血液成分比右心稀释。其血黏度、比重、血红蛋白量、细胞数以及电解质离子浓度等比右心低，但电解质的差异仅在死后短时间内检测才有意义；在海水中溺死者则相反。淡水溺死造成的溶血，可使心内膜和主动脉内膜红染。

4. 消化道溺液及异物　溺液被吸入肺的同时，也可吞咽入胃，再转入十二指肠及小肠内。死后被抛尸入水者，若水压较大时，可有少量溺液进入胃和直肠内，但不能进入小肠。如果小肠内没有溺液，说明死者可能不是生前溺死或者溺死发生得非常迅速。胃肠溺液应与现场液体分别进行化验、镜检比对，以确保其同源性。十二指肠及小肠内发现溺液及异物，是确定生前溺死的证据之一。

5. 器官中有浮游生物　浮游生物为水中生活的微小的单细胞或多细胞动、植物总称。其中最具诊断意义的是硅藻。生前溺水者，吸入肺内的溺液经肺循环转入左心，再随体循环分布至全身。因此，在心、肝、脾、肺、肾、骨髓、牙髓内均能检测出溺液中的浮游生物（硅藻）。在内脏器官查见硅藻，对鉴别生前溺死与死后水中抛尸具有重要价值。

6. 颞骨锥体内出血　溺死者约有 2/3 的尸体可见颞骨岩部有出血，乳突小房内充满红细胞。出血原因主要是由于溺液从外耳道或咽鼓管进入，锥体受压而发生，也可由溺死过程中窒息缺氧所引起。目前学者们认为颞骨锥体内出血,并非生前溺死的特有征象。

7. 呼吸辅助肌群内出血　溺水过程中,因发生剧烈挣扎和痉挛,可致呼吸辅助肌群内出血,如胸锁乳突肌、斜角肌、胸大肌、胸小肌、背阔肌、肋间肌各膈肌等肌束间有点状、条状或片状出血,多为双侧性。肌肉出血约占溺死的10%左右,有时口腔底部肌群也可发生出血,应与扼颈所造成的损伤相鉴别。

8. 颅脑、颜面部淤血　溺死在水中的尸体,因头部较重下沉,体内血液向头部坠积,引起颜面部肿胀、发绀。脑膜及脑组织淤血明显。

9. 脾贫血　溺死者,因交感神经兴奋,刺激脾收缩,使血液再分配供全身组织器官利用,故脾表面可见褶皱,体积变小,质地变硬,切面呈贫血状态。有学者认为,如果在同一个溺水尸体上,发现其肝淤血与脾贫血同时存在,则是生前溺死的有力证据之一。

四、硅藻检验在确定溺死中的意义

在法医学检案实践中,时常会遇到溺死案件的硅藻检验鉴定。因硅藻外壳的坚固稳定性及单细胞生物学特性,决定了对其检验的重要性与适用性。鉴别生前溺死与死后抛尸入水,特别是水中腐败的尸体死因鉴定,对水中尸体内脏器官组织中的硅藻与区域内水中硅藻进行检验比对,是目前法医学鉴定工作不可或缺的重要手段之一。

硅藻或称矽藻(diatom),多数是水域中生存的浮游单细胞生物,少数为集成群体或丝状物。在淡水中有蓝藻、绿藻、硅藻等;在海水中有硅藻和甲藻等。细胞壁含果胶和二氧化硅。壁的强弱,因含硅量的多寡而异。壁质坚硬,由上下两个半壳相套合而成,宛如培养皿一样。上下两面称为壳面,侧面上下壳互相套合的部分称为壳环。壳面上有辐射对称(如圆心硅藻目)或左右对称(如羽纹硅藻目)的各种花纹,它是分类的主要根据之一。细胞内有核和色素颗粒。硅藻的大小不一,从数微米至数毫米,大多数硅藻大小为40～80μm,也有2～5μm者。目前已发现的硅藻1.5万余种,淡水、海水中几乎各占一半,也有生活在陆地湿润土壤中的,空气中也少量存在。海水中以圆心硅藻目较多,淡水中则以羽纹硅藻目为主。

当水压很大时,死后抛尸入水的尸体,区域内的水因受压力作用可经呼吸道进入肺组织内。因此,仅根据肺内发现浮游生物尚不足以确定生前溺死。浮游生物中的硅藻类相当微小,可随溺液被吸入肺泡,从破裂的肺泡壁毛细血管而进入肺静脉到达左心,再随体循环而布散各内脏。上述情况,仅在溺死者才可发生,如系抛尸入水,硅藻仅能进入肺,而不会进到体循环的各内脏。因此,对肺以外的器官进行实验室硅藻检验,对生前溺死具有确证意义。检验操作过程应严防污染。提取溺尸的肺组织、心肌、肝、骨髓(长骨骨髓、胸骨骨髓)或牙齿(2～3个)各若干克(实质组织20g左右),进行有机质破坏后,过滤分离出残渣,再用蒸馏水清洗离心,然后滴取镜检,记录所见硅藻的种类和其数量。并与现场水域中的硅藻相对比,若其种类分布一致,则可判断该处为死者落水之处。肺、心、肝、肾、骨髓、牙齿等多个器官同时检出同类硅藻,诊断溺死的价值更高。高度腐败的尸体,各种外表征象已遭破坏,器官也已腐烂,这时检查骨髓、牙齿中有无硅藻,是鉴别溺死或水中抛尸的较好方法。值得注意的是,非典型溺死者或水中无硅藻存在时,在死者的内脏中不能检出硅藻。但因,空气中也存在硅藻,如生前吸入体内,则死后也有可能被检出。因此,在应用检验硅藻之有无来肯定或否定溺死时,必须在定性、定量的基础上,结合案情、现场资料仔细分析。

五、水中尸体死亡时间的推测

落水死亡时间主要是根据尸体现象的发展程度和尸体解剖所见来推测。这与水的温度、水的深度和尸体在水中的深浅位置等因素有关。新鲜尸体,从胃中食物和消化状态可推测饭后大约多少时间入水。溺水尸体若沉于40m深度的水底,因其水温常年维持4℃左右,不易腐败,故难推测落水时间。因我国幅员广大，南北的四季气温差异悬殊，很难有一个较为统一的溺死时间推测数据。应在不同地区、不同季节、不同条件下，获得有规律的数据。

六、溺死的法医学鉴定

检验鉴定水中所发现的尸体时，主要解决的问题包括：尸体的个人识别，确定是否生前溺死，落水的情况，分析自杀、他杀或意外灾害。

（一）水中尸体的个人识别

溺死者常为无名尸体，新鲜尸体可从体表特点即可查明。若尸体已腐败，检查时除十分注意搜集死者的衣裤、鞋袜、衣袋中物品、随身携带的手表、发夹、项链等物品外，尚需注意发现有无特别的瘢痕、畸形、头发颜色等，并取下死者的下颌骨，以备作牙齿特征及其年龄的判断。个别高度腐败的尸体，外部性征已无法辨认，需要做详细剖验以甄别内部性别特征，必要时可做相关实验室检验。

（二）是否生前溺死

新鲜尸体可根据尸体剖验结果做出判断。尸体已腐败或尸体软组织已破坏者，多依赖体循环的各内脏器官或骨髓和牙齿中硅藻检出。尸体上主要改变的鉴别要点，见表4-2。此外，还应取材进行毒物化验。对落水尸体身上的损伤，必须仔细区别生前或死后损伤，正确评价损伤与溺死或其他死因的关系。

表4-2 生前溺水和死后入水的鉴别

项目	生前溺死	死后入水
手	可能抓有异物（水草、泥沙等）	无
口、鼻孔	口鼻部有蕈样泡沫	无
呼吸道	各级支气管和肺泡内有溺液、泡沫和异物	仅上呼吸道有少量溺液、异物，水压较大时可达下呼吸道，但无泡沫
肺	水性肺气肿，肺表面有肋骨压痕、溺死斑，切面有溺液流出	无
心	左心血比右心血稀薄，各成分减少（淡水溺死者）	左、右心血液浓度、成分相同
胃肠	多有溺液、水草、泥沙等异物	仅胃内可有少量溺液，一般不进入小肠
内脏器官	脑、肝、肾等器官淤血，但脾贫血呈收缩状	不一定有淤血改变
硅藻检验	肺、大循环各器官、骨髓、牙齿中均可检出相当数量的硅藻	器官、骨髓、牙齿中硅藻检查阴性，有时仅在肺中检出少量

（三）落水情况的判断

要确定落水的地点，一方面靠现场勘验；另一方面，参照从尸体检出的硅藻种类及其他物质与现场及上游水中的成分对比，将有助于判断或有参考价值。例如在一具溺死尸体的肺内，发现铜的沉淀物及含量明显超标，据此推测死者可能是在上游某处的铜矿附近落水的，后经调查寻找到了尸源，侦察破案后发现死者（女性）系因恋爱纠葛，生前被男友推入江中溺水死亡。总之，确定落水的情况和地点，要全面深入进行调查研究，将尸体检验结果与案件调查资料结合起来进行综合分析，方能得出符合实际的判断。

（四）是否自杀、他杀或意外灾害

溺死多见于自杀或意外、灾害事故，他杀者少见。灾害事故根据灾情和现场勘验，可以找到线索。意外的溺水死者屡见不鲜。常见原因是游泳不慎、沉船、小儿或不会游泳的成人偶尔失足落水，以及酒醉者或癫痫发作者跌入水中。自杀者女性多于男性。自杀溺水死者常是一人，也有两人相抱或捆绑在一起投水溺死者。有些自溺者将自己的手足绑住，或将重物系在身上而后投水。检查时必须认真注意绳索捆绑方式、绳结和松紧程度，并结合其他情况分析判定。如某一发现浮尸现场，死者颈部可见草绳缠绕，草绳末端续接约 2.0m 长的 8 号金属线。初始阶段被刑侦人员认为是他杀案件，后经法医详细检验确认为生前溺死，颈部草绳系尸体漂浮途中，曾被人发现打捞并临时固定岸边之用。也有的是先用别的方式自杀未死（如用锐器、服毒等），而后投水的，要注意审慎鉴别。他杀溺死的案例中，单纯被推落水的少见。他杀多见于先用暴力加害后再抛入水中。如尸体上发现有自己不能形成的生前致命性损伤，应考虑是他杀。要注意甄别自杀者入水后，于濒死期在水中所受到的损伤，生活反应常较弱。此外，尚有打昏后或捆绑、或投给药物使受害者失去行动能力等然后投水溺死者。

七、临床医生对于溺水患者救治应注意的事项

鉴于溺水者所涉及的案情比较复杂，其中包括自杀、他杀、意外或灾害，自杀者又可能在溺水前采取自伤、服毒或其他自残等方式。因此，对于送医的刚打捞上的溺水者，临床医生在积极抢救复苏的同时，应当注意观察溺水者的外部征象：如面部、口唇有无发绀，球睑结膜有无出血点，口鼻孔处有无泡沫状黏液溢出，体表有无外伤痕迹，有无特殊药物气味或特殊附着物等，并做好详细记录。以便抢救复苏无效死亡后，死者的原始体表信息能够得到最大限度的记录保全。这对接下来的案件侦办具有极为重要的意义。此外，还可为家属或他人对诊疗行为可能提出的潜在异议，提供有力的原始证据，以避免医疗纠纷事件的发生。

由于水中温度较低，溺死者可能发生假死状态，或进入呼吸停止期后，组织器官的超生反应期也相对较长。这就要求临床医务工作者，尽可能最大限度的实施抢救与复苏，只有当抢救无效、客观确认死亡后，方可宣布死亡。这一点是体现医疗服务质量的基本要求，稍有不慎，可能会带来意想不到的不良后果。如某值班医生急诊接到一溺水患者，简单的主观查体后，便确认死亡，未实施必要的抢救与复苏行为便宣布了死亡结果，死者被送入冷藏室。当法医提取尸体进行检验时，发现存尸冷藏盒内上面对应死者口鼻处，有约 15cm×10cm 范围的霜花（水蒸气凝华现象），而其他存尸冰盒内均无此现象。这种现象无可避免地会引起法医工作者及死者家属的诸多猜测。因此，对溺死者抢救复苏与检查进行翔实记录，值得临床医务工作者重视。

（盛延良）

思考题

1. 根据窒息发生的原因，机械性窒息可分为哪几类？
2. 缢死的机制是什么？
3. 如何进行缢死与勒死的鉴别？
4. 捂死和闷死的定义是什么？
5. 哽死、压迫胸腹部所致的窒息的定义是什么？
6. 性窒息现场的特点有哪些？
7. 什么是体位性窒息？
8. 生前溺死的尸体征象是什么？如何进行法医学鉴定？

第五章 高温、低温及电流损伤

第一节 烧伤及烧死

在高温作用于人体导致的局部损伤当中，由火焰、炽碳、强辐射热、电火花、高温固体等热源所致的损伤称为烧伤（burn），由高温液体（沸水、热汤、滚油、热蒸汽）所致的损伤称为烫伤（scalding），二者统称为热损伤（thermal injury）。法医学实践过程中遇到的高温损伤，以因烧伤而死亡的烧死（death from burning）最为重要。有一些罪犯，杀人后放火焚尸，企图掩盖犯罪事实，逃避法律制裁，因此需要法医进行仔细检查，鉴别真相。

一、烧（伤）死的征象

（一）烧（伤）死的外表征象（external finding）

高温作用于人体所引起的损害程度，主要取决于热源温度和接触时间，热源温度越高、与人体接触时间越长，造成的损伤越严重，如70℃作用皮肤1s即可造成损伤，而45℃则需要持续6h才能造成皮肤损伤。

1. 烧伤程度　对于体表皮肤和软组织烧伤程度的计算，法医学采用四度分级法。

（1）一度烧伤：红斑性烧伤（combustion erythematosa）（也称为表皮烧伤，epidermal burn）：40～50℃作用于人体即可发生。损伤仅限于表皮，未突破基底层。肉眼见烧伤处皮肤红斑形成、肿胀，伤者有疼痛和烧灼感。数日后坏死表皮脱屑，愈合后不留瘢痕。一度烧伤应注意与尸斑鉴别，前者可发生在身体皮肤任何部位，而后者仅发生在尸体的低下未受压部位。皮肤红斑是生前受热作用的反应，但也可见于高温作用下死后不久的尸体。死后1～4h，尸体接触50～60℃热源，可产生表皮下血管扩张，说明红斑并非生前热作用的可靠证据。另外，体表红斑可因尸斑形成而消退。

（2）二度烧伤：水疱性烧伤（combustio bullosa）（也称为真皮烧伤，epidermal burn）：50～70℃作用于人体时可发生。表皮细胞坏死，毛细血管扩张，通透性增高，大量血浆外渗，表皮与真皮分离，水疱形成，水疱多为单房性，内富含蛋白质和细胞成分，若水疱破裂，裸露出红色充血的真皮。死后不久，热作用也可导致水疱形成，但渗出液量较少，且无炎症反应。临床上，又分为浅二度（只伤及真皮浅层）和深二度烧伤（伤及真皮深层，累及毛囊、皮脂腺、汗腺，但未突破真皮层）。前者伴有疼痛和烧灼感，因损伤不累及毛囊，体毛不易被拔出，愈合后可不留痕迹。后者感觉迟钝，因毛囊受损，体毛易被拔出，愈合后有瘢痕形成。

（3）三度烧伤：坏死性烧伤（combustio escharotica）（也称为全层烧伤，deep burn）：65℃以上作用于人体时发生。主要所见为凝固性坏死变化，伤及皮肤全层，亦可累及皮下组织，甚至浅层筋膜、肌肉、骨等。皮肤全层坏死脱落，创面严重充血、血肿，炎性渗出物覆盖，逐渐形成棕色痂皮，故三度烧伤又被称为焦痂。坏死组织周围发生分界性炎症带，坏死处皮肤感觉消失，皮温低下。此程度烧伤易发生感染，愈合缓慢，有时合并难治性溃疡。

（4）四度烧伤：炭化（charring）：由长时间高温作用形成。烫伤不出现炭化，因此烫伤只有三度。四度烧伤的皮肤及深层组织完全被破坏，组织水分丧失，蛋白质破坏，干燥，色黑或褐黑，质硬脆无结构。毛发在150℃以上发生变色、卷曲。指（趾）甲在140℃以上开始出现边缘空泡，250℃空泡累及整个指（趾）甲，400℃时发生炭化。部分体表炭化者尚可生存，但整个体表炭化只见于尸体。

当尸体严重烧损至炭化时，尸体重量减轻，身长缩短，肌肉因高温而凝固收缩，由于屈肌强于伸肌，四肢呈屈曲状，类似拳击比赛中的防守状态，故被称为拳斗姿势（pugilistic attitude，fighting position）。拳斗姿势在死后焚尸也可形成，故不能鉴别生前或死后焚烧。

有时高温作用下的皮肤组织凝固收缩，皮下组织中水分蒸发，干燥变脆，会发生顺皮纹的破裂，形成梭形创口，形态上类似切创，皮下脂肪可从裂口翻出，称为破裂创（heat rupture），烧损严重者可形成高温性骨破裂。破裂创多发生于伸侧及肘、膝关节及头部，当胸腹部受热破裂时，可有内脏脱出。骨破裂易发生于腕部及踝部，应注意与机械性损伤的鉴别。但实际案例中鉴别有一定难度，尤其是深部组织严重烧损者更难鉴别。

2．衣着残片　在很多火灾现场，尤其是火势不太严重的火场中，死者的衣着，尤其是与地面或其他物体接触的部位往往留有衣着残片，有的衣兜内残留不易燃烧的物品，这些都是认定死者身源的重要物证；残存衣着覆盖部位和与地面接触部位的皮肤热损伤较轻。仔细对不同部位的衣物烧损情况进行检查，也有助于推断起火点位置。

3．眼睛征象　在火场中因烟雾刺激，受害人反射性紧闭双眼，因而在外眼角处形成未被熏黑的"鹅爪状"改变，称为外眼角皱褶，皱褶处可见炭末，角膜和结膜囊内则无烟灰和炭末。由于双眼紧闭，睫毛仅尖端被烧焦，称为睫毛征候。这些均是烧死的有力证据。

（二）烧死的内部征象（internal finding）

1．呼吸系统改变　吸入火场中的高温气体、刺激性气体及烟雾后，引起的呼吸系统改变是生前火烧的有力证据。燃烧产生的烟灰和炭末沉积于呼吸道黏膜表面，如口、鼻、咽喉、气管及大支气管等处（图5-1，彩图5-1）；吸入高温气体可引起呼吸道烧伤改变，如喉头、会厌及气管黏膜充血、出血、坏死，严重者出现白喉样假膜，称为热作用呼吸道综合征（heat induced respiratory tract syndrome）；肺部明显充血、出血、水肿、代偿性气肿，有时可见大片肺塌陷伴周围大泡性肺气肿，肺重量增加，切面暗红，富含蛋白性液体。应注意火场中飞扬的烟灰和炭末可进入尸体口鼻部。有时可见烧死者小血管（如肺、脑等）内脂肪或骨髓栓塞，这是由脂肪组织受高温破坏，或骨质受热断裂，脂肪或骨髓进入血液造成。

2．心血管及血液的改变　火场中的尸体，一般以急性死亡为主，可见心内血液呈流动性，心内、外膜可见点状出血。由于在火场中人体吸入因不完全燃烧产生的CO，血中碳氧血红蛋白浓度升高，故血液呈樱红色或鲜红色。烧伤严重者溶血明显，对于新鲜尸体，以四肢、躯干烧伤为主者，肺动脉根部血色素浸染明显，如吸入大量高温气体，造成肺的热损伤，主动脉根部血色素浸染明显。

3．其他内脏器官改变　急性死亡者，肝、脾、肾、消化系统及中枢神经系统的改变往往是急性休克的后果。胃肠内发现被吞咽下的烟灰和炭末是烧死的重要证据（图5-2，彩图5-2）。

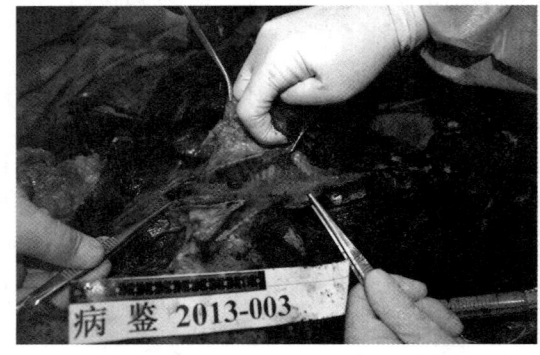

图5-1　烧死者呼吸道内炭末沉着

图5-2　烧死者胃内的烟灰和炭末

4. **硬脑膜外热血肿** 头部受火焰等高温作用后，脑及脑膜受热后凝固、收缩，与颅骨内板分离，形成间隙。由于硬脑膜血管及颅骨板障的血管破裂，渗出的血液聚集于该间隙中形成血肿，即硬脑膜外热血肿（extradural heat hematoma），常见于颅顶部，范围较大，呈砖红或暗红色新月形，边缘锐利，血肿与颅骨相贴，但不紧密。

5. **继发性病变** 主要有：①休克：随着烧伤后存活时间延长，血管通透性增加，引起低血容量性休克（hypovolemic shock）；②肾衰竭：随着休克时间延长，因肾血流量减少、机体发生溶血和肾毒性物质的产生等可引起急性肾衰竭；③急性肺损伤：因严重烧伤而引起的进行性呼吸困难和用一般吸氧方法难以纠正的低氧血症，休克发生后，肺泡上皮发生坏死，网罗纤维蛋白及蛋白性液体，形成透明膜，称为休克肺；④消化道溃疡：伤后数日内可发生胃肠黏膜糜烂、溃疡，有时会发生致命性出血或穿孔；⑤感染：烧伤后数小时即可发生，如控制不当可继发败血症。

（三）烧伤面积估算

烧伤面积比烧伤深度对人体影响更为严重，当二度烧伤占体表1/2或三度烧伤占体表1/3时，即可引起死亡。估计烧伤面积较多采用中国九分法和手掌法。

1. **中国九分法** 成人体表面积：头颈部占9%（发部、面部、颈项部各3%），双上肢占18%（双上臂7%，双前臂%，双手5%），躯干占26%（前面13%，后面13%），会阴部占1%，双臀占5%，双下肢占41%（双大腿21%，双小腿13%，双足7%）。另外，成年女性臀部和双足各占6%。儿童（12岁以下）的躯干和双上肢的体表面积所占百分比与成人相似，但由于头颈部面积较大，双下肢相对较小，并随着年龄增长而变化。因此估计儿童烧伤面积时应考虑年龄因素。具体算法为：

头颈部面积 = 9% +（12 – 年龄）%

双下肢面积（含臀部）= 46% –（12 – 年龄）%

2. **手掌法** 五指并拢，一掌面积约等于体表面积的1%。此方法可用于小片烧伤的估计或辅助九分法的不足。具体做法为：如测量人员手掌与烧伤者手掌面积相同，可直接以测量人员手掌测量；或按烧伤者的手掌裁剪一块硬纸板进行测量。

二、死亡机制

火场中死亡者并非均系烧死，其他原因引起的死亡也占有一定比例。

1. **烧伤引起死亡的机制** 主要有：①体表广泛烧伤、剧烈疼痛及失血失液等可造成创伤性休克（traumatic shock）；②烧伤引起红细胞破坏，血钾升高，可引起心搏骤停；③内脏的并发症和继发症等。

2. **窒息引起死亡的机制** 火场中因为燃烧导致氧气含量减少，产生的有毒气体、刺激性气体、灼热气体和烟雾使受害者呼吸困难；同时，喉头、会厌、气管、支气管黏膜热伤后变性、坏死、水肿、渗出，肺组织的充血、水肿，也会加重窒息。

3. **中毒引起死亡的机制** 火场中产生的大量CO和其他有毒气体，尤其是现代建筑室内装修所用的合成建筑材料、油漆、塑料制品及其他化学制品燃烧后产生的大量含氯、磷、氰化物等有毒有害气体均可导致中毒死亡。

4. **机械性损伤引起死亡的机制** 火场中房梁、屋柱、墙壁等重物倒塌或以跳窗、跳楼等危险方式逃离火场等行为均可引起严重的机械性损伤而死亡。这些损伤有时易被检查者误认为是他人故意所为，鉴定时应特别注意。

火灾现场未死亡者，如烧伤程度严重，也可能在烧伤后数小时、数天甚至数周后因烧伤的并发症而死亡。主要的并发症有继发性低血容量性休克，心、脑、肾、肾上腺的功能衰竭，感染性休克等。

三、法医学鉴定

1. **现场勘查** 火场发现尸体时，需要消防、刑侦、法医等相关人员紧密合作。火灾现场勘查的重点是收集引火物、寻找火源及带有纵火痕迹的物证，如装有汽油或酒精的容器，浇有油类的木柴、稻草、废纸及打火机、火柴、烟头等物体。另外要特别注意特殊气味，如煤油、汽油、柴油、硫黄、硝化纤维素等。必要时可采取现场空气、死者残留的衣服，以及部分现场灰烬，以备检测用。

2. **烧死和死后焚尸的鉴别** 鉴定烧死案例必须同死后焚尸鉴别，主要依据是有无生活反应。鉴别要点见表5-1。

表5-1 烧死和死后焚尸的鉴别

鉴别要点	烧死	死后焚尸
皮肤烧伤部位生活反应	有	无
睫毛征候和"鹅爪状"改变	有	无
烟灰、炭末沉着	可深达气管、大支气管及胃	仅在口鼻部
热作用呼吸道综合征	有	无
休克肺表现	可有	无
肺血管脂肪栓塞	可有	少有
血中碳氧血红蛋白	可达到致死浓度	无或极低浓度（吸烟者）
烧伤周围组织酶活性	增高	不增高
其他致死原因	无	有

一般情况下，鉴别烧死和死后焚尸并不困难。但在特殊情况下，如尸体上既有致命性外伤也有生前烧伤痕迹，则需要仔细检查，对案件进行全面而综合的分析，才能得出正确结论。

3. **烧伤时间的推断** 火场尸体一般以急性死亡者为主。但也有一些案例，烧伤后生存一段时间后死亡，主要根据炎症反应程度及痂皮的形成过程来推断烧伤时间。烧伤后1h，烧伤部位开始出现少量中性粒细胞浸润；4~8h，炎细胞浸润明显；24h组织可见坏死；若继发感染，36h可出现化脓。

一般创口血浆渗出后12~24h，渗出物及坏死组织干燥、凝结；48~72h，形成痂皮；浅表烧伤1~2周后，痂皮脱落；深度烧伤痂皮脱落所需的时间更长。

4. **死亡方式的鉴定** 烧死多属于灾害事故，自杀与他杀较少，但是利用纵火焚尸以销毁其犯罪行为者也有不少。对怀疑纵火焚尸案件，应仔细检查尸体是否有烧伤以外的机械性损伤。另外，火灾时建筑物倒塌也可造成外伤，需要对致伤物及致伤方式进行鉴别。

5. **个体识别** 烧毁的尸体需要确定死者身份。尤其是公共场所的火灾可发生多人遇难的情况，需要对尸体进行个体识别，以便善后处理。

（王 起 宋印利）

第二节 中暑死亡

中暑是指在高温（或伴有高湿）作业环境，由于热平衡和（或）水盐代谢异常而引起的以中枢神经和（或）心血管障碍为主要表现的急性疾病。中暑一般均有典型的临床过程和环境条件，因此在法医实践工作中并不常见。只有重型中暑，如热射病（heat stroke）和日射病（sun stroke）引起的突然死亡，可能被疑为暴力死，需要法医学鉴定。如酷暑季节，单独一人在田间或野外劳动时发生日射病死亡，无人目睹，情况不明；有时中暑涉及劳保与责任问题，如高温作业（冶炼车间或砖瓦窑）或体育训练长跑时死亡等，均需进行法医学鉴定，确定死亡原因，并解释环境因素与死亡之间的关系。

一、中暑发生的条件

（一）发生机制

下丘脑体温调节中枢能控制产热和散热，使产热和散热过程保持相对平衡以维持正常体温的相对稳定。正常人腋窝温度波动在 36～37.4℃，直肠温度在 36.9～37.9℃。人体产热主要来自体内氧化代谢过程，运动和寒战也能产生热量。人体散热主要通过辐射（radiation），约占散热量的 60%。室温在 15～25℃时，辐射是人体主要散热方式。其次为蒸发，约占散热量的 25%。在高温环境下，蒸发是人体主要散热方式。湿度大于 75% 时，蒸发减少。相对湿度达 90%～95% 时，蒸发完全停止。对流则占散热量的 12%。散热速度取决于皮肤与环境的温度差和空气流速。少量为传导（conduction），约占散热量的 3%。

当周围环境温度超过皮肤温度时，自主神经系统调节皮肤血管扩张，血流量增加约为正常的 20 倍，维持体温的恒定，人体散热只能靠出汗、皮肤蒸发和肺泡呼吸，此时，血液循环和汗腺功能对调节体温起主要作用。但大量出汗又会引起水盐丢失，丢失水分过多可引起循环障碍而发生热衰竭（heat exhaustion），丢失盐过多可引起肌肉痉挛而发生热痉挛（heat cramps）。当高温超过一定限度时，可引起大脑和脊髓细胞的快速死亡，继发脑局灶性出血、水肿、颅内压增高和昏迷，体温调节中枢失控。此时汗腺功能发生障碍，出汗减少加重高热，持续高温引起心肌缺血、坏死，促发心律失常、心功能障碍或心力衰竭，继而引起心排血量下降和输送到皮肤血管的血量减少，进一步影响散热，形成恶性循环。进一步发展，中枢神经系统由抑制转为兴奋，内分泌功能加强，分解代谢加强、产热更多，体温不断上升。又因高热时全身血管扩张，循环血量降低，导致周围循环衰竭，各器官组织缺氧，功能紊乱，结构破坏。缺氧导致毛细血管壁损伤，可促进血栓形成，或引起弥散性血管内凝血。最终引起多器官衰竭而死亡。

（二）因素

1. 环境因素　环境温度是中暑发生的最重要因素，温度越高发生中暑的机会也越大。一般环境温度超过 30℃时达到一定时间即可能发生中暑，温度超过 35℃更易发生。日射病是在夏季，烈日下暴晒、阳光直射条件下时间过长引起的；热射病是在高温高湿环境中，特别是在有热辐射物体的环境中劳动，如冶炼车间、砖瓦窑中，因通风不良、防暑降温措施不当而引起。

除温度外，空气中湿度大小对热射病的发生与否影响很大。如在环境温度 32℃，湿度 100%；环境温度 38℃，湿度 90% 以上；环境温度 45.5℃，湿度 40% 以上时容易发生中暑。环境温度 60℃，湿度只要 15% 即可中暑。

2. 机体条件　个体的体质强弱与健康状况对于中暑的发生也有影响。年老体弱、疲劳过度、肥胖、饮酒、饥饿、脱水、失盐、穿着不透风，以及患有发热、甲状腺功能亢进症、糖尿病、心血管疾病、先天性汗腺缺乏等疾病的患者，对高温的耐受性差，容易发生中暑。如夏季高温、高湿环境下，即使是静坐家中，高龄老人也很容易发生中暑。主要是由于循环代偿能力差之故。肥胖者体表面积相对小，加之脂肪厚不易散热，心脏负担重，故中暑发病率较正常人群高。

3. 药物因素　服用阿托品及其他抗胆碱能药物，由于可以影响汗腺分泌等，使患者对高温的耐受性减低，容易发生中暑。苯丙胺类药物由于其神经毒性，也是引起中暑的因素之一。

二、中暑后的变化

（一）临床表现

法医实践中所见的热射病案例，大多发病突然，患者突然虚脱，意识丧失。典型表现有：①高体温症（hyperthermia）：直肠温度高（>40℃），当直肠温度超过43℃时，可导致80%的案例死亡；②颜面灼热潮红，皮肤干燥无汗；③昏迷；④肝、肾衰竭，肌红蛋白尿，血液浓缩，肌红蛋白血症；⑤肌肉过度运动及体温过高致非外伤性横纹肌溶解。

日射病患者出现脑膜刺激症状，剧烈头痛、头晕、眼花、耳鸣、剧烈呕吐、烦躁不安。严重时发生意识障碍、昏迷、惊厥。体温正常或稍高。

过高热、皮肤干燥无汗及中枢神经系统症状是诊断中暑的最有价值的临床表现。

（二）中暑尸体的病理学改变

1．尸体现象　中暑死的特征性尸检所见较少，而一些对诊断有帮助的尸体现象常被人们忽视。鉴定中暑死最重要的尸体征象是尸温，中暑死者体内蓄积的热量较多，体温较高，在发现尸体的早期及时测量尸温，对死因的诊断具有重要意义。同时因环境温度相对较高，尸体热量散发慢，尸冷发生较迟缓。尸斑出现早而且显著，呈暗红色。尸体腐败出现早，并易波及全尸，但有明显脱水者可以例外。此外，人体温度超过40℃常引起溶血，应仔细检查尸体有无溶血现象，所以对怀疑中暑死的尸体应避免冷冻，防止引起死后溶血改变。皮肤发红，触之温度较高，且干燥。有时可见出血点。镜下汗腺周围组织水肿，淋巴细胞浸润。

2．内部器官　内部器官的病理学形态特征基本是休克引起的改变：①内部器官显著淤血、水肿，扩张的血管内红细胞充盈，黏滞成团；②全身各器官组织如脑、脑膜、肺、心包膜及心内膜等有广泛小出血点。高温引起的原发病理形态学改变为神经细胞坏死，主要在大脑、小脑皮质，特别是小脑Purkinje（浦肯野）细胞消失。

（1）脑：脑及软脑膜普遍淤血，蛛网膜下腔出血，脑水肿，脑白质散在细小出血点，出血尤多见于第三脑室壁及第四脑室底，日射病特别明显。显微镜下可见出血多局限于血管周围，有时可见血管周围脑组织疏松。大脑神经细胞核固缩，明显坏死。小脑病变严重，而且发生迅速。小脑Purkinje细胞肿胀，核溶解或崩解消失，细胞数目显著减少。数日后死亡者，脑组织病变区有胶质细胞浸润、增生。

（2）心：心血呈暗红色流动状或含少量柔软的凝血块。左、右心室扩张，心肌质地较软。心外膜下点状出血，内膜下可有条纹状出血。显微镜下可见心肌广泛断裂，小灶性出血，间质水肿，结缔组织肿胀，偶尔可见灶性心肌细胞坏死。

（3）肺：肺体积增大，淤血水肿明显，肺胸膜下散在性多发性出血点；气管、支气管腔内有泡沫状血性液体，有时可见因濒死时呕吐而吸入的胃内容物。显微镜下可见肺高度淤血、水肿，肺泡上皮结构不清，弥漫性上皮细胞脱落，血管内血液黏滞成团状，小灶性出血。如存活24h以上者，可并发支气管肺炎。

（4）肝：淤血明显。显微镜下见肝细胞水肿，Kupper细胞肿胀、增生，有时可见小叶中央区肝细胞坏死。

（5）肾：肾体积增大，重量增加，切面肾皮质肿胀，髓质高度淤血水肿，肾盂黏膜面可见出血点。显微镜下可见肾小球毛细血管丛及间质血管明显扩张，充满黏滞成团的红细胞。肾曲管上皮细胞水肿、间质水肿。如生存24h以上者，则曲管上皮细胞变性、坏死，管腔内见细胞管型、颗粒管型、蛋白管型等（图5-3，彩图5-3），间质水肿，炎症细胞浸润。

（6）肾上腺：淤血、水肿。显微镜下见间质水肿、皮质坏死，类脂质普遍减少，髓质增生。

（7）骨骼肌：高热造成的横纹肌损害，对诊断热射病有一定的意义。解剖见胸部肌肉呈蒸肉样变化，肌张力下降。显微镜下可见胸大肌、颈前肌肿胀，横纹消失，肌纤维溶解、坏死，有时肌浆凝聚成嗜酸性颗粒。生化检查：由于横纹肌损害可导致血液肌酐（Cr）上升、Cr/BUN（肌酐/尿素氮）比值降低，尿肌红蛋白含量增高，尿液呈酱油样改变（图5-4，彩图5-4）。

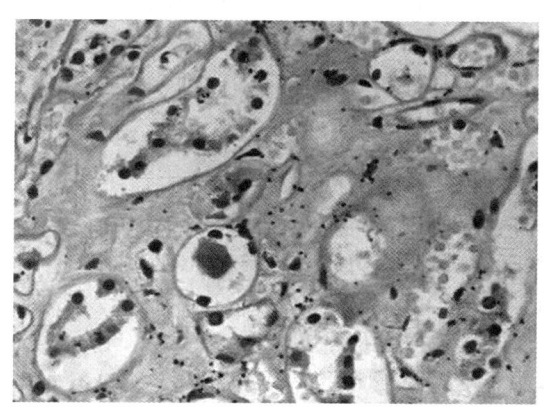

图5-3　中暑死亡者肾内可见蛋白管型

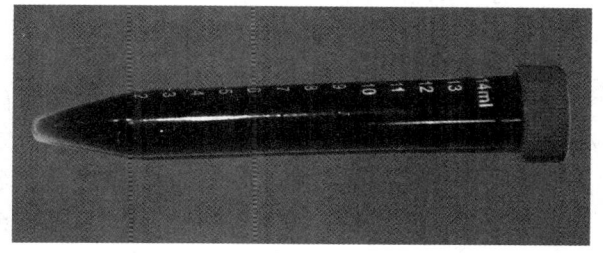

图5-4　中暑死亡者尿液呈酱油样改变

三、法医学鉴定

对中暑死亡者的尸体检验常不能发现特征性改变，故应详细调查现场的环境条件，结合临床表现和尸体的病理形态学改变，同时进行毒物检测，排除其他死亡原因，综合判断。

（一）环境因素

中暑有明显的季节性，或在特定环境下（浴池内、桑拿房中等）才可能发生。如在炎热的夏季或高温高湿环境中发生的难以解释的死亡案例时，应注意观察中暑致死者的病理形态学变化。鉴定此类案例，在现场勘查时必须记录环境条件、现场温度、湿度、通风情况及热辐射体等。同时可向当地气象部门索取出事当天的温度、湿度、风速等资料，以便对死因进行综合分析。

（二）死亡过程及临床表现

重症中暑者一般起病急骤，常来不及抢救而死亡。临床上主要表现为三大特征：过度高热、皮肤干热无汗和中枢神经系统症状。对怀疑中暑死亡的案例，要注意收集病史等临床资料，了解个体健康状况，特别注意既往心血管病史。患有其他疾病（如心血管疾病、腹泻等）者，中暑后更易发生死亡。

（三）尸体剖验

中暑死者，尸体除了腐败明显加快之外在解剖学上多无特殊所见或均为非特异改变。但小脑Purkinje细胞数目明显减少，血管内红细胞黏滞成团，骨骼肌纤维溶解、坏死等改变对诊断中暑有一定参考价值。尸检应提取心血、尿进行生化检测，血中肌酐、尿中肌红蛋白含量增高对死因鉴定有一定的意义。

（四）排除其他死因

中暑致死多属于意外，但在某些故意伤害、虐待案件中也时有发生。中暑死亡的确需依赖环境因素、临床表现及尸检所见来判定，同时应排除其他死亡原因，如机械性损伤、机械性窒息、中毒、猝死等，综合分析后才能得出正确结论。如果死者死亡时间已知，直肠温度显示为高体温症，并且解剖中未见其他导致高体温症的原因，比如中枢神经系统出血或水杨酸中毒等，则可得出中暑死的结论。

（李冬日）

第三节 冻伤及冻死

低温所致体表局部损伤成为冻伤（frostbite）。人体长时间处于低温环境中，个体保暖不足，散热量远超过产热量，超过人体体温调节的生理限度，物质代谢和生理功能发生障碍所引起的死亡，称为冻死（death from hypothermia）。在实际工作中冻死通常发生在有潜在性疾病或者无行为能力的人，比如酗酒者、疲劳、高龄、外伤、精神病患者和服用精神类药物的人。

一、冻死的征象

（一）外部所见

1．衣着情况　冻死者经常衣着单薄，除患有疾病或服安眠镇静药后冻死的尸体外，一般冻死尸体有冻死前脱去衣服，全身裸露，或将衣服翻起，暴露胸部，或仅穿内衣裤，称为反常脱衣现象（paradoxical undressing）。据统计，冬季冻死者反常脱衣现象发生率高，且程度不一。原因可能是由于低温作用下体温调节中枢麻痹，有反常热感及幻觉作用所致。在冻死的现场，有的将脱下的衣服整齐地放在身边，有的散布于尸体附近，一般不超过几十米，表明有活动能力的时间较短。勘验冻死的现场，应注意与抢劫、暴力或强奸杀人案例相区别。

2．冻死尸体的姿态　尸体呈自然状态或卷曲状。人在冻死前，中枢神经系统被抑制，全身呈麻痹状态，体温虽然在逐渐下降，丘脑下部体温调节中枢却发出错误的信号"反常热感觉"，冻死前人在朦胧的温暖感觉中死去。所以，尸体的姿势多数是自然体位，表情很安详，表情似笑非笑，称为苦笑面容。另外，当疾病突然发作时，冻死者多呈卷曲状，表情极端痛苦。

3．尸体现象　冻死尸体的尸斑通常呈鲜红色或淡红色，但如放置室温过夜解冻，尸斑可由鲜红色变为暗红色或紫红色。因低温时氧气通过皮肤弥散进入浅表血管内，使其血管中的血液由还原血红蛋白变为氧合血红蛋白，所以冻死尸体尸斑呈鲜红色，尸体内脏血液还是暗红色。非冻死的尸体尸斑呈暗红色或紫红色，若将尸体放入冰箱冻结，尸斑也会由暗红色变为鲜红色。由此可见，尸斑呈鲜红色不是冻死尸体特有的尸体征象。冻死尸体尸僵发生迟，消失慢，而且强硬。在低温环境中迅速冻死者，尸体全身冻结，称为冻僵，冻僵的尸体在解冻后还能发生尸僵。冻结的尸体腐败发生缓慢，解冻后则腐败进行迅速。

4．局部冻伤　在北方冬季等寒冷环境中的冻死，在肢体未被衣服遮盖部位可有轻度、中度的冻伤，呈紫红色肿胀，与衣服遮盖部位有明显界线，其间还可见水疱。冻伤是冻死尸体很有意义的外部体征，但在环境温度零度以上发生的冻死，通常观察不到冻伤。

5．全身体表多处轻微损伤　若因迷途受冻惊慌跌倒，或因酒醉拌跌，常在肢体及头面等突出部位容易形成多处擦伤和皮下出血。

（二）内部所见

1．颅脑　主要表现为脑组织的淤血和水肿。由于脑组织含水分较多，当颅中温度下降，脑组织体积增加到最大限度，可使颅骨骨缝裂开，系单纯物理现象，不是生活反应，在冷库里冰冻的尸体，同样可发生颅骨骨缝的裂开，故非冻死所特有，更不要误认为头部外伤。

2．心脏　主要表现在心外膜下点状出血、左右心室血液颜色不同、离体心血发生凝固。将心脏取出后，观察到由肺静脉流出的血是鲜红色，肺动脉流出的血是暗红色，把左、右心室的血液取出分别放在试管中比对，效果更明显。左、右心室血液颜色不同，是死前吸入低温空气作用的结果，属于生活反应，左心室血和右心室血颜色上的差异是冻死尸体具有的征象。冻死的心内血通常呈流动性，但放置于室温中很快发生凝固，也是冻死尸体具有的征象。光镜下显示：心肌细胞由于水肿或冰晶而被分离，肌纤维断裂，有时可出现收缩带坏死。心肌细胞内可见大小不等的空泡，肌膜下核浓染，核膜皱缩。心肌间质水肿，毛细血管内皮细胞肿胀。窦房结和房室结的心肌传导细胞明显肿胀，胞浆呈疏松状态。电镜下显示：心肌糖原颗粒消失，细胞核膜破裂，核染色质浓缩，心肌间质毛细血管内皮细胞肿胀，胞浆内形成大小不等的空泡，伸出很多舌状突起，内皮细胞连接破坏，基底膜增厚疏松，血管腔狭窄，血管周围絮状物堆积。动物实验证实，冻死家兔的心肌电镜显示：心肌细胞呈收缩状态，心肌纤维有巨大的收缩带，部分心肌纤维断裂，心肌细胞内肌小节大小不等，大部分呈收缩状态，明带消失，肌小节缩小，心肌细胞膜下可见大量轻度肿胀的线粒体，嵴溶解，线粒体堆积或移位，少数线粒体基质内有电子致密物沉着，心肌内糖原颗粒消失。

3．消化道斑点状出血　胃黏膜沿血管可见褐色或深褐色弥漫性出血斑点，其数量和大小不等，少者几个，多者数十个或更多，大的如豌豆，小的如米粒。斑点状出血形成的原因可能是低温下腹腔神经丛使胃肠道血管先发生痉挛，然后血管发生扩张，使血管通透性发生变化，出现小血管或毛细血管应激性出血。冻死时发生胃黏膜斑点状出血首先由苏联学者维斯涅夫斯基发现的，故称为维斯涅夫斯基斑（Wischnevsky's gastric lesions）（图 5-5，彩图 5-5），是生前冻死最有价值的征象，但不同文献报道维斯涅夫斯基斑的发生率存在较大差异，这可能与发生冻死的地区差异及濒死期的长短有关。冻死过程延长时，胃黏膜还可坏死脱落，形成急性溃疡，一般均发生在出血点表面，大小不等。十二指肠、空肠、回肠及结肠也可发生同样性质的出血或溃疡。

4．髂腰肌出血　髂腰肌出血是冻死者相当特异的生活反应（图 5-6，彩图 5-6），但发生率低，显微镜下见肌肉小血管充血，漏出性出血，血管中层细胞水泡变性。

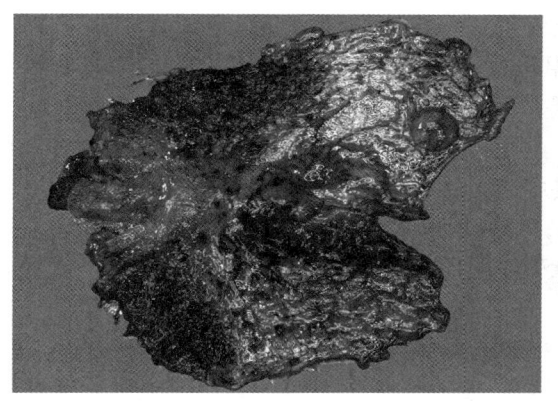
图 5-5　冻死者胃黏膜斑点状出血

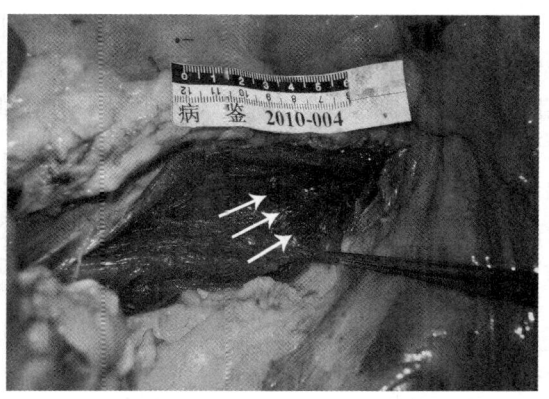
图 5-6　冻死者髂腰肌出血

5．肝　镜下肝细胞肿胀，部分肝细胞细胞质呈颗粒状，部分区域细胞质呈空泡变性，细胞核大，核质疏松，间质轻度淤血。电镜显示：细胞器明显减少，细胞质疏松，α 型和 β 型糖原颗粒明显消失，粗面内质网脱颗粒，空泡变性。线粒体轻度肿胀，嵴结构不清或解体呈絮状。

6．肺　肺轻度淤血、水肿，切面鲜红色，含气量尚可。

7．胰腺　镜下可见腺细胞的细胞质空泡变性。

8．肾　镜下可见肾小管上皮空泡变性，还可见血红蛋白管型形成。

9．膀胱　膀胱常高度充盈，尿潴留。

10．内分泌腺　肾上腺皮质细胞类脂质减少以致消失，髓质内空泡形成。甲状腺充血，滤泡内胶质吸收，上皮脱落。血糖值上升，尿糖阳性。

二、影响冻死的因素

（一）环境因素

1．环境温度　冻死必定发生在低温环境，但并不一定在 0℃ 以下，有文献报道环境温度

10℃以上也可以发生冻死，可见在其他因素参与下，即使在相对较高的环境温度下也可以发生冻死，发生冻死的关键因素是散热量超过产热量。

2．风速　风是导致冻死的重要因素。风能加速热的散失，促进环境温度的降低。风速越大，散热越快。风速与体温下降成正比。

3．潮湿　由于水的导热能力是干燥空气的25倍，水中散热比同样温度的干空气中散热要快得多，所以在水中冻死比在同温度的空气中更为迅速。正常人浸在0℃的水中；只要半小时即可冻死，若在同样温度的空气中尚可生存几小时。在南方气温高、湿度大的地区，潮湿是导致冻死的重要因素。

在融雪变冷和暴风雪、寒流时，由于风、雪、湿、冷的综合作用，很容易发生冻伤和冻死，如旅行、登山、勘探测量中，突遇暴风雪迷路，露宿野外或船只遇难，坠入冰水等情况。

（二）机体因素

1．年龄　婴幼儿及老年人的体温调节功能低下，对寒冷十分敏感，尤其是早产儿更敏感，对外界环境的适应能力弱，易发生冻伤和冻死。

2．饥饿和疲劳　在低温环境，机体的新陈代谢和产热活动比较旺盛，需要有足够的营养物质的供应才能抵御寒冷。饥饿导致机体得不到热量的补充，疲劳则使新陈代谢和产热下降，饥饿和疲劳是促进冻伤和冻死的重要因素。

3．外伤或疾病　慢性病（如糖尿病）患者和严重外伤后（特别失血后），机体对寒冷的抵抗力降低，容易发生冻死。

4．酒精或药物　饮酒适量时，皮肤血管收缩促进脑血液循环，可起到一时性御寒作用。但饮酒过量，皮肤血管扩张，血流增加，产生温暖感，主观以为体热增加、兴奋、减少衣着，实际上体热更易由皮肤发散，体温反而逐渐降低。深度醉酒者，体温调节中枢被酒精麻醉，以致不能通过寒战增加热能，所以体温迅速下降，易于冻死。巴比妥类或氯丙嗪类药物均使体温调节功能降低，促进冻死的发生。有报道巴比妥中毒者体温可下降至26～21℃。

5．其他　其他能导致死者处于不正常状态，而长时间保持暴露于低温状态下的因素，包括精神病、受伤后意识障碍、受伤后行为能力障碍、服用药物等。

三、死亡过程及机制

在低温环境中，人体中心体温降至35℃，称为体温过低（hypothermia）。人体中心体温降至32℃时还能维持产热的代偿作用，低于此温度则机体代谢逐渐停止，体温迅速下降，血液循环和细胞代谢发生障碍，对全身各器官系统起损害作用。

（一）冻死的过程

环境温度过低使人体的散热加快，机体通过体温调节机制或人为的方法，维持体温的恒定。如果散热大于产热，体温会逐渐下降以致死亡。冻死过程可分为四期：兴奋期、兴奋减弱期、抑制期、完全麻痹期。各期之间不是截然分开，而是相互连续的。

1．兴奋期　体温在36～35℃，寒冷初期，出现寒战，呼吸、心跳加快，血压升高，神经处于兴奋状态，此期可产生较多的热量维持下降的体温，实现代偿适应。

2．兴奋减弱期　体温继续下降，在35～30℃，血液循环和呼吸功能逐渐减弱，呼吸、心率减慢，血压下降。出现倦怠，运动不灵活，并可出现意识障碍。新生儿和心脏病患者容易死于此期，这个时期持续的时间比较长。

3．抑制期　体温在30～26℃，心率、呼吸和血压逐渐下降对外界刺激反应迟钝，意识处于朦胧状态。此期体表温度和肛温有一段时间接近或相等，出现"反常热感觉"，可发生"反常脱衣"现象。由于毛细血管通透性增强，间质水肿，内脏淤血，循环血量减少，心血搏出量减少，心脏传导系统的不应期缩短，导致心室颤动死亡。

4．完全麻痹期　体温在 25℃ 以下，体温调节中枢功能衰竭，呼吸、心跳抑制，血压几乎呈直线下降，各种反射消失，对外界刺激无反应。最终导致血管运动中枢及呼吸中枢麻痹而死亡。

（二）死亡机制

1．冻死过程中血液两次重新分配

（1）血液第一次重新分布：机体在寒冷环境初期，神经系统处于兴奋状态，对冷的刺激反应敏感，主要表现在全身血液的重新分配，皮肤及皮下血管收缩，血液流向机体的深层，减少热量的散失。此时出现呼吸频率加快、血压升高、寒战等应激性反应。上述变化称为"保温反应"，是人类在长期进化过程中，为适应外界环境变化而形成的保护性反应。

（2）血液第二次重新分配：当体温降至 30～26℃ 时，低温使大脑皮层进入抑制期，失去对体温的调节控制作用。在下丘脑体温中枢的调节下，皮肤血管扩张，机体深层的温暖血液充盈皮肤血管，体内中心温度下降得快，体表温度下降得慢，造成一过性体表和体内温度接近或相等。这时体温虽然一直在下降，皮肤感受器却有热的感觉，丘脑下部体温调节中枢发出热的信号，传递到效应器，导致冻死前"反常脱衣"现象。据有关资料报导，低温缺氧可能引起精神错乱和判断力减退；也有些学者认为由于寒冷，促使体内分泌多量肾上腺素，肾上腺素氧化后的产物能产生幻觉。有的因此可能失去辨认方向的能力，在局部地区来回走动，留下一趟趟足迹。

2．冻死的死亡机制　冻死的机制复杂，受个体和环境因素影响较大。老年人、婴幼儿及颅脑损伤的人容易发生冻死；身体主要器官患有疾病的人，低温可诱发或加重原有疾病而引起死亡。利用低温麻醉，可建立可逆性生理抑制。证明在低温时氧解离低下的同时，组织的耗氧量也大幅度减少，很少发生组织缺氧。由此可见冻死的主要机制是：在低温条件下，心肌传导系统不应期的缩短引起心室颤动，心力衰竭死亡。如不发生心室颤动，由于低温血管扩张、麻痹、血流缓慢乃至停止，血液循环障碍，造成组织缺氧、脑缺氧，导致血管运动中枢及呼吸运动中枢麻痹死亡。

四、冻死的法医学鉴定

冻死的鉴定，应详细调查现场的环境条件，进行系统尸体解剖，并进行药毒物检测，排除他杀、自杀、中毒、疾病死亡后才能确定为冻死。

（一）环境条件

冻死大多发生在寒冷地区及高原地带，常在冬春季节。勘查现场时，应详细调查当时的气象资料，记录现场温度与湿度。我国南方的冬季偶尔也可见冻死者，长时间关闭在冷冻库中的人也可被冻死。由于气候的差异，可能造成冻死的征象也有所不同，这也提示冻死发生的关键因素是体热丢失和低体温状态，并提示了系统解剖在冻死的法医病理学诊断中的重要性。

（二）死亡方式

冻死大多数是自然灾害事件，他杀少见。冻死作为自杀手段极为罕见。作为他杀手段，常见于受虐待或被遗弃的老人、儿童，不给吃饱穿暖而发生冻死。精神病患者、乞丐、流浪者、生前受外伤失血或醉酒的状态在户外易发生意外冻死。但要注意排除抛尸伪装冻死的可能性。

（三）尸体征象

主要有：①生前"反常脱衣"现象；②冻伤；③阴囊、阴唇、乳房皱缩；④左心血呈鲜红色，右心血呈暗红色；⑤胃黏膜呈斑点状出血；⑥腹腔神经节充血、出血；⑦血糖明显升高；⑧左、右心血液中的氧合血红蛋白与体循环血液中的氧合血红蛋白含量无显著差异。

冻死者表现出的苦笑面容、反常脱衣现象、红色尸斑、冻伤、胃黏膜出血斑，以及髂腰肌出血对确定冻死均有一定的参考价值。

(四)实验室检查

应提取血液及胃内容物进行毒物分析,排除中毒死的可能性。酒精和抑制中枢神经系统的药物能加速冻死的发生发展,在检验时应该注意。

(五)应注意的几个问题

1. 不要将反常脱衣现象误以为是强奸或抢劫杀人所致。
2. 身体突出部位的擦伤或皮下出血,应结合现场分析是否因惊慌失措中跌倒所致,不要误以为他人所致。
3. 注意有无虐待、饥饿和饮酒的痕迹。
4. 尸体解冻后有溶血和骨折的可能,需与疾病和外伤相鉴别,注意缓慢解冻。

(李冬日)

第四节 电流损伤

人体与电流接触引起的损伤称电流损伤或电击伤(electrical injury),因电击而致死者称电击死(electrical death)。电击死常见于意外事故,自杀和他杀也时有发生。

一、影响电流损伤的因素

电流通过人体形成闭合回路才可能使人体产生损伤,这是电流损伤的前提。如机体直接与电源接触,使自己成为电流通路的一部分,或者是在高压电或超高压电的电场中,机体虽未直接接触电源,但已成为电流通路的一部分。

电流经过人体所引起的损伤机制主要包括:电流作用和热作用。

(一)电流的作用

电流作用导致损伤的机制尚未完全明了,可能与下列因素有关:

1. 电流作用不仅可使人体的主要生物电发生器官如心脏和脑组织发生短路,也可引起其他组织发生形态改变。致死性电流损伤主要是侵犯脑、脑干、颈髓或心脏,导致呼吸、心搏骤停。
2. 电流通过人体时可转化为机械能,进而造成机械性损伤。
3. 电流造成人体组织细胞内离子紊乱,可发生电解、电泳、电渗等现象,从而使细胞极化或组织分解,影响组织器官的功能。
4. 电流通过组织时,局部电场作用于细胞膜脂质双分子层,可引起细胞膜破裂和细胞溶解。

(二)热作用

电流作用时,由于人体皮肤组织具有一定的电阻,可使电能转化为热能,从而导致烧伤的表现。

(三)电流损伤的条件

影响电流损伤的条件通常有:电流性质、电压、电阻、电流的作用时间和机体的状态等。

1. 电流性质 电流有交流电和直流电两类,均可造成电流损伤,但交流电比直流电要危险的多。临床上,对380V以上称高压电,36~380V称低压电,36V以下称特低压电或安全电压。通常在相同电压的情况下,人体对交流电比直流电敏感4~6倍。低电压时,直流电仅仅引起人体肌肉松弛,而交流电则引起肌肉的收缩而不能摆脱电源,50~60Hz的交流电危险性尤大,这个频率恰是我们工业与生活常用交流电的频率。交流电导致损伤的机制为:①细胞内离子的往返运动可使细胞受到破坏;②此频率又与机体组织的生物电节律相符,能引起心肌纤维颤动和骨骼肌强直性收缩，以致触电者不能摆脱电源，造成死亡。

2．电压　150V 以下的电压对人体相对比较安全，1000V 以上的高压电流造成电击伤亡的概率较小，也较易救治，而位于二者之间的电压则比较危险。一般高压电引起的休克比低压电引起的损害容易救治。这是由于高压电选择性地作用于神经系统和呼吸器官，通过有效的人工呼吸可以治愈。低压电作用于心脏的传导系统，往往引起致命性心室颤动。交流电致死电压为 25～300V，触电休克后死亡多发生在电压为 220～250V 者。高压电的危险性在于皮肤与电源之间形成电弧，使衣服燃烧，组织烧伤或烧死。

3．电流作用于机体的时间　电流作用时间和损伤程度成正比，电流作用于机体的时间越长，人体电阻降低越多，通过人体的电流量愈大，则后果越严重。如高压电流作用于机体的时间小于 0.1s 时，不引起死亡；但作用 1s，则可引起死亡。10 000V 时电流作用半秒钟无危险，或仅引起惊惧，但 200～300V 时电流较长时间作用却能致死。低电压所致局部损伤的程度也决定于接触时间的长短，随时间的延长，损伤处可出现电流斑或水泡，甚至炭化。

4．电流通过机体的途径　电流进入人体的部位通常是身体接触电源处，即电流入口（如手或电源触及身体某部位），离开人体处即电流出口多为接地处。电流的入口与出口之间即为电流通路。电流通常以最短的距离流过，不一定沿电阻最弱处，但也有学者认为电流通过身体的实际途径难以捉摸。电流通过脑、心、肺时最危险，可致呼吸心搏骤停、昏迷和瘫痪等。触电后电流通过机体的途径大都由一侧肢体进入，由另一侧肢体逸出，其中最常见的是由手入从足出。电流由下肢至上肢或由上肢至下肢均可通过心脏，所以十分危险。电流由下肢至下肢，由于不通过心、脑等重要器官所以危险性较小。单极性接触时，电流通过机体入地，机体成为接电入地的导体，其电流效应决定于身体接触地面的情况。如干燥土地、胶鞋或木板能阻止电流通过，防止电流作用，危险性小。相反，如赤足、鞋底有铁后跟则能促进电流通过，危险性大。

大多数意外触电为单极性接触，自杀或他杀多为双极性接触。但电源两极间距离很近时，如电插头、电警棍等作用于人体的电流回路很短，一般不致引起电击死。

5．机体接触电源导体的情况　主要指机体与电源接触的紧密程度和接触面积大小。接触的越紧密，电流进入机体时的电阻就越小，电流就越大，对人体的损害也就大，但其局部的损害轻微，甚至没有损伤。反之接触不紧密，电阻大，电流小，损伤也就小，对机体的影响小。电源导体不与机体直接接触也可导致电击死，主要发生于高压电场或电流火花的范围内，或在水中，通过水导电而造成电击死。

6．电流强度　电流强度是单位时间内通过已知截面的电量，它是影响电流损伤最重要的因素。通常认为，电流强度越大，引起机体的损害就越严重。通常直流电电流强度达到 100mA 时，交流电电流强度达到 70～80mA 时，可致人死亡。强度为 100mA、频率为 60Hz 的交流电可立即导致死亡。

7．电阻　电阻与电流强度成反比，所以人体组织的电阻对触电后果起重要作用。干燥的皮肤电阻达 1000～2000kΩ；出汗使电阻减小，可减为 25～30kΩ；水或盐水浸湿的皮肤，电阻可减至 1200～1500Ω。当皮肤电阻为 1200Ω 时，110V 的交流电可引起死亡。人体各部位皮肤电阻不一，脚掌最大，大腿内侧最小。人体各种组织的导电性能由强到弱排列：血液、肌肉、皮肤、肌腱、脂肪、骨。

8．机体状态　电流引起人体损伤的程度与机体健康状态亦有很大的关系。热冷、疲劳、兴奋、恐惧、失血、情绪低落、过敏体质、某些疾病等均能使机体对电刺激敏感性增高，而睡眠、麻醉能使机体敏感性减低，年老体弱者较健康青壮年敏感。另外，抢救的时间和方法对预后也很重要。触电后能否抢救成功，多取决于触电者能否迅速脱离电源。

二、电流损伤的征象

（一）外部征象

1. **电流斑** 又称电流印记（electric mark），是电流在皮肤的出入口部位形成的损伤痕迹，其机制是由于皮肤的高电阻作用，电流在穿透皮肤时产生高热及电解作用所致。皮肤角质层厚的部分电阻大，产生热量高，易形成典型的电流斑，电流斑常一至两个，也可为多个。常见于手指、手掌（图5-7，彩图5-7），其次是足底部等。

典型的电流斑呈中央凹陷，边缘隆起的火山口样圆形或椭圆形皮肤改变，直径0.5～1.0cm，凹陷中心可为炭化区，底部可附有熔解的金属碎屑组织沉积，周围呈灰白色的凝固性坏死，分界清楚，质地坚硬、干燥。坏死周围组织可见充血的红晕。电流斑周围表皮可出现水泡。人体出口处的电流斑与入口形态相似，但没有金属化现象。出口处的衣服和鞋也可被电流击穿。电流斑的形态也可是多样的，且可反映电源导体与人体接触部位的形状，如接触电线长轴，则形成线状或沟状电流斑。但有时难与导体形状相吻合。

光镜下见电流斑中心表皮变薄、致密，染色深，也可破坏、脱失；各层特别是基底层细胞及细胞核纵向伸长（图5-8，彩图5-8）排列呈栅栏状或漩涡状，细胞长轴与电流方向一致。毛囊、汗腺与毛细血管内皮细胞亦呈极性化。在角质层内可有蜂窝状空泡形成。真皮胶原肿胀、均质及凝固性坏死。真皮血管充血，可有小灶性出血或血栓形成。

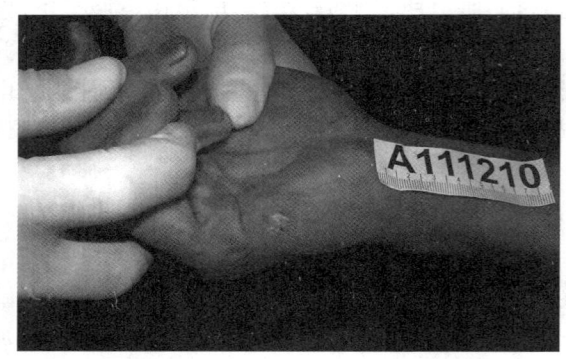 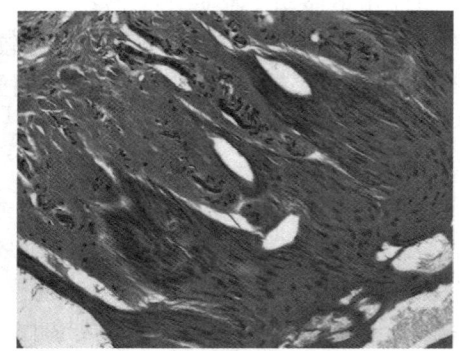

图5-7 手掌小鱼际处电流斑形成　　　　　　　　图5-8 电流斑电镜下特征

光镜200倍，电流斑中心表皮各层特别是基底层细胞及细胞核纵向伸长，排列呈栅栏状或漩涡状，细胞长轴与电流方向一致。毛囊、汗腺与毛细血管内皮细胞亦呈极性化

2. **皮肤金属化** 又称金属异物沉积（electric metallization of skin），是指电极金属在高温下熔化或气化后，金属微粒沉积于受损皮肤表面及深部组织的现象。不同的电极金属可产生不同的皮肤颜色改变。皮肤金属化现象出现与否和电流作用的时间及强度有关。高电压低电流、持续的电火花出现是产生皮肤金属化的重要因素。皮肤金属化现象往往需要放大镜或显微镜观察，当不明显时，可进一步采用其他方法进行分析。

3. **电烧伤（electric burn）** 电烧伤多发生在接触高压电时，在皮肤与高压电源之间形成电弧或产生高温，加上衣物燃烧的火焰共同作用导致。电流烧伤可使电流斑颜色变黄或黄褐色，乃至炭化变黑。严重电烧伤可以完全掩盖电流斑。电烧伤的组织区与周围正常组织间的界限极为分明，通常看不到一般烧伤所具有的过渡区。电烧伤的程度不等。

4. **电击纹（lightning mark）** 电击后在人体表面可形成的树枝状或蜘蛛网状的红色条纹，多见于高压电，尤其是超高电压。可能与电击时皮下血管扩张、麻痹、充血有关，也可能是高压电引起皮肤轻度烧伤的结果。

（二）内部征象

电击死者常显示缺氧窒息死亡的一些征象，如内脏充血、水肿、点状出血，多数死者可出现胰腺间质出血。血液呈暗红色流动性。心肌纤维断裂，嗜酸性增强和不规则波浪状，间质水肿及多处肌溶性坏死灶。有时可见心肌间质血管壁细胞核拉长，呈栅栏状排列，血管可发生破裂出血，甚至血栓形成。心脏损伤的机制目前尚未完全阐明。在致死性电击中，表现为心室颤动。

电流直接通过脑时，可发生脑撕裂伤，脑组织收缩，最明显的表现是高温凝固、变硬。由电流直接作用或由邻近水肿组织压迫所致的周围神经损伤极为常见，受累的神经纤维肿胀、弯曲、断裂，此类损伤多为可逆性，但严重的时候可引起神经支配的组织坏死、肢体坏疽，进而截肢。

电流直接刺激引起肌肉强烈收缩，剧烈的肌肉收缩可使肌肉撕裂甚至骨折、脱臼，特别是老年人。高压电击时，由于电流热效应而产生骨坏死、胶原破坏和无机物熔化。熔化的特殊产物即所谓骨珍珠（osseous pearl），系磷酸钙融合而成。高压电击还可引起肝、肺、肾、胰腺、肠、胆囊等部位的出血坏死。

三、死亡机制

电击死是电流损伤的直接后果。电流直接引起心脏功能障碍，低电压易引起心电紊乱，心室颤动而死。高压电常直接导致心搏骤停。电流侵犯脑干和颈髓上段，可致中枢性呼吸、心搏骤停；电流致呼吸肌痉挛可造成窒息死亡。

呼吸麻痹后可呈现假死表现，即电流性昏睡（electric lethargy）。此时心跳和呼吸极其微弱，及时抢救，可望复苏。此外，高压电可造成电烧伤，并发休克、脂肪栓塞或内部器官破裂等而致死，触电后，还可由于高坠而死亡。

四、法医学鉴定

（一）电击死的确认

1. 案情调查　有些电击死者的尸体不能发现明显的电流损伤痕迹，故对电击死案例进行案情调查和现场勘验显得尤为重要。如要了解事情发生的经过、死者的穿戴情况、衣物有没有燃烧、有无目击者等，这都有利于电击死的确定。

2. 现场勘验　凡疑为电击死案例，到达现场后首先应该切断电源，然后再进行现场勘验和尸体检验。电击死的现场勘查，最主要的是判定死者是否在死亡前确为电流通路的组成部分。还应注意环境潮湿情况、天气情况、尸体的位置、衣着状况，以及鞋袜有无击穿等。了解电源电压、电流性质，并需对电器电源进行检测。

3. 尸体检验　现场对尸体进行仔细检验，重点要寻找电流斑，这是关键的一步。同时应该排除机械性损伤、疾病、窒息或中毒等其他死因。

尸体检验如果发现电流斑和全身窒息征象并排除了其他死因，结合触电经过，一般不难确定死因。有些案例电流斑不甚明显，需进一步确定。导致非典型电流斑产生的原因有：潮湿皮肤或油污皮肤接触电源；水中触电；电流接触体表面积很大；电压较低，如低于110V时。

（二）死亡方式的确定

电击死多属意外，自杀较少见，他杀也有，甚至还有伪装电击死亡的。电击死亡方式的判定，应根据现场勘验和案情调查，结合尸体检验所见等情况综合分析判定。

1. 意外电击死　多发生于家庭和工业低电压时，家中发生的意外常由于手触摸了磨损或破损的电线造成，工业用电则由于违反技术操作规程等引起。意外电击均可见典型的电流斑。高压电意外常见于直接触及高压线或在高压电下工作，感应电击死亡。医源性触电也属意外。

2. 自杀电击死　多见于男性及精神病患者（如抑郁症）且有自杀背景。现场大多发生在室内，一般保持原始电击现场。多用双极接触，偶见用高压电自杀者。触电者常在电休克时坠落，由高坠伤导致死亡。

3. 他杀电击死　多数趁被害人无防备或睡眠中突然袭击。现场通常被破坏，电击工具被隐藏，而后伪装成其他死亡现场或意外电击死现场。对疑为他杀死者，要注意检查身体隐蔽部位有无电流斑或其他暴力痕迹。

（三）电击死鉴定的注意事项

1. 凡疑电击死亡案，到达现场后应先切断电源，然后再进行勘查检验，以防止继续发生电击伤亡事故。

2. 及时了解电源电压、电流种类。应由有关部门的技术人员检测电路，以及电器的结构、安装情况，有无漏电、漏电原因等。

3. 详细检查死者衣服有无撕裂、烧坏；鞋袜有无击穿，有无铁钉熔化等。

4. 现场对尸体进行初验后，要及时进行尸体解剖，仔细寻找电流斑或可疑皮肤电流损伤部位，并取材作组织学检查及金属微量分析等，以明确真正的死亡原因。

（靳占峰）

第五节　雷击死

雷是在极短时间内产生的巨大自然放电现象，夏季多见，接触人体可直接造成死亡。受雷击而造成的死亡称为雷击死（lightning death）。

雷电属超高压直流电，放电时可产生 10^9 V 的电压，数万安培的电流，极高的温度和数个大气压的冲击波。持续时间在 0.01～0.10s。雷电经常击中最高建筑物、大树及户外行人。尤其容易击中靠近大树、穿着湿衣服和携带金属物品的人体。室内靠近烟囱，或听收音机、看电视、打电话者也易被雷击。在江河或海洋上航行、游泳或洗澡时也可受到雷击。

一、雷击对人体的损害

雷电具有电流直接作用、超热作用及空气膨胀导致的机械性损伤作用，其中，电流的直接作用对人体的危害最大，可导致人体电休克、直接死亡或迟发损伤。

1. 死亡　44%～60% 受雷击者当场死亡，这是由于电流通过心脏或脑干，致心脏停搏或生命中枢麻痹而死。也可死于电休克、严重烧伤或内脏损伤，还可由于过度惊吓而死。

2. 雷击综合征　如果受害人没有即刻死于雷击，可能会产生雷击综合征（lightning syndrome）。其表现为意识丧失、外周或脑神经功能暂时障碍、传导性耳聋及皮肤烧伤等。

3. 雷击的迟发效应　雷击后幸存者可因周围神经分支受损，引起皮肤组织循环不良、神经痛、麻木，或其他感觉障碍。雷击损伤有时可引起白内障，少数人可发生心理障碍及性格改变等。

4. 机械性损伤　雷击产生的冲击波打击人体，可引起体表和内脏的机械性损伤。

二、雷击损伤的征象

人体受雷击后表现的差异很大，体表可有广泛损伤，也可以没有征象。

（一）外部征象

1. 雷电烧伤　雷电历时短，作用体表面积大，很少见雷电本身引起严重烧伤，但随身金属物品可被熔化而导致局部烧伤。

2．衣着及所带金属物品的损坏　由于雷击的巨大作用，人体衣着可被撕成小碎片，或被剥离于人体之外，衣帽鞋袜可见电流出入的洞孔，随身金属物品被熔化、磁化等。

3．雷击纹　雷电作用的皮肤遗留的红色或蔷薇色、枝状或燕尾状斑纹称雷击纹（lightning mark），雷击纹由不同的红线组成，多数见于颈、胸部，少数可发生在腹部和大腿处，一般在死后24h内消失，很有诊断价值。

（二）内部征象

雷电常击中头部，可引起明显的头皮下出血、颅骨骨折、硬膜下及蛛网膜下腔出血。脑组织特别是延髓可发生弥漫性点状出血、心血不凝、心壁破损、心肌挫伤、心肌纤维断裂等，偶见器官破裂。鼓膜常发生张力性破裂，其他器官可充血、出血。

三、法医学鉴定

通过调查和勘验，确认事发地点是否发生雷击及雷击出现后的物体损坏证据，死者体表的特殊改变，以及死者身上携带的金属物品的熔化和磁化，排除其他死因，可确定为雷击死。鉴定时注意雷电事故多发生于夏季。雷击现场多在旷野、农田或室内电器旁。雷击纹是雷击死最有价值的征象，但不是很常见，而且也易消失。因此，没有发现雷电击纹，并不能排除雷击死。雷击本身可形成各种机械性损伤，有时可能被误认为其他性质的损伤，如他杀。

（靳占峰）

第六节　其他物理性损伤

一、气压损伤

人们日常生活在一个大气压的环境里，如果气压突然改变则会引起机体功能障碍，甚至发生死亡。气压病（dysbarism）是气压改变所致的疾病，而气压损伤（barotrauma）是指气体进入组织所引起的机械性损伤，主要发生在飞行、登山、潜水作业等过程中，随着近年潜水运动的兴起，气压损伤在普通人群中也时有发生。与法医相关的死亡案例大多是死因可疑，涉及保险赔偿和对死亡机制的咨询。

决定人体气压损伤的因素包括：①人体对气压改变有无适应能力，以及适应的类型和程度取决于多因素，包括时间、体力活动、年龄及身体健康状态等；②气压改变的速度，改变越快损伤越严重；③气压变化持续的时间，持续时间越长，受损风险越大。

（一）气压损伤的分类

1．气压骤增造成的损伤　此种损伤多见于爆炸现场，爆炸时产生的冲击波直接作用于人体，损伤主要发生在空腔器官，如耳、肺和胃肠道，产生鼓膜穿孔、中耳损伤、肺冲击伤（blast lung injury）、腹部出血、穿孔及内脏震荡等。另外，爆炸产生的碎屑和炸弹碎片可以导致人体穿透伤和钝性损伤，冲击波将人体抛至空中或与其他物体相撞也可引起机械性损伤。

2．高空或高山环境引起的损害　高度愈高，空气愈稀薄，气压就愈低，可导致严重缺氧，引起小动脉收缩，肺动脉高压；肺毛细血管通透性增高，血浆渗出。再加上缺氧可引起淋巴循环障碍，进一步引起肺水肿或脑水肿，严重者引起死亡。

3．减压病　从高气压环境迅速到正常气压或从正常气压迅速降到低气压，均可发生气压损伤，引起减压病（decompression disease）。减压速度越快，症状出现越快，损伤越重。在进行深水作业或潜水运动时，肺泡中气体溶于血液，循环至全身各器官。气压越高，时间越长，溶解的气体越多。待作业或运动完毕，浮上水面时，气压恢复至正常，气体则从溶解状态游离为气泡，聚集于组织和血液当中。O_2 和 CO_2 能逐渐被组织吸收，而 N_2 则以气体形式较长时间积聚于体内，逐渐融合成大气泡，在血管内形成空气栓塞，阻碍血液循环，引起组织器官受损，严重者引起死亡。N_2 在脂肪中溶解度是在血液中的 4 倍，因此多集中于脂肪、神经组织和关节囊的结缔组织中，难以去除。

4．长时间低气压对人体的影响　长时间在低气压环境中生活工作，因长期缺氧，可导致高山综合征，表现为头痛、眩晕、鼻出血、工作效率低下。当适应此低气压环境后，作为代偿，发生红细胞增多症，血容量和血红蛋白量升高、骨髓增生。如持续时间较长，可发生高原性肺水肿和高原性脑水肿，严重者危及生命。

（二）法医学鉴定

法医学鉴定爆炸引起的冲击波对人体的损伤，应结合案情，对损伤仔细观察，有助于推断致伤方式和爆炸点，应警惕罪犯杀人后，点燃煤气伪造意外爆炸现场。

高空或高山病的法医学鉴定，解剖无特异所见，主要是窒息所见，肺水肿、脑水肿明显，应结合生前症状，综合分析，做出判断。

减压病多为灾害事故，在可能涉及赔偿的案件时，应进行详细案情调查，了解潜水作业或活动是否严格遵守有关规章制度，邀请相关专家到场对潜水设备进行检查。解剖为急死所见，颜面、颈部、前胸上部等未受压部位可出现界限清晰的青紫肿胀，切开可见皮下、肌肉内出血，眼睑、口腔黏膜等处可见出血斑，脊髓实质内可见小出血。尸体解剖应尽早进行，血管内气泡是鉴定空气栓塞的重要证据，必要时采集气泡内气体进行分析。

二、辐射损伤

辐射损伤一般是机体在超出其所能耐受剂量的高能电磁辐射和载能粒子作用下所发生的损伤。作用于人体的电离辐射分为天然辐射和人工辐射两类，天然辐射主要来自宇宙射线及地球本身的天然放射性核素等。这些辐射可以从外部对人体进行照射，也可通过空气、水、食物等吸入或食入体内造成内照射。人工辐射包括核爆炸、核能生产过程中产生的辐射、医疗照射，以及日常用品中的辐射，由于剂量小，且机体有一定耐受性，故不引起人体损伤。

随着社会的发展，电磁辐射和载能粒子已广泛应用于工农、医疗、生物等各行业，虽造福于人类，但如不注意防护，就有可能发生辐射损伤。

（一）作用的基本形式

辐射作用于机体的形式分为原发和继发两类。

1．原发作用　射线引起的辐射生物学过程（电离、激发等）及辐射化学过程（自由基的形成），而导致机体内大分子化合物结构破坏及细胞微细结构改变。

2．继发作用　在原发作用基础上，机体内出现一系列生理、代谢及结构形态上改变。机体受神经、内分泌、循环等的调节，当受到放射损伤时，上述调节环节发生障碍，引起严重变化，从分子、细胞到组织乃至整个机体均发生损害。

（二）影响因素

1．射线的剂量　剂量越大，发病越早、病变越重。

2．射线的性质　不同性质的射线，因其穿透力和电离力不同，对机体损害也不相同。如快中子比 X 线损伤重，X 线和 γ 射线损伤后，修复快于 α 粒子造成的损伤。

3．照射机体的方式　全身照射比局部照射损伤严重，内照射比外照射损伤严重。

4．性别、年龄及机体状态　动物实验表明，雌性动物对辐射的耐受性强于雄性动物，年幼、年老动物及病衰动物的抗辐射力较差。

（三）病理变化

1. 基本病变　各种组织受辐射后，实质细胞变性（严重者坏死），组织细胞萎缩，功能受损或丧失；血管扩张，内皮肿胀，甚至管壁坏死；后期内皮细胞增生，胶原增多，小血管壁玻璃样变性，管腔狭窄甚至闭塞；器官间质胶原纤维增加。此外出血和感染也是受辐射后常见的病变。

2. 各系统器官病变

（1）皮肤：急性期损伤可引起皮肤红斑、疱性皮炎、脱毛，甚至坏死伴溃疡。慢性期损伤以真皮为主，有的诱发恶性肿瘤。

（2）心血管系统：最常见的是纤维素性心包炎、心包积液；动脉系统较静脉系统敏感，早期表现为血管扩张、通透性增强，晚期病变包括节段性硬化、管壁透明变性、管壁增厚、内皮肿胀等。

（3）肺：大剂量辐射后，可很快发生局部循环障碍及组织变性。肺外观呈斑块状，气肿与萎陷区相间存在，伴出血、水肿。晚期肺组织纤维化，胸膜增厚。

（4）消化道：口腔黏膜和上消化道病变多见，如急性食管炎、胃炎、小肠及结肠炎，以小肠病变最为明显。

（5）肝：肝中央静脉扩张，小叶中央淤血，灶状出血，肝细胞萎缩伴有变性、坏死，可继发纤维组织增生。

（6）骨髓：骨髓对辐射极为敏感，造血干细胞可直接死亡，导致周围血细胞缺乏；骨髓局部照射后常发生纤维化；辐射的迟发作用可致白血病。

（7）泌尿生殖系统：肾病变主要为血管损伤，可出现类似细动脉硬化肾改变；睾丸和卵巢均属辐射敏感组织，严重者可见组织萎缩伴纤维化。

（8）软骨和骨：正在生长中的软骨和骨对辐射较敏感，软骨细胞和成骨细胞可发生变性、坏死。成熟的软骨和骨组织对辐射耐受强，因辐射而坏死者不常见。

（9）甲状腺：甲状腺肿瘤类型有乳头状腺癌、腺瘤及增生性结节。

（10）中枢神经系统：在胚胎发育早期，小剂量辐射即可引起脑发育障碍。成熟的中枢神经组织以神经细胞改变明显。脊髓常发生急性放射性损伤，可见脊髓坏死和横截性脊髓炎综合征；坏死多与血管损害和血栓形成有关。

（11）眼晶体：眼晶体在照射后可致混浊，进而发展为白内障。

（四）法医学鉴定

辐射损伤多为职业性损伤，少数由灾害、医疗事故或核战争所致，他杀及自杀罕见。

法医学任务是鉴定是否为辐射损伤。应详细了解案情，暴露情况，结合组织病变，并在鉴定过程中请放射专业专家临场，以确保鉴定的准确性。

对因辐射损伤致死的尸体进行解剖，法医必须注意自身防护，免受辐射损伤。

三、工业性损伤

（一）声波损伤

人耳能听到的声音频率是 20～20 000Hz 的声波。振动频率低于 20Hz 的称为次声波，高于 20 000Hz 的称为超声波，两者均不能被人耳所感受。由声波作用人体形成的损伤，称为声波损伤。

1. 次声波损伤　次声波又称为亚声波，频率低、波长长，容易发生衍射，不易衰减，不易被水和空气吸收，传播距离远。

（1）产生：来源广泛，包括自然来源和人工来源，前者包括地震、火山爆发、陨星坠落、巨浪等；后者包括核爆炸、导弹飞行、轮船航行、高楼摇晃等，工业设施亦可产生次声波。

(2) 危害：次声波会干扰人的神经系统正常功能，如使人头晕、恶心、呕吐、平衡感丧失甚至精神沮丧，晕船或晕车就是由次声波引起。如次声波和机体某个器官的固有频率相同，引起共振，可造成严重的损伤甚至死亡。

2．超声波损伤　超声波已被广泛应用于工业、医疗、生物、地质、海洋等许多方面。但若使用不当或声强超过人体的耐受限度时，便可引起机体损伤，甚至死亡。

(1) 生物学效应：超声波即是一种波动形式，也是一种能量形式，当达到一定剂量的超声波在生物体内传播时，可引起功能或结构变化。超声波对生物机体的损伤作用，一般认为，低声强、长时间辐射引起的损伤以热效应为主，即声能被机体吸收后变成热能，损伤程度与温度升高的程度有关；而在声强高、辐照时间短的情况下，引起损伤的机制是以瞬态超声空化效应为主；当声强在 700～1500W/cm^2 时，损伤机制主要为机械效应。

(2) 病理变化：超声因强度、作用时间不同，引起的组织病变差异较大。动物实验发现，超声波可致脑和脊髓充血、水肿，神经细胞变性，最后以神经胶质细胞增生而愈合；高强度超声波可引起软组织出血，骨膜分离，肺组织出血；低强度超声波抗小鼠早孕研究发现胎盘出血。

3．法医学鉴定　声波损伤的法医学鉴定主要是根据详细的案情调查、声波接触史、相应的临床表现及组织病变等，且需要排除其他暴力损伤或原发疾病，确定引起声波损伤的原因和损伤程度。

（二）激光损伤

激光具有单色性好、方向性强、亮度高等特点。激光损伤主要在眼部和皮肤。

1．生物学效应　激光对机体的作用主要通过四种机制：①热效应：激光照射生物组织，通过碰撞产热和吸收生热使温度升高；②压强效应：激光照射机体后，使受照射组织受热膨胀，组织液从液相转为气相，组织压强骤升，引起微型爆炸；③光化效应：激光辐射的光量子被生物组织吸收产生光化效应，各种色素均能选择性吸收一定波长光谱，黑色吸收能量最大，含色素越多，破坏越严重；④电磁场效应：激光聚焦后产生强电磁场，直接作用于生物分子，导致生物细胞的损伤。

2．影响因素　激光对机体的伤害程度取决于激光器类型、激光波长、强度、照射时间、受照面积、皮肤色素多寡、组织水分、表皮厚度、辐照区及周围血管分布等因素。

3．病理变化

(1) 眼：激光照射可造成角膜凝固、水肿、坏死和溃疡形成；晶体蛋白凝固而发生混浊；视网膜下渗出性出血，甚至视网膜爆裂，血液流入玻璃体内，以后色素沉着和瘢痕形成。

(2) 皮肤：因科研和军事上使用大功率激光器，可灼伤皮肤。

4．法医学鉴定　激光损伤主要是眼的损伤，以职业性意外或灾害事故为多。法医学鉴定激光损伤案例，必须调查事故发生原因、光束强度、原光束和反射光束的方向、人眼位置、取向和凝视等情况，进而检查损伤程度。

（三）射频损伤

220V 交流电的频率是 50Hz，100Hz 以上称为高频电流，周围形成的电磁场即为射频电磁场。由射频电磁场与电磁波所造成的损伤称为射频损伤。

1．生物学效应　射频的生物学效应包括热效应和非热效应。

(1) 热效应：当射频功率较大时，电磁波致身体产热过多，超过体温调节能力，温度平衡功能失调，体温升高，机体功能紊乱伴病理变化。

(2) 非热效应：射频功率密度较低的电磁场与电磁波改变生物体化学反应中分子之间的相对运动状态，改变了活化能，使反应速率常数和化学平衡变化，动态的代谢平衡紊乱。

2．影响因素

(1) 射频条件：波长越短，电场强度越大，电场频率越高，间隔时间越短，对人体的危害作用越强。

（2）局部组织的特性：含水量高的组织器官（如脑、皮肤、肌肉、心、肺、肾、血液等）容易吸收电磁场的能量，受影响较大。

（3）其他：高环境温度，通风不良，潮湿可加重电磁场与电磁波对机体的损害。

3．病理变化　射频损伤多不引起死亡，病理所见多来自动物实验。

（1）神经系统：丘脑病变显著，可见神经细胞肿胀、细胞空泡变性、染色质溶解，小胶质细胞反应性增生等。

（2）心血管系统：长期作用主要致血管神经性运动障碍，心肌营养不良，严重者小灶性心肌梗死，心肌纤维间充血及透明变性。

（3）生殖系统：睾丸对热作用敏感，可损伤初级精母细胞和精子细胞，精子细胞染色体畸形，抑制生殖细胞分裂、染色体断裂。

（4）眼：损伤主要表现为晶体混浊，是否引起视网膜病变尚存在争议。

4．法医学鉴定　法医学鉴定射频损伤主要根据：①有无射频电磁场接触史；②周围环境是否符合国家辐射卫生标准；③屏蔽防护设施是否存在泄露；④是否违反操作规程；⑤射频作用后产生的临床症状和病变类型。如涉及职业损伤，应进行劳动能力和伤残程度鉴定。

（宋印利　王　起）

思考题

1．在火场中发现的尸体，其可能的死亡方式、死亡原因及机制是什么？
2．如何鉴别烧死和死后焚尸？
3．冻死的影响因素有哪些？
4．如何对怀疑冻死的尸体进行法医学鉴定？
5．中暑可在哪些条件下发生？
6．如何对怀疑中暑死亡的尸体进行法医学鉴定？
7．如何认定电击死？
8．减压病的概念、形成机制分别是什么？如何进行法医学鉴定？
9．辐射损伤的法医病理学所见是什么？
10．工业性损伤的主要类型是什么？如何进行法医学鉴定？

第六章 猝死

第一节 概述

猝死（sudden unexpected natural death）又称急死，是指外表看似健康的人，由于潜在疾病或重要器官功能障碍突然恶化或急性发作，而发生的突然性死亡，本质是自然疾病死亡。猝死的基本特征包括如下三点：

(1) 意外性：死亡的发生出乎意料，是其家属甚至经治医生都未预料到的。死者生前看起来健康，或有一些疾病或体征，但经过临床诊治无危重表现，没有预料到会很快发生死亡。

(2) 死因是自然疾病：猝死属于自然疾病死亡，是非暴力死，但因其发生突然，迅速致死，原因不明，常被怀疑为暴力致死。

(3) 死亡急骤：从症状发生或恶化到死亡之间的时间短暂，在 24h 内。有些甚至在几十秒钟或几分钟内，称为即时死（instantaneous death）。

一、猝死的原因及发生机制

猝死的原因分为内因和诱因。内因是指人体的主要器官患有潜在致死性疾病，存在严重功能障碍或有异常体质和过敏体质。各系统疾病导致猝死的发生率不同，据国内外有关资料统计，在成人猝死中以心血管系统疾病为最多，其次为呼吸系统疾病和中枢神经系统疾病，消化系统、泌尿生殖系统和内分泌系统等疾病相对较少。诱因则是对猝死的发生起着诱发作用的一些条件，这些条件对完全健康的人没有危害或危害较小，但对患有潜在严重疾病的人却能诱导或促使疾病恶化，最终诱发猝死。也有一些猝死可以没有明显诱因，如睡眠中猝死。常见的猝死诱因有：

(1) 精神、心理因素：狂喜、愤怒、忧伤、情绪激动等急剧或过度的情绪变化可能通过大脑皮质影响神经中枢的活动，导致交感神经兴奋性增高，引起急性心力衰竭或心室颤动而猝死；或导致副交感神经、迷走神经兴奋性增高而引起心率减慢乃甚至心脏停搏而猝死。

(2) 剧烈的体力活动或过度疲劳：如疾跑、游泳、斗殴、搬抬重物或昼夜不眠等，可使血压突然升高和心脏负荷突然增加，对患有潜在心血管疾病者，可诱发心肌缺血、心室颤动或心脏停搏而猝死。

(3) 外伤：如外力打击上腹部、心前区、会阴部、颈动脉窦等神经敏感区可引起反射性心跳、呼吸骤停而猝死。有些外伤打击轻微，本身不足以直接构成死因，但当机体存在严重器质性病变时，可由外伤诱使疾病恶化而猝死。如患血管瘤、肝脾肿大者，可因病变部位受打击而致破裂出血死亡。

(4) 其他：暴饮暴食诱发急性出血坏死性胰腺炎及冠心病恶化猝死；吸烟诱发冠心病猝死；饮酒诱发胰腺炎猝死，或酒醉后争吵、斗殴、摔跌诱发潜在疾病猝死；过冷过热诱发心血管系统、呼吸系统或中枢神经系统突然恶化或急性发作而猝死等。

二、猝死尸体的一般征象

猝死尸体表现出来的一般征象均为一些非特异性改变，不是猝死者唯一征象，仅说明死亡发生迅速。这些特征也可见于暴力导致迅速死亡者。

1. **肉眼所见** 除特殊的病变外，常可见一些非特异性的急性死亡的改变。尸斑出现得早而显著，呈暗紫红色，尸斑内有时可出现青紫色出血点。尸僵出现得迟而强。尸体自溶及腐败迅速。器官和组织普遍充血，心脏及大血管内血液多不凝固，呈暗红色流动性，无鸡脂样凝血块形成，左心及腔静脉扩张、充血，肺、肝、肾、脾等器官也多显著淤血；浆膜及黏膜点状出血，如心和肺的包膜下的点状出血及淤斑，胃黏膜、肾盂黏膜的点、片状出血；胰腺包膜下及间质出血，尤以胰尾部明显，需与急性出血坏死性胰腺炎鉴别。

2. **显微病理学检查所见** 各内脏器官淤血或出血，脾髓质充血及淤血严重，脑、肺组织常见淤血及水肿；心肌纤维断裂，末梢动脉呈收缩状，这是由于死亡发生迅速，心脏多处于收缩状态所致；细支气管呈收缩状态，常伴有支气管黏膜细胞脱落，可能因管壁平滑肌在濒死时痉挛所致；肝细胞水肿，排列紧密，细胞境界清楚，胞质透明且呈团块状；肾小球囊中可见液体；胰腺较快自溶，胰管和腺泡分离，被膜下间质中可见游离的红细胞。

三、猝死的法医学鉴定

猝死为自然死，本不涉及法律问题，但由于猝死发生突然、出人意料，往往引起死者家属、朋友等对死亡原因的怀疑及猜测，特别是在发病突然、死前有争吵或轻微损伤，以及其他不明情况存在时易被怀疑为暴力死；还有些犯罪分子用暴力手段致人死亡后，伪装成猝死以逃脱罪责。因此，要对猝死者的尸体进行全面认真的法医学鉴定，以查明死因、澄清死亡性质，主要任务有：①确定有无暴力作用，排除暴力致死（包括自杀和他杀）；②当疾病与损伤并存时，确定外伤与疾病（死亡）的伤病关系；当疾病与中毒并存时，确定中毒与疾病（死亡）的关系；③提出明确的法医病理学诊断、死因分析，以及死因诊断；④死因不明或推测为猝死时给出解释及说明。

（一）案情调查

应向死者家属、亲友、同事、医务人员等知情者调查死者的年龄、性别、籍贯、职业、生活环境、嗜好及习惯，详细了解既往病史、家族病史、死前表现、死亡经过及死亡时间等，尽可能收集病历资料。应注意所了解到情况的客观性、可靠性和可信性，尤其要注意被调查人包括家属是否有隐瞒或夸大病情、伤情等。通过案情调查，不仅可以为猝死的尸体检查、鉴定猝死原因提供线索，还可能为揭露伪报猝死的暴力致死案件提供线索。

（二）现场勘验

猝死可发生于各种场所，常见的有以下几种：
1. 死者于夜间睡眠中猝死，或日常活动时猝死。
2. 患者在诊治过程中发生猝死。
3. 于旅途中在旅馆、车站、码头、轮船等公共场所猝死。
4. 在车间参加剧烈劳动、运动场上激烈运动、厕所排便时猝死。
5. 与他人争吵、斗殴、遭受轻微损伤或情绪激动后突然死亡。

应认真勘验现场，检查有无暴力痕迹，细致观察现场物品的状态及分布，注意现场有无他人遗留痕迹及挣扎搏斗现象，注意观察并收集现场血痕、残余食物、饮料、呕吐物、药物等进行物证检查和毒物化验。同时还要注意观察损伤的情况，并做好取证。

（三）尸体解剖及辅助检查

尸体解剖是查明死因、判明猝死的关键性步骤，必须全面系统地进行尸体解剖，并提取相关检材进行病理组织学检查和毒物化学检查。根据案情调查和现场勘验的结果，周密考虑尸体解剖时应选择的操作步骤和注意事项（例如疑为肺动脉栓塞者，必须在心肺取出之前，在原位将心肺及肺动脉剪开，以观察肺动脉腔内有无血栓堵塞；疑为气胸者，开胸前应先做气胸试验)。否则可能由于尸检失误,造成尸检后仍死因不明。注意尽可能早地进行尸检,以防尸体腐败导致结构破坏影响鉴定结论。有条件的情况下,待检尸体在冷藏或冷冻下保存。

在对怀疑猝死者的尸体进行检验时,应考虑到也有机械性损伤、机械性窒息及中毒等暴力致死的可能,所以必须进行包括衣着检验、体表检查、内部剖验,以及各内脏器官取材做病理组织学检查等过程在内的完整仔细的尸体剖验。如怀疑机械性损伤或机械性窒息致死的尸体,要详细检查损伤情况、损伤特点、窒息征象等,注意尸表有无损伤、针眼、勒/扼痕、蛇虫咬伤口、电流斑;怀疑中毒死亡的尸体,要提取胃内容、血、尿、脑脊液、眼玻璃体液,以及脑、肝、肾等内脏器官进行药物或毒物化学检验;怀疑水盐代谢障碍、糖尿病等情况时,要提取血、尿、脑脊液等做死后生化检查。

(四)死因分析及鉴定结论

掌握了案情调查和现场勘验的线索,以及尸体解剖和病理组织学检查结果后,还需收集药毒物化学检验和死后生化检查等检测信息,上述各种结果的汇总和资料分析是死因分析的基础和前提。

根据死亡案例的法医学检查结果,进行分析论证,大致有以下几种情况:

1. **猝死死因明确** 尸体解剖发现器官有明确的器质性病变,其部位、程度、性质足以解释猝死的原因,并可排除外伤、机械性窒息、药毒物中毒等暴力致死情况,如腹主动脉瘤破裂、自发性蛛网膜下腔出血、冠心病猝死等。

2. **未检出明显致死性器质性病变或病变轻微不足以确定死因** 此时必须在充分排除外伤、机械性窒息、中毒等暴力性致死情况的前提下,再结合案情调查、现场勘验和全面系统检查资料进行综合分析,慎重鉴定是青壮年猝死综合征、婴幼儿猝死综合征,还是原因不明的猝死,以往这种诊断可达猝死尸体解剖案例的5%～10%。但随着现代医学、分子生物学和其他自然科学技术的发展,既往无法进行死亡原因判断的疾病(如特殊的病毒感染)或者功能障碍(长QT综合征)可以采用提取尸体组织进行基因检测的技术而诊断,使死因不明猝死案例的比例逐步下降。

3. **自然性疾病存在同时检出药毒物** 当检出药毒物达致死量时,应鉴定为中毒致死。当检出药毒物含量未达中毒或致死量时,经案情调查药毒物是作为治疗药物、瘾癖,还是职业接触等进入体内;而自然性疾病的严重程度足以致死,则应鉴定为猝死。

4. **尸检同时检见疾病和损伤** 这种案例的死因分析鉴定较困难,常常引起争议。应根据损伤与疾病的相互关系分清主要死因、辅助或次要死因:

(1) 损伤是主要死因:损伤严重致命,疾病较轻或稳定,如子弹穿过心脏致心脏压塞而死,同时检见冠状动脉有3～4级的管腔狭窄,死因是子弹引起的心脏贯通及心脏压塞;或损伤是条件致命伤,疾病的存在使损伤易于发生或加重了损伤的后果而致死,如打击上腹部使病变肿大的脾破裂出血而死。

(2) 疾病是主要死因:疾病严重,损伤轻微,且不在要害部位,应判定为因疾病猝死;有时损伤在疾病部位,程度轻微,单独不足以致死,对疾病致死起到诱发或促发作用。

(3) 既有显著的器质性病变,又有严重的暴力性损害时,常引起死因的争论。此时要密切结合每个案例的具体情节和死亡经过来加以判定,是否共同构成主要死因,以及各自所占责任份额。

(成建定)

第二节 常见的猝死性疾病

一、心血管系统疾病猝死

心血管系统疾病是引起猝死的最常见疾病，在成人猝死的死因中占首位。其中，冠心病猝死占心血管疾病猝死的50%，其次是高血压病、心肌炎、心肌病、心内膜炎、心瓣膜病、肺动脉栓塞等。

（一）冠状动脉粥样硬化性心脏病

冠状动脉粥样硬化性心脏病（coronary atherosclerotic heart disease），简称冠心病，是由冠状动脉粥样硬化及其并发症一起的心脏病，可伴或不伴急性心肌梗死。冠状动脉旁路移植（搭桥）术后、经皮冠状动脉腔内成形术（PTCA）后和心脏骤停已成功复苏者也可发生猝死。冠心病是心血管疾病猝死最常见的原因，也是目前威胁人类生命健康的主要疾病之一。冠心病猝死在成年男、女均可发生，但男性明显多于女性，比例为3：1～5：1，发生年龄在男性以30～40岁的青壮年居多，女性则较男性要晚。近年来冠心病猝死的发生有年轻化的趋势，有不足30岁即发生重症冠心病猝死的案例。

1. 冠心病猝死的基本病理变化　冠心病猝死不同病例的病变种类和程度不一，主要有三部分病变：

（1）冠状动脉的病变：冠状动脉粥样硬化是冠心病的基础病变，好发于左冠状动脉前降支上1/3段，其次是右冠状动脉，再次是左旋支及冠状动脉主干。右冠状动脉的发生率虽然比左前降支为低，但因正常人窦房结和房室结的动脉多来自右冠状动脉，故右冠状动脉的病变更易引起传导障碍。冠状动脉粥样硬化是一种动脉血管从内膜到中膜的进行性灶性脂质聚积（粥瘤）、纤维化及慢性炎症为特点的病变，从内膜下脂质渗入、泡沫细胞的聚集到粥瘤形成，再到复合性病变出现等一系列病变过程。复合性病变（complicated lesion），又称急性冠状动脉病变、活动性病变，在冠心病猝死的病例经过详细尸检及病理组织检查常能发现，包括斑块破裂、斑块内出血、血栓形成和冠状动脉痉挛等，此活动性病变是冠心病猝死的确切依据。冠心病中进行性增大的粥瘤或斑块性病变多位于血管的心壁侧，在血管横切面上呈新月形、偏心位，使血管出现不同程度的狭窄。按管腔狭窄程度通常分为四级：0～25%为1级，26%～50%为2级，51%～75%为3级，76%～100%为4级。

肉眼观：冠状动脉管壁呈不规则增厚，管腔呈不同程度狭窄；有的呈节段性分布，有的则为孤立性斑块；横切面上有的斑块呈环状分布（图6-1，彩图6-1），有的仅一侧增厚而呈新月形斑块；合并高血压者多为环状斑块。光镜下观：冠状动脉内膜高度增厚，内膜纤维组织增生，粥样斑块内可见脂质、坏死物、钙盐沉积（图6-2，彩图6-2）。可在同一病例检见轻重程度不

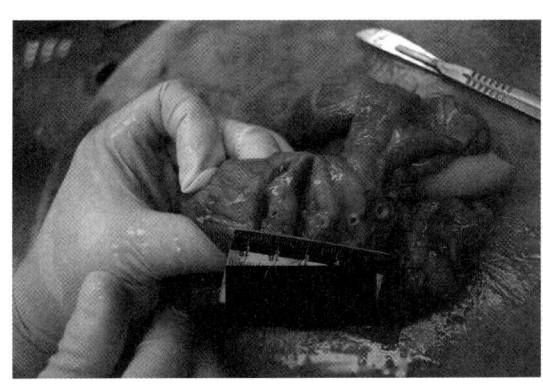

图6-1　冠状动脉粥样硬化的肉眼观

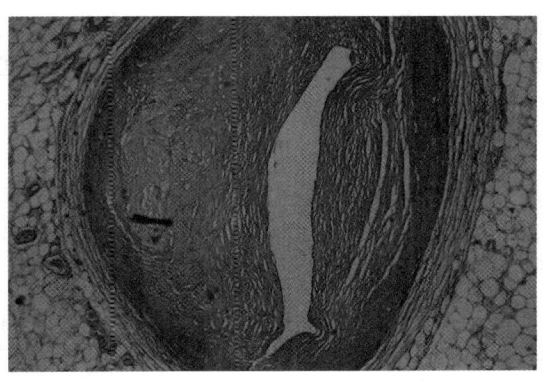

图6-2　冠状动脉粥样硬化的光镜下图

一、病变类型各异的斑块，管腔环状或偏心位狭窄。有时可见斑块破裂、出血及血栓形成（图 6-3，彩图 6-3；图 6-4，彩图 6-4）。

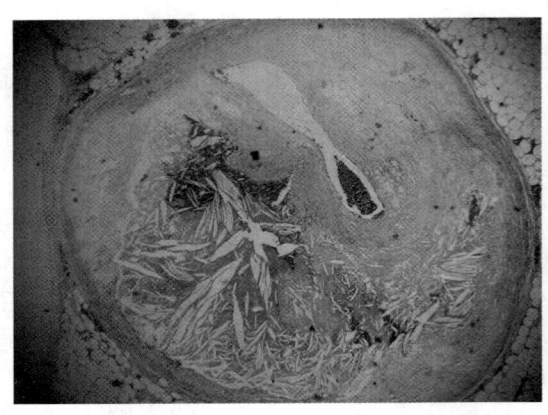

图 6-3　冠状动脉粥样硬化斑块破裂出血

图 6-4　冠状动脉管腔狭窄并附壁血栓形成

（2）心肌的病变：冠心病猝死的病例经详细的尸体解剖及病理组织检查，常可发现心肌及心肌间质的病变，包括急性心肌缺血、心肌肥大、心肌梗死、心肌间小动脉硬化及微血栓形成、心肌间质纤维增多或心肌间质纤维化。急性心肌缺血的早期改变包括收缩带坏死、嗜酸性变和颗粒变性、心肌纤维波浪样改变，后两者为早期更容易检见的改变，而心肌收缩带坏死在程度上更为严重。但并非每一个病例都可检出上述病变，心肌的病变是冠心病非典型的病变，也可出现在其他心血管疾病猝死或中毒的病例中。

（3）心传导系统的病变：冠心病猝死者心传导系统可检见窦房结、房室组织出血、梗死或空泡变性，间质结缔组织增多，窦房结动脉内膜增厚、内膜下血浆蛋白浸润、粥样斑块形成，引起窦房结动脉管腔狭窄、血液供应受限，导致心传导系统功能障碍，出现心律失常。

2．冠心病猝死的机制

（1）以心室颤动为主的严重心律失常：大多数冠心病猝死病例是在冠状动脉粥样硬化的基础上，发生冠状动脉痉挛或微循环栓塞，导致急性心肌缺血，发生心肌供氧与需氧的不平衡，造成局部电生理紊乱、心力衰竭，引起暂时严重的心律失常（特别是心室颤动和心室停搏等室性心律失常）所致。有新鲜血栓形成的病例更易发生急性心肌缺血致心室颤动而猝死。

（2）急性心肌梗死及其并发症：少数冠心病猝死是由于大片心肌梗死致急性心力衰竭死亡，或是由于心肌梗死后的并发症，如室间隔穿孔、乳头肌断裂而致急性心力衰竭死亡。如果心肌梗死后合并心脏破裂或室壁瘤破裂，则可致急性心脏压塞而死亡。

（3）冠状动脉痉挛：冠状动脉痉挛是指一支或多支冠状动脉一过性收缩，导致急性心肌缺血的一组临床综合征，程度严重，未获及时有效救治可引发猝死，在冠状动脉粥样硬化存在与否的人均可发生。冠状动脉痉挛导致的急性心肌缺血是一种功能性梗阻，同样可以导致心脏电生理紊乱、诱发室性心律失常猝死。

3．冠心病猝死的特点

（1）多在症状发作短期内死亡。据报道冠心病猝死从症状发作至死亡时间在 1h 以内者占冠心病猝死的 40% 以上，这还不包括那些猝死具体时间不明确者。有的病例仅几分钟甚至几十秒钟即死亡。

（2）多以猝死为冠心病的首发表现。冠心病猝死者仅少数人生前有一定的症状、体征，多数病例则无明显症状、体征，平时看起来身体健康，一旦发病即表现为猝死。也有人生前虽有过轻度的症状和体征，如胸痛、心慌等，但未予以注意并未诊治，亦未被他人察觉，一旦再次严重发作,便迅速死亡。

(3) 多数猝死发生在医院外。由于大多数冠心病患者在猝死发作前无明显症状和体征,常在家中、宿舍、工作场所或路途中发作后,因未获得及时救治而发生猝死;有的在症状发作后准备就医,但因发病迅速,未等送至医院救治,就猝死在送医途中。

(4) 多数有猝死危险因素存在。冠心病猝死的因素即冠心病的易患因素,包括以下几项:①血清胆固醇≥6.46mmol/L(250mg/100ml);②高血压(舒张压≥90mHg);③吸烟;④患有糖尿病。此外,生活方式、行为活动方面也有一些诱发冠心病猝死的因素,如体力活动增加、劳累、精神紧张、情绪激动等。

4. 冠心病猝死的临床表现 冠心病猝死者多为30～49岁的青壮年,男性、肥胖、吸烟、酗酒是危险因素,常在家中、工作场所或公共场所突然发病,发病前可有劳累、饮酒、情绪激动等诱因存在。病发前往往没有明显的前驱症状,有些出现轻度的胸痛,部分患者可有心肌梗死的前兆症状。经过病史调查,患者可有冠心病病史、高血压病史及其他家族病史。

5. 冠心病猝死的法医学鉴定

(1) 确保充分的现场调查:仔细询问目击者有关死者的死前表现和死亡经过,检查病历,调查病史及家族史。

(2) 全面系统的尸体解剖:注意尸体外表检查及死亡经过分析,判断是否存在暴力致死因素,确定是否自然死亡;注意检查各个器官组织的病变,重点检查心脏及冠状动脉,详细准确描述并记录检查所见,提取各器官组织进行病理组织检查,确定心脏及冠状动脉病变是否致死,有无其他严重病变可能致死。

(二) 冠状动脉非粥样硬化性疾病

1. 冠状动脉起源异常致冠状动脉血氧供应不良。在起于主动脉窦的冠状动脉开口处或起始段发生狭窄,当急剧运动,如奔跑,可造成心脏短时间内供血不足,发生突然晕厥或猝死。

2. 冠状动脉发育不良和结构不良致冠状动脉管腔狭窄。可为先天性,也可因急剧运动,发生心绞痛或心肌梗死。

3. 夹层或非夹层冠状动脉瘤致管腔闭塞。

4. 冠状动脉炎致冠状动脉梗阻。

5. 冠状动脉栓塞。

6. 冠状动脉痉挛与肌桥致冠状动脉功能性梗阻。

冠状动脉肌桥是先天发育异常,冠状动脉某一部分穿行于心肌内,因此心脏收缩期心肌会压迫冠状动脉,造成管腔狭窄。一般收缩期冠状动脉狭窄小于75%,临床不出现症状,心电图改变不明显,如果狭窄大于75%,可有心肌缺血和心绞痛。

上述冠状动脉非粥样硬化性疾病均可导致急性心肌缺血,引发心电生理紊乱致室性心律失常或心肌梗死而猝死。

(三) 高血压病

高血压病是一种因血管运动调节障碍引起的以血压持续性升高为主要症状的慢性疾病,有原发性和继发性之分,一般所说的高血压指原发性高血压。原发性高血压又分为良性(缓进型)高血压和恶性(急进型)高血压。良性高血压较为多见,病情经过缓慢,病程较长;恶性高血压较少见,多发生于青年人,病情发展迅速,预后较差。

良性高血压早期无明显器质性改变,但由于病程较长,小动脉长期痉挛,可致血管壁发生硬化性改变,出现典型的细小动脉玻璃样变、小动脉内膜弹性纤维增生、大中动脉粥样硬化等病理表现。绝大多数良性高血压病主要引起脑血管意外而猝死。其次为高血压性心脏病引起的心脏性猝死。在小动脉痉挛硬化、外周阻力增加和血压持续升高的情况下,心脏通过代偿机制维持正常血液循环,继而发生心肌肥大、心腔扩张,称为高血压性心脏病。高血压与动脉粥样硬化可相互促进，高血压性心脏病与冠状动脉粥样硬化联合可导致急性心力衰竭、室性心律失常或心肌梗死猝死，是良性高血压的重要死亡机制。也有病例是在高血压晚期，因入球动脉硬化而发生肾小球纤维化，导致肾衰竭而猝死。

恶性高血压的病变特点是舒张压急剧升高，同时发生血管的损害，出现小动脉壁纤维素样坏死（或称坏死性细动脉炎）、视盘水肿，患者常因高血压脑病、心力衰竭和急进型肾衰竭而猝死。

（四）心肌炎

心肌炎（myocarditis）是指由各种原因引起的伴有坏死和（或）周围心肌细胞变性的局限性或弥漫性心肌炎症性疾病。心肌炎是导致猝死的重要原因，多见于儿童及青年人，尤其是小儿。上海医科大学病理教研室4860例尸检资料中，心肌炎检出率为2.8%。根据不同病因将其分为感染性心肌炎、中毒性心肌炎、过敏性心肌炎、自身免疫性心肌炎和组织不相容性心肌炎等。其中与猝死关系最密切的是感染性心肌炎和中毒性心肌炎。在感染性心肌炎中又以病毒性心肌炎猝死更为常见。

病毒性心肌炎病例解剖时见心脏增大，重量增加，心腔扩张，尤以左心室明显。心肌松软，切面可见灰白色或灰黄色斑点状病灶。光镜下见病毒性心肌炎的心肌间质非特异性炎性表现，在病理组织学表现分为两型：弥漫性间质性病毒性心肌炎主要表现为心肌间质或小血管周围有较多的淋巴细胞、单核细胞和巨噬细胞浸润，伴有少量心肌细胞变性坏死，心肌间质纤维化；特发性巨细胞性病毒性心肌炎可见心肌有大量的灶性坏死，有大量的淋巴细胞、单核细胞、巨噬细胞、浆细胞、嗜酸性粒细胞，以及多核巨细胞浸润（图6-5，彩图6-5）。

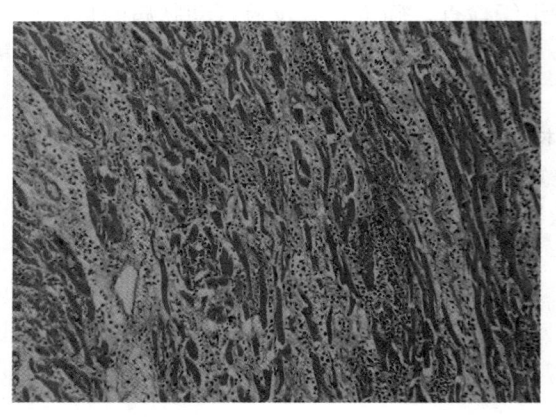

图6-5 病毒性心肌炎光镜下表现

各种心肌炎包括病毒性心肌炎的猝死机制主要是心肌炎症影响心肌泵血功能及心电生理功能，导致心力衰竭或严重心律失常。对病毒性心肌炎死因的确定必须在心肌间质见到较多以淋巴细胞为主的炎性细胞浸润、局部心肌有明显变性坏死表现，且死前症状有心慌、心音低钝、相应心电图改变等基础上，必要时可做病变组织或血液的病原学检查以确诊。

（五）心肌病

原发性心肌病（primary cardiomyopathy），又称特发性心肌病（idiopathic cardiomyopathy），指发病原因不明而非继发于全身或其他器官系统疾病的，以心肌原发病变为主的心脏病，其中包括肥厚型心肌病、扩张型心肌病、致心律失常性右室心肌病等。原发性心肌病多发于儿童和青少年，可以有家族史，临床上无明显症状，或有轻度心前区疼痛，用力后可发作气促、心悸、晕厥。Hudson提出在诊断原发性心肌病时，必须符合四个阴性标准与四个阳性标准。四个阴性标准是：①心脏冠状动脉没有疾病或畸形；②心瓣膜没有疾病或畸形；③不存在高血压病或原发性肺动脉高压的病理依据；④心脏内或大血管间没有血液分流通道或严重畸形。四个阳性标准是：①一侧或两侧存在心肌肥厚、心腔扩大，或两者兼有；②心内膜增厚、纤维化；③心腔内有附壁血栓形成，常见于左心室；④心肌有变性、坏死及纤维化。

原发性心肌病患者症状轻微，可多年保持病情稳定，但常在用力活动时猝死。其中肥厚型心肌病（hypertrophic cardiomyopathy）的梗阻性是导致猝死最常见的病因，它以室间隔肥厚、肌纤维紊乱及二尖瓣前瓣收缩期向前运行为特征，多因泵血功能障碍而导致心力衰竭死亡；非梗阻性肥厚型心肌病则可因心肌病变累及左、右束支，导致心律失常猝死。扩张型心肌病（dilated cardiomyopathy）又称充血性心肌病（congestive cardiomyopathy），以进行性反复发作顽固性的心力衰竭及心律失常，伴体循环或肺循环栓塞为特征，四个心腔扩张，两侧心室肥大，乳头肌扁平，心室壁横切面见小纤维斑痕，光镜下见心肌纤维不均匀性肥大，有空泡变性和溶解坏死等退行性改变、心内膜及间质纤维化并有散在淋巴细胞浸润，患者常因心脏泵血功能障碍，在心脏负荷增加时死于急性心力衰竭。

致心律失常性右室心肌病（arrhythmogenic right ventricular cardiomyopathy）以右心室心肌被纤维脂肪组织取代为病变特点，原因不明，临床上表现为室性心律失常、心悸、气促、晕厥，常因右室心律失常导致右心衰竭而猝死。

（六）心瓣膜病

心瓣膜病（valvular diseases of the heart）分为先天性发育不良，如主动脉狭窄、主动脉瓣畸形、二尖瓣脱垂等，以及继发于心内膜炎症的瓣膜畸形和功能不良，如感染性心内膜炎所致二尖瓣狭窄或关闭不全、主动脉瓣狭窄或关闭不全。这些心瓣膜疾病均可因泵血功能障碍致心力衰竭或冠状动脉供血不足而死亡，也可因心房、心室扩大压迫损害心传导系统，或感染累及心传导系统导致心律失常死亡。

（七）心脏传导系统疾病

心脏传导系统（cardiac conduction system，CCS）按心电信号传导的先后包括窦房结、房内束、房室结、房室束及左右束支，调控心脏的起搏和节律。CCS可由于本身发育不良、炎症、纤维化、脂肪浸润、肿瘤，或全身性疾病如淀粉样变性而功能障碍，导致快速型或阻滞性缓慢型心律失常而猝死。

二、呼吸系统疾病

（一）急性喉阻塞

急性喉阻塞是指喉腔受各种病变或异物的影响，产生急性狭窄或阻塞，影响喉通气功能。常见引起急性喉阻塞的原因有喉部炎症出现黏稠分泌物阻塞喉腔、急性喉头水肿（图6-6，彩图6-6）、喉腔肿瘤或异物阻塞喉腔等。喉部炎症引起的急性喉阻塞出现在各种年龄段，近年，一些因会厌软骨水肿、化脓导致的急性喉阻塞所致的猝死有所增加。急性喉头水肿和喉腔异

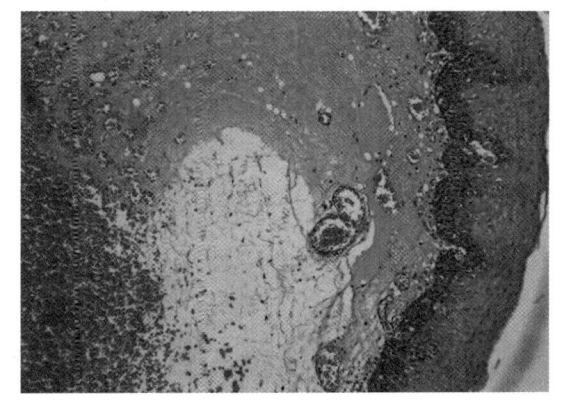

图6-6 急性喉头水肿病理组织切片

物则多见于小儿。急性喉阻塞最常见的首发症状是声音改变，病变在声门及其附近者可声音嘶哑，病变在室带或声门下者可在呼吸时出现哮鸣音或喘鸣，这是吸入的气流在通过狭窄的声门裂时震动及与喉腔黏膜摩擦的结果。最突出的特征是吸气性呼吸困难和缺氧，患者表现为吸气时通气量小，吸气时间延长，吸气深而慢，严重阻塞时出现头晕、发绀等缺氧表现，甚至因呼吸困难而猝死。

（二）支气管哮喘

支气管哮喘是一种变态反应性疾病，其病因及发病机制迄今尚未完全明了，目前认为变态反应和神经功能紊乱是发病的重要因素。哮喘发作或哮喘持续状态下，患者表现为喘息性呼吸困难、喘鸣、心动过速、发绀等，哮喘发作猝死者多见于青壮年。解剖见患者大小支气管壁增厚，中小支气管腔内有黏液堵塞。镜下见支气管腔内充满富含嗜酸性粒细胞和脱落上皮细胞的黏液；支气管壁充血水肿，基底膜增厚，杯状细胞增多，见嗜酸性粒细胞浸润；肺泡壁充血水肿，肺泡腔扩大并充以浆液。支气管患者猝死是由于支气管腔被黏液堵塞及支气管平滑肌痉挛所致的窒息，或由于肺过度扩张及窒息导致心肌缺氧，最终引起急性右心衰竭。

（三）肺炎

肺炎是终末气道、肺泡和肺间质的炎症，可由病原微生物、理化因素、免疫损伤、过敏及药物所致，按病变解剖部位分为支气管肺炎、间质性肺炎、大叶性肺炎等。其中支气管肺炎和间质性肺炎常引起小儿猝死，是小儿猝死的首要原因；大叶性肺炎引起猝死多发生于青壮年。

支气管肺炎在病变部位出现实变，周围可见肺不张和代偿性肺气肿，镜下见细支气管腔内和周围肺泡内充满炎症渗出物和脱落上皮细胞（图6-7，彩图6-7）。由于细菌或病毒的毒素作用，引起机体代谢性酸中毒，同时因炎症的存在使肺内换气面积缩小，肺换气功能障碍，发生缺氧和CO_2蓄积，引起血管运动中枢和呼吸中枢放射性兴奋，继而代偿性呼吸增快、心率加速，严重者因呼吸衰竭或并发中毒性心肌炎致心力衰竭死亡。

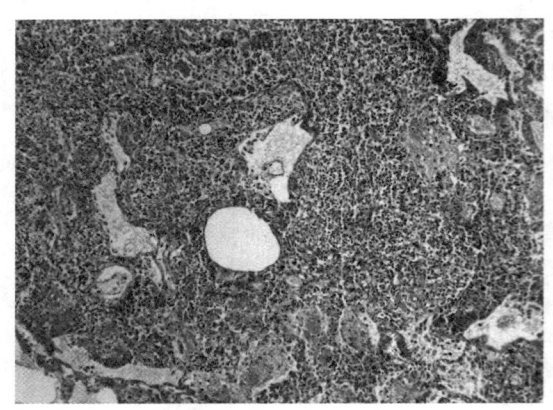

图6-7 支气管肺炎病理组织学表现

间质性肺炎病变主要位于肺泡间质，肺泡腔内无渗出物或炎症轻微，主要是肺泡壁充血、水肿，大量单核细胞和淋巴细胞或中性粒细胞浸润肺泡壁致其增厚，影响肺换气功能，导致呼吸困难猝死。

大叶性肺炎的病变常累及整个肺叶或肺段，肺泡壁充血水肿，肺泡腔内充满炎症渗出液。其中引起猝死有两种情况：一是暴发型大叶性肺炎（又称休克型大叶性肺炎），多起病急骤、进展迅速，肺部症状和体征不明显，有的发病前没有咳嗽、发热等一般症状，而突然血压下降，因严重毒血症发生中毒性休克而猝死；二是逍遥型大叶性肺炎，患者症状不明显，活动如常，常因未及时就医，延误病情而猝死。由于肺泡壁充血水肿，肺泡腔内充满炎性渗出物，支气管黏膜肿胀、管腔狭窄，导致肺通气和换气障碍，患者最终因呼吸衰竭而死亡。

三、中枢神经系统疾病

中枢神经系统疾病引起的猝死，包括颅内血管疾病、颅内感染性疾病、颅内肿瘤及癫痫等。其中最常见的是颅内血管疾病，分为出血性和缺血性两类。前者包括蛛网膜下腔出血、脑出血及硬膜下出血等；后者包括脑血栓形成和脑梗死等。其中脑血栓形成的发病率最高，但引起的猝死最少见；而蛛网膜下腔出血和脑出血引起的猝死最常见，其中脑出血多见于中年以上患者。

（一）颅内血管疾病

1. 蛛网膜下腔出血　蛛网膜下腔出血分为自发性和外伤性两类。自发性蛛网膜下腔出血的最常见病因是脑血管畸形和颅内动脉瘤破裂出血，欧美等国家报道两种病因比例约6.5∶1，而我国报告两者比例约0.8∶1，地域差异显著；外伤性则常见于打架斗殴者及中老年摔跌碰撞所致。

自发性蛛网膜下腔出血多发生在安静状态或正常活动情况下，由于动脉瘤或血管畸形破裂引起，部分病例可有头痛、眩晕等前驱症状，但多数没有前驱症状而迅速陷入昏迷以致死亡。外伤性蛛网膜下腔出血在起病前有与人斗殴或摔跌碰撞的经过，身上可有其他部位外伤，由于对颅脑打击碰撞的力传导到颅内，损伤了颅内血管引起蛛网膜下腔出血。解剖见蛛网膜下腔充满红色、暗红色血液，脑脊液红染，血液在脑沟及蛛网膜下池聚积成血块（图6-8，彩图6-8），破裂的脑血管处有相应的病理改变如脑水肿及脑疝形成。光镜下见蛛网膜下腔充满大量红细胞（图6-9，彩图6-9），随时间增加中性粒细胞渗出增多，其后出现巨噬细胞吞噬红细胞，病灶部位逐渐出现不同程度纤维化。

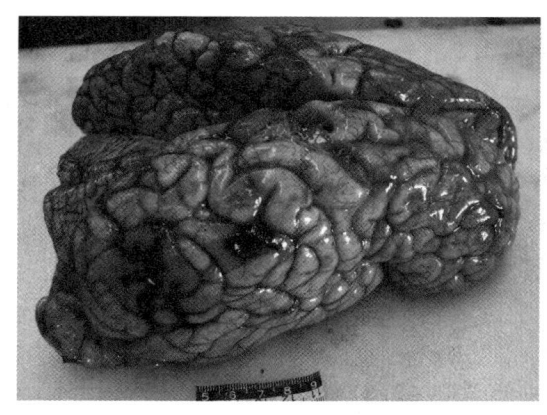
图 6-8　蛛网膜下腔出血大体观图

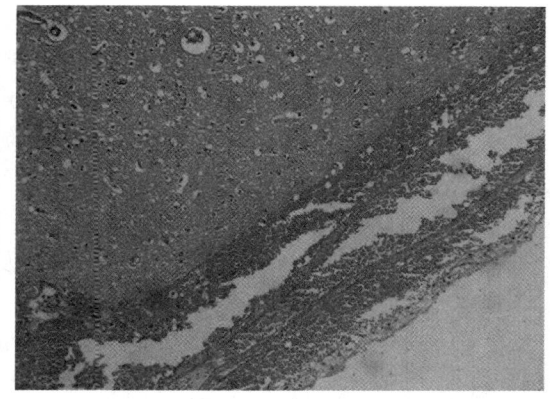
图 6-9　蛛网膜下腔出血病理组织学表现

对于蛛网膜下腔出血的案例，尤其是死者生前与人有过争执斗殴或受过轻微外伤的情况下，要尽快尸检以确定出血的性质和来源，仔细寻找有无破裂的动脉瘤、血管畸形等病变。

2．脑出血　此处所指是自发性脑出血，又称脑卒中，指非外伤引起的脑实质出血，包括大脑、小脑和脑干出血，多由高血压和动脉粥样硬化、颅内动脉瘤破裂、脑血管畸形破裂所致。

大脑出血约占脑出血的80%，最常发生于基底节和内囊，发病突然，患者感剧烈头痛、眩晕、恶心，短时间内意识模糊、陷入昏迷。50%以上患者在发病的急性期死亡。尸检见硬脑膜张力大，大脑肿胀，尤以出血侧脑膜肿胀明显。

小脑和脑干出血较大脑出血少见，多数是由于动脉粥样硬化及高血压所致，也可发生于动脉瘤或血管畸形破裂。小脑出血是由于小脑上动脉的齿状动脉出血引起小脑幕下方压力突然升高，压迫脑干生命中枢而猝死，同时可继发脑室和蛛网膜下腔出血。脑干出血由于生命中枢直接受损，病变进展迅速，患者很快进入昏迷状态，同时出现高热、瞳孔极度缩小。

对脑血管猝死的鉴定首先要寻找出血的来源血管，其次是要排除外伤性脑血管损伤出血以确定案件性质，当外伤与疾病并存时要特别注重观察外伤与血管损伤的关系。

3．脑梗死　脑梗死是指由血栓形成、栓子栓塞及或脑动脉痉挛引起的局部脑组织血液供应减少和缺乏而发生坏死或软化。脑梗死的部位取决于血管阻塞或痉挛的部位，范围大小则与侧支循环是否充分建立有关。侧支循环建立良好，则梗死范围仅占阻塞或痉挛血管所支配脑组织范围的一部分，如果没有建立及时良好的侧支循环，则梗死范围增大。

脑血管阻塞后，脑梗死区逐渐肿胀变软，色泽变暗，往后出现液化；梗死区周围脑组织出现水肿。光镜下见梗死发生后，梗死区神经细胞肿胀、突起消失，逐渐发生核固缩、溶解，胞浆嗜酸性增强，轴突断裂、髓鞘崩解，神经细胞坏死；胶质细胞和血管内皮细胞肿胀，血浆和红细胞渗出血管外；梗死区脑组织出现中性粒细胞、单核巨噬细胞等炎性细胞浸润；然后梗死周围新生毛细血管长入，纤维细胞和胶质细胞增生，梗死区被瘢痕代替。

小范围的脑梗死一般不引起猝死，仅引起意识障碍或偏瘫。大范围的脑梗死如大脑中动脉主干栓塞可引起大脑半球广泛梗死合并脑水肿，导致颅内压增高、脑疝形成而猝死；一些重要部位如脑干的梗死则可因直接影响大脑呼吸中枢而猝死。

（二）颅内感染性疾病

1．病毒性脑炎　病毒性脑炎是各种病毒感染脑组织等中枢神经系统的病变，可累及大脑、脑干、小脑、脊髓及脑膜，病原体广泛，可由腮腺炎病毒、脊髓灰质炎病毒、柯萨奇病毒、麻疹病毒、水痘等多种病毒引起。患者一般表现为发热、恶心、厌食、呕吐、视物模糊、肌痛等前驱症状，然后迅速出现头痛、畏光、惊厥、颈项强直、意识改变等脑实质受累表现，感染严重和广泛者甚至出现昏迷或惊厥持续状态。体格检查可出现脑实质受累相应体征，如偏瘫、椎体束征阳性、共济失调、言语障碍、认知障碍等。

病毒性脑炎病灶表现为大片边界不清的水肿，神经细胞变性水肿，核破碎、溶解；胶质细胞弥漫增生，出现嗜神经细胞现象，甚至形成角质细胞结节；血管周围单核细胞和淋巴细胞围管性浸润（图6-10，彩图6-10），血管内皮细胞增生及红细胞渗出。

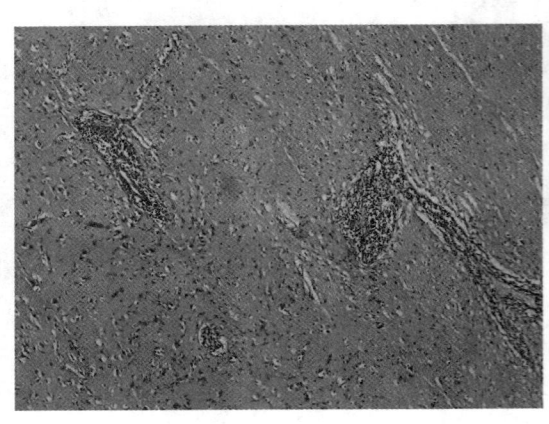

图6-10 病毒性脑炎

患者可因脑水肿、颅内高压或脑疝形成压迫脑干，出现呼吸循环障碍猝死，或因炎症直接累及延髓致中枢性呼吸循环障碍猝死。

2. 脑脓肿　脑脓肿是脑实质内局限性化脓性炎症，可以有邻近感染灶直接蔓延或血行播散，也有些原发病灶不明者，称为隐源性脑脓肿。病原体常见为葡萄球菌、肺炎链球菌。各种病原体引起的脑脓肿最初都是引起局限性的化脓性脑炎，然后受累范围扩大，炎症中心液化形成脓腔，周围肉芽组织增生形成纤维组织包裹。

脑脓肿中的暴发型和潜伏型最常引起猝死。暴发型脑脓肿发病突然、发展迅速。患者头痛剧烈，伴寒战、脉搏频数、心音低钝等明显全身中毒症状，迅速出现昏迷，并很快死亡。潜伏型脑脓肿则呈慢性经过，患者没有明显颅内压增高及神经系统体征，表现为轻度头痛、精神和行为改变、记忆力减退、嗜睡等，临床诊断困难，故容易忽略，常突然出现死亡而造成疑惑。脑脓肿猝死可以是脓肿增大、脑组织水肿引起颅内压增高，继发脑疝，压迫脑干致死；也可以因脓肿壁破裂，脓液进入蛛网膜下腔引起化脓性脑膜炎，或脓液进入脑室引起脑室炎、脑室积脓而致死。

（三）颅内肿瘤

颅内肿瘤包括起源于颅内的原发性肿瘤及由其他部位而来的转移性肿瘤。颅内原发性肿瘤生长较缓慢，症状不明显，未得到及时诊治，可因并发症突然进展而猝死。常见颅内肿瘤有胶质瘤和脑膜瘤，好发部位不同，以大脑半球为多。成人一般以大脑胶质瘤多见，并多在小脑幕上；而小儿常见小脑星形胶质细胞瘤、髓母细胞瘤和第四脑室的室管膜瘤多见，多在小脑幕下。

颅内肿瘤猝死是因为肿瘤逐渐生长体积增大，或肿瘤组织内出血伴周围组织水肿，引起颅内压增高，形成脑疝，压迫脑干致死。脑肿瘤体积增大也可阻塞脑室系统，引起脑脊液循环障碍，迅速致死。

（四）癫痫

癫痫是由于大脑兴奋过度的神经元异常放电引起阵发性大脑功能紊乱导致的临床症候群，可表现为暂时的运动障碍和意识障碍，或全身抽搐持续状态，甚至昏迷，常在疲劳、发热、妊娠、精神刺激等因素影响下诱发。发作前可出现一些先兆症状，如身体某部位感觉异常、肢体麻木、头昏、错觉、幻觉等。原发性癫痫原因不明，常见于小儿和青年人，继发性则发生于存在脑部器质性病变或代谢性障碍的患者。癫痫发作一般不引起死亡，但有时在反复大发作或癫痫持续抽搐状态后出现猝死，一般认为是由于癫痫持续状态，氧供不足导致心肌损害和心力衰竭死亡。

四、消化系统疾病

（一）食管静脉曲张

该病是门静脉高压的后果，而门静脉高压可由肝硬化、门静脉血栓形成、肝静脉血栓形成或门静脉受肿瘤压迫引起。病变一般在食管下1/3及胃贲门部，静脉明显迂曲扩张，静脉壁明显变薄，黏膜因血液循环障碍或食物的机械摩擦而发生糜烂、破裂出血。光镜下见黏膜呈急性糜烂改变，有散在红细胞，黏膜下有时可见扩张的静脉血管。患者因急性大出血致失血性休克死亡，或血液吸入呼吸道窒息死亡。

（二）急性出血性坏死性肠炎

该病是一种发病机制及病因不明的非特异性感染致变态反应性疾病，多见于小儿，夏秋季多发。患者起病急骤，表现为腹痛、呕吐、腹泻、便血及发热等，易被疑为中毒。病变主要见于空肠和回肠，常呈节段性分布。病变肠壁增厚、质地变硬，小肠黏膜肿胀、广泛出血，皱襞顶端被覆假膜。肠壁浆膜充血、出血，有纤维素渗出。病变黏膜和正常黏膜分界清楚，常继发溃疡。光镜下见肠黏膜组织坏死，与正常组织交界处有中性粒细胞和单核细胞浸润，黏膜下层广泛出血、严重水肿，并有炎性细胞浸润。细菌及毒素可透过坏死的肠壁进入腹腔，或因肠壁穿孔直接引起急性弥漫性腹膜炎，患者最终因感染中毒性休克而猝死。

（三）急性出血性坏死性胰腺炎

该病是指胰管部分或完全受阻及胰腺分泌过多，胰液从胰管及腺泡中溢出引起胰腺组织及血管的自身消化，出现水肿、出血、坏死的急性炎症反应。胆石、蛔虫、壶腹部括约肌痉挛及十二指肠乳头水肿致胰液排出受阻和胆汁回流，同时暴饮暴食引起十二指肠黏膜充血、水肿，胰液分泌增加，溢出的胰液中胰蛋白酶被激活，引起胰腺自身消化。

急性出血性坏死性胰腺炎常见于40~70岁成年人，女性略多。起病急骤，临床表现为上腹部剧烈腹痛、恶心、呕吐，严重者出现休克。肉眼见胰腺肿胀，质软，暗红色。胰腺分叶结构模糊，光泽消失。胰腺、大网膜、肠系膜、结肠脂肪垂等处可见多数散在黄白色斑点状脂肪坏死灶或钙化斑，腹腔内见少量富含脂肪的渗出液。光镜下见胰腺组织大片坏死，周围见少量中性粒细胞浸润，间质血管可见坏死出血，周围脂肪组织坏死红染。

本病猝死机制是胰液外溢刺激腹膜引起剧痛而休克，或因大量血浆渗出及持续呕吐造成体液丧失，及电解质紊乱引起失血失液性休克，或因组织坏死、蛋白质分解引起中毒性休克。事实上，与消化系统的其他疾病比较，因急性坏死性胰腺炎而猝死在法医病理尸检中并不十分多见。

五、泌尿生殖系统疾病

（一）异位妊娠

异位妊娠是指孕卵在子宫腔以外着床发育，95%~98%发生与输卵管，其他可见于卵巢、腹膜腔、子宫颈管等。异位妊娠的发生是因为存在阻滞孕卵通过输卵管进入子宫，最常见是慢性输卵管炎，其次是输卵管发育不良或畸形、输卵管子宫内膜异位、子宫肿瘤压迫输卵管等。当异位妊娠胚胎发育到6~12周较大时，一般会发生自发性破裂，伴有严重内出血，出现剧烈腹痛，严重者发生大出血导致休克死亡。

尸检见输卵管局部膨大，其管腔内及破裂处有新鲜血块，其中有大量绒毛或胚胎组织。光镜下见血块中有绒毛或胚胎组织。异位妊娠破裂出血致死一般容易鉴定。当同时存在外伤时，应根据腹部外伤部位是否与异位妊娠部位相应，结合胚胎发育程度综合分析。

（二）羊水栓塞

羊水栓塞是指分娩过程中，羊水通过胎盘附着部位的子宫壁静脉窦或子宫颈内膜静脉的破裂口，进入母体血液循环内引起肺栓塞、急性过敏性休克、弥散性血管内凝血等一系列症状的综合征。死亡率高达70%~80%，是产妇猝死的最常见原因，常引起医疗纠纷。临床上，发病突然，患者突感胸闷、呼吸困难、口唇、指趾发绀，血压下降，迅速死亡。

本病猝死机制是由羊水进入母体血循环，一方面可引起的广泛性肺栓塞，导致肺换气功能障碍而致呼吸衰竭、肺动脉高压，以及急性右心衰竭而死亡；另一方面羊水物质能激活凝血系统，引起弥散性血管内凝血，当凝血因子大量消耗后，又发生大出血，患者可因失血性休克死亡；或母体对羊水成分发生过敏反应，引起急性过敏性休克死亡。

六、内分泌系统疾病

（一）甲状腺功能亢进症

甲状腺功能亢进症（甲亢）是因体内甲状腺素分泌过多，表现出精神过敏、食欲亢进、基础代谢率增高、心悸、心律不齐等一系列代谢症候群的疾病。患者以女性为多，男、女患者比例约为1：4，多见于20～40岁青壮年。

患者甲状腺弥漫性肿大，重量增加，表面充血，切面暗红色、分叶、质硬。镜下见甲状腺滤泡增生、扩大，滤泡上皮乳头状增生突向腔内，滤泡内胶状物质减少、稀薄、浅染，间质内淋巴细胞浸润。心脏见扩张，心肌灶性坏死，间质少量淋巴细胞、单核细胞及中性粒细胞浸润。

由于甲状腺素分泌过多，机体长期处于高代谢状态，心脏泵血量增加，心脏扩大，进而发生心力衰竭猝死，尤其在合并感染或应用β受体阻断药时容易出现。较重甲亢未予治疗或治疗不充分的患者，在合并感染、手术、精神刺激等诱因存在时，循环中甲状腺素水平增高，出现甲状腺危象，表现为高热（39℃以上）、心动过速（160次/分以上）、大汗、谵妄、昏迷、呕吐及腹泻。甲亢危象可因高热、虚脱、心力衰竭、肺水肿、水电解质紊乱而死亡。

（二）肾上腺嗜铬细胞瘤

肾上腺嗜铬细胞瘤是起源于肾上腺的内分泌性肿瘤，多见于20～40岁。由于瘤细胞可阵发性或持续性分泌大量去甲肾上腺素和肾上腺素，引起阵发性或持续性高血压的临床症状。

肾上腺嗜铬细胞瘤多单发，良性占多数。肿瘤大小不一，包膜光滑、完整，色棕红；切面呈颗粒状，伴出血、坏死和囊性变。镜下见瘤细胞为多角形，排列紧密，呈索条状或团块状，胞浆内较多嗜重铬酸钾染色颗粒，肿瘤间质血管丰富。

当嗜铬细胞瘤大量坏死，去甲肾上腺素及肾上腺素分泌急剧减少，致血压骤然降低，因休克死亡；当肿瘤分泌过多去甲肾上腺素致使周围血管强烈收缩，引起组织缺氧，毛细血管壁通透性增加，血容量减少，血压下降，也可因休克死亡。在病程较长的患者，因长期高血压而致左心室肥大可因心力衰竭死亡，或因高血压致脑血管硬化而死于脑出血。

（成建定）

第三节　原因不明的猝死

有少部分猝死案例经过全面尸检及病理学检查，仍找不到足以解释猝死的原因，也没有确定的死亡机制，这样的猝死称为原因不明的猝死。由于死因不明、死亡机制不确切，这类猝死常引起死者家属、朋友、同事及社会舆论的猜疑，引起诉讼纠纷。

一、青壮年猝死综合征

青壮年猝死综合征（sudden manhood death syndrome，SMDS）是一种原因不明的猝死，具有下列特点：①死者生前身体健康，发育营养良好；②多发于男性，男女之比约为11：1；③多为20～40岁的青壮年；④多死于夜间睡眠中，以凌晨2～4时多见，偶见在午睡时猝死；⑤死亡过程迅速，多为即时死，常在睡眠中突然惊叫或大声呻吟，随即四肢痉挛、抽搐、呼吸困难，陷入昏迷，推之不应，迅速死亡；⑥经全面系统法医病理学检查及毒物化验等未见足以说明死因的病理变化，共同改变为急性心力衰竭；⑦死前多无明显诱因，有些可由睡前过于饱食、睡眠不足、过度吸烟、性交、精神紧张，以及身体过度疲劳等诱发。

1. 尸检所见 瞳孔散大，口唇和指趾发绀，有的可见颈静脉怒张，尸斑出现早而显著，尸僵出现迟而强。心脏及大血管内血液不凝，各器官淤血，浆膜下及黏膜下可见散在出血点，心肌纤维断裂，肺淤血水肿，但均不足以说明死因。

2. 死亡机制探讨

（1）急性心脏性死亡：根据尸检所见，本病存在共同改变急性心力衰竭。夜间睡眠时，迷走神经张力较高，同样的刺激在白天不足以引起变化，但在夜间即可导致心脏停搏或心室颤动。此外，睡眠中发生噩梦的精神刺激，也可通过大脑皮质冲动影响心脏的活动。情绪激动后可以引起血液中激素和电解质紊乱，亦可对心脏发生严重影响。

（2）原发性脑死亡：本病患者呼吸停止发生于心脏停搏之前，患者发病时突然发生惊叫，有人主张这是呼气性呼吸困难的症状表现，并通过尸检采取血液和脑脊液分别测定氧分压、二氧化碳分压及 pH 值，发现本病的氧分压及 pH 值下降，而二氧化碳分压增高。由此认为本病猝死是由于中枢性呼吸麻痹所致。睡眠中的噩梦刺激，大脑皮质活动包括情绪冲动通过皮质下部和自主神经影响心脏及呼吸功能，脑供血或供氧不足，导致脑抑制加深，导致昏迷不可逆转进而死亡。

（3）内分泌因素：本病猝死多发于男性，部分学者考虑内分泌因素也对其发生有一定影响。雄激素能引起肾上腺皮质萎缩和发育不良，进而导致皮质醇分泌不足。加之夜间皮质醇分泌最低，容易影响心脏正常泵血功能，故男性更易发作睡眠中猝死。

3. 法医学鉴定 尸检除可见猝死一般病理表现外，不能发现其他明显病理改变，在做出青壮年猝死综合征的鉴定时必须慎重。通过详细周密的案情调查、现场勘验、全面的病理学检查、毒物化验等排除其他死因，并符合上述特点，才能做出青壮年猝死综合征的诊断。

二、婴幼儿猝死综合征

婴幼儿猝死综合征（sudden infant death syndrome，SIDS）是发生在婴幼儿的突然、出人意料的自然死亡，通过全面的案情调查、现场勘验和尸检病理学检查，均不能发现能解释死因的病理变化。其特点有：① 90%～95% 发生于睡眠中，多在凌晨 3 时至上午 10 时；②多发于 1 岁内婴儿，两个半月至四个月为发生高峰；③常发生在身体健康、发育良好的婴儿，男婴稍多于女婴；④死亡过程迅速，没有明显诱因，少数在死前有轻度上呼吸道感染症状。SIDS 在冬春季发病率高，可能与冬春季上呼吸道感染高发有联系。

1. 危险因素

（1）早产儿：早产儿发生 SIDS 明显高于足月产者，可能与早产儿体重过轻及肺发育不良有关。

（2）低龄产妇所生婴儿：20 岁以下母亲所生婴儿发生 SIDS 的概率是 20 岁以上母亲所生婴儿的 3～4 倍，可能与低龄产妇对婴儿喂养不良致婴儿感染或缺乏维生素、微量元素等有关。

（3）母亲在孕期有吸烟史或吸毒史：母亲在孕期吸烟或吸毒可能大大增加婴儿发生 SIDS 的概率，并且吸烟量或吸毒量越大，其婴儿发生 SIDS 可能性越高。可能与婴儿血和组织内毒素水平增高有关。

（4）俯卧位睡眠：美国、丹麦、新西兰、澳大利亚等国国立研究院全面抽样调查显示，90% 发生 SIDS 的婴儿是俯卧位睡眠。在 1986 年以来西方各国先后宣传，鼓励父母让婴儿仰卧位或侧卧位睡眠以来，SIDS 在发病率有了明显下降。

其他因素包括上呼吸道感染、婴儿入睡速度很快、室内温度过高或过低等。

2. 尸检所见 婴儿体表发育正常、营养良好，没有损伤痕迹。尸检见各器官淤血，肺胸膜、心包膜及胸腺表面散在出血点，肺淤血水肿，喉和气管上段可有少量胃内容物吸入，心脏大小正常、心血不凝。光镜下见心肌间质血管扩张、淤血，有些可见心肌间质点状出血；肺轻、中度水肿，毛细血管淤血；肝细胞轻度空泡变性。

3. 死亡机制探讨

（1）呼吸系统异常：大多数 SIDS 婴儿是在睡眠状态中死亡，考虑睡眠时呼吸的生理反射过度及迷走神经功能异常可导致中枢性呼吸障碍，这可能是导致 SIDS 发生的主要机制。此外，上呼吸道感染可引起呼吸道阻塞，也可引起呼吸障碍。

（2）神经系统异常：脑干发育不良，延脑控制呼吸的区域功能异常，可直接抑制呼吸功能；或交感神经受抑制，影响呼吸循环功能。

（3）心血管系统异常：心脏传导系统病变，可引起窦性心率过缓或心律不齐致死。

（4）其他学说：俯卧位睡眠导致婴儿重复吸入自身呼出的 CO_2 含量较高气体，引起呼吸抑制；胃内容物反流入食管，刺激喉化学感受器影响呼吸和心律。

4. 法医学鉴定　首先经过全面的案情调查、现场勘验和尸检病理学检查排除杀婴行为、照管疏忽、医疗过失等可能致暴力性死亡的情况，然后寻找可确诊为自然死因的其他疾病。排除了暴力性死亡和其他疾病致死，并符合前述婴幼儿猝死综合征的特点，才可以做出 SIDS 的诊断。

三、抑制死

抑制死（death from inhibition）或称立即性生理性死亡（instantaneous physiological death），是指人体某些敏感部位受到一些强度不足以造成一般人死亡的轻微刺激或外伤，反射性地引起心脏抑制、心搏骤停，使人在数秒钟或数分钟内死亡，尸体解剖找不到明确死因。引起抑制死的常见刺激有：①打击或压迫胸部、会阴部、颈动脉窦、眼球等富有神经末梢的部位；②某些医疗检查，如咽喉或声门检查受刺激、胸腹腔穿刺、直肠镜检等；③极度惊恐、悲哀等精神刺激。

1. 尸检所见　尸检除见心脏质地柔软、右心扩张等急性心力衰竭的一般表现外，各器官没有特殊的器质性变化。

2. 死亡机制

（1）反射性交感神经兴奋，导致肾上腺分泌大量肾上腺素，心脏受到刺激，发生急性心力衰竭或心室颤动而死亡。

（2）反射性心搏骤停：胸部、会阴部等敏感部位的神经末梢遭受刺激，引起迷走神经反射性地引起心搏变慢或骤停，或者引起反射性血管扩张、血压骤降而致休克猝死。

（3）颈动脉窦综合征：颈部突然转动、衣领过紧、颈部外伤或手术等都可压迫、牵拉颈动脉窦，刺激血管压力感受器，反射性抑制血管神经中枢，使血压下降甚至反射性心搏骤停死亡。

（4）血管减压性昏厥：某些青春期体质较弱的女性，在疼痛、情绪紧张、极度恐惧等诱因下，因精神刺激影响血管神经中枢，反射性血压骤降，而昏厥甚至休克死亡。

（5）排尿性昏厥：多见于青壮年男性，在睡醒后起床排尿时或排尿后，患者突然意识丧失、昏迷，多持续 1~2 分钟自然清醒，少数突发心搏骤停死亡。可能因膀胱与心血管之间存在丰富的反射联系，排尿刺激膀胱通过迷走神经反射性抑制心跳。

（6）舌咽神经病变和吞咽性昏厥：舌咽神经病变常引起发作性咽喉疼痛，反射性引起心动过缓、血压降低。吞咽性昏厥则是由于食管局部病变引起局部感受器敏感，吞咽动作诱发房室传导阻滞，或引起血管迷走神经反射致心搏骤停而死。

3. 法医学鉴定　首先要经过详细的案情调查、系统解剖及病理学检查、毒物分析等，排除其他致死性病变、致命性外伤、中毒等；其次要明确猝死与相应刺激有明显的因果关系，死亡在刺激后迅速发生；最后要尽力寻找目击证人明确死者死亡经过，以及死亡环境与非暴力性死亡相符，证实死者在某些敏感部位受到轻微刺激后，出现面色苍白、昏厥、意识丧失后迅速死亡。

（成建定）

第四节 猝死患者的临床与法医学联系

一、猝死患者的临床资料收集

猝死患者的临床资料包括患者死前症状体征表现、生化生理检查、既往病史、个人情况、外伤史、家族史等，对法医学鉴定诊断猝死有重要价值。在法医学鉴定做出猝死诊断前，要通过研究猝死患者的上述临床资料，结合案情调查、尸体解剖和病理性检查，排除其他致死性疾病或暴力性因素致死。

1. 死前表现和相关检查　猝死患者的死亡机制一般是呼吸功能障碍和（或）急性心力衰竭，一般死前会有呼吸困难、缺氧发绀等表现，也可迅速在突然意识丧失、昏厥后出现心搏减慢或心搏骤停。患者面色苍白、口唇和指趾发绀、瞳孔散大，血液分析氧分压和 pH 值下降、二氧化碳分压升高。有相应疾病表现，如心血管疾病猝死患者可有急性心律失常，心电图和心脏彩超可有特殊表现；肺炎猝死者有咳嗽、血生化中性粒细胞增多；羊水栓塞猝死者可突感胸闷、血压骤降，出现弥散性血管内凝血（DIC）。

2. 既往病史和个人史　心血管疾病猝死患者既往可有冠心病、高血压、感染性心内膜炎等；呼吸系统疾病猝死患者既往可体质较弱或有过敏体质，容易患呼吸道感染或患有支气管哮喘、肺结核等，影响感染时肺的呼吸代偿功能；中枢神经系统疾病猝死患者既往可有高血压、主动脉粥样硬化，影响颅内血氧供应，或有过头颅外伤、感染；急性出血性坏死性胰腺炎患者既往可有肝胆十二指肠疾病，十二指肠乳头狭窄或堵塞，影响胰液的正常排出，同时患者可有暴饮暴食或酗酒史。

3. 外伤史　心血管疾病、呼吸系统疾病和中枢神经系统疾病猝死都可能出现昏厥、意识丧失，随之摔跌、碰撞，可能出现外伤，而抑制死常在刺激或轻微外伤后发生，此时应详细记录外伤情况（部位、与死亡发生相隔时间、轻重等），以供法医学工作者判定损伤与疾病对死亡的影响。

4. 家族史　冠心病、高血压、癫痫、甲亢等可有相应家族史。

对于在医院内突然死亡的患者，应详细收集其死前表现、相关检查结果、既往病史、个人情况和家族史等，尤其是那些入院诊断疾病不足以解释猝死原因的患者。

二、猝死患者的临床与法医病理讨论

由于猝死一般发生突然、进展迅速、原因不明，或患有疾病但没有意料到疾病会迅速致死，容易引起患者家属和朋友怀疑；有些猝死发生在饮酒、争吵、轻微外伤后，更是需要经过详细的案情调查、现场勘验、尸检病理学检查，结合死前表现、既往病史等临床资料去具体分析。

心血管系统疾病是猝死的最常见死因，其中尤以冠心病为多。在西方国家，心血管系统疾病猝死者中 70% 有心肌梗死病史，20%～25% 的冠心病患者以猝死为首发表现；在我国冠心病猝死占心血管系统疾病猝死达 52.5%，其次是心肌病 13.5%，其他还有心肌病、心肌炎、高血压心脏病等。先天性心脏病、心肌炎多见于儿童，冠心病、高血压、动脉瘤多见于中老年人，心肌病、肺动脉栓塞多见于青壮年，总体男性多于女性。心血管系统疾病猝死多数是在没有任何征兆的情况下突然发作，短时间内死亡在医院外或因其他疾病住院诊疗过程中，所以很少有机会进行详尽的临床检查和救治。心血管疾病的各项危险因素常相互影响、相互促进，对心血管系统疾病猝死案例的尸检病理学检查发现，动脉粥样硬化、高血压常同时存在。动脉粥样硬化与心脏性猝死有很大关系，而高血压与动脉粥样硬化相互促进，因此对中老年男性高危群体，应尽力排除可能促进病情进展的饮食、生活习惯影响，控烟戒酒，控制动脉粥样硬化和

第六章 猝　死

高血压进展；另外普及现场心肺复苏知识和健全完善急救措施；在基层通过建立初级保健或社区卫生提供综合性的预防、治疗和定期普查，对预防心脏性猝死有一定意义。在心血管病患者的临床诊治护理中要多加留意。

呼吸系统疾病猝死中以各种感染性肺炎比例最高，达48.9%，其次有支气管哮喘10.7%，吸入性肺炎9.8%，其他还有肺气肿、气胸等。各种感染性肺炎和吸入性肺炎多见于小儿，支气管哮喘见于年轻人，肺结核、肿瘤、肺气肿等多见于中老年人。本系统疾病猝死一般先有胸闷、气促等呼吸困难表现，患者烦躁不安、口唇发绀，继之因呼吸系统原发病变致呼吸衰竭死亡，也可因感染累及心脏或肺血流动力学影响心脏泵血功能引起急性心力衰竭死亡。在日常诊治护理过程中，要维持患者所处环境通风、干净，防治感染，密切观察监护患者呼吸循环功能。

中枢神经系统疾病猝死中脑出血占29.1%，其次是脑梗死占18.4%，蛛网膜下腔出血占17.0%，其他还有颅内肿瘤、癫痫等。脑出血、脑梗死和蛛网膜下腔出血多见于中老年人，颅内肿瘤多见于小儿，癫痫多见于小儿和青年人。患者一般以头痛、头晕、恶心、呕吐等神经系统症状，继之出现意识障碍，迅速死亡；癫痫患者多是因大发作或癫痫持续状态，呼吸受限氧供不足致心肌损害和心力衰竭死亡；中枢神经系统疾病猝死者也可在意识丧失时摔跌、碰撞导致头颅外伤，此时要谨慎判定疾病和损伤与死亡的关系。对于中枢神经系统疾病患者要注意看护，防止出现碰撞摔跌，一旦出现神经系统症状或陷入昏迷要紧急应对，及时抢救。

消化系统疾病猝死以急性消化道出血最多，为29.5%，包括食管静脉曲张破裂出血、胃十二指肠穿孔出血、急性出血性坏死性肠炎等；其次是急性阑尾炎、腹膜炎、中毒性菌痢、急性出血性坏死性胰腺炎等。但以食管静脉曲张破裂出血、急性出血性坏死性胰腺炎发病突然、出人意料，发病前分别有情绪激动、进食粗糙食物和饮酒、暴饮暴食等诱因；而急性出血性坏死性肠炎发病较往年有所增加，尤其见于体质较弱或存在免疫异常的小儿和老年人，在临床往往没有确诊，出现猝死时常引起争议。

其他如生殖内分泌系统疾病猝死和一些不明原因的猝死在所有猝死中比例较小，但其发生往往更出人意料，容易引起死者家属、朋友及社会舆论猜疑。

三、临床实践中伪装猝死的暴力犯罪的识别

有些暴力犯罪分子在杀人后，谎称死者是不明原因急死，或知道死者既往有某些疾病，遂谎称死者因病猝死。猝死者呈现急死的一般征象，无特异表现。常见采用投毒、机械性窒息、机械性损伤或电击等暴力手段将人致死后伪装猝死以逃避罪责的案例。

经过案情调查可以发现犯罪分子与死者存在利益关系，或曾经有争执不和，犯罪分子有杀死死者的动机。经过现场勘验、尸检病理学检查还可以发现相应暴力性致死依据。如投毒致死案例的现场可发现含有毒物质的食物、容器或注射药品、注射器等，死者口鼻及衣物可见呕吐物、泡沫，或肢体上见注射针孔，血、尿、胃内容、脑脊液毒物分析能发现相应毒物存在。机械性窒息者现场可有打斗痕迹，死者肢体、面颈部可见犯罪分子掌指或其他物体捂压痕迹。机械性损伤致死者现场常有打斗痕迹，死者身上可发现硬物打击、碰撞等损伤痕迹，此时尤其要与中枢神经系统疾病出现意识障碍而摔跌碰撞的损伤鉴别，明确伤病与死亡关系。因电击致死的死亡机制可以是电击刺激中枢呼吸中枢直接抑制呼吸功能或电流刺激心脏传导系统导致急性心律失常、心搏骤停而死，故电击致死的案例可以是谎称死者因心血管系统疾病、呼吸系统疾病猝死，也可称死者受电击刺激昏厥摔跌时致死。但电击死者身上一般能检见电流斑、皮肤金属化等形态学改变，而猝死者没有这些现象。

经过详细的案情调查、仔细的现场勘验和完整的解剖病理学检查、毒物分析等，一般都可以将伪装猝死的暴力性犯罪鉴别出来。临床医学工作者在碰到急送入院的患者，要注意收集相

关资料物证、记录患者入院情况、体格检查记录等，协助法医学工作者的鉴定工作。

四、临床医学对法医学尸检资源的利用

1. 法医学尸检资源提供临床医学工作者一个重新回顾人体解剖学知识的机会，弥补人体解剖学实验过程中的缺陷。在以往临床医学解剖学理论和实验课上是以正常一般人体为标准学习，在法医学尸检中可以看到各种变异、病变及损伤状态下的人体解剖结构，可以丰富临床医学工作者对人体解剖结构的认识。通过熟悉各种人体病变损伤，临床医学工作者在面对入院患者时，思维能更为开阔、通透，准确抓住患者最重要症候。

2. 让临床医学工作者观摩法医尸检，同时进行案例讨论，分析医疗纠纷和医疗事故发生的原因和预防措施。通过具体案例介绍与讨论，使临床医学工作者理解医疗行为具有高敏感性、高科技性、高职业性和高风险性。通过学习，明确医疗事故的界定范围、举证倒置原则、发生医疗事故赔偿等民事责任争议的解决途径，了解常见医疗事故、医疗损害发生的原因和防范原则，从而减少医疗事故、医疗损害的发生。

（成建定）

思考题

1. 简述猝死的基本特征及其发生的常见病因和诱因。
2. 猝死的法医学鉴定的意义和途径是什么？
3. 冠心病猝死的法医学鉴定要点有哪些？
4. 请结合临床知识，列举常见的自发性脑出血的病因。
5. 何为抑制死？其死因鉴定的注意事项有哪些？

第七章 虐待与杀婴

第一节 虐 待

经常遭到共同生活的家庭成员或照顾人故意造成的精神或肉体上的折磨、摧残和迫害称为虐待（maltreat，abuse）。受虐者以老人、未成年人为主。虽然虐待的类型、方式和动机多种多样，但构成虐待必须满足以下三个要件，缺一不可：①施虐者的行为是有意的或故意的，即行为人有意识地对被害人进行肉体、精神的摧残和迫害；②行为导致了被虐待者肉体和（或）精神上的伤害；③施虐者与被虐待者必须是共同生活的家庭成员或者是照顾人。在我国，一般只有情节恶劣，手段残酷，持续时间较长或造成被虐者重伤、死亡等严重后果的，才以虐待罪予以追究和惩处。根据《中华人民共和国刑法》第二百六十条规定："虐待家庭成员情节恶劣的，处两年以下有期徒刑、拘役或者管制。犯前款罪，致使被害人重伤、死亡的处两年以上七年以下有期徒刑。"而且虐待罪是以告诉为前提的，被虐待人无法告诉的除外。

一、虐待的类型和方式

虐待的类型多种多样，包括躯体虐待（physical abuse）、性虐待（sexual abuse）、情感虐待（emotional abuse）及忽视（neglect）等。手段、方式各异，有直接暴力行为，如机械性损伤、物理性损伤等，也有纯粹的精神伤害，如恶意漫骂、侮辱等。按施虐者在实施虐待过程中的方式不同，虐待可分为直接虐待和间接虐待，以及积极虐待和消极虐待。

（一）直接虐待

施虐者采用各种手段直接对被虐待者躯体与精神进行折磨和摧残。主要的方式有：①经常采用脚踢、拧捏、捆绑和鞭挞等暴力手段造成躯体机械性损伤；②故意用烟头烧灼、热水烫、针扎、电击、强迫服用有害化学物质等造成躯体物理性、化学性损伤；③经常对被虐者进行侮辱、讽刺和恶意漫骂。

（二）间接虐待

施虐者采用各种方式和手段间接对被虐待者躯体与精神进行折磨和摧残。主要方式有：①不准吃饭、喝水和睡觉，冬天不让被虐者穿棉衣或强迫被虐者在室外受冻等；②限制人身自由、体罚、强迫重体力劳动，甚至强迫自杀等；③有病、有伤不允许或不给予医治等。

二、表现和特点

由于施虐者应用的手段、方式不同，所以虐待损伤的种类、临床表现不一，损伤的轻重程度也不尽相同。但虐待损伤主要的特点是受伤范围比较广泛，损伤类型多样，且往往新旧损伤同时存在，以后者表现最为突出。

（一）软组织损伤

损伤多见于头面部、腰背部及四肢软组织丰满的部位。上述部位常因遭受钝性暴力的作用而造成皮肤擦伤、挫伤、血肿和挫裂创。由于损伤在不同时间形成，在皮肤上常可以发现新旧程度不同的擦伤、皮下出血等。值得注意的是，软组织损伤的形态往往能反映出致伤物的部分特征，如施虐者使用烟头烧和开水烫，可在皮肤上见到新旧不等的形状相似的烟头灼伤和烫伤的瘢痕；指头拧捏及扼压在相应部位可发现类圆形皮下出血及指甲印痕。

（二）骨折

被虐者全身各个部位均可出现不同类型的骨折，其中以四肢长骨、肋骨及脊柱多见。骨折的最大特点是新旧不等、范围不一、程度不同且愈合不良。

（三）内脏损伤

有的被虐待者体表损伤轻微，但却可发现范围广泛、程度不一、新旧交替的内脏损伤，如脑挫伤，心肺挫伤，泌尿生殖器官挫伤，肝、脾及胃肠破裂等。

（四）眼、耳和口腔损伤

被虐待者可有眼挫伤，表现为球结膜下及玻璃体内新旧不等的出血；可发生鼓膜穿孔，造成一耳或双耳听力下降；可有牙齿松动或脱落、颌骨骨折等。

（五）老年人虐待

随着全球人口老龄化进程加快，老年人受虐（elder mistreatment）已经成为国际上公认较为普遍而严重的问题，尤其是老年痴呆症患者受照顾者虐待的现象也不少见。据报道，欧美国家老年人受虐率为2.6%～10%，亚洲报道老年人受虐率也不容忽视，我国湖南大样本调查结果提示老年人受虐率为1.5%，尤以农村为明显。老年人受虐待主要形式有躯体虐待、精神虐待、性虐待、忽视等。施虐人通常是配偶、子女及照顾者。

1．躯体虐待　指采用机械性或物理性损伤等故意伤害导致躯体疼痛或受伤的行为，如采用拳打脚踢、推搡等徒手方式或利用器械如钝器击打、撞击，或锐器刺戳等，造成老年受虐者肉体损伤，如不同程度的擦伤、挫伤、挫裂创、刺创等，也可发生肢体长骨骨折、腰椎骨折等；损伤常表现为新旧不一同时存在。

2．精神虐待　指故意导致情感疼痛或伤害的行为，比如施加各种压力，用恐吓、威胁、侮辱、命令、不尊敬、责备或其他形式的言语攻击或骚扰老年人；或采取冷漠、不理不睬的消极态度对待老年人，也称冷暴力。

3．性虐待　未经同意进行任何形式的性接触。此类虐待多见于养老院、护理院等机构，由指派的照顾人员实施。损伤多位于胸部、大腿内侧、性器官等，表现为抓伤、挫伤等。

4．忽视　家庭成员或指派的照顾者不能满足老年人的基本生活需求，包括躯体忽视、遗弃、不赡养老年人，有意或无意地剥夺食物、药品或其他生活必需品；不协助进行洗浴、修剪指甲等保持个人卫生的活动；冬天不给予取暖设备，任其挨冻，夏天不开启空调降温等。长期食物摄入不足致使受虐者呈现皮下脂肪减少、消瘦、贫血等营养不良表现。

（六）儿童虐待

未成年人特别是学龄前儿童的生长、发育有赖于亲人或抚养人的哺育、抚养和爱护，如果儿童在生长发育期反复受到打骂、不准吃饱穿暖或随意体罚，会造成儿童在生理上和心理上的严重伤害。长期反复的肉体暴力还可导致儿童伤残或死亡，法医学上把这种被虐待的儿童称为虐待儿（child abuse）。被虐待儿童所表现的症状和体征被称为虐待儿综合征（child abuse syndrome）。世界上任何国家和地区都普遍存在对儿童使用暴力的问题，由于孩提时代受到各种方式及程度的虐待，会导致其青少年，甚至一生都会遗留严重的心理、精神创伤。因此，虐待儿童不单纯是一个医学问题，而是一个社会问题。1999年世界卫生组织对虐待儿童进行了如下描述：虐待儿童是指对儿童有义务抚养、监管及有操纵权的人有意做出的足以对儿童健康、生存、生长发育及尊严造成实际的或潜在的伤害行为，包括各种形式的躯体虐待、性虐待、情感虐待及忽视（child neglect，包括躯体忽视、教育忽视、情绪忽视等）等。对儿童进行施虐者，大多数是父母、养父母、继父母，尤以继母最多见，偶有祖父母或其他保护人。对儿童进行施虐的原因主要有家庭不和睦，婚姻不如意，或家庭经济困难，将儿童作为发泄对象。也有因儿童智能低下或患有先天性疾患而受到歧视或产生遗弃想法的。另外，还有因重男轻女，偏爱男孩而虐待女孩的。美国的一项统计调查表明，每年约有200万儿童遭受虐待，其中51%为性虐待，34%为肉体虐待，15%为儿童忽视。很多情况下为两种或两种以上虐待形式共存，且任何形式的虐待都会包含一定的情感虐待。在我国，至今尚无全国性调查统计，但有学者统计，至少不在百万之下。

1．虐待方式

（1）躯体虐待：指使用积极的暴力手段或消极的非暴力手段故意对儿童进行躯体的摧残和折磨。常用的手段包括对儿童脚踢（踹）、手捏、打耳光、揪耳朵、拉头发、鞭打、捆绑、香烟烫及过度体罚等。施虐者的施暴行为是反复多次的，因此受虐儿童的身上会有多处新鲜伤与旧伤痕共存。施虐者带儿童就医时，常捏造儿童自己不小心跌伤、碰撞等外伤原因与病史，以规避责任。

（2）情感虐待：情感虐待是指父母或照看人不提供适应孩子情感及智能方面充分发育的环境，如限制儿童的行动，用批评、诋毁、嘲讽、威胁和恐吓、歧视、排斥性语言或通过非语言的方式拒绝和排斥孩子等。情感虐待常伴有躯体虐待及性虐待等，由于儿童的情感比较敏感，而且对应激的接受力或承受力较小，因此，相对于躯体虐待造成的肉体损伤，情感虐待较为隐蔽，但对儿童造成的情感损害十分危重，甚至影响其终生。

（3）性虐待：指儿童在不情愿的情况下经历的性骚扰或性侵犯，包括对儿童进行性挑逗，触摸或抚弄儿童的身体（包括乳房或外阴部），故意在儿童身上摩擦其性器官，用口接触儿童的外阴部，迫使儿童用口接触性虐待者的性器官，强迫与儿童进行性交等。施虐者可为儿童熟识的人，常见的有家庭成员，如继父、养父、祖父等；也可能是朋友的家人、保姆、邻居；还可能是幼儿园保育员、小学教师等，多为男性。受虐儿在性别上，女性明显高于男性。性虐待行为可能导致儿童罹患性病，生殖器、泌尿道、直肠受到细菌感染或造成撕裂伤，生殖器、肛门及其周围的组织表现为不同程度的创伤和创伤的不同阶段。具体可表现为行动困难；阴唇皮肤增厚或色素沉着；青春期前女孩阴道开口水平直径超过4mm，有撕裂伤、出血或污秽，阴道有分泌物；反复尿道感染；肛周或会阴有撞击伤，肛门有反射性扩张和括约肌松弛等。

（4）忽视：指父母或照看人故意疏忽地对待儿童，对于其饮食、教育、医疗、衣物、卫生等基本需求刻意忽视，不关爱，或者将儿童置于妨碍其正常生长及发育的环境，或将儿童暴露在任何一种危险之中，从而导致儿童的健康或身心受到伤害。此类受虐儿明显的体征是营养不良，衣衫不整，学龄儿童未去学校接受教育等。

2．受虐儿表现　虐待儿以4岁以下儿童多见。长期受虐待的儿童，往往身体瘦小、精神萎靡、营养不良，可伴有发育障碍及智力低下。由于虐待儿抵抗能力弱，损伤可见于身体各个部位，损伤形式也多种多样，轻者软组织损伤，重者肢体骨折，甚至内脏损伤，其中以软组织损伤及骨折最为常见。

虐待儿骨折常为多次暴力造成，X线片可显示各骨折处于不同的愈合期；虐待儿新鲜骨折局部可有皮下出血、肿胀、压痛、关节畸形、活动障碍和功能障碍，并可触及骨擦感，诊断相对容易。陈旧性骨折由于无明显的症状和体征，单纯的体格检查常不易发现，此时X线拍片检查则能发现体检时难以发现的损伤和移位，并能确诊程度不等的新旧骨折，对于判定虐待儿骨折的时间也有重要价值。

虐待儿眼损伤主要为钝性暴力打击所致，最常见为拳击，也有间接暴力所致的眼损伤。眼损伤主要表现为眼内出血，如视网膜出血及玻璃体积血，还可见视网膜破裂、视网膜脱离及伤后视网膜黄斑部瘢痕形成等。视网膜出血后血液积聚于视网膜下，常引起视网膜脱离，出血也可进入玻璃体内或视神经鞘内，引起上述部位继发性出血。虐待儿眼内出血，尤其是视网膜出血多见于头部被猛烈地前后运动时，颅内压急剧升高所致。其损伤原因为虐待儿的双臂被成人抓住后猛烈摇动，因小儿头部相对较大较重，颈部肌肉较弱，脑在前后运动时产生的剪切力使硬脑膜与软脑膜之间的桥静脉发生破裂,引起硬脑膜下出血,因颅内压升高引起视网膜的静脉压急剧升高,造成视网膜中央静脉在视网膜脉络膜吻合处受压,导致视网膜血管破裂出血。

虐待儿颅脑损伤多系暴力打击所致,多见头皮挫伤、血肿形成等,严重者可造成颅骨骨折、蛛网膜下腔出血及脑挫伤。头部受到反复猛烈的摇晃也是常见原因之一。最常见的损伤是硬脑膜下出血。当头部受到暴力作用时,由于小儿颅骨较薄,颅骨骨缝未完全骨化,有弹性,不一定发生颅骨骨折,但颅骨凹陷可压迫脑组织。或头部因惯性而前后移位产生的剪切力可使软脑膜和硬脑膜之间的桥静脉发生破裂,引起硬脑膜下出血。

三、法医学检查

虐待伤是确定虐待的客观依据,对虐待伤的法医学检查一定要全面细致,不要遗漏任何微小损伤。检查前应详细了解案情及被虐待者的家庭/生活环境,认真听取被虐待者本人(法医临床鉴定)及其父母、子女、监护人或陪同人员的陈述(法医临床鉴定及法医病理学鉴定)。

1. 一般情况检查　注意检查被鉴定人的身高、体重、营养及发育状态等;注意检查衣着情况,如头发是否凌乱以及清洁程度,颈部、腋部等有无污垢,指(趾)甲修剪情况,是否衣衫不整甚至褴褛、有无补丁等;法医临床鉴定时还应注意观察被鉴定人的精神和情绪状态,观察有无害怕及胆怯的情况。

2. 体格检查　详细检查全身有无损伤,仔细记录损伤的种类和形状,尤其应注意不要遗漏陈旧性损伤的检查与记录;并用文字和拍照方法记录损伤的具体部位、数目及形态(案例见图 7-1 至图 7-4,彩图 7-1 至 7-4)。法医临床鉴定时,对儿童还应注意有无长期受虐所致耳聋

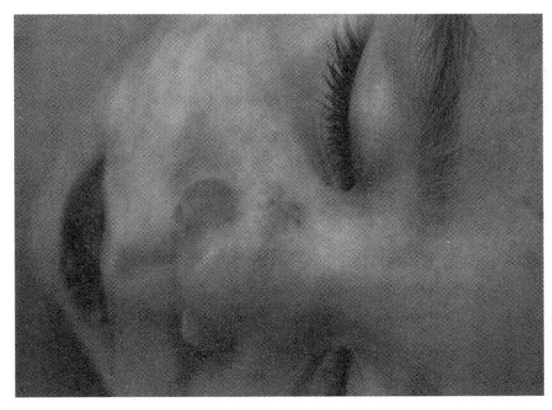

图 7-1　被虐待儿鼻背部擦挫伤、唇黏膜挫伤

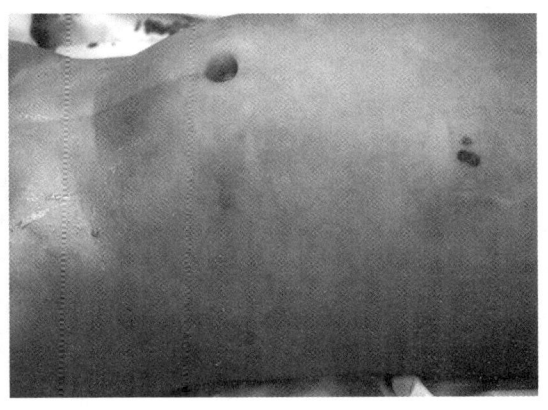

图 7-2　左上腹部略陈旧性灼伤,左腹部挫伤

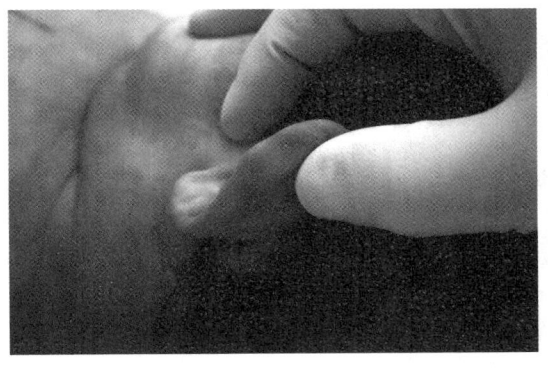

图 7-3　左耳郭挫伤

图 7-4　左前臂三处挫伤,其后上方可见瘢痕

或视力障碍等。

3. **辅助检查** 除体格检查外，还应注意借助其他辅助检查手段，如B超、X线、CT、MRI等技术对被鉴定人的损伤进行确认。其中X线检查有助于发现各种程度不一的新旧骨折。

四、法医学鉴定

由于虐待的类型、方式多种多样，后果也各不相同，根据我国刑法有关条款规定，对虐待家庭成员情节轻微的，不构成虐待罪，以批评教育为主。只有情节恶劣的，如虐待的手段残酷、动机卑鄙、持续时间长、造成被虐待者重伤或死亡等严重后果的，才按虐待罪进行刑事处罚。由此看出虐待情节和后果的不同，其法律责任也不同。因此，虐待的法医学鉴定应以明确判断是否存在虐待损伤，以及被虐者伤、亡与施虐者行为之间的因果关系为重点。

1. **虐待的认定** 对被虐待者进行法医学鉴定一定要详细了解案情，了解受伤经过，确认虐待。由于施虐者与被虐待者具有一定的亲属关系或抚养关系，又是共同生活在一起的家庭成员，或存在较熟知的社会关系（邻居、同学家长、老师等）等，因此要向知情人了解被虐待者的家庭状况、生活环境和学习情况。检查被虐待者的发育、营养状况及精神状态，智力水平及反应能力；注意调查家庭中是否经常有打骂情况。对体表检查要仔细，应识别受伤次数、推断损伤时间以及损伤的种类和性质等；对怀疑有体内器官损伤者应进行进一步检查，如CT、B超等。

2. **损伤程度与伤残程度** 在我国，法医学鉴定人对虐待案件被害人人身检查（含辅助检查）后，只需确定人体组织和器官是否有解剖结构的损害和功能障碍及其程度，根据相应标准评定损伤程度或伤残程度（相应内容见第十章活体损伤鉴定），而不需要做出虐待或虐待罪的鉴定结论。

3. **虐待致死的死因鉴定** 如果受虐者死亡，则应通过系统尸体解剖明确死因，包括毒物分析及必要的生化检测等实验室检查。尸体检验时，应注意死者的发育、营养情况，损伤部位、程度、范围、新旧损伤的确认等，注意心、脑、肺、肝、肾等生命重要器官有无器质性病变及严重程度；实验室检查应排除常见毒药物中毒；经过系统解剖（肉眼检查和组织学检查）结合实验室检验结果，综合判断死因以及虐待损伤与死亡之间的关系。尤其是受虐老年人死亡案例，由于其年龄因素，一般均可检查出其心、肺、脑等重要生命器官程度不一的病理改变，此时应注意损伤与疾病在死亡中的参与度。

（沈亿文）

第二节　杀　婴

杀婴（infanticide）是指非法使用暴力手段，加害分娩过程中或娩出后不久的已具有生活能力的新生儿生命的行为。若胎儿或新生儿因其本身的疾病或母亲的疾病，或在分娩过程中遭受损伤而死亡的，不属杀婴范畴，属于自然死亡。

新生儿尸体的法医学检验，必须确定该婴尸是否为新生儿、有无生活能力（包括胎生月数）、活产还是死产、分娩后存活时间以及死亡原因等，其中以有无生活能力和死亡原因最为重要。

一、新生儿及其生活时间的确定

根据分娩后存活婴儿随存活时间出现或消失的各种特征可以确定是否为新生儿，并可推断其存活的时间。

1. 皮肤　皮肤上黏附羊水和血液，肛门周围及大腿部有胎便，腋窝、腹股沟、耳后、颈部等部位的皮肤皱褶处或关节屈侧黏附有灰白色泥土样的胎脂，可证明是新生儿。成熟儿皮肤紧张、丰满，出生5～6h后出现明显红晕，称新生儿红斑；1～2天后红斑消退，同时脱皮；2～3天出现轻度新生儿黄疸，即皮肤和巩膜上出现程度不等的黄染；第4～5天黄疸加深，皮肤呈棕黄色；第7～10天黄疸自然消退，有时可延长，特别是未成熟儿黄疸较重者黄疸可迟至出生后14～30天消退。

2. 脐带　出生后不久死亡的新鲜尸体，脐带湿润柔软，有光泽，呈灰白色，蜡样，在脐带根部无明显分界线，这是判断新生儿的主要特征。出生后6～12h脐带根部组织发生轻度炎症反应；24～36h出现一圈明显的红色分界线称炎症环；第2～3天此处显著发红肿胀，同时脐带从游离端的血管内膜逐渐增厚闭塞至脐根部，并逐渐干燥皱缩而呈黑色；第5～8天脐带全部干燥萎缩、脱落；第12～15天形成脐窝；经3周全部瘢痕化。观察脐带形态，可推测出生至死亡的间隔时间。

3. 产瘤　分娩过程中，胎儿先露部的部分软组织受到强力压迫，使不受压的先露部发生淋巴液及血液淤积，形成局限性皮下组织水肿，出现瘤样突起，称产瘤（caput succedaneum），亦称胎头水肿。产瘤多见于颅顶部或顶枕部，亦可发生于臀部，触之如黏土样感。分娩后数小时开始缩小，1～2天或2～3天内消失。无血液循环的死产儿不出现产瘤。未经骨产道分娩的活产新生儿也不会出现产瘤。尸检时，切开产瘤部分，可见疏松的皮下组织充满液体，状似胶冻，周围界限不清，有波动感。产瘤可越过骨缝或囟门而波及其他颅骨，其骨膜下常伴有点状出血。

4. 胎头血肿　当胎头通过产道受到强力压迫，或因胎头负压吸引和产钳手术等，致颅骨外的软组织与骨膜剥离，骨膜下的小血管破裂，血液淤积在骨膜下形成血肿，称为胎头血肿（cephalohaematoma）。血肿在刚分娩后不明显，产后数小时到2～3天内逐渐增大，数周后消失。血肿的中心部有波动感，周围有堤状质硬的隆起，无移动性，并常以一块颅骨的边缘为界限，不越过骨缝或囟门而波及另一块颅骨，此点有别于产瘤（表7-1）。

表7-1　胎头水肿与胎头血肿的鉴别

	胎头水肿	胎头血肿
部位	先露部皮下组织	骨膜下
范围	广，不受骨缝限制	局限，不越过骨缝
出现时间	娩出时即存在	产后2～3天最大
消失时间	产后2～3天	产后3～8周
局部特点	凹陷性水肿	波动感

5. 胎便　新生儿的小肠下段及全部大肠充满黄褐色至暗绿色胎便，胎便黏稠如泥状，可以确定为新生儿。胎儿一般出生后10h开始排便，胎便4天才能排净。但应注意勿把食物形成的粪便误认为胎便。胎便的主要成分为肠黏膜分泌的黏液，特殊成分是胎便小体（meconium corpuscle）。显微镜下检查，胎便小体呈圆形或卵圆形的褐绿色小体，直径20～40μm，无明显结构，有时呈颗粒状。胎便中还含有胆汁及羊水成分，包括角化上皮细胞、毳毛、脂肪球等。

6. 胃肠内容物　胃内如发现有血液或胎便，表明分娩时胎儿是活的。胃内如有乳汁，证明已经哺乳。存活一天以上时，应注意勿将黏液误为乳汁，两者区别是乳汁含脂肪而黏液无脂肪。新生儿开始呼吸时，胃内即咽入空气，30min后空气进入十二指肠，约6h可越过小肠，进入全部大肠需 24h 以上。

7. 新生儿循环系统的变化　胎儿时期的血液循环系统与成人的血液循环系统不同，其原因是胎儿在母体内两肺没有换气作用，肠管亦无消化吸收作用，胎儿的氧与营养全靠母血通过胎盘循环供给，胎儿的代谢产物（二氧化碳与其他废物）借胎盘循环转运给母体排出，这种胎儿血液的气体交换与物质交换的过程全在胎盘内进行，故名胎盘循环。胎儿出生后开始呼吸，肺循环代替了胎盘循环，脐静脉、脐动脉、动脉导管、静脉导管及卵圆孔开始发生器质性变化，经过数天、数周或数月，内腔缩小、闭锁，变成相应的韧带，分别称脐静脉索、脐动脉索、动脉导管索、静脉导管索。卵圆孔闭锁需要数月，甚至还有永久性开放的。

二、新生儿生活能力及胎龄的确定

胎儿出生后能够继续维持生命的能力，称生活能力或生存能力。确定新生儿有无生活能力，取决于胎儿的发育程度，即成熟程度。

（一）发育程度

新生儿有无生活能力，即胎儿在离开母体后能否继续生活，关键在胎儿的发育与成熟程度，能够继续生活即具备了生活能力。胎儿发育程度通常是以妊娠月数或周数来表示。妊娠10 个月（即 40 周）的胎儿便完全成熟，称成熟儿（mature infant）。胎龄超过 28 周而未满 37 周出生的活产婴儿为早产儿（preterm infant），又称未成熟儿（premature infant）。据世界卫生组织规定，不论妊娠月数，凡体重在 2500g 以下的早产儿或弱体质儿，总称为未成熟儿。但一般认为妊娠 8 个月（满 30 周）以后的胎儿，经适当的护理与哺育就有生活能力，体重在1000g 以下的早产儿出生后多不能存活。作为生活能力界限的 7 个月未成熟儿的特征在法医学上较为重要。但胎儿如有严重畸形，则虽足月亦无生活能力，如无头儿、无脑儿、消化道闭锁以及其他生命重要器官的重度畸形等。

1. 体表及皮肤特征　成熟的新生儿皮下脂肪发育良好，身体变圆，皮肤紧张、丰满，面部皱纹消失。头发长 2～3cm，后囟闭合，前囟开放。鼻软骨及耳软骨发育良好，触之硬、有弹性。指甲超越指尖，趾甲达于或超越趾端。男性睾丸下降至阴囊内，女性大阴唇发育良好，彼此接触，并掩盖小阴唇。胎粪出现于大肠下端。

未成熟儿皮下脂肪发育不充分，皮肤红而皱。头发短而稀少，毳毛丰富，分布全身。指甲未达指端。男性睾丸降至腹股沟管中或已降入阴囊内，小阴唇及阴蒂突出于大阴唇之间。

2. 身长、体重和胎头径线　测量新生儿的身长及体重可推定其胎龄。按照妇产科学理论，胎儿身长的增加速度比较恒定、均匀，故常以身长作为判断胎龄的依据。法医学对推断新生儿的月龄也以测量身长为准。因为身长在死后变化影响小，而体重由于死后水分蒸发及腐败，每天可减轻 6～25g；如死后放入水中在两周内吸收水分，可使体重增加 14%。由于新生儿腿的长度不同，测量身长时，测量坐高比测量身长更准确。

胎头各径线（枕额径、双顶径、双颞径、枕颏径、枕下前囟径等）的增长一般与胎儿体重增长相一致，其中以胎头双顶径值较有意义。根据 B 超检查妊娠 26～36 周的双顶径值平均每周增加 0.22cm，妊娠 36 周后增加速度逐渐减慢。双顶径值 9.3cm 为胎儿成熟的标志。

3. 化骨核的形成　化骨核（ossification center）是骨内开始化骨之处，又称骨化中心或骨化点。化骨核形成时间各不相同，胎儿在出生前约 11 周有化骨核 806 个，以后逐渐发育融合，出生时已下降到约 450 个，到成人骨骼时仅有 206 个。由于化骨核的出现、发育和消失的过程有一定时间顺序，法医学上个人识别常用放射照相法测定骨骼化骨中心的数目、大小和愈合情况，作为对骨骼成熟程度的评价，这是判断骨龄的较好指标。而确定新生儿成熟程度常以股骨化骨核形成作为最可靠的重要标志。10 个月的胎儿股骨下端骨骺内可见到海绵状圆形或椭圆形的化骨核形成，直径约 0.5cm。尸体腐败时，应用化骨核推定胎龄月数较有价值。跟骨在第 5 个月末、胸骨柄在第6个月末、距骨在第7个月末、股骨下端及骰骨在第9个月末出现化骨核。

4. 胎龄估计

妊娠8周的胎体为胚胎，妊娠9周始至分娩前称为胎儿。根据胎儿发育特征可推断胎龄。

妊娠8周末：胚胎初具人形，头大占整个胎体的一半；眼、耳、鼻、口可辨，四肢已具雏形；心脏已形成；B超检查可见心脏搏动。

妊娠12周末：胎儿身长约9cm，体重约20g；胎儿手、足清晰可见，外形可辨性别。

妊娠16周末：胎儿身长16cm，体重约100g；头皮长出毛发，体毛出现。

妊娠20周末：胎儿身长约25cm，体重约300g，皮肤暗红，全身有毳毛。

妊娠24周末：胎儿身长约30cm，体重约700g；各器官已发育；皮肤出现皱纹，出现眉毛及睫毛。

妊娠28周末：胎儿身长35cm，体重可达1000g；此时出生的胎儿在特殊护理下有可能生存。

妊娠32周末：胎儿身长约40cm，体重约1700g；毳毛已脱落。此时出生加强护理可存活。

妊娠36周末：胎儿身长约45cm，体重约2500g；此时出生的胎儿基本可以生存。

妊娠40周末（280天）：足月妊娠，胎儿已发育成熟。身长约50cm，体重约3000g；外形丰满，皮下脂肪多，指（趾）甲已达指（趾）尖端。男性胎儿睾丸多已下降，女性胎儿大小阴唇发育良好。

5. 肺的组织学特征 根据肺的组织学结构，也可推测胎儿月龄。Ham认为：胎儿前5个月肺组织像腺样，管壁衬以立方至柱状上皮细胞。第5个月后，肺泡发育成腺样结构。以后壁上出现毛细血管，肺泡逐渐变大，并成为多角形，肺泡内充满羊水。分娩后开始宫外呼吸时，肺泡变形扩张，液体被空气取代。Ham认为：部分羊水经上呼吸道排出，部分从肺泡吸收。肺组织的显微镜检查对推断胎儿月龄有一定意义。

（二）影响成熟儿生存的因素

影响成熟儿生存的因素很多，除各种暴力因素导致的堕胎和杀婴外，还有足以致死的高度畸形、严重的疾病或重度分娩障碍等。有时在妊娠晚期或分娩前应用某些药物亦可对胎儿或新生儿造成不良影响，如孕妇为治疗血管内栓塞使用抗凝药双香豆素（dicumoral）及华法林（warfarin）等，可引起胎儿死亡和脑出血；使用吗啡作为强镇痉剂，或治疗心脏性哮喘，可引起胎儿呼吸中枢抑制，在分娩时发生窒息，甚至死亡。部分成熟儿在分娩过程中，由于胎儿异常（如胎儿相对过大或巨大儿）、产道异常、胎位异常或宫缩异常等，致使胎儿在娩出过程中发生宫内窒息，甚至死亡。

三、活产与死产的鉴别

判断新生儿是活产或死产，主要根据胎儿出生后在母体外是否进行过呼吸，已呼吸过的为活产，未呼吸过的为死产。但不可将活产和生活能力相混淆。因为有足够生活能力的胎儿可以是死产，如因宫内呼吸窘迫致死；反之，无生活能力的胎儿，如畸形或未成熟儿，可以是活产，而后死亡（图7-5，彩图7-5；图7-6，彩图7-6）。

胎儿在母体子宫内生活时，含氧及营养物质的血液来自胎盘，肺无功能，故肺泡未扩张，肺组织外观似肝，呈实体状。出生后，胎盘循环中止，此时，胎儿即行呼吸动作，肺组织结构随之发生明显改变。活产儿不但能将空气吸入肺内，使细小支气管、肺泡扩张，同时也将空气咽入胃肠道内，使胃肠道发生改变。未呼吸过的肺体积小，萎缩于脊柱两侧，或贴附于胸腔后壁，边缘锐薄，表面光滑，外观其性状似肝，无弹性，无捻发感，重量小，一般为28~39g，呈均匀暗紫红色，血量小时呈淡红色；切面颜色一致，按压切面可见小量血液溢出。显微镜下见支气管、小支气管及肺泡均未扩张（图7-7，彩图7-7；图7-8，彩图7-8）。宫内窘迫的肺表

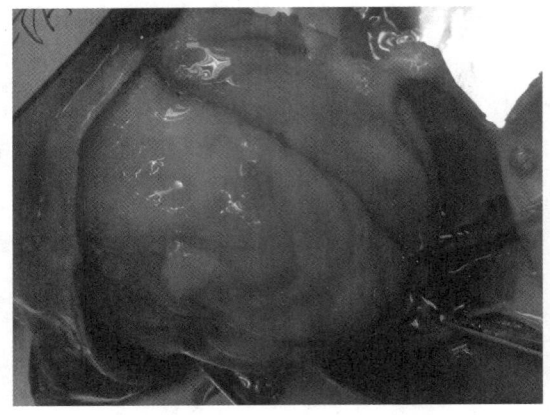

图7-5 未成熟儿（体重1350g，身长40cm）
脑发育不全，脑沟回不明显，出生不久即死亡

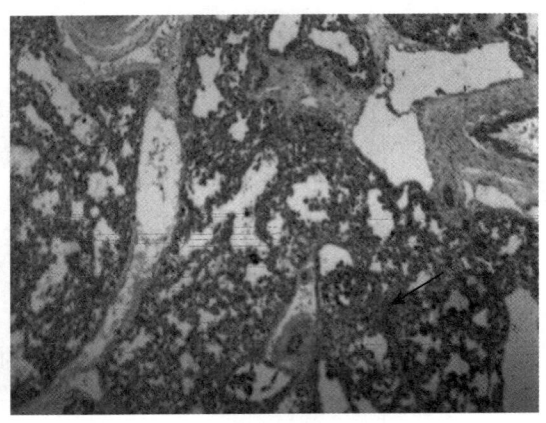

图7-6 未成熟儿，肺发育不全，活产
部分小支气管及肺泡扩张，与未扩张的肺组织同时存在

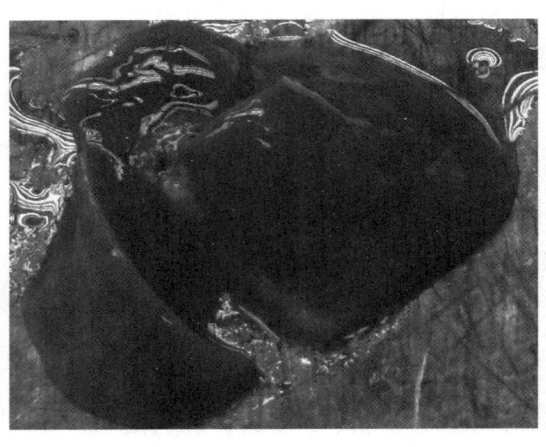

图7-7 死产儿肺，外观似肝，呈实体状
体积小，边缘锐薄，表面光滑，呈均匀暗紫红色

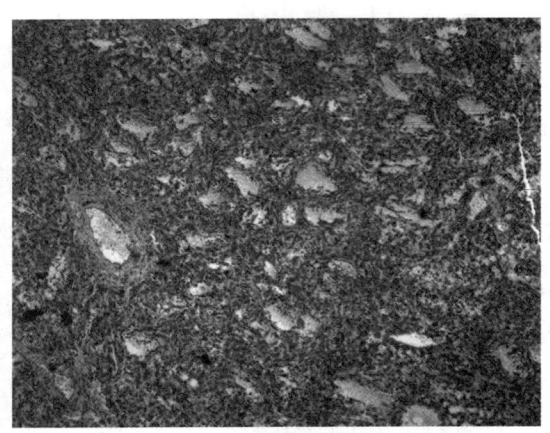

图7-8 死产儿肺显微镜下观
肺组织致密，小支气管及肺泡未扩张（×10）

面尚有小出血点。

已呼吸肺的肺容积增大，质量增加，约62g，因呼吸建立时流入肺内的血液增多所致。两肺前缘遮盖部分心脏，边缘钝圆，颜色较浅，表面显大理石样纹（图7-9，彩图7-9），触之有弹性和捻发感；切面也呈大理石样，按压时切面有血性泡沫状液体逸出。显微镜下见支气管、细小支气管和肺泡已经扩张，肺泡壁变薄，肺泡壁毛细血管扩张，血液丰富（图7-10，彩图

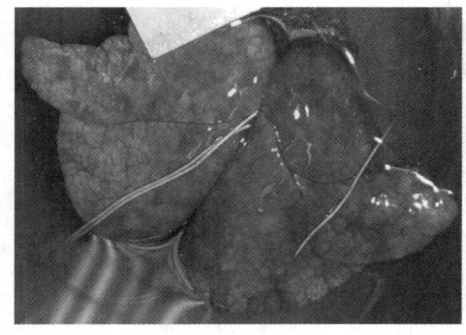

图7-9 活产肺，肺体积膨隆，边缘圆钝，表面显大理石样纹

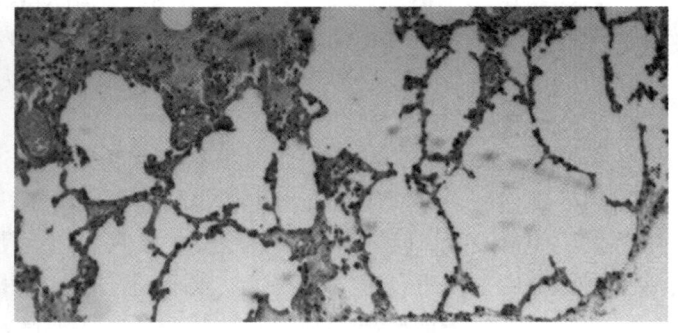

图7-10 活产肺，已呼吸的肺，细支气管和肺泡已经扩张（×20）

7-10)。呼吸微弱的肺，部分支气管及肺泡扩张，呈散在性分布。

确定新生儿曾否呼吸，最常用的方法是肺浮扬试验（hydrostatic test of lung）和胃肠浮扬试验（hydrostatic test of stomach and bowel）。同时，也应做肺的组织学检查，它不仅可以确定有无肺泡扩张及扩张的程度，以此证实有无呼吸，而且有时还可以查见病理改变以及肺内异物（如羊水成分或外界溺液成分），有助于确定死因。

（一）肺浮扬试验

未呼吸的肺，因肺内不含空气，呈实体状，比重为1.045～1.056，投入冷水中即下沉；已呼吸的肺内含有空气，肺的体积增大，比重小于1，投入冷水中不下沉。应用这一原理判定新生儿有无呼吸，称肺浮扬试验。据此可以确定新生儿是否曾经有过呼吸运动。这是判断新生儿是否活产的重要依据。胎儿出生后开始呼吸，经过哭喊伴随的高强度深呼吸，使全部肺泡扩张、膨隆。

1．检查方法　Aelius Galenus早在公元200年就通过动物实验认识到呼吸作用时肺结构的改变。而在1681年，德国医生Johannes Schreyer首次进行了肺浮扬实验。此法具体为：按常规解剖方法打开胸腹腔，分离颈部软组织，在喉头下方和膈肌上方分别结扎气管和食管，并在食管结扎上方切断，然后将舌、颈部器官连同心肺等一同取出，并投入冷水中，观察是否上浮、上浮的部位及其程度。如其下沉，则先切除心脏，在气管结扎上方切断颈部器官，将肺连同气管投入水中观察浮扬反应。然后再切离肺门部的支气管，将左右肺及其各叶切取的肺小块分别投入水中进行试验。再剪开支气管，检查黏膜和内容物，必要时取内容物作涂片检查。顺次分离各肺叶，并分别投入水中观察浮扬反应。最后将各肺叶的不同部位剪取数小块肺组织投入水中观察。将各肺叶做切面检查，已呼吸的肺切面有鲜红色、泡沫状血液溢出。再以手挤压使气体逸出（或将小块肺组织包在毛巾内，绞挤毛巾后，取出再投入水中观察反应），如为已呼吸的肺则虽被挤压，部分空气逸出，但仍上浮。如果浮起，还应注意尸体有无腐败，如已腐败则将肺小块用干纱布压挤后，再投入水中。

2．结果的判定

（1）全部阳性反应：新鲜的新生儿尸体，全部肺连心脏一起上浮，颈部器官沉下，说明肺已充分呼吸，可以确证为活产。

（2）部分阳性反应：新鲜的新生儿尸体，如全肺上浮，而个别部分的小块下沉；或全肺下沉，而个别部位的小块上浮。对该结果判断应按具体情况进行综合分析判断。①活产儿，原发性肺膨胀不全，新生儿呼吸运动微弱，出生后不久即死亡，以致部分肺组织尚未扩张；②活产儿，继发性肺膨胀不全，新生儿曾有呼吸，但因支气管或细支气管被吸入的异物所堵塞，空气不能进入肺泡，肺泡内已有的气体被吸收而成萎陷状态，致使该局部浮沉试验呈阴性反应，或因肺炎等肺部疾病，使局部肺组织下沉；③死产儿，已对死产儿进行人工呼吸，以致部分肺组织因含有气体而上浮；

未经呼吸的死产儿，因尸体腐败，肺内的腐败气体使肺上浮，尸体其他部位亦可见腐败。

（3）全部阴性反应：新鲜的新生儿尸体，若全部肺下沉，说明空气尚未进入肺内，新生儿未曾呼吸过（图7-11，彩图7-11；图7-12，彩图7-12）。这种情况，可以推测为死产儿。如活产儿肺呈阴性反应，常见原因如下：①未成熟儿呼吸功能不全，出生后死亡者，即使曾经呼吸，但肺泡内仅有少量空气，于死后被组织所吸收；②坠落产新生儿吸入便桶内容物而窒息死亡者，应进行组织学检查，以便进行鉴别。

（二）胃肠浮扬试验

胃肠浮扬试验是肺浮扬试验的辅助试验。由于新生儿呼吸运动时也将部分气体咽入胃内。随着时间的推移，空气逐渐由胃进入十二指肠和小肠。根据胃肠内有无空气，可辅助判断是活产还是死产。同时，根据空气分布的部位可以推测新生儿生存的时间。如尸体已腐败则胃肠浮

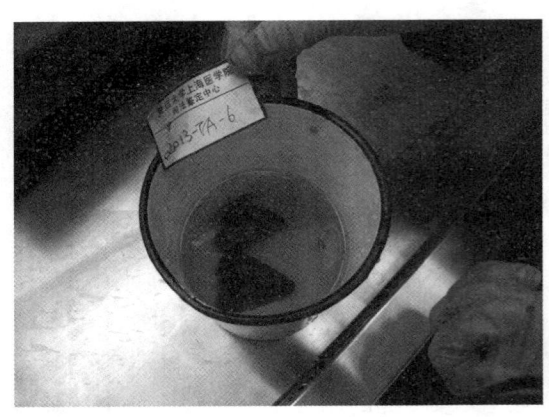

图 7-11 肺浮扬试验
死产，两肺肺浮扬试验均阴性（下沉）

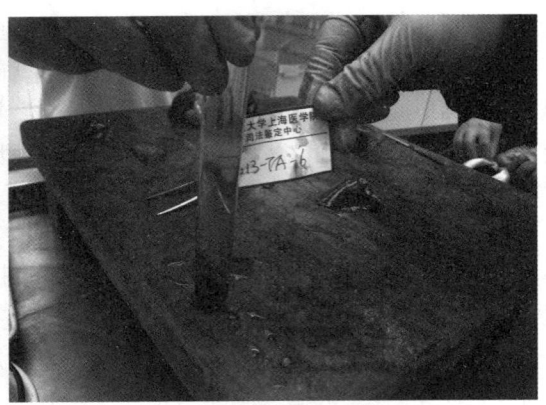

图 7-12 肺块组织也下沉

扬试验完全无价值。

1. 检查方法　按常规剖开胸腹腔，依次结扎贲门、幽门、十二指肠上下端、空肠、回肠及结肠，然后分离肠系膜，将胃肠全部取出，投入水中，观察浮扬情况（图 7-13，彩图 7-13）。如胃及部分肠管上浮，可将下沉部位的肠管做多段双重结扎，并分别剪下单独做浮扬试验。如此检查，可以得知空气进入哪一段肠管，进而可推断胎儿出生后存活时间。假如胃肠全部下沉，在幽门部做双重结扎，将胃取下，投入水中，如仍然下沉，则在水中将胃壁作一剪口，观察有无气泡逸出；同样在水中将各段肠管分别也各做一剪口。观察有无气泡逸出。

图 7-13 胃肠浮扬试验
死产，胃肠浮扬试验阴性（胃、肠管均下沉）

2. 结果的判定

（1）死亡不久的新生儿尸体的肺和胃肠浮扬试验均呈阳性反应，可证明是活产。

（2）肺和胃肠都不含空气，试验均呈阴性反应，可判断是死产。

（3）部分肺或整个肺含有空气，而胃肠内不含空气，可推断新生儿是已呼吸过的活产儿，但存活时间很短即死亡。

（4）肺全部下沉，胃或部分肠管含气上浮，此情况极少见。原因可能系异物堵塞呼吸道，致使肺发生继发性膨胀不全，原已吸入的少量空气被吸收，因此肺浮扬试验呈阴性，而空气已经咽下，胃肠上浮，说明曾经呼吸过。

（5）胃浮扬试验阳性，十二指肠以下阴性，可推断新生儿生后存活数分钟至 30min。

（6）胃、十二指肠及部分小肠浮扬试验阳性，其余肠管阴性，可推断新生儿生后存活 30min～1h。

（7）胃至全部小肠浮扬试验阳性，可推断新生儿生后存活 5～6h。

（8）空气进入结肠，且胎便大部分排空，可推断新生儿生后存活 1～1.5 日，但如果产妇难产，胎便可在生产过程中排出。

（三）鼓室试验

胎儿出生后开始呼吸，空气可通过耳咽管进入鼓室。因此，在水中检查鼓室是否上浮也是判断有无呼吸的一种试验方法，但只能作为肺和胃肠浮扬试验的辅助检查方法。该试验具体方法是在水中切开鼓室盖，当开放鼓室时，检查有无空气泡逸出。未呼吸儿的鼓室为黏膜组织所充实,并无空隙。呼吸后因空气进入鼓室,便形成空隙。所以鼓室内如有空隙,就说明是活产。但是,有人认为妊娠第 5 个月的胎儿,鼓室已形成空隙;相反,即使出生后呼吸运动已开始,空气也并不一定即进入鼓室,因此,鼓室试验只能作为辅助检查。

四、新生儿的死亡原因

新生儿的死亡鉴定关系到是否杀婴、非法堕胎或自然死亡。新生儿的死因可分为非暴力死亡及暴力死亡两大类。

(一) 非暴力死亡

非暴力死亡又称自然死亡,可发生在分娩前、分娩中和分娩后。

1. 分娩前胎儿死亡原因　分娩前胎儿死亡多与母体疾病、胎盘病变或胎儿疾病有关。如母亲患严重的心脏病、急性传染病、妊娠高血压综合征、严重的肺结核病、艾滋病并发肺部感染、肾病或子宫疾病等。母体中毒或严重的腹部外伤等也可导致胎儿死亡。胎儿宫内窘迫及胎儿畸形是围生期胎儿死亡的主要原因。

2. 分娩中胎儿死亡原因　分娩过程中,由于脐带受压、脐带绕颈、脐带扭结、脐带过短、产程过长或胎盘早期剥离、胎盘纤维素样坏死、胎盘出血、胎盘重度钙化等,可使胎盘血液循环障碍,导致胎儿缺氧,发生宫内胎儿窘迫死亡。有时胎儿经过产道时即开始呼吸,吸入羊水、血液和胎便而发生窒息死亡。分娩中胎头在产道遭受强力压迫,可发生颅骨凹陷或骨折、颅内出血(颅内血肿)及小脑幕撕裂等可引起胎儿死亡。

3. 分娩后新生儿死亡原因　分娩后的非暴力死亡可见于新生儿本身无生活能力、生命重要器官(脑、心、肺等)的严重畸形、疾病及损伤等,如新生儿肺炎、肺出血、新生儿肺透明膜病、胎粪吸入、吸入性肺炎、新生儿蛛网膜下腔出血、颅内出血、新生儿出血症、溶血症、败血症、新生儿产伤性疾病、新生儿衣原体感染、呼吸窘迫综合征的延续等。羊水或血液吸入,以及羊膜堵塞口鼻,可导致窒息死亡。

(二) 暴力死亡

暴力死亡可分为故意杀婴以及意外灾害两大类。

1. 故意杀婴　故意杀婴分为积极杀婴和消极杀婴。

(1) 积极杀婴:是杀婴的主要形式。用机械或化学等暴力使胎儿受到致命性伤害。常用机械性窒息手段杀害,如扼死、勒死、溺死、闷死和异物堵塞口鼻,也有采用机械性损伤手段杀害,如用钝器打击头部,用锐器刺入大囟门或心脏,少数使用剧毒药物注入囟门。

(2) 消极杀婴:胎儿娩出后,故意不采取保温或护理措施,任其冻死、饿死;切断脐带而不进行结扎,有意撕断脐带,或任由胎盘、脐带与新生儿相连,不予处理,导致新生儿失血死亡。消极杀婴的死因及方式仅根据尸体检查是很难明确的。

2. 意外灾害　新生儿不是因疾病死亡,也不是故意杀害,而是由于疏忽大意造成的意外灾害。如父母熟睡时,手臂或大腿压在新生儿的胸部致新生儿呼吸运动受阻发生窒息死亡;母亲在睡眠状态下哺乳,可因乳房捂压婴儿口鼻而窒息死亡;也有婴儿熟睡被柔软的枕头、棉被、衣物等捂压口鼻发生窒息死亡。有时经产妇分娩过程急速,胎儿坠落地面,发生严重颅脑损伤死亡或坠落在便桶内,吸入粪水而窒息死亡。坠落产多见于经产妇,初产妇极为罕见。但有的产妇故意将婴儿抛入抽水马桶或粪桶内溺死,伪称如厕时发生坠落产意外,故应注意鉴别(表 7-2)。

表7-2 坠落产与非坠落产的鉴别

坠落产	非坠落产
骨盆宽，未成熟儿	骨盆窄，头围正常的成熟儿
经产妇	初产妇
常见会阴裂创	会阴裂创少
无产瘤	可有产瘤
婴头变形少	婴头变形明显
脐带断端撕裂	脐带断端平齐

（沈亿文）

思考题

1. 常见虐待儿的损伤有哪些？
2. 老年人受虐待的形式有哪些？对怀疑受虐致死的老年人进行法医病理学鉴定死因分析时应注意哪些问题？
3. 如何判断新生儿是死产还是活产？有哪些因素可能影响判断结果？

第八章 群体性灾难事故的法医学鉴定

我国地大物博，森林火灾、台风、暴雨、地震等自然灾害发生频繁，矿山、矿井、冶炼、化工厂、石油储藏等单位的生产安全事故时有发生，近20~30年来我国经济增长带来公路和铁路建设高速增长，人口流动和交通运输日益发达，危险物质运输机会增多等，均可因大型事故增加致使群体死亡案、事件数增加。此外，近些年来，国际恐怖袭击事件频繁发生，我国某些地区的恐怖分子时有活动，致使恐怖袭击造成的群体伤亡增加。因此，上述情况和动向为法医学鉴定提出了新的要求和目标。

第一节 概 述

一、群体性灾难事故的定义

世界卫生组织（WTO）对灾害（disaster）的定义是任何引起设施破坏、经济严重受损、人员伤亡、健康状况及卫生服务条件恶化的各种自然变异现象或人为现象。联合国"国家减灾十年"专家组对灾难的定义是一种超出受影响地区现有资源承受能力的人类生态环境的破坏。而国际救援专家认为，凡是超出受灾地区承受能力的即为灾难。群体性伤亡事件（mass fatality incidents）或群体性灾难事故（mass disaster）是指各种自然原因或人为因素导致一次事故中死亡人数在10人以上的事件或案件，严重的群体性伤亡事件中死伤人数可在数千人或数十万人。除造成大量人员伤亡外，还常伴有重大的财产和经济损失，甚至会影响到一个国家在一定时期内的经济发展，也给死伤者的家庭成员和亲属造成严重的精神和心理创伤。

二、群体性灾难事故的分类

灾难按照原因可分为自然灾害和人为灾害，前者包括气象灾难、水文灾难、地质灾难、生物灾难；后者包括交通事故、火灾、化学事故、各类工伤事故和其他事故（如恐怖袭击、战争、核泄漏）。按灾难发生的顺序可分为原生灾难（洪水、干旱、风灾、火灾）、次生灾难（堰塞湖、瘟疫流行、缺氧窒息）和衍生灾难（环境污染、生态平衡破坏、遗传突变、致癌效应）。

（一）自然灾害

1. 地震 地震通常是指因地球内部缓慢积累的能量突然释放而引起的地球表层的震动。我们通常所说的地震指天然地震，是一种经常发生的自然现象，是地壳运动的一种特殊表现形式。全球每年发生地震约500万次，其中5万多次人们可以感觉到。在我国尤其是西北地区，地震相对较多。近几十年来，我国发生过两次强烈地震：1976年7月28日，发生在河北省唐山市的里氏7.8级强烈地震，导致95万余人受伤，24.3万余人死亡；2008年5月12日14时28分发生于四川省汶川地区的里氏8.0级强烈地震，死亡及失踪人数超过8.7万人，损伤人数超过37.4万人。就世界而言，2004年12月26日印度洋苏门答腊附近9.0级大地震引发的海啸中，死亡及失踪人数超过了30万；2011年3月11日，日本东海岸附近海域里氏8.8级地震及其引发的海啸，造成逾2.2万人遇难及失踪。地震除本身的破坏力外，还会造成滑坡、泥石流、堰塞湖等严重的次生灾害，甚至破坏许多极其珍贵的历史文物。

2．严重洪灾　在我国，因局部地区的集中长时间降雨所导致程度不等的洪涝灾害常有发生，主要集中在黄河流域、长江流域和淮河流域。如1997年7月3日至12日，山西省连续10天发生暴雨，受灾人数高达953万余人，死亡25人，受伤1067人。

3．低温雨雪冰冻灾害　其发生往往是出人意料的，如2008年1月，我国南方13个省份广大地域发生了百年未遇的严重低温雨雪冰冻灾害，交通、电力中断，造成了严重的经济损失，使广大群众的生命受到威胁。

4．台风　每年夏季，我国东南沿海地区均会遭受不同程度的台风侵袭，并出现不同程度的人员伤亡和财产损失。

5．高温中暑　随着全球气温的逐渐升高，尤其是我国的南方城市，以江苏南京为例，高温中暑的发生人数和重症中暑的死亡率在1988年分别为4500人和30.2%，在1994年分别为3000人和7.8%，在1995年分别为1016人和6.1%，近年来这些数字有明显减小趋势。

（二）人为灾害

1．交通事故　包括道路交通事故、列车重大事故、船舶事故和空难事故。就全世界而论，每年因交通事故而死亡者达70万人以上，受伤者则达1000万～1500万人。全世界每25s就有1人因交通事故而死亡，每1s就有1人因交通事故而受伤。我国近年来加强了交通管理，道路交通事故发生率有所下降。列车重大事故主要是由于客运列车脱轨、颠覆或两列列车迎面相撞等所致，多数情况下造成大量车内乘客、人员的伤亡，其影响力和危害极大。如1998年6月3日，从德国慕尼黑开往汉堡的威廉·康拉德·伦琴号列车在行驶40min后，因车轮外钢圈突然爆裂，导致车体分离、脱轨，共造成101人死亡，88人受伤；再如2011年7月23日晚发生在浙江温州境内的动车追尾事故，导致210人受伤，35人死亡。船舶事故一般是指在水上航行的船舶舰艇因触礁、碰撞、台风、翻船、失火、意外爆炸、有毒气体泄漏、人员坠海等情况引致的损伤或死亡。另外，空难事故（air disaster）是指飞机发生故障、遭遇自然灾害或其他意外事故所造成的灾难，也是威胁人类生命安全的重要杀手，如2002年5月7日发生在大连海域的"5·7"民航客机空难中死亡110人。导致空难或飞机失事的原因复杂，包括人为破坏、驾驶人员操作失误、恶劣的气象条件、机械故障等，其中以驾驶人员操作失误所致的空难事故多见。

2．火灾　我国灾害性的火灾时有发生。如2000年12月25日晚21时35分，河南省洛阳市老城区东都商厦的特大火灾事故，造成309人中毒及窒息死亡，7人受伤；2013年6月13日，吉林省德惠市米沙子镇宝源丰禽业有限公司火灾造成119人死亡。

3．矿难　每年矿难都要给我国造成重大的人员生命和财产的损失。矿难事故频发的原因主要包括部分乡镇小煤矿设备简陋、生产管理落后甚至违法经营生产，地方政府的监管不得力等。

4．暴力和恐怖袭击　世界卫生组织（WHO）报告，全世界每年因暴力致死者达160万人。世界范围内的最具代表性的恐怖袭击是2001年9月11日发生在美国纽约世界贸易中心和华盛顿五角大楼的恐怖袭击（"9·11事件"），死亡人数超过三千人。

5．群体中毒　群体中毒包括两种情况：一种是由犯罪分子投毒，造成一定地区的部分群众群体中毒；另一种是化工产品有毒气体的泄漏或爆炸事故后产生的有毒气体，危及事故现场及附近的群众，以第二种情况更为常见。

6．战争　战争是一种严重的人为灾害。自从和平与发展成为当今世界的主题，世界范围的全面战争已基本绝迹，但局部地区，尤其是中东地区的战火和种族冲突连年不断。如2003年3月20日爆发的伊拉克战争。

三、群体性灾难事故的分级

重大事故（tremendous accidents）是指会对职工、公众或环境以及生产设备造成即刻或延迟性严重危害的事故。根据《生产安全事故报告和调查处理条例》规定，按照事故造成的伤亡人数或者直接经济损失，将事故划分为特别重大事故、重大事故、较大事故和一般事故4个等级。具体分级如下：

1. 特别重大事故　指造成30人以上死亡，或者100人以上重伤，或者1亿元以上直接经济损失的事故。
2. 重大事故　指造成10人以上30人以下死亡，或者50人以上100人以下重伤，或者5000万元以上1亿元以下直接经济损失的事故。
3. 较大事故　指造成3人以上10人以下死亡，或者10人以上50人以下重伤，或者1000万元以上5000万元以下直接经济损失的事故。
4. 一般事故　指造成3人以下死亡，或者10人以下重伤，或者1000万元以下直接经济损失的事故。其中，事故造成的急性工业中毒的人数，也属于重伤的范围。

四、群体性灾难事故的应对

群体性灾难事故发生后需要多个部门和专业领域的人员和专家协作，共同处理和应对这种大规模人员伤亡的事件，并需要有应急处理和管理机构进行统一指挥和协调。灾难医学（disaster medicine）是在灾害事故中，大部分会因涉及人员的伤亡而必须迅速实施医疗救援，主要涉及急救医学、创伤外科学、危重病医学、卫生学、流行病学等。

目前，我国法医学工作还未真正被常规纳入群体性灾难事故中的应对和处理工作中，只是在一些重大人员伤亡事件中才有法医学工作者的参与，如死亡人数较多的空难、火灾、矿难等，而且主要是由公安机关的法医参与，工作内容主要涉及死因鉴定、伤残鉴定和个人识别。国际上，特别是美国在"9·11事件"发生后，政府除了认识到了多部门、多领域相互协调、相互支持和配合的重要性外，还专门将法医学纳入到灾难性人员重大伤亡事件的应急处理系统中，充分发挥法医学专业人员在个人识别、死亡原因鉴定中的独特作用，并与相关专业人员配合，在失踪人员搜寻、尸体发掘、尸体处理、防腐、防疫等方面发挥积极的作用，并提出参与应对将来可能发生的生物、化学或核武器恐怖袭击活动。为了妥善处理重大灾难事件中死难者遗体，在处理现场设立法医鉴定人办公室，并配备安装有特殊设备的车辆处理各种复杂事件，包括有害物质的污染、防护和尸体检验鉴定，以及重要物证的合理和长期保存；在涉及有害化学物或爆炸物引发的群体死亡事件中，警察和消防部门，包括有害物质处理专业队（hazardous material team，HAZMAT）被派到现场协助尸体挖掘工作，这些均为我国法医工作者提供了借鉴和经验参考。

（赵　锐）

第二节　群体性灾难事故的尸体特征与法医学鉴定

一、群体性灾难事故的现场勘验与调查

（一）现场勘查与调查的工作内容

对于群体性灾难事故的现场勘查往往由多部门、多种专业技术人员在统一部署和指挥下联

合进行。赶赴事发现场前，应尽快做好救援、勘查和检验的有关准备工作，对于不同类型的群体性灾难事故，应确立群体性灾难性事故的处理方案，进而在人员、设备、方法等方面予以筹备。进入现场后，应按步骤进行医疗救援、现场勘查、物证收集及事故原因调查。为高效、合理、快速地处理群体性灾难事故，我国对部分群体性灾难事故的现场勘查和调查制作了一系列的规则，如2009年5月1日，我国公安部颁布了第108号令，对火灾事故调查做出了详细的规定。规定要求，公安部和省级人民政府公安机关应当成立火灾事故调查专家组，协助调查复杂、疑难的火灾，公安机关消防机构制作火灾事故认定书。对涉及个体伤亡的事故现场勘查往往需要法医的参与。对群体性灾难事故的现场处理主要包括以下内容：

1. **现场勘查及收集物证** 针对群体性灾难事故救援和处理，法医学检验工作应有相应的应急预案。发生群体性灾难事件后，应及时了解事件种类、发生时间、地点、当时的天气状况、现场保护情况，遵循相应的现场勘查规则，制作现场勘验笔录、绘制现场图；收集有关资料；了解伤亡人数、性别、年龄、种族、国籍等情况；伤者是否已被送往救治，死者尸体是否已被移动等。在保护好现场后，法医及相关的专业技术人员应分组对现场进行勘查。进入现场后观察现场类型、范围及特点，注意伤亡人数及其分布特点。首先确认受害者是否存活，若未死亡，应立即就地抢救或送往医院救治。对尸体或人体器官组织残片的分布需要逐一定位和收集，并记录、描述和拍照等。尸体搬运和安置过程中应防止重要物证的遗失或破坏。保存尸体过程中要防止尸体腐败，并尽早进行尸体检验。

2. **尸体检验及个人识别** 群体性灾难事故后，尸体检验的主要目的是进行个人识别、死亡原因鉴定和辅助灾难事故原因的调查。国际刑警组织颁布的"大型灾难事故个体识别（disaster victim identification，DVI）指南"对灾难遇难者的个体识别提供了切实可行的建议，可通过建立灾难遇难者人体识别委员会，设立失踪人员部、搜救部、尸体检验部和个体识别部。结合国际刑警组织"灾难遇难者识别标准委员会"制定的一套个体识别的记录表格，我国结合本国的特点，也制定了一套记录表格，在进行群体性灾难事故尸体检验及个体识别时，需工作人员按照格式认真记录。

(1) 对于完整尸体，首先进行尸体编号、登记，对于破坏严重的尸体、尸块，应将所收集到的尸块按照解剖部位进行合并查对。尸块难以合并时，应将不同的尸块分别包装、编号存放，并绘制简图标明发现地点，这对于航空事故及爆炸案件的原因调查尤为重要。

(2) 应详细记载容貌、明显体征（如缺指、手术或损伤后的皮肤瘢痕、文身、色素斑、义齿等）和个人遗物、尸体上佩戴的各类饰品，仔细检查死者的衣着、衣裤兜内的证件、物品，填写遇难者识别表（表8-1）和遇难者检验信息登记表（表8-2）。同时，需请死者家属或亲属提供有关死者个体特征性情况，填写失踪人员调查表（表8-3），以便同一认定，查明死者身份。

(3) 按标准有秩序地进行尸体检验，针对大多数群体性灾难事故的尸体，需行体表检验，详细记录体表所见、个体特征及损伤所见；必要时进行尸体解剖，填写遇难者尸体解剖记录（表8-4）。

(4) 保存较为完整的尸体，特别是面部个人特征尚未毁坏者，可通过家人或亲属直接进行辨认，还可结合访问伤员、同行或同住人员、家属、家长、教师，由他们分别对尸体进行辨认；如果尸体破坏严重，无法通过面部特征加以辨认，或尸体已严重肢解成碎尸，则需要提取肌肉、肋软骨或其他组织进行DNA检验。对于已经白骨化的尸体，可应用法医人类学方法、法医齿科学方法和放射影像学方法进行年龄、性别、身高等个人特征的推荐，进行同一认定。必要时提取骨髓进行DNA检验。DNA分析检验技术在确认、查找遇难者身源，核定破碎、游离组织块归属均具有重要的意义，在群体性灾难事件发生后，工作人员要认真登记"利用DNA检验技术查找遇难人员申请表"（表8-5）和"失踪者亲属样本登记表"（表8-6）以便家属对遗体进行认领和确认死者的身份。

（5）可根据事件性质和尸体保存完好性的不同，提取血液、尿液、玻璃体液、肝或其他组织，以及现场其他物证检材进行毒物筛查或有方向性地进行特定毒物的定性、定量分析。

3．原因调查及性质认定　事故发生后，需要多名专家、综合多方面知识来认定事故性质、分析事故原因。在群体性灾难事件的原因分析中，确定所涉及个体的损伤程度和损伤方式，对于认定事故性质、判定事故责任有重要意义。如地震灾害中可区分地震损伤与高坠损伤；通过现场勘查，寻找重要物证的分布及状态，也对事件原因的认定提供重要佐证；如可通过分析现场是否存在多个起火点、助燃剂的痕迹（汽油等）、门窗和天花板被人为破坏（创造通风环境）等情况分析火灾事故及个体的死亡性质。

4．善后工作　民政部门、医疗部门、公安部门、当地政府及家属做好善后工作，处理尸体要尊重民族风俗，亲属意愿，填写遇难人员亲属辨认确认遗体身份登记表（表8-7）并要求家属在对尸体、遗留物认领表及尸体处理协议书上签字，以免因尸体处理不当，激化矛盾。

表8-1　遇难者识别表

编号		（遇难者照片）	辨认结果	已辨认、未辨认
遇难者姓名			检验者	
			复验者	

遇难日期　　　　　　　　　　　　地址

Ⅰ 发现时间			尸体在失事地点的位置		
性别（男、女）		大致年龄	身高	肤色	血型
体态（胖、中、瘦）		虹膜颜色	头发颜色和特征（染色、长、短、直发、卷发、谢顶、秃顶）		
Ⅱ 衣着情况（颜色、质地、式样、商标、附件等）					
Ⅲ 遗物（珠宝、货币、信件、手表、项链等）			证件（工作证、身份证、护照等）		
			捺印指纹者签名		
			鉴定结果		
			鉴定者签名		
Ⅳ 牙齿情况（颜色、排列情况、大小、义齿、龋齿等）					
Ⅴ 体貌特征（面貌特征及文身、痣、疣、瘢痕、畸形等）					
Ⅵ 损伤情况			死亡原因		
Ⅶ 亲友辨认根据			辩认者签名及单位或住址		

第八章　群体性灾难事故的法医学鉴定

表8-2　遇难者检验信息登记表

编号		性别（男、女）	
尸体来源			
年龄（婴幼儿、少年、成年、老年）			
死亡原因			
重要遗物（项链、戒指、手镯、证件、钱包、手机、其他）			
检材提取（血液、肌肉、软骨、指甲、牙齿、长骨）			
检材处理	保存情况		
	送检情况		
检验人签名		检验时间	年　月　日
备注			

表8-3　失踪人员调查表

姓名		性别		身高		体态		体重	
出生年月						单位/住址			
Ⅰ 头发颜色和特征	颜色　发型（长、短、直、卷、谢顶、秃顶）								
Ⅱ 面部特征						面部或生活照片			
Ⅲ 牙齿情况	颜色、排列情况、大小、义齿、龋齿等								
Ⅳ 体貌特征	有无特征体征（文身、痣、疣、瘢痕、畸形、手术、接种等）								
Ⅴ 衣着情况	颜色、质地、样式、商标、附件等								
Ⅵ 遗物证件	珠宝、货币、信件、手表、项链、工作证、身份证、护照等								
Ⅶ 提供者									

表8-4　遇难者尸体解剖记录表

体重		提取检材（心血、肝、尿、肌肉、胃内容等）	
解剖所见（头、颈、胸、腹、四肢等）			
解剖日期　　　　解剖者　　　　记录者			

第八章　群体性灾难事故的法医学鉴定

表8-5　利用DNA检验技术查找遇难人员申请表

受理单位				受理编号	
申请人	姓名		性别		申请时间	
	证件名称和号码			联系电话	
	地址			邮编	
遇难人员基本信息	姓名	.	性别		年龄	
	遇难地点					
	其他信息	重要遗物				
		其他个体特征				
受理单位的声明	1. 遇难人员亲属血样采集范围为遇难人员的父亲、母亲、配偶、子女，认真填写此表后，严格按照血样采集的有关规定进行亲属血样等生物学样本的采集。 2. 此表由遇难人员亲属代表填写，一个遇难者只能填写一张表格。不得在不同单位对同一遇难人员提出查找申请。 3. 家属能确认遇难地点，但公安机关在该地段为提取到遇难遗体生物学检材的，暂不符合查找条件，建议通过其他方式查找。 4. 未知名遇难人员亲属血样采集范围为遇难人员的亲生父亲、母亲、子女及配偶。 亲属签字：　　　　　　　　　　　　　　　　　　　　　　　　　　　　　　年　月　日					

表8-6　失踪者亲属样本登记表

编号						
失踪人信息						
姓名		性别	□男　□女	年龄		
可能遇难地点						
身高		特征描述				
亲属信息						
姓名（1）		性别		与失踪者关系		
姓名（2）		性别		与失踪者关系		
姓名（3）		性别		与失踪者关系		
姓名（4）		性别		与失踪者关系		
其他信息						
联系人		通信地址		联系电话		
采集人		采集单位		采集时间		年　月　日
备注						

第八章　群体性灾难事故的法医学鉴定

表8-7　遇难人员亲属辨认确认遗体身份登记表

受理单位				受理编号		
辨认人之一	姓名			申请时间		
	证件名称和号码			联系电话		
	地址			邮编		
辨认人之二	姓名			申请时间		
	证件名称和号码			联系电话		
	地址			邮编		
遇难人员基本信息	姓名		性别		年龄	
	遇难地点					
	辨认条件	重要遗物				
		其他个体特征				
确认声明	上述辨认人_____、_____经过对公安机关提供的未知名遗体的有关技术资料进行检索辨认，认为_____市_____县_____镇_____村（街道）发现的编号为_____的遇难人员遗体身份系姓名_____，性别_____，年龄_____，住址_____，与辨认人关系为_____。					
	亲属签字： 　　　年　　月　　日			受理单位（印）： 　　　年　　月　　日		

（二）现场勘查与调查的注意事项

1．重大事故现场中因死亡人数多，工作量大，需要多个部门密切配合、协作进行工作，法医检验时要统一组织安排，分工合作，服从现场的统一指挥。应当充分估计死伤人数，应迅速组织力量相当的法医、技术人员参加现场勘查。

2．尸体、遗留物编号检验工作要仔细、全面，一次完成，避免重复和遗漏。对尸体分别拍照、录像、指纹提取，仔细检查衣服（包括夹层），做到尸体、遗留物、照片、检材、骨灰、坟地编号统一，不重复。对所检验尸体按死亡时间分别提取血纱、肌肉、肋软骨、牙齿、长骨等生物检材，按规定保存、及时送检，毕竟高温、遗体被水浸泡和微生物侵染等因素会造成DNA降解，从而影响DNA的检验结果，如涉及人体碎片组织的收集应尽早完成，以防因组织腐败导致DNA破坏、碎断。对保存沾染血液的衣物时，首先要使血迹干燥，再放入物证袋内保存。

3．重大事故所造成的群体性伤亡事件情况复杂，不同人员在事件发生前所处的方位不同，身体所处的状态也不同，每个个体损伤情况不一，死因可能各异，需注意检验损伤的种类、部位，分析致伤方式和原因等。

二、群体性灾难事故的尸体特征

不同种类的群体性灾难事故由于事故原因的不同，所造成的人体伤害也存在差异，因此也表现出不同的尸体特征，在法医学检验的过程中需要加以甄别。

（一）交通事故的尸体特征

交通伤的发生过程和导致人体伤害的具体原因复杂多变，损伤类型也多种多样，列车事故损伤绝大多数为机械性损伤，可因多方面因素造成人体多发性、复合性损伤，多表现为体表损伤相对较轻，内部损伤严重的特点。交通事故中常见的尸体特征主要包括以下几种类型：

1．撞击伤　当高速行驶的车辆突然刹车减速，或与对面车辆或物体相撞，车内人员因惯性运动，可与车内的物体相撞，造成减速性损伤，多表现为钝性损伤和闭合性损伤，包括多发性皮肤擦伤、软组织挫伤、颅脑损伤、骨折，甚至内部器官破裂，还可因颈部过度屈曲或伸展，形成挥鞭样损伤。在交通事故中，司机和乘员使用安全带时还可产生安全带损伤。

2．摔跌伤　当人体撞击车内物体后，可因反弹作用使人体再次摔跌，造成二次损伤，甚至人体被抛出车厢外，形成坠落伤（摔跌伤）。摔跌伤的程度与人体在发生事故时的体位（站立、坐或卧）及其周围物体的情况等因素有关。

3．挤压伤　当车辆发生事故后，由于车体结构严重扭曲、变形，以及车内人员的相互挤压、踩踏等可导致挤压伤。

4．砸击伤　因车辆突然制动、翻滚或脱离行驶路线等，导致车体严重变形，使车内可移动物体，如行李、车内构件等脱落砸击人体，造成钝力性损伤。

5．碾轧（压）伤　车轮碾轧、挤压人体所致损伤，轻者可致皮下软组织损伤，重者可导致严重的组织撕脱、骨折、离断等。

6．烧伤　交通事故中，由热力所引起的皮肤和组织损伤，包括事故后车辆起火，引起车内人员的烧伤，甚至烧死；也包括其他一些物理因素（如电流）或化学因素（如酸、碱等）引起的损伤。

7．爆炸伤　指在交通事故中，因发生爆炸而引起人员的相应损伤，主要是冲击波和继发投射物所致的损伤。

8．溺水　如果肇事车辆坠入江河中，还可发生溺死。

（二）空难事故的尸体特征

飞机失事或空难事故所致的人体损伤一般具有严重的多发性头部损伤，广泛而严重的软组织及器官损伤，损伤类型复杂等特点。飞机失事中人体所遭受的损伤主要有以下几种类型。

1．机械性损伤　主要是由机械性外力、高坠与弹射和爆炸等因素导致的损伤，包括飞机突然减速时人体与机内物体撞击直接造成的损伤、头部撞击物体后引起的颈部损伤或膝盖撞击后造成股骨头损伤等间接性损伤；撞击瞬间人体被固定的部位，如躯干与肢体分离，心脏与大动脉离断等。高坠性损伤主要见于飞机在空中解体后，人体脱离飞机形成的损伤。爆炸性损伤主要见于飞行过程中人为破坏所致炸药爆炸及飞机撞击物体后发生的物理性爆炸造成的损伤，可造成人体结构的严重毁损。

2．烧伤　飞机失事时引起的爆炸、和燃料泄漏起火常造成人体不同程度的烧伤。飞机燃烧后，机内大量的化学材料燃烧所释放的大量有毒气体，如碳氧化合物、氰化物等还可造成人体中毒。

3．低压和低温性损伤　飞机失事时，由于机舱内环境的突然变化，人体受缺氧、低温、减压等因素的作用，可形成相应的损伤和损害。

4．其他损伤　飞机失事后，人体被抛出机体外侧，由于后续救援车辆及其他灭火等化学物质的应用，可由救援车辆导致交通损伤，如撞击、碾压等损伤，还可以由灭火等化学物质导致窒息、吸入或中毒等死亡。

（三）地震遇难人员的尸体特征

地震事故中遇难人员主要死亡原因为挤压伤及窒息死亡。受撞击、挤压越重，掩埋越久，死亡率越高。据国内外统计，地震创伤类型大致相同，主要有以下几种：

1. **机械性损伤** 地震引起建筑物坍塌,导致人体出现各种机械性损伤,如挤压伤、高坠伤等。挤压伤常伴有明显骨折和软组织损伤,胸、腹腔、内脏破裂,肢体残缺、离断,甚至颅脑损伤、分离。此类损伤在现场挖掘出的死亡人员中较多见。据文献统计,在地震创伤中,四肢远端骨折及软组织伤最常见,占60%~70%,其次是脊柱损伤,胸廓、腹部损伤也较常见,骨盆及头颅损伤较少,但是伤情多较严重。高坠伤在地震灾害事件中也比较多见,损伤形态和程度受坠落高度、体重、坠落过程中有无阻挡物、人体的着地方式和部位、接触地面和其他物体的形状等因素的影响。

2. **机械性窒息** 地震引起山体滑坡,出现山崩、滑坡、泥石流等,掩埋个体可导致机械性窒息。窒息死亡人员中外伤不明显,常伴有颜面肿胀、青紫,呕吐物附着,口部有白色泡沫。

3. **完全性饥饿** 是由于被困于倒塌的楼房中或塌方的矿井下,长时间断水断食,体力消耗过大,全身极度衰竭,进而导致死亡。尸体缺乏可以说明死因的机械性损伤和窒息的典型特征,但可检见身体处于极度消耗状态、胃内空虚、周身水肿等所见。

4. **其他** 地震时大地颤抖,路面出现裂缝、凹陷,也可引发交通事故致人死亡;地震还可引起火灾、水灾、瘟疫流行导致死亡;还可由蛇、狗、昆虫咬上导致中毒死亡。

(四) 大型矿难的尸体特征

矿山生产多是井下作业,自然条件复杂,可导致如塌方、冒顶、片帮、跑车、礅罐、瓦斯爆炸、电缆失火、透水等事故。矿难创伤具有发生率高、死亡率高、致残率高、多发伤多、合并症多的"三高两多"的特点。由于矿难事故发生后的井下救援工作难度大,部分挖掘出来的尸体可呈高度腐败状,但矿难事故中的尸体大多完整。不同原因所致的矿难导致死亡的尸体常表现出以下特点:

1. 井下冒顶、片帮、塌方等作用于身体多个部位,会造成头部、腹部或下肢损伤以及煤车撞挤伤或机器绞伤;伤员身体的邻近部位遭受连续的或反复的外力可同时造成多部位的复合型损伤,多表现为钝器伤的特点。

2. 瓦斯、煤尘爆炸导致矿难,可出现高压气流引起的人体冲击伤、高温所致的灼伤(烧伤)、个体因吸入燃烧、爆炸产生的高浓度 CO 等有毒有害气体导致窒息、中毒以及其他外力所造成的复合性损伤。

3. 雷管爆破也是造成矿难创伤甚至死亡的一个重要因素。其特点是受伤部位广泛,以人体暴露部分为主要受伤部位,受伤部位出血多、创面不整齐、创面内异物较多。

4. 矿井下透水事故常导致井下工人溺水死亡。

(五) 火灾事故的尸体特征

火灾事故的尸体呈现烧伤的特征。高温作用于人体,可以使蛋白质凝固,脱水炭化,因此大型火灾现场的尸体呈现炭化性烧伤,另外,除了高温之外,高热休克、窒息、吸入有毒气体、继发性损伤等都可能是致死原因。火灾事故的尸体特征如下:

1. **外表特征** 火灾现场的尸体呈现一度~四度烧伤特征。在火灾中迅速死亡者,皮肤呈凝固性坏死,半透明痂皮状。可出现睫毛征候。死者的皮肤会剧烈收缩,与皮下组织分离,呈直线状裂开。死者的四肢大关节呈屈曲状态,表现为斗拳姿势。另外,火灾现场的尸体可伴有一定程度的燃烧坠落物或坍塌物所致的机械性损伤。

2. **体内特征** 死者的呼吸道(鼻腔、咽、喉、气管、支气管)及消化道(食管、胃、十二指肠)内可检见烟灰炭末;咽、喉、气管、支气管因高热气体的吸入出现黏膜充血、水肿、坏死;双肺呈热作用呼吸道综合征表现。另外,死者的心血中可检见较高浓度的碳氧血红蛋白和有毒气体成分。

(六) 海难事故的尸体特征

海难事故遇难者遗体数量众多,相对于空难、爆炸、火灾等事故遗体的保存完好,大部分个体的死亡原因为溺死。尸体常常缺乏机械性损伤的形态学所见，可表现为口鼻部蕈样泡沫、水性肺气肿、呼吸道及消化道内存在溺液、手中抓有异物等，在水中浸泡还可出现皮肤的鹅皮样外观和手足部皮肤皱缩（洗衣妇手）等。部分尸体可存在水中动物对尸体的破坏和入水后的继发性机械性损伤等所见。

三、群体性灾难事故的法医学鉴定

法医学检验对于群体性灾难事故的救援和善后处理有着不可替代的作用，包括尸体检验、检材提取等，进而进行个人识别、确定死亡原因、推断死亡时间和判定损伤性质，并协助查明事故原因和处理善后事宜。

1．死亡者个人识别　通过对尸体的体表及解剖检验，对死者容貌、明显体征、个人物品等进行详细的检查，对死者及现场组织块的 DNA 进行分析检验，对骨骼及牙齿磨合度的检查等，确定死者身源。为死者家属、亲属、朋友的认领和对财产的继承、保险赔偿金等问题的解决提供准确的医学证据。

2．死亡原因鉴定　根据对事故的现场勘验、尸体表现和解剖发现，结合事故的不同种类特点，一般死亡原因鉴定并不困难，其重要的是做好记录、拍照，不遗漏对个体特征的检查和发现，对尸检号这个代表某个体的唯一性标识，要体现在每张照片中。总之，对灾害事故的死因鉴定，不可脱离事故发生情况、现场勘验结果以及其他相关资料而单独得出。

3．死亡时间推断　有些情况下，需要通过死亡时间推断，判断死者在灾难事件发生后存活的时间，也可用于判断搜索和救援行动是否有延误。

4．判定损伤和灾难的性质　法医通过对群体灾难性事件中个体损伤的检查和死亡尸体的检验，确定损伤的类型，分析损伤的性质，特别是判定否存在非事故性暴力损伤的存在，也为灾难性质的调查和判定提供科学证据。

5．协助确定灾难、事故的原因　通过对尸体的解剖、检验和死亡原因的鉴定，查找遗留在尸体内的异物，如爆炸物碎片、炸药残留物、有毒物质等有助于分析、确定灾难事件发生的原因。根据人体损伤形态特征和分布特点，结合案情、现场勘查及辅助检验结果进而分析事件的性质。在空难事故中，准确细致的检验飞机失事所致的人体损伤类型与特点，常有助于飞机失事经过的重建、失事原因的判断。如在所有遇难者肺部发现吸入的水，说明遇难者在飞机坠入大海之中还活着，这样调查人员就能推断客机整体坠海；如果失事飞机上曾发生过爆炸，遇难者会有一些明显的爆炸伤、冲击波损伤，如眼底出血、耳膜穿孔等；通过对烧伤痕迹的检验和死者心血中 CO 浓度的检测，判断是否发生燃烧；另外，如能确定遗体的身份，借助于航空公司关于乘客在航班座位的信息，可进行空中复位。假如发生燃烧、爆炸，借助不同位置乘客的伤痕，能判断燃烧、爆炸的中心点（见案例分析），这对于事故调查意义重大。

【案例分析】

2002 年 5 月 7 日，中国某航空公司客机从北京飞往大连时，在大连机场东侧约 20 千米的海面失事，机上 112 人全部遇难。事故发生后，法医专家调查组立刻成立，根据提供的现场照片和尸检报告，结果发现从遇难者张某开始，他四周的死者烧伤涅度由强到弱，这个通过法医的专业知识才能获得细微变化特征，给出了一个提示，张某这里可能是一个起火点。进一步的事故调查支持了这个猜想，飞机是因人为纵火引发的失事。起火点在张某所在的位置。

6．其他　协助进行伤亡人员的搜寻、尸体防腐处理、现场防疫等工作。

四、群体灾难性事故救援和处理中法医工作的具体做法

群体灾难性，事故调查组往往要求法医快速、高效和规范化地完成尸体检验、物证采集和检测工作，因此，法医在工作前要进行认真的研究讨论，对尸体检验、检材提取、尸体遗留物的收集与保管等逐一布置，统一标准，以保证后期尸体辨认、DNA 检验工作的顺利进行。对遇难人员多的群体灾难性事故，一般要求抽调足够的法医技术人员，保证工作的高效性。

具体做法建议如下：

1．成立法医检验工作领导小组，负责指挥、协调、信息汇总和上报工作。
2．成立检验小组，负责尸体的检验。
3．设立物品保管小组，负责收集、登记、保管死者物品和现场的其他物证；死者物品在家属辨认后要移交，现场的其他物证有可能帮助查明事故原因，要保管好并移交有关部门。
4．设立尸体辨认小组，选派有经验的法医到集中存放尸体的现场办公，负责根据领导小组汇总后提供的辨认照片和遇难者情况登记表组织家属辨认，并协助尸体的后续处理。

（赵 锐）

第三节 恐怖袭击事件的尸体特征与法医学鉴定

恐怖袭击在人类社会已经肆虐了两千余年，"恐怖主义"概念的正式使用也已经有两百余年的历史。恐怖袭击是指极端分子（或称恐怖分子）人为制造的针对但不仅限于平民及民用设施的不符合国际道义的攻击方式。恐怖袭击会造成人员伤亡、财产损失、社会公众极度恐慌，引发社会动荡，是公认的反社会、反人类的罪恶活动。恐怖袭击事件一般具备三个基本的要素：①利用非法暴力手段，实施突然的袭击；②针对普通的民众，滥杀无辜；③有一定的组织，为达到某种政治目的。

常见恐怖袭击手段包括常规手段和非常规手段。常规手段包括①爆炸，包括炸弹爆炸、汽车炸弹爆炸、自杀性人体炸弹爆炸等；②枪击，包括手枪射击、制式步枪或冲锋枪射击等；③劫持，包括劫持人，劫持车、船、飞机等；④纵火。非常规手段包括①核与辐射恐怖袭击；②生物恐怖袭击，利用有害生物或有害生物产品侵害人、农作物、家畜等；③化学恐怖袭击，利用有毒、有害化学物质侵害人、城市重要基础设施、食品与饮用水等；④网络恐怖袭击活动，利用网络散布恐怖袭击、组织恐怖活动、攻击电脑程序和信息系统等。

一、恐怖袭击事件的现场调查

2008 年 7 月 17 日，我国公安部反恐怖局印发了《公民防范恐怖袭击手册》，指导公民如何及时发现和规避恐怖袭击带来的危险，其包括了如何应对爆炸、纵火、枪击、劫持，甚至化学、生物和辐射等恐怖活动，同时也提供了紧急情况下如何进行自救互救，如何识别可疑爆炸物等具体可行的措施。

（一）突发恐怖袭击事件的现场处理

突发恐怖袭击事件发生后，各有关单位要紧密结合工作实际，充分发挥各自的职能作用，迅速调集警力、救护、卫生防疫、消防等专业人员赶赴现场，在指挥部的统一领导下，全面开展好排除险情、抢救伤员、保护财产、现场勘查、信息控制等各项工作，努力减少恐怖事件所造成的人员和财产损失，全力消除社会负面影响。

（二）生物恐怖袭击事件的现场处理

美国疾病控制预防中心将针对美国公民的撒播病毒、细菌，以及其他毒素的故意行为定义

为生物恐怖袭击。除了一般的空气悬雾状传播以外，食物、饮水或昆虫都有可能是生物武器的传播工具。公共卫生官员必须准备向公众发布各种生物制剂，包括一些在美国很少见的病源。

根据危险性由大至小的顺序，将生物制剂分成 A、B、C 三大类：

A 类：包括天花、炭疽杆菌、鼠疫、肉毒杆菌、土拉热杆菌、出血热。

B 类：包括伯纳特立克次体、布氏杆菌、马鼻疽、α 病毒（脑脊髓炎）、蓖麻毒素、梭状芽孢杆菌 ε 毒素、葡萄球菌、沙门菌、痢疾杆菌、大肠杆菌 O157:H7、霍乱弧菌、小球隐孢子虫（Cryptosporidium parvum）。

C 类：包括 Nipah 病毒、汉坦病毒、蜱传出血热、蜱传脑炎病毒、黄热病毒、多抗药性的结核杆菌。

面临生物和化学恐怖袭击事件时，现场人员，主要是应急救援人员（第一反应者）首先面临的最重要工作是对最初的现场状况和救援形势进行尽可能充分的评估，并对现场形势的发展进行适当控制，防止危害扩大，维持现场秩序。2007 年，美国疾病控制预防中心制订了一份全面的计划指南，其中《应对生物恐怖袭击的计划指南》是其重要部分，内容涉及生物恐怖的各个方面，是应对生物恐怖的指导性文件。我国可以参照该计划指南，并结合本国国情及案件的具体情况，科学、客观地做出相应的应对生物恐怖袭击事件的处理意见。

二、恐怖袭击事件相关的法医学任务

对于可疑使用化学性或生物性武器实施的恐怖活动导致人员死亡的案件，通过尸体检验，结合毒物分析、微生物学检查等为有关部门及时采取相应的预防性措施提供依据。

（一）生物恐怖袭击事件所致损伤的特征及法医的工作内容

恐怖袭击的形式多种多样，根据恐怖袭击事件的性质及采用的暴力手段的不同，事件发现现场尸体的特征也存在差异性表现。纵观历史发展，恐怖袭击多采用炸弹袭击，因此现场尸体多呈现爆炸伤和烧伤的特征。如果采用杀人、攻击等暴力行为，现场尸体可表现出相应的机械性损伤和枪弹伤的特征。利用生物和化学武器所致的恐怖袭击，现场尸体多呈中毒尸体的常规所见，暴露部位皮肤及黏膜可出现不同程度的损伤，伴有或不伴有其他部位的不同程度的机械性损伤。

爆炸事件对人体的伤害由于爆炸事件中爆炸物的品种、性能、数量不同，加上人体与爆炸源距离、现场条件不同，爆炸对人体造成的伤害呈现多种多样的特征。根据爆炸伤形成原因，可分为两类：一是爆炸力直接作用伤，指由爆炸产生的高温高压气体和高速飞散的各种碎片引起的损伤，如炸碎伤、炸烧伤等；二是爆炸力间接作用伤，是指爆炸时空气冲击波作用于建筑物，引起门窗玻璃和物件破碎、房屋倒塌等造成的损伤，如抛坠伤、压伤，或由于人群拥挤造成的踩踏伤等。爆炸伤依据其性状可分为炸碎伤、炸裂伤、炸烧伤、超压伤、弹片伤、抛射伤、抛坠伤、摔伤、压伤、踩伤等。通常在一个受伤人体或尸体上会出现多种爆炸伤。

生物制剂可以通过多种途径侵入人体：经呼吸道吸入（如肺鼠疫、天花）、经消化道食入（如霍乱、伤寒、肉毒毒素、葡萄球菌肠毒素）、经皮肤及黏膜破损处侵入（如炭疽）、经虫媒叮咬侵入人体（如鼠疫、兔热病、黄热病、森林脑炎等），导致感染人体发病。疾病生物恐怖袭击对人体的伤害主要表现为感染和中毒症状，在染毒的部位引起刺激症状；被人体吸收后，则引起全身中毒症状。以常用的芥子气和路易氏剂中毒为例，三要症状表现如下：①皮肤损伤，皮肤接触液滴态毒剂后，经一定的潜伏期，可表现为局部皮肤红斑、水肿，伴有灼痛，而后水肿边缘出现水疱，水疱破后形成糜烂或溃疡。皮肤接触芥子气蒸气态后一般只出现红斑，很少形成水疱或糜烂。②眼损伤，皮肤糜烂性毒剂可引起不同程度的结膜炎、角膜炎，使眼部产生灼热感、异物感，出现疼痛、流泪、畏光、结膜充血、水肿等症状，甚至引起角膜混浊和溃疡。③呼吸道中毒症状，蒸气态或气溶胶态毒剂侵入人体，经一定潜伏期后，引起感冒样症状，有鼻喉部灼热、流涕、咳嗽、喉痛、声嘶、胸骨后痛等症状；严重者可导致呼吸困难、气管内形成假膜，假膜脱落堵塞气管或喉头水肿时可造成窒息死亡。④胃肠道中毒症状，误食毒剂后，可引起恶心、呕吐、腹痛、腹泻，严重者可有便血；舌和口腔黏膜有充血、水肿、溃疡。⑤全身吸收中毒症状，人体吸收毒剂后可出现头痛、头晕、乏力、发热、烦躁不安等症状，严重者可发生抽搐及昏迷、甚至死亡。

法医的工作内容除通过尸体检验和相关物证的收集、检验等工作，进行死亡原因判定、死亡时间推断，还包括个体识别、为案件性质的判定提供科学依据、帮助遗体及现场遗留物的处理、认领及其他善后事宜。

（二）生物恐怖袭击事件中检材的采集、送检注意事项

生物恐怖袭击具有致病性和传染性强、种类和致病途径多样、面积效应、危害时间长、不易侦察发现、具有生物专一性等特点，但其也受自然条件、社会因素的制约。因此在样本采集、送检需十分注意。

1. 收集物证之前，应穿防护服、靴、手套，戴防毒面具或口罩；采样时，不得用手直接接触标本；采样后，应对所用服装和工具等进行消毒处理，并进行个人卫生处理和接受医学观察。

2. 采样应及时、准确。采集外界标本时要遵循先动后静（先采集气溶胶云团、昆虫等，后采集容器、杂物等物品）、先近后远（就距袭击点的远近而言）和先密后疏的原则。空气标本应在4h以内采集；地面标本应在污染区消毒、杀虫及灭鼠之前采集；患者标本应在使用抗菌药物之前采集；尸体标本应在病死后10h以内采集。

3. 盛标本的容器应经过蒸煮并保持干燥清洁，注明采集地点、采集时间、标本数量、采集人姓名和单位等。

4. 为防止标本变质，应立即送检。送检标本应低温冷藏或放在阴凉处；有些标本应加保存液，如疑似霍乱患者的吐泻物，可用碱性蛋白胨水保存；病毒、立克次体标本可用50%中性甘油生理盐水保存；病理标本应浸泡在10%甲醛溶液中。

5. 应将标本严密包装，专人后送，以防止扩大传染。

（赵　锐）

思考题

1. 导致群体性灾难的原因有哪些？
2. 简要说明群体性死亡事件中法医工作的目的及重要性。
3. 发生群体性伤亡事件后进行现场勘查与物证收集的注意事项有哪些？
4. 发生群体性伤亡事件现场中法医的工作内容及意义是什么？
5. 生物武器的实质是什么？如何进行生物恐怖袭击的现场处理？

第九章 中　毒

第一节　概　述

中毒严重危害人们的身心健康，同时也给社会、经济、政治带来负面影响，因而中毒及中毒致死案例的法医学鉴定备受关注。近年来，全球经济的飞速发展和科学技术的不断进步，为法医毒理学的学科发展提供了良好的条件，但同时也给中毒的法医学检验和鉴定提出了新的挑战和任务。作为临床医学工作者，正确认识毒物的毒作用、中毒症状，避免误诊，了解中毒尸体的法医学检查、毒物化验检材的采取、保存和送检，意义重大。

毒物（poison，toxicant）是指在一定条件下以较小剂量进入生物体后，可与生物体之间相互作用，从而引起生物体器官组织功能性和（或）器质性损害的化学物质。毒物与非毒物之间并无绝对的界限，区别在于剂量和使用方法有所不同。生物体由于毒物的作用引起功能性和（或）器质性改变而出现的疾病状态称为中毒（poisoning，intoxication），因此致死者被称为中毒死。

一、中毒的发生条件

众所周知，并非所有毒物进入机体后都能引起中毒。同一中毒事件中，不同的人中毒表现常不同，中毒症状也轻重不一，有的中毒死亡，有的可能并无明显中毒症状，其原因在于毒物毒性作用的发生有一定的条件。中毒发生的条件可以分为两大类。

（一）毒物本身的因素

1. **毒物的剂量**　毒物毒作用的强弱通常与其进入体内的剂量呈正相关，即常说的剂量-效应关系（dose-effect relationship）。进入体内的毒物剂量越大，毒物毒作用就越强，中毒症状也会越重。注意毒物剂量是进入机体血液循环的量，而非口服量。

2. **毒物的理化性状**　该因素决定毒物被机体吸收的量和速度，从而影响毒效应的强弱和起效速度。毒物有固态、液态和气态三种。气态毒物进入呼吸道后很容易透过总面积很大的肺泡膜，迅速弥散入血液循环中，故气态毒物毒作用发生很快且强。液态毒物有水溶性和脂溶性之分，一般易透过皮肤和黏膜被吸收入血，故其毒作用发生较迅速且严重。固态毒物溶解性不同，其毒作用发生的快慢和强弱差异很大，溶解性越高，则毒作用发生越快越显著。酸性、碱性或脂性溶液环境，可以影响固态毒物的溶解性。

3. **毒物进入机体的途径**　毒物进入机体的途径不同，吸收速度也不同，其顺序一般为：心血管内注射＞呼吸道吸入＞腹腔注射＞肌内注射＞皮下注射＞口服＞直肠灌注。

4. **毒物的相互作用**　两种或两种以上毒物同时或先后作用于机体，并相互影响它们对机体的毒作用，称为毒物的相互作用，大致可以分为联合作用和拮抗作用。联合作用中有4种情况：①独立作用（independent effect）指两种或两种以上的毒物同时或先后作用于机体，由于其各自毒作用的受体、部位、靶器官等不同，且所引起的生物学效应也不相互干扰，从而表现为各毒物的各自毒效应。②相加作用（additive effect）指两种毒物联合作用时的毒作用为各单项毒物毒性的总和。可简单理解为1+1=2的关系。这类毒物的化学结构多数比较近似，或属同系化学物，或毒作用相似，或作用于同一器官、系统。③协同作用（synergistic effect）指同时接触两种有类似毒性效应的毒物时，其毒作用超过两者分别作用之和。可简单理解为1+1

＞2的关系。④增毒作用（potentiation）指一种化学物本身并无某种毒性效应，但当其与另一化学物同时给予时，可使另一化学物的毒性增强。可简单理解为1+0＞1的关系。

拮抗作用（antagonistic effect）指两种毒物作用于机体时，一种毒物干扰另一种毒物的毒性，使其毒性减弱，或者是两种毒物彼此干扰使对方的毒性作用减弱，所产生的毒性效应低于各个毒物单独毒性效应的总和。可简单理解为1+1＜2的关系。

法医学实践中，联合中毒的案例时有发生，其法医学意义在于进入体内的单独一种毒物的剂量虽没达到中毒致死量，但两种有协同作用的毒物同时或先后进入体内时则能引起中毒或死亡。

5．毒物性状的变化　一般化学性质不稳定的毒物经过较长时间的存放，毒性均会减低。如氰化物可因与空气中的二氧化碳结合，部分变为无毒的碳酸盐而降低毒性；挥发性毒物因自然挥发而毒性变弱。但有时毒性较低的毒物如甘汞（$HgCl$）可氧化成毒性大的升汞（$HgCl_2$）；多种气体在紫外线下相互作用，形成毒性比单一气体大的光化学烟雾。

（二）机体的因素

1．年龄　一般来说，儿童和老人由于其生理特点，往往较年轻人易于中毒，且中毒程度和后果也相对较严重，往往在低于一般中毒致死量或中毒致死血浓度的情况下发生中毒或死亡。

2．体重　体重越大者所需中毒的毒物量越大。

3．性别　妇女在妊娠、哺乳或月经期时对毒物较敏感，反应也强烈。

4．健康状态　有潜在性疾病的人抵抗力下降，尤其是心、肝、肾存在病变时，更容易发生中毒且后果严重。患有心血管疾病者可因血液循环障碍而使毒物在体内存留时间延长，或因而对某些毒（药）物（尤其是作用心血管系统的毒物）的敏感性增强而易于中毒；而肝、肾是毒物代谢和排泄的重要器官，如果有疾病，则因毒物的代谢和排泄受阻，对毒物的耐受减低。

5．营养状况　营养不良、饥饿、消瘦、过度肥胖等能降低对毒物毒作用的耐受性；营养良好、体质健壮者对毒物毒作用的耐受性相对较强。

6．过敏性　指有的人因为遗传因素或免疫反应的缘故，接受治疗量的药（毒）物后，出现与一般人有质的差异的中毒反应。对某种毒物过敏者，低于中毒量的该毒物进入机体内也能引起反应，甚至发生死亡。

7．习惯性、成瘾性或耐受性　长期使用同样的毒物，机体对该毒物的反应逐渐减弱，可以习惯或成瘾，并能耐受常人的中毒剂量，甚至超过致死剂量的毒物。

8．体内蓄积　一些分解或排泄慢的毒（药）物可在体内蓄积，如反复使用，尽管每次使用的量并不大，也可发生蓄积中毒而出现类似其急性中毒的表现。如治疗心理衰竭用的洋地黄类药物。

二、毒物的分类

毒物可按毒理作用、化学性质进行分类。法医毒理学一般是按毒物的来源、用途、毒作用机制进行混合分类。混合分类法将毒物分为八类，包括：

1．腐蚀性毒物　包括所有以局部腐蚀作用为主要毒作用的毒物，如强酸、强碱等。

2．毁坏性（金属盐）毒物　包括所有以损害器官组织的实质细胞为主，并产生不同程度形态学变化的金属毒物，如砷化物、汞和其他重金属盐类。

3．脑脊髓功能障碍性毒物　指进入机体发挥作用后，以脑脊髓功能被抑制或兴奋而出现中毒症状的毒物，如镇静催眠药、酒精、致幻剂、兴奋剂、麻醉剂及多数毒品等。

4．呼吸功能障碍性毒物　指进入机体发挥作用后，以呼吸功能受障碍而发生缺氧窒息为主要特征的毒物，如氰化物、一氧化碳、亚硝酸盐等。

5．农药　指主要用于防治危害农作物及农产品病虫害及去除杂草的药剂，包括有机磷、有机氮（杀虫脒）、氟类农药、氨基甲酸酯类、拟除虫菊酯类、有机汞等。

6．杀鼠剂　指主要用于杀灭鼠类的毒物，有的也将其包含在农药内，如磷化锌、敌鼠钠盐、氟乙酰胺、毒鼠强等。

7．有毒动植物　指整体或部分器官组织具有毒性的动植物，如乌头、钩吻、夹竹桃、斑蝥、毒蛇、河豚、鱼胆、蟾蜍等。

8．细菌、真菌性毒素。

三、毒物在体内的转运与转化

（一）毒物的吸收和分布

毒物经各种途径吸收，进入机体才能发挥其毒作用。接触途径和方式直接影响着毒物的吸收、分布速率，以及其在体内的作用剂量水平。

1．毒物的吸收　毒物的吸收是指毒物通过与机体的接触而经皮肤、黏膜、消化道、呼吸道等途径进入体内循环的过程。吸收的速率与毒物在吸收部位的浓度有关，同时取决于毒物的接触和溶解速率、接触部位面积、吸收部位上皮特性、皮肤的微循环及毒物的理化特性等。毒物由静脉途径直接进入体循环，机体的毒性反应出现最快，影响程度也可能最严重。了解毒物吸收途径的特点及影响毒物吸收的因素，对解释中毒发生与否、发生快慢、致死量、推断毒物进入体内的时间、毒物化验检材采取的类型及判断中毒性质等，都有密切关系。

2．毒物的分布　进入血液中的毒物在最初一个短时间内随血液循环原则上相对均等地分布到全身各器官组织。此后由于毒物本身理化性状及生物转化特点，对器官组织的亲和力不同，及器官组织解剖生理学特点的差异，相对均匀地分布全身或富集于一定的组织或器官。掌握毒物在体内分布的特点有利于毒物分析检材的选择。

肝中含量较高的为有机磷，杀虫脒，巴比妥类药物，敌鼠钠盐、砷、汞等金属；肾中为巴比妥类药物、氟乙酰胺、敌鼠钠盐、杀虫脒，以及砷、汞、铅等重金属；脑中为巴比妥类药物和非巴比妥类镇静催眠药、麻醉剂等；肺中为甲醇、氰化物、有机磷农药等；脂肪组织中为杀虫脒、有机氯农药等；骨骼、毛发中为铅、钡、砷等金属类。

3．毒物在尸体内的死后再分布　死后毒物再分布（postmortem redistribution）是指毒物在尸体内浓度的改变过程，特别是指心血中毒物浓度的变化。多种毒（药）物在尸体内可以发生死后再分布。

引起毒物死后再分布的因素较多，如毒物的顺梯度浓度扩散、生前吸收和分布不均、死后血液流动、毒物在不同器官的降解与破坏、组织 pH 值的变化，以及尸体内微生物的作用等。死后再分布尤其对摄毒量与致死量接近的毒物中毒的判断，特别是对怀疑用药过量致死的案例，应注意死后再分布可能导致的对毒物定量分析结果的误判。

（二）毒物在体内的生物转化

毒物被吸收后，在器官组织的微环境内进行的化学变化过程称为生物转化（biotransformation）或体内代谢过程。此过程依赖许多酶系统的连续作用，使毒物发生一系列的改变和转化，有利于被排出体外，从而失活和解毒。毒物在体内生物转化过程各不相同，有些毒物进入体内后迅速转化，毒物分析不能检出其原形，但毒物中间代谢产物的检出可作为其进入体内的证据，有的可能仅能检出其代谢终产物。

（三）毒物的排泄

毒物在体内的最后过程是排泄（excretion）。它们从排泄器官和分泌器官以被动扩散或主动分泌的方式被排出体外。少数毒物在体内未经转化而以其原形排泄，但多数毒物部分以原形、部分以代谢产物形式排出体外。

肾是最重要的排泄器官，几乎所有进入体内的毒物都可经肾排泄，所以肾也易受毒物的损害。大多数毒物经肾排泄较快，静脉输液和给予利尿剂可增加其排泄。少数毒物经肾排泄较慢（如重金属类），可能发生蓄积中毒。部分毒物（如吗啡、铅等）可经胆汁进入肠道，随粪便排出或经肝肠循环再被吸收。肺可排出气体和挥发性毒物，如一氧化碳、酒精、有机磷农药等。法医毒理学鉴定中，根据毒物的不同理化特性、中毒过程的长短等提取毒物的排泄器官或排泄物供毒物分析用，肾、尿、胆汁都是常用的重要检材，有时也可取肺组织和粪便等。

（刘　良）

第二节　常见毒物中毒

一、常见临床用药中毒

临床药物中毒原因主要有以下几个方面：①意外中毒或误服，多见于儿童及老人；②自杀（占成人中毒的大部分）；③他杀，尤其利用医疗手段他杀；④医源性中毒，由于医护人员工作失误，用药剂量过大或用错药物；⑤非法行医所致药物中毒。

药物中毒的发生受许多因素影响，包括药物和机体两方面的因素。

药物方面的因素有：①药物剂量、剂型和给药途径；②药物的理化性质和化学结构，如口服药物的脂溶性愈强，在消化道内愈容易吸收，愈容易中毒；③给药时间；④两种或两种以上药物的相互作用。

机体方面的因素有：①年龄，婴幼儿对药物敏感，老年人对药物代谢功能低下，小儿易于发生误服中毒；②身体健康状态，肝、肾功能低下者药物在体内的代谢和排泄发生障碍，药物在体内蓄积，血药浓度迅速升高而导致药物中毒；③机体对药物的敏感性、成瘾性或耐受性、生活习性等因素对药物中毒也有一定影响。

总之，药物进入机体的剂量以及药物在体内的浓度是药物中毒的主要和绝对因素，但也受个体其他因素的影响以及环境因素的影响。

（一）催眠镇静药中毒

1. 非巴比妥类镇静催眠药　非巴比妥类镇静催眠药包括强安定药和弱安定药两类。前者为抗精神病药，使情绪安定、精神活动减慢，吩噻嗪类为首选药物；后者为抗焦虑性镇静药，减轻焦虑、紧张及激动不安，有抗惊厥作用，常用的有地西泮、氯氮䓬、甲丙氨酯等。本类药物的特点是对中枢抑制作用缓和，耐药性和成瘾性较弱。

吩噻嗪类（phenothiazine）药物常由于大量吞服氯丙嗪（chlorpromazine）自杀、治疗精神病过程中长期较大剂量应用、误服大剂量而导致中毒。急性中毒时出现暂时性兴奋，继而震颤、昏迷、呼吸浅表、瞳孔明显缩小、血压和体温下降。死亡原因是由于抑制中枢神经系统而发生呼吸循环衰竭。尿液为最好的检材，血液和（或）肝为测定致死浓度所需的检材。

在每日接受大剂量氯丙嗪或其他吩噻嗪类药物的精神病患者中，可出现一种"吩噻嗪猝死综合征"（phenothiazine sudden death syndrome），其机制被认为是低血压危象时痉挛发作所致窒息、心室颤动或循环衰竭。氯丙嗪中毒者应注意有无心血管疾病、癫痫病史，因为氯丙嗪中毒可诱发冠心病猝死或癫痫病发作，特别注意有无精神病服药史。

2. 巴比妥类催眠镇静药中毒　近年来，巴比妥类（barbiturates）催眠药的应用及中毒情况已明显减少。中毒的临床症状和体征有中枢神经系统抑制（昏睡、昏迷）、呼吸浅表、发绀、血压下降等表现。中毒尸体呈一般窒息征象，有的可在胃内发现残存未溶解的白色粉末或药片。由于巴比妥酸盐类有一定的刺激作用，胃黏膜可发生糜烂或出血。迁延数天后死亡病例，常并发坠积性肺炎，大脑半球苍白球可有对称性坏死灶。胃内容物、血液及尿液为最常用的适宜检材，脑脊液是最佳检材。此类药物系治疗用药，必须强调做定量分析，以确定是否达到致死血浓度，如量不高，应注意有无与其他镇静催眠类药物并用或同时饮酒。巴比妥类催眠药与酒精、吗啡或非巴比妥类镇静催眠药均有协同作用。

（二）麻醉药中毒

麻醉药中毒一般都与医疗纠纷有关。但也有用麻醉药自杀的报道，极少见于他杀。常见麻醉药有乙醚（ether）、普鲁卡因（procaine）、利多卡因（lidocaine），中毒的原因主要是由于未严格按照操作程序进行、药量过大、药物浓度计算错误、给药速度过快、吸入麻醉浓度高、时间长、未考虑患者的健康状况和体重、局麻药误注入血管、硬膜外麻醉误注入蛛网膜下腔引起全脊髓麻醉等技术错误导致中毒死亡。麻醉药中毒死者无特异性病理改变。其法医学鉴定要注意：①了解病情、治疗经过及麻醉环节；②收集麻醉记录、手术/抢救记录、药物标签、药物残液和空瓶；③尸检时检查硬脊膜是否完整，有无针痕，脊髓是否损伤，血管是否有针痕损伤等；④对于硬膜外和脊髓麻醉中毒死亡者，采取脑脊液和脊髓组织作为检材；⑤麻醉药中毒者往往经过一定时间的抢救后死亡，药物在体内经代谢其含量已很少或阴性，此时应正确评价药物检测分析结果；⑥鉴别麻醉药中毒死亡与麻醉药过敏性休克。

（三）生物碱类药中毒

1. **番木鳖碱中毒** 番木鳖碱又称士的宁（strychnine），含于番木鳖（马钱子）和吕宋豆的种子中。由于味极苦，极少用于他杀，中毒来源多数是误服，自杀少见。番木鳖碱是作用于中枢神经系统的最强毒物之一，对脊髓有高度选择性的兴奋作用，能够增强脊髓的运动性反射，引起反射性、强直性和泛发性痉挛；能兴奋大脑，提高感觉功能；也能兴奋延脑，主要提高呼吸中枢的兴奋性，剂量过大则产生抑制。中毒早期躁动不安，继之出现全身性阵发性强直性痉挛，出现"痉笑"（risus sardonicus）。兴奋过后继而麻痹，可因呼吸麻痹或呼吸肌痉挛性收缩而窒息死亡。尸僵发生早而强，四肢痉挛性屈曲。其他病理变化与窒息死所见相同。检材以胃内容最好，尿、肠次之，血液是常规检材。番木鳖碱中毒临床所见与破伤风十分相似，需加鉴别。番木鳖碱性质稳定，不易分解，在腐烂尸体中仍可检出。

2. **阿托品类中毒** 阿托品（atropine）存在于颠茄、莨菪及曼陀罗中。中毒来源多为医疗用药过量或误食此类有毒植物。中毒症状典型，如突发咽干、皮肤潮红、兴奋、躁狂及瞳孔散大等。阿托品代谢较快，应早期取材，以血、尿为最好。

3. **烟碱中毒** 烟碱又名尼古丁（nicotine），是烟草中的主要成分。其中毒在法医工作中少见。口服中毒者胃区烧灼性疼痛，可表现出焦虑、激动、痉挛，呼气、胃内容物和呕吐物中有烟草气味。胃内容物、呕吐物为主要检材。在评定尿内毒物含量时，应注意尿液的酸碱性。

（四）抗菌药中毒

异烟肼（isoniazid，isonicotinic acid hydrazide，INH）又称雷米封（rimifon），是最有效的抗结核药物之一。多见于误服或自杀，中毒者常为结核病患者或其家属。急性过量异烟肼中毒者周身强直性痉挛、癫痫大发作样抽搐是其较特殊的临床症状；迁延性中毒则可引起肝、肾功能损害；慢性中毒主要表现为周围神经炎、中枢神经系统症状和肝损害。因抽搐、呼吸肌痉挛所致窒息是急性异烟肼中毒死亡的主要原因。尸检可检见，急性中毒死亡者，窒息征象明显，尸体可保持抽搐状态，尸僵显著，胃、十二指肠黏膜有点状出血。迁延性中毒死亡者，肝细胞水变性、脂肪变性，散在灶性坏死，肾小管上皮细胞脂肪变性及坏死。检材收集胃及胃内容物、血液、尿液、肝、肾、脑行毒物分析均可。

其他抗菌药中毒还可见于磺胺类药（sulfonamides）、林可霉素（lincomycin）、庆大霉素（gentamicin）等。

（五）解热镇痛抗炎药中毒

1. **水杨酸类中毒** 水杨酸类药（salicylates）主要包括阿司匹林（aspirin）和水杨酸钠

(sodium salicylate),是临床上应用广泛的解热镇痛剂,同时具有抗炎、抗风湿作用。另外,由于阿司匹林还具有抗血栓形成作用。水杨酸类中毒多系一次吞服大量,或在治疗中剂量过大及频繁使用所致;2岁以下儿童对水杨酸的毒性作用极为敏感,治疗剂量也能引起意外中毒。中毒的临床表现主要为中枢神经系统抑制、全身广泛性出血和胃肠道症状等。

2. 去痛片中毒 去痛片又称索米痛(somedon),本品为氨基比林、非那西丁、咖啡因、苯巴比妥四种药物组成的复方制剂,有解热镇痛作用。由于获取方便,绝大多数为口服自杀中毒。中毒后频繁抽搐。尸僵发生早而强,持续时间长,胃黏膜可见点片状出血。法医学鉴定应注意去痛片中的四种成分经化验,单项成分可能未达到中毒致死量,氨基比林、非那西丁和咖啡因的协同作用可致个体死亡。

3. 阿尼利定(安痛定)中毒 安痛定注射液为临床上常用的解热镇痛剂,由氨基比林、安替比林和巴比妥组成。中毒原因大多因给药过量或给药方法错误所致。中毒临床表现以四肢无力、发热、大汗、震颤、惊厥、抽搐、牙关紧闭、昏睡、瞳孔散大等中枢神经系统症状为主,最终体温下降、发绀,因呼吸、心搏骤停而死亡。

(六)抗心律失常药中毒

抗心律失常药的主要药理作用是抑制心肌的自律性、缩短或延长不应期,或延长房室传导时间,其中许多药物还有抑制心肌收缩力的作用。过量用药时,不仅不能控制早已存在的心律失常,反而使患者发生更为严重的心律失常,心电图出现Q-T间期延长而导致扭转性心律失常。

1. 心律平中毒 心律平又名普罗帕酮(propafenone)、丙胺苯丙酮(baxarytmon),为钠通道阻滞药,有快速抗心律失常作用。中毒时最常见的是诱发或加重室性心律失常、严重低血压,同时伴有神经系统、消化系统、血液系统症状。

2. 美西律中毒 美西律(mexiletine)亦为钠通道阻滞药。具有抗心律失常、抗惊厥,以及局部麻醉作用。多因临床医疗过程中出现美西律的毒/副作用而引起医疗纠纷。中毒死亡者多见于口服自杀或误服。中毒致死机制可能是心肌细胞兴奋性极度降低而致心搏骤停。

(七)洋地黄类药中毒

洋地黄类药是一类选择性作用于心脏并加强心肌收缩力的强心药,包括洋地黄(digitalis)、地高辛(digoxin)、毒毛花苷K(strophanthin K)等。临床上主要用于治疗充血性心力衰竭和某些心律失常。此类药物中毒多在临床治疗过程中出现,易引起医疗纠纷。中毒时常见呕吐、心律失常、头痛、头晕。死前血钾明显降低。

(八)抗肿瘤药中毒

抗肿瘤药的种类繁多,其不良反应亦多种多样,急性反应与远期影响也有很大差异。抗肿瘤药的毒性反应主要是:①骨髓抑制,白细胞、血小板下降较明显,可导致感染和出血,有的红细胞和血红蛋白下降;②消化道反应,如食欲减退、恶心、呕吐、腹泻等;③口腔黏膜反应,如口腔炎、咽炎、溃疡;④脱发;⑤神经系统毒性症状(如周围神经炎等);⑥其他,出血性膀胱炎,心、肝、肾、肾上腺及免疫功能损害等。

抗肿瘤药中毒原因多为临床用量过大,同时患者机体状况差、抵抗力低下所致。自杀少见。利用抗肿瘤药投毒他杀或引起伤害亦有多例报道。抗肿瘤药中毒投毒者多为其亲属或熟人,而且多与医疗职业有关,更具隐蔽性。常见氟尿嘧啶(fluorouracil, fluracil, fluril)和秋水仙碱(colchicine)中毒。

二、金属毒物中毒

金属毒物(metallic poison)是指具有毒性的金属、类金属及其化合物。金属毒物中毒在法医学实践中并不少见,急性中毒尤以砷、汞等较多见。金属及其化合物在体内的毒理作用主要是通过与含有巯基或羟基的酶结合,使酶的活性被抑制甚至消失,从而影响细胞的新陈代谢。金属毒物中毒，其症状与某些疾病相似，容易造成误诊、漏诊。而利用金属毒物小剂量多次投毒或胃肠外途径投毒，案件隐匿性强，易导致案件侦破的延缓或困难。此外，某些金属毒物可在尸体内保存较长时间，开棺提取生物检材有一定价值。

（一）砷化合物中毒

砷（Arsenic，As），俗称砒。单质砷毒性很低。三价砷化物毒性较五价砷化物强，其中以溶解度较大的三氧化二砷（Arsenic Trioxide，As_2O_3）更强。As_2O_3俗称砒霜，其纯品呈白色粉末状，又名白砒，自古以来常被用于投毒他杀或自杀。国内外均有采用小剂量多次投毒或胃肠外途径投毒的案例报道，易被误诊为其他疾病。

1. 毒理作用　As_2O_3多数通过消化道进入体内，也可通过皮肤黏膜吸收。在开始数小时以肝、肾浓度最高。皮肤、毛发内含砷量较高。排泄缓慢，其排泄主要通过肾，部分通过粪便、汗液等排出。

2. 中毒症状

（1）急性麻痹型：多由于摄入大量无机砷化物对中枢神经系统，尤其是延髓生命中枢的抑制所致。本型最明显的症状是严重循环衰竭，表现为血压下降、脉搏细数、呼吸困难而浅表，呈昏迷状态，也可出现胃肠道症状。患者常在数小时内急性死亡。

（2）急性胃肠型：最为常见。服毒后迅速发生呕吐、腹泻、腹部痉挛性疼痛。呕吐物呈米汤样，临床表现甚似霍乱，容易发生混淆。

（3）亚急性型：若小量多次摄入砷化物，或一次大量摄入体内但未立即死亡、病程迁延时，可发生亚急性中毒。病程持续数周至数月。临床表现以中毒性肝病、中毒性肾病为突出。

（4）慢性型：病程可达数年。临床表现不一，可表现为周围神经炎症状、慢性胃肠炎、湿疹样皮肤病变、雨点样色素沉着等。

3. 尸体检查所见　急性麻痹型常不能见到特殊病变。急性胃肠型主要为消化系统的病变。胃黏膜、小肠黏膜充血水肿，有的在小肠壁可见灶性黄色斑块，胃肠腔内则含大量米汤样内容物。

亚急性和慢性型检见：①消化系统，亚急性中毒时消化道黏膜呈炎性改变，可出现急性重型肝炎。②皮肤黏膜，慢性砷中毒者可见皮肤色素沉着、角质增生。亚急性病例可见面部及眼睑处皮炎、结膜炎、角膜坏死溃疡。③神经系统，有的慢性砷中毒患者可见周围神经炎。④心血管系统，慢性砷中毒者可见心肌肥大或梗死。皮肤、胃、肠、肝、心、胰、肾或脾等小动脉内膜炎。

4. 法医学鉴定要点　根据与砷的接触史、典型的临床表现（如呕吐、腹泻、米汤样大便、腹痛或皮肤角质增生、周围神经炎等）和毒物分析结果得出砷中毒的鉴定结论。注意中毒初期，易被误诊为急性胃肠炎或细菌性痢疾。检材可采取呕吐物、剩余食物、胃及其内容物、肝、肾、脑等。有时取小肠内容物和尿液做毒物分析也有价值。由于无机砷化合物有防腐作用，且不易分解破坏，故从已埋葬甚至高度腐败、骨化的尸体中取材仍有必要和价值，但必须采取尸体周围的土壤和棺木同时做砷的含量测定作为对照。慢性砷中毒也可采取毛发、指（趾）甲、皮肤和骨骼化验。

（二）汞及其化合物中毒

1. 金属汞和汞蒸气中毒　汞（Mercury，Hg）呈银白色，是常温下唯一呈液态的金属，俗称水银。金属汞中毒既可见于他杀投毒，也可见于自杀，还可见于服用含汞药物而中毒。汞蒸气中毒则多因意外事故。

口服金属汞一般认为无毒性作用。通过不同途径进入血液循环后，在血浆内迅速弥散至红细胞内被氧化为二价汞离子后产生毒作用。汞被吸收后，在肾内的蓄积量比其他器官高150倍，故对肾的损害尤其明显。汞在人小脑中含量最高，在肠的分布以小肠末段最高。

吸入汞蒸气中毒者可出现发热、咳嗽、呼吸困难等，进而出现精神障碍。体检可见牙龈肿胀、溃疡。慢性中毒者起病隐匿，出现汞中毒性震颤具有诊断意义，齿缘处可见蓝灰色"汞线"，内有硫化汞沉积。

急性汞蒸气中毒者，尸检见肺淤血水肿，有透明膜形成。病情迁延者可见口腔炎、中毒性肝病、中毒性急性肾小管坏死、中毒性脑病等。汞静脉注射引起慢性中毒死亡者，可见肺广泛性水银栓塞。

2．无机汞化合物中毒　无机汞化合物中毒以氯化汞较常见，包括氯化低汞（Mercurous Chloride，HgCl）和氯化高汞（Mercuric Chloride，$HgCl_2$）。氯化高汞又称升汞。法医实践中以急性升汞中毒较为多见。无机汞化合物主要通过消化道摄入。口服汞盐引起急性中毒者，迅速出现口腔及咽部疼痛，口内金属味，同时伴有腹痛、血性大便、里急后重，严重者甚至休克死亡。病程稍长者，出现肾衰竭症状。中毒者心功能降低。尸检见口服无机汞化合物中毒死者口腔黏膜、牙龈、咽部，以及食管黏膜呈不同程度的腐蚀现象，结肠黏膜表面也可形成一层绿黑色或灰黄色假膜。各种途径引起急性升汞中毒的主要病变是中毒性肾病。

在案情不明的情况下，急性升汞中毒初期不易诊断，有时被误诊为急性胃肠炎或其他急腹症；也有的被误诊为药物过敏性休克。但如注意到患者在发生胃肠症状后，很快发展为肾损害征象，则应考虑汞化合物中毒的可能。升汞是典型的肾毒性物质。慢性汞中毒者口腔炎、牙龈汞线、汞中毒性震颤具有诊断意义。汞中毒死者腐败较慢，死后较长时间取材仍可检出毒物。口服中毒时最好检材是胃内容物、粪或尿液，胃肠外途径中毒时宜取血液。汞毒物分析时，除定性外，尚需定量分析。

（三）其他金属化合物中毒

1．铅及其化合物中毒　铅（Lead，Pb）广泛存在于食物、空气、土壤和尘埃中。无机铅化合物中，醋酸铅、氯化铅和硝酸铅可溶于水，故呈明显毒性。硫酸铅、铬酸铅、硫化铅不溶于水，但能溶于胃液内，故口服也有毒性。铅中毒绝大多数为意外中毒，尤其是职业中毒。

铅进入机体的主要途径是呼吸道和胃肠道。被吸收入血后以肝、肾含量最高。急性铅中毒后可出现口内金属味、流涎、血压增高等症状。可溶性铅盐所致的急性或亚急性中毒还可引起贫血、中毒性肝病、中毒性肾病等。慢性铅中毒者主要表现贫血、卟啉尿、面色苍白、周围血液内出现点彩红细胞，也可发生中毒性周围神经病症状。

急性铅中毒死亡者可见口腔黏膜呈灰白色或灰黑色糜烂。镜检见牙龈黏膜乳头中沉积有不规则或无定形的棕黑色颗粒（主要成分为硫化铅）；胃肠黏膜出血，黏膜表面覆以灰黑色假膜（呈灰黑色也是由于形成硫化铅所致）；肝细胞或肾小管上皮细胞核内有嗜酸性包涵体形成，呈卵圆形，一般以肾近曲小管上皮细胞较为多见。

2．铊化合物中毒　铊（Thallium，Tl）中毒多发生于意外，近年来也有不少将铊用于他杀的案例，自杀少见。工业生产中的铊蒸气或铊尘可经呼吸道吸入，可溶性铊盐易经胃肠道和皮肤吸收。铊属高毒类毒物，具有强烈的神经毒性，并可引起严重的肝、肾损害。铊中毒典型的临床表现有恶心、呕吐，中枢及周围神经系统症状（失明、肢体麻木、震颤），脱发为铊中毒的特异性体征。尸检见口服铊盐死者由于局部刺激作用发生炎症，运动和感觉神经纤维轴索变性和脱髓鞘，长的传导束呈退行性变。

3．钡化合物中毒　钡（Barium，Ba）及难溶性钡盐（如硫酸钡）无毒；可溶性钡盐皆具有毒性。多数可溶性钡盐中毒是由于误服，或饮水及食物被钡盐污染引起。可溶性钡盐易被消化道吸收，也可经呼吸道吸收。钡吸收后主要被骨骼所摄取。钡离子能引起低钾血症，同时钡也是一种肌肉毒，口服钡盐中毒后，主要表现为肌肉活动异常，先兴奋后出现肌肉麻痹。软瘫和血钾低是可溶性钡盐中毒较特殊的症状。

三、醇类中毒

（一）乙醇中毒

乙醇（ethanol，ethyl alcohol），俗称酒精（alcohol），为无色易燃液体，具有特殊芳香味，是各种酒类饮料中的主要成分，同时也是重要的化工和医药原料。

急性乙醇中毒多见于大量饮酒所致的意外事故。短时内过量饮酒可直接死于中毒或严重并发症。也有将毒品、催眠镇静药等投入酒中进行麻醉或他杀、自杀者。

1. 毒理作用　饮酒后20%～25%的乙醇由胃吸收，75%～80%由小肠上段吸收。空腹吸收最快（0.5～1h）；富含脂类和蛋白质的食物可减慢乙醇吸收；胃炎、胃溃疡及胃切除术后患者吸收加快。乙醇主要在肝内代谢。

乙醇的主要毒理作用是抑制中枢神经系统。首先抑制皮层功能，使大脑的高级整合能力受影响，自我控制能力减退，而呈一时性兴奋状态。当乙醇的作用进一步加强时，皮质下中枢、小脑及脊髓功能受到抑制，出现运动障碍，分辨力、记忆力、洞察力及语言等功能失常。重度中毒时抑制延髓血管运动中枢和呼吸中枢，呼吸中枢麻痹是引起死亡的主要原因。乙醇还能使血管扩张、血流增加，出现皮肤温热发红，主观以为体温增加，实际体热易由皮肤散发，加之乙醇麻痹体温调节中枢，在寒冷环境下体温可迅速下降，易被冻死。

乙醇致死量一般为250～500g，致死血浓度在400～500mg/dl。乙醇与其他呼吸抑制剂或麻醉剂联合应用时，致死量明显减少。机体重要器官如心、肝、脑等有疾病或损伤的患者，较低剂量乙醇就可造成重度中毒甚至死亡。

2. 中毒症状

（1）急性乙醇中毒：指一次大量饮酒引起的暂时性神经精神障碍。中毒症状分为三期：①兴奋期（30～100mg/dl），主要表现为兴奋、多言、躁狂、面色发红、脉搏加速。此时意志力减弱、易激惹、易犯罪。判断力与辨别力减弱，动作的灵活性降低；②共济失调期（100～200mg/dl），言语动作均失协调，表现为语无伦次、步态不稳，可发生喷射性呕吐；③抑制期（300～500mg/dl），患者进入深睡。颜面苍白、皮肤湿冷、发绀、呼吸表浅而有鼾声、脉搏快速、血压下降、体温下降，有的可因呕吐物吸入窒息并发肺炎、呼吸衰竭而死亡。

（2）慢性乙醇中毒：由长期、过量饮酒引起的实质器官病理变化及行为障碍性疾病，可出现面部血管扩张、慢性胃炎、酒精性肝病和肝硬化，以及震颤性谵妄、酒精中毒性Wernicke脑病等精神障碍和脑损害。有的可出现以下肢和躯干运动失调为特征的小脑综合失调征。

3. 尸体检查所见　急性乙醇中毒死亡者，可见颜面潮红，全身各器官充血、水肿及点、灶性出血。胃内容物中能嗅到酒的特有气味。慢性乙醇中毒死亡者，可见酒精中毒性肝病，肝细胞脂肪变性、Mallory小体（alcohol hyaline）形成，甚至发展为酒精性肝硬化。此外，可见酒精中毒性充血性心肌病及中毒性脑病等。

4. 检材的采取　应采血测定乙醇浓度，以周围静脉（股静脉）血为宜；溺死尸体应取周围血；烧死尸体应采取深部血（心血）；颅腔血肿乙醇浓度与受伤时血中浓度相近，可作为检材；内脏器官以脑最佳，体液以尿液最佳；大量失血尸体、严重机械性损伤尸体及碎尸，收集睾丸、前列腺检测乙醇含量；肌肉组织不易腐败，乙醇含量较为稳定，尤以臀部肌肉较好；腐败尸体则可测定眼玻璃体液内乙醇含量。

（二）甲醇中毒

甲醇（methanol，methyl alcohol）为无色透明的易燃液体，有高度挥发性，具微弱乙醇香味。甲醇是重要的有机合成原料和溶剂，在工业上用途广泛，有"工业酒精"之称。急性中毒多为误服甲醇代替乙醇作为饮料所致。有些是由于酿酒方法不当，致使酒中甲醇含量过高而引起中毒；也有服用甲醇自杀者，他杀少见；偶有陷害致盲的报道。职业接触甲醇蒸气可致慢性中毒。

1. **毒理作用** 甲醇可经胃肠道、呼吸道和皮肤接触吸收。各组织中甲醇含量与该组织的含水量成正比。肝、肾、胃肠道、眼房水、玻璃体液、脑脊液、血液中甲醇含量较高。甲醛氧化产物（甲醛、甲酸）的毒性比甲醇自身毒性更大。甲醇中毒引起视觉损害和代谢性酸中毒主要由代谢产物引起。甲醛对视网膜神经节细胞和视神经具有特殊毒作用。甲醇的主要毒理作用是引起代谢性酸中毒。甲醇也具有麻醉作用，甲醇及其代谢产物还可损害神经系统，使脑组织发生弥漫性病变，对肝、肾也有毒性作用。

2. **中毒症状** 临床上主要以视力障碍最为突出。中毒者可出现复视、眼前出现闪光及雾感、视物不清、眼球胀痛，进而视力急剧减退，甚至失明。眼底检查可见静脉扩张，视神经乳头充血、水肿，继之苍白或视神经萎缩。早期视野改变出现中央暗点（central scotoma），晚期则为周边视野缩小，伴有头痛、头晕、乏力、昏迷、震颤、共济失调、呕吐、剧烈腹痛等症状。急性甲醇中毒常因严重的酸中毒昏迷死亡或死于呼吸麻痹。

3. **尸体检查所见** 急性死亡者可见胃黏膜充血、点状出血，胃内容物中可闻及甲醇气味。病程迁延者尸检可见脑及脑膜淤血、水肿和点、片状出血，壳核和内囊区可能形成软化灶；视神经充血、水肿和出血，甚至萎缩。肺淤血、水肿，心、肝、肾等实质细胞变性。

4. **检材采取** 胃内容物、呕吐物、血、尿及脑、肝、肾等均可作为检材。眼房水和玻璃体液是很好的检材。因甲醇易挥发，应及早取材，密封送检。死后 1～2 天内检验有价值。尿中检出超常量甲酸有诊断意义。

四、一氧化碳中毒

一氧化碳（carbon monoxide，CO）为无色、无臭、无刺激性的气体，易扩散。冶金、石墨电极制造以及家用煤气或煤炉、汽车尾气中均有 CO 存在。CO 中毒以意外事故多见。

（一）毒理作用

CO 经呼吸道侵入体内，透过肺泡气-血屏障弥散入血。进入血中的 CO 约 90% 与血红蛋白中的二价铁结合，生成碳氧血红蛋白（carboxyhemoglobin，HbCO），使血红蛋白失去携氧能力。人们长期以来把 HbCO 作为判断 CO 中毒的主要指标。HbCO 含量越高，机体缺氧越明显，中毒症状越严重。血液中 HbCO 达到 50% 以上即可致死。CO 中毒死者血中 HbCO 饱和度多为 60%～80%，重症冠心病、严重慢性肺疾患或脑动脉硬化者对 CO 耐受力低。

（二）中毒症状

1. **闪电式中毒** 常因短时间内吸入较高浓度 CO 所致。中毒者可突然昏倒，意识丧失，反射消失，在短时间内因呼吸中枢麻痹而死亡。

2. **急性中毒** 常有眩晕、恶心、呕吐、耳鸣、乏力及共济失调等症状，继而出现嗜睡、意识模糊乃至昏迷。皮肤、黏膜呈樱桃红色。严重中毒者由于脑水肿而出现深度昏迷，最终因呼吸衰竭而死亡。重度中毒者偶有并发横纹肌溶解（rhabdomyolysis）及筋膜间隙综合征（compartment syndrome）。

急性 CO 中毒迟发脑病（delayed encephalopathy）是指部分急性 CO 中毒者意识障碍恢复后，经 2～3 周的假愈期后，又出现一系列神经精神症状，也称为急性 CO 中毒神经系统后发症。

3. **慢性中毒** 主要表现为神经系统和心血管系统损害。

（三）尸体检查所见

CO 中毒迅速死亡者，因血液中含大量 HbCO 而使尸斑呈樱桃红色，各器官亦呈樱桃红色，尤以胸大肌樱桃红色更明显。皮肤黏膜及浆膜可见斑点状出血。心血呈樱桃红色，不凝固。各器官病变与一般窒息死亡者相同。

如迁延数天后死亡者，常在双侧苍白球形成对称性软化灶。病程更长者，脑组织坏死区液化而形成边界较清楚的囊腔。大脑白质的变化常较突出，见于以下形式：①血管周围的神经纤维髓鞘脱失，此型多见于持续昏迷不足1周的死亡者；②广泛弥漫的神经纤维受损；③融合或不融合的脱髓鞘斑片，常见于急性CO中毒迟发性脑病者。

CO引起的心肌损害较突出。这是因为心肌细胞含有大量肌红蛋白、丰富的线粒体和细胞色素氧化酶，CO与肌红蛋白结合而影响心肌内氧的弥散，重度中毒者常见局灶性心肌坏死。长期昏迷患者可并发坠积性肺炎或褥疮。重度中毒者也可引起皮肤病变（红斑、水疱、大疱）。

（四）检材采取

血液中的HbCO测定是CO中毒鉴定的最有力证据。血液是最有价值的检材。盛放血液标本的容器应装满血液，勿留有空隙。最好采集心血或各内脏器官中的血液。测定火灾中炭化尸体的HbCO可采取骨髓作为检材。胸大肌亦是较好的检材。CO中毒死亡的尸体腐败较缓慢，用甲醛溶液固定的尸体并不影响心血HbCO的检出。必要时测定空气中CO浓度。

五、氰化物中毒

凡化学结构中含有氰基团（-CN）的化合物均属于氰化合物（cyano-containing compounds），多具有较强毒性。一般将其无机化合物统称为氰化物（cyanides）。法医实践中自杀或他杀是氰化物中毒死亡的常见原因；由于具有广泛的工业用途，因此也有化工生产过程中引起的中毒；此外苦杏仁、木薯处理不当或误食亦可引起中毒。

（一）毒理作用

氰化物可通过消化道、呼吸道和皮肤吸收。其毒性作用取决于在体内代谢过程中释放氰离子的速度和数量。CN^-可与铁、铜、锌等活性金属离子结合，这些金属离子是体内多种酶类的重要辅基，这种结合可直接导致酶失活。其中，三价铁离子（Fe^{3+}）与CN^-的亲和力最强，两者结合后可中断电子传递，使生物氧化过程终止，细胞失去对氧的利用能力，引起细胞"内窒息"。由于中枢神经系统对缺氧最敏感，因此脑是氰化物最主要的毒性靶器官，中枢性呼吸衰竭是氰化物中毒最常见的致死原因。

（二）中毒症状

当口服大量（50～200mg）或吸入高浓度（250～300mg/m³）氰化物时，可在4～6s内突然昏倒、呼吸困难、强直性痉挛，约经2～3min后呼吸心搏骤停，呈"闪电式"死亡。

小剂量中毒时，临床症状可分四期：①前驱期（刺激期），吸入者有眼、咽喉及呼吸道黏膜刺激症状；口服者则口腔、咽喉有麻木和烧灼感。②呼吸困难期，胸闷、心悸、呼吸困难、皮肤、黏膜呈鲜红色、血压升高、心率加快、心律不齐。③痉挛期，二便失禁、大汗淋漓、强直性惊厥。④麻痹期，感觉和各种反射均消失，呼吸浅慢，最终因呼吸麻痹死亡。

长期小剂量接触可出现神经衰弱及自主神经功能紊乱，还可引起甲状腺肿大。

（三）尸体检查所见

氰化物中毒死者，由于静脉血中氧饱和量增高，以及血液中有氰化高铁血红蛋白形成，故静脉血、尸斑、肌肉及黏膜均呈鲜红色。死亡迅速者发绀明显，则尸斑呈紫红色，而口唇及肺仍呈鲜红色。尸僵明显。血液呈流动状。吸入氰化物中毒者呼吸系统病理变化较明显。口服氰化物中毒者，整个消化道均有不同程度的充血水肿，食管下段、胃及十二指肠黏膜呈暗紫红色，可有出血、糜烂及坏死等腐蚀现象。胃内容物有苦杏仁气味。

（四）检材采取

口服中毒的剩余食物、呕吐物、胃肠及其内容物都是有价值的检材。经皮肤、黏膜吸收或注射中毒者，应采取局部皮肤、黏膜或注射部位的肌肉组织。血液中氰化物浓度最高，其次为肝、肾、脑和肌肉。要尽早取材。采集的心血要装满容器不留空隙以防分解或挥发。检材不要加甲醛溶液，需冷藏并尽早送检。可用普鲁士蓝法直接检验氰化物。

六、成瘾性药物滥用与中毒

（一）阿片类中毒

阿片类药物是指从天然阿片原生植物罂粟中提取的生物碱和人工合成的可使机体产生类吗啡效应的药物。吗啡（morphine）是阿片中最主要、含量最多的有效成分，因其止痛功效和精神感受而广泛滥用和流行。海洛因（heroin）化学名"二醋纳络啡"（diacetylmorpine），俗称"白面"，其镇痛作用是吗啡的4～8倍，且作用迅速、效能稳定，但成瘾性和毒性是吗啡的3～5倍以上。

阿片类中毒多见于医疗上误用或用药过量。吗啡具有很强的耐受性和依赖性，长期滥用者可致慢性中毒；用吗啡注射他杀者少见。滥用过量导致急性中毒是海洛因成瘾者死亡的主要原因。长期海洛因滥用者容易合并感染肝炎、艾滋病等造成死亡。少数"海洛因性精神障碍"者发生自毁性滥用行为致死。部分海洛因滥用者同时服用安定类精神药物、镇痛药物，在多药滥用情况下发生中毒或意外事故致死。

1. 毒理作用　吗啡及海洛因等阿片类药物可经消化道、鼻黏膜、肺或通过注射等吸收。一般胃肠道途径吸收较胃肠外途径吸收缓慢。皮下或肌内注射吸收率较高。吗啡与中枢吗啡受体（阿片受体）具有很高的亲和力和药理活性。吗啡的生物转化主要在肝。海洛因多以烫吸、燃吸、静脉注射、肌内注射等方式吸收，这些滥用方式均可使海洛因迅速且较为完全的吸收入血。海洛因入血后被催化为6-单乙酰吗啡发挥药理作用，6-单乙酰吗啡在肝内水解为吗啡。海洛因的药理效应大部分是通过6-单乙酰吗啡或吗啡起作用。

2. 中毒症状　阿片类药物急性中毒的症状是中枢神经系统深度抑制。典型的中毒症状表现为：①呼吸深度抑制；②瞳孔缩小（针尖样瞳孔）；③全身性发绀；④心率减慢、血压下降；⑤皮肤湿冷、体温降低；⑥骨骼肌松弛无力、全身性抽搐；⑦排尿困难、尿潴留；⑧量大或静脉注射时，可以迅速陷入昏迷，最终发生死亡。

慢性中毒者表现为贫血、精神萎靡、食欲缺乏、便秘、性功能减退或消失、呼吸困难等症状。阿片类药物戒断即出现典型的戒断综合征，如呕吐、腹泻、躁动不安、流泪、出汗、瞳孔散大、循环衰竭等，严重者甚至虚脱死亡。

3. 尸体检查所见　急性阿片类中毒死亡者，死亡早期可见典型的针尖样瞳孔缩小。静脉注射毒品部位因反复注射而使静脉发炎、硬化、血栓形成而闭塞，局部皮肤呈条索状硬化。慢性阿片类药物中毒死亡者，显著消瘦、贫血，注射毒品部位可见静脉炎症、皮肤化脓或瘢痕条索、色素沉着等。可见皮肤脱屑、多发性化脓感染。吸毒者常有奇特的文身。长期吸毒者常见自杀、自伤切割留下的瘢痕。

海洛因或吗啡过量急性中毒死亡者，尸体解剖常见急性脑水肿，海洛因性肺水肿。长期滥用毒品死亡者常见支气管肺炎、多发性肺脓肿的改变；灶性脑软化，白质脑病，局灶性脑梗死、败血症性脑脓肿；各部位淋巴组织反应性增生；缺血性心脏病、中毒性心肌病、血栓性静脉炎；神经肌肉病变、横纹肌溶解等。

4. 检材采取　阿片类毒品口服者，取呕吐物、洗胃液、胃肠内容物；鼻吸食者用干拭子擦拭双侧鼻孔黏膜；注射者切取注射处皮肤、皮下组织及肌肉组织，并取非注射侧组织做对照。不论进入途径如何，血液、尿液、胆汁均是最好的检材。提倡采取多个部位检材（如血液、尿液、脑、肝、肺、注射部位组织）分别进行检测分析。长期阿片类毒品的滥用者，可用带毛根的头发作为检材。

（二）可卡因中毒

可卡因（cocaine）是古柯叶中所含的主要生物碱，又称古柯碱。可卡因是一种强效中枢兴奋剂，具有很强的精神依赖性，用药者对它有强烈渴求，在人群中的滥用倾向明显。可卡因滥用者往往因用药过量中毒死亡；长期滥用者常并发精神病，引起自杀或意外死亡；用可卡因他杀者少见。

1．毒理作用　可卡因可从任何部位的黏膜吸收。经口服者，部分在胃内被水解使其作用消失，常用鼻腔内给药、静脉注射和吸入等给药途径。可卡因阻断神经纤维冲动的产生和传递，引起感觉和运动障碍，对血管有收缩作用，可引起高血压、脑出血。大剂量应用会严重抑制心肌活动致血管性虚脱。可卡因最突出的作用是对中枢神经的刺激作用。开始时作用于大脑皮层使之兴奋，产生欣快感，进而延及皮质下中枢，过度兴奋则转为抑制。长期滥用可卡因者可形成明显的精神依赖性和对药物的耐受性。

2．中毒症状　中毒者在兴奋早期表现为欣快、易激惹、失眠、无食欲、性欲亢进；恶心、呕吐，面部和手足肌肉抽搐、心律失常、血压升高、皮肤苍白。兴奋期进展后，中毒者反射亢进、阵发性痉挛及强直性抽搐，可死于高血压引起的各种合并症。中毒后期进入抑制期，肌肉松弛无力、昏迷、瞳孔散大，可因呼吸、循环衰竭死亡。可卡因的直接心肌毒性作用也可引起死亡。

慢性可卡因滥用者营养不良。长期鼻黏膜吸食者可引起鼻中隔坏死和穿孔。静脉注射者可合并肝炎、心内膜炎、艾滋病。长期滥用大量可卡因有产生精神病的危险。可卡因性精神病表现为偏执狂和持续幻觉存在，以皮下蚁走感为典型症状，奇痒难忍。

3．尸检所见　急性中毒死亡者呈窒息死征象，各器官淤血明显。长期滥用者消瘦。用鼻吸食者，可检见鼻中隔黏膜萎缩、穿孔。注射者见新鲜注射针眼及陈旧不等的注射瘢痕，心损害明显。有时合并感染性疾病。

4．检材采取　血液、尿液为必取检材，脑、肝、肾组织也是理想检材，均可用于测定其代谢产物。肺、鼻拭子或注射周围组织，根据吸毒途径而采取。

（三）苯丙胺类中毒

苯丙胺类药物系一类人工合成的非儿茶酚胺拟交感神经药，是苯丙胺及其衍生物的统称，有很强的中枢兴奋作用，并易形成药物依赖性，可分为以下四类：①兴奋型苯丙胺类，以甲基苯丙胺（冰毒）为代表；②致幻型苯丙胺类；③抑制食欲型苯丙胺类；④混合型苯丙胺类，兼具兴奋和致幻作用，最常滥用的是亚甲二氧基甲基苯丙胺（3,4-methylenedioxymethamphetamine，MDMA），混合型苯丙胺类药物与兴奋型苯丙胺类药物及某些化学物质混合所制成的片剂，服用后能令人兴奋如狂、摇头不止，被称为"摇头丸"。苯丙胺类药物可因滥用及医疗用药过量发生中毒死亡，最常见于兴奋型和混合型苯丙胺类。

苯丙胺类药物可经口服、吸入和静脉注射等途径吸收。苯丙胺类药物中毒症状反映为中枢兴奋和交感神经兴奋的症状，长期滥用者体形消瘦，有幻觉、妄想等精神症状。苯丙胺类滥用者中多药滥用现象很常见，可造成更加严重、复杂的中毒反应。尸检见心肌损害，肝、肺等肉芽肿形成，指甲脆化，脑出血等，结合毒物分析进行鉴定。尿液是最佳检材。血液必不可少，还可采取肝、肾、脑等组织。肝中可检出代谢产物苯丙酮。注射用药者还应采取注射局部的皮肤及皮下组织及非注射处的对照组织作为检材。

服用"摇头丸"中毒死亡者多为青年人，年龄一般在30岁以下，可死于歌舞厅、大街上。中毒症状有明显口渴、高热、兴奋、不安、抽搐、高血压及肝、肾衰竭等，解剖可见脑、心肌、肝细胞坏死等，结合毒物分析可确定中毒死亡。

（四）大麻中毒

大麻（cannabis sativa）是一种大麻科、大麻属一年生草本植物。大麻属于低毒性物质，很少有急性中毒死亡的报道。多是由于慢性大麻中毒引起的意外事故。长期吸食大麻，常产生许多精神症状导致反常行为，伤人或自伤；大麻的幻觉作用可使人发生定向力障碍。大麻常与其他成瘾物质如酒精、巴比妥类安眠药、海洛因、可卡因、苯丙胺等联合使用，可造成中毒死亡。

大麻可通过口服、鼻吸、呼吸道吸入或静脉注射等途径吸收，多以吸烟方式经肺吸收。大麻急性中毒与乙醇作用类似，不过定向力障碍及人格变异等症状比乙醇中毒多见。可产生浮在空中、视人变形等离奇幻觉；有时发生中毒性谵妄，思维混乱。进入抑制期后表现出运动失调、言语不清、嗜睡，很少发生死亡；若发生死亡多为呼吸抑制所致。长期吸食大麻可表现出冷漠、呆滞、易怒、腹泻、腹痛等，还可引起意志消沉。

大麻中毒死亡者，无特殊病理变化，体表可见眼结膜充血、手指及牙齿可见烟釉痕迹。吸食大麻者的衣服及身上可散发出大麻气味。

口服者取胃及胃内容物，一般取血、肝、小肠较好。尿中可检测代谢产物四氢大麻酚酸。长期吸食大麻者，还可取毛发作为检材。唾液、手指和牙齿上的烟釉也可作为检材。

七、有机磷农药及杀鼠剂中毒

（一）有机磷农药中毒

有机磷农药（organophosphorus pesticide）是含磷的有机化合物，在农业上主要用于杀虫、除草等，近几年来已先后合成杀菌剂、杀鼠剂等有机磷农药，具有高效、代谢快、低残留等特点。我国最常见的有对硫磷、甲胺磷、敌敌畏、乐果、敌百虫（美曲膦酯）等十多种。

有机磷农药多为淡黄色或棕色油状液体，具有类似大蒜样的特殊臭味，一般不溶于水，溶于多种有机溶剂及动、植物油中；有机磷农药无论是液体或固体，在任何湿度下都有蒸气逸出。多数有机磷农药不能耐受较高温度的作用。

1. 中毒原因和机制　有机磷农药中毒是我国最常见的中毒原因，由于广泛采用敌敌畏防治卫生害虫，在城镇以敌敌畏中毒为多见；农村则以甲胺磷、对硫磷等较多见。除常见用于服毒自杀外，还有通过胃肠外途径投毒者，如静脉、肌内、皮下、胸腔、心包腔内注射、吸入或塞入阴道等。

有机磷农药能经无损伤的皮肤、呼吸道、消化道进入人体内，迅速分布到全身各组织器官并与组织蛋白牢固结合。有机磷中毒机制为：①对乙酰胆碱酯酶的抑制：有机磷化合物进入机体后，主要抑制机体内胆碱酯酶（acetylcholine esterase，ChE），使之失去活性，乙酰胆碱在体内蓄积，引起神经系统功能紊乱的中毒表现，临床以胆碱能神经系统功能亢进为主要表现；②对神经病靶酯酶的抑制：某些有机磷农药（甲胺磷、马拉硫磷、乐果、敌敌畏等），在中毒后1～2周，部分患者可发生周围神经病，称为有机磷迟发性神经病（organophosphate induced delayed neuropathy，OPIDN）；③对心肌的损伤；④免疫毒理机制；⑤有机磷农药还有一些非特异性作用，如使血清蛋白下降，血糖升高，血胆固醇异常，血液以及脑、肝的部分酶活性改变。

呼吸衰竭是有机磷急性中毒的主要死因，呼吸中枢麻痹在呼吸衰竭中起主要作用；肺水肿、呼吸肌麻痹、支气管痉挛及支气管内积聚黏液则是加重呼吸衰竭的重要因素。目前认为，心损害是重症有机磷中毒后期引起急性死亡的常见原因。

2. 中毒症状　有机磷杀虫剂中毒可导致三个时相的神经毒性作用，其表现为：

（1）急性胆碱能危象（acute cholinergic crisis）：胆碱能危象在中毒后立即出现，是急性有机磷杀虫剂中毒的主要临床表现。包括①毒蕈碱（M）样症状，多数腺体分泌（多汗、流涎、流泪）、平滑肌收缩（呼吸困难、瞳孔缩小）、括约肌松弛（二便失禁）。②烟碱（N）样症状，作用于骨骼肌神经肌肉接头，表现为肌颤、肌无力等。③中枢神经系统症状，轻者头晕、头痛，重者抽搐、昏迷；严重者因呼吸、循环衰竭而死亡。

（2）中间综合征（intermediate syndrome，IMS）：多发生于中毒后24～96h（或2～7天），在胆碱能危象和迟发性神经病之间，故称中间综合征。临床表现以肌无力最为突出。

（3）有机磷迟发性神经病（OPIDN）：OPIDN多在急性中毒恢复后1～2周开始发病，

部分延迟至 3～5 周。最初表现为趾/指端麻木、疼痛等感觉异常，逐渐发展为弛缓性麻痹。有机磷中毒患者经过积极的治疗，在症状明显缓解后，病情突然急剧恶化，重新出现中毒症状而且比前加重，临床上称这种现象为反跳，死亡率高。

国家颁布的《职业性急性有机磷农药中毒诊断标准》（GB7794-1987），将病情分为：有一定毒蕈碱样、烟碱样及中枢神经系统症状，且 ChE 活性降至 50%～70% 者，为轻度中毒；前述症状加重，伴瞳孔缩小、肌束震颤，且 ChE 活性降至 30%～50% 者，为中度中毒；在上述表现的基础上，出现肺水肿、脑水肿、昏迷或呼吸麻痹者，为重度中毒，其全血 ChE 多在 30% 以下。

3．尸检所见

（1）尸表检查：尸斑显著，呈暗紫红色。尸僵早而强，有的可见腓肠肌和肱二头肌显著挛缩。口唇及指甲明显青紫。大多数瞳孔缩小。口鼻周围有白色泡沫。

（2）消化系统：口服大量有机磷中毒死亡的，切开胃后可闻到有机磷的特殊气味。敌敌畏等有腐蚀性的有机磷可使胃底黏膜呈大片灰白色或灰褐色坏死，并有出血。镜下见胃黏膜表层坏死、点状出血，黏膜下层有少量中性粒细胞浸润。大多数胃肠壁平滑肌出现收缩波，以小肠壁纵行肌层较明显。肝显著淤血、水肿。胰腺泡上皮细胞质内可见空泡形成。

（3）心血管系统：右心及大静脉内充满暗红色流动性血液。

（4）呼吸系统：气管及支气管腔内有大量白色泡沫状液体。镜下见肺显著淤血、水肿、灶性出血。部分见细小支气管痉挛性收缩，在横切面上呈花边状。

（5）中枢神经系统：明显脑水肿，有的可见小血管周围脑组织出现疏松淡染区。

4．法医学鉴定要点　中毒患者大汗、肌束颤动、瞳孔缩小、口吐白沫、衣着和呼吸气体有特殊气味，尸检时见细小支气管痉挛性收缩、小肠壁纵行肌层收缩波、显著脑水肿、肺水肿等。检材采集时，口服中毒者取胃内容物、胃组织和血液为最好；通过呼吸道吸入中毒者应提取肺和血液；如怀疑为注射投毒，应取可疑注射局部皮肤、皮下组织及肌肉送检。现场勘察时，应注意提取呕吐物、洗胃液、剩余食物、可疑容器等同时送检。迁延死亡者可提取肝、肾等。在呕吐物、胃内容物、血及器官中检出有机磷化合物可做出鉴定。亦可测定死者血液中 ChE 活性作为参考。

（二）杀鼠剂中毒

1．毒鼠强中毒　毒鼠强（tetramine，tetramethylenedisulphotetramine，TETS）化学名四亚甲基二砜四胺，是国家禁止制造、买卖、运输、储存、使用和持有的剧毒杀鼠剂之一。由于毒鼠强中毒容易从市场得到，且毒性强、无刺激性气味和色泽，故常被用于服毒自杀或投毒他杀，意外中毒也较常见。

毒鼠强不能透过完整皮肤，而是经胃肠吸收快。口服可即刻出现中毒症状，潜伏期多为 10～30min；死亡多发生在中毒 3h 以内。空腹和剂量大者死亡发生快。典型中毒症状表现为突发强直性、阵发性抽搐，类似"癫痫大发作"。抽搐发作可伴昏迷、瞳孔散大、呼吸困难、口吐白沫、呼吸音增粗等，严重者因呼吸衰竭而死亡。

死亡急速者尸斑、尸僵显著，窒息征象较明显，各器官淤血水肿，尤以脑淤血水肿为甚。有时因抽搐咬伤舌，可在舌尖发现牙印痕或咬伤出血。

除剩余饭菜和呕吐物外，口服中毒者因胃及胃内容中毒物含量最高，故为必须提取的检材。毒鼠强稳定性高，在体内代谢较慢。腐败尸体及经甲醛溶液固定后的器官也可供毒物分析用。凡有癫痫样抽搐反复发作排除癫痫者，均应考虑毒鼠强中毒的可能性，但需注意与其他痉挛性毒物中毒（如氟乙酰胺、士的宁、异烟肼等）相鉴别。

2．氟乙酰胺中毒　氟乙酰胺（fluoroacetamide）是一种高效、内吸、长效杀虫、杀螨剂。氟乙酰胺无特殊感官作用，易投毒他杀或误食中毒，也可见于服毒自杀。主要经消化道吸收中毒，还可从呼吸道及皮肤侵入体内。氟乙酰胺及其代谢产物氟乙酸主要随尿排出，中毒3天后尿中不能检出氟乙酰胺，但20天后仍能检出氟乙酸。

急性中毒死亡多发生于口服后 2～4h 内。氟乙酰胺中毒在神经、循环、呼吸和消化系统均有症状表现。以神经系统症状突出者称神经型，抽搐是此型的典型症状。重症中毒者表现为强直性痉挛，抽搐反复发作，进行性加重，最终呼吸衰竭或窒息致死。以心血管系统症状突出者称心脏型。心脏型中毒病例可出现心慌、胸闷、心律失常及心肌酶谱的改变，心电图检查可发现窦性心动过速、房室传导阻滞、ST段下降、T波低平、QT间期延长，最后因心室颤动而死亡，该型病例易被误诊。

氟乙酰胺中毒尸检无特征性病变，主要表现为急性血液循环障碍，多器官浆膜及黏膜的点状出血和脑水肿等。检材以呕吐物、胃内容物、吃剩的食物或饮料为最好，其次是血液、肝、肾和尿。氟乙酰胺在体内易分解，故还应检验氟乙酸等含氟的代谢产物。现今检测氟乙酰胺较为理想的方法是GC/MS（气相色谱/质谱法）及HPLC（高压液相色谱法）。

3. 磷化锌中毒　磷化锌（zinc phosphide，Zn_3P_2）呈灰黑色粉末，有电石气臭味，不溶于水及乙醇。其与豆面、芝麻或米饭拌和制成毒饵，被用于农业、卫生、防疫部门杀灭各种鼠类，并常用做粮食熏蒸杀虫剂，以杀灭粮食害虫。磷化锌中毒自杀、他杀、误服或环境污染中毒均有发生。

磷化锌多由口服进入体内，在胃内与胃酸作用，产生磷化氢气体和氯化锌。磷化锌中毒主要是磷化氢的毒性作用。磷化氢被吸收后，主要作用于中枢神经系统、心血管系统和肝、肾等实质器官。急性中毒严重者常发生致死性休克和重度紫癜型出血。吸入磷化氢气体中毒者，其呼吸系统及神经系统的症状出现较快，可有肺水肿、充血及明显的心肌损害。中毒后以胃肠症状较明显，主要表现为烧灼感、恶心、剧烈呕吐、口渴，呕吐物有时可嗅到磷化氢所特有的电石气臭味。神经系统症状主要表现为头晕、头痛、烦躁、神志不清。循环系统症状为心跳过速或心跳缓慢、血压下降及休克等。病程迁延者则可引起心、肝、肾等器官的损害。重症中毒者可死于心肌损害。中毒者死前全身青紫及抽搐。

磷化锌中毒死者皮肤干燥，呈不同程度的脱水现象，尸斑呈暗紫红色，口唇及指甲发绀。中毒后急性死亡者，有时打开腹腔即可嗅到磷化氢特殊的电石气臭味。由于磷化锌比重大，往往沉于胃底部，胃黏膜皱襞间可见灰黑色磷化锌粉末黏附。中毒2～3天以上死亡者可见皮肤及巩膜黄染。

口服中毒死者，胃及胃内容物是毒物化验最好的检材。如能从胃、十二指肠黏膜采取灰黑色粉末或颗粒，有利于直接进行磷化锌的毒物化验。血清及尿液中无机磷的增高对诊断磷化锌中毒也有重要的参考价值。由于磷化锌中毒患者往往因口渴而大量饮水，胃液被稀释，而磷化锌的比重又较大，多沉于胃底部，故应取全胃及胃内容物送检。若尸体腐败，胃组织产生硫化氢，可干扰磷化氢的检测，故应尽快送毒物化验，或者在取胃及胃内容物时应将其浸泡于乙醇中，以便分析时用乙醇反复洗涤，沉淀磷化锌。

八、有毒植物及动物中毒

（一）有毒植物中毒

有毒植物（poisonous plant）分布广泛、种类繁多，部分可供医疗药用。有毒药用植物有其毒性的一面，又有其治疗作用的一面。用之不当可发生毒副作用，甚至中毒死亡。有毒植物中毒的原因以医源性或非法行医引起中毒最为常见，另可见误食、食物污染和食物加工处理不当、自杀、他杀等引起中毒。

1. 乌头属中毒　乌头属（Aconitum）植物全株有毒，以块根为最。乌头块根系著名的中草药之一，具有祛风除湿，温经止痛等功效。乌头属植物中毒多属意外中毒，具有较明显的地区性，多发生在盛产该植物的地区。

乌头含生物碱及乌头多糖，其中以乌头碱毒性最大，含量最高。乌头碱主要作用于神经系统和心脏。重度中毒者因延髓的呼吸和血管运动中枢麻痹，导致呼吸抑制，血压下降，最后死于呼吸循环衰竭。乌头碱中毒有典型的口舌四肢持续发麻症状，伴有流涎、胃烧灼感，此外心慌、心律失常、脉弱等心脏症状也较突出。常规病理检查无特殊所见。乌头碱中毒吸收快，由肾排泄快，且量多，故检材以尿液及涎液为最佳；迅速死亡者的呕吐物、胃内容物亦佳。由于乌头碱因组织腐败及碱性作用而易被破坏，故当怀疑乌头中毒时，采取的检材应迅速冷藏或加入酒精以防腐败破坏，同时送检所用酒精，以资对照检验。

2. 雷公藤中毒　雷公藤有清热解毒，祛风除湿，消肿止痛，通经活络的功能。用于治疗类风湿关节炎、肾小球肾炎、红斑狼疮、银屑病及麻风反应等多种自身免疫病有独特疗效。由于其治疗量与中毒量比较接近，疗效大小又与剂量相关，所以常见各种雷公藤制剂使用过量或时间过长而发生中毒的病例报道，但中毒死亡者以自杀中毒最常见，偶见他杀投毒案例。中毒症状以不明原因的恶心、呕吐、剧烈腹痛和腹泻、顽固性血压降低、炎细胞减少且神志无明显改变为主要表现。尸检可见中毒性肾病，免疫器官内淋巴细胞变性坏死和数目显著减少。毒物分析的主要成分是检验雷公藤生物碱。

3. 毒蕈中毒　毒蕈（toxic mushroom）是指食后可引起中毒的蕈类。毒蕈中毒具有明显季节性（夏秋多雨季节），一般为误采食用，常一户或数户集体发生。进食毒蕈史对鉴定多有帮助。毒蕈所含毒素的种类多少及各自含量大小可因毒蕈的生长时间、发育阶段、生长地区等条件的不同而各异；毒蕈对人的毒性作用依毒蕈种类、进食数量、烹调及食用方法、个体情况的差异而不同。毒蕈中毒症状大致分为四型：①肝肾损害型：最常见且中毒最严重，死亡率高，主要病理变化是中毒性肝坏死，应注意与暴发性重症病毒性肝炎相鉴别；②神经精神型：主要表现为副交感神经兴奋症状；③胃肠炎型：表现为剧烈腹泻、水样便、阵发性腹痛等，死亡率低；④溶血型：可出现溶血性黄疸、肝脾肿大，重者可死于休克或继发的尿毒症。应从现场尽可能将吃剩或未吃的毒蕈和野外采集同种毒蕈的标本进行品种比对鉴定，并做毒蕈毒素的毒物分析或动物毒性试验。胃肠内容物和呕吐物亦是毒物分析的重要检材。

（二）有毒动物中毒

自然界中含有对人体有毒成分的动物被称为有毒动物（poisonous animal）。有毒动物所含毒素被吸收进入人体后可引起中毒，甚至死亡。我国地域辽阔，有毒动物分布广泛、种类繁多。有毒动物中毒致死的案例，因死因不明或中毒经过不清，疑为他杀的，常需法医进行尸体检验和鉴定。有毒动物引起人中毒的原因大致有以下几种情况：误食、药用过量、意外、他杀、自杀。在疑为有毒动物中毒案例的检验中，除进行细致的尸体解剖、提取必要的检材进行毒物化验及动物实验外，还应注意了解中毒症状，采取可疑动物标本请生物学家进行动物品种识别，以便进行法医学鉴定。

1. 蛇毒中毒　蛇毒中毒多见于我国南方各省农村，以意外咬伤中毒最为多见。蛇毒作为药用也有中毒致死的报道。由于毒蛇（尤其是含神经毒的毒蛇）咬伤牙痕小，局部不红肿，不易被发现，故常被用作他杀。蛇毒外观呈蛋清样黏稠液体，新鲜蛇毒呈微酸性、透明微黄色、有特殊腥味。毒理作用可大致分为：①神经毒：具有选择性神经肌肉阻断作用，引起横纹肌弛缓性瘫痪，能够作用于自主神经系统、中枢神经系统，从而引起呼吸衰竭、血压异常、意识障碍、抽搐及脑神经损害；②血液循环毒：包括凝血毒、抗凝血毒、出血毒素、溶血毒、心脏毒等；③细胞毒：可引起细胞溶解、蛋白质分解、组织坏死。

毒蛇咬伤多位于身体暴露部位，如肢体末端。中毒症状、病理变化因毒蛇类别而异。重症患者因呼吸麻痹、循环衰竭或急性肾衰竭而死亡。表现为神经系统症状的中毒者，局部症状轻微，短时间内可死亡，需仔细检查体表毒蛇牙痕。一般来说，无毒蛇为四行细小而均匀的牙痕，而毒蛇则大多留有两个大而深的牙痕。可取咬伤的局部组织用免疫学方法检测蛇毒抗原。物证检验在毒蛇杀人案中有重要意义，在咬人现场，打蛇的工具，装蛇的布袋、缸及利用毒蛇作案的竹筒内，有时可检出蛇衣、蛇鳞或蛇血等，依此可鉴定蛇的种类。

2．河豚中毒　河豚中毒（tetrodon poisoning，puffer poisoning）一般多见于误服，以沿海及长江中下游多见，有地区性特点，案情调查多能发现进食河豚或其内脏的情况。河豚为有毒鱼类，其毒性顺序一般为卵巢＞肝＞血＞眼球＞鳃＞皮＞精巢＞肌肉。河豚所含毒素主要为河豚毒素（tetrodotoxin，TTX）。河豚毒素是一种天然剧毒毒素，是毒性最强的非蛋白类神经毒素之一，具有独特的结构特性及对 Na^+ 通道高亲和力有专一阻断作用。河豚毒素进入人体产生类似箭毒样作用，最主要的毒性是对随意肌（包括呼吸肌）的进行性麻痹作用，舌尖、口唇及肢端发麻，继而肢体无力，甚至软瘫，最终因呼吸麻痹引起呼吸衰竭而死亡。TTX 还可作用于胃肠黏膜引起急性胃肠炎。TTX 一般不直接侵害心肌。尸检见胃显著扩张、充满气体为其他中毒所少见。河豚中毒者可从其呕吐物、胃内容物及吃剩的鱼肉组织中化验出 TTX。

3．斑蝥中毒　斑蝥中毒主要发生于经济文化比较落后的偏远地区，常误作为偏方治病（堕胎、狂犬病、肺脓肿、银屑病、壮阳）引起的意外中毒，因其临床应用广泛，因此亦可见滥用、误用或超大剂量食用引起中毒，甚至死亡。斑蝥体内的主要毒性物质为斑蝥素（cantharidin），纯斑蝥素为无色、有光泽、斜方形小片结晶。斑蝥素对皮肤、黏膜及胃肠道均有较强刺激，经吸收后主要作用于泌尿系统。急性斑蝥中毒对淋巴组织具有免疫抑制作用，其中毒靶器官为肾、肝和淋巴器官。口服中毒者主要病变是胃肠道损害及中毒性肾病。如从死者衣服口袋及胃肠内容物中发现斑蝥的残躯碎翼，不仅是毒物分析的良好检材，也可作为斑蝥中毒的直接证据。

（刘　良）

第三节　中毒的诊断及法医学鉴定

中毒的法医学鉴定包括以下内容：①确定是否发生了中毒；②确定何种毒物引起中毒；③确定进入体内毒物的量，并判断是否足以引起中毒或死亡；④分析毒物进入机体的时间、途径和形式；⑤推断中毒或中毒死亡方式，是自杀、他杀、意外灾害抑或其他类型中毒。

一、案情调查与现场勘查

（一）案情调查

中毒案件的案情调查重点在于了解中毒者的职业、工种和家庭情况有无可能得到或接触所怀疑的药物或毒物；了解中毒的出现时间、发病经过和症状特点，在抢救过程中用过何种药物，死亡者应了解其死亡经过和死前症状特点；了解中毒者既往身体健康状况，有无心、脑、肾、肝等方面的疾病，有无药物滥用史或吸毒史，是否处于戒毒期间；了解中毒者中毒前有无情绪和言行的反常；了解中毒者是否投保、保额及受益人是谁；了解当地常见的毒物种类及新型的毒物和药物；集体食物中毒时，应进行可疑食物追踪调查，避免更多人群中毒，判断中毒性质；怀疑医源性药物中毒时，应详细了解有无用错药或用药过量，近年来，非法行医致死案例时有发生，应了解有无依据民间偏方服用有毒中草药的情况，鉴别可疑中草药的构成组分。

（二）现场勘察

现场上如中毒者尚未死亡，应立即现场或送医院抢救。对中毒死亡的现场，应注意尸体的位置、姿态和衣着，口袋内有无残留毒物、药物和遗书。在现场发现有呕吐物、剩余食品、饮料、药品、注射器、酒瓶、碗杯等时,要高度警惕中毒的可能性,搜寻有无盛装过毒物的纸包、药瓶、安瓿和注射器等,除应注意在酒瓶、碗杯、注射器和药瓶上收集指纹外,还应注意将上述物品作为毒物化验的检材,分别进行妥善包装和送检。注意现场有无清扫处理过呕吐物或排泄物的迹象。注意现场有无遗书、信件、日记等,行笔迹鉴定,以从中了解中毒者近期思想动态。急性群体性中毒事件应对有怀疑的剩余食物以及油、盐等调味品进行毒物化验。疑为有毒气体中毒应注意检查有毒气体的来源、现场的通风情况,在现场采集气体进行毒物分析,并进一步做有毒气体的含量测定。

二、临床症状分析

不同的毒物由于其不同的毒理机制,进入机体后,可出现不同的症状。根据症状特点,常可推测为何类、何种毒物中毒,以此为尸体解剖、收集毒物化验检材等作好相关准备,并为毒物化验提示方向和线索。不同的毒物可出现类似的中毒症状,某些疾病也可具有与中毒相似的症状,应引起警惕、注意鉴别。

常见中毒症状所提示的一些主要毒物如下:

1. **短时内迅速死亡** 氰化物、有机磷、高浓度氨气、一氧化碳等。
2. **消化系统症状** 恶心、呕吐、腹痛、腹泻等症状和体征可由腐蚀性毒物、金属盐类、农药、部分有毒动植物等多种毒物引起。应与霍乱、胃肠炎、菌痢等消化系统疾病鉴别。
3. **神经系统症状** ①昏迷,镇静催眠药、麻醉剂、一氧化碳、硫化氢、有机磷、氰化物等;②抽搐,有机磷、有机氯、氟乙酰胺、毒鼠强、异烟肼、马桑、士的宁等;③瘫痪,可溶性钡盐、肉毒杆菌毒素、一氧化碳、乌头、蛇毒、河豚等。
4. **心血管系统** 如心律失常、心源性休克等,可由乌头、氟乙酰胺、夹竹桃等引起。
5. **呼吸系统** ①呼吸加快,士的宁、咖啡因、颠茄类、甲醇等;②呼吸减慢,阿片、吗啡、海洛因、一氧化碳、催眠药、酒精等;③肺水肿(口鼻泡沫),有机磷、刺激性气体等。
6. **泌尿系统** 少尿、无尿等表现可由升汞、四氯化碳、磷化锌、砷化氢、蛇毒、鱼胆、斑蝥、雷公藤、关木通等所致。
7. **皮肤** ①发绀,亚硝酸盐、氯酸盐、苯胺等;②黄疸,磷化锌、四氯化碳、砷化物、氯仿、异烟肼、毒蕈、苍耳、鱼胆等;③色素沉着,角化,慢性砷中毒时,皮肤上有所谓呈雨点样色素沉着,皮肤呈古铜色,指甲出现白色横纹;④腐蚀斑,腐蚀毒、高浓度氨气等。
8. **眼睛** ①瞳孔散大,阿托品、酒精、氰化物、颠茄等;②瞳孔缩小,有机磷、阿片、吗啡、海洛因、氯丙嗪等;③视力障碍,甲醇、钩吻、阿托品等。
9. **血液系统** 凝血功能障碍、出血可由溴敌隆、肝素、敌鼠钠盐、蛇毒等引起。
10. **特殊气味** 有机磷、磷化锌、酒精、苯酚、来苏、氨水等。
11. **发热、大汗** 五氯酚钠等。

除通过上述单一症状分析毒物外,有些毒物可引起多方面的症状,综合这些症状同样有助于毒物推测和分析。如出现瞳孔缩小、肌纤维震颤、口吐白色泡沫、多汗及呕吐物中有大蒜样臭味等表现,应考虑有机磷农药中毒;出现极度口渴、呕吐物及呼气中有电石气臭味等表现考虑磷化锌中毒;进食后出现低钾症候群(软瘫)应考虑可溶性钡盐中毒等。

上述常见中毒症状可由相应毒物中毒引起,也是一些临床疾病的常见症状和体征,必须予以鉴别:①急性异烟肼、士的宁、毒鼠强、氟乙酰胺中毒,由于其强烈的抽搐而易误诊为癫痫、破伤风;②急性砷化物(砒霜)中毒时,由于其强烈的上吐下泻而易误诊为霍乱、急性胃肠炎等;③急性可溶性钡盐(氯化钡、碳酸钡)中毒时,由于其血钾低和软瘫表现而易误诊为低血钾软病、周期性瘫痪等;④敌鼠钠盐中毒时因其出血倾向,易误诊为过敏性紫癜、血友病、再生障碍性贫血等;⑤急性铅中毒时因强烈的腹绞痛而易误诊为急性胆囊炎、急腹症;

⑥慢性砷化物中毒时因皮肤变黑，易误诊为原发性肾上腺皮质功能减退（艾迪生病）；⑦磷化锌、四氯化碳中毒可致中毒性肝病，易误诊为急性暴发性黄疸性肝炎。

三、中毒尸体的检查

（一）中毒尸体解剖的注意问题

1．检查中毒尸体，尸检者需做好自身的安全防护。解剖有机磷农药、氰化物、磷化锌等中毒尸体，在结扎取出胃后，宜在通风柜内剪开胃壁，预防吸入有毒气体。

2．解剖台预先冲洗干净，所用器械、手套等不得沾染各种消毒药液或其他化学药品。

3．准备收集检材的容器，以玻璃容器为最好。容器必须能密封，可防止挥发性毒物逸散，又可防止液状检材外溢，造成运输困难。玻璃瓶口不要用橡皮塞，因其可溶解于某些毒物（如氯仿和酚）中。冷冻保存的检材标本可用专用无毒的塑料瓶或塑料袋盛装。切勿在尸体解剖当时任意寻找容器，未经充分清洗就用来盛装毒物化验检材。

4．疑似中毒的尸体，在尚未收集供毒物分析用检材以前，各器官切忌用水冲洗。

5．对疑似中毒致死的尸体，应按常规全面系统的进行尸体解剖。尽管多种急性毒物中毒器官在形态学上常无特异性，但全面的尸体解剖仍是鉴定中毒的必要步骤。如在解剖时发现中毒病变，则不仅是中毒鉴定的根据，也能为毒物分析提示方向；同时只有通过解剖，才能完善地收集多种、足量的检材，供毒物化验用。此外，通过全面观察各器官的病变，能发现死者生前是否患有潜在性致死性疾病，从而鉴别中毒致死还是自身疾病致死。

6．法医病理工作所见中毒多数通过胃肠道途径，应仔细检查消化系统。观察食管黏膜有无腐蚀、坏死；剪开胃时注意有无特殊气味、胃内容物的性状，以及胃黏膜的变化；如经洗胃或中毒时间较长的案例，需注意检查十二指肠、空肠及其内容物。某些毒物（如无机汞化合物）可经结肠排泄，需须注意检查结肠病变。

（二）中毒尸体外表检查

1．衣着　注意衣服上有无农药、酒精、氨水等特殊的气味，注意衣服口袋内有无残留药物、遗书或与案情有关的文字材料，注意衣着上有无呕吐物或唾液污染，有无被药物流注或腐蚀的痕迹。

2．瞳孔改变　部分有机磷农药中毒时可检见缩瞳现象（直径＜3mm），阿托品、甲醇中毒者可出现瞳孔扩大。

3．皮肤改变　检查皮肤的颜色，有无出血点、针痕、咬痕、腐蚀痕等。尸斑颜色在一氧化碳中毒时呈樱桃红色，氰化物中毒呈鲜红色，磷化锌、砷、毒蕈等肝毒性毒物中毒可出现黄疸，慢性砷化物中毒时可出现雨点样色素沉着，氨水和高浓度一氧化碳可以引起皮肤的化学烧伤，出现红斑、水泡等。在一些死于胃肠外途径注射中毒尸体上，应注意发现针痕，并结合临床有无注射史及注射部位，考虑有无注射方式投毒他杀或自杀中毒的可能性，必要时应切开针痕所在部位，观察有无肌肉出血和坏死。此外，应注意发现并鉴别皮肤有无毒蛇咬伤牙痕。

4．尸僵　痉挛性毒物中毒死者尸僵较强，如异烟肼、士的宁（番木鳖碱）、毒鼠强中毒时死者可保持抽搐状；部分有机磷农药中毒时，腓肠肌、肱二头肌、腹直肌显著挛缩。

5．口腔　慢性铅、汞中毒时牙龈可出现铅线、汞线；注意口腔有无特殊气味，如有大蒜或电石味时，考虑有机磷农药或磷化锌中毒；同时注意口腔内有无残留药粒；口腔黏膜和口周围皮肤有无腐蚀现象。

6．阴道　注意阴道内有无毒物，外阴和阴道黏膜有无腐蚀、坏死。以往有通过在阴道内塞入毒物致中毒死亡的案例，也有为堕胎或医治妇科疾病而自行或请游医将药物或毒物塞入阴道致意外中毒死亡的案例。

（三）中毒尸体内部征象

1. 胃肠道　①注意特殊气味，如酒精、磷化锌、有机磷农药、氨水、氰化物等。②注意胃黏膜变化，如强酸、强碱、酚、氰化物、敌敌畏、纯亚硝酸盐、砷化物等毒物中毒时胃肠黏膜可出现腐蚀痕。胃充盈状态下，吞服大量固体或浓溶液态氰化物，胃底部黏膜常呈大片腐蚀，伴有显著红肿及出血；敌敌畏中毒，胃底部黏膜呈大片灰白色腐蚀性损害，伴有斑点状出血。③注意胃内容物性状，磷化锌、亚砷酐（As_2O_3）中毒时，胃内可出现沉淀物（生前如有洗胃则可能无沉淀）；无机汞中毒时结肠可出现溃疡。磷化锌中毒，在胃内容物中可发现灰黑色粉末。

2. 肝　肝作为体内主要解毒器官，多种药物或毒物可致中毒性肝病。在肝的切面出现红黄相间的改变，伴有体积缩小和重量下降时，应考虑磷化锌、四氯化碳、砷化物、毒蕈中毒。不同毒物引起的中毒性肝损害病变分布各异，如磷化锌中毒时肝细胞的坏死主要在肝小叶外围带，四氯化碳、砷化物、氯仿等多引起肝小叶中央区肝细胞变性和坏死。实际工作中，常有将中毒性肝病误诊为急性暴发性病毒性肝炎的，因此对中毒性肝病和病毒性肝炎需注意加以鉴别。

3. 心脏　砷或汞化合物引起左心内膜下条纹状或点片状出血，但心内膜下出血并非中毒所特有，还可见于失血性休克、高热等。砷化物、磷化锌等毒物可致心肌轻度水变性及脂肪变性，心肌细胞胞质内出现细小脂肪滴。急性升汞中毒可引起心肌收缩带坏死，乳头肌较为明显。

4. 肺　刺激性气体可致中毒性肺水肿，有的并发上呼吸道黏膜损害、急性喉头水肿、肺灶性片状出血，常合并中毒性肺炎，可继发感染引起支气管肺炎。液氨中毒可致气管、支气管黏膜呈假膜样坏死。

5. 肾　肾是毒物排泄的主要器官，多种药物和毒物均可导致肾的损害，引起中毒性肾病。如升汞、砷化物、磷化锌、雷公藤、毒蕈、蛇毒等。有些毒物引起的中毒性肾病具有特征性病变，如铅中毒时在近曲小管上皮细胞出现核内嗜酸性包涵体；有机汞中毒可致低血钾性肾病变，在近曲小管上皮细胞胞浆内出现大的空泡变性（水变性）；砷化物、蛇毒等溶血性毒物可致血红蛋白尿性肾病，在肾小管管腔内出现橘红色的血红蛋白管型，以髓质多见。雷公藤可引起多发性肾乳头坏死。慢性汞中毒引起慢性中毒性肾病时，肾表面可出现不规则的凹陷性瘢痕，切面皮质变薄，皮髓质界限不清。乙二醇则常引起近曲小管上皮细胞显著水变性，管腔内常见草酸钙结晶。磺胺类药物中毒在肾小管管腔内可见磺胺结晶。

6. 尿色　红（血）色尿考虑砷化氢、蛇毒中毒，深绿色尿可见于酚、水杨酸盐中毒，黄色尿可见于苦味酸、非那西汀中毒。

四、检材的采取、保存和送检

（一）检材的采取

在疑似中毒案件，除了要有收集毒物化验检材的思想准备外，还要注意根据案情（尤其是中毒症状）、现场及尸体检验的初步印象，有的放矢地收集一定量的不同检材，进行不同方式的保存，以提高毒物化验的速度、精确度。一般的中毒案件，可常规收集呕吐物、胃及胃内容物，心血、肝脏等。但有些毒物由于其进入体内后的分布、组织亲和性、代谢等因素的影响，其毒物化验检材的收集有一定的要求。如急性酒精中毒时，一般提倡收集外周静脉血；急性氯丙嗪中毒时提倡收集尿和大脑组织；吗啡、海洛因中毒时注意收集胆汁；慢性砷化物中毒时注意收集毛发、指甲和骨骼等；疑为慢性铅中毒宜取骨骼作为检材，一般取股骨中段；疑为通过注射途径投毒的案例，应取注射部位的肌肉和非注射部位的肌肉作为检材，一般切取 7～8cm^3 肌肉组织；怀疑毒物经阴道进入机体者，应取阴道和子宫组织作为检材。

常见毒物化验所需检材的量，一般大的实质性器官，如脑、肝取 1/3（约 500g）、双侧性器官如肾、肺取一侧，骨骼、肌肉取 200g，血液取 50～100ml，尿、胆汁取全部，胃肠内容取 500g。

（二）检材的保存和送检

收集的检材应及时进行毒物化验。条件不允许时，一般检材应注意装满、密封容器，放入 –10℃以下低温保存，尤其是氰化物、一氧化碳等易挥发的毒物。一般不应加防腐剂保存，但怀疑乌头中毒时，可在检材中加纯酒精，但注意将所用酒精同时送作对照检验。甲醛溶液只适用于固定组织标本，供病理切片检查用，不能加入毒物化验检材中。若尸检当时没有保存化验检材，仅保存经甲醛溶液固定的器官组织时，某些毒物（如金属毒、巴比妥类及亚硝酸盐等）仍能检出，但需取所用甲醛溶液作为对照样品送检。

送检的检材要严密封签，注明死者姓名、检材名称、收集日期，及经手人签字或盖章。随同检材另附一份材料，说明案情、中毒症状、尸检所见及化验目的，提出建议重点化验哪一种或哪几种毒物或仅要求排除常见毒物中毒。

（刘　良）

思考题

1．常见中毒症状和病变所能提示的主要毒物有哪些？
2．酒精、CO、有机磷农药、杀鼠药的中毒症状、尸检所见及法医学鉴定要点包括哪些内容？
3．中毒的法医学鉴定包括哪些内容？

第十章 活体损伤鉴定

第一节 概 述

随着社会的进步，人们的法律意识和自我保护意识逐步增强，而由于各种人身损害而引发的活体损伤鉴定亦呈现增长的趋势，活体损伤鉴定正在逐渐走近人们的日常生活之中。目前，活体损伤鉴定已经成为法医学司法鉴定领域的重要课题和任务。

一、概念及内容

（一）概念

1．活体损伤鉴定　活体是俗称，是指具有生命体征的人类个体，是指个体从出生到死亡之前的时间阶段以内。损伤（injury）是指机体受到外界因素作用所造成的组织器官结构破坏或者功能障碍。

活体损伤鉴定是法医学的分支学科，即法医临床学（clinical forensic medicine）的最主要研究内容之一。活体损伤鉴定是指司法鉴定人员根据人身损害或者赔偿案件的需要，针对外界致伤因素对人体作用后所形成的后果，或者个体机体功能、精神状态等进行判定，并出具鉴定意见书的过程，包括确定受害者的损伤程度、伤残等级，以及形成后果的方式如致伤方式、致伤工具的判断等。活体损伤鉴定的主要目的是为涉及刑事或者民事的人身损害案件的正确处理提供科学证据。

2．法医临床学　法医临床学是应用法医学和临床医学知识和技能，研究并解决法律上有关活体生理、病理状态及其检查、鉴定的一门学科。

法医临床学包括的范围较活体损伤鉴定更为广泛，包括确定个体是否患有疾病，所患疾病的性质以及疾病的程度，疾病与损伤的关系等；活体的个体识别如年龄、性别、生理特征的判定等；医疗纠纷中患者后果的确定，以及后果是否由医疗过错所致等；同时，还包括对家庭暴力受害者的鉴定、性功能状态以及性行为（如是否被强奸，有无妊娠或堕胎等）与生育功能等的鉴定。

有关活体鉴定，即法医临床学的其他内容，我们将会在其他章节中单独讲述。

（二）内容

活体损伤鉴定的主要目的是通过对人身损害案件受害者的身体检查，以及对其就诊病历、辅助检查等材料的综合审查和分析，对其损害后果进行全面评估后，通过司法鉴定意见书的方式，为案件的审理、处理等提供科学依据。

活体损伤鉴定主要包括以下几个方面的内容：

1．损伤的确定　损伤可以导致机体的组织器官结构破坏和功能障碍，损伤严重时，可以造成机体的残疾。个体有无损伤是确定损伤后果的前提，也是活体损伤鉴定首先需要解决的问题。法医学司法鉴定人对损伤的确定主要包括对损伤的检验、文证材料的审查、现场勘验等方式来确定。

（1）损伤检验：损伤的结果主要表现为机体体表器官的形态改变，或者通过功能的异常来体现。损伤的检验应当由鉴定人亲自完成。对损伤的确定可以通过对体表损伤痕迹的检验，或者通过辅助检查如 X 线、CT、肌电图等检查结果确定。

1) 损伤部位：损伤部位应和委托单位提供的案情相对应。对损伤部位的描述应使用解剖部位详细描述和记录。

2) 损伤类型：损伤的类型以及形状的分析对推断致伤物具有重要意义，因此对损伤形状的描述要细致，损伤的大小要用标尺准确测量并记录，必要时应附比例尺拍照。

对于损伤的表皮剥脱、皮下出血、损伤周围的炎症反应、损伤所遗留的瘢痕以及颜色均应详细记载，例如颜色的变化，可以帮助推断损伤的时间。对于损伤的附着物，比如凶器残片、火药烟晕、泥沙、铁锈等也应详细记载，并给予保留。

3) 损伤形成时间：由于法医临床学鉴定时，一些损伤已是陈旧性损伤，因此，损伤检验时，应特别注意判定损伤形成的时间，注意区分是陈旧性损伤还是新鲜损伤。

4) 损伤性质：认定损伤时，还需要注意区分是他伤，还是自伤即造作伤，从而明确损伤的性质。

（2）文证材料的审查：由于大多数的活体损伤的被鉴定人是在住院治疗终结后进行损伤鉴定，因此，对患者住院病历、辅助检查结果等文证材料进行审查是法医学活体损伤鉴定的重要内容之一，也是损伤鉴定的重要依据。

文证材料应收集完整，认真审查，必要时甚至需要和诊治的医生进行沟通，以确定患者手术过程中，或者就诊过程中的相关问题。

（3）辅助检查：必要时，需要对可疑的损伤进行复查，例如对腰椎骨折进行认定时，可以通过腰椎 CT、MRI 等加以区分。

（4）身体附着物检查：主要是对损伤当时所着衣服、帽子，甚至装饰物等进行检查，身体附着物的检查对于确定损伤形态、性质等具有重要作用。

（5）现场勘验：少数情况下，鉴定人还需要对现场进行勘验，例如对现场血迹的检查，对确定是否存在损伤，或者确定损伤性质等具有一定参考价值。

2. 损伤的性质及致伤物、致伤方式判定

（1）确定损伤的性质：损伤的性质有多种分类方法。根据外界因素作用的性质，损伤可以分为物理性损伤、化学性损伤、生物性损伤，以及复合性损伤。复合性损伤是指由两种或两种以上不同性质外界因素作用所造成的损伤，物理因素和化学因素同时导致的损伤等。

根据损伤的部位，损伤又可分为颅脑损伤、眼损伤、耳损伤、颈部损伤、胸部损伤、腹部损伤、四肢损伤等。多发性损伤是指身体多个部位的损伤，如肋骨骨折同时还合并四肢骨折等。

根据损伤的组织器官，损伤可以分为软组织损伤、骨与关节损伤、器官损伤如颅腔、胸腔、腹腔和盆腔等身体内部组织器官的损伤等。

根据损伤的病理基础和形成机制，损伤可分为原发性损伤、继发性损伤，以及迟发性损伤等。

（2）推断致伤物及致伤方式：在很多案件中，在缺少其他证据材料的情况下，还需要司法鉴定人员根据损伤的性质、形态等，对损伤形成的物体即致伤物，或者损伤形成的方式做出鉴定意见，从而为明确案件的性质提供依据。致伤物及致伤方式判定是一个复杂问题，往往很难做出明确的鉴定意见，因此对此类案件的鉴定应特别谨慎。

1) 致伤方式：一般分为他伤、自伤、意外伤害。法医学致伤方式推断是指运用医学、法医学，以及其他相关理论与知识，对损伤的形成方式进行科学分析、判定的过程，包括对致伤物的推断。

2) 致伤方式推断的程序：①病历等材料审核，包括损伤的病历描述、报案材料、谈话笔录、调查结果等；②损伤检查，详细记录部位、外观特征等；③现场勘查，必要时，对案发现场进行勘察，或进行事件重建；④受伤时体表附着物的提取与检查，包括衣物、首饰等。

3）致伤方式推断的基本方法与原则：①根据损伤特征及其他证据，直接推断受伤方式；②根据损伤特征及其他证据，认定某一种陈述；③根据损伤特征及其他证据，否定某一种陈述；④根据损伤特征及其他证据，提出倾向性意见；⑤对于致伤方式难以判定的案例，不能勉强推断，应根据实际情况写出鉴定意见。

3．损伤与疾病因果关系判定　损伤与疾病因果关系判定是指确定损伤、疾病和后果之间的相互关系。损伤和后果之间的因果关系一般分为以下几种情况，鉴定时应特别注意。

（1）损伤和后果无关：即后果单纯由自身某种疾病所致，与所受外伤无关。例如头部受外力作用后出现头皮裂伤与颅骨骨折，经头颅 CT 检查后发现患者同时存在颅内肿瘤，此时，其颅内肿瘤应属自身疾病，与所受颅脑损伤之间不存在因果关系等。

（2）损伤诱发或者加重了疾病的后果：即机体遭受损伤后，机体原来存在的疾病出现症状，或者原有症状加重，例如损伤后原来突出的腰椎间盘出现腰腿痛等症状，或者因原有症状加重而住院治疗，但产生症状的根本原因是原有腰椎间盘突出的疾病，外伤只是诱发或者加重因素。

（3）损伤是导致后果的主要原因：机体原患有某种疾病，但在外力作用下，使损害的后果明显加重。例如患者因某种原因导致脾大，在遭受外力作用后，脾因严重破裂而摘除，此种情况下外力作用是导致脾破裂的主要原因，自身疾病是次要原因。一般情况下，当外力是导致后果的主要原因时，损伤程度可依据完全外力作用来评定。

（4）损伤与后果直接有关：外力作用直接引起机体损伤，出现并发症或者后遗症。并发症如开放性骨折合并骨髓炎，股骨干骨折并发脂肪栓塞，血管离断发生失血性休克等等；后遗症如脑挫裂伤经治疗后遗留偏瘫或失语，桡神经损伤致垂腕等，对此类并发症和后遗症，损伤应承担全部责任。

4．现场勘验　法医鉴定人在推断致伤物和致伤方式过程中，有时还需对事发现场进行勘验，在现场寻找可能的致伤物，推断损伤形成时现场的实际状况。必要时，还需要对事件发生的过程进行重建，从而认定或者否定某种损伤方式。

5．损害后果的认定　判定损害后果，出具活体损伤法医学鉴定意见书是活体损伤鉴定的主要任务。具体是指法医临床司法鉴定人根据案件审理或者赔偿需要，运用法医学或者相关学科的专业知识，依据我国现行的活体鉴定的相关法律条文或者鉴定标准，对受害者的损害后果做出鉴定意见，为案件的审理或者赔偿提供科学的证据。

活体损伤鉴定对损害后果鉴定的结果常见的有以下几种形式：①损伤程度鉴定；②伤残等级鉴定；③致伤物或者致伤方式推断；④因损害导致的赔偿相关事项鉴定，如误工期限、护理等级以及期限、后续治疗费用、假肢安装费用等。

二、鉴定的程序

我国法律对鉴定程序并无严格规定，从法医鉴定实际出发，活体鉴定的程序如下：

1．鉴定委托　按我国刑诉法相关规定：为了查明案情，需要解决案件中某些专门性问题的时候，应当指派、聘请有专门知识的人进行鉴定。因此，鉴定人是受司法机关委托进行工作的，委托应以书面形式表达，包括简单的案情介绍、鉴定的事由等，委托书是法医鉴定书产生法律效力的前提。鉴定人一般不接受私人委托，因为在我国鉴定人不是专家证人，接受私人委托有偏袒当事人倾向，或者易被人怀疑有此倾向。

2．了解案情　主要应了解事件发生的日期、事件的过程、致伤的方式、手段及致伤物，有几人参加了事件过程，被检人受伤部位，伤后状态及就医过程。

3．现场勘验　活体鉴定需要现场勘验的情况较少，但在某些情况下，如刑事犯罪、一些造作伤鉴定，现场情况与致伤方式或致伤物有关时，现场情况对鉴定会有帮助，现场勘验就必不可少。

4. 法医检查 所谓"验伤"，或称活体检查（examination of living body），是鉴定程序中重要环节，如无特殊，应对被检人实施法医检查，如为女患者，应由女工作人员检查。活体鉴定中所谓"书证审查"式的鉴定，一般是二次鉴定或复核鉴定，这种鉴定是建立在第一次鉴定基础之上的。首次鉴定均应对被检人实施法医检查，送检单位应当配合完成此项工作，否则法医鉴定人有权拒绝鉴定。

如果需要对被检人进行特殊检查，如放射学检查、CT扫描、脑电图、肌电图等项目，应在鉴定人指定医院进行。

临床法医学鉴定涉及的面广，专业性强，许多问题非法医可以单独解决，或者存在意见分歧，必须请临床医生共同讨论，做出结论，这是临床法医学鉴定的一个特点。

5. 鉴定书制作 书写鉴定书是法医学鉴定的最后一道手续，鉴定书应在规定时间内完成，鉴定人应签名，并加盖鉴定专用章以证明鉴定人身份。

三、鉴定的特点和原则

1. 鉴定的特点

（1）由于活体损伤鉴定的被鉴定人是活体，具有思想活动和一定的动机，为了使案件的审理、处理结果对自己更为有利，被鉴定人往往在客观上存在夸大，甚至伪装病情的情况，甚至有人寻找其他已经受伤的人冒名顶替自己，更有甚者，自己在自己身体上制造"损伤"以嫁祸于他人（即造作伤）。因此，鉴定人必须对被鉴定人的陈述、临床表现，以及委托机关提供的案情材料加以综合分析，明确判断，以确定被鉴定人的实际损害后果。

（2）活体损伤鉴定的结果争议较多。活体损伤鉴定产生争议的最主要原因是由于鉴定人对鉴定标准的某些条文在理解上存在分歧，因此，容易导致同一损害后果出现不同的鉴定意见，从而使案件的处理复杂化。

进行活体损伤的重新鉴定时，鉴定人应注意初次鉴定的意见，并加以分析判断。当然，解决此类问题的关键在于标准的制定以及正确解读。

（3）由于活体损伤鉴定在很大程度上依赖于病历与辅助检查材料，因此，容易出现被鉴定人提供虚假或伪造的病历材料和辅助检查结果的情况，鉴定时要尤为注意。

2. 鉴定的原则与注意事项 进行活体损伤的鉴定时，法医临床学司法鉴定人在鉴定过程中，应时刻遵循活体损伤鉴定的基本原则和注意事项。

（1）鉴定的原则

1）科学鉴定原则：法医临床学鉴定是科学鉴定，要达到科学鉴定的要求和目的，鉴定人所使用的鉴定方法必须正确，要完整、合理地利用现代科技手段和成果，对被鉴定人的损伤情况进行详细检查，科学分析。

鉴定人应从被鉴定人的实际损伤以及损害后果出发，根据临床医学的基本原理，对损害后果做出全面、正确的评价，做出科学公正的鉴定意见。

2）鉴定不受案情干扰原则：所谓不受案情干扰是指法医在鉴定时应严格按照损伤程度鉴定标准进行，不考虑案情有理或无理，这一原则在活体鉴定中尤其重要。法医学鉴定是为司法工作服务的，但在每一个具体问题上，这种鉴定仍然是医学的，是利用医学的理论和技术，研究并解决与法律有关的医学问题，因此，它只接受医学理论的指导。无论在何种情况下，法医学鉴定都应坚持这一原则而不能动摇，如果鉴定可以受案情影响，则法医学鉴定就失去了科学鉴定的本意，此项鉴定就不需专业的法医或医生去做，司法人员也可以做，结论也勿须用医学标准去衡量，其结果必然是混乱一团。

3）对能力不及和不属医学范畴的问题，不要勉强鉴定：这主要是指致伤物和致伤方式鉴定，尤其是致伤方式鉴定，引起的问题较多。有许多这种鉴定是属医学范畴，用医学的方法可以加以推断，但也有许多是属调查或侦察范围，不应由法医来完成，但是由于案件发生时没有其他人在场，无法证明，或者虽有人在场，但不愿意作证，使得办案人员无法了解事实真相，不得已而求助于法医解决。科学鉴定并非万能，超出范围或能力不及的鉴定仍然无法解决，对此类委托不要勉强从事。另外，法医学鉴定虽是司法鉴定，但属医学范畴，鉴定范围应以医学为限，不鉴定法律问题，法律问题是司法人员的事。在有些国家，认为法医鉴定人是审判官"科学上的辅助人"，不是审判官，并因此而对法医鉴定人的权限有所限制，也是为了防止法医鉴定人超越医学界限。

（2）鉴定的注意事项

1）鉴定的时限问题：鉴定时限是指损伤后多长时间进行法医鉴定比较合理。对此，法律并无明确规定，从医学角度看，应当是经过治疗，病情稳定，后遗症固定后进行。其含义大体与治疗终结（treatment finality）相似。

所谓治疗终结，是指损伤经过治疗后，无论是治愈或者遗留有后遗症（残疾），但是损伤情况已经稳定，达到了临床治愈或者好转的目的，此时即可以进行损伤程度鉴定或者评定伤残。

活体损伤鉴定的案件，要特别注意鉴定的时限，如果鉴定是在损伤尚未稳定之前进行，则可能造成鉴定结论的不准确。一般情况下，大多数案件的鉴定是根据办案机关或者当事人的要求提前进行的，因此，鉴定人应确切把握好鉴定时机。极少情况下，损伤鉴定是在损伤后很长时间才进行，此种情况下，鉴定人应结合损伤当时的情况及其预后，综合分析，慎重做出鉴定意见。

关于损伤案件的鉴定时限问题，主要依据《人体重伤鉴定标准》第三条"损伤程度包括损伤当时原发性病变、与损伤有直接联系的并发症，以及损伤引起的后遗症。鉴定时，应依据人体损伤当时的伤情及损伤的结果或者结局，全面分析，综合评定"进行鉴定。有些损伤可以根据原发性损伤，在损伤后果确定后即刻做出鉴定意见，例如眼球破裂后摘除者、颅脑损伤出现偏瘫症状者、外伤致肝、脾破裂者、外伤致胃肠破裂者等。对于以损伤的并发症或后遗症作为评定依据的，一定要等到损伤情况稳定、治疗终结后再进行鉴定。一般活体损伤案件鉴定的时限要控制在三个月以后进行，少数较特殊案件的鉴定时限可能会需要更长时间，如四肢长骨骨折后不愈合等。

2）损伤与疾病的关系问题：损伤与疾病的因果关系判定是活体损伤鉴定工作中的难点。在伤病并存的案件，要鉴定损伤程度，首先必须分清楚损伤、疾病和后果之间的关系，否则，可能会导致鉴定意见的不正确。有关损伤与疾病的关系问题，我们在前文已经有叙述，这里不再赘述。

关于损伤和疾病的关系的评定，还可以参考日本法医学家渡边富雄教授提出的"赔偿医学中事故参与度的比例判定"的方法。该方法中，当事故参与度为0%时，表示后果完全由疾病引起，与损伤无关；事故参与度为100%时，表示后果完全由损伤引起，与疾病无关。再依据损伤所参与的大小分别划分为9个等级，即参与度为10%～90%。

3）医疗因素对损伤后果的影响问题：所有损伤案件发生后，伤者首先都经过医生的诊治，不少伤者由于得到及时恰当的治疗，使损伤得到顺利的恢复，而不留后遗症。但是有些损伤其治疗前后的伤情不一，将得出不同的鉴定结论。如外伤性白内障，因晶状体完全混浊为光感，按视力情况应评定为重伤，但经手术作白内障摘除后，其视力可达到0.1或以上，其损伤程度仅属于轻伤。

任何损伤案件发生以后均少不了医疗因素的参与，但是由于伤情的不同，每例伤者就诊的时间不同，各地区医疗水平和设备条件不同，医疗的效果是不相同的。这些均可能对伤情的损伤程度产生影响。而我们的临床法医工作者在鉴定时不能因治疗及时、疗效好而减轻加害人的责任，也不能因治疗效果不佳加重加害人的罪责。

4）鉴定材料真伪问题：在活体损伤案件的法医学鉴定实践工作中，有不少案件所提供的资料和被检人的陈述及伤后出现的症状和检查结果是不相符合的。不少被鉴定人常常夸大伤情，甚至提供假病历资料，所以要求临床法医学鉴定人要认真审查材料，以确定鉴定材料的真伪。有关鉴定材料不真实的情况，在法医临床学鉴定实践中常见的有以下几种。

实际案情与被鉴定人的陈述不一致：此种情况下，应以委托单位提供案情为依据，必要时要和委托单位沟通，落实实际案情。

临床病历资料记载和被鉴定人的陈述不一致：病历资料从病史中有时反映患者的受伤经过，同时记录了损伤情况以及临床诊断依据和治疗措施。但患者有时对损伤的描述和病历材料有出入，所以鉴定时应注意，必要时要对其损伤进行复查。

病历记录和伤者的实际损伤情况不一致：在有些案件中，患者就诊时，由于有些医生本身了解法医临床鉴定的相关情况，因此，为了使与其存在某种关系或者利益的伤者达到某种目的，进而采用制作假病历的方法来加重损害的后果。此种情况下，鉴定人应结合案情等，注意病历造假的可能。在法医临床鉴定实践中，最常见的可能造假的病种有：脑震荡、颅底骨折、外伤性鼓膜穿孔、失血性休克、外伤性癫痫等。

（陈　腾）

第二节　损伤程度鉴定

一、概念及依据

1. 人身伤害　人身伤害是指侵犯他人生命权、健康权，造成他人死亡或使他人正常生理功能受到损害的行为。法医学将损伤大体分为致命伤和非致命伤，活体损伤程度鉴定主要是针对非致命伤进行的。

《中华人民共和国刑法》第二百三十四条规定：故意伤害他人身体的，处三年以下有期徒刑、拘役或者管制。犯前款罪，致人重伤的，处三年以上十年以下有期徒刑。根据刑法的规定以及不同案件审理的需要，法医学又将非致命伤划分为不同程度的损伤，即重伤（severe injury）、轻伤（minor injury）以及轻微伤（slight injury），作为刑法中刑事责任判定的重要依据。

2. 损伤程度评定　是指法医学司法鉴定人根据国家颁布的损伤程度鉴定标准，对人身伤害案件中受害者的损伤做出重伤、轻伤或者轻微伤的鉴定意见的过程。损伤程度评定是法医学活体损伤鉴定的最主要的任务。

二、分类与意义

1. 分类　根据《中华人民共和国刑法》规定，目前我国法医学损伤程度分为重伤、轻伤和轻微伤。

在我国，目前现行的损伤程度鉴定标准有《人体重伤鉴定标准》（司法部、最高人民法院、最高人民检察院、公安部，1990年3月29日，司发[1990]070号）、《人体轻伤鉴定标准（试行）》（最高人民法院 最高人民检察院 公安部 司法部，法（司）[1990]6号）和《人体轻微伤的鉴定》（中华人民共和国公共安全行业标准，GA/T 146-1996）。

为进一步加强人身损伤程度鉴定标准化、规范化工作，2013年8月30日最高人民法院、最高人民检察院、公安部、国家安全部、司法部联合制定并颁布了《人体损伤程度鉴定标准》，自 2014 年 1 月 1 日起施行。《人体重伤鉴定标准》(司发 [1990]070 号)、《人体轻伤鉴定标准（试行）》(法（司）发 [1990]6 号) 和《人体轻微伤的鉴定》(GA/T 146-1996) 同时废止。新的损伤程度标准将损伤程度分为重伤一级和重伤二级、轻伤一级和轻伤二级、轻微伤。

（1）重伤：重伤是指使人肢体残废、毁人容貌、丧失听觉、丧失视觉、丧失其他器官功能，或者其他对于人身健康有重大伤害的损伤。如外伤致一侧前臂缺失，一侧眼球缺失或者盲目，阴茎缺损，外伤性癫痫，心脏损伤，肝、脾、胰等器官破裂，两侧睾丸缺失，脊髓损伤严重影响脊髓功能，损伤导致异物存留在脑、心、肺等重要器官内等。

（2）轻伤：使人肢体或者容貌损害，听觉、视觉或者其他器官功能部分障碍或者其他对于人身健康有中度伤害的损伤。如颅骨骨折、眼球结构损伤影响面容或者功能、四肢长骨骨折、胸部损伤引起气胸、血胸、外伤性脊柱骨折或者脱位、损伤出血出现休克前期症状体征等。

（3）轻微伤：各种致伤因素所致的原发性损伤，造成组织器官结构轻微损害或者轻微功能障碍。如头皮下血肿，鼻骨线形骨折，面部损伤后留有瘢痕，手、足骨骨折，肢体关节、肌腱损伤，损伤致异物存留体内等。

2．损伤程度评定的意义　损伤程度评定的主要目的是为人身损害案件中刑事案件的定罪、量刑提供科学证据。《中华人民共和国刑法》第二百三十四条规定：故意伤害他人身体的，处三年以下有期徒刑、拘役或者管制。犯前款罪，致人重伤的，处三年以上十年以下有期徒刑。其中的"故意伤害他人身体"就是对应于法医临床学损伤程度鉴定结果中的"轻伤"，也就是说，"轻伤"实际上是"罪"与"非罪"的界限，故意伤害他人身体的程度一旦达到轻伤，即意味着加害人的行为已经构成了犯罪。而导致他人"重伤"损害结果的，则要负更重的刑事责任。

轻微伤不属犯罪，属《治安管理处罚条例》处理范畴。

三、法医鉴定

评定损伤程度，必须坚持实事求是的原则，具体伤情，具体分析。损伤程度包括损伤当时原发性病变、与损伤有直接联系的并发症，以及损伤引起的后遗症。鉴定时，应依据人体损伤当时的伤情及其损伤的后果或者结局，全面分析，综合评定。

损伤程度鉴定时，应注意以下几个方面。

1．确定被鉴定人的外伤史情况，包括被鉴定人是否受过外伤，以及外力作用的部位、外力作用的程度、致伤物、致伤方式等。

2．注意被鉴定人是否存在损伤的病理基础。对于只有功能表现异常而缺乏病理基础，或者客观检查结果无异常发现者，鉴定时应高度注意。例如眼部外伤后，临床表现为视力下降，但是眼部客观检查未发现损伤性改变，或者伤后一段时间复查仍未发现进展性改变者，不能认定其所表现的视力下降与外伤有因果关系。

3．对损伤程度鉴定应严格按照相关标准执行。同时，当鉴定人对鉴定的结果心存疑惑时，说明鉴定结果在依据上可能存在不确定因素，此种情况下，一般应采取"就低不就高"的原则确定鉴定结果。

（陈　腾）

第三节　劳动能力与伤残程度评定

劳动能力和伤残鉴定主要涉及行政和民事责任与民事赔偿等问题，是法医临床学鉴定的另一重要内容。伤残等级评定不等同于人体损伤程度评定,损伤程度评定是为刑法和治安管理处罚服务的,因此,不能依据损伤程度鉴定结论确定受害人的劳动能力丧失程度及伤残等级。

一、概念及依据

1. 劳动能力　劳动能力是指人的工作能力和生活能力的总和,包括体力和脑力两个部分。劳动能力主要反映一个人作为生存个体和社会成员完成全部生活和工作的能力,受个体的生物学因素、心理因素和社会因素影响。

2. 残疾

(1) 残疾(disability):广义的残疾是指由于各种疾病、损伤、发育缺陷或者精神因素所造成人的机体、精神不同程度的永久性功能障碍,从而使患者不能正常生活、学习和工作的一种状态。

(2) 残疾人(disabled person):是指患有某种残疾的个体。20世纪90年代中期,联合国相关文件改用"带有弱能的人(people with disability,PWD)"替代"残疾人"。我国目前仍沿用"残疾人"一词。

残疾和劳动能力丧失主要区别在于残疾强调个体的身体功能状态,而劳动能力则强调因为残疾所导致的能力下降或者丧失。

二、分类及意义

(一) 劳动能力

1. 劳动能力分类　劳动能力根据劳动性质分为一般性劳动能力和职业性劳动能力。

(1) 一般性劳动能力:是个体生存所必须具备的能力,主要是指日常生活活动的能力,如自我移动、穿衣、进食、保持个人和环境卫生等。

(2) 职业性劳动能力:是相对一般性劳动能力而言,指经过专门性培训后个体所具备的从事某种专门性工作的能力,例如教师的授课能力、钢琴家的演奏能力等。

2. 劳动能力丧失与分类　劳动能力丧失(labour incapacity)是指因损伤、疾病、衰老等原因引起的原有劳动能力,如工作能力、社会活动能力和生活自理能力的下降或丧失。由于劳动能力下降或丧失,可能使个体失去从事工作的能力或者社会活动能力,严重的会影响到生活自理能力。

劳动能力丧失的分类方法较多,主要有以下几种:

(1) 按劳动能力丧失的原因:分为衰老、疾病、损伤等原因。

(2) 按劳动能力丧失的性质:分为职业性劳动能力丧失和一般性劳动能力丧失。

(3) 按劳动能力丧失的时间:分为永久性劳动能力丧失和暂时性劳动能力丧失。

(4) 按劳动能力丧失的程度:分为完全性劳动能力丧失和部分性劳动能力丧失,其具体划分依据如下。

1) 劳动能力部分丧失:指工作能力部分丧失,日常生活能够自理。

2) 劳动能力大部丧失:指工作能力完全丧失,日常生活能力部分丧失。

3) 劳动能力全部丧失:指工作能力和日常生活能力全部丧失,生活不能自理。

在我国目前使用的《劳动能力鉴定－职工工伤与职业病致残等级》(GB/T 16180-2006)中,第1、2、3、4级伤残属于完全丧失劳动能力;5、6级伤残为大部分丧失劳动能力;7、8、9、10级伤残为部分丧失劳动能力。

(二) 残疾的分类及意义

1. 国际残疾分类　主要有世界卫生组织(WHO)于1980年发布的《国际残损、残疾、残障分类》(International Classification of impairment, Disabilities & Handicaps, ICIDH)，以及2001年颁布的残疾与健康分类体系即《国际功能、残疾和健康分类》(International Classification of Functioning, Disability and Health, ICF, 中文简称为《国际功能分类》)。

(1)《国际残损、残疾、残障分类》：该分类方法将残疾划分为三个独立的类别，即残损、残疾、残障。

1) 残损 (impairment)：是指心理上、生理上或者解剖结构上和功能上的异常或者丧失，主要是指个体组织器官形态学上的缺损。

2) 残疾 (disability)：按 ICF 分类方法称"活动受限"，是由于个体组织器官形态学上的缺损使个体能力受限或者缺乏，以致不能按照正常的方式进行活动，表现为个体生理功能上的残疾。

3) 残障 (handicap)：按 ICF 分类方法称"参与限制"，是由于残损或者残疾，而限制或者阻碍个体履行正常的（按年龄、性别、社会和文化等因素确定）社会作用，表现为社会能力的残疾。

(2)《国际功能、残疾和健康分类》：2001年5月 WHO 根据当代世界各国卫生事业发展的状况，正式颁布了新的残疾与健康分类体系即《国际功能、残疾和健康分类》。ICF 分为功能和残疾、背景性因素两大部分，功能和残疾部分包括身体功能和结构、活动和参与，背景性因素包括环境因素、个人因素。活动和参与的领域是进行活动与执行任务，环境因素、个人因素分别表示功能和残疾的外在和内在因素。

ICF 的残疾概念包括身体结构或功能损伤、身体活动受限或参与的局限性。其中活动是指个体执行一项任务或行动，参与则是指个体投入于生活环境之中，活动受限是个体在进行活动时可能遇到困难，参与局限性是个体投入于生活环境中可能体验到不便。

2. 中国残疾分类标准　我国目前所制定的大多数残疾与伤残评定标准均在不同程度上参照了 ICF，主要标准有：① 1986年国务院批准的《全国残疾人抽样调查五类残疾标准》；② 1989年由民政部颁布的《革命伤残军人评定伤残等级的条件》；③《劳动能力鉴定 职工工伤与职业病致残等级分级》（中华人民共和国国家标准 GB/T 16180-2006，2002年12月1日实施）；④《道路交通事故受伤人员伤残评定》（中华人民共和国国家标准 GB18667-2002，2002年12月1日实施）；⑤《医疗事故分级标准（试行）》（中华人民共和国卫生部令，第32号，2002年9月1日起施行）；⑥残疾运动员分级标准等。其中与法医临床学鉴定密切相关的标准主要是《道路交通事故受伤人员伤残评定》（GB18667-2002）和《劳动能力鉴定 职工工伤与职业病致残等级分级》（GB/T 16180-2006）。

在2006年第二次全国残疾人抽样调查中，我们国家将残疾分为视力残疾、听力残疾、言语残疾、肢体残疾、智力残疾、精神残疾。凡有两种及两种以上残疾的，列为多重残疾。

我们国家现行的伤残评定标准基本采用10级划分法，即从1级到10级，最重为1级，最轻为10级。采用10级划分法的伤残等级评定标准有：《道路交通事故受伤人员伤残评定》（GB18667-2002）标准、《劳动能力鉴定－职工工伤与职业病致残等级》标准（GB/T 16180-2006）以及《医疗事故分级标准（试行）》。其中《医疗事故分级标准（试行）》把医疗事故分为4级12等，即一级甲、乙等，二级甲、乙、丙、丁等，三级甲、乙、丙、丁、戊等，四级不分等，共有4级12等，同时规定，从一级乙等至三级戊等分别对应10个级别的伤残。

三、法医学鉴定

劳动能力丧失与伤残评定是指鉴定人根据被鉴定人的临床资料和相关检查结果，依据相关伤残等级鉴定标准对其劳动能力丧失程度或者残疾（伤残）程度进行判定，并出具鉴定意见书的过程。

由于人体损伤后可能导致受害者残疾，使其劳动能力不同程度丧失，因此，对于此类案件的处理必然涉及劳动能力丧失鉴定问题，即还需要对受害人劳动能力丧失程度或者伤残程度做出鉴定结论。

我国目前尚无正式颁布的人体损伤残疾等级鉴定标准，因此，我国对此类案件的鉴定目前一般是比照现行的《劳动能力鉴定 职工工伤与职业病致残等级分级》（GB/T 16180-2006）标准或者《道路交通事故受伤人员伤残评定》（GB18667-2002）标准进行伤残等级评定。

由于劳动能力评定只是一种粗线条的划分办法，在实际案件的处理过程中难以操作，因此，针对劳动能力丧失程度的评定，最终也是以伤残等级来体现的，如完全丧失劳动能力，对应于《劳动能力鉴定 职工工伤与职业病致残等级》（GB/T 16180-2006）中的1、2、3、4级伤残；大部分丧失劳动能力属于5、6级伤残；部分丧失劳动能力对应7、8、9、10级伤残。对于个体而言，劳动能力丧失一定要有一个具体的等级作为计算赔偿的依据。

四、道路交通事故伤残评定

道路交通事故受伤人员伤残评定是道路交通事故处理的重要组成部分。随着道路交通运输业的飞速发展，道路交通事故越来越成为危害人类生命和健康的严重社会问题。据WHO估计，全世界每年约有120万人死于道路交通事故，受伤人数多达5000万，平均每天有3000多人死于交通事故，预计到2020年，道路交通事故伤害将成为全球第三位人员死亡和受伤原因。因此，道路交通事故受伤人员伤残等级鉴定是法医临床学鉴定人员的重要任务。

道路交通事故是指车辆驾驶人员、行人、乘车人，以及其他在公共道路上进行与道路交通有关活动的人员，因违反有关道路交通法规、规章的行为和过失造成人身伤亡或者财产损失的事故。道路交通事故应由交通警察部门认定。

道路交通事故受伤人员（the injured in road traffic accident）是指在道路交通事故中受到损伤的人员，包括撞车、翻车、碾压、事故失火、撞击行人，以及因事故所致的酸碱损伤等。

（一）道路交通事故受伤人员伤残等级评定标准

我国道路交通事故受伤人员伤残评定目前根据《道路交通事故受伤人员伤残评定》（GB18667-2002）标准进行，该标准共五章，其中第一至五章主要是范围、定义和评定总则，第四章为伤残等级，第五章为附则。主要涉及内容包括两部分，一是有关评定原则的内容，二是有关人体伤残程度的内容。附则是对评定过程中有关问题的补充说明，以利于标准的实施。

（二）道路交通事故受伤人员伤残等级划分

《道路交通事故受伤人员伤残评定》（GB18667-2002）标准是专门适用于道路交通事故受伤人员伤残评定的标准，该标准根据道路交通事故受伤人员的伤残状况，将受伤人员伤残程度划分为10级，从第Ⅰ级（100%）到第Ⅹ级（10%）进行编排，每级相差10%。每一级划分按照颅脑、脊髓及周围神经损伤、头面部损伤、脊柱损伤、颈部损伤、胸部损伤、腹部损伤、盆部损伤、会阴部损伤、肢体损伤和全身皮肤损伤为顺序编排。

（三）道路交通事故受伤人员划分依据

《道路交通事故受伤人员伤残评定》（GB18667-2002）中10个伤残级别的划分主要依据四方面能力：日常生活能力、各种活动的能力、工作能力以及社会交往能力。《道路交通事故受伤人员伤残评定》（GB18667-2002）的附录A（规范性附录）对各个级别的伤残等级划分依据均有详细说明，是伤残鉴定中的重要参考之一，尤其是对标准中未涉及的伤残类型的评定。

（四）伤残等级划分与赔偿的关系

1. **伤残赔偿指数** 伤残赔偿指数是指伤残者应当得到伤残赔偿的比例。本标准是以伤残者的伤残程度比例作为伤残者的伤残赔偿比例进行赔偿的，其中第Ⅰ级赔偿指数为100%，第Ⅹ级为10%，每级相差10%。例如，某受伤人员的伤残等级为八级，其残疾程度比例为30%，即赔偿指数应为 30%，因此，其伤残赔偿的比例亦按照赔偿总额的 30% 计算。

2．多等级伤残者的伤残赔偿计算　为了解决道路交通事故中受伤人员的经济赔偿问题。该标准的附录 B（资料性附录）还针对身体多处残疾的受伤人员的赔偿规定了综合计算的方法和具体公式，即多等级伤残的综合计算办法。该计算办法是根据伤残赔偿总额、赔偿责任系数、赔偿指数等，运用标准中的计算公式计算患者所应得到的实际赔偿数额。对于道路交通事故中多处伤残的受伤人员，以最重的一处伤残等级作为赔偿的主要依据，身体每增加一处伤残，则增加一定的赔偿比例，但是，所有增加赔偿的比例之和不超过 10%，伤残赔偿指数的总数不超过 100%，亦即增加的伤残不能使受伤人员的伤残等级提高一个级别。因此，对于道路交通事故受伤人员的伤残评定，应对每处损伤的伤残等级分别做出鉴定结论。

（五）道路交通事故受伤人员伤残等级评定注意事项

1．道路交通事故受伤人员伤残评定应以人体损伤后的治疗效果为依据。即经过临床治疗后遗留下的后遗障碍程度。同时，应认真分析残疾与事故、损伤之间的因果关系，注意排除伤残人员原有伤病情况。

2．道路交通事故受伤人员伤残评定时机应以事故直接所致的损伤或确因损伤所致的并发症治疗终结为准。对于原来患有伤病，因事故而诱发的症状加重不能作为评定时机的限制条件。评定时机不能提前，也不能延后或者分段处理。

3．伤残等级评定应在治疗终结后进行。所谓治疗终结是指临床医学一般原则所承认的临床效果稳定。例如骨折后骨性愈合，即可认为临床治疗终结。

4．遇有本标准以外的伤残程度者，可根据伤残的实际情况，比照本标准中最相似等级的伤残内容和附录 A 的规定，确定其相当的伤残等级。同一部位和性质的伤残，不应采用本标准条文两条以上或者同一条文两次以上进行评定。

5．受伤人员符合两处以上伤残等级者，评定结论中应当写明各处的伤残等级。

6．评定道路交通事故受伤人员伤残程度时，应排除其原有伤、病等进行评定。

五、工伤事故伤残评定

在人身损害赔偿纠纷处理中，对劳动能力丧失的确认更多是通过伤残等级鉴定制度来实现。通过与伤残等级相适应的残疾赔偿金给付，体现对劳动能力独立价值受损的赔偿。

劳动能力鉴定是指鉴定机关对劳动者在职业活动中因工负伤或患职业病后，通过医学检查并依据国家鉴定标准，对其劳动功能障碍程度（伤残程度）和生活自理障碍程度（护理等级）做出判定结论的过程。鉴定主要以身体器官缺损或功能障碍程度作为识别标准，并结合器官损伤、功能障碍、医疗依赖，以及护理依赖程度等四个方面进行综合评定。

劳动能力鉴定制度是指劳动者因工或非因工负伤以及疾病等原因，导致对劳动者本人劳动与生活能力的不同影响，并据此确定劳动者伤残程度和丧失劳动能力程度的一种综合评定制度。

由于我国目前劳动能力丧失程度鉴定标准尚不健全，因此，包括职工工伤、职业病的鉴定以外的劳动能力的鉴定，主要参照《劳动能力鉴定　职工工伤与职业病致残等级分级》标准（中华人民共和国国家标准 GB/T 16180-2006）进行，例如对伤害案件中伤残等级的评定等。

（一）工伤事故伤残等级评定标准

《劳动能力鉴定——职工工伤与职业病致残等级分级》（GB/T 16180-2006）标准是根据《工伤保险条例》（中华人民共和国国务院第 375 号令）制定的，制定过程中参考了 WHO 有关"损害、功能障碍与残疾"的国际分类，以及美国、英国、日本等国家残疾的分级原则和基准。

(二) 工伤事故伤残等级划分

《劳动能力鉴定——职工工伤与职业病致残等级分级》（GB/T 16180-2006）标准根据临床医学分科和各学科之间相互关联的原则，首先将机体的伤残情况划分为五大门类，即神经内科、神经外科、精神科门，骨科、整形外科、烧伤科门，眼科、耳鼻喉科、口腔科门，普外科、胸外科、泌尿生殖科门，以及职业病内科门。然后按照上述五个门类，依据"器官损伤、功能障碍、医疗依赖、护理依赖以及心理障碍"将伤残等级划分为一至十级 10 个等级共 572 个条目，其中最重的为一级，最轻的为十级。

(三) 工伤事故伤残等级分级原则

《劳动能力鉴定——职工工伤与职业病致残等级分级》（GB/T 16180-2006）标准主要根据工伤者的器官是否有缺失或缺损，或者是否有畸形或形态异常及其程度，功能是否有完全丧失或障碍或并发症及其程度，是否存在特殊或一般医疗依赖，生活是否需要护理及其依赖程度等情况来确定伤残等级与劳动能力级别。具体分级原则如下：

1．一级伤残　器官缺失或功能完全丧失，其他器官不能代偿，存在特殊医疗依赖，或完全或大部分护理依赖。

2．二级伤残　器官严重缺损或畸形，有严重功能障碍或并发症，存在特殊医疗依赖，或大部分护理依赖。

3．三级伤残　器官严重缺损或畸形，有严重功能障碍或并发症，存在特殊医疗依赖，或部分护理依赖。

4．四级伤残　器官严重缺损或畸形，有严重功能障碍或并发症，存在特殊医疗依赖，或部分护理依赖或无护理依赖。

5．五级伤残　器官大部分缺损或明显畸形，有较重功能障碍或并发症，存在一般医疗依赖，无护理依赖。

6．六级伤残　器官大部分缺损或明显畸形，有中等功能障碍或并发症，存在一般医疗依赖，无护理依赖。

7．七级伤残　器官大部分缺损或畸形，有轻度功能障碍或并发症，存在一般医疗依赖，无护理依赖。

8．八级伤残　器官部分缺损，形态异常，轻度功能障碍，存在一般医疗依赖，无护理依赖。

9．九级伤残　器官部分缺损，形态异常，轻度功能障碍，无医疗依赖或者存在一般医疗依赖，无护理依赖。

10．十级伤残　器官部分缺损，形态异常，无功能障碍，无医疗依赖或者存在一般医疗依赖，无护理依赖。

(四) 伤残等级与劳动能力丧失的关系

《劳动能力鉴定——职工工伤与职业病致残等级分级》（GB/T 16180-2006）的分级原则与《工伤保险条例》对劳动能力丧失程度的划分保持一致，即一至四级伤残为完全丧失劳动能力，五级、六级伤残为大部分丧失劳动能力，七至十级伤残为部分丧失劳动能力。

关于生活自理障碍程度，则根据其对进食、翻身、大小便、穿衣、洗漱和自我行动的护理依赖程度来确认其属完全、大部分或部分护理依赖。

(五) 伤残等级评定注意事项

1．经过临床检验和诊断，在工伤职工身上的确有几种外伤和残疾同时存在时，应逐一对照鉴定标准，综合定级；对于同一器官或系统多处损伤，或一个以上器官不同部位同时受到损伤者，应先对单项伤残程度进行鉴定。如几项伤残等级不同，以重者定级；两项及以上等级相同，最多晋升一级。

2. 在工伤职工同时存在多种外伤或残疾且可达到伤残等级时，应先对《标准》中有明确条款的损伤或残疾进行评定，再对一些缺乏明确条款的损伤或残疾进行评定，可采用"参照相似、依据基准、领会说明、逐项明确"的思维方法进行。

3. 伤残等级评定一般应在治疗终结后进行。对有明确规定的，按照标准的相关规定进行。例如，关于"人格改变"的诊断必须是在症状持续6个月以上方可诊断等。

4. 对于《劳动能力鉴定　职工工伤与职业病致残等级分级》（GB/T 16180-2006）标准未列入的损伤，可以参照该标准的分级原则，比照相近条款对伤残等级做出判定。

5. 由于医疗依赖与护理依赖程度的判定与伤残等级密切相关，因此，医疗、护理依赖程度的判定必须是在明确伤残等级的基础上，根据具体情况对医疗、护理依赖程度参照标准的相关规定进行判定。

6. 对涉及精神科门类鉴定的，鉴定小组应该有具有司法精神病鉴定执业资格的鉴定人参与。

7. 评定伤残等级时，应排除其原有损伤及疾病等因素。

六、保险伤残鉴定

从社会角度讲，保险是指为应付自然灾害或意外事故所造成的财产损失或人身伤亡而采用的一种社会互助性质的经济补偿办法，具有分散危险、消化损失的功能。从法律角度讲，保险是一种合同，或由合同而产生的权利义务关系。

随着我国保险业的快速发展以及人身保险数量的增多，人身保险中需要进行残疾程度评定的案件愈来愈多，人身保险伤残等级鉴定正在逐渐成为法医临床学鉴定的重要内容。

（一）概念及分类

1. 保险　保险是指投保人根据合同约定，向保险人支付保险费，保险人对于合同约定的可能发生的事故因其发生所造成的财产损失赔偿保险金责任，或者当被保险人死亡、伤残、疾病或者达到合同约定的期限时承担给付保险金责任的商业保险行为。

2. 保险分为强制保险和自愿保险，财产保险、人身保险、责任保险和保证保险等，涉及法医学鉴定的主要是人身保险。

3. 人身保险　所谓人身保险是指以公民生命、健康和劳动能力为投保对象的保险，如人寿保险、疾病健康保险、人身意外伤害保险等。人身保险中，保险人应在被保险人死亡、丧失劳动能力或活到一定期限时支付约定的保险金。如果被保险人丧失部分劳动能力，则以丧失的程度按比例支付。

（二）人身保险残疾程度评定标准

为了规范各保险公司对人身保险残疾程度的核定，2013年6月，中国保险行业协会联合中国法医学会，共同发布了《人身保险伤残评定标准》，该标准适用于意外险产品或包括意外责任的保险产品中的伤残保障，用于评定由于意外伤害因素引起的伤残程度，将于2014年1月1日起施行。

该标准参照ICF有关功能和残疾的分类理论与方法，建立了"神经系统的结构和精神功能"、"眼、耳和有关的结构和功能"、"发声和言语的结构和功能"、"心血管、免疫和呼吸系统的结构和功能"、"消化、代谢和内分泌系统有关的结构和功能"、"泌尿和生殖系统有关的结构和功能"、"神经肌肉骨骼和运动有关的结构和功能"和"皮肤和有关的结构和功能"8大类，共281项人身保险伤残条目。

该标准规定了人身保险伤残程度的评定等级以及保险金给付比例的原则和方法，人身保险伤残程度分为一至十级，最重为第一级，最轻为第十级。保险金给付比例分为100%至10%。伤残程度第一级对应的保险金给付比例为100%，伤残程度第十级对应的保险金给付比例为

10%，每级相差 10%。

（三）伤残等级评定的原则及注意事项

1．确定伤残类别　评定伤残时，应根据人体的身体结构与功能损伤情况确定所涉及的伤残类别。

2．确定伤残等级　应根据伤残情况，在同类别伤残下，确定伤残等级。

3．确定保险金给付比例　应根据伤残等级对应的百分比，确定保险金给付比例。

4．多处伤残的评定原则　当同一保险事故造成两处或两处以上伤残时，应首先对各处伤残程度分别进行评定，如果几处伤残等级不同，以最重的伤残等级作为最终的评定结论；如果两处或两处以上伤残等级相同，伤残等级在原评定基础上最多晋升一级，最高晋升至第一级。同一部位和性质的伤残，不应采用本标准条文两条以上或者同一条文两次以上进行评定。

七、罪犯保外就医疾病伤残鉴定

法医临床学实践中，有时需要鉴定人对关押的罪犯进行鉴定，以确定其是否符合保外就医的条件。

进行此类案件的鉴定时，鉴定人应注意诈病、造作病、诈伤、造作伤的鉴别。在明确被鉴定人伤、病的情况下，根据 1990 年 12 月 31 日由司法部、最高人民检察院、公安部发布的关于《罪犯保外就医执行办法》及《罪犯保外就医疾病伤残范围》相关条款做出判定结果。

八、人身损害赔偿相关的其他问题评定

在人身损害赔偿案件中还常常涉及许多与伤残相关其他问题的评定。例如，伤者是否需要医疗或者护理依赖，是否需要后续治疗以及后续治疗的费用、后续治疗的时间等，是否需要配置残疾辅助用具等。

（一）医疗依赖与护理依赖评定

1．医疗依赖　医疗依赖分为一般医疗依赖和特殊医疗依赖。特殊医疗依赖是指致残后必须终身接受特殊药物、特殊医疗设备或者装置进行治疗者；一般医疗依赖指致残后仍需接受长期或者终身药物治疗者。

由于伤残等级评定多是在伤者医疗终结后进行，因此绝大多数伤者不存在医疗依赖问题。但有少数伤者仍不能脱离临床的必要治疗，即存在医疗依赖。如果失去必要的治疗，就会导致病情的加重，甚至死亡。医疗依赖常见于以下几种情况。

（1）一般医疗依赖：指评残后仍需接受长期或者终身药物治疗者。如头部损伤导致外伤性癫痫发生，需服用抗癫痫药物控制症状。其他类似的情况还有需要使用降压药、降糖药、抗凝剂等。

（2）特殊医疗依赖：指评残后必须终身接受特殊药物、特殊医疗设备或者装置进行治疗者。如必须借助人工呼吸存活，或者终身需要进行血液透析，终身使用免疫抑制剂等。

2．护理依赖　护理依赖是指伤残者的生活不能自理，需要他人帮助。生活自理的范围一般包括自主进食、翻身、大小便、穿衣洗漱、自主行动等五项内容。

护理依赖程度是指伤残者的生活需要他人帮助的程度。护理依赖程度分为 3 个级别，即完全护理依赖（指生活完全不能自理，上述五项均需护理者）、大部分护理依赖（指生活大部分不能自理，上述五项中三项需要护理者）和部分护理依赖（指部分生活不能自理，上述五项中一项需要护理者）。

判定是否存在护理依赖及其护理依赖的程度时，应注意下几点：

（1）伤残者是否存在护理依赖的基础，即伤残者是否存在器官缺失或者功能完全丧失等

情况。

(2) 护理依赖程度应根据伤残者的残疾程度和个体情况综合判定。一般情况下，伤残等级越高，其护理依赖的程度就愈大，例如在《劳动能力鉴定——职工工伤与职业病致残等级分级》（GB/T 16180-2006）中，明确规定一级伤残至四级伤残存在不同程度的护理依赖，而五级到十级则不存在护理依赖。但是对少数情况则需要结合伤残类型和个体情况进行综合判定，如双眼盲目的患者，其伤残等级虽属一级，但是其护理依赖程度则不属完全护理依赖的情况等。

(3) 护理依赖程度应结合伤残者是否配备残疾辅助器具情况判定。对已经配备残疾辅助器具的伤残者，应注意所配备残疾辅助器具对其生活自理能力的改善情况判定其护理依赖程度。

（二）休息、护理与营养期限鉴定

1. **休息期限**　休息期限也称为"误工"期限，是指伤残者经过治疗后达到临床医学一般所认可的治愈（临床症状和体征消失）或者体征固定所需要的时间。在休息期限内，伤残者不能从事正常工作、学习等社会活动。

休息期限包括治疗期限和康复期限。治疗期限是指伤残者住院进行临床治疗，达到临床治愈或者病情稳定的时间，一般以住院时间为准。

休息期限的判定需根据伤者的损伤情况，伤残等级并结合损伤的发生、发展、转归等综合进行判定。对有标准规定的情况，可依据相关标准进行，如《事故伤害损失工作日标准》（GB/T 15499-1995）等。

2. **护理期限**　护理期限是指损伤后因治疗以及身体康复需要，或伤残者因基本生活自理能力下降，需要依赖他人护理、协助的时间。

护理期限与护理依赖程度有关，只有存在护理依赖时，才能根据护理依赖程度确定护理的期限。护理期限应计算至恢复生活自理能力为止。在我国，根据《最高人民法院关于审理人身损害赔偿案件适用法律若干问题的解释》（法释[2003]20号）规定，护理期限一般不超过20年。

3. **营养期限**　营养期限是指损伤后，日常普通饮食不能完全满足机体康复要求，必须依赖特殊饮食或适当加以补充营养物质的期限。

营养期限的判定应根据损伤情况、身体状况，结合临床治疗需要综合判定。一般情况下，伤者达到临床稳定状态后，即可停止补充营养。

营养期限判定案件大多见于损伤程度严重的患者，一般性损伤患者不需要营养补充。

（三）医疗、护理与营养费用鉴定

医疗费是指人体遭受损伤后，为治疗损伤而支付的出诊费、挂号费、检查费、治疗费、药费、手术费、住院费等。医疗费用评定主要涉及以下问题：

1. **医疗费用是否合理**　医疗费用合理性判定主要是指伤者在治疗损伤过程中的医疗费用支出是否合理。如果伤者治疗与损伤无关的疾病、进行与损伤诊治无关的检查、小病大养、故意延长住院时间等均为不合理医疗费用支出。评定医疗费用是否合理时，还应注意医疗期限的问题。

2. **后续医疗费用评估**　后续治疗是指伤残者经过临床治疗后，已经达到临床一期治疗目的，但是由于身体康复的需要，在后期需继续进行治疗或者康复锻炼。例如颅骨修补手术需在患者颅内情况稳定后进行、骨折后内固定需在骨折完全愈合后取出，以及出院后仍需进行的美容治疗、器官功能恢复训练等。

后续治疗费用的评定应根据伤残者的损伤具体情况，参照相应治疗项目的平均医疗费用水平判定。

3. **护理费与营养费判定**　护理费及营养费的判定主要依据护理级别与营养期限，以及法律所规定的护理费与营养费标准进行判定。

(四)残疾人辅助用具鉴定

残疾人辅助器具是指由残疾人使用的、特殊生产的或通常可获得的用于预防、代偿、监测、缓解或降低残疾的任何产品、器具、设备或技术系统。辅助器具的使用者有残疾人、老年人及活动受限者。

按残疾人辅助器具使用环境划分为生活用、移乘用、通讯用、教育用、就业用、文体用、公共建筑用等方面。辅助器具在残疾人全面康复中,作为不可缺少的基本设施和必要手段,是解决其生存障碍和个人医疗及进行功能代偿的辅助性器具,如听觉障碍需配助听器、视觉障碍需配助视器、肢体缺失需配假肢、肢体畸形需配矫形器、活动受限需配轮椅等。

根据《最高人民法院关于审理人身损害赔偿案件适用法律若干问题的解释》(法释[2003]20号)规定,残疾人辅助用具按照普通适用器具的费用标准计算,伤情有特殊需要的,可以参照残疾人辅助用具机构的意见确定残疾人辅助用具类型及费用。法医鉴定时,应根据伤残者的残疾情况,参照残疾人辅助用具机构的意见,选择普通适用类型器具。

残疾人辅助用具使用年限及更换周期一般需要参照残疾人辅助用具生产机构的意见,并结合伤残者的残疾程度判定。

对于有关部门明确规定残疾人辅助用具项目的,鉴定时应依据相应规定进行判定。

(五)人体植入物鉴定

人体植入物是指根据治疗需要将一些细胞、组织、器官,甚至某种物质、器件或装置等植入体内的物质。常见的植入物有义齿、人工关节、人工起搏器等。

随着现代医学进步和人们生活水平的提高,人体植入物应用也越来越广泛,与人体植入物相关的案件日趋增多。

人体植入物的鉴定目的主要包括是否需要植入,植入物的使用期限及更换周期等。

(陈　腾)

第四节　诈病与造作病(伤)

在法医学鉴定中,有时被鉴定人因某些原因常常伪装伤病、夸大病情、隐匿病情或故意造作某些伤病的症状、体征,使法医学鉴定复杂化。因此,在进行法医鉴定时,应了解案情、仔细分析病情,并根据客观检查结果实事求是的做出科学鉴定。

一、诈病

身体健康的人,为了达到某种目的,假装或伪装患有某种疾病,称为诈病(simulation, malingering)。诈病可见于伤害案件、意外事件的受害人或行为人。如头部受伤后,伪装头痛、耳聋、眼盲,甚至瘫痪、大小便失禁等;杀人者伪装患有精神疾病等,借以逃避刑事责任;也有人轻病装重病,故意夸大原有伤病的症状和体征,否定治疗效果或病情好转,称为夸大病情(aggravation)。与诈病相反,隐瞒病(伤)情,装作健康无病或病愈,称为匿病(dissimulation),其目的多为骗取入学、就业、服役、更换工种、获取优厚工资待遇、婚姻等。另外还有带病投保而隐匿病情。

(一)诈病的目的

诈病的目的主要有以下几个方面:①获得高额赔偿或劳保福利;②加重对行为人的惩罚;③掩盖犯罪行为或达到减刑、缓刑的目的。

(二)诈病的一般特点

诈病者可发生在除婴幼儿以外的任何年龄,其临床表现复杂多样。诈病的伪装,常常来自伪装者本人的医学知识、过去患病的经历或他人患病后的表现,通常与其所受的教育程度有密切关系。若诈病者精通医术及疾病的演变规律,其伪装表现几乎可达乱真的地步,但不管诈病的表现有多么复杂,常具有下列特点:

1. 目的明确　诈病者有明确的目的和动机,如为了掩盖犯罪行为,逃避刑事责任;或为了博取他人的同情,骗取休假、劳保、福利;或为了获取更多赔偿;或为了诬告他人;或为了逃避某些应尽的义务,谎称有病等。

2. 症状相似　在同一人群中,有人伪装某种疾病元被识破,伪装成功达到目的后,其他人也跟着模仿,伪装相同的疾病。此种情况在劳教、监狱服刑的人群中时有发生。

3. 病情特殊　诈病者常选择一般检查方法不易检查、难以鉴别的疾病进行伪装,如伪装头痛、失明、耳聋、精神病等,而且所选择的病种常与其知识水平有关。

4. 不正常的病程　诈病者常突然发病,经药物治疗,"病情"常无好转或改善,甚至有时反而会加重;当其目的或要求达到或不可能达到时,病情很快痊愈。

5. 症状混乱而矛盾　诈病者对所述病情和经过常前后矛盾,症状与体征不符。由于诈病者或对医学完全不懂,或仅一知半解,不清楚某种疾病应有的主要症状、体征及其内在的关系,因此,在陈述自己的"疾病"表现时,常常前后矛盾,越讲漏洞越多。

6. 诈病的表现富有表演色彩,往往呈过分的夸张和矫揉造作　有人形容诈病者,"瞎"得比盲人还盲,"聋"得比聋人还聋,"震颤"得比帕金森病还厉害。

7. 诈病常与损伤联系在一起　如头部损伤后出现头皮血肿等较轻微损伤,被害人为达到某种目的,可伪装成瘫痪、耳聋、失明、失语等严重损伤表现。

8. 身体检查不合作　诈病者由于害怕被揭穿装病,常常对检查不配合,甚至拒绝做检查,对鉴定人或医生的言行非常敏感,唯恐暴露其伪装行为。如陈述病情时常夸大症状和体征,被检查时反应过分强烈或故意造成功能障碍等。

（三）诈病的表现

诈病者伪装的临床表现通常与其所受的教育程度密切关系,常常来自伪装者本人的医学知识、过去患病的经历,或模仿他人患病之表现。若诈病者精通医术及疾病的演变规律,其伪装表现几乎可以乱真。现就常见的诈病进行介绍。

1. 伪装疼痛　伪装疼痛是法医学鉴定中最常见的诈病。诈病者常称全身各部位疼痛,如假装头痛、胸痛、心绞痛、胃痛、腹痛、关节痛等。由于疼痛可不伴有体征,仅凭主诉作为诊断的主要依据,常常被某些人作为诈病的有利手段,给法医学鉴定带来一定的困难。而且有些病损引起的疼痛又很常见,易被较准确地模仿和伪装。

2. 诈盲（伪盲）　常见于眼部或头部外伤后,表现为单眼盲或双眼盲。由于双眼盲伪装比较困难,且难以持久,易暴露破绽,因此,单眼诈盲较双眼诈盲多。双眼诈盲者,有时表现得比盲人还盲。

3. 诈聋（伪聋）　常见于耳部或头部外伤后,常表现为单耳聋或双耳聋,以单耳聋较常见,因单耳聋伪装较容易,不易被识破,又不明显影响工作和生活。伪聋者对检查十分敏感,时时克制自己不露痕迹,以防被人识破。对疑为诈聋者,应详细询问病史,注意其回答问题的内容、方式、举止及神态。诈聋者介绍病情时,常夸大病情,回答问题不直截了当,测听检查时反应迟疑,同一检查方法的多次检测结果常不一致,且差异较大。

4. 伪装失语　被检者神志清楚,体表损伤可轻微或较严重,对他人说话的含义能正确理解,就是不能说话,多数人书写能力正常可进行书面交流。无吞咽困难,无呛咳。伪装失语者常伪装得很成功,可达到难辨真伪的程度,并可持续很长一段时间。法医学鉴定时应做精神、意识和神经系统的详细检查,结合脑电图、头部CT、喉肌肌电图等检查结果均无异常时,排除了器质性原因失语,再进一步排除癔症性失语后,才能考虑为伪装失语。

5．诈瘫（伪装运动功能障碍）　常在头部损伤或脊髓损伤后，谎称肢体无法运动，表现为单瘫、偏瘫或截瘫，可以是痉挛性瘫痪，也可以是弛缓性瘫痪，神经系统检查无病理指征，一般无肌肉萎缩或肢体营养不良。

6．诈抽搐　多发生在斗殴时或斗殴后，表现形式有多样，有的似癫痫大发作，有的只是四肢不规律抽动或上肢屈曲、下肢伸直，抽搐时无意识丧失，对外界刺激有反应，一般持续几分钟甚至 2～3h，无咬舌或二便失禁，抽搐停止后即可自主活动。神经系统检查无定位体征，特殊检查（如 CT、MRI）颅脑内无异常改变，脑电图检查结果正常或轻度广泛异常。

7．诈血尿　多见于腹部、腰背部外伤后，表现为肉眼血尿，或镜下血尿，血尿持续时间长短不一，有时镜下血尿可持续数月以上。为了防止被检者向尿中掺血，检查时应在同性别人员监督下排尿取样，若间隔或连续三次检查均无红细胞，应视为诈血尿。

除上述诈病，值得注意的伪造假病历、假检验报告等都是诈病常用的手段，如尿中加糖诈称糖尿病，找有肝炎的人替代抽血化验诈称肝炎，药物性扩瞳诈称外伤性瞳孔散大，或用他人的 X 线片、CT 片诈称骨折及颅脑损伤等。

（四）诈病的法医学鉴定

对疑有诈病者鉴定时，应特别谨慎，既要防止被鉴定人确有某种病，因主观臆断或疏忽大意而未诊断，又要设法发现被鉴定人的伪装，使鉴定客观科学、公正。

1．了解案情　首先应了解诈病的动机和目的。其次仔细查阅卷宗，了解损伤情况，如有必要，可调查当时目击证人及就诊医生，掌握第一手资料。

2．注意观察　耐心听取被鉴定人对事件发生经过及伤病发展变化的陈述，同时注意观察其表情、态度、不经意间的细微动作，对周围环境变化的反应等，做到听其言、观其色。忌用诱导性提问。查询病情过程中，注意发现、分析其伪装伤病的蛛丝马迹，发现互相矛盾、混乱的证据。

3．慎重对待医学文件　查阅病史资料时，应认真审查委托方或被鉴定人提供的相关病历资料，资料不全者，要求补送或亲自提取。一方面了解伤病的发生发展过程，注意其伤病变化过程是否符合该伤病的发生、发展及转归的规律，或找出其矛盾所在；另一方面，注意其提供的病史资料的真实性。如有无冒名顶替现象，有无用他人的病历、化验报告、疾病证明或他人的化验样本；是否伪装、假造临床诊断意见书；有无涂改病历及其他临床资料的迹象。

4．应用多种检查方法和手段　由于诈病的种类多样，没有统一固定的检查方法，因此，除了常规的体格检查、物理学检查外，可根据不同的表现，选用特殊的检查方法，尤其注意应用客观检查方法如 X 线、CT、MRI、脑干诱发电位等检查结果作为鉴定结论的依据。

5．聘请有关专家会诊　遇到专科问题应聘请有关专家会鉴，以利于做出科学、客观、正确的判断。

6．注意诈病与癔症的鉴别　癔症（hysteria）是一种常见的精神性疾病，有多种表现方式，如失明、失语、瘫痪、抽搐等，经检查无器质性改变。有时与诈病容易混淆。两者的区别如下：癔症患者多数不承认自己有病，不愿就医，诈病者希望别人承认他有病，对症状常过分夸张、渲染；癔症发病或终止与暗示或精神刺激有关，诈病发病有其明确的目的，目的达到或不能达到时可快速'痊愈'；癔症患者对鉴定人或医生的言行常漠不关心，诈病者对鉴定人的一言一行非常敏感，有时反应强烈。因此，只有在排除癔症后才能诊断为诈病。

7．慎重做出鉴定意见。

二、造作病与造作伤

为了达到某种目的，运用各种物理、化学或生物学的方法故意损害自己造成自身疾病称为造作病（artificial disease）；自己或授意他人对自己身体造成伤害的，或故意夸大、改变原有伤情，称为造作伤（artificial injury）。其目的主要是骗取人们对他健康的信任，从而达到获取入学、招工、结婚、参军、更换工种、延续工期、获取优厚工资待遇等的机会。也有匿伤者，即隐瞒自己有损伤，见于他杀的凶手或他伤的加害人，在加害他人时，被抵抗、格斗所致的损伤，其目的是为了逃避法律的惩罚。

（一）造作病和造作伤的目的

1．为了逃避惩罚或掩盖罪行　监守自盗者伪称保卫公款、公物与抢劫分子搏斗受伤，而掩盖其罪行，或自残以获取保外就医等。

2．为了骗取某种荣誉或信任或待遇　为了骗取领导和群众的信任而取得荣誉，假装因受伤仍坚持勤奋工作。服刑人员自残以获取保外就医等。

3．为了逃避某职能或义务　如逃避工作分配或骗取休假，逃避艰苦或危险性大的工作，或为了不参加劳动，不值班而故意使自己受伤。

4．诬陷他人或获得赔偿　为了诬陷、报复他人，或勒索、骗取他人的钱财而自伤。

（二）常见的造作病

1．伪造发热　除伪造发热外，常同时伪装周身不适、头痛与肌肉痛，以骗取信任。伪造发热的方法如敲打体温计，用某种刺激剂使腋窝局部发热等。

2．伪造出血　如吸吮齿龈出血或弄破口腔黏膜出血，伪装肺结核咯血；预先咽下红色染料或血液然后刺激咽后壁进行呕吐，伪造胃肠道出血等。

3．伪装黄疸　用内服苦味酸或阿的平等药物的方法使结膜及皮肤黄染以伪装黄疸。

4．伪装病理性尿　如向尿中加入鸡蛋清或血清伪装蛋白尿；向尿中加入血液伪装血尿；向尿中加入食糖或葡萄糖伪装糖尿。

5．造作皮炎　用各种刺激剂或腐蚀剂可以伪造皮炎。

6．造作蜂窝织炎与脓肿　向皮下注入化学物质，异物均可伪造此类炎症。

7．造作溃疡　向皮肤上涂抹刺激性或腐蚀性化学物质，如盐酸、硫酸铜、甲酚等，经数小时可使该处皮肤坏死并形成浅溃疡。这种人工溃疡常见于膝关节附近，常呈方形且边缘界限清楚。

8．造作呕吐　服用催吐剂引起人为呕吐，但经住院严密观察，极易识破。

9．造作肢体瘫痪　向脊髓腔内注射高渗盐水，可造作双下肢瘫痪。

10．造作心脏病　长期服用浓咖啡、烟草叶、金雀花等对心功能有影响的药物（毒物），或有意识的过度疲劳、夜间不眠以引起心动过速、心律不齐等。

11．造作糖尿病　服用根皮苷、尿嘌呤或间苯三酚等造作糖尿病。

12．造作支气管炎　吸入有刺激性的气体如二氧化硫、硝酸、盐酸的挥发物等引起支气管炎。

（三）造作伤特点

大多数造作伤的案例是由本人亲手造成的，因此，造作伤通常有以下特点：

1．多为机械性损伤　以切器造成的切、划伤多见，亦有使用刺器者，砍创罕见。亦有使用土块、石块造作钝器伤，大多为皮肤擦伤或皮下出血。也有利用高温的物体直接灼伤（如烟头烫伤），造成局部皮肤、皮下组织烧伤。

2．损伤多在自己的手容易达到的部位。如用右手造作的损伤，除见于头部外，多分布在左侧上、下肢及右侧下肢，也可见于两侧胸、腹部，一般不见于右手及右臂。用左手造作的损伤与右手相反。

3．损伤多局限于身体某一部位，并与自残者的企图和目的一致。由于目的不同，损伤可以在某些特定部位。如伪装搏斗和自卫，造作损伤多分布在能表现挣扎、抵抗的部位，如两手、头部或颈部等。伪装被强奸的损伤，则在大腿内侧和性器官周围造作擦伤及皮下出血。为了诬陷被人扼颈,常在颈部造成指甲印痕、擦伤等损伤。但一般不损毁面容。

4. 损伤较轻,一般不危及生命。自伤者一般只为达到某种目的,采用的手段较保守,大都损伤轻微,不在致命部位,不损伤重要器官,更不会危及生命。但有时由于掌握的医学知识有限或措施不当,可造成意外的严重伤害或后遗症。

5. 损伤分布大多集中在同一部位。如用锐器造成多数切创时,创的排列较整齐,接近平行,方向大体一致,创口深浅及轻重较均匀,而且沿生理弧度弯曲。由于怕痛等复杂心理,常有试切痕,表现为平行的表皮划痕或轻微浅表切创,常有试刀痕。也有用石头打击自己前额部,造成形态大体相似的多数性挫裂伤,其分布特点是比较集中,方向接近一致。

(四)造作病与造作伤的法医学鉴定

造作病的鉴定与诈病的鉴定类似。由于造作病制造的假象与真正疾病不同而易于识别。如伪造咯血或黄疸,但并无结核病或引起黄疸疾患的其他指征。仔细的临床检查和临床观察有助于做出造作病的确切鉴定。

对于造作伤的法医学鉴定必须解决的问题有:①被检查者有无损伤?若有损伤,损伤部位、数量、大小、形态、方向等特点如何?②若有造作伤,该伤是如何造成的?是被检者自己所为还是他人所为?③伤后时间与被检人或其他证人所述是否相符?有无分歧?有哪些分歧?要解决上述问题必须按照下述鉴定程序进行鉴定。

1. 案情调查 造作伤的特点就是具有明确的目的和企图。通过案情调查,可以了解案件的因果关系。对委托方提供的案情、询问笔录、病史资料等应仔细阅读,找寻前后矛盾、可疑之处。在对被鉴定人检查过程中,需反复、详细询问其被害的全过程,询问越细致,越容易发现可疑点,从而证实其造作伤的事实。询问内容应包括事件发生的时间、地点、"凶犯"人数及其个人特征、当时双方的位置关系、对方所用凶器、打击部位及次数、有无搏斗、搏斗的情况以及事件结束后"凶犯"的去向等,对事件关键问题,尤其要反复多问。在询问中要做到耐心听取、详细记录,并随时提出疑问。在其叙述、描述或解答问题中,发现有无内容情节过分夸大、前后顺序颠倒、矛盾的现象。对于一些关键性细节,造作者常含糊其辞,企图蒙混过去。

2. 损伤的检查 对被鉴定人的损伤检查是判断是否造作伤的依据。因此,检查必须全面细致、详尽记录并进行照相等客观影像保存,要特别注意损伤的细微特征,特别注意损伤在手可及的部位、多数性、密集、整齐、平行排列、方向一致、大小相近、较轻、程度一致、随着体表弧度弯曲、延伸等自己造作的特征。必要时进行实验室检查,包括 X 线、CT、MRI 检查,严重的或需长时间观察的被检者要求住院观察。

3. 衣物检查 详细检查被检查者的衣服,观察衣服的破损特征及衣服上血痕的分布和流注方向。一般造作伤者多将衣服解开或卷起衣袖后再作损伤,因此衣服上常无任何破损痕迹。也有自伤者事后将受伤部位衣服刺破或剪破,伪装是受伤时所造成。这种情况只要将自伤这体表损伤与衣服上的破损特征(破损的部位、数目、形状、大小、方向等)进行仔细核对,便可揭露其中的矛盾。

4. 现场勘查 如果条件许可,应及时赶赴案发现场,做好现场的观察和记录,并进行照相摄像等固定现场的细节,同时收集有关的证据,如凶器、化学物品、沾有可疑血痕的各种物品,妥善保存。造作伤现场因无搏斗、挣扎过程,多整齐不乱,家具、物件多无破损,摆设不凌乱;有时一些现场经过伪装处理,看似凌乱,仔细观察,会发现不符合一般格斗的现场规律。检查现场时特别要仔细观察血迹的滴注、喷溅方向等细节,分析损伤时伤者的体位。一般来说,自伤者的血迹分布较集中,而他伤者的血迹分布分散而凌乱。注意现场有无凶器,凶器的所在地方,观察凶器上的血流方向,是否符合自握凶器时所形成的特点。同时要注意现场有无指纹、脚印、鞋印等痕迹。自伤者现场遗留的指纹、血迹等检查结果可以说明现场仅就当事人一人。

5．事件重建　如果伤者情况尚可，最好请当事人在现场就地详细介绍案件发生经过，并将被害的全过程表演，即事件重建。这对推断是否造作伤很有价值。假如情况不允许伤者到现场表演，可待其伤情恢复后，临时布置一个尽可能与原始现场相像的现场环境，令其进行事件重建的表演。

（樊爱英）

思考题

1．何谓劳动能力、劳动能力丧失及残疾？
2．对道路交通事故受伤人员进行伤残等级评定时应注意哪些问题？
3．现行《劳动能力鉴定——职工工伤与职业病致残等级分级》标准（GB/T 16180-2006）伤残等级的划分依据是什么？
4．何谓护理依赖？判定是否存在护理依赖及护理依赖程度时应注意哪些问题？
5．何谓诈病？诈病的特点有哪些？
6．如何进行诈病的法医学鉴定？
7．造作伤的一般特点有哪些？以锐器切创为例，说明造作伤的特点。
8．常见的造作病有哪些？

第十一章　性侵害与性心理障碍

性行为（sexual behavior）是指性成熟之后，有性繁殖所表现出来的与性有关的各种行为的统称。在我国法律所容许的性行为只限于婚姻法规定的夫妻关系之间，超出此关系的其他一切性行为均属非法性行为。

性犯罪（sexual crime）是指触犯刑法规范，通过身体接触或非身体接触方式，来获取性满足的违法性行为。

性犯罪可划分为两大类：一类是侵害他人的性犯罪，即所谓有受害人的性犯罪，包括强奸罪、猥亵罪、奸淫幼女罪等；另一类是没有直接侵害他人的性犯罪，即所谓无特定受害人的性犯罪，包括容留和介绍卖淫嫖娼、传播淫秽影像和物品罪等，此类犯罪的认定不属法医学的范畴。

第一节　强　奸

男子违背妇女的意愿，采用暴力、胁迫、利诱、欺骗、药物或其他手段，使妇女不敢或不能抵抗，强行与之发生婚姻以外的性交行为称为强奸（rape）。

性交在生物学上的定义是指男性阴茎插入女性的阴道内并完成射精的过程。但在法律上则不强调上述两个过程，只要阴茎接触女性的阴道前庭，不论射精与否，或处女膜是否破裂，均构成强奸。

奸淫不满十四周岁的幼女，以强奸论，从重处罚。也就是说：从年龄上看，14周岁是奸淫幼女罪与强奸妇女罪的法定年龄。对于发育未全，未达性成熟年龄的幼女，由于各方面的发育均未成熟，加之缺乏对事物是非的判断能力，因此不论其本人是否同意而发生了性接触，必然会严重摧残其身心健康，均以强奸罪予以从重处罚。

《中华人民共和国刑法》（2011年）第二百三十六条规定：以暴力、胁迫或者其他手段强奸妇女的，处三年以上十年以下有期徒刑。奸淫不满十四周岁的幼女的，以强奸论，从重处罚。强奸妇女、奸淫幼女，有下列情形之一的，处十年以上有期徒刑、无期徒刑或者死刑：①强奸妇女、奸淫幼女情节恶劣的；②强奸妇女、奸淫幼女多人的；③在公共场所当众强奸妇女的；④二人以上轮奸的；⑤致使被害人重伤、死亡或者造成其他严重后果的。强奸罪的本质特征是违背妇女意志，采用暴力、胁迫或者其他方法，强行与妇女发生性交。

按照我国有关法律规定，在强奸案件的鉴定中，鉴定人员检查妇女身体时，应遵守"检查妇女的身体，应由女工作人员或医师进行"的规定。

由于被害人的处女膜破裂是性交的重要证据之一，因此有必要对处女膜的形态特点有所了解。

一、处女膜形态特点

判断是否处女是以处女膜的完整性为标志。当第一次性交时，绝大多数发生处女膜的破裂。因此，对强奸案的法医学鉴定，检查处女膜非常重要，所以，应了解处女膜的解剖学特点及其类型。但已婚或有性交史及有多次分娩经历的女性，性交后处女膜可无新鲜的形态学改变。

（一）处女膜的解剖学特点

处女膜是阴道入口周缘突起的环状薄膜，是阴道黏膜皱襞的延续部分，其组织坚韧，具有封闭阴道口的作用。

处女膜结构分为三个部分：基底部、膜部和游离缘。基底部与阴道口部位的阴道壁相连。游离缘构成处女膜孔的边缘，亦即膜的边缘，多数整齐而平缓，有时可有部分皱褶。基底部与游离缘之间为膜部，膜的宽度因年龄、发育及处女膜的类型而异，窄者仅2～3mm，宽者可达1～1.5cm，成年妇女一般为0.8～1cm。处女膜中央有孔，称处女膜孔。处女膜孔直径为1～1.5cm，仅可通过小指尖，并有紧迫感。孔的性状因处女膜类型而异，多数为圆形或卵圆形，少数为椭圆形，或者其他更少见的形状。

处女膜的组织结构为环状黏膜组织，内外两面被覆鳞状上皮，中层由富含弹性纤维的结缔组织、血管及神经末梢构成。处女膜的厚薄程度取决于中层的结缔组织是否丰富，结缔组织少者，处女膜似羊皮纸样菲薄、脆弱、易于破裂；结缔组织丰富者，处女膜肥厚富有弹性，不易破裂。

（二）处女膜的类型

处女膜根据形态特点可分为以下几种类型：

1. 环状处女膜　此型最常见。处女膜呈环状，围绕阴道口周缘，其各部分宽度基本一致。处女膜孔位于中央，多呈圆形或椭圆形。

2. 半月状处女膜　此型亦较常见，出现率仅次于环状，呈半月状或新月状，偏于阴道口的一侧，常以阴道口的后侧为多见。这类处女膜宽度不等，膜的正中部最宽，两侧角最窄，游离缘较光滑整齐，处女膜孔呈卵圆形。

3. 唇状处女膜　此型处女膜似唇状，分成两片，多数位于阴道口的两侧，外观很像第三阴唇。膜的宽度以中央部最宽，前后两端最窄。处女膜孔多呈纺锤形或直线形。

4. 锯齿状处女膜　此型处女膜的特点是多在环状、半月状或唇状处女膜的基础上游离缘有多数浅表性切迹，切迹分布均匀，排列规律，深浅较一致，状如锯齿；有的切迹较深，呈分叶状，也称分叶状；有时在游离缘上有多数乳头状突起，状如剪彩，称剪彩状处女膜，这类处女膜中各种深浅不同的自然切迹应与人为因素的破裂加以区别。

5. 中隔状处女膜　此型处女膜上有两个孔，两孔之间有膜相隔，称中隔。此型较罕见。

6. 筛状处女膜　此型处女膜上散在有多个小孔，如同筛状，这种类型极为少见。

7. 无孔处女膜　阴道口完全被处女膜封闭，膜上无孔。俗称石女。此型少见，可用手术治疗。

二、女子性成熟的判断

性成熟是指女性器官、体格和第二性征的发育成熟，此时已具有生育能力。在强奸案的法医学鉴定中，若怀疑被害人（特别是已死亡的女性）为法律规定的未成熟的幼女，首先要判明是否已经性成熟。但性成熟是一个逐渐发展的过程，没有截然的分界线，它受社会条件、气候条件、家庭环境、营养状况、发育速度、体育锻炼和遗传等诸多因素影响。而且，审判员要求确定被害人在当时是否性成熟，这就要求在案发后，即刻进行检查。

女子性成熟的征象：

1. 外生殖器及阴道的发育　性成熟的女子，其外生殖器和阴道已经发育为成人型，大阴唇遮盖小阴唇，大阴唇脂肪丰满，小阴唇菲薄，阴蒂发育良好。阴道的大小已具备适应于性交的条件。一般说，不满十四周岁的女孩其外生殖器的发育程度还不能适应与成年男子发生性交行为。

2．第二性征的发育　乳房发育为成熟型，乳房膨隆，乳头突出，骨盆横径大于前后经，胸、臀、肩部的皮下脂肪丰满，形成女性特有的体态。阴阜皮下脂肪发育良好，阴阜部及腋窝部有明显的阴毛及腋毛生长。

3．受精能力和妊娠能力　受精能力是判定性成熟最重要的标志，主要根据有无周期稳定的月经及排卵。月经的初潮年龄多为13～15周岁，但此时卵巢功能尚未发育完全，部分月经属无排卵性的。只有达到性成熟期，月经趋于正常，有排卵方可妊娠。单凭月经来潮判断性成熟是不科学的。

4．分娩能力　分娩能力也是判断性成熟的重要标志之一，通常根据骨盆大小来决定。一般16～17岁的青年女性的骨盆变宽，其结构形态已发育成适于胎儿娩出的大小。

除以上各种标志外，尚需注意其肉体和精神的发育程度，以及是否具有独立生活和抚养教育子女的能力，进行综合判断。

三、强奸案的检查和法医学鉴定

强奸案的被害人多数是未婚的女性，部分是已婚妇女或已经有性生活经验的少女，少数是未满10岁的幼女，个别也有年逾古稀的高龄女性。女性被强奸，多数是活体，少数女性被强奸后又被杀害，个别被杀害后再遭奸尸。被强奸后，无论活体或尸体上，都会有强奸时留下的许多痕迹和证据，对判断强奸关系重大。因此，及时提取和检验对正确鉴定可起到关键作用；如果时间拖延，可因活体创伤愈合，尸体发生腐败等变化，许多证据逐渐模糊或破坏，甚至完全消失，以致不能做出科学的鉴定。

法医学鉴定强奸，必须解决的问题：一是被害妇女有无性交；二是强奸手段（或方法）有哪些；三是强奸的后果有哪些。鉴定程序如下：

（一）案情调查

在检验之前，应当分别向受害人及其监护人了解有关案情，被害人的一般情况，如被害人的姓名、年龄、职业、文化程度、平时生活习惯及生活作风、婚配情况、家庭情况、社交情况，月经史、有无怀孕分娩史，并向被害人询问被强奸的有关情况，包括时间、地点、加害手段及过程、抵抗、搏斗情况，本人有无衣物撕裂，有无撕破加害人的衣服，有无咬伤、抓伤及其部位，加害人的体貌特征、有无射精。被害人是否认识加害人，是否为亲友关系。有时可能有诬告陷害，仔细听取被强奸全过程的叙述，有时可以辨别曾是否被强奸。

（二）现场勘查

强奸案的发生可在室内也可在室外，或在野外僻静处。如发生在室内，应仔细观察现场是否整齐，有无变动，床上被褥、枕巾、床单是否凌乱，有无扯拉、撕破等现象。如发生在野外，应观察有无抵抗格斗时造成的凌乱或拖压等现象，现场有无凶器、绳索、血痕、精斑、毛发、衣物或其他证物。在现场勘验时，对现场的被褥、床单、席子、草纸、床垫、野外草地应仔细寻找有无斑痕，有无精斑（液），有无阴毛或血痕等，可按被害人提供的线索，认真寻找精斑或其他可疑之处，注意检查有无罪犯的手帕和衣服的碎片、纽扣等。现场所见均应详细记录，绘图并照相留证，条件许可时最好录像留证，然后分别提取，备作实验室检查。

（三）被害人的检查

被害人曾是否被强奸的法医学鉴定，主要解决两个问题，即性交的证据和暴力的证据。当被害人步入检查室时，就应注意观察其表情、神态是否自然，走路姿势、步态如何，有无痛苦表情、举止行动、精神状态是否正常，情绪激动还是忧郁，当被害人诉说受害经过时有无害羞表情，有无恐惧、担忧心理或气愤表现。

1．性交的证据　处女膜破裂和阴道内检出精液成分是性交的重要证据。

（1）处女膜破裂：处女膜有无破裂，对判断曾是否性交是一个有重要价值的指标。

检查处女膜应由女法医或妇产科医师进行。按妇产科检查方式，对大小阴唇、阴阜、阴蒂、前庭先做一般检查，注意有无水肿、擦伤或挫伤。使处女膜充分暴露，观察处女膜的类型、颜色、宽度和厚度，游离缘的颜色，是否平整，有无自然切迹。处女膜有无破裂，破裂的数目、位置和深度，裂口边缘的颜色，有无出血、潮红、肿胀、疼痛等征象。以上检查项目，不论有无阳性发现，均应详细记录，并绘图说明。

处女膜破裂，一般多因第一次性交所造成，且多为完全性破裂，即从游离缘向基底部呈放射状破裂。一般认为，在日常生活中，如骑马、骑自行车、跑步、游泳等运动，都不致引起处女膜破裂，少有例外。初次性交，处女膜破裂多在下半部，相当于时钟 4～5 点和 7～8 点之间，破裂口有 1～2 条或 1～3 条，呈对称性。处女膜破裂一般是从游离缘开始裂向基底部，凡是破裂口深达基底部者称为完全性破裂，未达基底部者称为不完全性破裂。据统计，性交所致的处女膜破裂，不完全性破裂多于完全性破裂。

新鲜裂口边缘可有出血及血凝块，并有轻度红肿，触之有痛感。经过 3～4 天后，可见少许浓性渗出物附着，以后逐渐减轻，约 1 周完全消失。

对已婚或多次性交后的处女膜，由于已有多处陈旧性破裂，检查处女膜已无意义。幼女被强奸时，由于其生殖器尚未发育成熟，可见外阴部或阴道前庭黏膜有充血和擦伤，严重者出现会阴撕裂伤。

（2）阴道内精液的检查：阴道内检出精液成分是性交的确证。据统计，性交后 12h 内，阴道内精子的检出率可达 60%，少数案例在 5 天内仍可检出。精子的检出期限与被害人的体位、活动情况有关。此外，在受害人外阴部、大腿内侧、下腹部、衣裤、床单及现场地面应仔细搜索精液痕迹。

采取检材的方法，因附着部位不同而异。对于活体，不论处女膜是否破裂，都应用消毒棉签或纱布插进阴道内，在后穹隆部做多次擦拭后取出，做涂片。也可用末端光滑的带橡皮头的吸管，吸取阴道内容物。还可用纱布或棉签擦拭阴道后，用吸管注入 1ml 生理盐水冲洗阴道，收集冲洗离心所得的沉淀物，镜检有无精子。如果是尸体，除采取阴道内容物外，还要解剖子宫，采取子宫内容物，有时仍可查出精子。

精液（斑）的采集与检验，越新鲜结果越准确。精液（斑）检出阳性，说明曾有过性交，但不能说一定是强奸遗留，特别对已婚妇女或已有过性生活的女性做结论时更需慎重。相反，未检见精液或精斑，并不能否定被强奸的可能性。如果不能检出精子，应考虑以下可能：加害人精神紧张未射精；加害人使用避孕工具或体外射精；加害人已做绝育手术或患无精子症；强奸历经时间太久，精子已遭破坏；被害人已经反复冲洗阴道或坐盆；取材不当或检验技术有差错等。

2．暴力的证据　罪犯为了达到强奸的目的，往往对被害人施加各种暴力，同时由于被害人的防卫和抵抗，又可在被害人身上造成一些损伤。因此，详细检查被害人衣着及身体损伤情况十分重要，这些损伤可作为判断强奸手段的间接证据。

（1）机械性暴力：罪犯对被害人多采取突然袭击方式，如打击头颅部、扼颈、捂压口鼻部、手帕布团堵塞口腔、捆绑手足等，使被害人失去知觉或不能抵抗。因此，机械性窒息（多为扼死）或机械性损伤（头部致命伤）往往是强奸案最多见的伤害方式或死亡原因。被害人身上均可检见相应的严重损伤。应详细描写并记录各损伤的部位、数目及特征。

由于抵抗、防卫，在被害人大腿内侧、乳房、上臂、腕部、膝部及手部等处可有抓伤或咬伤。腹部可有擦伤，肩背部、肘部、臀部可见因挣扎反抗所致的挫擦伤或特殊压痕，有时可附有现场的某些异物。被害人衣物可被撕破，或粘有现场的某些异物，如泥沙、植物，以及加害人的血迹、精斑、毛发等，收集这些物证对判断原始作案现场十分重要。

（2）精神暴力：被害人因受恐吓、威胁、利诱等手段使其心理上受到严重影响，精神受到摧残，被迫屈从，不敢抵抗，此时被害人身上可无明显暴力痕迹。

（3）使用药物：如用催眠剂、麻醉剂、迷幻剂、酒精等使被害人丧失知觉和抵抗能力后实施强奸，此时被害人身上可能不遗留机械性暴力痕迹。此种情况下必须收集呕吐的胃内容物、血、尿液等进行毒物化验，加以证实。

（4）其他手段：对弱智、痴呆患者、正在发作中的精神病患者或由于极度疲劳而熟睡的健康妇女等，加害人在她们无知觉状态或不善于辨别是非的情况下，对她们进行强奸，被害人身上也可不遗留暴力痕迹，仅见轻度外阴摩擦伤或红肿现象，但可找到精液（斑）等重要证据。

（四）加害人的检查

首先询问嫌疑人的姓名、年龄、职业、与被害人的关系，强奸的时间、地点、手段及过程，被害人有无反抗、抵抗情况，本人有无性病等。对比与被害人的陈述是否一致。然后对嫌疑人进行检查。

1. 一般检查　身高、发育、营养及体格等一般状态，注意观察其体形及个人特征与被害人所述是否相符，以及破损的衣裤情况。

2. 损伤检查　检查有无因被害人的防卫、抵抗而留下相应损伤。例如被害人用牙咬掉加害人的鼻尖、咬损加害人的口唇、手指、肩部等处，或用手指甲抓伤加害人的颜面、胸背、外阴部等处的皮肤，因此在加害人身上可检见鼻尖缺损、口唇、手指、肩背部等处的咬痕，表现为具有特征性的表皮剥脱伴有皮下出血。检查嫌疑人各部位有无损伤即使只有手指上微小的咬伤或抓伤对案件的判定也非常重要。

3. 外阴部检查　检查嫌疑人外阴部的一般发育状况和阴毛特征，以便与被害人身上可能发现的阴毛进行对比。同时，仔细检查外阴部有无与本人不同的毛发或其他异物，如血痕、纤维等，如有应即分别收集。龟头有无血痕，如有则用蘸有生理盐水的棉花或小纱布擦拭，以便检验是否沾染了被害人处女膜破裂时流出的血迹。检查龟头有无破损，包皮系带有无撕裂伤，必要时进行性病的检查。此外，还应注意检查和收集精斑、混合斑等。

如果被害人遭强奸后导致妊娠，应对胎儿或婴儿作血型和 DNA 分析，根据遗传关系可以肯定或否定嫌疑人。

如果被害人遭强奸后，如感染性病（如淋病、梅毒、艾滋病、软性下疳、硬性下疳、淋病性淋巴肉芽肿等），则应对加害人进行性病检查。有时被害人患有性病，也会传染给嫌疑人。因此，嫌疑人、被害人性病病原菌一致时，仅表示有强奸的可能。嫌疑人、被害人任何一方有性病，另一方无性病，也不能排除强奸的可能。

（樊爱英）

第二节　猥　亵　行　为

一、猥亵行为的概念和表现形式

猥亵行为（indecency）是指以刺激、兴奋、满足自己或他人性欲为目的，用性交以外的方式实施的淫秽行为。其中用淫秽下流的语言和动作调戏、猥亵妇女的行为即侮辱妇女（humiliating woman）。猥亵、侮辱妇女的行为既可以由男性进行，也可以由女性进行，既可以是单个人进行，也可以是多个人一起进行。

猥亵是损害社会道德，有伤风化的淫秽行为，严重的猥亵可摧残被害人（儿童或妇女）的身心健康、感染或传播性病等。

猥亵行为表现形式有多种，常常是成人对儿童或男性侵犯女性身体，如：男性强行与妇女或幼女拥抱、接吻、抠摸性器官、抚摸乳房，或以阴茎顶撞妇女身体、臀部等处，以达到性欲的满足。

侮辱妇女的表现形式包括偷剪妇女发辫、衣服，追逐、堵截妇女，向妇女身上泼洒腐蚀物，涂抹污物等。

猥亵行为属于不道德行为，一般会受到社会道德的谴责。情节严重的，会受到行政处分或者治安管理处罚。《中华人民共和国治安管理处罚法》第四十四条规定："猥亵他人的，或者在公共场所故意裸露身体，情节恶劣的，处五日以上十日以下拘留；猥亵智力残疾人、精神病患者、不满十四周岁的人或者有其他严重情节的，处十日以上十五日以下拘留。"对于以暴力、胁迫或者其他方法强制猥亵妇女或者侮辱妇女的行为则属于刑事犯罪行为，根据中华人民共和国刑法第二百三十七条规定："以暴力、胁迫或者其他方法强制猥亵妇女或者侮辱妇女的，处五年以下有期徒刑或者拘役。聚众或者在公共场所当众犯前款罪的，处五年以上有期徒刑。猥亵儿童的，依照前两款的规定从重处罚。"

由于各国法律文化传统不同，关于猥亵的内涵、外延也不同，总的说有广义、狭义之分。广义的猥亵包括除强奸、乱伦外所有妨害社会风化的色欲行为，如鸡奸、兽奸、当众手淫、散布淫秽书刊等。狭义的猥亵包括公开暴露生殖器官，强制或互相自愿在对方性感区进行抠摸、搂抱、吸吮、舌舐等行为。猥亵行为严重危害被害人身心健康、败坏社会风气。许多国家根据猥亵手段、猥亵对象、猥亵犯的身份或与被害人的特定关系、猥亵方式等特点规定了不同种类的猥亵罪，主要有强制猥亵罪（采用暴力、胁迫或其他方法实施）、准强制猥亵罪（特指以非强制手段对儿童实施）、乘机猥亵罪（乘被害人生病、醉酒、熟睡、心神恍惚时实施）、公然猥亵罪（在公开场合实施，如夫妇当众性交）、利用权势猥亵罪（利用职权、监护权等实施）。1997年修订的《刑法》从原流氓罪中分解出强制猥亵侮辱妇女罪、猥亵儿童罪，开设猥亵罪的先例。在性的刑事法律调整过程中，猥亵罪将会得到不断完善，它与原流氓罪的主要区别是：侵犯的客体是健全的性的风俗和秩序而非社会公共秩序，犯罪对象一般特定，主观上具有寻求刺激、兴奋，满足性欲的目的而非寻求其他精神刺激的目的。

二、猥亵行为的法医学鉴定

猥亵案的被害人多数是儿童或妇女。猥亵案不如强奸案有明确客观物证。但对猥亵可疑案件应及时勘验现场，收集物证，对被害人及犯罪嫌疑人进行详细、认真的检查，并记录、绘图或照相。

（一）案情调查

在检验之前，应当分别向受害人及其监护人了解有关案情，被害人的一般情况，如被害人的姓名、年龄、职业、文化程度、平时生活习惯及生活作风、家庭情况、社交情况，并向被害人询问被猥亵的有关情况，包括时间、地点、猥亵手段及过程、抵抗、搏斗情况，本人有无衣物撕裂，有无撕破加害人的衣服，有无咬伤、抓伤部位，加害人的体貌特征。

（二）现场勘查

猥亵案的发生可在室内也可在室外。如发生在室内，应仔细观察现场是否整齐，有无变动，有无扯拉、撕破等现象。如发生在室外，应观察有无抵抗格斗时造成的凌乱现象。现场所见均应详细记录，绘图并照相留证，条件许可时最好录像留证。

（三）被害人的检查

对被害人身体全面细致检查，往往能获得较多价值的材料，特别要对被害人体表损伤包括部位、形状、颜色等进行详细描述并拍照。例如，被害人的性器官、乳房有无被加害人抠摸、抚摸造成的损伤，加害人强行与被害人接吻有无造成被害人口唇损伤或遗留唾液成分，被害人

第十一章 性侵害与性心理障碍

身上有无加害人泼洒腐蚀物造成的损伤。

（四）加害人的检查

首先询问嫌疑人的姓名、年龄、职业、与被害人的关系，猥亵的时间、地点、手段及过程，被害人有无反抗、抵抗情况。对比与被害人的陈述是否一致。然后对嫌疑人进行检查。检查加害人有无因被害人的防卫、抵抗而留下相应损伤。例如，被害人用牙咬掉加害人的鼻尖、咬损加害人的口唇、手指、肩部等处，或用手指甲抓伤加害人的颜面、胸背、外阴部等处的皮肤，因此在加害人身上可检见鼻尖缺损、口唇、手指、肩背部等处的咬痕，表现为具有特征性的表皮剥脱伴有皮下出血。

（樊爱英）

第三节 性心理障碍

一、性心理障碍的概念和分类

（一）性心理障碍的概念

性心理障碍（性变态）是指有异常性行为的性心理障碍，特征是有变换自身性别的强烈欲望（性身份障碍）；采用与常人不同的异常性行为满足性欲（性偏好障碍）；不引起常人性兴奋的人、物，对这些人有强烈的性兴奋作用（性指向障碍）。除此之外，对与之无关的精神活动均无明显障碍。不包括单纯性欲减退、性欲亢进，以及其他性功能障碍。

（二）性心理障碍的分类

1. 性偏好障碍

（1）恋物症：几乎仅见于男性。指在强烈的性欲望与性兴奋的驱使下，反复收集异性使用的物品，所恋物品均为直接与异性身体接触的东西，如乳罩、内裤等（尚有恋足、恋粪便等也属于此类），通过抚摸闻嗅这类物体获得性满足。所需物体多数通过偷窃获得，以曾经用过为特征，一般不偷商店陈列或未经使用过的物体，所获之物本身并不具有昂贵的价值，所窃之物仅以刺激性兴奋为用途，用后多数收藏，不做出售获益。

（2）异装症（恋物性异装症）：是恋物症的一种特殊形式，表现对异性衣着特别喜爱，反复出现穿戴异性服饰的强烈欲望并付诸行动，由此可引起性兴奋，其穿戴异性服饰主要是为了获得性兴奋，当这种行为受抑制时可引起明显的不安情绪。开始多在非公共场合，穿戴异性服装，后来发展为全身异性打扮，如戴女性假发，制作假乳房等。患者并不要求改变自身性别的解剖生理特征。

（3）露阴症：反复在陌生异性面前暴露自己的生殖器，以满足引起性兴奋的强烈欲望，几乎仅见于男性。患者每次行为都只在女性面前暴露自己阴部，有时伴有怪叫或伴以手淫，没有与"暴露对象"性交的意愿或要求。患者常选择街头巷尾、公园、电影院等附近有路可逃的场所，遇人追捕，可迅速逃离。患者在女性不经意间暴露勃起的阴茎，当对方感到震惊、恐惧或耻笑辱骂时，患者达到性的满足。一般患者选择陌生年轻女性，不选择家人、亲属或年老色衰者。大部分患者性功能低下或缺乏正常性功能。

露阴症通常由女性受害人报案而发现，为性心理障碍中最多见的类型。

（4）窥阴症：见于男性，通过窥视异性裸露的身体或性器官，或通过窥看他人进行性活动以获得性兴奋。如果出于对异性好奇，或作为满足正常性生活的一个过程，不属本症，或观看淫秽裸体影视以获得性满足的也不属本症。

窥阴症有如下特点，患者反复去公共浴室、居民卧室、厕所等场所，携带反光镜、录像设备等窥看异性排便、更衣、裸浴、他人性活动等，出现性兴奋，伴有手淫。没有暴露自己的意向，亦无同受窥者发生性关系的愿望。

（5）性施虐受虐症：以向性爱对象施加虐待或接受对方虐待，作为性兴奋的主要手段，其手段为捆绑、引起疼痛和侮辱等，甚至可造成伤残或死亡。提供这种行为者为性施虐症，多见于男性；以接受虐待行为来达到性兴奋者为性受虐症，多见于女性。

个别极端的性施虐症者可成为所谓色情杀人狂，其变态心理发展到顶峰，为了获得最大的满足可以惨无人道杀害女性，手段很残忍。这些人并不都是先强奸而后杀死对方，有的只是毫无人性破坏肢解受害人的下身或尸体来满足其疯狂的变态心理，并不进行奸淫。还有些性施虐症者表现为对不相识的异性用刀片、腐蚀性液体毁坏其衣服或身体，作案后迅速逃离现场。

（6）摩擦症：男性患者在拥挤场合或乘对方不备，伺机以身体某一部分（常为阴茎）摩擦和触摸女性身体的某一部分（臀部）甚至射精，没有与所摩擦对象性交要求。

2．性身份障碍

性身份障碍主要指易性症。指在心理上对自身性别的认定与解剖生理上的性别特征恰好相反，持续存在厌恶和改变本身性别的解剖生理特征以达到转换性别的强烈愿望，如通过易性手术或使用异性激素治疗等，男性患者多见，约有 80% 易性症患者伴有同性恋倾向。

司法鉴定中，有关部门要求出具易性症的鉴定意见，易性人如果发生危害行为，关押场所的选择成为困扰办案机关的问题。

3．性指向障碍

性指向障碍主要是指同性恋。人类性心理和行为既具有生物性，又具有社会性，受到社会文化的巨大影响。不同种属、国家和社会以及不同的社会历史阶段，都有不同的评价标准，因此其"正常"与"变态"的界限是相对而有条件的。如 1974 年美国精神病学会首先把同性恋从《精神疾病诊断与统计手册》（DSM-III）删除。1992 年 WHO《国际疾病与相关问题统计分类（第 10 版）》（ICD-10）也把同性恋从性心理障碍中去除。2001 年，在《中国精神障碍分类与诊断标准（第 3 版）》（CCMD-3）中，我国仍然认为同性恋是性变态的一种，同时也指出，同性恋在自我和谐时不应该界定为性心理障碍。据报道，全世界艾滋病患者中 70% 以上为同性恋者，因此，无论从对社会、对家庭、对个人的影响和后果而言，同性恋行为都应该加以限制，而不应给予提倡。

按不同角度可以将同性恋进行分类，按性别可将同性恋分为男同性恋和女同性恋，其中男性多于女性，与女性行为隐蔽及男性频繁更换性伴侣有关；按有无实质性性行为可分为精神性同性恋和实质性同性恋，大多数同性恋有性行为表现，男性表现为相互手淫、口淫、肛门性交或鸡奸等，女性则表现为拥抱、抚摸乳房、相互手淫、口淫、阴部相互摩擦加压，使用人工器具等；按照性关系中地位不同可分为主动型同性恋和被动型同性恋，主动型的女性同性恋者，一般具有男性心理特征；而被动型的男性同性恋者，往往是女声女气，扭扭捏捏，具有女性心理特征；按照对待异性恋的态度分为绝对型同性恋和相对型同性恋。

二、性心理障碍的法医学鉴定

性心理障碍患者变态的性行为有些涉及受害者，例如摩擦症、恋童症、施虐癖等；有些不涉及受害者，例如恋物癖者，其中无受害对象的患者较少就诊，除非由此出现人际关系问题、过度的恐惧焦虑情绪才会主动就诊；而涉及受害者的患者几乎都是司法部门介入才来治疗的。因此，性心理障碍者在临床少见，在精神疾病司法鉴定中多见。目前我国缺乏可靠的患病率资料，有资料报道患者多为青年男性，男女之比为 20 ∶ 1。

(一) 刑事责任能力的评定

性心理障碍不属于重性精神病范畴，大多数患者在实施危害行为时，其实质性辨认能力存在，可有不同程度的控制能力削弱。因此，对于控制能力削弱严重明显的，可酌情评定为限制责任能力，但一般不评定为无责任能力。

如同性恋对少年儿童的鸡奸猥亵行为，严重摧残受害人心身健康，对社会造成危害，评定为完全责任能力；对于绝对型同性恋因"失恋"发生抑郁反应而导致的凶杀行为，其作案时控制能力有明显削弱时，可评定为限制责任能力。对于性虐待症（色情杀人狂）等社会危害严重的恶性性变态行为，评定为完全责任能力。窥阴症、露阴症及恋物症等患者的责任能力评定则根据具体情况、患者一贯表现等进行评定，很多患者具备正常人的伦理道德观念，对寻求性满足的异常行为方式有正确认识，事后患者常感到羞耻、内疚，不断自责并发誓不再干此类事情，但往往无力自控，其变态性行为常具有强迫性和反复性，此种情况可考虑评定为限制责任能力。

(二) 其他法定能力评定

性心理障碍者除性行为方面的偏离外，其余方面如常人，并无精神活动异常，因此，能够具有真实的意思表达，具有民事行为能力、受审能力、作证能力及服刑能力。

（韩　卫）

思考题

1．性犯罪、强奸的概念是什么？
2．简述如何进行强奸案的法医学鉴定。
3．何谓猥亵行为？
4．性心理障碍常见类型有哪些？
5．同性恋在我国是否受法律保护？

第十二章　法医精神病学鉴定

法医精神病学（forensic psychiatry）是应用现代精神医学理论和技术，对涉及法律问题的当事人的精神状态、法定能力、精神损伤、精神伤残等问题进行评定的一门学科。该学科因与精神医学和法学的理论与实践密切相关，国内外有时又称为法律精神病学（legal psychiatry）或精神疾病与法律（psychiatry and law）或司法精神病学。法医精神病学作为法学和精神医学之间的边缘学科，既是精神医学的一个分支，也是法医学的学科分支之一。因此，法医精神病学司法鉴定具有很强的实践性和跨学科的特点。

第一节　法医精神病学的研究内容与任务

法医精神病学的研究对象为活体，其主要研究内容是对涉及法律的有关精神障碍的医学问题进行评定，为委托机关提供专家证言（expert testimony）。随着我国司法制度的改革，近年来这一学科的研究范围逐渐扩大，内容也日益丰富。除了当事人的精神状态和法定能力外，还涉及精神损伤与伤残、精神科医疗损害及非自愿住院治疗等问题的鉴定。根据法医精神病学鉴定案件的性质，大体也可分为以下三大任务。

一、刑事法医精神病学的任务

1．确定被鉴定人实施危害行为时的精神状态及其刑事责任能力。在英美法系国家，称为精神错乱辩护（insanity defense）。
2．确定被鉴定人在诉讼过程中的精神状态以及受审能力（又称刑事诉讼能力）。
3．确定被鉴定人在服刑期间的精神状态以及服刑能力。
4．确定被鉴定人（受害人）在遭受性攻击或性侵害（sexual offending）时的精神状态以及性自我防卫能力。
5．确定各类案件中的有关证人的精神状态以及作证能力。
6．在人身伤害案件中，确定受害人的精神损伤程度。
7．监狱精神病学和惩教精神病学（correctional psychiatry），研究劳改、劳教犯的心理学及行为矫正，包括各种精神卫生问题。

二、民事法医精神病学的任务

1．确定被鉴定人在民事活动中的精神状态及其民事行为能力（如婚姻能力、遗嘱能力、签订及履行契约的能力等），确定被鉴定人在司法诉讼期间的精神状态以及民事诉讼能力。
2．精神病患者的精神伤残、病残等级、劳动能力、因果关系评定。
3．精神病患者的医疗依赖、护理依赖程度及护理时间评定。
4．精神疾病的前期医疗费与后期医疗费评定。
5．精神科医疗损害鉴定。

三、其他法医精神病学的任务

1. 根据《精神卫生法》，对精神科非自愿住院治疗患者进行医学鉴定。
2. 精神病患者性攻击和暴力行为风险评定，参与对有危害行为的肇事精神病患者的治疗监护和安置评估。
3. 采用司法心理学测验技术，对被鉴定人的认知功能、人格、特殊能力、有无诈病等进行评估。
4. 对精神病患者在医院、监所等特殊场所的自杀风险评估。
5. 对自杀人员进行心理解剖（psychological autopsy）等，分析自杀原因。
6. 参与精神卫生立法工作，研究精神卫生工作中的法律问题；参与精神病患者权益的法律保障，研究精神病患者的监护、监管体制。

（赵　虎）

第二节　非自愿住院的医学鉴定

《中华人民共和国精神卫生法》已于2013年5月1日起施行，明确规定精神障碍的住院治疗实行自愿原则。为维护精神障碍患者的合法权益，精神卫生法严格规定了实施非自愿住院治疗的诊断、再次诊断、精神障碍医学鉴定的条件和程序。《精神卫生法》第三十条规定："诊断结论、病情评估表明，就诊者为严重精神障碍患者并有下列情形之一的，应当对其实施住院治疗：①已经发生伤害自身的行为，或者有伤害自身的危险的；②已经发生危害他人安全的行为，或者有危害他人安全的危险的。"因此，非自愿住院治疗就是违背患者意志，不同程度地限制患者自由，使患者在特定的医疗机构接受一段时间的观察、诊断或治疗。非自愿住院治疗包括非自愿就诊和接受医学检查、非自愿入院观察、非自愿住院治疗及实施保护性医疗措施。非自愿住院治疗的设置不仅维护了患者的个人权益，同时保障社会的公众安全。同时，《精神卫生法》第三十二条进一步规定："患者或者其监护人对需要住院治疗的诊断结论有异议，不同意对患者实施住院治疗的，可以要求再次诊断和鉴定。"此时的再次诊断和鉴定，就是非自愿住院治疗的医学鉴定。如确诊为严重精神障碍的患者，具有危害他人危险的，评估为非自愿住院，监护人原则上应当同意；如不同意者可以申请再次诊断和鉴定；再次诊断和鉴定维持原诊断意见，监护人必须同意并办理住院手续；如果监护人阻碍，由公安机关协助医疗机构采取措施；如监护人不办理住院手续，由单位或居委会/村委会办理。

在精神科临床工作中，还存在其他两种住院形式：自愿住院治疗与强制住院治疗。自愿住院治疗就是，患者根据自身的病情，按照个人的意志，自愿接受住院治疗的方式。《中华人民共和国刑事诉讼法》第二百八十四条规定实施暴力行为，危害公共安全或者严重危害公民人身安全，经法定程序鉴定依法不负刑事责任的精神病患者，有继续危害社会可能的，可以予以强制医疗。对精神病患者强制医疗的，由人民法院决定。对实施暴力行为的精神病患者，在人民法院决定强制医疗前，公安机关可以采取临时的保护性约束措施。

一、非自愿住院医学鉴定的程序

非自愿住院治疗的鉴定属于精神障碍医学鉴定的范畴。根据《精神卫生法》的有关规定，现有精神疾病司法鉴定机构可以从事精神障碍医学鉴定活动。从事精神障碍医学鉴定的鉴定机构，应当具备《全国人大常委会关于司法鉴定管理问题的决定》、《司法鉴定机构登记管理办法》等法律法规和规章规定的条件。同时，至少有一名鉴定人为具有中级以上专业技术职称的精神科执业医师。精神障碍医学鉴定机构和鉴定人应当按照《司法鉴定程序通则》(司法部令107号)、卫生部组织制定的技术标准开展精神障碍医学鉴定活动。具体鉴定程序如下：

(一) 委托

患者或者其监护人委托精神障碍医学鉴定、司法鉴定机构可以要求其提供有关资料，包括诊断结论、再次诊断结论等，并进行审查，符合条件的，应当接受委托并签订《精神障碍医学鉴定委托协议书》。

(二) 受理

接受委托的鉴定机构应当指定本机构具有精神障碍医学鉴定执业资格的两名以上鉴定人共同进行鉴定，其中至少一人应当是精神科执业医师。对于疑难复杂的鉴定，应当指定三名或三名以上鉴定人共同进行，其中至少有一名为具有副高级以上专业技术职称的精神科执业医师。

(三) 实施

实施精神障碍医学鉴定的鉴定人均应到收治精神障碍患者的医疗机构面见、询问患者。精神障碍医学鉴定应当以被鉴定人的精神健康为依据，严格按照卫生行政部门组织制定的精神障碍分类、诊断标准等有关技术标准和行业规范开展鉴定活动。不得违反被鉴定人的意志进行鉴定。

(四) 回避

司法鉴定机构依托出具诊断结论或者再次诊断结论的医疗机构提出的，或者有其他应当回避情形的，应当回避；司法鉴定人本人或者其近亲属与鉴定事项有利害关系，可能影响其独立、客观、公正进行鉴定的，应当回避。

(五) 出具鉴定报告

鉴定报告应当在规定时限内出具。鉴定报告应当对被鉴定人是否患有严重精神障碍，被鉴定人是否需要住院治疗得出科学客观的判断结果。

二、非自愿住院的鉴定内容

根据《精神卫生法》第三十条的规定，如患者确诊为严重精神障碍，同时具有伤害自身或他人的危险，就符合非自愿住院治疗的标准。因此，非自愿住院治疗医学鉴定的主要内容，包括患者是否患有严重精神障碍，是否具有危险性，以及患者是否需要住院治疗的建议。

但是，《精神卫生法》并未对"严重精神障碍"做出明确的定义。一般而言，"严重精神障碍"应符合下列标准：①符合ICD-10或CCMD-3诊断标准、具有精神病性症状或严重情感障碍、自知力丧失的精神障碍；②存在自伤或伤人的极大可能性；③如果不治疗，患者的状况会进一步恶化，住院具有明显的治疗价值；④患者无法自理生活。

另外，《精神卫生法》对"危险性"定义为已经发生伤害自身的行为，或者有伤害自身的危险的；已经发生危害他人安全的行为，或者有危害他人安全的危险的。显然，上述定义非常笼统，仍缺乏可实际操作的"危险性"标准和评估方法。目前，国内相关专业组织已就"危险性"评估进行研究，希望尽快编制一套可供实际使用的评定技术规范。国际上常见的危险性评估方法包括：临床评估、概率评估、结构式临床评估及生物学预测。危险性评估也可采用下列量表或问卷进行，如行为状态目录(Behavioral Status Index，BSI)、历史临床风险20项(Historical Clinical Risk 20，HCR-20)(第二版)、Novaco愤怒量表(Novaco Anger Scale)、精神病态清单(Psychopathy Checklist，PCL)、风险评估管理和审查系统(Risk Assessment Management and Audit System，RAMAS)、暴力风险评估指南(Violence Risk Appraisal Guide，VRAG)、暴力风险量表(Violence Risk Scale，VRS)。

(赵 虎)

第三节　法定能力的鉴定

法医精神病学鉴定工作中，刑事案件中主要需要对被鉴定人的刑事责任能力、受审能力（刑事诉讼能力）、服刑能力、性自我防卫能力等相关法定能力进行鉴定；民事案件中则主要需要对被鉴定人的婚姻能力、遗嘱能力、签订及履行契约的能力等法定能力进行鉴定。

一、刑事法定能力的鉴定

（一）刑事责任能力

1. 刑事责任能力的概念　刑事责任能力（criminal responsibility）简称责任能力，是刑法学上的概念。刑事责任能力是指行为人在实施危害行为的当时，对所实施行为的性质、意义和后果的辨认能力以及有意识的控制能力。具体来说，刑事责任能力是指行为人构成犯罪和承担刑事责任所必需的、行为人具备刑法意义上的辨认和控制自己行为的能力。对于一般公民来说，只要达到一定的年龄，生理和智力发育正常，就具有了相应的辨认和控制自己行为的能力。构成犯罪的四要件是指犯罪主体、犯罪客体、犯罪主观方面、犯罪客观方面。无刑事责任能力的精神病患者不具备犯罪的主体资格，处于发病期的精神障碍患者，其辨认能力往往受到严重损害，其危害行为常常是受精神症状的支配或影响。

2. 刑事责任能力评定的法律依据　刑事责任能力评定是精神病司法鉴定的主要内容之一，我国对于精神障碍者出现危害行为的责任能力评定，在1997年7月1日起正式实施的《刑法》第十八条中具有明确规定。

（1）《刑法》第十八条的具体内容如下：精神病患者在不能辨认或者不能控制自己行为的时候造成危害结果，经法定程序鉴定确认的，不负责任，但是应当责令他的家属或者监护人严加看管和医疗，在必要的时候，由政府强制医疗。间歇性的精神病患者在精神正常的时候犯罪，应当负刑事责任。尚未完全丧失辨认或者控制自己行为能力的精神病患者犯罪的，应当负刑事责任，但是可以从轻或者减轻处罚。醉酒的人犯罪，应当负刑事责任。

（2）临床医师对于精神病患者应有的正确认识和态度：作为普通临床科室非精神病学专业医生，首先需要树立对于精神病患者的正确态度。从某种意义上讲，精神病患者是世界上最痛苦的群体，也是最悲惨的人。精神病患者不仅本人痛苦，同时也给亲人、朋友、同事等带来灾难与折磨，许多意想不到的悲剧可能突然发生。因此，有人说"精神病患者的一生是一部充满血和泪的历史"。很久以来，精神病患者被称为"魔鬼""巫女"或"受上帝惩罚的罪人"。西方国家至今还流传一句谚语"上帝要惩罚你灭亡，首先要叫你疯狂"。因此，精神病患者经常被拷打、被活埋，甚至被人用铁链禁锢在地牢中终身囚禁。直到法国大革命后在Pinel医生的倡导下，人道主义的光芒才开始照耀在精神病患者的身上。尽管如此，世界各地，包括我国的某些落后地区，精神病患者仍不断受到不应当的残害，生命尚无保障，对于很多非精神医学专业的通科临床医师，对于精神病患者也存在着某种偏见和歧视。随着人类文明的进步，越来越多的国家都通过立法来保护精神病患者的合法权利。社会对于精神病患者的过失普遍持谅解态度，如在英美法系中，刑事被告人提出因"精神错乱而无罪"（Not Guilty by Reason of Insanity，NGRI）的辩护时，被告与公诉人两方均可委托鉴定人做精神错乱鉴定，还有著名的麦克·纳顿条例（M'Naghten Rule）等，均是文明社会对于因精神病的影响而发生的违法行为视病情的严重程度而不予以惩罚或者减轻惩罚制定的相关法律法规。因此，人类社会对于精神病患者普遍持同情和宽容的态度。理由如下：

1）疾病不受主观意志控制。是否患有精神病和是否患有其他躯体疾病一样，不受患者主观意志控制，没有人希望自己患有精神病。

2）精神病患者本身是疾病的受害者，和其他如肿瘤患者等躯体疾病患者一样，应该得到社会同情。

3）精神病患者的大部分危害社会行为是精神疾病的后果，是精神异常所造成的，而不是患者故意造成的。各国法律公认，没有犯罪意图，就不构成犯罪。精神病影响下出现的社会危害行为也不是患者的过失，故不应该惩罚。

4）患者对疾病的后果不应承担责任。很多躯体疾病如传染性肝炎患者、开放性肺结核患者，都有可能作为传染源使他人患病，造成社会危害结果，甚至引起他人死亡。但是，法律并不因此追究他们的责任，原因就是患者对疾病的后果不承担责任。精神疾病患者的社会危害行为的产生是精神病的后果，故他们对此后果理应不承担责任。

5）对精神病患者进行惩罚，既不能阻止该患者或其他精神病患者再次发生类似的社会危害行为，还可能使精神病恶化，产生消极的社会后果。

（3）《刑法》第十八条在临床的解释：根据《刑法》第十八条，精神病的诊断是否是评定责任能力的医学标准，是否有辨认或者控制自己行为的能力是评定的法学标准。在我国精神疾病司法鉴定实践中，刑事责任能力的评定是按照医学标准与法学标准相结合的原则进行的，两者缺一不可。

首先，被鉴定人是否患有精神病是正确评定其刑事责任能力的基础。因此，要理解"精神病患者"在刑法当中的界定，《刑法》第十八条中的"精神病患者"是基于广义的理解，即所谓的精神疾病或精神障碍，既包括狭义的精神病（psychosis），如精神分裂症、躁狂抑郁症，也包括患有各种非精神病性精神障碍（mental disorders）的患者，即所有中国精神疾病分类标准中所涉及的精神疾病类型都可理解为《刑法》条文中的"精神病患者"。对于所谓"精神病患者"责任能力的评定关键不仅仅在于医学诊断名称，要认定其有无刑事责任能力，最终还是要结合法学标准进行评定。从医学角度，精神疾病的种类很多，不同种类的精神疾病患者的刑事责任能力可能存在不同，即就患同一种类的精神疾病而言，处于不同疾病阶段的病情严重程度不同，患者的刑事责任能力状况也可能有所不同。因此，法医精神病学鉴定除对被鉴定人行为时是否患有精神疾病做出明确鉴定诊断外，更重要的是需要对被鉴定人危害行为时的辨认能力或控制能力做出判断。

如何理解实质性辨认能力及控制能力？辨认能力是指行为人具备对自己的行为在刑法上的意义、性质、作用、后果的分辨认识能力，也可以认为是行为人对行为的是非、是否触犯刑法、危害社会的分辨认识能力。处于发病期的精神障碍患者，其辨认能力往往受到严重损害，其危害行为往往受到精神症状的支配或影响。在法医精神病学上，绝不能因为精神分裂症患者能够分辨男女厕所、能够遵守交通规则就认为其辨认能力正常。鉴定强调被鉴定人对所实施的特定行为的实质性辨认能力是否丧失，而非对一般意义上的是非的辨认能力，刑法意义上的辨认能力与通常意义上要求人们对自己行为负责任所必须具备的辨别力是有本质区别的。

如一名中学语文老师可以出色完成教学任务，并知道把杀妻所用的刀提前磨快，其在作案后主动投案自首并表示认罪伏法，知道被害人是他的妻子，且明白杀人须偿命的道理，这说明他的辨别力正常。但这些过程的存在并不说明此人的辨认能力完整，最关键的问题是他究竟是出于什么目的、什么动机去完成这个特定行为的，对这个特定行为有无正常的辨认能力。如被鉴定人坚信其妻与数十个异性关系暧昧，与真实情况完全不符，并将这些歪曲的认知判定为事物"真相"，并导致嫉妒杀妻，对事情本质产生完全错误的辨别，说明其实质性辨认能力已丧失。故法医精神病学鉴定采用的"实质性辨认能力"一词区别于普通意义上的辨别能力，避免被人误解。精神病患者的辨认能力障碍主要反映在其行为动机的病理性质，其对行为违法性质的曲解，以及对行为的后果缺乏正确认识等几个方面。

对于控制能力的判定是法医精神病学鉴定中的一个难题。控制能力是指行为人具备选择自己实施或不实施被刑法所禁止、制裁的行为的能力,即具备决定自己是否以行为触犯刑法的能力,包括是否能够根据自己的意志选择和控制其行为的时间、地点、方式及程度等。控制能力主要受到意志和情感活动的影响。

如何区分不能控制还是不愿控制,如何区分控制能力丧失的程度等问题长期困扰着法医精神病学鉴定工作者,在法医精神病学鉴定实践中,应综合考虑被鉴定人对实施犯罪行为的时间、地点、人物的选择性、社会和生活功能的受损程度,既往的一贯表现或病前个性特征,自我保护能力以及自知力丧失的程度等几个方面综合判定。

在《刑法》第十八条中,辨认能力与控制能力之间的连接词用的是"或者",表示辨认能力与控制能力两者中其一丧失就满足了构成无刑事责任能力的条件。大多数精神症状影响的是患者的辨认能力,只要确定某人丧失辨认能力,也就不具备刑事责任能力。只有在辨认能力存在的前提下,才需要确认其控制能力状况。一些精神障碍,如强迫症、冲动控制障碍、某些性心理障碍,可使患者的控制能力减弱,但不影响其辨认能力。

何谓"间歇性精神病患者"及"醉酒人"?在临床精神病学诊断标准中,没有间歇性精神病的诊断,在我国法医精神病学中,间歇性精神病通常包括了心境障碍、癔症性精神障碍、精神分裂症的完全缓解状态等。此类精神疾病患者在间歇期或缓解期与正常人无明显差别,存在对自己行为的辨认能力或控制能力,应当具有完全责任能力。另外,《刑法》第十八条中所指的"醉酒",应当特指普通醉酒,需排除所谓病理性醉酒、复杂性醉酒等特殊情况。

(4) 限制责任能力的评定:限制责任能力又称限定责任能力或部分责任能力。在法医精神病学鉴定实践中,对处于早期或不完全缓解状态的精神分裂症患者,轻至中度精神发育迟滞或者器质性精神障碍遗留人格改变等患者,实施危害行为时尚未完全丧失辨认或者控制能力的,可评定为限制责任能力。

(二) 其他刑事法定能力的评定

1. 性自我防卫能力　性自我防卫能力(ability to defend oneself against sexual assault)是指女性维护自身性不可侵犯权的能力,一般指被害人对两性行为的社会意义、性质及其后果的理解能力。在法医精神病学鉴定实践中,性自我防卫能力的评定案例逐年上升,宋建成等对1987—2003年进行的1389例鉴定案例进行回顾性分析,结果显示性自我防卫能力的鉴定占总数百分比为21.4%,仅次于责任能力鉴定,位于第二。

相关法律规定主要是1984年由最高人民法院、最高人民检察院、公安部颁发的《关于当前办理强奸案件的具体应用法律的若干问题解答》:"明知妇女是精神病患者或者痴呆者(程度严重的)而与其发生性行为的,不管犯罪分子采取什么手段,都应以强奸罪论处。"以及1989年由二院三部联合颁发的《精神疾病司法鉴定暂行规定》第二十二条第一款规定"被鉴定人是女性,经鉴定患有精神疾病,在她的性不可侵犯权遭到侵害时,对自身所受的侵害或严重后果缺乏实质性理解能力的,为无自我防卫能力。"

性自我防卫能力的评定亦需严格按照医学要件和法学要件相结合的原则进行。医学要件是确定被害人是否患有精神疾病以及疾病严重程度。研究显示,涉及性自我防卫能力的评定的依次是精神发育迟滞、精神分裂症,以及部分心境障碍(躁狂发作)患者。法律要件即对性行为的实质性理解能力,和(或)对性本能冲动的自我控制能力。

按照相关法律规定,可以从患者的社会适应能力,对性知识的了解程度,对性行为实质性辨认能力以及有无自我保护措施等几个方面,综合判定患者对于所受侵害或严重后果的实质性理解能力。另一方面,精神疾病发病时程度轻重不同,疾病的恢复也存在完全恢复到程度严重的渐进过程,因此对于性防卫能力的评定目前普遍采用三分法进行,即所谓有性自我防卫能力、无性自我防卫能力及性自我防卫能力削弱。

此外还应强调,性自我防卫能力评定的意义在于被害妇女在被告实施奸淫过程中无反抗表示,司法办案人员疑有精神障碍,尚不能确定是否强奸时;无论是《解答》,还是《暂行规定》,评定无性自卫能力或者部分性自卫能力都以对象为精神病者(或精神疾病)和智能障碍者作为评定的基础,属于医学条件,否则不适成为性自我防卫能力的评定对象。因此,并不是所有的被鉴定人都需做出性自我防卫能力的鉴定意见。

2. **受审能力的评定** 受审能力(competence to stand trial)是指刑事案件的犯罪嫌疑人、被告人能否理解自己在刑事诉讼过程中的地位、权利,能否理解诉讼过程的含义,能否行使自己的诉讼权利的能力。受审能力严格限定适用于刑事诉讼活动,其所适用的法律是《刑事诉讼法》,主要评定被鉴定人当前的精神状态能否接受刑事侦查、检察或审判。在我国,目前尚无受审能力评定的明确法律条文。在一些较为发达的地区,如上海已明确规定在刑事诉讼中,发现犯罪嫌疑人、被告人在诉讼期间患精神病而无受审能力的,应对该犯罪嫌疑人或被告人中止或终止诉讼。并强调公安机关对于犯罪嫌疑人、被告人在刑事诉讼阶段患精神病而无受审能力的,应当撤销案件,依法送市公安局安康医院进行强制性监护治疗。由于被告无受审能力而中止审理,而恢复审理还牵涉到受审能力的恢复问题。中止审理的时间限制,直接依赖被告人的受审能力恢复程度。

西方国家,受审能力的提出和评定比精神错乱辩护多,已成为过去 30 年精神疾病司法鉴定的中心问题。在美国,每年有 9000 张住院病床是为那些无受审能力的被告准备的,常见的两个原因包括精神障碍和精神发育迟滞。与英美国家相比,我国法医精神病学家接受受审能力鉴定的机会并不很多,在实际工作中,许多被告首先接受刑事责任能力鉴定,然后再接受受审能力鉴定,大部分无受审能力的肇祸精神病患者被告安排在各级公安局的安康医院接受长期治疗,迄今尚无在安康医院或其他机构设置受审能力恢复训练项目的报告。国外则具有受审能力恢复程序,如利用集体教学来提供基本的法律审判程序及审判进程的教育。

受审能力的评定主要从医学要件和心理学要件两个方面进行。

医学要件主要是精神病学的临床诊断,即是否患有某种精神障碍、其严重程度如何、其精神状态在鉴定当时的合作性、真实性如何。目前受审能力评定更注重于法学问题的理解。西方法律精神病学规定了三个标准:①理解对他起诉的目的和性质;②理解自己的情况与这场诉讼的关系;③能帮助辩护人为他辩护。

我国李从培提出评价受审能力的法学要件有五个方面:①被告对审判是否有正确的理解;②能否与辩护人合作;③在法庭上能否正确地回答问题;④能否解释作案情节及当事人的心理状态;⑤受审能力是否与犯罪情节及其严重性相一致。

受审能力的评定结论具有阶段性,而非长期性。我国一般以每 6 个月重新评定一次,但未明文规定治疗恢复期限。恢复审理并不一定要求其病情痊愈,即使仍有一些精神症状,只要不影响诉讼活动的进行即可。

3. **服刑能力** 服刑能力(competence of serving a sentence)是指罪犯或服刑人员能够承受刑罚的惩罚,能够理解刑罚的性质、目的和意义的生理和心理条件,亦称承受刑罚能力。

我国刑法的基本原则之一就是惩罚与教育相结合的原则,由于精神障碍致使犯罪人不理解刑罚的性质、目的和意义,故惩罚对其就不能产生积极效果,也就不能制止该犯罪人或社会其他成员再次发生类似事件,反而使其病情恶化,产生消极效果。由我国两院、三部于 1989 年联合颁布的《精神疾病司法鉴定暂行规定》对服刑能力鉴定做了较明确的界定。

服刑能力的评定必须遵循的基本原则即医学要件和法学要件有机结合,主要以医学标准评定。在明确医学诊断的基础上,认真分析考察被鉴定人所患精神障碍的类型和严重程度,以及精神异常活动对其理解刑罚的性质、目的和意义的影响程度,从而确定被鉴定人是否具备承受刑罚的能力。通常可分为有服刑能力和无服刑能力两种。

作案时精神状态正常,服刑期间发生了精神分裂症,或作案时精神分裂症处于不完全缓解状态，被评定为限制责任能力，而在服刑期间因为环境恶劣等各种因素导致病情恶化，而影响服刑改造的，应评定为无服刑能力。病程特点具有明显间歇期的疾病类型，如癫痫、心境障碍等，如反复发作达到严重程度或治疗效果不明显者，亦属于无服刑能力，需要保外就医。对与环境刺激因素及自身心理素质有关的精神障碍（如拘禁性精神障碍、癔症）者，可在狱中接受包括药物和心理方面的治疗。

评定为无服刑能力的精神障碍者，应将其送往公安系统开办的安康医院或监狱当局设立的精神病监护医疗机构接受强制性医疗措施。在精神病治疗期间应当计入刑期之内，住院一日抵刑期一日。

二、民事法定能力的鉴定

（一）民事行为能力的概念

民事行为能力（civil capacity），是指法律确认的公民通过自己的行为从事民事活动，参加民事法律关系，取得民事权利和承担民事义务的能力，也就是公民能够以自己的行为依法行使权利和承担义务，从而使法律关系发生、变更或消灭的资格。民事行为能力又简称为"行为能力"，不同于刑事案件中的刑事"责任能力"。

在现实社会生活中，公民的民事行为能力由于受其年龄、智力水平和精神状态等因素的影响，因而具有可变性。为此，《民法通则》第十九条规定："精神病患者的利害关系人，可以向人民法院申请宣告精神病患者为无民事行为能力或者限制民事行为能力人。被人民法院宣告为无民事行为能力人或者限制民事行为能力人的，根据他健康恢复的状况，经本人或者利害关系人申请，人民法院可以宣告他为限制民事行为能力人或者完全民事行为能力人。"上述法律程序可归纳为：①被申请宣告人必须是精神病患者；②必须经利害关系人申请；③以法定程序宣告；④必须由法院以判决的形式宣告。

（二）民事行为能力评定标准

随着我国社会经济的发展和公民法律意识的增强，近二十年来法医精神病学鉴定工作涉及精神病患者民事行为能力鉴定的案例呈明显增加的趋势。常见的案例涉及患者的特定民事行为能力，如婚姻能力、财产处理及继承能力、遗嘱能力、合同能力、劳动能力等。当被鉴定人被怀疑智力缺损或者精神障碍，并可能对其行为能力产生影响时，需要委托法医精神病学鉴定。

根据有关法律规定，民事行为能力的评定也是根据医学要件和法学要件相结合的原则进行的。具体评定可按照下述标准进行：

1. 完全民事行为能力　具有如下条件之一者，评定为完全民事行为能力：①不能建立明确的精神障碍诊断；②虽然能建立明确的精神障碍诊断，但被鉴定人能良好地辨认有关事务的权利和义务，也能完整、正确地做出意思表示，并能保护自己的合法权益。

2. 限制民事行为能力　能建立明确的精神障碍诊断，由于受精神症状的影响，被鉴定人不能完全辨认自己的权利和义务，不能做出完整、正确的意思表示，不能有效保护自己的合法权益。

3. 无民事行为能力　能建立明确的精神障碍诊断，由于受精神症状的影响，被鉴定人具有如下情形之一者，评定为无民事行为能力：①不能辨认自己的权利和义务；②不能做出真实的意思表示；③不能保护自己的合法权益。

（韩　卫）

第四节 精神损伤与精神伤残的鉴定

我国现有的有关法医损伤程度及伤残等级鉴定的标准中，主要是针对躯体损伤及伤残进行鉴定，而精神活动作为人体的组成部分，被现行鉴定标准所忽视。各种标准中，对于精神损伤或伤残的概念及评定标准提及甚少，概念笼统模糊，操作性差。随着我国现代化进程的加快和人们法律意识的增强，在民事诉讼活动中或刑事附带民事诉讼中，以被鉴定人出现精神损伤和精神伤残而要求索赔的鉴定案件逐年上升。精神损伤既是客观存在的事实，同时，其评定也是重要而复杂的问题。

美国医学会于1971年即制定出第一版精神损伤程度评定标准，迄今已几次修订。日本也在其损伤赔偿制度中明确规定了精神损伤的赔偿。世界卫生组织在2001年制定的《国际功能、残疾与健康分类》中，对于精神损伤有明确规定。我国在1986年制定的《中华人民共和国民法通则》第一百二十条中首次出现了精神损害赔偿的法律依据；1993年8月7日最高人民法院《关于审理名誉权案件的若干问题的解答》首次使用了"精神损害"的名词；1999年30名全国人大代表提出了"为精神赔偿立法"的议案；2001年3月10日，最高人民法院公布实施《关于确定民事侵权精神损害赔偿责任若干问题的解释》，全面加强了对受到精神损害者的法律保护。实际上，上述精神损害还有别于精神损伤。就精神损伤及精神伤残而言，主要针对躯体损伤所制定的《人体重伤鉴定标准》、《人体轻伤鉴定标准（试行）》、《人体轻微伤鉴定标准》、《职工工伤与职业病致残程度鉴定》、《道路交通事故受伤人员伤残评定》中，很少涉及精神损伤及精神伤残评定的问题。2004年7月，全国高等学校教材《法医精神病学》第二版首次将精神损伤的评定正式列入法医学专业的教学内容。有关精神损伤和精神伤残的评定标准和鉴定问题成为全国法医精神病学界讨论的热点和焦点之一，但由于我国的法律制度并无明文规定精神损伤，经典的法医精神病学任务又主要集中在精神病患者的法律能力评定上，故精神损伤及精神伤残评定的理论与实践迄今仍还处于起步和探索阶段。

一、精神损伤与精神伤残的概念

（一）精神损伤的概念

精神损伤（mental injury）是指个体遭受外来物理、化学、生物或心理等因素作用后，大脑功能活动发生紊乱，出现认知、情感、意志和行为等方面的精神功能紊乱和缺失。大脑是人类精神活动产生的物质基础，故精神损伤的特点是不仅包括了器质性躯体因素，还包括了非器质性社会、心理因素，精神损伤的性质也不单单指器质性的脑功能损伤，还包括功能性的损害，但精神损伤一定有精神障碍的临床症状表现，其表现形式既可以是暂时性的精神功能紊乱，也可以是永久性的精神功能缺损。精神损伤与躯体损伤相对应，提出精神损伤的出发点是为了更加全面和客观地评定涉及精神活动的损伤程度，与定罪量刑密切相关。

在理论和实际工作中，还存在一些与精神损伤相关的概念，如"精神伤害"、"精神损害"和"精神损失"等。这些名词各自所表达的意义存在一定的差异，有时也会相互混淆。精神伤害是指对个体施加精神压力或精神刺激的过程，一般不涉及精神刺激的后果。精神损害或精神损失，主要指个人的精神利益受到损害，包括个体的名誉、利益、健康、事业等受到了损害或损失，并不一定出现精神障碍。精神损伤则不仅指精神伤害的过程，还包括伤害后的结果；精神损伤不仅有精神利益的损失，而且在临床上还存在一定程度的精神障碍。

（二）精神伤残的概念

精神伤残一般指精神损伤达到了不可逆的程度，即出现了终身影响个体生活和社会功能的精神障碍或精神问题。这个概念中有几个方面的内涵：①精神伤残是由外来因素导致的残疾，内在因素有时虽然对某些个体起到一定作用，但在精神伤残中不占主导地位；②精神伤残是发生在精神损伤的基础上的，即精神损伤是精神伤残的基础或条件，没有损伤，无从谈起伤残，有损伤不一定构成伤残；③精神伤残是指不可逆的损伤，恢复的可能性不大，因此，精神伤残主要涉及脑器质性损伤，而此类问题又常与颅脑外伤有关。

（三）精神损伤与精神伤残的关系

精神损伤是指人体遭受外来物理、化学、生物和心理等因素作用后，大脑功能活动发生紊乱而出现的持续一定时间的精神障碍。精神伤残是指在各种物理、化学、生物和心理等因素作用后，导致个体长期的精神障碍，永久地存在社会功能（严重）受损。长期精神障碍和社会功能的永久受损与损伤事件存在关联，方为精神残损。精神损伤的当事人因各种致伤因素和个体差异的影响，通过各种治疗无明显疗效，仍然长期地表现为精神障碍，社会功能受损，不能脱离医疗与护理依赖。此时，精神损伤就演变为精神残损。如重大精神创伤后导致的急性应激性精神障碍，精神活动紊乱显著，但经过适当的治疗或处理后，精神症状可以完全消失，精神活动可恢复正常水平，不遗留任何精神残疾；又如颅脑外伤所致的认知功能障碍，可因脑损伤严重而导致不可逆性的认知功能障碍，有的可能随着脑损伤的恢复，认知功能也有所好转。因此精神伤残程度与精神损伤程度评定是两个不同的概念，精神损伤可能恢复，也可能不能完全恢复，但精神损伤不一定都必然演变为精神伤残。有精神损伤者，不一定有精神伤残。

具体而言，从法律依据、鉴定目的、鉴定对象及评定标准来看，精神损伤与精神伤残不同。

1．法律依据不同。精神损伤鉴定的法律依据主要是为刑法服务的《人体重伤鉴定标准》、《人体轻伤鉴定标准（试行）》及公安部颁布的《人体轻微伤鉴定标准》；精神伤残程度鉴定的主要依据是国家社会保险相关的法规，如《职工工伤与职业病致残程度鉴定》、《道路交通事故受伤人员伤残评定》。

2．鉴定对象不同。精神损伤程度鉴定的对象主要涉及刑事及民事案件中各种原因导致的精神障碍患者，可能是器质性精神障碍，也可能是功能性精神障碍；精神伤残鉴定对象一般涉及工伤、职业病、道路交通事故的伤残人员，目前这类伤残鉴定仅包括对器质性伤残的鉴定，如脑器质性病变所导致的精神障碍，一般不包括如精神分裂症等功能性精神障碍。

3．鉴定目的不同。精神损伤的鉴定目的主要是为实施刑事处罚或为刑事附带民事赔偿提出依据；精神伤残鉴定的目的是为落实社会保险或赔偿法规提供依据，属于理赔性质。

4．鉴定的程度等级不同。我国目前尚无单纯用于精神损伤程度的鉴定标准，在现行的人体损伤程度鉴定标准中，仅针对个别器质性精神损伤的条款规定，躯体损伤可分为重伤、轻伤和轻微伤，具体精神损伤的程度尚在探讨中；精神伤残等级则分为十级。

二、精神损伤与精神伤残的评定依据和标准

（一）精神损伤的鉴定目的

精神损伤鉴定主要是为执法机关对肇事方实施刑事处罚或民事赔偿提供依据。即通过对受害人精神损伤的性质和程度，获得对肇事方定罪量刑和索赔的证据。因为精神活动本身的复杂性，精神损伤的评定比较躯体损伤程度而言更为复杂，主要需要解决下列问题。

1．需要明确有无精神损伤，即是否存在伪装的精神损伤。

2．需要澄清精神损伤的性质，阐明精神损伤的性质是器质性的还是功能性的，是否具有颅脑损伤的影像学改变，是否符合脑器质性精神障碍的临床表现特征及转归，是何种类型的精神损伤，是否存在智力及记忆缺损，是否存在人格改变及精神病性症状等。

3．确定精神损伤的因果关系，最关键的问题就是要明确精神损伤与此次伤害因素之间的因果关系。很多人认为，确诊的脑器质性精神障碍者即应该与此次伤害因素间存在直接因果关

系，实际上，需要排除被鉴定人伤前是否存在其他脑血管疾病、脑萎缩或智能障碍等诸多因素。伤害因素后出现功能性精神障碍的因果关系则更为复杂，更多见的是间接因果关系或无因果关系。

4．评定精神损伤的程度。因为各级人体损伤程度鉴定标准中，几乎没有精神损伤尤其是功能性精神损伤的程度条款，故成为客观评定与法庭质证的最大障碍。

（二）精神损伤评定的依据及标准精神损伤评定的标准

1．不管躯体损伤还是精神损伤，就伤情而言，主要根据我国现有的两院两部公布的《人体重伤鉴定标准》、《人体轻伤鉴定标准（试行）》及中华人民共和国公共安全行业标准《人体轻微伤鉴定标准》。评定损伤程度，必须坚持实事求是的原则，具体伤情，具体分析。鉴定时，应依据人体损伤当时的原发性损伤及其后果或者结局，全面分析，综合评定。

上述损伤标准涉及精神损伤的条文相当少，不能满足实际鉴定的需要。近年来，司法部司法鉴定科学技术研究所司法鉴定中心重新起草一个《人体损伤程度鉴定标准（草案）》，这个标准将人体损伤分为重伤、轻伤、轻微伤三个程度，每个程度又分为三级，即"三度九级"的标准。这个标准增加了以往人体损伤程度鉴定标准中没有的某些器质性精神障碍和部分功能性精神障碍，如：精神活性物质导致精神障碍、颅脑创伤所致记忆障碍、颅脑创伤所致人格改变、脑挫裂伤或脑震荡后综合征、创伤后应激性障碍、内源性精神病以及癔症等功能性障碍。但是，这一标准尚未成为正式颁布的"国标"，还不能正式用于法医学鉴定，但可以成为精神损伤鉴定的参考。

2．精神损伤因果关系的评定　在精神损伤鉴定实践中，最常见的问题就是需要对于伤害因素与精神障碍间的因果关系进行评定，二者之间的关系通常是确定肇事方是否赔偿及其赔偿比例的重要依据。伤害因素与精神损伤之间的相互关系极其错综复杂。目前普遍操作方法是引用参与度的相关概念，当外界的伤害因素对精神障碍的发生只是间接诱因，参与度 < 25% 时，仅作伤病关系的分析，不进行精神损伤的评定。综合目前有关文献，致伤因素与精神损伤间的因果关系一般可分为以下三种情况。

（1）因果相关：损伤对精神障碍的发生有直接或间接的致病性作用，又可分为两种情况。

1）直接因果相关：伤害对精神障碍发生有直接的、决定性的作用，如颅脑外伤引起的器质性精神障碍、中毒物质引起的精神障碍、强烈精神刺激所致的创伤后应激障碍（posttraumatic stress disorder，PTSD）等。

2）间接因果相关：伤害对精神障碍发生起间接性作用，如儿子意外车祸，母亲发生了 PTSD 等。

（2）条件相关：伤害使潜在的病理显现（诱因）或加重（辅因），例如轻度外伤或精神刺激诱发精神分裂症、情感性精神障碍；原来心理素质不健全的人受到了一定精神刺激后发生了反应性精神障碍等。

（3）无相关：伤害与精神障碍发生不存在任何因果联系。

（三）精神伤残鉴定的目的及评定标准

精神伤残的鉴定目的主要是为处理理赔案件服务，如道路交通事故中的伤残鉴定、工伤职业病的伤病残鉴定、军人的伤病残鉴定、保险理赔伤残鉴定等，一般只涉及民事赔偿问题，就是对受害人的精神伤残程度进行评定，以便获得经济赔偿或补偿。

目前我国还没有单纯的精神伤残评定标准，同精神损伤评定一样，精神伤残的评定条款多附加在躯体伤残的评定标准中，但比精神损伤的条款内容具体得多，主要包括《道路交通事故受伤人员伤残评定》（GB 18667-2002）（"道标"）及《职工工伤与职业病致残程度鉴定》（GB/T 16180-2006）（"工标"）两个国家级标准。两个标准都将精神伤残分为十级。"道标"主要从四个方面对各等级进行划分：意识障碍程度、日常生活自理程度、自主活动情况、社会交往功能状况等。"工标"则从器官缺失程度、形态异常、功能有无障碍、有无医疗护理依赖等方面进行等级划分，同时还对精神伤残中的智力、记忆、精神病性症状、人格改变等做了具体解释和规定。

在对上述标准的使用中，需要明确相关问题。

1. 两个标准中所谓精神伤残评定均局限于器质性精神伤残，没有功能性精神伤残的评定条款，"道标"中甚至明确将医学难以客观描述的损伤后果的脑外伤后综合征都排除在外，"工标"也明确指出"精神分裂症和躁郁症不属于工伤或职业病性精神病"，具体鉴定实施中应避免出现类似错误。

2. 有关精神伤残的名称与临床精神科专业术语不甚吻合，如标准中经常出现的轻度精神障碍、中度精神障碍、重度精神障碍、极重度精神障碍等名称完全不符合精神科专业术语，临床精神科医生对于患者的诊断与精神伤残标准无法匹配，极易造成患者家属对于鉴定结论的质疑。

3. 因为两个标准均使用智商具体数值或范围对智力缺损进行评定，导致很多鉴定人员过分依赖智商的评定。事实上，鉴定中，不能将智商测查结果作为唯一的评定依据，应结合伤者颅脑损伤的受伤程度、部位，临床表现、影像学检查所见、精神检查发现等，以及被鉴定人当前的社会功能状况等进行综合评定。智商的测定受到很多因素的影响，其中因为伤残等级评定结果和当事人利益密切相关，故伪装或夸大智力缺损的情况十分常见。提示鉴定专家在对于涉及赔偿诉讼案件的相关量表测查时需谨慎行事。

4. 鉴定时机的选择十分重要，过早或过迟进行精神伤残等级鉴定均不科学，对于被鉴定人或者保险公司等各有利弊。据文献报道，一般最早在颅脑外伤后半年之后进行精神伤残的评定较为合适，建议脑外伤后一年后更适宜。

（韩　卫）

第五节　伪装精神病的鉴定

伪装精神病，是指为了逃避外界不利于个人的处境或责任，逃避惩罚或获取某种利益等而伪装精神失常，或故意夸大精神障碍或伤残的行为。属于诈病的一种。伪装精神病现象在古今有之，耳熟能详的孙膑装疯，小说《红岩》、电影《追捕》等都有精彩描述装疯成功的经典范例。过去因为医学技术水平不够发达，人们对于医学知识缺乏认识，伪装躯体疾病的情况较多见，如伪装便血、瘫痪、失语等，以达到保外就医或者减轻惩罚的目的。近年来，随着对于各种躯体疾病诊断准确率的提高，伪装躯体疾病易被识破。很多人认为精神疾病较躯体疾病容易伪装，加之目前的精神医学整体发展较很多其他临床学科落后很多，对于精神疾病的诊断主要建立在病史的采集和精神检查等症状学评估的基础上，从而越来越多的人企图通过伪装精神疾病而达到其目的。如保险赔偿中，通过伪装智力缺损而获得更多赔偿；刑事案件中，犯罪嫌疑人以患有精神分裂症等重性精神疾病而企图免于处罚。因此，伪装精神障碍的识别是法医精神病学鉴定工作者的首要任务，具有和普通精神科不同的思维模式。

一、伪装精神病的表现形式

伪装精神病与案件性质有关系，如刑事案件中以伪装重性精神病多见，因为大多数人都知道人不太可能一夜间变傻，但可以突然出现精神异常，而且要越疯狂，才越可能逃避罪责；民事赔偿案件尤其在工伤、交通事故等伤残等级评定中的伪装，多表现为伪装智力和记忆力缺损，因为这类案件多涉及颅脑损伤，按照普通老百姓的想法，头受伤后变傻最为自然。

大多数伪装精神病出现在作案后或交通事故等事件发生后，其目的就是逃避罪责或获取利益。事前伪装精神病及事时伪装精神病较为少见。

在实践中，伪装精神病的程度有所不同，可以纯粹诈病，所有临床症状表现纯属编造、模拟等，缺乏任何病理性基础；还可以是病理基础上的所谓部分伪装精神疾病，即在原有一定的精神病基础上夸大或延长已消失的症状或创造原疾病不应存在的症状，此种情况在颅脑外伤后进行伤残等级评定案例中最为多见。如被鉴定人确实存在轻微的精神损伤症状，但为了获得更大利益，鉴定时可以表现出更为严重的症状。

（一）伪装精神病的常见表现形式

可将伪装精神病的表现大体归纳为伪装精神障碍和伪装智力低下两种形式。两种形式可以单独出现，也可混合表现。

1．伪装精神障碍　以重性精神病性症状多见，如幻觉，做倾听状，东张西望；妄想，被害妄想常见；行为紊乱，自言自语，哭笑无常，乱解大小便，吃粪便，拒食、冲动；或伪装木僵，卧床不起，缄默不语，淡漠等。

伪装精神障碍的一般特点：

（1）症状突然出现、突然终止：因为诈病有明确目的，故其"精神症状"就根据实际需要而产生。当其目的达到或危险过去之后，伪装精神病就再无必要，况且伪装精神病对于精神正常者来说是一件十分痛苦的事情，很少有人能长达数年或数十年坚持伪装精神病。

（2）症状过分夸张，不符合精神病一般规律：诈病者一般认为，既然装疯，就应该生动、逼真，就要很"疯狂"。只有这样，才能骗人。其实这种做法并不符合精神病的规律。真正的精神病患者并非都很疯狂，而装疯者往往表现出比真正的精神病患者的行为还更要荒唐而不可理解。真正的精神病患者往往不愿意暴露自己的病态体验和思维，并否定精神症状的存在，否认自己有病。但伪装者绝不会主动否定其"精神症状"，否则何以诊断精神病？可见诈病装疯者与精神病患者的心理规律不可能真正统一。实际上，很多精神病不仅仅表现为精神症状，还会伴有自主神经系统紊乱等症状，这些症状无法伪装。即使精通精神病学知识的人，要想伪装某些精神症状，也几乎是不可能的。

（3）症状多变，易受外界影响：诈病者必须时时考虑选择哪些"症状"，才能装得更像，更有利于自己，且总希望伪装得逼真、成功。所以，他们对外界动向十分留心注意，包括对邻居、办案人员及医务人员的神色、语言、动作和态度都十分关心，故周围人尤以鉴定人员的一切举动都会对诈病者的活动产生影响，而使其随时调整，变更他们的"精神症状"。

（4）症状发作具有间歇性：伪装兴奋、躁动、行为紊乱及幻觉等症状者，在人愈多时表演愈烈，但当独处或夜间时则"症状"消失。伪装拒食者由于无法忍受长时间的饥饿而在夜间或无人时偷食。故伪装精神病者的精神症状无法持久、恒定。这是与真正精神病的重要区别之一。

（5）表白或强调自己有病：伪装精神病者必须使自己的"精神症状"被别人发现、注意，从而使别人觉得其患有精神病，否则，伪装便失去意义。故他们一般都主动给有关人员（如办案人员、鉴定人员等）报告他们的疾病情况，尤其主动诉说其"病态体验"，或者用其他方式向有关人员显示其病情严重。这与真正严重精神病患者由于自知力缺乏而不承认自己有病的特点大不相同。

（6）对检查持不合作态度：如拒绝答话或称不知道，或不理不睬，还有的发脾气、耍赖，有的回答问题时反应时间延长，对治疗也不合作，暗示治疗无效，在接受检查时态度十分谨慎，生怕被看出破绽。

2．伪装智力（或记忆力）低下的特点

（1）多见于有颅脑外伤病史者，尤其多见于轻度颅脑外伤，或者大脑损伤恢复较好者。这些被鉴定人的颅脑影像学检查缺乏显著的残留病灶，经常无相应的器质性阳性体征，临床表现却显得普遍糊涂，似乎病情很重，可以忘记自己的年龄，甚至姓名等，与其损伤程度不相称。

（2）其智力低下及记忆力减退不符合颅脑损伤的特点。记忆缺失是脑器质性疾病，特别是大脑弥漫性损害的早期而恒定的表现。一般说近记忆力较远记忆首先受损，即使在严重的进行性痴呆患者中，瞬时记忆仍然可以完好或基本保持。但伪装记忆力减退者，缺乏真性记忆障碍的发展规律。如表现为近记忆力良好，对近期发生的事情能够描述，远记忆反而差，简单的事情称忘了，但可以详细描述自己躯体的种种不适等复杂问题，条理清晰，层次井然。很多被鉴定人表现为不能背数，甚至无法复述3位左右的数字，瞬时记忆障碍明显。

（3）伪装智力低下或记忆力低下者的行为、态度的特点。对其进行法医检查时，通常表现低头不语，尽量回避检查者目光，尽量不回答提问，或通称不知道，表现拘束而紧张，故意表现出愚蠢幼稚行为，不合作，但对于检查者的记录、言语和态度却十分敏感，有偷窥表现，眼神游移。伪装者可以故意拖延答题时间。

二、伪装精神障碍的诊断与识别

（一）伪装精神障碍的诊断标准

《中国精神障碍分类与诊断标准》第三版（CCMD-3）中关于"诈病"（诈精神障碍）的诊断标准如下：①有明显的伪装动机和目的；②症状表现不符合任何一种疾病的临床相，躯体症状或精神症状中的幻觉、妄想及思维障碍，情感与行为障碍等均不符合疾病的症状表现规律；③对躯体或精神状况检查通常采取回避、不合作，造假行为或敌视态度，回答问题时，反应时间常延长，对治疗不合作，暗示治疗无效；④病程（变化）不定；⑤社会功能与躯体功能的严重程度比真实疾病重，主诉比实际检查所见重；⑥有伪造病史或疾病证明，或明显夸大自身症状的证据；⑦患者一旦承认伪装，随即伪装症状的消失，是建立可靠诊断的必要条件。

在实际鉴定工作中，上述第7条需要具体案件具体分析，并不完全具备。大多数被鉴定人在被识破系伪装精神障碍后，往往寻找借口自行下台阶，如称"当时脑子糊涂，现在清醒了"。"当时不知怎么搞的，自己控制不了，现在好了"，或称"是开玩笑"等。被鉴定人员或看守人员点破是诈病后，往往立即终止伪装，初犯尤其如此。但也有顽固不化，因为从原先的精神病态或十足的傻子，突然变回正常人，会觉得面子上过不去，有的会坚持伪装到底，或其病态或智力低下的表现逐渐消失，惯犯多见。部分诈病者被识破之后，持对抗态度，回避检查，甚至动怒、伤人。

（二）伪装精神障碍的识别方法

伪装精神障碍的识别方法可以分为经验性评估及定性、定量评估。

1. 经验性评估　经验性评估是对伪装精神障碍识别的最重要基础，精神活动本身的高度复杂性、多变性、无形性等特点使精神疾病的诊断尤为复杂，但是精神活动产生的物质基础是大脑，故人类精神活动具有其固有的发生、发展规律和临床特征，故完整、全面的调查材料和细致的精神检查是识别伪装精神障碍的首要前提。尤其对被鉴定人家属的病史陈述，一定要其举出具体事例，以证实他们所提供的精神症状或智能损伤的存在，仅提供一些精神病理表现的只言片语是不够的，对病历资料及调查材料要细心核实，以发现有无自相矛盾之处；另一方面，临床观察是识别诈病最常用、最有效的方法，伪装精神障碍的共同特点是其表现不符合或不具备某一精神疾病类型的完整病象，即诈病症状具有某种孤立性，且常常把某种疾病所共有的其他症状排除在外，或把不可能在同一疾病中出现的症状同时表现出来，故通过认真临床观察基本上可以识破一般性诈病。

2. 定性、定量评估

（1）定性评估：国外有学者对伪装精神障碍进行过定性评估的研究，他们从联邦监狱的囚犯和自愿参加模拟伪装精神障碍（主要伪装智力低下）的一些大学生的会谈中发现，伪装者在心理测验过程中常常表现出以下几种情况，根据这些定性指标来发现受试者有无伪装的可能性。包括合作不良，对测验有心理负担和抵触情绪，反应速度慢，在测验中踌躇不安或犹豫不决，普遍糊涂（什么都不知道）。我国精神疾病诊断标准与分类中"诈病"的诊断标准也属于一种定性评估。

（2）定量评估：对伪装精神障碍等定量评估是指在标准情境下，用标准化的工具及检测仪对伪装行为存在与否进行量化分析。目前，对伪装精神障碍的定量评估可以分为心理测验和生理检测两方面，前者主要指用心理测验的手段对伪装认知功能损伤和精神病进行评估，后者主要通过对有关生理指标来反映伪装的可能性，如多导生理记录仪和事件相关电位仪。

国内目前在心理测验识别伪装精神障碍方面，取得一定进展，如高北陵等编制的"简易精神症状自陈量表"主要用于识别伪装精神病，"二项必选数字记忆测验"则是用于识别伪装智力、记忆力低下的定量评估工具。其他如经典的心理测验工具明尼苏达多项人格测验（MMPI）中的 Fake 量表、K-F 指数、重测指数 TR 等，以及韦氏记忆量表修订版（WMS-R）的伪装指数（Malingering Index），韦氏记忆量表中的数字广度分测验等均可用于对伪装精神症状及伪装智力或记忆力低下的识别。

随着我国司法制度的改革和发展，对法医精神病学鉴定的水平也有了更高的要求，单纯经验性的鉴定意见在法庭采信时经常会受到质疑，故尽可能使用一些量化的评估结果以支持专家的经验性分析意见，对提高鉴定的一致性、科学性、客观性、准确性等大有裨益，值得推广。

（韩　卫）

思考题

1. 法医精神病学鉴定的鉴定任务有哪些？
2. 非自愿住院治疗与强制住院有何区别？
3. 非自愿住院治疗医学鉴定的内容是什么？
4. 精神损伤和精神伤残的概念？两者有何不同？
5. 为什么临床医师对于患者通过进行智力测查确定伤残等级的病例需要慎重？
6. 刑事法定能力主要包括哪些？
7. 如何理解精神病患者的实质性辨认能力？
8. 何为伪装精神障碍？伪装精神障碍的一般特点有哪些？
9. 如何理解普通临床精神科大夫和法医精神病鉴定人员的工作思路的不同？

第十三章 医疗纠纷

第一节 概 述

一、医疗纠纷、医疗事故及医疗损害

（一）医疗纠纷

医疗纠纷（medical tangle）指医患双方由于对诊疗护理过程中发生的不良医疗后果及其原因认识不一致，并且要求追究责任和（或）给予赔偿，而向卫生行政部门提请行政处理或向法院提起侵权诉讼而发生的纠纷。

1. 医疗纠纷的特点

（1）不良医疗后果明确，患方怀疑该后果与不良的医疗行为有关。明确的不良损害后果包括：死亡、残废、器官组织功能障碍、增加痛苦、延长医疗时间或增加医疗费用，以及其他明显的人身损害，导致患者的生命权或健康权受到侵害。

（2）不良医疗后果发生的时间，可在就诊后的每个环节，如门诊急诊候诊、就诊时、留观观察期间、治疗期间、手术过程中、术后，乃至出院后等。

（3）不良医疗后果发生的场所，可以是患者所就诊的各级各类医疗机构，如医院、卫生院所、个体诊所等，也包括计划生育技术服务、妇幼保健、卫生防疫部门开办的诊疗机构。

（4）医患双方的纠纷不能通过协商调解解决，而要求卫生行政部门行政处理或向司法机关提起诉讼。

2. 医疗纠纷的类型（按照发生医疗纠纷的原因分类）

（1）医源性医疗纠纷（iatrogenic medical tangle）：指由于医疗机构及其医务人员的原因引起的医疗纠纷。

1）医疗过错纠纷：指引起患者损害后果的原因是由于医疗机构及其医务人员在诊疗过程中违反有关医疗卫生管理法律、行政法规、部门规章和诊疗护理规范、常规等过失行为，未尽到应有的医疗风险注意义务所致的医疗纠纷。既可能是医疗机构及其医务人员具体实施诊疗措施时的失误，也可能由于医院管理不当所致。按处理途径不同又分为：①医疗事故：通过行政途径为医疗卫生行政机关进行行政调解和行政处罚提供鉴定依据；②医疗损害：通过司法途径为法院对医疗损害赔偿纠纷的处理提供鉴定依据。

2）医方其他原因引起的医疗纠纷：指除外以上原因由医方引起的医疗纠纷，由于下列情形引起的纠纷：医务人员服务语言生硬、态度冷漠，失去患者及其家属的信任；医务人员不负责任地谈论患者的病情，尤其是在病床前、手术台上、诊疗室内以及抢救过程中；当着患者或家属的面埋怨其他医院或医生；对其他不同的诊治方法随意发表议论等语言不当；医务人员缺乏道德修养互相贬低，缺乏团队精神故意挑拨引起的纠纷；医务人员不良的医德医风；虚假广告或不切实际的承诺。

（2）非医源性医疗纠纷（noniatrogenic medical tangle）：指医疗纠纷并不是由于医疗机构及医务人员的原因引起，而是因为疾病本身自然发展，或因医疗以外的原因引起。

1）无医疗过错纠纷：指不良医疗后果并不是由于医疗机构及其医务人员在诊疗护理过程

中的过错引起的医疗纠纷。主要有下列情况：在紧急情况下，为抢救垂危患者生命而采取紧急医学措施，已经尽到合理诊疗义务而造成不良后果；由于患者病情异常或患者体质特殊而发生医疗意外引起的不良后果；在现有医学科学技术条件下，发生无法预料或不能防范的不良后果；无过错输血感染造成不良后果；因不可抗力造成的不良后果等。

2）患方原因引起的医疗纠纷：患者或者其近亲属不配合医疗机构进行符合诊疗规范的诊疗；由于缺乏医学知识，对不良医疗后果发生的原因不理解；由于某种原因，对医疗机构或其医务人员的医疗水平不信任；因患方原因延误诊疗而导致不良医疗后果；因对医疗事故技术鉴定结论或者协商调解结果不满意；由于各种其他与医疗无关的因素影响下产生的索赔心理等。

3）社会原因引起的医疗纠纷：少数医疗纠纷是因为患方受某些社会舆论的影响而引发的，在某些有不良动机人的鼓动或唆使下而故意制造纠纷。个别医疗纠纷不正确的处理，也能助长一些人的不良动机，认为不管有理无理，闹得越凶、越大，越有利于自己。企图以此来获取经济赔偿，或为了减免医疗费用等。

（二）医疗事故（medical negligence）

医疗事故指医疗机构及其医务人员在医疗活动中，违反医疗卫生管理法律、行政法规、部门规章和诊疗护理规范、常规，过失造成患者人身伤害的事故。

（三）医疗损害（medical damage）

医疗损害指在诊疗护理过程中医疗过错（故意或过失）行为对患者所产生的不利的事实。狭义的概念不包括正常医疗行为所造成的必然损害。一般直接表现为患者的死亡（包括丧失生存机会）；残疾或者功能障碍（包括丧失康复机会）；错误受孕、生产和出生；患者原有病情加重或病程延长，健康状况相对于诊疗前有所恶化等其他损害。

二、非法行医与医疗事故罪

（一）非法行医罪

1．非法行医　指为了谋取非法利益，在没有取得当地医疗卫生行政主管部门颁发的医生执业资格和营业许可证的情况下，擅自从事医疗活动。非法行医的类型包括：

（1）未取得或者以非法手段取得医师资格从事医疗活动的。

（2）个人未取得《医疗机构执业许可证》开办医疗机构的。

（3）被依法吊销医师执业证书期间从事医疗活动的。

（4）未取得乡村医生执业证书，从事乡村医疗活动的。

（5）家庭接生员实施家庭接生以外的医疗行为的。

2．非法行医罪　非法行医罪指因非法行医严重地危害了国家的医疗管理秩序和公众生命健康安全，即非法行医情节严重者。主要有以下几种情况：

（1）造成就诊人轻度残疾、器官组织损伤导致一般功能障碍的。

（2）造成甲类传染病传播、流行或者有传播、流行危险的。

（3）使用假药、劣药或不符合国家规定标准的卫生材料、医疗器械，足以严重危害人体健康的。

（4）非法行医被卫生行政部门行政处罚两次以后，再次非法行医的。

（5）其他情节严重的情形。

《刑法》第三百三十六条对非法行医行为的定罪及量刑也做出了明确规定："因非法行医情节严重，严重损害就诊人健康或造成就诊人死亡的，将会受到刑事处罚。""严重损害就诊人健康"是指：造成就诊人中度以上残疾、器官组织损伤导致严重功能障碍的；或者造成3名以上就诊人轻度残疾、器官组织损伤导致一般功能障碍的。

非法行医构成了非法行医罪者，一般报告公安机关经侦察确认后，移送人民检察院再向人民法院起诉。犯非法行医罪者，除受刑事处罚以外，还可以同时被追究其相关的行政责任和民事责任。

（二）医疗事故罪

《刑法》第三百三十五条对医疗事故犯罪的罪名、罪状、量刑等都做了明确规定。虽然现实中医务人员被认定犯有医疗事故罪，并因此而判刑的极少，患方要求追究医疗事故责任人医疗事故罪的也不多，但这确实是医疗纠纷或医疗事故争议案件中一种可能的诉讼形式。实际上由于各种原因，确有患方坚持要求对医疗事故的责任人进行刑事处罚的案例发生。

按照医疗事故罪提请刑事诉讼时，一般由人民检察院自行侦察，直接向人民法院起诉。或者由卫生行政部门向人民检察院移送，或者由医疗事故受害人及其家属、社会团体向人民检察院举报。医疗事故罪的意外属性决定了对其刑事处罚通常较轻。如果医务人员利用职务之便，故意犯罪，如投毒、杀人、伤害等，则属于刑事犯罪范畴，不再是医疗事故。

（蔡继峰）

第二节　医疗事故的医学鉴定

一、医疗事故的类型及产生原因

（一）医疗事故的特征

1．责任主体必须是医疗机构及医务人员。医疗机构是指取得《医疗机构执业许可证的》医疗部门。医务人员是依法取得执业资格的医疗卫生技术人员。

2．必须发生在医疗活动中的过失行为。

3．医疗行为存在违法性与危害性。医疗行为违反医疗卫生法律法规、具体诊疗护理常规或技术操作规程，并由此过失行为造成相当不良的后果。

4．医疗过失行为与损害后果之间存在因果关系。

（二）医疗事故常见的类型及原因

1．手术科室医疗事故　手术科室包括外科、妇产科、眼科、耳鼻喉科、口腔颌面外科等。手术易发生的事故原因包括术前诊断错误、术中未严格按照手术操作规程、操作误伤或遗留异物、术后观察问题等。

2．非手术科室医疗事故　常见原因有误诊误治、用药不当或过量、药物过敏、诊疗操作过程中的失误等。

3．输血输液医疗事故　常见原因有配错血型、输入污染血液制品、污染液体，输液过快过量，错输液体。

4．管理中的医疗事故　常见原因有急诊拒收、不执行会诊、紧急情况时设备不全。

5．其他医疗事故　在其他医疗工作中，诸如放射治疗、精神科治疗、接种工作中，均有可能产生医疗事故。如放射治疗不慎发生难治性溃疡、继发癌变；精神电击疗法引起脊椎骨折；接种未灭活的疫苗造成死亡事故，接种液不纯或被污染引起不良反应等。

二、医疗事故的分级和伤残等级

医疗事故的分级对公正、公平地处理医疗事故有着重要意义。它涉及对患方的赔偿数额，涉及卫生行政部门对医疗事故的责任划分，也涉及对事故责任机构或责任人的处罚轻重。对医疗事故分级的根据是当事患者人身伤害的程度。按照国务院发布的《医疗事故处理条例》(以下简称《条例》)和原卫生部《医疗事故分级标准(试行)》,将医疗事故分为四级。

(一)一级医疗事故

一级医疗事故系指造成患者死亡、重度残疾。

1．一级甲等医疗事故　死亡。

2．一级乙等医疗事故　重要器官缺失或功能完全丧失,其他器官不能代偿,存在特殊医疗依赖,生活完全不能自理。

(二)二级医疗事故

二级医疗事故系指造成患者中度残疾、器官组织损伤导致严重功能障碍。

1．二级甲等医疗事故　器官缺失或功能完全丧失,其他器官不能代偿,可能存在特殊医疗依赖,或生活大部分不能自理。

2．二级乙等医疗事故　存在器官缺失、严重缺损、严重畸形情形之一,有严重功能障碍,可能存在特殊医疗依赖,或生活大部分不能自理。

3．二级丙等医疗事故　存在器官缺失、严重缺损、明显畸形情形之一,有严重功能障碍,可能存在特殊医疗依赖,或生活部分不能自理。

4．二级丁等医疗事故　存在器官缺失、大部分缺损、畸形情形之一,有严重功能障碍,可能存在一般医疗依赖,生活能自理。

(三)三级医疗事故

三级医疗事故系指造成患者轻度残疾、器官组织损伤导致一般功能障碍。

1．三级甲等医疗事故　存在器官缺失、大部分缺损、畸形情形之一,有较重功能障碍,可能存在一般医疗依赖,生活能自理。

2．三级乙等医疗事故　器官大部分缺损或畸形,有中度功能障碍,可能存在一般医疗依赖,生活能自理。

3．三级丙等医疗事故　器官大部分缺损或畸形,有轻度功能障碍,可能存在一般医疗依赖,生活能自理。

4．三级丁等医疗事故　器官部分缺损或畸形,有轻度功能障碍,无医疗依赖,生活能自理。

5．三级戊等医疗事故　器官部分缺损或畸形,有轻微功能障碍,无医疗依赖,生活能自理。

(四)四级医疗事故

四级医疗事故系指造成患者明显人身损害的其他后果的医疗事故。

本标准中医疗事故一级乙等至三级戊等对应伤残等级一至十级。

三、医疗事故的医学鉴定

医疗事故医学鉴定是医疗事故行政处理的关键环节。按照《条例》第五条的规定:"县级以上地方人民政府卫生行政部门负责本行政区域内医疗管理工作。"并规定由县级卫生行政部门受理医疗事故或其争议处理申请。但如果涉及患者死亡或可能是二级以上医疗事故,或原卫生部、省、自治区、直辖市卫生厅(局)规定的医疗事故争议时,应当向上一级人民政府卫生行政部门移交。卫生行政部门受理后经审查其申请符合规定的应交由负责医疗事故争议技术鉴定工作的医学会组织鉴定。

设区的市级地方医学会与省、自治区、直辖市直接管辖的县或者县级市地方医学会,负责组织本地区医疗事故争议的首次医学鉴定;省、自治区、直辖市医学会,负责本行政区内当事人因对医疗事故争议的首次医学鉴定不服而提起的再鉴定;中华医学会可在必要时组织在全国有重大影响疑难、复杂的医疗事故争议的医学鉴定工作。

医疗事故医学鉴定程序的启动有两种方式。一是卫生行政部门移交鉴定，适用于医疗机构发生重大医疗过失且卫生行政部门认为需要进行技术鉴定时，以及争议的任何一方要求卫生行政部门移送技术鉴定时；二是医疗事故争议的双方协商调解不成，共同委托申请医学会技术鉴定。

受理医疗事故争议的医学会负责组织由争议双方在专家库内挑选的专家组成鉴定组独立地进行鉴定；通过调查研究，以医学科学为指导，分析事故产生的原因，指出原因和后果的关系，判明事故的性质，确定主要责任者和其他责任者。鉴定实行合议制，以过半数鉴定成员的意见为鉴定结论。按《条例》规定对于患者死因不明和需要确定患者伤残等级的医疗事故争议，应有法医参加鉴定专家组。

一方当事人对首次医学鉴定不服时，可以按规定向医疗机构所在地的卫生行政部门提出再鉴定申请，由省级医学会组织再鉴定；或者向人民法院提起诉讼。

卫生行政部门应当对发生医疗事故的医疗机构和负有责任的医务人员依照情节轻重进行行政处罚或行政处分。

（蔡继峰）

第三节　医疗损害的司法鉴定

医疗损害侵权责任鉴定是法医学鉴定人通过审查病历资料，检查被鉴定人或复阅病理资料，对以下内容进行分析判断：医疗行为是否存在过错，患者的损害后果，以及医疗过错与损害后果之间的因果关系。

一、医疗行为过错

（一）医疗过错行为的判定

1. 医疗过错行为的判定标准　主观过错是一个主观要件，是行为人在实施行为时主观上的心理状态，包括故意和过失。判断有无主观过错（故意或过失），始终应该与一定的行为联系在一起。民法上的过错就是行为人未尽自己应尽和能尽的医疗风险注意而违反义务，为法律所不容忍的行为意志状态和应受非难和谴责的主观心理状态的综合体。通常不区分是故意还是过失，而是通过判断是否尽到"医疗风险注意义务（duty of care）"的各种医疗行为来体现。

医方是否履行医疗风险注意义务是认定医疗过错行为的客观标准，相应的判断标准即为注意标准（standard of care）。它分为具体标准和抽象标准。医疗法律、行政法规、部门规章、诊疗常规等规定的医方各个医疗行为的注意义务为具体标准。医方对患者进行的医疗行为，是否达到与其资质相应的医疗水准，是否达到符合其相应专业要求的学识、技能水平，这些都是抽象标准。

（1）具体标准：判断某一具体医疗行为是否履行医疗风险注意义务（即是否存在过错）的依据，它在不同类型的医疗行为上略有不同，分为一般注意义务和特殊注意义务。一般注意义务是指在就诊、治疗、手术、注射、抽血、输血、放射线治疗、麻醉、调剂制药、护理过程等医疗过程中的注意义务，司法实践中可根据具体案情对照确定。特殊注意义务主要包括说明义务、转医义务、问诊义务等，说明义务是指医方必须就患病状况、治疗方法、治疗所伴随的危险及治疗过程中的疗养方法、注意事项等对患者及其近亲属加以说明和指导的义务，目的在于得到患者的有效同意或回避已经预见到的不良结果，但在紧急状态或做出说明将对疾病的治疗产生不良影响，以及法律加以特别规定的情况下，医方未履行相关说明义务不应认定为有过错。在所患疾病属医方专业领域外或病情发展超出医方的治疗能力情况下，医方还应有做出转诊指示的说明义务，以及协助患者安全、及时转送至有条件医院的转医义务。在治疗过程中，医方应就患者的疾病症状、既往病史、药物过敏史及家族遗传史覆行充分、适当的询问并加以甄别的问诊义务，但若病情危急，不采取措施将危及患者生命的情况下，也可省略问诊步骤，这是问诊义务履行中的例外。

（2）抽象标准：就是指在缺乏法律、规章或规范的明确规定的具体标准情况下，应依据具体医疗行为发生时临床医学实践中的医疗水准，即一般医疗专业水准，作为确定医疗行为人注意义务的基准，并考虑医疗行为的专门性、地域性、紧急性等因素，综合判断某项具体医疗行为是否履行医疗风险注意义务（即是否存在过错）。日本松仓教授提出的"一般医疗专业水准"就是以"一般临床医师应该知道，且已确立的医学常识"作为判断基准。在美国称之为"医护人员职业行为标准"，即医务人员于医疗之际，其学识、注意程度、技术以及态度，均应符合具有一般医疗专业水准的医务人员在同一情况下所应具备的标准，它是医务界公知公认的诊疗标准。

英美法系国家的"医护人员职业行为标准"，即在缺乏法律、规章或规范的明确规定的情况下，对于一个普通的医师来说为患者提供服务时应尽到下列注意义务：①有义务具备同一地区或相似地区，并在相同的条件下从业的知名医师通常所具有的学识和技术；②有义务使用同一地区或相似地区，并在相同条件下从业的知名专业人员在相同的病例中，通常使用的注意和技术；③有义务在实施技术或应用学识时，使用合理的智慧和最佳判断；④未能尽到上述任何一种义务就是过错。

对于一个从事于特殊领域的专科医师来说，其注意义务与普通医师的略有不同，作为专科医师在为患者提供服务的过程中应该尽到"专家义务"（duty of specialist），即在内科学、外科学或其他康复医学等特殊领域的专科医师必须具有从事于相同领域和相同或相似地区在相同的条件下的知名专家通常具有知识和技术并使用这些专家通常所使用的注意和技术。未能尽到上述义务就是过错。

对于医疗机构来说其应承担的注意义务：①雇用有能力的和合格的医务人员；②对其雇用的医务人员进行必要的培训和指导；③为医务人员提供合适的设备和仪器；④建立必要的安全和保障系统。

（3）"告知说明义务"与"知情同意权"在医疗风险注意义务（医疗过错）中的体现：医生的医疗风险注意义务（医疗过错）对应于患者的权利（知情、同意权），并通过相应的医疗行为和告知说明行为体现。对于医方，应履行充分的"告知说明义务"，对于患者，就是享有"知情同意权"。告知义务在医疗过错民事侵权损害赔偿案件中具有特殊的地位，它是获得患者知情同意的前提条件也是与患者能否充分享有知情权和选择权紧密相关的。知情同意，包括知情和同意两个要素。知情是建立在医师履行了充分告知义务基础之上，同意是建立在知情基础之上。患者在知情的基础上能够对拟采取的手术或治疗方法做出决定，同意才具有法律约束力。同意的方式是多种多样的，除了书面同意外还包括口头的和行为的，甚至是特定条件下的一个姿势。例如需要实施手术、特殊检查、特殊治疗的，医务人员应当及时向患者说明医疗风险、替代医疗方案等情况，并取得其书面同意；据此有的案例即使切除患者的病变器官由于没有获得患者的知情同意也要承担不利的后果。而在给一个合理的患者进行注射时只要患者卷起了衣袖就足以表示同意。因此多数情况下，医方只要履行充分的告知义务，患方没有书面同意不等于不同意。应根据不同的情况具体问题具体分析。医师没有义务去讨论在常用的治疗方法中固有的较小的危险性，因为这些治疗方法很少引起严重的后果。

2．我国《侵权责任法》对医疗过错行为判定的标准

（1）具体标准：《侵权责任法》第五十八条第一款明文规定"违反法律、行政法规、规章

第十三章 医疗纠纷

以及其他有关诊疗规范的规定，患者有损害，推定医疗机构有过错。"这是判断医方是否履行医疗风险注意义务（即是否存在过错）的具体标准。

(2) 抽象标准：《侵权责任法》第五十七条明文规定"医务人员在诊疗活动中未尽到与当时的医疗水平相应的诊疗义务，造成患者损害的，医疗机构应当承担赔偿责任。"这是判断医方是否履行医疗风险注意义务（即是否存在过错）的抽象标准。

(3) 是否尽到"告知义务"及获得患者的"知情同意"：《侵权责任法》第五十七条明文规定"医务人员在诊疗活动中应当向患者说明病情和医疗措施。需要实施手术、特殊检查、特殊治疗的，医务人员应当及时向患者说明医疗风险、替代医疗方案等情况，并取得其书面同意；不宜向患者说明的，应当向患者的近亲属说明，并取得其书面同意。医务人员未尽到前款义务，造成患者损害的，医疗机构应当承担赔偿责任。"

二、医疗损害后果的评定

(一) 医疗损害后果的常见表现形式

死亡（或者丧失生存机会）；残疾或者功能障碍（或者丧失康复机会）；错误受孕、生产和出生；其他损害，如患者原有病情加重或病程延长，健康状况相对于诊疗前有所恶化等情形。

1. 死亡（或者丧失生存机会）　由于医方的过错行为导致患者死亡，侵犯患者人身权（生命权）。

在美国许多州的死亡案例中都允许将"丧失生存机会（loss of chance of survival）"作为一种独立的损害后果和一个独立的诉讼理由起诉。根据美国有关医疗损害侵权赔偿的审判实践法庭规定：当一个患者在入院时其生存概率大于51%时，如果医疗机构或者医务人员在医疗过程中发生医疗过错行为，并且该医疗过错行为与患者的死亡存在因果关系的话，则允许患者家属以医疗过错导致患者死亡作为诉讼的理由。反之，当患者的生存概率小于50%时，则只能以医疗过错导致患者丧失生存机会起诉并主张损害赔偿。此时法医学鉴定的任务之一就是对患者的生存概率及生存期进行评估。

在我国虽然目前相关的法律规定尚不明确，但在司法实践中已经承认"丧失生存机会"是损害后果的一种表现形式，并作为医疗机构或医务人员承担医疗损害赔偿的重要依据。由此可见作为医疗损害鉴定必须正确理解"丧失生存机会"作为医疗损害后果的真正含义并能够对此进行正确判断。应该在鉴定意见中明确说明患者因医疗过错行为导致患者丧失了一定的生存机会或生存期。如果某种疾病的生存期有统计学调查结果的，可具体说明生存期的长短。

2. 残疾或者功能障碍（或者丧失康复机会）　由于医方的过错行为导致患者残疾或者功能障碍，侵犯患者的人身权（健康权）。

"丧失康复机会（loss of chance of recovery）"是指在医务人员出现医疗过错行为之前，患者如果得到适当治疗，则存在一个有可能康复的机会。由于医务人员的过错行为导致患者丧失了这个可能康复的机会。正是这种机会丧失成为患者要求获得赔偿的理由。

目前我国的相关法律和法规还没有将"丧失康复机会"作为一个独立的损害后果，但在不少法庭的判决书中已经出现由于医务人员的医疗过错行为导致患者"丧失救治机会"或"丧失治疗时机"判词。可以认为在我国的司法实践中已经承认"丧失康复机会"也是医疗损害后果的一种表现形式，因此有必要明确如何确定"丧失康复机会"，以及丧失康复机会给患者所造成的实际损害。

3. 错误受孕、生产和出生　错误受孕（wrongful conception）是指因医疗过错施行绝育手术或避孕药使用不当，造成妇女再度受孕，而由小孩双亲提起的诉讼。

错误生产（wrongful birth）是由生下缺陷儿的双亲提起的诉讼，是孕妇担心胎儿有疾病而请医方诊察，医方检查失误而告以胎儿健康，致未堕胎而生下患戎疾的小孩。

错误出生（wrongful life）是由小孩或其代理人提起的诉讼，其主张为医方过错未告知其父母胎儿有缺陷的可能，以致父母没有机会选择是否生下他或她，终至产下该有缺陷小孩。

4．其他损害　除了上面讨论的损害后果外还应该包括由于医务人员的医疗过错行为致使患者原有病情加重或病程延长，而这种病情加重或病程延长在患者得到适当诊疗的情况下，或医务人员不发生在医疗过错行为的情况下是不会发生的。因为这两种情况也是医疗纠纷诉讼的理由，也是医疗损害鉴定中经常碰到并需要解决的问题。

（二）医疗损害后果的评定

医疗损害大多与侵袭性治疗、药物毒副作用以及患者自身疾病的恶化同时存在。在医疗损害侵权责任的法医学鉴定中需要研究和鉴别医疗过错侵权损害与患者自身疾病的发展、恶化，以及正常的医疗行为对人身造成的医疗损害的因果关系。

三、因果关系的分析

医疗过错与损害后果之间的关系问题是医疗损害侵权责任法医学鉴定中最复杂的问题。可以是一因一果、多因一果，也可是一因多果、多因多果。可以表现为事实上的因果关系，也可以表现为法律上的因果关系。

事实上的因果关系是在抛开法律规定的前提下，确定加害行为是否构成损害结果发生的客观原因。即确认侵权事实与损害结果的客观联系。法律上的因果关系则强调在存在事实因果关系的前提下，是否依法承担法律责任。即使是法律上的因果关系，刑法上的因果关系与民法上的因果关系也是不完全相同的。刑法上的因果关系要求解决行为人刑事责任问题。一般查找的范围限定于单个的因果关系锁链环节，而且完全排斥各种偶然介入因素的作用，强调因果关系的"客观性"、"特定性"、"必然性"、"形态的复杂性"和"时间的顺序性"。民法上特别是侵权责任法上的因果关系是为了确定加害人的民事责任。

英美侵权行为法在检验事实因果关系方面采用"必要条件"理论、"实质要素"理论等。通过"如果没有"检验方法检验，"如果没有"被告的过错行为，原告的损害不会发生，是因果关系中的最低要求。对"多个充分原因"（multiple sufficient cause）案件，除通过"如果没有"检验方法外，还需要"实质性因素"检验方法（material element rule，substantial factor rule）进行检验。"实质性因素"检验，即被告的行为在引起的损害中有这样的作用，导致大家认为它是一个合理的原因。

在英美国家涉及中毒性等民事侵权案件中法院较多采用盖然性学说，即数理统计和流行病学的统计方法即概率权衡（balance of probability）。实际上是对于发生损害的"可能性"进行证明如果发生损害的可能性超过50，即"可能性大于不可能性"（more likely than not），则认为存在因果关系，反之则认为不存在因果关系。"盖然性因果关系"已经得到越来越多承认，某些介入的偶然因素也可以成为损害后果发生的原因。丧失生存机会、丧失康复机会适用"盖然性因果关系"理论，克服了传统侵权行为对于受害人的专业知识、资料等要求过高的缺点，对于保护受害人特别是处于弱势地位的受害人的利益，实现真正的社会公平正义具有重要的意义。

（一）医疗过错行为与损害后果因果关系的判定

要针对不同后果的不同表现形式，予以甄别和判定。

1．死亡与丧失生存机会　在涉及患者死亡的医疗损害纠纷中大致可以分为三种情况：

（1）患者的死亡完全是由于医务人员的医疗过错行为所造成的。如医务人员违反医疗常规未进行药物过敏试验而且抢救不及时致使患者用药后因药物过敏而死亡的。

（2）患者的死亡主要是由于医务人员的医疗过错行为所造成的，如果没有医疗过错行为的发生，患者是可以康复的，或者说是不会死亡的。如失血性休克的患者由于医务人员检查不仔细（漏诊、误诊）以致延误抢救造成患者死亡的。

（3）患者死亡的主要原因是疾病本身危重，医务人员虽然存在医疗过错行为，但这种医疗过错行为不是造成患者死亡的主要原因。如对于那些涉及恶性肿瘤、严重颅脑外伤的患者、大面积心肌梗死的患者，死亡的主要原因是其本身病情危重，而非医疗过错行为。

就医疗损害司法鉴定而言只有（1）和（2）可以认为患者死亡是由于医疗过错引起的，（3）可以认为医疗过错造成患者的生存机会丧失。死亡和生存机会丧失作为两种不同的损害后果，其法律意义是完全不同的。就生存机会丧失的案件而言，应该在鉴定意见中明确说明患者因医疗过错行为导致患者丧失了一定的生存机会或生存期。如果某种疾病的生存期有统计学调查结果，可具体说明生存期的长短。

2. 残疾或者功能障碍与丧失康复机会　残疾或者功能障碍作为损害后果同样可以分为三种情况：

（1）残疾或功能障碍完全是由于医务人员的医疗过错行为所造成的。如需切除肾、卵巢等病侧器官，而误切健侧器官，造成功能障碍的（如肾功能不全、生育能力丧失）。

（2）残疾或功能障碍主要是由于医务人员的医疗过错行为所造成的，如果没有医疗过错行为的发生，残疾或功能障碍是可以避免的。如骨折患者因为复位或固定不当造成骨折畸形愈合、影响骨关节功能的。

（3）残疾或功能障碍的主要原因是患者本身病情所决定，而医疗过错行为只是加重了残疾或功能障碍的程度。如椎间盘突出行椎间盘切除术后，患者的症状并未得到改善甚至有所加重，即使存在医疗过错行为，但造成患者残疾或肢体功能障碍的主要原因不在于医疗过错行为，而主要是病情难以恢复或继续发展所致。再如严重颅脑损伤的患者，虽经抢救可以挽救生命，但疾病本身预后差、致残率高。因此，不能把致残或功能障碍归咎于医务人员的医疗过错行为。

对于（1）和（2）可以认为患者的残疾或功能障碍是由于医疗过错引起的，而对于（3）则只能认为医疗过错使患者丧失了康复机会或原来的病情加重。

（二）医疗过错行为与损害后果相关度（或参与度）判定

相关度（或参与度）是指医疗过错行为在损害后果中原因力的大小，是法庭判定医疗机构或医务人员责任程度的重要依据。在司法实践中，通常将参与度分为以下几个不同的等级。

1."医疗行为直接导致不良后果"　该种情形意味着医疗行为对造成患者的人身损害具有100%的原因力。比如，手术误切正常组织器官，造成机体功能障碍。误用有毒药物导致患者中毒或死亡等。其医疗行为与不良医疗后果的相关程度可判定为100%。

2."主要由医疗过错行为导致的不良后果"　这种情形意味着医疗过错行为对造成患者的人身损害具有60%～90%的原因力。无难产因素存在时出现的新生儿产伤，不论医务人员的作为或不作为，医疗行为与损害后果的相关度可判定为60%～90%。

3."医疗过错行为与其他原因共同导致"　该情形意味着医疗过错行为与其他原因（如患者的伤情严重、病情复杂、对治疗的反应不佳等）共同导致患者损害的出现，而任何一个因素单独存在时都不会出现这种不良后果，且二者很难区分主次。在这种情况下可以判定医疗过错行为对造成患者的人身损害具有50%的原因力。比如，骨关节损伤因复位不良而导致患者关节功能障碍等，其医疗行为与损害后果的相关度可判定为50%。

4."不良后果主要由疾病本身病情危重所决定，医疗过失行为起次要作用"　因医疗过失行为使患者丧失生存机会或者康复机会，对患者所丧失的"生存概率及生存期"或者"康复概率以及丧失康复机会给患者所造成的实际损害"进行评估。在这种情况下可以判定医疗过错行为对造成患者的人身损害具有20%～40%的原因力。如恶性肿瘤、严重颅脑外伤的患者、大面积心肌梗死的患者，医疗过错行为虽对其死亡具有一定的因果关系（属于次要作用），使患者丧失的"生存概率及生存期"，但死亡的主要原因是其本身病情危重所致。再如椎间盘突出行椎间盘切除术后，患者的症状并未得到改善甚至有所加重，即使存在医疗过错行为，但造成患者残疾或肢体功能障碍的主要原因不在于医疗过错行为，而主要是病情难以恢复或继续发展所致，对患者所丧失的"康复概率以及丧失康复机会给患者所造成的实际损害"。可以判定医疗过错行为对造成患者的人身损害具有 20%～40% 的原因力。

5. "医疗行为属于诱发因素" 这种情形意味着患者自身的疾病或其他原因是造成死亡或者功能障碍的主要因素，而医疗过错行为自身诱发因素或者促发因素，使患者丧失生存或康复机会，此时医疗过错中不良后果中的原因力为 10%～20%。比如，患有隐匿性心脏病的患者在接受经食管内镜检查时突发心律失常、心脏骤停抢救无效死亡。医师因为术前检查不仔细，未能及时发现患者患有严重心脏病而存在过错。此时，造成患者死亡的主要原因是心脏病，而内镜检查只是诱发因素，医师的行为与患者死亡之间的相关度可判定为 10%～20%。

6. "不良后果与医疗过错行为没有关系" 这意味着作为外因的医疗机构或医务人员的过错行为对于造成受害人损害没有任何原因力。如严重中毒患者、严重颅脑损伤的患者，以及晚期肿瘤患者，医务人员在抢救的过程中可能会出现一定的过错，但这些病情本来就属于不可救治的范围，患者的死亡是病情发展的自然转归。医务人员虽然存在过错行为，但这种过错行为与患者的死亡没有关系。医疗行为与损害后果相关度可判定为 0。

四、涉及医疗损害的尸体检验鉴定

医疗纠纷案件中，患者死亡是常见的医疗损害后果表现形式之一。为使纠纷得以客观、公正的解决，尸体解剖检验对案件的鉴定和处理具有重要意义，对医学科学的发展亦具有重大影响，其主要包括确定死亡原因、验证临床诊断的准确性和实施的治疗等是否得当、发现新的疾病。尸体检验是法医病理学鉴定的重要组成部分，在教学和病理医师培养方面同样具有重要作用。

（一）尸体检验鉴定特点

1. 公正、合理地保障医患双方的合法权益 医疗纠纷发生后，患方对医方的信任度严重不足，不利于案件解决，而法医作为中立的第三方介入医疗纠纷鉴定，可以体现其客观、公正、科学的特点，有利于维护社会稳定和谐。

2. 为医疗纠纷的处理提供科学证据 尸体检验后得出科学、公正、客观的鉴定意见，可以作为行政调解纠纷或法律诉讼解决纠纷的强有力证据，保证纠纷的正确顺利处理。

3. 为提高医疗质量奠定基础 尸体检验鉴定可以在一定程度上对临床诊断做出补充，反映出医务工作者在临床诊疗过程中的不足，有利于总结经验教训，提高医疗质量。

（二）尸体检验鉴定程序

《医疗事故处理条例》第十八条规定：尸体解剖应当由国家有关规定取得相应资格的机构和病理解剖专业技术人员进行。医疗事故争议双方当事人可以请法医病理学人员参加尸检，也可以委派代表观察尸检过程。第二十五条规定："涉及死因、伤残等级鉴定的，并应当从专家库中随机抽取法医参加专家鉴定组。"

《医疗事故技术鉴定暂行办法》第二十一条规定："涉及死因、伤残等级鉴定的，应当按照前款规定由双方当事人各自随机抽取一名法医参加鉴定组。"

从上述可以看出，法医可以作为专家库成员参与尸检，或者作为司法鉴定机构鉴定人直接参与尸检。目前我国聘请法医专家参加尸检的情况并不多见，而司法鉴定机构已经是涉及死亡的医疗纠纷案件处理的重要组成部分，人民法院、卫生行政部门、医患双方当事人等均可委托司法鉴定机构进行尸检。

(三)尸体检验鉴定注意事项

医疗纠纷中涉及死亡的案件往往医患双方存在较大争议,死亡原因较为复杂,通常涉及诸多科室(如内科、妇产科、儿科、麻醉、外科、感染等),同时由于医疗因素的参与导致尸体解剖结构、疾病状态等发生改变,以及病变并发症或后遗症的出现,为尸体检验增加了一定难度,因此法医鉴定人员应高度重视,全面了解病史及医疗状况,做出系统、完整的解剖。

1. 尸体检验前应进行多方面的资料收集和调查,如听取医患双方人员的陈述、收集全部的病情资料等,了解死者的既往病史、本次发病情况、死前病情变化及临床诊治情况等,以明确尸体检验的重点,并决定尸体检验的解剖方案。在审查资料过程中应注意辨别资料的真实性。

2. 尸体检验前应和委托方、死者家属做充分沟通,取得死者家属同意并签字认可,告知尸解的相关法律规定和程序、尸解的局限性、尸解对死者体貌的影响、尸解提取检材的处理、尸解后遗体处置等各方面的尸解问题,以免引起不必要的纠纷。

3. 尸体检验一般由工作经验丰富的法医病理学尸检工作人员进行,尸检按照标准方法进行,做到全面、系统,重点部位详细解剖,并必须照相或摄像留取证据。尸检过程中医患双方可以委派代表参观尸检过程,但应明确告知当事人代表不能影响正常的尸检过程,如不能进行拍照、摄像、录音等。

4. 尸体检验后提取的生物学检材一般应进行组织病理学检查,以明确或排除某些病变的存在。必要时可以进行死后生化、毒物分析,细菌学、病毒学检测,以及特殊染色、免疫组织化学染色。

5. 尸体检验的目的是确定死亡原因,为医疗行为过错鉴定提供证据,也是解决医疗纠纷的关键所在。因此尸体检验后出具鉴定文书非常重要,死因确定应在综合分析的基础上做出结论。同时案件的档案和提取的检材后期应妥善保存、处理。

(蔡继峰)

第四节 临床实践中医疗纠纷的防范

一、临床各科室最常见的医疗纠纷案件类型

(一)临床各科室常见的医疗纠纷案件的情况

国内外资料均表明,医疗纠纷的发生主要以手术科室为多,最常见的科室有外科、妇产科、麻醉科、五官科等,其中外科发生的医疗纠纷为最多,约占全部发生医疗纠纷科室的1/3;非手术科室如内科、儿科、医技科(各种辅助检查科室)等医疗纠纷发生率次之,急诊科(包括ICU)及其他科室最少。

(二)临床各科室常见的医疗纠纷的典型案例

1. 脊柱外科

(1)案情:颜某某于2012年7月4日以"反复腰痛3年加重伴右下肢麻痛3天"入住某医院,于2012年7月11日行后路腰椎(L3、L4、L5)椎弓根螺钉(GSS)内固定,L3/L4、L4/L5双侧开窗椎管减压神经根管扩大、左侧髓核摘除椎间植骨术。术中出现血压下降,麻醉师持续进行抢救生命体征维持,但血压进行性下降,经反复多次抢救后无效后宣布临床死亡。大体解剖:髂动脉破裂,后腹膜血肿,腹腔积血,左胸腔积血;血管破口周围未见动脉粥样硬化及动脉瘤,亦未见肿块,组织学检查见血管破口处血管黏膜下出血,符合损伤所致的特点。

腰椎内固定架在位，腰段椎体腹腔面椎体未见孔洞，亦未扪及硬性尖状物突出。死亡原因：后路腰椎内固定，L3/L4、L4/L5 双侧开窗椎管减压神经根管扩大，左侧髓核摘除椎间植骨术中左髂动脉破裂出血致失血性休克死亡。

（2）分析意见：患者颜某某死因为髂动脉破裂出血致失血性休克死亡，血管破口处未见自身疾病病理改变，符合损伤所致特点。医院方医务人员在手术过程中未严格按照操作规程，导致手术损伤大动脉出血致患者死亡。患者的死亡完全是由医疗过失行为所造成，医方承担全部责任。

2．普外科

（1）案情：2008 年 8 月 10 日凌晨 1 点多，雷某某吃夜宵时，酒后头部等部位受外伤并出血 20min，于凌晨约 2 时 20 分左右到某某医院急诊，凌晨 2 时 45 分患者突发心跳呼吸骤停，立即给予心肺复苏等抢救治疗，于上午 11 时 53 分宣告被鉴定人死亡。大体解剖：雷某某生前有左股动脉不完全性破裂及多处头皮、皮肤软组织裂伤，符合失血性休克死亡的病理改变特点。

（2）分析意见：雷某某经法医尸体解剖证实生前有左股动脉不完全性破裂致失血性休克死亡，其生前外伤是死亡的根本原因。股动脉破裂的及早诊断、控制出血是抢救生命的首要条件，就本例而言，医院方未能及早诊断死者左股动脉破裂并进行结扎止血或血管吻合术存在过失，与死者死亡有直接因果关系，使死者丧失生存机会。死者死亡主要是医疗过失行为所造成，医院方承担主要责任。

3．骨科

（1）案情：2009 年 10 月胡某因火药炸伤致头面部、右肩、右手疼痛 1h 至某一医院就诊，入院时患者右手毁损严重，多发性骨折伴广泛皮肤软组织缺损，入院后 1h 经会诊后转入某二医院。某二医院给予右手清创缝合、试行再植、石膏托固定等治疗，后患指渗液、出现异味。医方给予右手再植体解脱（截肢）、加强抗炎等治疗，患者病情稳定出院。法医临床检查：右腕关节以远缺失。

（2）分析意见：患者胡某右手毁损伤极其严重是其截肢的主要原因。对于危重患者，转院时某一医院应派医务人员陪同并向上级医院交代病情；此外，某二医院系二级医院，非上级医院，亦非专科医院，某一医院转诊存在不足；某二医院不具备复杂手外伤处理肌腱、神经及血管修复术（含截肢、断指再植）的资质，属超范围行医。上述两家医院均存在医疗过失。

4．妇产科

（1）案情：谭某因停经 12^{+3} 周至某医院要求流产，给予药物流产失败，子宫增大，行清宫术，术后阴道大量流血不止，经加强宫缩、宫腔填纱等止血无效，剖腹探查行子宫次全切除术，术后病情稳定出院。法医临床检查：下腹正中手术瘢痕。

（2）分析意见：药物流产适用于停经 8 周以内的流产，患者停经 12^{+3} 周已不适合进行药物流产；据超声检查及子宫病检结果未见引起子宫内大出血的自身疾病，清宫术后大出血符合清宫操作不当所致。谭某子宫次全切除由医院方医疗过失行为造成，医院方应承担全部责任。

5．神经内科

（1）案情：何某于 2007 年 11 月 17 日因突然倒地昏迷口角歪斜急诊至某医院诊治，CT 示脑出血，脑内血肿 70ml，并于 18 日及 20 日分别进行颅骨钻孔引流术，术后病情反倒加重，24 日转上级医院，26 日 CT 示脑内血肿仍为 70ml，遂行开颅血肿清除术，术后患者恢复，遗留完全性失语、偏瘫。法医临床检查：神志清醒，不能言语交流，头部颅骨缺损，右侧偏瘫（肌力Ⅰ~Ⅱ级），腱反射亢进，病理反射阳性。

（2）分析意见：参照职工工伤标准，何某遗留偏瘫及失语构成二级伤残。高血压脑出血手术治疗原则是尽早止住出血、降低颅内压。医方对患者何某入院诊断成立，入院后首次行钻孔血肿引流等治疗符合诊疗规范，但术后连续两天复查 CT 颅内血肿无减少，说明穿刺引流术对本例患者疗效差，应迅速采取其他降颅压措施，医方仍二次钻孔引流，术后脑内血肿仍未减少。直至转上级医院开颅治疗。医方在整个诊疗过程中未积极采用有效降颅压方法，一定程度上延误病情，存在一定医疗过失。

6．儿科

(1) 案情：刘某 (5个月) 于2009年6月9日因发热、咳嗽3天至某医院诊治，诊断支气管肺炎，当时未安排病床，给予抗炎对症治疗，后患儿病情发生恶化，给予安排床位并紧急救治，因病情危重抢救无效死亡。当地卫生检测及尸体解剖检验，死亡原因为手足口病。

(2) 分析意见：手足口病属感染性疾病，婴幼儿高发，重症患儿病情进展快，易发生死亡。患儿在病情变化前，一般情况尚可，症状不重，未发现典型手足口病改变，不易早期诊断。医方在诊治过程中病情观察不仔细，无病情记录，存在医疗过失，对患儿死亡有一定影响。

7．输液反应

(1) 案情：钟某于2009年4月10日因突感喉部不适、高热至某诊所治疗，诊断为急性扁桃体炎，予以静脉滴注头孢唑林治疗，输液时突发寒战、高热、抽搐伴意识丧失等，转上级医院抢救。检查示肝肾功能损害，肾穿刺病检示系膜增生性肾小球肾炎及间质性肾炎。经对症处理后患者病情恢复。法医临床检查：患者一般情况尚可，肾功能各指标正常。

(2) 分析意见：间质性肾炎可由感染时病毒、细菌及其毒素直接侵袭肾而引起，一些药物（常见药物有青霉素、头孢类抗生素等）、毒物、物理因素及代谢紊乱，亦可直接导致急性间质性肾炎。患者钟某患有肾小球肾炎系自身感染疾病，当地某诊所用药后出现输液反应、肾衰竭情况。故输液反应是其病情恶化的加重因素。

二、医疗纠纷的综合防范

医疗纠纷的产生常常是诸多因素共同作用的结果，既有医疗体制因素，也有医疗机构和医务人员因素，同时患者及其家属亦有参与促进医疗纠纷的发生。因此，医疗纠纷案件的综合防范措施需涵盖多个方面。

1．完善医疗监督体制和机制　医疗行政主管部门、医疗机构和行业协会应建立多层次、多角度、代表多方利益的监督体制和机制。依靠体制规范医疗行为，通过机制客观、公正地处理医疗纠纷。

2．医疗机构严抓管理　规范医疗行为，提高医疗质量，建立并落实内部长效防范机制，保障医疗质量安全。各级别医疗机构都应坚持实行医疗质量管理，明确各科室责任和义务。对容易出现医疗纠纷的科室，严格按照规章制度管理、考核、改善。医疗机构及其医务人员要严格按照医药卫生管理相关法律、行政法规、规章、临床诊疗指南和技术操作规范开展医疗工作，切实提高医疗质量，保障医疗安全。规范病历书写，做好病历资料管理工作。医疗机构及其医务人员应当按照《医疗机构病历管理规定》、《病历书写基本规范》等规定，规范书写并妥善保管病历资料，采取有效措施防止病历遗失，不得伪造、篡改或者销毁病历资料；患者及其家属要求查阅、复制相关病历资料时，医疗机构应当提供。

3．医务人员提高专业技术水平，增强法律意识　医务人员定期通过院外进修学习提高自身业务水平，同时加强对医疗卫生管理及相关法律法规的学习，熟悉医疗纠纷的防范对策，明确自己在医疗工作中的责任和义务，约束自身言行。

4．建立医患交流平台，增进医患沟通，保障患者权益　健全医患沟通告知制度，完善医患沟通内容，提高医务人员的医患沟通能力；完善知情同意相关制度，切实履行说明义务，依法及时、准确向患者及其家属说明病情、医疗措施；需要实施手术、特殊检查、特殊治疗的，应当及时向患者或其近亲属说明医疗风险、替代医疗方案等情况，并取得其书面同意。

5．加强医务人员医德、医风教育　医疗机构树立"以患者为中心"的诊疗思想，转变观念，改善服务态度，切实提高自身素质和职业道德水平。要定期开展医德医风教育活动，培养树立先进典型，牢固确立服务意识。

6．加大对患者及家属的法制宣传教育，普及基础医疗知识　大部分患者及家属由于医疗知识匮乏，对一些医疗行为不理解、不配合，甚至隐瞒病史等，同时对诊治疗效又抱有极高的期望值，往往容易产生怀疑、抱怨，造成医疗纠纷出现。加强法律知识宣传，在医疗纠纷发生后，患者及家属能够通过正常合理合法途径解决问题。依法维护医疗机构及其医务人员的合法权益，依法严厉打击"医闹"等干扰医疗秩序，侵害医务人员合法权益的违法犯罪行为；要加大宣传教育工作力度，引导患者和家属理性对待医疗风险，依法解决医疗纠纷，努力构建和谐医患关系。

7．积极推进医疗纠纷人民调解与医疗责任保险制度　医疗纠纷人民调解制度和医疗责任保险制度是医疗纠纷处理的重大制度建设。要完善医疗纠纷人民调解和医疗责任保险相关制度，加大医疗纠纷人民调解工作力度，妥善化解医疗纠纷，依法维护医患双方合法权益和社会和谐稳定。

（蔡继峰）

思考题

1．医疗纠纷、医疗事故、医疗损害的概念是什么？
2．如何认定医疗损害中的侵权责任？
3．医疗损害中的注意与告知义务有哪些？
4．医疗损害侵权责任法医学鉴定的要点有哪些？

第十四章　法医物证 DNA 分析技术

第一节　概　述

法医物证学是以法医物证为研究对象，以提供科学证据为目的，研究应用生命科学技术解决与人体有关的生物性检材检验鉴定的一门科学，为法医学的主要分支学科之一。关于这门学科的命名目前国内外尚未统一。我国的法医物证学相当于国外的法医血清学（forensic serology）、法医血型血清学（forensic blood group serology）、法医血液遗传学（forensic hematogenetics）、法医遗传学（forensic genetics）或法医生物学（forensic biology）。

一、法医物证学研究的范畴

法医物证学主要通过对人类遗传标记的检测和分析，以解决司法实践中涉及人体生物性检材的个体识别（personal identification）及亲权鉴定（parentage testing）问题。其意义在于为相关案件的侦查提供线索，为审判提供科学证据。

（一）个体识别

应用法医学、人类学的理论和技术检测分析，确定现场生物性检材或无名尸体的身源，叫做个体识别。各类刑事案件的现场都可能遗留有与人体有关的、各种各样的生物物证材料，例如凶杀现场的血痕、性犯罪留下的精斑或阴毛、碎尸案的组织块、烟头上的唾液斑等，它们可能是罪犯留下的，也可能是被害人的。通过检测和比对，可以判定这些现场生物检材是被害人的或是罪犯遗留的，亦可以认定或否定两份材料是否来自同一个体。因此，个体识别鉴定也称为同一性鉴定。此外，部分案件中的无名尸体需要通过亲权鉴定确定其身份，亦属个体识别。

个体识别鉴定技术主要分为两类。一类是利用人类遗传标记分型，主要用于分析各类斑迹或人体组织。用于个体识别鉴定的遗传标记应该是一种简单的遗传性状，这种性状的遗传方式已被确定，且具有遗传多态性。法医物证学中的个体识别即属此类。另一类是利用人类学的理论和方法，从形态学观察分析骨骼、牙齿或毛发的个体特征，属于法医人类学的范畴。

（二）亲权鉴定

通过对人类遗传标记的检测，根据遗传规律分析，对有争议的父母与子女血缘关系的鉴定，叫做亲权鉴定。人类遗传规律与统计学原理是亲权鉴定的理论基础。亲权鉴定是通过检测个体遗传标记，分析遗传关系并经过量化评估来完成的。用于鉴定亲缘关系的遗传标记，除了具有个体识别鉴定的遗传标记的特征外，还应具有突变率低的特点。

二、法医物证及其鉴定的特点

（一）法医物证

所有与案件有关的、并对案件的真实情况有证明作用的物品和痕迹称为物证。广义的物证包括各种痕迹、物品、音像资料、文证材料和生物检材等。法医物证学研究的主要对象是与人体有关的生物学材料，通常称为法医物证或生物物证。根据其来源和属性，法医物证通常分为两类：一类是人体的构成成分，例如血液、骨骼、牙齿、组织器官、毛发、指甲等；另一类是人体的分泌物、排泄物，例如精液、唾液、阴道分泌物、鼻涕、粪便、尿液等。现场收集的法医物证蕴含着对案件侦破极为重要的有价值的信息，例如作案凶器上留有被害人的血痕、性犯罪案件中被害人阴道拭子中含有罪犯的精斑、遗留在现场的烟头上含有罪犯的唾液斑等。对现场收集的这些生物物证进行检验鉴定，以确定其来源并判定是否与案件有关的鉴定过程叫做法医物证检验。

（二）法医物证检验鉴定的特点

1. 法医物证检验方法的特殊性　遗留在现场的生物学检材，通常会受到各种外来的物理、化学和生物学因素的影响，例如高温、紫外线、潮湿、各类化学物质、细菌污染等，使检材中的有些成分形态结构发生破坏，甚至常常出现蛋白质的变性，失去其特有的生物学特征。现场生物学检材的主要特点就在于环境因素的作用使其具有某些不确定性。因此，法医物证检材不同于临床医学实验室检测的医学样本，由此也决定了法医物证的检验技术不同于常规的医学检验。以血液为例，新鲜血液红细胞完整，临床医学实验室测定 ABO 血型多采用红细胞凝集试验，而现场血痕检材中红细胞已彻底破坏，故法医物证检验只能采用吸收试验或解离试验检测血痕中 ABO 血型物质。因此，法医物证检验的关键就是针对法医物证检材的特点，设计合理的分析策略，选择正确的实验方法，减少不确定性，实现对法医物证的鉴定。

2. 法医物证检验必须遵循特定的检测程序　物证检验的最终目的是个体识别，但由于案件的复杂性和现场条件的特殊性，人体生物材料大多都发生了变化，例如血痕中的血红蛋白变性、降解使血痕呈现褐色、灰褐色，腐败血痕出现污绿色。在测定检材的遗传标记之前，需要对送检材料做确认，例如可疑血痕检材必须先通过检验确定是血痕，才能进一步检验。另外，血痕或组织材料还可能是动物的，尤其是哺乳动物的血痕、组织，靠形态观察无法与人类材料区分，必须对检材做种属鉴定。常见的法医物证如血痕、精斑、唾液斑、组织块等都有一定的检测程序，只有首先确定是人的检材，检测遗传标记做个体识别才有意义。

法医物证检验的主要程序包括：

（1）生物检材的确认：主要解决现场收集的可疑斑迹或组织是否为生物性检材，若是，还应进一步确定其属性，如是否为血痕、精斑、唾液斑等。传统方法主要通过一些酶促反应或免疫学试验检测不同体液和组织中所含有的独特的蛋白或酶分子，从而筛选和确认各种体液和组织。例如，血痕的确定主要通过检测是否存在血红蛋白及其衍生物，唾液斑和精斑鉴定是基于唾液和精液中分别含有大量唾液淀粉酶、酸性磷酸酶或前列腺特异抗原，尿液斑鉴定是基于尿液中含有大量的尿素或肌酐等。近年来，有利用不同组织和体液化学成分不同导致对不同波长光谱的吸收峰差异进行生物性检材确认的光谱法，亦有利用不同组织和体液 RNA（包括 mRNA 和 microRNA）表达差异或组织特异性差异甲基化进行生物性检材确认的分子生物学新方法。

（2）种属鉴定：主要通过检测生物检材中是否含有人或动物种属特异性成分，以确定其是来自人体还是动物。某些特殊案件中，有时还需要确定非人体生物性检材来自何种动物。

（3）遗传标记检测：通过遗传标记检测判断相关的生物检材来自哪一个个体，这是个体识别鉴定所要解决的核心问题。

（4）其他检验：有些特殊案件有时还需要确定出血部位、出血量、出血时间等。

3. 法医物证鉴定结论需统计学量化值的支撑　法医物证属于"科学证据"，针对其鉴定结论的解释需要经过严格的逻辑推理并运用科学的理论加以评估。例如，强奸案中从被害人阴道拭子中提取的精斑遗传标记分型与嫌疑人不同，则可以排除该嫌疑人；若提取的精斑与嫌疑人具有相同的遗传标记分型，则在"某种程度上"支持嫌疑人实施了强奸的论点。这种支持的程度有多大，则取决于检测所使用的遗传标记的数量、遗传标记的系统效能，以及对于具体个案的鉴别能力。这些指标都需要经过统计学计算，然后再根据计算所得的具体量化值来评估法医物证的科学证据意义。因此，相关的统计学理论是遗传标记分析作为科学证据的基础。

（黄代新）

第二节 法医 DNA 分型技术

当个体的单位遗传性状作为标志用于法医物证分析时，这种遗传性状就称为遗传标记（genetic marker）。20 世纪 80 年代中期以前，法医物证检验主要采用人类红细胞血型、血清型、酶型、白细胞抗原等蛋白质水平的遗传标记。此后，随着 DNA 指纹和聚合酶链反应（PCR）技术的相继问世，20 世纪 80 年代中后期开始，法医物证检验技术逐渐向 DNA 遗传标记的检测分析过渡。经过 20 余年的发展，目前具有高度多态性的 DNA 遗传标记分型已成为法医物证检验的主流技术。

一、DNA 多态性遗传标记

因基因突变的原因，致使无关个体之间的同一段 DNA 存在碱基序列或片段长度差异的现象，称为 DNA 多态性（DNA polymorphisms）。DNA 遗传标记可以出现在编码区，也可以存在于非编码区，同样具有遵循特定遗传规律和终身不变的基本特征。按照 DNA 遗传标记的结构特征，DNA 多态性可分为长度多态性和序列多态性两类。

（一）DNA 长度多态性

DNA 长度多态性（length polymorphisms）是指同一基因座上各等位基因之间的 DNA 片段长度差异构成的多态性。人类基因组中，编码 DNA 序列仅占 3%～5%，其余 95% 以上的序列属于非编码 DNA。非编码序列中大约 10% 是以一种特殊的串联重复形式出现，即以相同序列的一段 DNA 作为重复单位或基序（motif），首尾相接串联形成，这类序列又叫做卫星 DNA（satellite DNA）。在某些特定的基因座上，卫星 DNA 重复单位的序列组成相同，但重复的次数可以出现个体差异，形成片段长度不同的等位基因。这类序列称为可变数目串联重复序列（variable number of tandem repeats，VNTR），是形成 DNA 片段长度多态性的重要分子基础。

根据重复单位的长短，VNTR 序列可分为小卫星 DNA（minisatellite DNA）和微卫星 DNA（microsatellite DNA）（图 14-1）。尽管小卫星和微卫星 DNA 的本质皆为 VNTR，但由于传统命名习惯及便于区分的缘故，通常将小卫星 DNA 中的可变数目串联重复序列称为 VNTR，而把微卫星的可变数目串联重复序列称为短串联重复序列（short tandem repeats，STR）。

1. VNTR　小卫星 DNA 的重复单位通常由 15～70bp 组成，重复单位的重复次数在不同个体间差异极大，少则重复数次，多则重复数十次，甚至数百次，从而构成极其复杂的 DNA 片段长度多态性。不等交换是形成小卫星 DNA 高度多态性的主要机制。小卫星 DNA 在基因组中分布广泛，多位于染色体的近端粒处。绝大多数高度变异的小卫星 DNA 是非编码序列，极少数以编码序列形式出现。例如编码 18S、5.8S、28S rRNA 前体的基因就有 10～10 000 个拷贝在核仁区重复排列。组蛋白的 5 个基因串联成簇，可以多达数百次。这些串联形式的基因多与细胞分裂间期合成大量的 rRNA、组蛋白有关。在结构上，小卫星 DNA 重复单位中，几乎都有一共同的核心序列 GGGCAGGAXG，可能与 DNA 同源重组有关，是基因组中的重组热点。不同小卫星 DNA 之间的核心序列具有极高的同源性，在低杂交条件下可以相互杂交。以核心序列为探针进行限制性片段长度多态性分型时，能同时检测多个位点小卫星 DNA 多态性，此为多位点 DNA 指纹图分析的理论基础之一。

2. STR　微卫星 DNA 的重复单位较短，长度仅 2～6bp，重复次数 10～60 次，总长度多在 400bp 以下，故又称为短串联重复序列。染色体 DNA 复制过程中的复制滑动是形成 STR 多态性的主要机制。STR 在人类基因组中占 5% 左右，估计有 20 万～50 万个，平均每 6～10kb 就出现一个，其中约一半具有遗传多态性。绝大多数 STR 分布在非编码区，极少数三核苷酸 STR 位于编码区。据初步估计，迄今已发现的 STR 基因座超过八千个。目前，PCR-STR 分型是法医物证检验应用的主要技术手段。

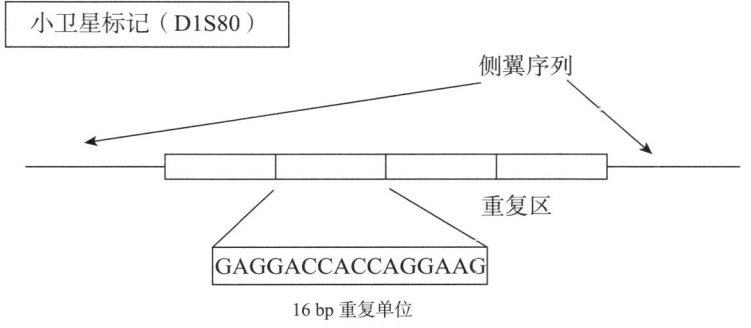

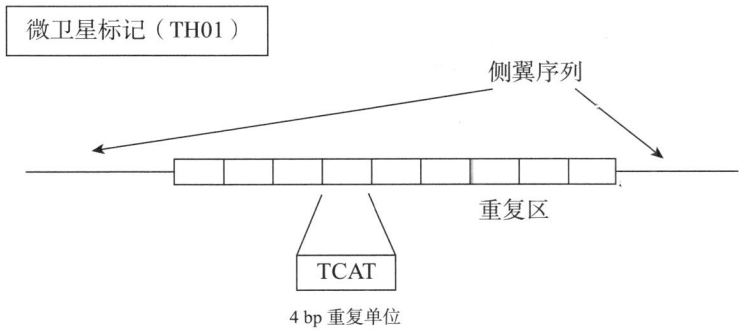

图 14-1 小卫星和微卫星 DNA 结构示意图

(1) STR 序列结构类型：根据 STR 序列重复单位的碱基结构特点可将其分为以下三类。①简单序列，其重复单位的长度和碱基组成基本一致。例如 FES/FPS 基因座 $[ATTT]_{8\sim14}$。有些基因座仅有一个等位基因在碱基组成或碱基数上出现微小差异，也属此类，如 TH01 基因座 $[AATG]_{5\sim11}$，其中 173bp 等位基因结构为 $[AATG]_4ATG[AATG]_5$；②复合序列，指同一基因座内存在两种或两种以上的基序，但重复单位的长度基本一致。例如 GABRB15 基因座 $[GATA]_{5-12}[GATC]_{2-4}[TATC]_{1-2}$；③复杂序列，指同一基因座内重复单位既有序列差异，也有长度差异，典型代表为 D21S11 基因座。

(2) 基因座命名：有两种命名方式：一是按照 STR 的 GenBank 注册名称，位于结构基因内含子中的 STR 基因座参照基因名称命名，例如酪氨酸羟化酶基因第一内含子中的 STR 命名为 TH01，次黄嘌呤磷酸核糖转移酶基因内含子中的 STR 命名为 HPRTB；而位于非编码区中的 STR 则按照 Genome Database（GDB 基因组，数据库）命名原则，以基因座所在染色体以及首次进入公共数据库的原始序号为依据命名，例如 D3S1359，指位于 3 号染色体上入库数据中第 1359 号 STR。

(3) 等位基因命名：根据国际法医遗传学会（International Society of Forensic Genetics，ISFG）推荐的原则，STR 基因座的等位基因以重复单位的重复次数命名。例如，TPOX 基因座的重复单位为 [AATG]，有 8 个常见等位基因，分别重复 6～13，则该基因座的等位基因分别命名为 6、7、8、9、10、11、12 和 13。对于含有不完全重复单位的等位基因，在完整重复序列数后用一小数点，后面再接不完整重复单位的碱基数。例如，TH01 基因座的 173bp 基因序列为 $[AATG]_4ATG[AATG]_5$，则命名为 9.3。采用统一的命名原则是使不同群体调查数据以及不同实验室分型结果具有可比性的基础。

(4) 理想 STR 基因座的条件：从法医学应用的角度考虑，理想的 STR 基因座应具备以下几个条件：①等位基因长度在 400bp 以下；②重复单位为四或五核苷酸，尽量不含有插入的非重复单位碱基；③联合应用的各个基因座应位于不同的染色体，以避免可能存在的连锁关系；④等位基因数 8～12 个；⑤基因座杂合度 0.8 以上，个体识别能力大于 0.9；⑥等位基因频率分布比较均衡，无高频或低频等位基因；⑦突变率低。

（5）最常用 STR 基因座：自发现 STR 遗传标记并用于法医 DNA 分型以来，相继有大量 STR 基因座被应用于法医学个体识别和亲子鉴定。美国联邦调查局（FBI）在评估和总结各国法医 DNA 分型的基础上，根据 STR 基因座的等位基因数目、主要人种中等位基因频率分布、分型稳定性等因素，选择并推荐了 13 个最常用的常染色体 STR 基因座作为美国联合 DNA 检索系统（Combined DNA Index System，CODIS）的遗传标记（表 14-1）。各种常染色体 STR 分型商品化试剂盒也基本围绕 CODIS 系统的 13 个 STR 基因座进行开发。

表14-1　CODIS系统的13个STR基因座

基因座	染色体定位	重复基序
CSF1PO	5q33.3-34	TAGA
FGA	4q28	CTTT
TH01	11p15.5	TCAT
TPOX	2p23-pter	GAAT
vWA	12p12-pter	[TCTG][TCTA]
D3S1358	3p	[TCTG][TCTA]
D5S818	5q21-31	AGAT
D7S820	7q11.21-22	GATA
D8S1179	8q23	[TCTA][TCTG]
D13S317	13q22-31	TATC
D16S539	16q24-qter	GATA
D18S51	18q21.3	AGAA
D21S11	21q21	[TCTA][TCTG]

（二）DNA 序列多态性

DNA 序列多态性（sequence polymorphisms）是指因突变造成的相同 DNA 分子中一个或多个位置上碱基排列的个体差异。可以理解为同一基因座上所有等位基因 DNA 长度相同，但它们之间的序列存在差异。事实上，传统的蛋白质遗传标记几乎都是由于编码蛋白质的 DNA 序列发生突变所致，因此在 DNA 水平皆可归为 DNA 序列多态性。法医学早期使用的 DNA 序列多态性是使用 PCR 斑点杂交技术检测 HLA-DQA1 基因座及 Polymarker 系统，因等位基因较少、鉴别能力有限，现已很少使用。目前，法医学实践中使用最多的序列多态性遗传标记是线粒体 DNA 的 D 环区序列多态性。

基因组 DNA 中，无论是编码区还是非编码区，单碱基变异都是最基础的突变形式。如果任何单碱基突变使特定核苷酸位置上出现两种或两种以上的碱基，其中最少的一种在群体中的频率不少于 1%，就形成单核苷酸多态性（single nucleotide polymorphisms，SNP）。形成 SNP 的碱基变异包括同型碱基之间的转换以及嘌呤与嘧啶之间的颠换，其中转换的发生率占绝大多数，约为 70%。作为遗传标记，SNP 具有以下特点：①分布广泛，含量丰富。与小卫星和微卫星 DNA 相比，SNP 在人类基因组中分布更广泛，平均每 500～1000 个碱基对中就有 1 个，估计其总数可达 300 万个甚至更多；②遗传稳定。与 STR 相比，SNP 具有更为稳定的遗传特定，尤其是处于编码区的 SNP（coding region SNP，cSNP）；③具有二态性。基因组 DNA 由

A、G、C和T四种碱基构成,理论上每个SNP基因座最多可有4个等位基因。但实际上除了极少数SNP有3或4个等位基因外,绝大多数SNP仅有2个等位基因;④分型简单,易于自动化。SNP的二态性使得其在分型过程中只需要通过简单的+/-方式记录其基因型,不必像其他遗传标记那样需要分析片段的长度,因此更容易实现分析的自动化。正是基于这些优点,SNP被认为是继STR后第三代遗传标记,已广泛应用于医学遗传学、群体遗传学和药物基因组学等各个领域。

由于SNP含量丰富、具有较高的遗传稳定性,它在法医物证检验方面的应用也引起高度重视。但因单个SNP的信息量有限,需同时进行大量SNP的检测才能达到较高的个体鉴别能力。从实用性考虑,如果解决了高通量分型检测的技术难题,SNP可能成为法医物证鉴定的一个重要手段。

二、DNA长度多态性分型技术

法医DNA分型的研究和应用最初就是从长度多态性开始的。小卫星和微卫星DNA因具有较高的多态性,是法医物证学研究和应用的重点。早期,法医DNA分析应用限制性片段长度多态性分析技术检测小卫星VNTR位点,构建DNA指纹图谱。进入20世纪90年代后,PCR技术逐步取代了限制性片段长度多态性分析,成为第二代DNA分型技术。因此,DNA长度多态性分型方法分为限制性片段长度多态性(restriction fragment length polymorphism,RFLP)和扩增片段长度多态性(amplified fragment length polymorphisms,Amp-FLP)。

(一)限制性片段长度多态性

限制性片段长度多态性分析的核心技术是DNA分子杂交。检测步骤主要包括基因组DNA提取、限制酶消化、电泳分离、印迹转移、分子杂交、谱带显示等(图14-2)。

1. 基因组DNA提取　凡有核细胞均可提取核DNA。RFLP分析对检材DNA质和量的要求较高,故通常多采用有机酚/氯仿法抽提,且提取后需测DNA的纯度和浓度。

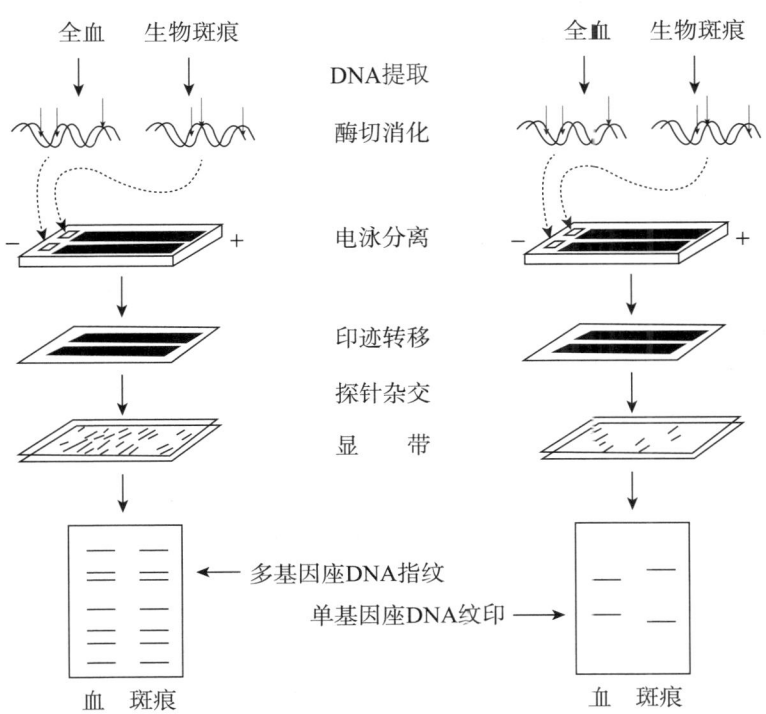

图14-2　RFLP分析实验流程

2. 限制酶消化　限制性核酸内切酶（restriction endonuclease，RE），简称限制酶，是来源于细菌体内的一类核酸水解酶，能够识别双链DNA中的特殊回文式序列（palindrome sequence），并能在识别序列内将DNA双链切断。基因组DNA经限制酶消化即可产生众多长短不一的DNA分子。选择限制酶的原则是：①重复序列中无限制酶的酶切位点，以保证重复序列的完整性；②尽量选择在基因组DNA中具有较少识别序列的限制酶，这样酶切产生的片段不至于太多，便于电泳分离；③尽量选择对DNA甲基化修饰不敏感的限制酶，以避免可能存在的甲基化对酶切的影响。

3. 电泳分离　大分子DNA被限制酶消化后形成成千上万条不同长度的酶切片段，通过琼脂糖凝胶电泳可将所有酶切片段按照长度大小加以分离，这是靶片段获得检测的前提。

4. 印迹转移　电泳分离后，酶切片段由大到小均匀地分布于琼脂糖凝胶上。因凝胶介质机械强度低，为更好地完成后续操作，需将已经分离的DNA片段从凝胶上原位转移到一张高机械强度的支持膜上，该过程叫印迹转移（blot transfer）。此法最先由Southern建立，故称为Southern印迹法。支持膜多选用硝酸纤维素膜或尼龙膜。

5. 分子杂交　转移到支持膜上的DNA片段经碱变性成单链分子后即可与DNA探针进行分子杂交。标记有示踪物的单链寡核苷酸片段叫做探针（probe）。DNA探针通过分子杂交，可按碱基互补配对原则与待测的DNA片段结合形成异源双链，再利用标记物的示踪作用显示待测DNA片段的位置。DNA探针的标记物包括放射性核素标记和非放射性物质标记，后者主要有生物素、地高辛、荧光素及酶标记等。目前常用的是酶标记，如辣根过氧化酶或碱性磷酸酶。

6. 谱带显示　放射性核素标记探针杂交后，通过放射自显影使X线片感光；非放射性核素标记探针杂交后，根据标记物种类不同可选择相应的方法显示谱带。例如，酶标记物的显示是通过酶反应偶联化学发光的技术，酶反应的发光底物被氧化剂及标记酶催化，氧化成激发分子状态，在跃迁回基态时释放出光子，能够使X线片感光。感光的X线片经过显影及定影后，即可在杂交DNA片段对应位置出现黑色条带，得到DNA图谱。

法医RFLP分析所用的探针是小卫星DNA的核心序列串联重复形成的多聚体片段，主要从基因组DNA中筛选，或者参照靶VNTR序列人工合成。根据探针的特异性，可分为多基因座探针（multi-locus probe，MLP）和单基因座探针（single-locus probe，SLP）两种。多基因座探针在低强度杂交条件下，能够同时与多个小卫星VNTR座位的等位基因片段杂交，形成的RFLP图谱呈多条纹形式，犹如商品上的条形码，称为DNA指纹（DNA fingerprint）（图14-3）。不同个体间DNA指纹图谱中片段的数目和位置均不相同，具有高度个体特异性。单基因座探针在高强度杂交条件下，只能与基因组DNA中某一特定的小卫星VNTR的等位基因片段杂交，形成的RFLP图谱简单易懂，杂合子呈现为2条带，纯合子1条带（图14-4）。为了与DNA指纹区别，单基因座RFLP图谱被称为DNA纹印（DNA profile）。

无论是DNA指纹还是DNA纹印，因其操作过程繁琐、技术要求严格，加之检测灵敏度低，不适宜于微量、陈旧生物检材的分型，现已逐渐被淘汰。

（二）扩增片段长度多态性

采用PCR技术扩增VNTR或STR基因座等位基因进行DNA长度多态性分析的方法称为扩增片段长度多态性分析（amplified fragment length polymorphisms，Amp-FLP）。Amp-FLP分析技术充分发挥了PCR技术的高灵敏度和串联重复序列高多态性的优势，在检测灵敏度、准确性和技术操作程序上均比RFLP优越，使法医DNA分析实现了高效、灵敏、准确的目标。较早期，应用Amp-FLP分析技术进行小卫星VNTR基因座的多态性分型。自20世纪90年代中期后，主要利用PCR技术分析微卫星STR座位的多态性，即PCR-STR分型技术。

法医学DNA长度多态性分析的两大技术RFLP和Amp-FLP的主要特征见表14-2。

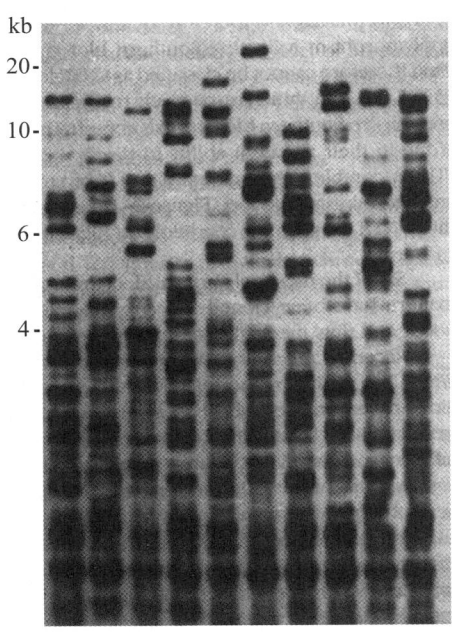
图 14-3　无关个体的 DNA 指纹图

图 14-4　DNA 纹印图

表14-2　RFLP与Amp-FLP技术的比较

	RFLP	Amp-FLP
靶基因座	小卫星VNTR	微卫星STR
检材DNA	纯度要求高，分子量>20kb。必须有机溶剂提取。检材须新鲜或保存较好	模板要求不高。可以有机溶剂提取，但多采用Chelex-100提取方法。可适用于陈旧、腐败、降解生物检材
核心技术	DNA分子杂交，技术繁琐，时间长	PCR，操作简单，耗时短
灵敏度	低，需要50~500ng DNA	高，仅需1~10ng DNA
多态性信息量	高	较高，采用复合扩增可获高信息量
等位基因	每个基因座等位基因多（数十至数百个），基因频率呈连续性变量分布	等位基因较少（10~30个），基因频率呈离散型变量分布

1. 聚合酶链反应　聚合酶链反应（polymerase chain reaction，PCR）技术由 Mullis 于 1985 年建立，是一种体外扩增特异性 DNA 片段的技术，可在数小时内获得近百万个靶 DNA 片段的拷贝，改变了传统的重组克隆复制靶 DNA 片段的技术概念。PCR 技术操作简单，具有高灵敏度和高特异性，使法医 DNA 分析技术发生了深刻地变化。PCR 及其衍生出的各项技术已在法医学鉴定中得到了广泛的应用。

（1）PCR 基本原理：PCR 扩增靶 DNA 的过程类似于体内 DNA 的半保留复制。它是利用人工合成的一对寡核苷酸引物（primer），分别与待扩增 DNA 片段的两侧翼序列互补，在 DNA 聚合酶催化下，以靶 DNA 序列为模板，四种三磷酸脱氧核苷酸（dATP、dTTP、dCTP 和 dGTP）为原料，经过高温变性、低温退火和中温延伸"三部曲"使靶 DNA 片段经过约 30 个循环周期后达到百万倍的扩增。

变性（denaturation）：通过加热（通常加热至 90℃以上）使模板 DNA 双链间氢键断裂，双链解离形成两条单链 DNA 的过程。

退火(annealing):又称复性(renaturation),将反应体系降温(通常降至60℃以下),引物与单链模板DNA按碱基互补配对原则重新形成模板-引物杂化双链的过程。

延伸(extension):DNA聚合酶在适当温度条件(如72℃)下催化4种dNTP原料按碱基互补配对原则从引物的3′末端开始掺入,沿模板由5′→3′方向延伸,合成一条新的DNA链的过程。

每经过一次高温变性、低温退火和中温延伸的循环周期,靶DNA片段便被复制一次。在以后的循环中,新合成的DNA链又成为下一循环的模板。以一个双链DNA模板分子为例,第n次循环时,获得的靶DNA短片段数量为2^n-2n条。一般情况下,1个双链DNA分子在完成30次循环后,理论上DNA拷贝数可达10^9(图14-5)。

(2)PCR反应成分:PCR反应体系的主要成分包括模板DNA、寡核苷酸引物、dNTP、反应缓冲液和 *Taq* DNA聚合酶。

1)模板DNA PCR技术对模板DNA要求不高,有机溶剂提取法、Chelex-100法或其他DNA提取方法均可用于制备模板DNA。因Chelex-100法在同一离心管中完成提取过程,避免了样本DNA的损失,且操作简单,故目前大多采用Chelex-100提取基因组DNA。一个典型的PCR反应,一般仅需1~20ng模板DNA。在一定范围内,适当增加模板DNA的用量,可提高PCR产量,但模板DNA量过高,易出现非特异性扩增产物。

2)引物:人工合成的寡核苷酸序列与靶DNA片段两侧翼的序列互补,因此引物序列限定了PCR产物的长度和特异性。限于 *Taq* DNA聚合酶的链延伸活性,被扩增的靶片段长度一般在500bp以下效果较好。引物一般长15bp~30bp,G+C含量45%~55%,4种碱基随机

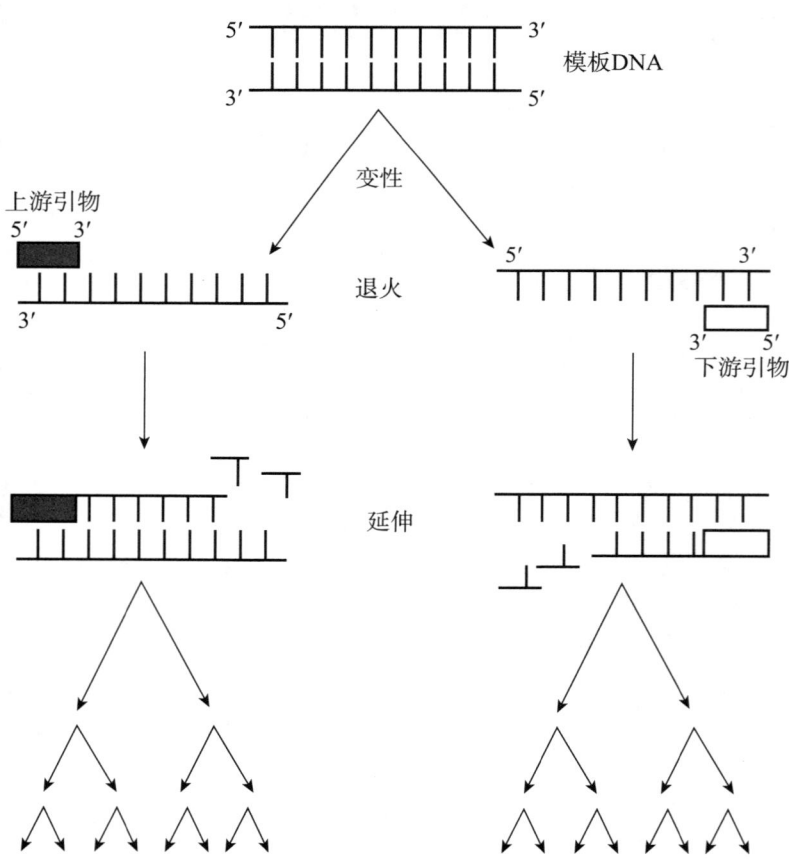

图14-5 聚合酶链反应原理示意图

分布，避免出现嘌呤、嘧啶堆积现象。引物内部不应形成二级结构，两条引物之间尤其是3′末端不应有互补链存在。引物3′端的碱基是影响PCR成功和特异性的关键因素，5′端的碱基组成对反应特异性影响较小，可以根据检测分析要求进行修饰，如连接标记物、引入限制酶识别序列等。PCR体系中引物浓度一般介于0.1～1.0μmol/L。引物浓度过低时，扩增产物量较少；引物浓度过高，则易引起非特异性扩增或引物二聚体形成。

3）三磷酸脱氧核苷酸（dNTP）：每一种dNTP的终浓度应控制在20～200μmol/L，且4种dNTP浓度应均衡。dNTP浓度过高虽可加快反应速度，但亦可增加碱基的错误掺入率；dNTP浓度过低虽可提高实验的精确性，但会导致反应速度的明显下降。此外，由于dNTP可能与Mg^{2+}结合，因此还应注意Mg^{2+}浓度和dNTP浓度之间的关系。

4）反应缓冲体系：PCR反应中缓冲液是一个重要的影响因素，尤其是其中的Mg^{2+}能影响反应的特异性和扩增片段的产率。标准的缓冲体系为10mmol/L Tris-HCl（pH 8.3），50mmol/L KCl，1.5mmol/L Mg^{2+}。Mg^{2+}是Taq DNA聚合酶必须的激活离子，同时Mg^{2+}浓度影响引物退火及延伸时特异性碱基的掺入。一般的PCR反应中，Mg^{2+}浓度介于1.2～2.5mmol/L比较合适（对应dNTP浓度为200μmol/L左右）。Mg^{2+}过量能增加非特异性扩增并影响产率。此外，反应体系中加入小牛血清白蛋白（bovine serum albumin，BSA，100μg/ml）或明胶（0.001%），有利于聚合酶的稳定。

5）Taq DNA聚合酶：Taq DNA聚合酶是从一种嗜热水生菌Thermus aquaticus YT-1菌株中分离提纯的，分子量94kD，在70～75℃时具有最高的生物学活性，具有良好的热稳定性。该酶具有5′→3′聚合酶活性及5′→3′外切酶活性，缺乏3′→5′外切酶活性。因此，在PCR反应中，Taq DNA聚合酶没有引物3′端错配碱基的校正功能。使用Taq DNA聚合酶，反应中出现碱基的错配率为2.1×10^{-4}左右。

(3) PCR热循环参数：典型的PCR循环由变性、退火和延伸三个环节组成。变性是PCR的第一步，能否使模板彻底变性是启动和成功进行PCR的关键。通常，94℃ 30s即足以满足各种DNA分子的完全变性。温度过高或高温持续时间过长，可对Taq DNA聚合酶活性和dNTP分子造成损害。

退火温度决定PCR的扩增特异性。退火温度的选择，可以根据引物的长度和其G+C含量确定。引物长度介于15～25bp时，可根据公式Tm = 4（G + C）+ 2（A + T）估算退火温度。在Tm允许的范围内，选择较高的退火温度可大大减少引物与模板之间的非特异性结合，提高PCR反应的特异性。通常，退火时间设置为30s，足以保证引物与模板DNA完全结合。

延伸温度一般选择72℃，此时Taq DNA聚合酶活性最高，核苷酸的掺入率可以达到每秒60～100个核苷酸。延伸时间取决于靶序列的长度。一般长度不超过1kb的靶片段，延伸1min完全足够；若超过1kb，则需适当延长延伸时间。

温度参数选定后，PCR循环次数主要取决于模板DNA的浓度。理论上，20～25次循环后，PCR产物的积累即可达最大值。实际操作中由于每步反应的产率不可能达到100%，因此通常选择20～30次循环比较合理。

(4) PCR技术的特点：法医学应用PCR技术分析DNA多态性已经成为物证鉴定的主要手段，具有以下几个特点：

1）灵敏度高：微量的模板DNA在PCR反应中以指数级迅速复制，理论上可以检测单个体细胞的基因组DNA。在微量或超微量生物学检材的分析方面，PCR具有独特的优势。

2）特异性高：PCR引物序列是针对靶DNA片段的侧翼序列设计的，引物的特异性决定了扩增片段的特异性。

3）适用于降解DNA检材：PCR对模板DNA的完整性要求不高，检测的靶基因片段长度通常在2kb以下。陈旧、腐败检材中一般都保存小片段的靶DNA，多数能得到扩增产物，进

4）种属特异性好：引物是依据人类基因组 DNA 序列设计合成的，只能与人基因组 DNA 发生退火，检材中污染的动物、植物、微生物 DNA 均不能扩增。

5）PCR 操作简单，时间短，耐热性 DNA 聚合酶的应用，使 PCR 的温度循环实现了自动化。

PCR 扩增产物中含有靶 DNA 片段的数十万甚至上百万拷贝，为后续的分析鉴定提供了足量的材料。以 PCR 为核心的衍生技术不断发展，建立了许多简便、快速的检测方法。

PCR 技术在物证鉴定中尚存在一些值得注意的问题。法医生物学检材是多样性的，保存条件亦各不相同，现场检材不可避免地污染有 PCR 的抑制物，影响扩增反应效率甚至使扩增失败。尽管已有不少的模板 DNA 纯化、浓缩技术，但面对各种各样复杂的现场生物检材，如何选择适当的模板 DNA 提取和纯化方法，有效减少抑制物的影响仍然是法医 PCR 分析中比较困难的问题。

外源性 DNA 污染比较常见，动物 DNA 污染对 PCR 分析不会有大的影响，但人类 DNA 污染则后果严重。因为 PCR 灵敏度极高，即使数十或数百拷贝外源微量的人 DNA，也可出现假阳性扩增产物。实验室中的交叉污染，尤其是扩增产物的污染，是分析失败的主要人为因素之一，必须予以高度关注，应建立严格的实验程序及试验质量监测和质量保证体系。

2. PCR-小卫星 VNTR 分型　Amp-FLP 技术早期是应用于小卫星 VNTR 基因座的分型的。因为 Taq DNA 聚合酶的链延伸能力的限制，扩增片段长度多在 1kb 以下，故实际应用的基因座不多，大约有十余个，其中应用较多的有 D1S80、ApoB、D17S30、COL2A1 等（表 14-3）。这些 VNTR 基因座的等位基因数大多为 10～30 个，基因间长度差异十分规律，是重复单位的整倍数。小卫星 VNTR 基因座的重复单位通常由 15～70bp 组成，相邻等位基因间片段长度差异较大，因此 PCR 扩增产物采用琼脂糖凝胶或聚丙烯酰胺凝胶电泳均可有效分离，分离后可选择硝酸银染色或溴化乙啶显色。图 14-6 显示的是 ApoB 基因座的溴化乙啶显色结果。小卫星 VNTR 可依据片段长度确定等位基因和基因型，因此群体调查可获得准确的离散型等位基因频率分布数据，检测结论的分析、评估可采用传统的统计遗传学理论。

表14-3　常用的小卫星VNTR基因座

基因座	D1S80	ApoB	D17S30	COL2A1	HRAS	D1S111
染色体定位	1p35-p36	2p23-p24	17p13.3	12q14.3	11p15.5	1q21-q31
重复单位长度	16bp	30bp	70bp	31～34bp	28bp	37bp
等位基因数	29	24	15	10	18	14
杂合度	0.84	0.79	0.82	0.70	0.68	0.76

尽管小卫星 VNTR 基因座的 Amp-FLP 分析曾经一度在法医物证鉴定中广泛应用，但此类 VNTR 基因座亦存在一定的局限性，主要表现在：①与 STR 相比，小卫星 VNTR 基因座的等位基因片段较大，不易扩增，故灵敏度相对较低。一般的模板用量需要 20～100ng。②容易发生等位基因脱逸（allelic drop-out）。由于小卫星 VNTR 基因座不同等位基因间片段长度相差较大，扩增效率不一致，使较小的等位基因优先扩增，从而导致较大的等位基因脱逸、漏检，将杂合子误判为纯合子。等位基因脱逸在模板量较少时更易发生。③对腐败降解检材，小卫星 VNTR 分型的成功率不如 STR 基因座。轻度降解的模板 DNA 一般不影响小卫星 VNTR 基因座分型，但若 DNA 降解严重，则易造成分型失败或较大等位基因的漏检。

3. PCR-STR 分型　STR 是目前在法医物证鉴定中应用最广泛的长度多态性遗传标记。STR 基因座的等位基因一般只有十余个，加之其重复单位短，仅 2～6bp，故 STR 基因座的等位基因片段长度多在 400bp 以下，与小卫星 VNTR 相比，更适合应用 PCR 技术进行分析。

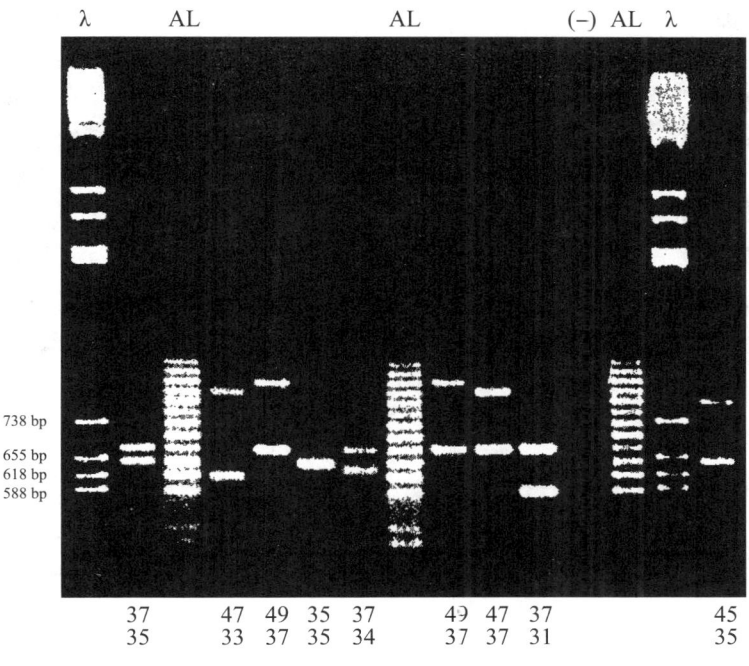

图 14-6　ApoB 基因座分型结果

λ DNA marker；AL 等位基因分型标准物；(−) 阴性对照

（1）基本分型技术：PCR-STR 分型技术原理和步骤与小卫星 VNTR 的 PCR 分型基本一致，包括模板 DNA 提取、PCR 扩增、电泳分离、显带及基因型判定。

1）模板 DNA 提取：常规采用 Chelex-100 法提取 DNA。常见血样检材经过蒸馏水溶细胞，12 000r/min 离心后将沉淀悬浮于 5% Chelex-100 溶液，经 56℃孵育 30min，振荡后置 100℃ 8min，重新振荡后 8000r/min 离心，取上清液作为 PCR 模板。组织检材或陈旧血痕，在提取液中加入 10mg/ml 浓度的蛋白酶 K，有利于模板 DNA 提取。

2）PCR 扩增：通常采用 25μl 体积 PCR 扩增体系，模板 DNA 用量 5～10ng，常能够得到满意的扩增产物。

3）电泳分离：常用凝胶浓度为 6%、交联度为 5% 的聚丙烯酰胺凝胶电泳，凝胶厚约 1mm。电泳缓冲液为 1×TBE。在聚丙烯酰胺凝胶中加入 8mol/L 尿素，DNA 双链在电泳过程中呈双链状态，称为变性聚丙烯酰胺凝胶电泳。变性聚丙烯酰胺凝胶电泳分辨率提高，可以分辨 1bp 的片段长度差异。扩增产物加等体积的载样缓冲液混合后点样，同时加样等位基因分型标准物（allelic ladder）。STR 分型标准物是由靶基因座所有等位基因的混合物组成，电泳后形成彼此相差一个重复单位的等距离阶梯图谱。每一等位基因的长度是已知的，并按照重复单位的重复次数命名，作为确定等位基因和基因型的参照。

4）显带与型别判定：常用银染法显示基因条带。Ag^+ 可以与 DNA 形成稳定的复合物，在甲醛的作用下，Ag^+ 被还原成银颗粒，DNA 谱带呈黑褐色。扩增产物经聚丙烯酰胺凝胶电泳分离后，用 10% 的乙酸溶液固定 20min，蒸馏水清洗，再用 0.1% $AgNO_3$ 水溶液中染色 30min，蒸馏水清洗，最后用 3% Na_2CO_3 和 0.05% 甲醛溶液显色，直至谱带出现。参照分型标准物即可确定样本的基因型别（图 14-7）。

（2）多基因座复合扩增：在一个 PCR 反应体系中同时扩增多个靶基因座的技术叫作复合扩增（图 14-8）。复合扩增技术的突出优点是可以节约检材，提高单次检测的信息量。复合扩增的 PCR 反应体系及成分和单独扩增一样，唯有引物是多对。在确定复合扩增的反应体系组成和循环参数时，要考虑到实际选用的复合扩增条件并不是绝对地适宜每一个基因座，因此需要

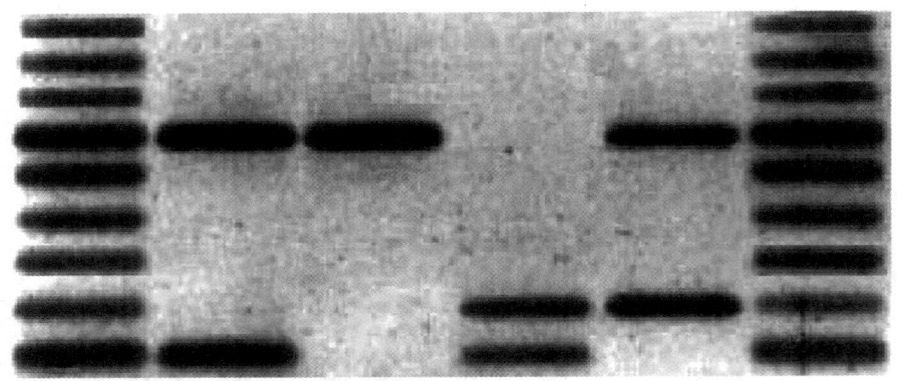

图 14-7　STR 银染分型

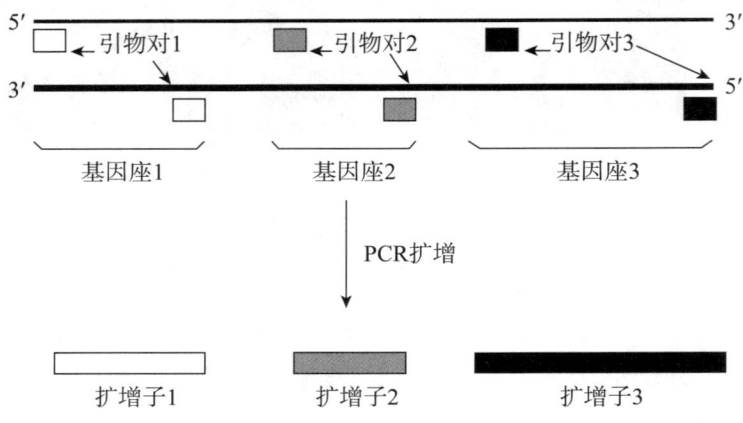

图 14-8　复合扩增示意图

对反应体系以及循环参数进行不断的调整和优化，以求尽可能地保持多基因座扩增效率的平衡。

根据检测方法的差异，复合扩增技术可分为银染复合扩增和荧光标记复合扩增系统两种。

1）银染复合扩增系统：由于银染显带后各靶基因座的等位基因均显示为同一颜色，所以复合扩增体系中多个基因座除了扩增条件相近外，不同基因座的等位基因长度范围还必须互不重叠，例如 CTTv 四基因座复合扩增系统是由 CSF1PO（片段长度范围 295～327bp）、TPOX（224～252bp）、TH01（179～203bp）和 vWA（134～170bp）构成。扩增产物经聚丙烯酰胺凝胶电泳分离后银染，四基因座的等位基因分别在 4 个片段长度范围内显示，互不干扰。银染复合扩增技术的优点是操作比较简单，经济实用（图 14-9）。但因为片段长度范围选择的限制，银染复合扩增系统能够同时检测的靶基因座数量有限，现已很少使用。

2）荧光标记复合扩增系统：荧光染料通常标记在每个基因座中一条引物的 5′ 端，不同基因座引物标记以不同颜色的荧光染料，由此扩增后的等位基因产物均携有荧光基团，经电泳分离后，用荧光扫描系统对凝胶检测。按照荧光的颜色及等位基因片段大小区域区别基因座，根据片段的迁移率确定片段长度等位基因。荧光标记复合扩增系统中，采用相同颜色荧光染料标记的基因座，其要求和银染复合扩增系统的要求相同，但不同颜色荧光染料标记的基因座其等位基因片段大小可以重叠，因此若采用多色荧光染料标记就可以设计更多的基因座复合扩增，从而明显提高了检测信息量。例如，PowerPlex® 16 系统采用 4 色荧光可同时扩增 16 个基因座，其中 Penta E、D18S51、D21S11、TH01 和 D3S1358 基因座用荧光染料 FL 标记；FGA、TPOX、D8S1179、vWA 和 Amelogenin 用 TMR 标记；Penta D、CSF1PO、D16S539、D7S820、D13S317 和 D5S818 用 JOE 标记（图 14-10）。目前，最新的技术采用 6 色荧光已开发出 24 个基因座荧

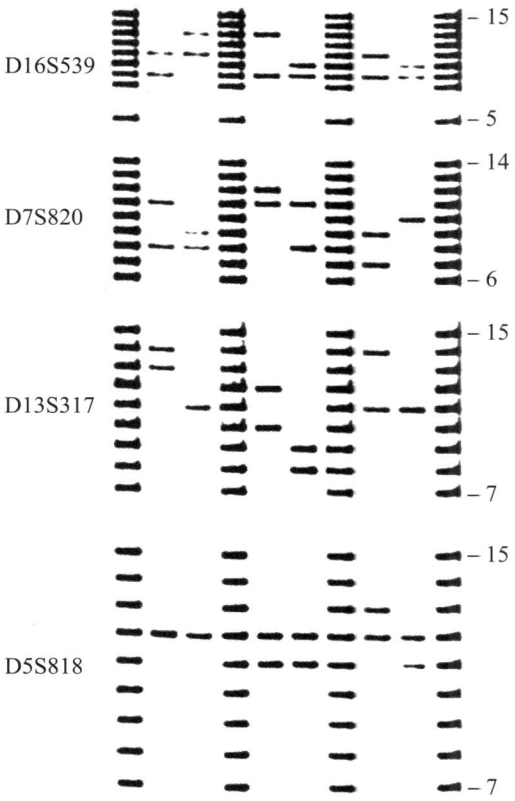

图 14-9　银染法多 STR 基因座复合扩增分型图

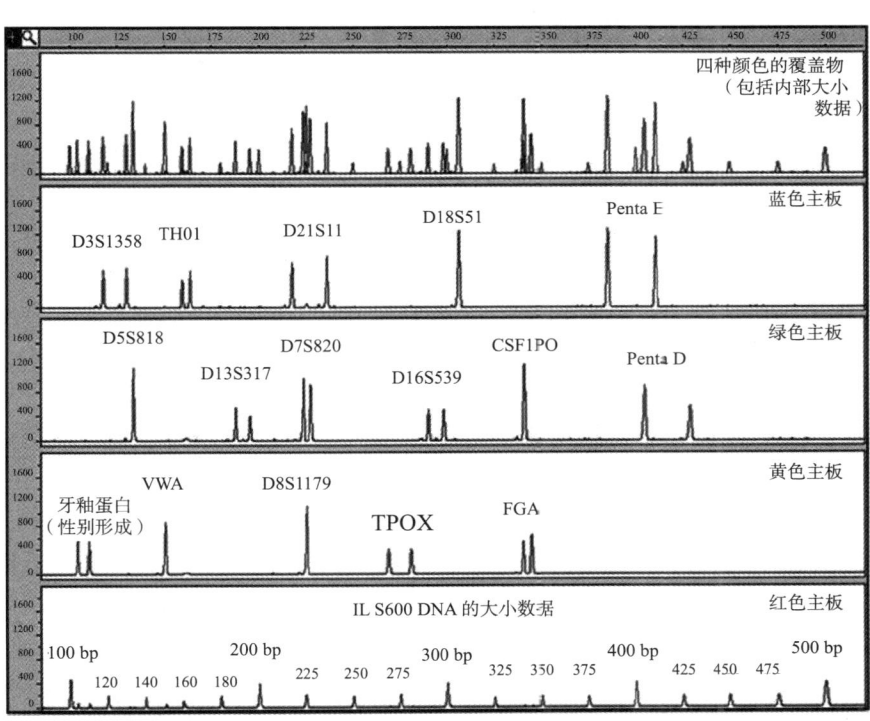

图 14-10　PowerPlex® 16 系统分型结果

光复合扩增的试剂盒。

(3) miniSTR 分型：尽管常规 PCR-STR 分型已具有极高的灵敏度，但面对极微量或严重降解生物检材，有时仍会出现分型失败或因优势扩增而致等位基因丢失的现象。为了解决这些问题，可通过重新设计引物，使其结合在更靠近核心重复区的侧翼序列，从而降低扩增产物的大小，进一步提高灵敏度和分型成功率，这种技术称为短片段 STR 分型或"miniSTR"分型（图 14-11）。

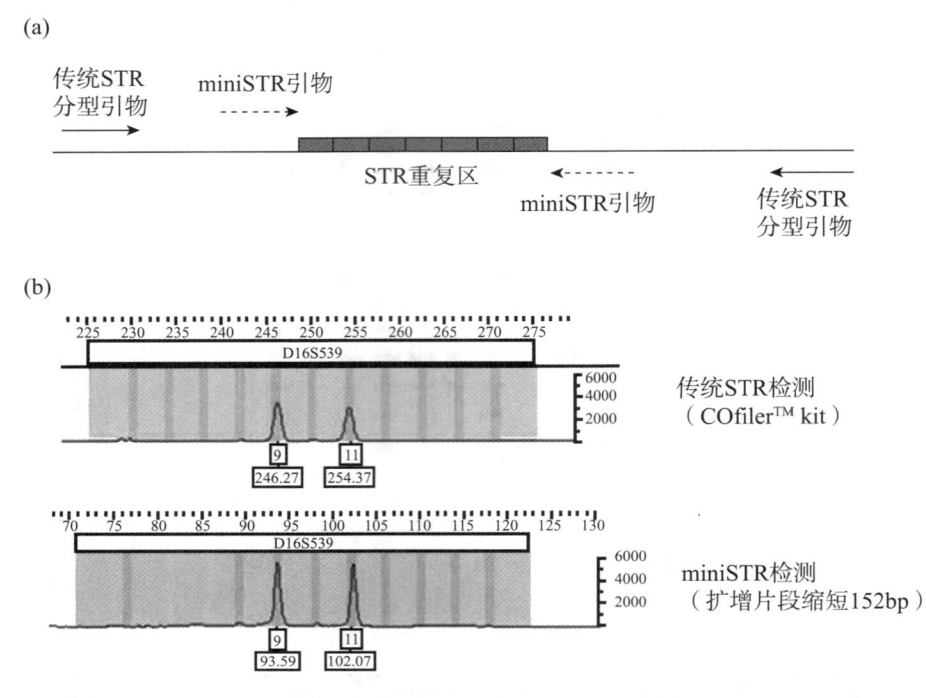

图 14-11 miniSTR 分型与传统 STR 分型的比较
(a) 引物结合位置；(b) 分型检测结果

miniSTR 分型中，等位基因扩增片段大小的缩减程度与传统 STR 分型引物距离 STR 重复区的远近有关。传统 STR 荧光复合扩增体系中，为了得到理想的扩增片段长度，满足特定的复合检测体系的需要，大片段 STR 基因座的 PCR 引物均远离 STR 重复区域，这给重新设计引物、减小扩增产物大小提供了较大的空间。例如，PowerPlex 16 系统荧光复合扩增体系中，Penta D 基因座的两条引物分别结合于（AAAGA）核心序列的上游 71bp 及下游 247bp 处，由此得到的扩增产物长度范围为 376~449bp，等位基因的核心序列重复次数为 2.2~17 次。当引物被移至重复序列上游 11bp 和下游 19bp 处时，扩增产物缩短 282bp，在等位基因核心序列重复次数不变的情况下，扩增产物长度范围缩减为 94~167bp。

miniSTR 分型的灵敏度通常可达 pg 级 DNA 水平。大量研究及法医学应用实践证明，与传统 STR 分型相比，miniSTR 在检测极微量及严重降解生物检材时具有极大的优势。然而，miniSTR 分型在实际应用中也存在一些局限性，具体如下：

1) 为了限制扩增片段的长度，构建复合扩增体系时只能同时扩增较少的基因座（通常每种颜色的荧光标记的基因座一般不超过两个）。要想达到与传统商品化试剂盒相近的鉴别能力，必须增加复合扩增的次数。

2) 为了保持良好的数据库兼容性，目前大多数 miniSTR 分型仍选用传统 STR 商品化试剂盒包含的基因座。但若 miniSTR 引物与传统 STR 引物结合区之间存在碱基的缺失或插入，易导致 miniSTR 与传统 STR 分型结果不一致。例如，D13S317 基因座核心重复序列（TATC）下游 24bp 处有时会出现（TGTC）4bp 的缺失，miniSTR 反向引物位于核心重复区与潜在碱基缺失位置之间，而传统 D13S317 分型反向引物位于潜在碱基缺失位置的下游，若待测样本存在 4bp 缺失，则两者的分型结果会相差 1 个重复单位。

3）某些 STR 基因座核心重复区上游或下游侧翼序列不适于设计 miniSTR 引物。

4）当 PCR 扩增产物过小时，未消耗引物上的染料分子或称"染料污斑"（dye blobs）可使产物峰变宽、信号变弱。这种影响在检测降解生物样本时更为明显。

（4）PCR-STR 分型的法医学应用特点：作为目前法医物证鉴定的主流技术，PCR-STR 分型在法医学实际应用中具有以下突出特点：

1）灵敏度高：基于 PCR 技术的体外复制特性，理论上只要含一个有核细胞即有成功分型的可能。目前，常用的商品化试剂盒扩增时一般仅需 0.5～1.25ng 模板 DNA，具有极高的灵敏度。另外，在腐败、陈旧生物性材料，基因组 DNA 严重降解，但只要残存的 DNA 分子长度含有长度 400bp 左右的 STR 等位基因，分型测定就有可能。例如骨骼、牙齿、烟头，甚至指纹、头皮屑、吻痕等检材，石蜡包埋的组织块等非常规检材，都可能做出 STR 分型鉴定。

2）鉴别能力强：尽管单个 STR 基因座的多态性程度不是太高，但 STR 的特性使其易于复合扩增。若同时复合扩增十余个 STR 基因座，其鉴别能力可接近或达到 DNA 指纹水平。此外，复合扩增还可节约检材，降低成本。

3）分型结果更加准确可靠：由于 STR 基因座核心重复序列短，加之等位基因数量不是太多，使得等位基因片段长度范围较窄，不易发生因较小等位基因的优势扩增而造成的较大等位基因丢失的现象，因此分型结果更加准确可靠。

4）易于标准化：高分辨率的电泳分离技术结合等位基因分型标准，样品检材的 STR 基因型能够准确地按照重复单位的重复次数命名。这是 STR 基因座标准化分型的基础，也是 DNA 数据库建立的必要条件。

三、DNA 序列多态性分析技术

DNA 序列多态性分析技术较多，不同方法各具特色。常用的传统方法主要有 DNA 测序、斑点杂交、PCR-RFLP、序列特异性 PCR、PCR-SSCP 等技术。近十余年来，随着分子生物学理论和技术的发展，逐渐产生了一些新的序列多态性分析技术，如 DNA 芯片、DHPLC、MALDI-TOF-MS、微测序技术、TaqMan 法、焦磷酸测序等。目前，这些新技术正在 DNA 序列多态性检测中发挥越来越重要的作用。此处仅选择部分 DNA 序列多态性分析技术加以简要介绍。

（一）DNA 测序

DNA 测序（DNA sequencing）是对 DNA 分子的一级结构——碱基排列顺序进行分析。经典的序列测定技术有 Sanger 双脱氧核苷酸链终止法和 Maxam 化学降解法。其中，双脱氧核苷酸链终止法应用较多，尤其是以该法为基础结合 PCR 和荧光标记技术发展形成的荧光自动测序已成为当今 DNA 序列分析的主流技术。

1. 双脱氧核苷酸链终止法基本原理　双脱氧核苷酸链终止法是以待测单链 DNA 为模板，在 4 种脱氧核苷三磷酸，即（dNTP、dATP、dTTP、dCTP 和 dGTP）和 2′，3′-双脱氧核苷三磷酸（ddNTP）以一定比例存在的条件下，引物和 DNA 模板结合，在 Taq DNA 聚合酶催化下，按碱基互补原则从 5′→3′方向延伸，合成新的 DNA 链。在反应过程中，dNTP 和 ddNTP 可通过竞争随机掺入到新链 DNA 中。若掺入的是 dNTP，则新链的合成可以继续进行；若掺入的是 ddNTP，则新链的合成即在此终止，因为 ddNTP 脱氧核糖的 3′-OH 已被脱氧，不能与后续的 dNTP 形成磷酸二酯键。通常在一个模板 DNA 的测序反应中，设置一套 4 组反应体系：A、T、G和C。每组反应对应一种碱基，体系中除加入的dNTP外，还分别加有相应的ddATP、ddTTP、ddGTP或ddCTP，4个体系的新生链都可随机地被相应ddNTP终止，从而产生一系列具有相同5′端，而3′端分别以模板链的每一个A、T、G或C处为终止末端的不同长度的新DNA片段。最后通过变性聚丙烯酰胺凝胶电泳分4泳道分别分离不同长度的DNA片段，检测被终止的DNA片段长度并同时确定该位置的碱基种类，可以直接读出靶DNA片段的序列（图14-12）。

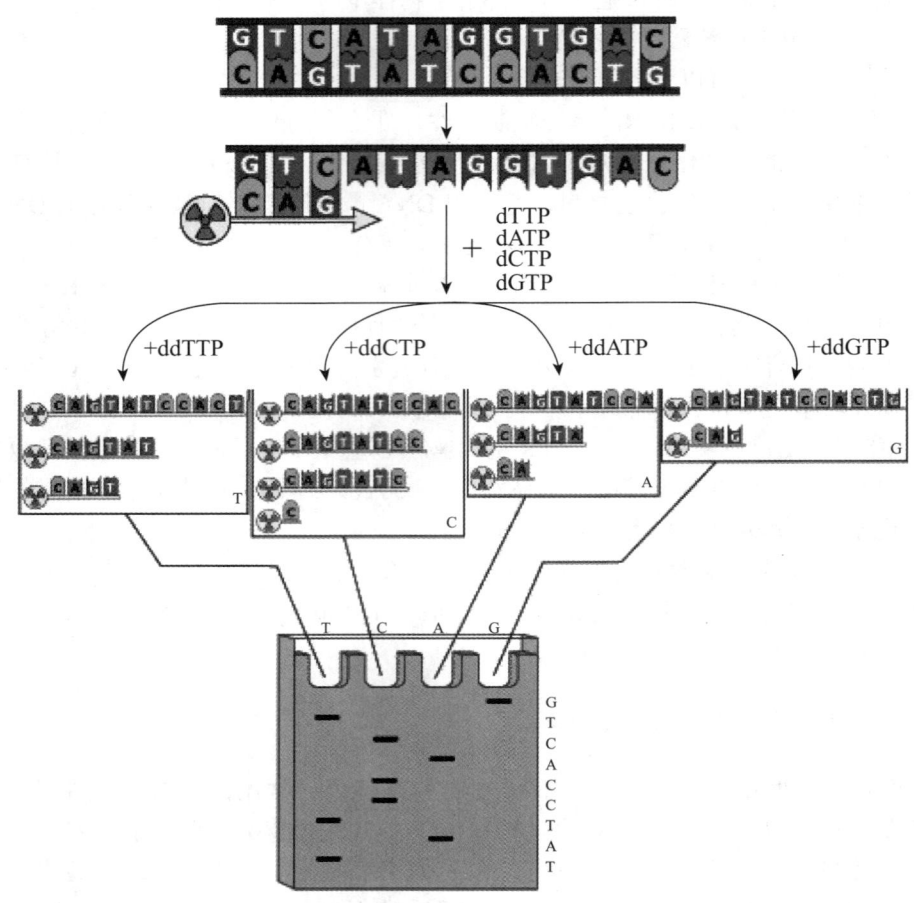

图 14-12　双脱氧核苷酸链终止法测序原理示意图

显示电泳分离片段最简单的方法是银染，但传统的方法是高灵敏度的 ^{32}P 放射性核素标记技术。若选择荧光染料标记，结合毛细管电泳和激光自动检测，即成为自动化测序技术。荧光标记方法分两种：引物标记法和ddNTP标记法。前者是将荧光染料预先标记在测序反应引物的5′端。4种不同荧光标记形成4种标记引物，测序反应分4个反应管进行，特定的荧光染料与相应的ddNTP是对应关系。后者是将4种不同的荧光染料基团分别连在不同的ddNTP上，反应产生的4组DNA片段分别由特定ddNTP所终止，并且标记有4种不同的荧光发色基团。这种标记形式的4组反应可以在同一管中完成（图14-13）。ddNTP标记法在自动测序技术中应用较多。

2．法医学应用　法医学实践中，最常用于DNA序列分析的遗传标记是人类线粒体DNA（mitochondrial DNA，mtDNA），尤其是mtDNA控制区的高变区Ⅰ（HVⅠ）和高变区Ⅱ（HVⅡ）序列多态性。因mtDNA具有母系遗传、拷贝数多、进化速率快等特点，对解决腐败和无核生物检材的个体识别及母系亲属的亲缘关系鉴定具有特定优势，已成为核DNA检验的重要补充。

（二）PCR-ASO 技术

PCR-ASO 是将 PCR 技术和等位基因特异性寡核苷酸（allele-specific oligonucleotide，ASO）探针杂交技术相结合而建立的一种 DNA 序列多态性分析技术，曾一度广泛应用于法医物证的序列多态性分析鉴定。

1. 基本原理　PCR 扩增产物变性后，将待测的单链 DNA 以斑点形式印迹固定于硝酸纤维素膜或尼龙膜上，再用已知的 ASO 探针分别与之进行杂交（斑点杂交），洗去未杂交的游离探针后，依据探针标记物（放射性核素、酶或生物素）选择相应的方法显示杂交信号。有杂交信号存在就表明其序列与探针 DNA 序列互补，即待测 DNA 中含有相应的等位基因；若无杂交信号，则表明无相应的等位基因（图14-14）。

亦可先将各种 ASO 探针分别固定于硝酸纤维素膜或尼龙膜上，PCR 扩增的引物先用标记物标记，使 PCR 扩增产物带上标识物，经过变性后再与固定在膜上的探针进行杂交，最后显示杂交信号。这种方式称为反向斑点杂交。

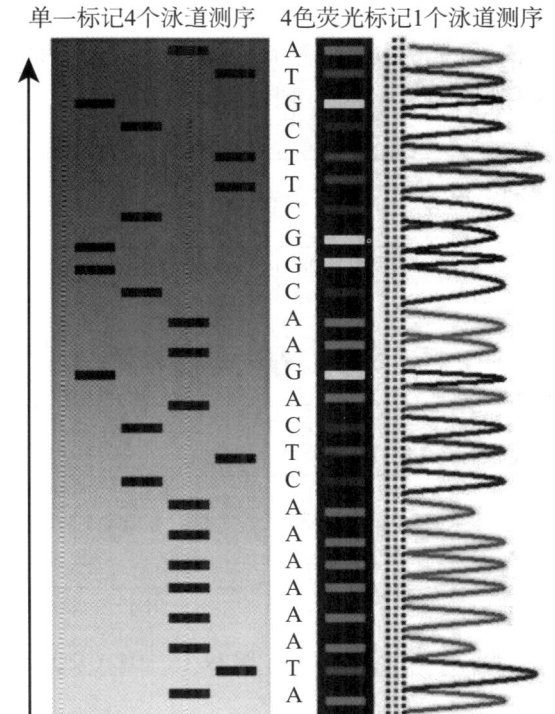

图 14-13　荧光标记末端终止法 DNA 序列测定结果

2. 法医学应用　PCR-ASO 技术操作简单、结果准确可靠，是检测等位基因序列多态性应用最早、最成熟的技术。法医学实践中，应用 PCR-ASO 技术检测的序列多态性遗传标记主要

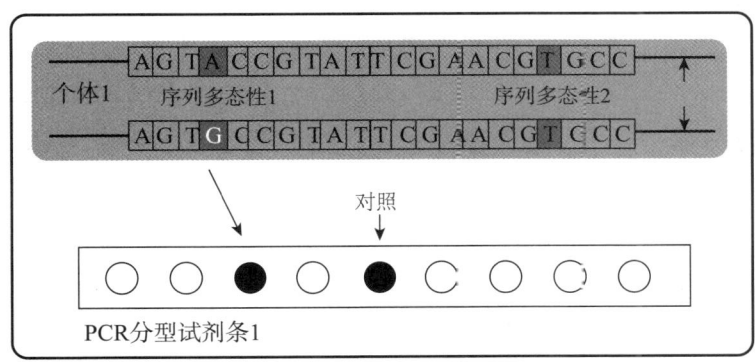

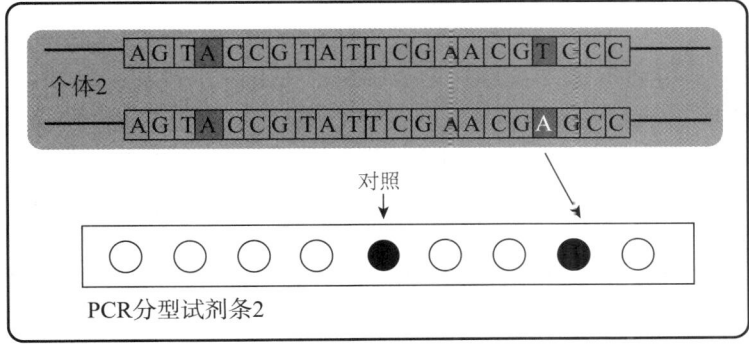

图 14-14　ASO 探针杂交技术原理图

是 HLA-DQA1 基因座（图 14-15），以及包括 LDLR、GYPA、HBGG、D7S8 和 GC 五个基因座的 Polymarker 系统（图 14-16）。但因 PCR-ASO 技术检测的基因座较少，加之其等位基因也少，鉴别能力有限，现已较少使用。

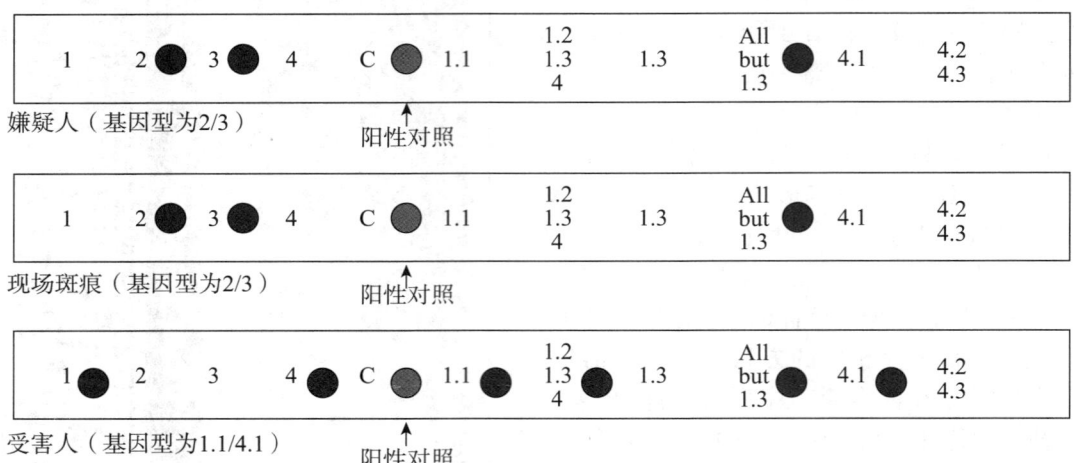

图 14-15　HLA-DQA1 基因座反向斑点杂交分型结果

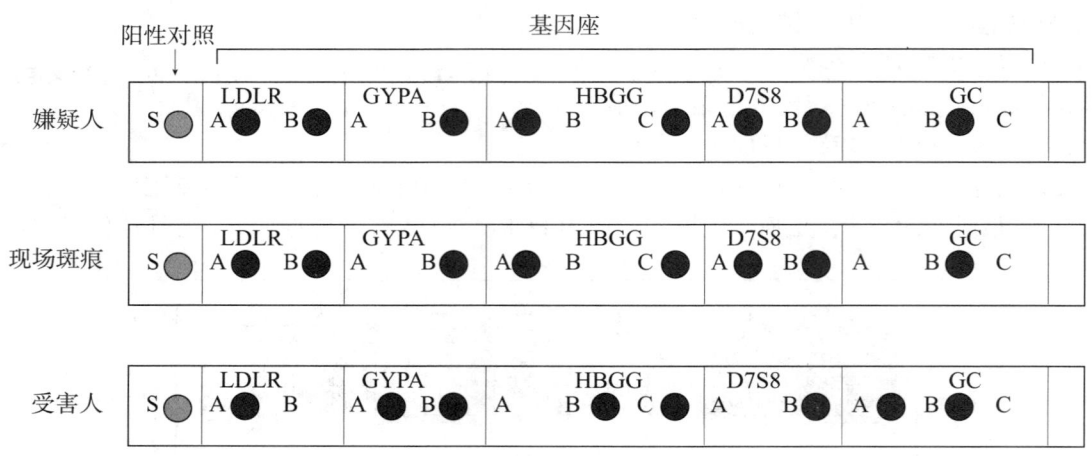

图 14-16　Polymarker 系统反向斑点杂交分型结果

（三）PCR-RFLP 技术

PCR-RFLP 技术是一种广泛使用的分子生物学方法，它将 PCR 技术与 RFLP 分析联合应用，先将靶基因相关片段用 PCR 扩增，然后对扩增产物片段进行酶切，检测酶切后的片段长度多态性。

1. 基本原理　采用 PCR 技术能够扩增基因组中特定的序列多态性 DNA 片段，但因其片段长度相同，无法应用常规电泳技术加以区分。但若产生序列多态性的碱基改变刚好形成一个新的限制酶识别位点，或使原有的限制酶识别位点消失，则 PCR 扩增产物经限制酶酶切后就会生成长度不一的 DNA 酶切片段，根据酶切片段的数目和位置即可判断等位基因及基因型（图 14-17）。

2. 法医学应用　法医学实践中，应用 PCR-RFLP 技术进行 DNA 序列多态性分型的典型代表是 ABO 血型的基因型检测。ABO 血型的 A 和 B 基因之间有 7 个单碱基替换：A294G、C523G、C654T、G700A、C793A、G800C 和 G927A；O 基因在靠近 N 端出现 258G 单碱基缺失，

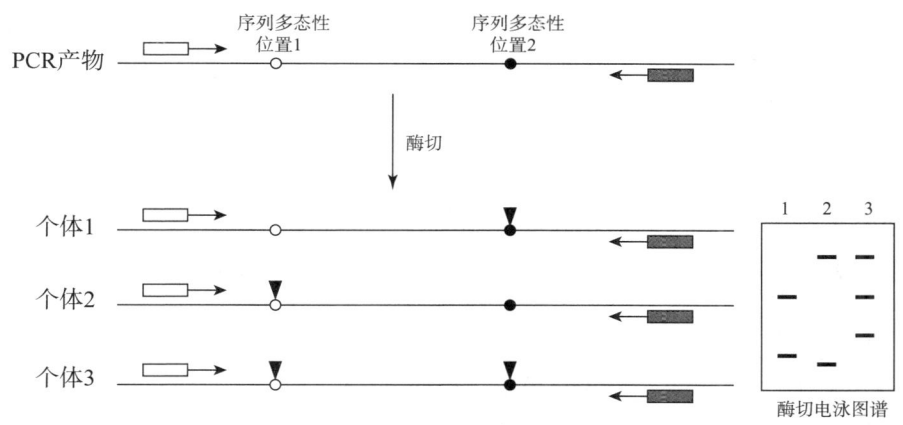

图 14-17　PCR-RFLP 分型原理示意图

形成移码变异，编码出无糖基转移酶活性的蛋白质。分型时采用以下两对引物进行 PCR 扩增：

引物 1：5′- CACCGTGGAAGGATGTCCTC-3′
引物 2：5′- AATGTCCACAGTCACTCGCC-3′
引物 3：5′- GTGGAGATCCTGACTCCGCTG-3′
引物 4：5′- CACCGACCCCCCGAAGAA-3′

引物 1 和 2 扩增片段包含第 258 位碱基，*A*、*B* 基因扩增片段长 200bp；*O* 基因由于 258G 单碱基缺失则扩增片段为 199bp，且 *O* 基因 258G 缺失构成 *Kpn* Ⅰ 识别位点，可用 *Kpn* Ⅰ 酶切成 171bp 和 28bp 两条片段，故 171bp 片段出现则说明有 *O* 基因。引物 3 和 4 扩增片段包含第 700 位碱基，长 159bp，*A*、*O* 基因第 700 位碱基均 G. 仅 *B* 基因为 A，构成 *Alu* Ⅰ 识别位点，酶切后产生 118bp 和 41bp，所以 118bp 片段出现说明有 *B* 基因。由此，采用两对引物扩增及 *Kpn* Ⅰ 和 *Alu* Ⅰ 两种限制酶酶切电泳后，因 28bp 和 41bp 片段太小泳出凝胶，故 ABO 血型的 6 种基因型判定如下：检出 200bp 和 159bp 片段者为 AA 型，检出 200bp、171bp 和 159bp 三条片段者为 AO 型，检出 200bp、159bp 和 118bp 三条片段者为 AB 型，检出 200bp 和 118bp 片段者为 BB 型，检出 200bp、171bp、159bp 和 118bp 四条片段者为 BO 型，检出 171bp 和 159bp 者为 OO 型（图 14-18）。

PCR-RFLP 技术具有操作简单、重复性好、易于判型等优点，但在实际应用中也存在以下局限性：①构成序列多态性的变异碱基必须位于限制酶识别位点内才能采用 PCR-RFLP 技术进行分型，而人类基因组中大约只有 1/3 的序列多态性碱基涉及限制酶识别序列，故大部分点

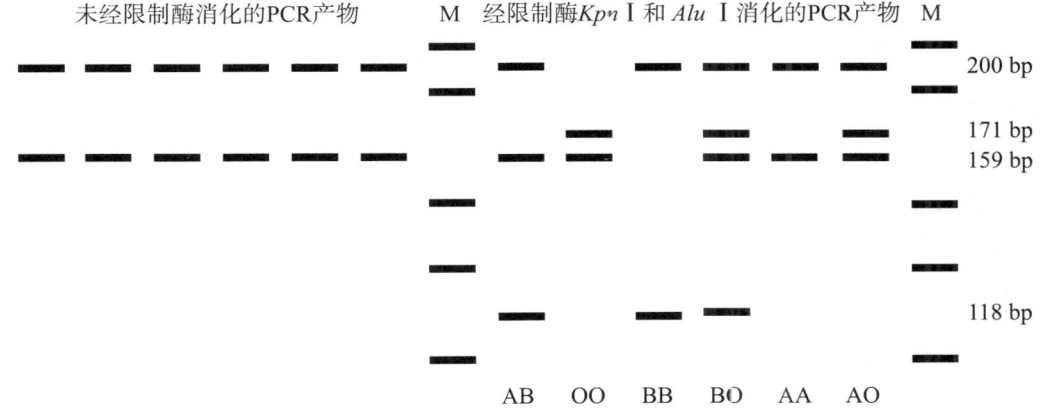

图 14-18　ABO 基因型 PCR-RFLP 分析谱型

突变碱基无法采用 PCR-RFLP 技术检测；②限制酶消化必须完全，若因酶用量不足、酶活性不高或酶切时间不够等因素造成酶切不完全，则无法获得准确的型别判定结果；③混合斑分型会出现结果解释困难。

（四）微测序技术

微测序（minisequencing）技术又称单核苷酸引物延伸法（single nucleotide primer extension，SnuPE），是基于 DNA 聚合酶催化核苷酸延伸的高度精确性而建立的一种 SNP 检测方法。法医物证检验中常用的微测序技术是美国应用生物系统公司（Applied Biosystems）开发的、可进行多重复合分析的 SNaPshot 技术。

1. **基本原理** 微测序技术首先采用特异性引物扩增出含 SNP 基因座的靶 DNA 片段，然后在 PCR 扩增产物中加入微测序引物进行单碱基延伸反应。微测序引物的 3′ 末端与 SNP 基因座上游紧邻碱基互补，加入 DNA 聚合酶及荧光染料标记的 ddNTPs 后，只进行一个碱基的延伸反应，延伸的这个碱基就是多态性碱基。最后经毛细管电泳检测荧光信号，根据不同的荧光信号即可确定 SNP 的基因型。SNaPshot 试剂盒中以 4 种不同颜色的荧光染料标记 ddNTP：ddGTP 标记 dR110（蓝色）、ddATP 标记 dR6G（绿色）、ddCTP 标记 dTAMRA（黑色）、ddTTP 标记 dROX（红色）。同时，为了构建多重复合反应体系，可于微测序引物的 5′ 端连接不同长度的非人类同源序列尾巴，以使延伸产物长度不同。

2. **法医学应用** 微测序技术的最大优点是可与现有的 PCR-STR 分型技术共享检测设备，如 PCR 仪及 DNA 遗传分析仪。此外，该技术检测灵敏度高，且可通过复合扩增技术一次检测十余个甚至更多的 SNP 基因座（图 14-19）。

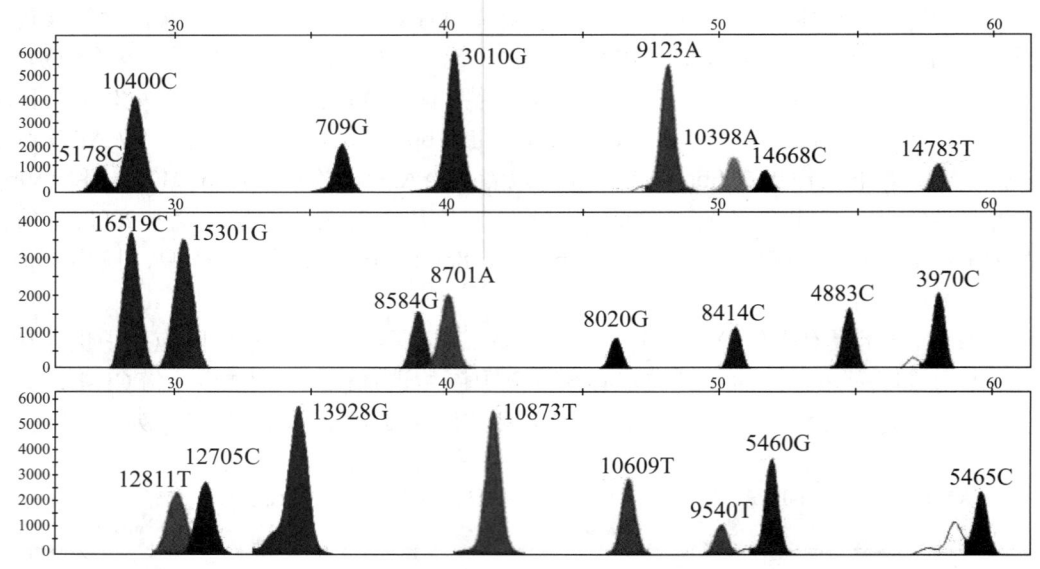

图 14-19　应用 SNaPshot 技术检测 24 个 mtDNA SNP 的分型结果

（五）TaqMan 技术

TaqMan 法是在荧光实时定量 PCR 技术的基础上发展而来的一种较广泛使用的 SNP 检测技术。

1. **基本原理** 针对 SNP 等位基因设计一对具有特异荧光标记的寡核苷酸探针，即 TaqMan 探针。探针的 5′ 端标记不同荧光染料（如野生型和突变型检测探针分别标记 FAM 和 VIC），3′ 端连上非荧光淬灭基团（nonfluorescent quencher，NFQ）。当探针保持完整时，5′ 端荧光基团发出的荧光信号被 3′ 端 NFQ 吸收或抑制（FRET 效应），因而检测不到荧光。PCR

反应中只有与 DNA 模板的碱基匹配的 TaqMan 探针可与扩增片段杂交。随着 PCR 反应有效进行，*Taq* DNA 聚合酶从引物 3′ 端开始，随新链延伸沿 DNA 模板移动，当移动到探针结合的位置时，与模板完全配对的探针逐步被 *Taq* DNA 聚合酶的 5′→3′ 外切活性切割（切口平移效应），使探针 5′ 端的荧光基团与 3′ 端的淬灭基团分离，FRET 效应解除，荧光基团被激活而发荧光。而未杂交的完整探针仍检测不到荧光信号（图 14-20）。因此根据检测到的不同荧光信号即可判定其基因型。

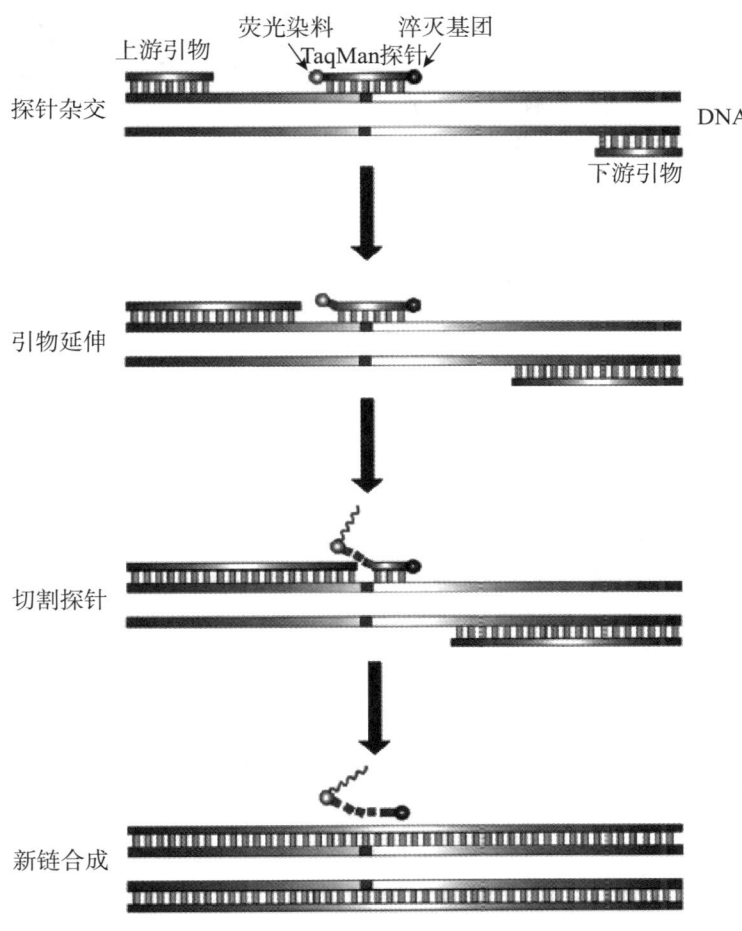

图 14-20　TaqMan 技术检测 SNP 原理示意图

2. 法医学应用　TaqMan 技术由于增加了特异性探针的识别步骤，其特异性极高，因此在法医学 SNP 分型中应用较广泛。一次实验所检测的 SNP 的数量取决于实验的设计和荧光定量 PCR 仪所支持的荧光基团检测种类。

（六）DNA 芯片技术

DNA 芯片（DNA chip）又称基因芯片、DNA 微阵列或寡核苷酸阵列，是一种利用分子杂交原理而建立的、能同时处理分析大量 DNA 片段的检测技术。

1. 基本原理　DNA 芯片的主要工作原理是 DNA 分子杂交。先采用生物集成技术在载体上固定一系列寡核苷酸或 cDNA 探针，然后与靶 DNA 扩增产物进行杂交，或者先行固定靶 DNA 片段，再与不同的探针杂交。根据扩增靶 DNA 的引物或探针上标记的示踪物（通常为荧光染料），通过荧光检测系统对芯片进行扫描检测杂交信号，然后由计算机系统对每一探针上的信号做出比较和检测，从而得出所需要的信息（图 14-21）。

2. 法医学应用　DNA芯片检测技术因具有操作简单、自动化程度高、高通量、应用范围广及成本相对较低等特点而广泛应用于基因诊断、基因制图、基因表达和DNA序列分析等领域。在法医学领域，应用DNA芯片技术检测SNP已成为法医研究应用的热点，其应用价值主要体现在：①利用DNA芯片技术可以快速、简便地搜寻和筛查DNA多态性，极大地推动法医生物学的发展；②利用DNA芯片技术高通量检测已知SNP基因座进行个体识别和亲子鉴定。通常，一次检测约五十个SNP基因座即能达到认定个体或亲权的目的，而DNA芯片一次就能检测成百上千个位点，因此应用潜能极大。值得注意的是，DNA芯片检测技术也存在容易出现假阳性和假阴性结果的不足。

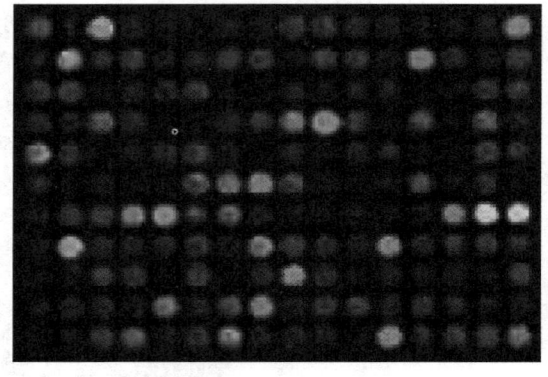

图 14-21　DNA 微阵列

（黄代新）

思考题

1. 何谓 DNA 长度多态性？何谓 DNA 序列多态性？
2. 何谓 DNA 指纹？
3. 法医 RFLP 与 Amp-FLP 的区别有哪些？
4. 何谓 STR？法医 PCR-STR 分型有何特点？
5. 何谓 miniSTR 分型？
6. 试述反向斑点杂交技术的基本原理。
7. 试述微测序反应的基本原理。

第十五章 亲权鉴定

第一节 概 述

亲权鉴定（parentage testing）是通过对人类遗传标记的检测，根据遗传规律分析，对个体之间血缘关系的鉴定，是法医物证检验的主要任务之一。

一、亲权鉴定的历史

亲权纠纷作为一种社会现象由来已久。经过实验进行亲权鉴定的案例最早可追溯至我国三国时期谢承所撰的《会稽先贤传》中"滴骨验亲"的记载，用于判断生者与死者之间的血缘关系。宋代著名法医学家宋慈将这个方法录入《洗冤集录》中，描述为："检滴骨亲法，谓如：某甲是父或母，有骸骨在，某乙来认亲生男或女何以验之？试令某乙就身刺一两点血，滴骸骨上，是亲生，则血沁入骨内，否则不入。"大约在明代则出现"合血法"用于判断活人之间的亲权关系，即当双方都是活人时，将两人刺出的血滴在器皿内，看是否凝为一体，如凝为一体说明存在亲子关系。这种方法在清朝乾隆时期纪晓岚所著的《阅微草堂笔记》中也有记载。按照现代法医学理论分析，滴骨验亲和合血法都缺乏科学依据，但其大胆设想在世界亲权鉴定史上有着重要的意义。

随着达尔文的进化论、施莱登和施万的细胞学说、孟德尔的遗传定律及摩尔根的染色体学说诞生，1900年奥地利免疫学家Karl Landsteiner发现ABO血型系统后，亲权鉴定进入以遗传标记检验为基础的科学时代。同法医物证检验技术的发展同步，应用于亲权鉴定的遗传标记不断增多，包括红细胞血型（ABO、MN、Rh、Kell、Duffy、Kidd等）、红细胞酶型（PGM、EsD、GLOI、EAP等）、血清型（Hp、Gc、Tf等）、白细胞血型（HLA）等。但是基于这些遗传标记的检测效能，对亲权鉴定的排除意义多于认定意义。直到1985年，英国遗传学家Alec Jeffreys发明DNA指纹技术，其高度的多态性和鉴别能力实现了亲权鉴定从排除到认定的飞跃。

二、亲权鉴定的应用

近年来随着社会的进步，伴随着人们家庭、婚姻和生育观念的改变，涉及亲权关系的纠纷逐年增加。与此同时，由于科学知识的普及和公民法律意识的加强，要求通过科学鉴定解决亲权纠纷的案例呈明显上升趋势。亲权鉴定广泛应用于刑事侦查、刑事诉讼、民事诉讼、行政管理等诸多方面，包括：

1. 涉及刑事案件方面的应用　强奸致孕案中对孩子（包括胎儿）亲生父亲的确定、碎尸案件中的身源认定、杀婴或拐骗儿童案中孩子身源的确定等均需使用亲权鉴定技术。2009年4月，我国建立全世界首个"打拐DNA信息库"，即在全国范围内，由各地方负责机构一方面对丢失孩子报案的家长采集DNA样本，另一方面对各地在街头流浪乞讨和被组织从事违法犯罪活动的未成年人一律采集DNA样本，并将这些数据录入到专门的全国联网的统一数据库，通过亲权鉴定技术进行比对。至2014年6月为止，通过全国打拐DNA数据库比对已为3000名解救儿童找到亲生父母。

2. 涉及民事纠纷方面的应用　在离婚涉及子女抚育责任纠纷中对有争议的婚生子或非婚生的私生子亲子关系的确定，怀疑医院调错婴儿等民事诉讼案、财产继承纠纷等案件中，也将依赖亲权鉴定提供重要的证据。

3. 涉及行政事务方面的应用　在移民涉外公证、寻找失散的亲人（包括某些认祖归宗的需要）、行政违纪案件（如计划生育超生）、入户等行政事务中，亲权鉴定也常是必需的证据。

4. 其他方面的应用　例如灾害事件中的身源认定、异体移植中的亲缘关系鉴定等。

三、亲权鉴定的分类

根据受检者之间的关系，亲权鉴定可以分为以下几类：

1. 三联体亲子鉴定（parentage testing of trios）　受检者为父亲、母亲、孩子三方，属双亲检验。可分为两类：

（1）双亲一方肯定为生父或生母，检验有争议的另一方与孩子的亲生关系，或称为标准三联体亲子鉴定。此时有争议的父亲称为假设父亲或被控父亲（alleged father，AF），有争议的母亲则称为假设母亲或被控母亲（alleged mother，AM）。这类鉴定常见于强奸致孕、婚生或非婚生孩子的亲子关系确认等案件。

（2）双亲双方均不肯定，需确定可疑父和可疑母是否为孩子的亲生父母，或称为父母皆疑三联体亲子鉴定。这种类型常见于怀疑医院调错婴儿、入户、打拐、违纪超生等案件中的亲子关系确认。

2. 二联体亲子鉴定（parentage testing of duos）　受检者为父亲（或母亲）和孩子两方，属单亲检验，常见于婚生或非婚生孩子的亲子关系确认、入户、移民涉外公证等案件。

3. 亲缘关系鉴定（relationship testing）　受检者为有争议的存在某种亲缘关系的两个或多个个体。包括三代间直系血亲（例如祖孙关系鉴定）和同代或隔代旁系关系鉴定（全同胞关系鉴定、半同胞关系鉴定、叔侄关系鉴定、姨甥关系鉴定等）。常见于尸源认定、寻亲认祖等案件。

（孙宏钰）

第二节　亲权鉴定技术

一、亲权鉴定的原理

亲权鉴定可参考的指标包括非遗传特征与遗传特征两大类。

（一）非遗传特征

1. 根据妊娠期限　医学上规定正常情况整个孕期共为280天，10个妊娠月（每个妊娠月为28天，即40周）。孕妇在妊娠38～42周内分娩，均为足月分娩。预产期计算法是末次月经月份上加9或减3，日期加7。

若能证明生母受精期间有争议的男子不可能与她同居，便可否定其为生父，但需注意早产和过期产的情况。妊娠满28周至37周前胎儿娩出称为早产，早产发生率为5%～12%。超过42周再分娩的，称为过期产。有报告性交后长达329天才分娩者，也有短至28周娩出具有生活能力的婴儿者。

2. 根据性交能力及生育能力　若能证明有争议的父（或母）在受精期间无生育能力，便可否定亲子关系。性交能力与生育能力不尽相同，但有联系，亦可供参考。有的妻子在丈夫施行过输精管结扎术后怀孕,造成丈夫的猜疑。但已有报道施行过输精管结扎术的男性由于手术失误、输精管发育异常等情况会再次输出精子使妻子怀孕,因此应冷静分析。少精症也是导致男性不育的原因之一,让女性怀孕的概率较小,但也并非没有可能。若精子数量虽少,但质量特别好,亦可能生育。

(二)遗传特征

1．个体遗传特征按其受基因控制的程度可分为两大类。

(1) 单基因遗传特征　单纯由一对等位基因控制,与环境条件等无关,如血型、DNA多态性等。

(2) 复杂的遗传特征　由若干多基因和环境条件共同作用后形成,包括毛发颜色、皮肤颜色、耳毛、脸型、短指或多指畸形等遗传特征。

2．目前用于亲权鉴定的指标或遗传标记通常是单基因遗传特征,并有如下要求:

(1) 基因座名称、染色体定位以及相关特征已有文献报道,经过家系调查已确定其遗传方式。

(2) 已完成种属特异性、灵敏性、稳定性等研究。

(3) 群体调查证明具有遗传多态性,具有比较高的排除非亲生父亲的能力,有可供使用的群体遗传数据,包括有关人群的等位基因频率或单倍型频率。

(4) 在出生时该遗传标记已完全表现,并且终生不变,不受年龄、疾病及其他环境因素的影响。

法医学常用的遗传标记可分为两大类:蛋白质水平的遗传标记和DNA水平的遗传标记。前者包括红细胞血型、白细胞血型、血清型及酶型等,后者包括DNA长度多态性和DNA序列多态性遗传标记。目前用于亲权鉴定的遗传标记主要是DNA遗传标记。

而亲子鉴定的基本原理则是基于对各类遗传标记的检测和分型,分析受检者之间的表现是否符合遗传规律,从而判定有无某种血缘关系。

3．以标准三联体为例,具体表现为以下两点:

(1) 在肯定孩子的某个等位基因是来自生父,而AF并不带有这个基因的情况下,可以排除他是孩子的生父。显然,检查的遗传标记越多,非生物学父亲被排除的概率就越大。

(2) 在肯定孩子的某些等位基因是来自生父,而AF也带有这些基因的情况下,不能排除他是孩子的生父。这时可以计算如果判断他是孩子生父,理论上的把握度究竟有多大。

二、STR分型技术在亲权鉴定中的应用

STR基因座是法医DNA分析中最常用的遗传标记,由2~6bp的重复单位串联排列而成。STR基因座多态性的检测技术是典型的片段长度多态性检测,包括模板DNA提取、PCR扩增、PCR产物的电泳分离、谱带显现,以及基因分型等基本步骤(详见本书第十四章)。目前STR分型检测大多采用荧光标记复合扩增结合毛细管电泳技术,有各类商品化STR分型试剂盒,可根据实验室条件和鉴定需要进行选择。

正常人体细胞为二倍体,包含23对共46条染色体。其中1~22对为男女所共有,称为常染色体(autosome);另外一对为决定性别的染色体,男女不同,称为性染色体(sex chromosome),女性为XX,男性为XY。常染色体和性染色体上的STR基因座在亲权鉴定中各有其独特的作用。

(一)常染色体STR分型技术在亲权鉴定中的应用

常染色体STR(autosomal STR,A-STR)遗传标记是亲权鉴定中使用最广泛的遗传标记,在亲权鉴定中具有重要的作用。A-STR在亲子鉴定中具有以下优点:①多态性高;②可供选择、

使用的STR基因座多；③遵循孟德尔遗传方式，等位基因呈共显性遗传，不受性别影响，可用来鉴定所有的血缘关系；④分型技术成熟，已基本实现标准化。

孟德尔遗传定律是遗传学中最基本、最重要的规律，包括两个基本定律——分离定律和自由组合定律。分离定律是指决定某一性状的遗传因子成对存在，不相融合，在形成配子时，成对的遗传因子发生分离，分离后的遗传因子分别进入不同的配子中，随配子遗传给后代。自由组合定律是指具有两对（或更多对）相对性状的亲本进行杂交，在子一代产生配子时，在等位基因分离的同时，非同源染色体上的等位基因表现为自由组合。

常染色体STR基因座遵循孟德尔遗传规律，图15-1显示了分离定律在D8S1179基因座遗传的示例，图15-2则显示了自由组合定律在D8S1179和D3S1358基因座遗传的示例。

依据孟德尔遗传定律，采用常染色体STR遗传标记在亲子鉴定时可推演出下列四个亲子遗传法则（图15-3）：

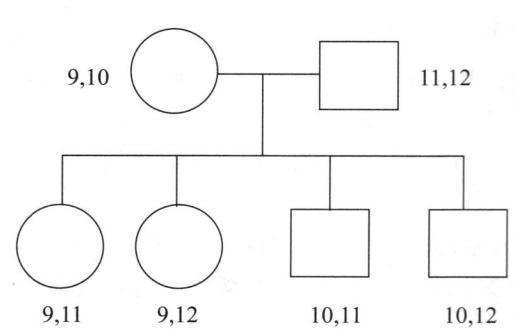

图15-1 分离定律在D8S1179基因座遗传的示例

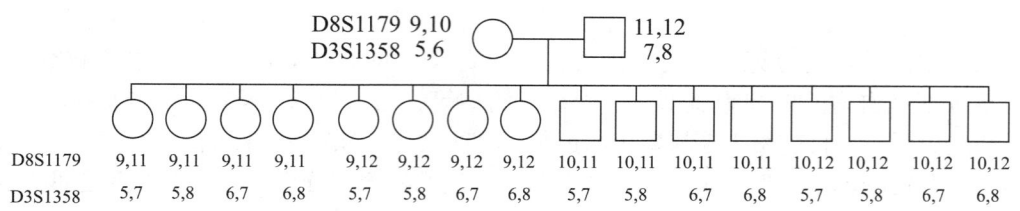

图15-2 自由组合定律在D8S1179基因座和D3S1358基因座遗传的示例

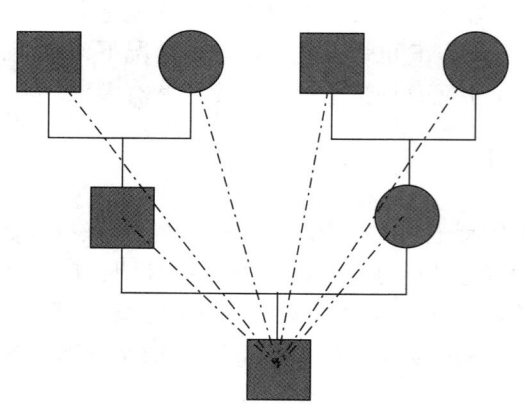

图15-3 常染色体STR基因座的遗传模式示意图
亲代部分等位基因传递给子代，子代的等位基因来自亲代双方

（1）孩子不可能带有双亲都没有的等位基因。

（2）孩子必定得到双亲每方的一对等位基因中的一个。

（3）只有在双亲都带有一个相同的等位基因的情况下，孩子才可能为纯合子。

（4）双亲中的一方或双方为纯合子时，这个等位基因必定要在孩子中表现出来。

依据此遗传法则可判断亲子关系是排除或不排除。

表15-1为一宗标准三联体亲权鉴定进行19个常染色体STR基因座的分型结果，均符合上述四个亲子遗传法则。

从图15-1还可以看出，采用常染色体STR分型时，等位基因呈共显性遗传，不受性别影响，按照孟德尔遗传分离律，同一家系中各个成员间必然有一定的血缘关系，其等位基因之间存在一些同源形式。例如父亲必定也只能传递一个等位基因给孩子，父子间必然只有1个同源基因（identity by descent，IBD）；全同胞兄弟（姐妹）间可以没有相同等位基因，或有1个或2个相同等位基因，其等位基因有1/4全不同、1/2半相同、1/4全相同的概率。对于常染色体

表15-1　一宗标准三联体亲权鉴定的常染色体STR分型结果

基因座	被控父	生母	孩子
D19S433	12, 13	13	13
D5S818	12, 13	10, 11	11, 13
D21S11	30, 31	28, 29	29, 30
D18S51	16, 23	13, 14	13, 23
D6S1043	13, 19	12, 20	12, 19
D3S1358	14, 17	14, 15	14
D13S317	11, 13	8, 10	10, 11
D7S820	8, 11	7, 12	7, 8
D16S539	9, 13	9, 10	9, 10
CSF1PO	10, 13	12	10, 12
Penta D	8, 11	9, 11	11
vWA	14, 20	14, 18	14, 20
D8S1179	13, 16	12, 13	13, 16
TPOX	9, 11	8	8, 11
Penta E	5, 11	18, 19	5, 18
TH01	7	9	7, 9
D12S391	19, 21	18, 21	19, 21
D2S1338	23, 25	19, 23	19, 25
FGA	22, 28	21, 22	22, 28

STR而言，任意关系的两个个体之间可能有0、1、2个IBD等位基因，其概率分别用k_0、k_1和k_2表示。常见血缘关系具有同源基因的概率见表15-2。

表15-2　常见亲缘关系个体常染色体STR分型具有同源基因的概率（k）

亲缘关系	k_0	k_1	k_2
同卵双生	0	0	1
父子	0	1	0
全同胞兄弟（姐妹）	1/4	1/2	1/4
半同胞兄弟（姐妹）、兄弟、叔侄、祖孙	1/2	1/2	0
第一代堂表兄弟（姐妹）	3/4	1/4	0
第二代堂表兄弟（姐妹）	15/16	1/16	0
无关个体	1	0	0

目前常用于亲权鉴定的常染色体STR基因座多达上百个（表15-3），分布于1～22号染色体。商品化的STR分型试剂盒最多可实现23个常染色体STR基因座复合扩增，极大地提高了亲权鉴定的检测效率和准确性。

表15-3 亲权鉴定中常用的商品化常染色体STR基因座

染色体号数	STR基因座
1	D1S1656, D1S1677, D1S1627, D1GATA113
2	TPOX, D2S441, D2S1338, D2S1360, D2S1776, D2S1772
3	D3S1358, D3S1744, D3S4529
4	FGA, D4S2366, D4S2408
5	CSF1PO, D5S818, D5S2500
6	SE33, D6S474, D6S1017, D6S1043
7	D7S820, D7S1517, D7S3048
8	D8S1179, D8S1132
9	D9S1122
10	D10S1248, D10S1435, D10S2325
11	TH01, D11S2368, D11S4463
12	VWA, D12S391, D12ATA63
13	D13S317, D13S325
14	D14S1434
15	Penta E
16	D16S539
17	D17S1301
18	D18S51, D18S853, D18S1364
19	D19S433
20	D20S482
21	Penta D, D21S11, D21S2055
22	D22S1045, D22-GATA198B05

（二）Y染色体STR分型技术在亲权鉴定中的应用

Y染色体是人类的性染色体，正常情况下仅存在于男性个体，女性则没有。Y染色体大约有50Mb，为人类染色体中第三小的染色体，仅略大于21号染色体（47Mb）和22号染色体（49Mb）。

Y染色体上非重组区（non-recombining region of Y chromosome，NRY）大概占整条染色体的95%（图15-4a）。Y染色体的两端，也叫拟常染色体区（pseudo-autosomal region，PAR），可与X染色体的同源区进行重组。拟常染色体区可分为短臂（Yp）上约2.5Mb长的PAR1区和长臂（Yq）上短于1.0Mb的PAR2区。长期以来认为Y染色体的NRY区绝对不会发生重组，但近年来的研究表明这部分Y染色体也可以进行一定频率的重组（Skaletsky等，2003年），因而改称之为男性特异区（male-specific region of Y chromosome，MSY），该区已发现有156个转录子和78个蛋白编码基因。此外，Y染色体由常染色质和异染色质区组成，其中只有约23Mb的常染色质已被测序（图15-4b）。

Y染色体STR基因座（Y chromosomal STR，Y-STR）具有同常染色体STR基因座同样的结构特点，由2~6bp长的核心序列首尾串联重复组成。非重组区的Y染色体在减数分裂时不发生重组交换，因而Y染色体特异的序列结构能够稳定地由父亲传递给儿子，表现为Y染色体伴性遗传。除非发生突变，否则来自同一父系的所有男性个体的Y-STR单倍型均相同

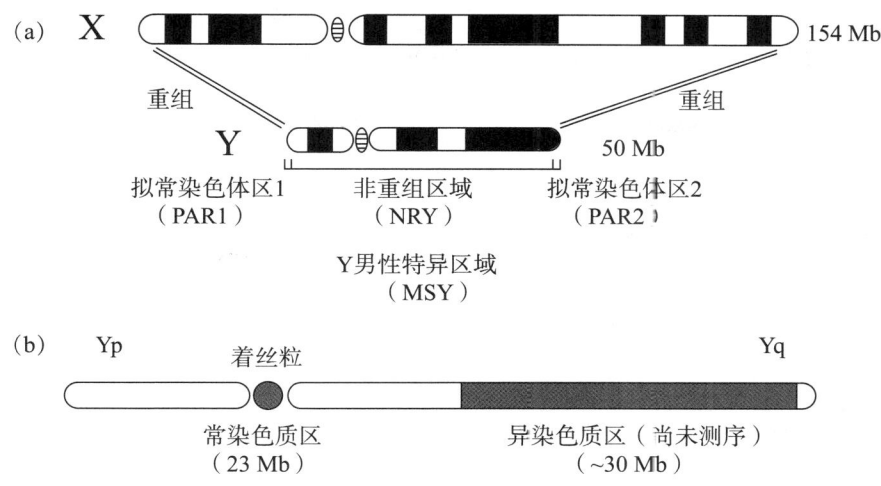

图 15-4　Y 染色体结构示意图

（图 15-5）。

Y-STR 基因座的这种特性在男性个体之间的关系鉴定，如同胞兄弟、爷孙、叔侄等鉴定上具有特殊的意义。在被控父无法参加的亲权关系鉴定中，可以考虑采用该家庭中同一父系的任一男性亲属血样代替他做实验。如果男孩的 Y-STR 分型与被指控父亲的兄弟、叔侄甚至堂兄弟等父系成员的 Y-STR 分型不相同，显然可以排除其与被指控父的亲权关系。多个 Y-STR 基因座的连锁分析与常染色体基因座比较，具有较高的排除能力。

Y-STR 基因座的这种特性使其在失踪人员鉴定和灾害事件个体识别的工作中具有独特的优势。如果采用 Y-STR 基因座分型，参考样本可

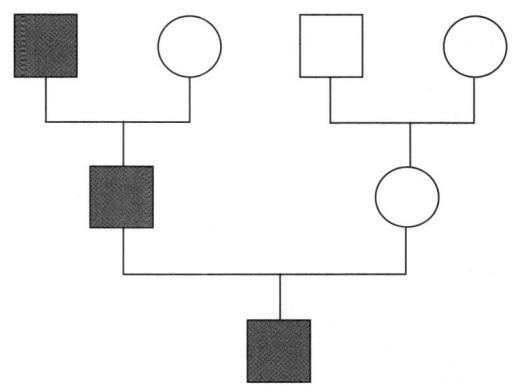

图 15-5　Y-STR 基因座的遗传模式示意图
仅有儿子从父亲获得传递，并传递给后代男性

以是父系家族的任一成员，例如（堂）兄弟、（堂）爷孙、（堂）叔侄等，参考样本的范围明显扩大。

此外，Y-STR 分型还能用于追溯父系的迁移历史和重新构建父系家族系统。男性子代的 Y 染色体必须来自于父亲，这与中国姓氏父系遗传的特点类似，所以 Y 染色体 STR 基因座又被称为"姓氏基因"。

在各类案件现场勘查中，如果能够提取到犯罪嫌疑人的 DNA 并检出其 Y-STR 单倍型，与辖区内男性家族的 Y-STR 单倍型基础数据进行比对，就能推断出犯罪嫌疑人所属的家族，实现案发后快速准确地确定侦查方向，划定侦查范围，达到以最短的时间、最小的投入快速侦破案件的目的，这是目前 DNA 检验技术主导破案的重要技术方法，近几年开始引起 DNA 专家及同行的广泛关注。

Y 染色体连锁遗传的特性在父系亲缘关系鉴定上既是优点，也是缺点。由于来自同一父系的男性个体的 Y-STR 单倍型均相同，因此仅通过 Y-STR 分型不能把关系区分到具体的个体，在亲权鉴定中要结合常染色体 STR 分型进行判断，是常染色体 STR 分型的重要补充。

Y-STR 基因座的检测方法与常染色体 STR 相同，均可用荧光标记复合 PCR 扩增后电泳进行分型。国内外已有多种商品化试剂盒问世。图 15-6 列举了部分常用于亲权鉴定的 Y-STR 基因座。

第十五章 亲权鉴定

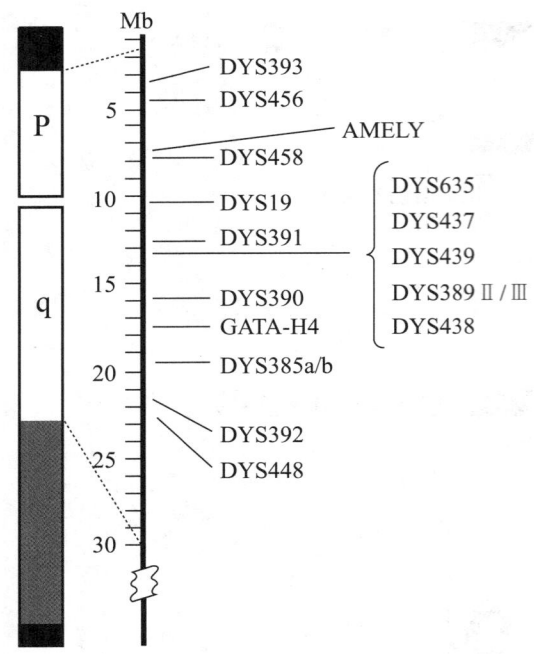

图 15-6 部分常用于亲权鉴定的 Y-STR 基因座

（三）X 染色体 STR 基因座分型技术在亲权鉴定中的应用

人类 X 染色体是一个中等大小的亚中着丝粒染色体。随着人类基因组计划的实施和完成，人类 X 染色体的全基因组 DNA 序列已于 2005 年 3 月发布，覆盖超过 99.9% 的基因序列（Ross 等，2005）。人类 X 染色体约为 153Mb，包含约 1100 个基因，平均每 Mb 的 DNA 序列包含 7.1 个基因。与其他染色体相比，X 染色体上的基因密度较低。

女性个体含有两条 X 染色体，而男性个体只有一条 X 染色体。因此，女性的一对 X 染色体在卵子的生成过程中，可以像常染色体那样发生交换和重组。但是在男性个体生成精子的过程中，X 染色体和 Y 染色体不能随意交换和重组。X 染色体的短臂和长臂末端也存在拟常染色体区，可与 Y 染色体的同源区进行重组，分别称为 PAR1 区和 PAR2 区，两者的序列具有同源性。在精母细胞生成精子的过程中，X 染色体特异性的基因以 X 连锁的方式遗传，即 X 连锁遗传（X chromosomal linked inheritance）。

X 染色体 STR 基因座（X chromosomal STR，X-STR）具有 STR 基因座共同的结构特征和分型策略。但与常染色体和 Y 染色体 STR 基因座不同，X-STR 基因座具有 X 染色体连锁遗传的特征，母亲可将 X-STR 的两个等位基因随机地遗传给她的儿子或女儿，而父亲 X-STR 基因座的等位基因则只能且必须遗传给女儿。因此，儿子 X-STR 基因座上的等位基因一定来自母亲，而女儿 X-STR 的两个等位基因一个来自父亲，一个来自母亲（图 15-7）。

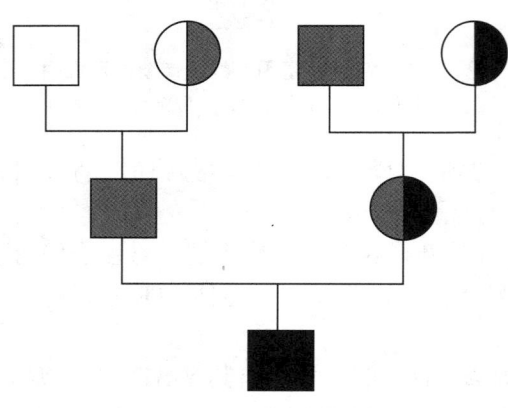

图 15-7 X-STR 基因座的遗传模式示意图

儿子的等位基因来自母亲；女儿的两个等位基因一个来自父亲，一个来自母亲

母亲和儿子或女儿之间的 X-STR 等位基因的遗传规律类似常染色体 STR，能发挥类似常染色体的作用；另一方面，在一些特殊的案件，例如父（或母）缺如的亲子鉴定和其他复杂的亲缘关系鉴定，X-STR 遗传标记的作用优于常染色体和 Y 染色体 STR，具有独特的应用价值。特别是在以下亲缘关系鉴定中，X-STR 遗传标记会显示出无可比拟的优势：

1. 父亲和女儿之间鉴定（尤其是母亲缺如的单亲案件） 父亲的 X-STR 等位基因一定会给女儿，类似 Y-STR 的传递规律，非常直观。

2. 同父同（异）母半同胞姐妹的鉴定 可疑同父同母或异母的半同胞姐妹之间拥有相同的父源 X-STR 等位基因，若两人间没有相同的等位基因，排除突变的情况，可直接排除两人为同父所生（图 15-8）。而仅凭常染色体 STR 检测是无法直观地排除

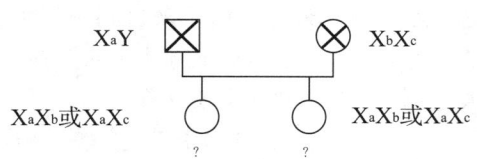

图 15-8 X-STR 基因座检测缺乏双亲的同父异母姐妹认亲案示意图

同父异母的姐妹关系的。

3. 祖孙之间的鉴定　例如，在对争议祖母－孙女关系进行鉴定时，根据祖母和孙女每个 X-STR 基因座均应拥有一个相同的等位基因的遗传规律，可以明确地进行排除与否的判定。

4. 姑－侄女、姨－外甥和舅－外甥等关系的鉴定　在父（母）和祖父（母）均缺如的情况下，可以采用 X-STR 对于争议祖父（母）的其他几个确定的儿子或女儿进行姑－侄女、姨－外甥和舅－外甥等关系的分析。

5. 涉及乱伦的亲子鉴定　例如争议父间是父子关系的情况，由于父子之间的 X-STR 没有关联，两个争议父可视为无关个体，直接进行其与争议女儿之间的关系分析。而在争议父疑为生母的父亲的乱伦案件中，可根据孩子（女）与生母父亲间是否均有相同的 X-STR 等位基因进行排除与否的分析。

关于 X-STR 基因座的检测方法与常染色体 STR 相同，均可以用 PCR 扩增后电泳进行分型。国内外研究者也已陆续建立了一些 X-STR 复合扩增分型体系，部分已商品化。

X 染色体遗传标记均位于 X 染色体上，必须考虑连锁的可能性。相距越远的遗传标记就越容易发生重组，相距越近的遗传标记连锁的机会就越大，紧密连锁在一起的遗传标记簇，称为连锁群（linkage group）。Szibor 等根据 182 个母亲－后代家庭的数据，以最大 LOD 值（maximum LOD score）的阈值为 2.0，将 X 染色体上四个区域的 X-STR 基因座分为四个连锁群（linkage group），分别位于 Xp22.2、Xq12、Xq26 和 Xq28 区域。

减数分裂时，连锁基因座等位基因形成的单倍型会发生交换和重组，重组率与标记间的遗传距离有关。对 X-STR 来说，这种现象只发生于女性减数分裂时。

图 15-9 列举了 X 染色体上常用的 STR 基因座及四个连锁群的 X-STR 基因座情况。

（四）STR 的突变现象

1. STR 突变　法医学上常说的 STR 突变（mutation），是指 STR 从亲代向子代遗传过程中等位基因发生变异，表现为真实家系的 STR 分型中出现违反孟德尔遗传规律的现象。理论上，迄今存在的所有等位基因都是经过成千上万年的进化过程不断发生突变的结果，是遗传传递中必然会发生的现象。

根据孟德尔遗传定律，子代的遗传物质一半来自母亲，一半来自父亲。表现在常染色体 STR 基因座，子代的两个等位基因一个来自母亲，一个来自父亲。若孩子的等位基因与其真实父母的等位基因不符合相关遗传规律，表明有可能存在突变（图 15-10）。由于大多数 STR 基因座的突变率比较低，必须调查大量的亲代－子代间等位基因的传递，才能观察到突变并评估突变的频率。

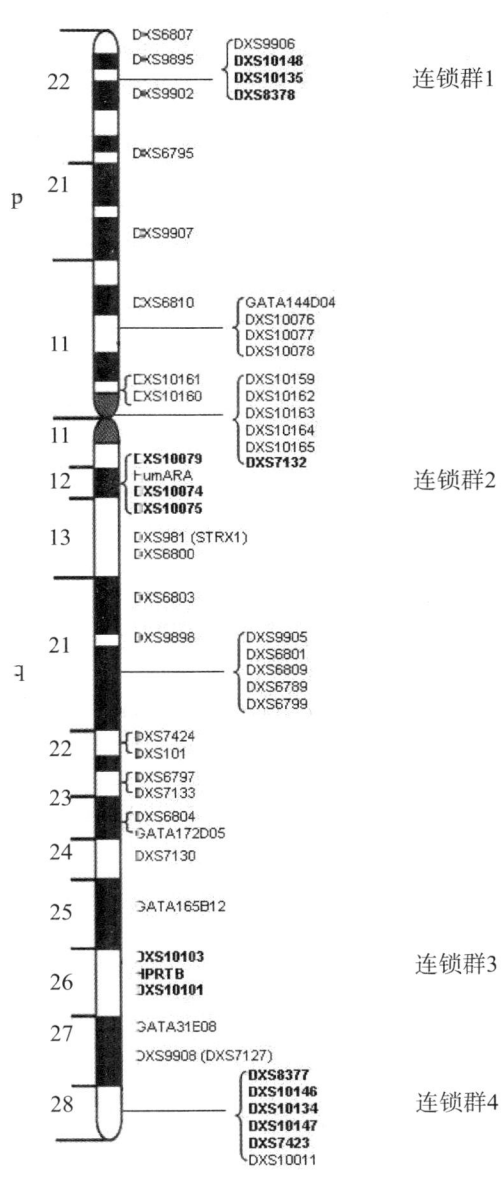

图 15-9　亲权鉴定中常用的 X-STR 基因座和连锁群情况

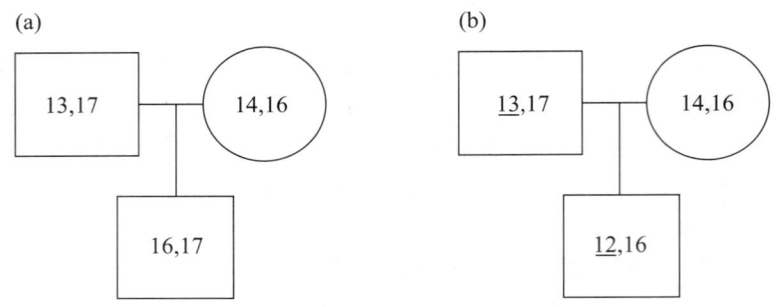

图 15-10　三联体家系中观察到的 STR 等位基因突变

(a) 正常的等位基因传递；(b) 父亲的等位基因 13 突变为孩子的等位基因 12

2．STR 突变机制　目前关于 STR 突变可能的机制有多种，包括复制滑动学说（replication slippage）、不等价交换学说（unequal crossing over in meiosis）和反转录转座机制（retrotransposition mechanism）。其中复制滑动学说目前得到大多数学者认可，其要点是在 DNA 复制过程中，新生链和模板链出现了错配，导致错配的重复单位形成一个未复制的环，从而改变了 STR 的重复单位数目。Levinson 和 Gutman 于 1987 年更明确提出，新生链重复单位的 3′ 末端与模板链重新杂化时出现错配，与模板链下游（图 15-11a）或上游（图 15-11b）的重复单位结合，从而导致新生链长度的增加或减少。因此，STR 的突变多数是由滑动错配导致核心序列重复次数变化。

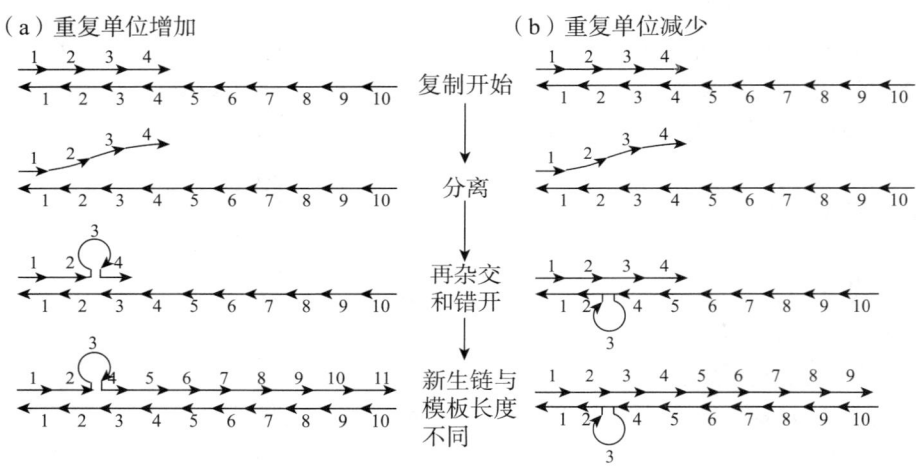

图 15-11　STR 突变的复制滑动机制

3．STR 突变模式　绝大多数 STR 基因座的突变是完整重复单位的增加或减少，主要是单个重复单位的增减，两个或更多个重复单位的改变少见。突变的步数越多，其发生的机会就越小，这是复制滑动的特征。据此，有学者提出了 STR 的逐步突变模式（stepwise mutation model，SMM），即多步突变是通过逐步突变形成的。该模式已得大多数学者认可。按照该模式，重复单位的增加和减少的概率应相同，而且同一基因座的不同等位基因也应是一致的。

4．STR 基因座的突变率　随着 STR 分型的广泛应用，在亲权鉴定中，STR 基因座突变的现象越来越多见，对亲子鉴定结果评判造成干扰，甚至会导致错误排除亲权关系。蔡颖等的研究数据表明无论是采用 Identifiler™ 还是 PowerPlex®16 系统试剂盒的 15 个常染色体 STR 基因座检测，累积突变案件的发生率均接近 1.75%，即约 100 例单亲亲子鉴定或 50 例双亲亲子鉴定就可能遇上 1～2 例突变检案。STR 突变的现象如此普遍，是亲子鉴定实践中一个不可回避的问题。

STR 由于其核心序列的重复次数在个体之间存在差异，具有高度的多态性，个体识别能力强，但同时突变率相应也较高。与单核苷酸多态性 $10^{-9} \sim 10^{-8}$ 数量级的突变率相比，STR 基因座突变率高达 $10^{-4} \sim 10^{-2}$ 数量级，平均为 0.2×10^{-2}（表15-4）。常染色体、Y 染色体和 X 染色体上的 STR 基因座的突变率相当。

表15-4 中国南方汉族群体15个STR基因座的突变率

基因座	突变事件/减数分裂数	突变率（95%CI）（$\times 10^{-3}$）
D18S51	52/20 000	2.60（3.34，1.86）
vWA	45/20 000	2.25（2.94，1.60）
FGA	43/20 000	2.15（2.83，1，48）
CSF1PO	42/20 000	2.10（2.77，1.43）
D21S11	41/20 000	2.05（2.71，1.39）
Penta E	39/20 000	1.95（2.59，1.31）
D8S1179	29/20 000	1.45（2.01，0.90）
D3S1358	26/20 000	1.30（1.83，0.78）
D13S317	23/20 000	1.15（1.64，0.66）
D16S539	21/20 000	1.05（1.52，0.58）
D7S820	19/20 000	0.95（1.40，0.50）
D5S818	18/20 000	0.90（1.34，0.46）
Penta D	13/20 000	0.65（1.02，0.28）
TH01	6/20 000	0.30（0.55，0.047）
TPOX	2/20 000	0.10（0.25，0.046）

已有研究显示不同基因座之间、父源与母源之间、不同等位基因之间、不同种族与地域的人群之间突变率存在差异。STR 的突变表现出明显的性别差异，父源突变是母源突变的 3～5 倍，并且随着父亲年龄的增长，STR 突变率呈上升的趋势，但女性则没有这种年龄效应。同一基因座的不同等位基因的突变率也存在差异，且与等位基因的大小呈正相关性。

STR 高突变率是亲权鉴定实践中不容忽视和回避的问题，会对亲权鉴定实践造成干扰，进行结果评估时需要进行分析和判断（详见本章第三节"亲权鉴定结果评估"）。

三、线粒体 DNA 分型技术在亲权鉴定中的应用

人类线粒体 DNA（mitochondrial DNA，mtDNA）独立于细胞核基因组而存在于线粒体细胞器中。1981 年，英国剑桥大学的 Anderson 等对人的 mtDNA 进行了全序列测定，结果表明人的 mtDNA 由 16569 个碱基对组成，为闭环双链分子，外环为重（H）链（富含 G，C），内环为轻（L）链（富含 A，T）。两条链均有编码功能，共编码 13 种线粒体氧化磷酸化呼吸链组成酶所必需的多肽以及 22 个 tRNA。此外，mtDNA 中还存在约 1125bp 的非编码区（1～579，16029～16571），又称控制区（control region，CR）或 D-环区（displacement loop，D-Loop）。

由于较高的复制错误率和较低的修复能力，mtDNA 分子存在着广泛的变异，具有较高的多态性（表 15-5）。mtDNA 的多态性包括由碱基转换（transition）或颠换（transversion）导致

第十五章 亲权鉴定

个体间碱基序列差异的序列多态性，和由碱基插入（insertion）或缺失（deletion）导致的长度多态性。其中碱基转换是最常见的变异形式。Coble MD 等通过对 241 名白人 mtDNA 全基因组序列测定，发现在 ND1、ND2、COI、COII、ATP8、ATP6、Cytb、12S rRNA、16S rRNA，以及 tRNA 等区域都存在一定比例的核苷酸变异位点。

表15-5　mtDNA各个基因、区域的变异位点总结

基因/区域	样本数量	区域长度（bp）	变异位点数	变异位点比例（%）
CR HV Ⅰ	200	342	88	26%
CR HV Ⅱ	200	268	65	24%
HV Ⅰ/HV Ⅱ 外部CR	241	513	21	4.1%
所有tRNA的结合	241	1507	35	2.3%
CR外部的NC区域	241	91	6	6.6%
12s rRNA	241	954	13	1.4%
16s rRNA	241	1559	16	1.0%
NADH 脱氢酶 1	241	957	22	2.3%
NADH 脱氢酶 2	241	1044	37	3.5%
细胞色素 C 氧化酶 Ⅰ	241	1542	38	2.5%
细胞色素 C 氧化酶 Ⅱ	241	684	18	2.6%
ATP 合成酶 8	241	207	10	4.8%
ATP 合成酶 6	241	681	25	3.7%
细胞色素 C 氧化酶 Ⅲ	241	783	18	2.3%
NADH 脱氢酶 3	241	348	8	2.3%
NADH 脱氢酶 4L	241	297	6	2.0%
NADH 脱氢酶 4	241	1380	33	2.5%
NADH 脱氢酶 5	241	1812	56	3.1%
NADH 脱氢酶 6	241	525	15	2.9%
细胞色素 b	241	1137	35	3.1%

其中占 mtDNA 全序列 7% 的非编码序列在进化过程中的选择压力相对较小，因而具有比其他区域更高的多态。在非编码区中大多数变异集中在 3 个区域，分别称为 HV Ⅰ 区（hypervariable region Ⅰ，nt16024～nt16365，342bp），HV Ⅱ 区（hypervariable region Ⅱ，nt73～nt340，268bp）和 HV Ⅲ 区（hypervariable region Ⅲ，nt438～nt574，137bp）。这三个区域是目前进行 mtDNA 多态性分析及建立 mtDNA 数据库的主要基础。在法医学中，对线粒体 DNA 的非重组区或称 D 环区的高变区域进行 DNA 序列测定常用于无（或少）核 DNA 的检测（详见第十四章）。

线粒体 DNA 存在于细胞质内的细胞器上，与核 DNA 相比，有许多独特之处（表 15-6）。

线粒体 DNA 呈母系单倍型遗传方式（图 15-12），母亲将其线粒体 DNA 以单倍型的形式传递给儿子和女儿，女儿又继续将其传递给后代。这种遗传特性在亲子鉴定上具有特殊的意义，在母系关系鉴定中，如同胞兄弟姐妹、祖孙、姨甥等关系鉴定中，线粒体 DNA 具有较高的排除能力。利用线粒体 DNA 还能追溯母系的迁移历史和重新构建母系家族系统。

mtDNA 存在异质性，即同一个体可能拥有两种（或两种以上）不同类型的 mtDNA。

mtDNA异质性可分为序列异质性（sequence based heteroplasmy）和长度异质性（length based heteroplasmy）。序列异质性表现为两种不同的mtDNA序列在一个或多个核苷酸位点上不同；长度异质性多表现为多聚胞嘧啶区（Poly C，C stretches）碱基数目的变异，这种PolyC区多长于8个连续的"C"，在HVⅠ和HVⅡ区均有发现，如16 184～16 193nt的多聚胞嘧啶区中碱基的突变（如16 189nt T→C）或C碱基的插入。还可能有DNA复制过程中的滑动（replication slippage），造成不同长度的Poly C区的异质混合物。对于法庭科学检验来说，无论是长度异质性还是序列异质性都会对决定是否同一带来困难和问题，成为结果评估的一个限制因素。当HVⅠ/HVⅡ区poly C结构区域出现长度异质性时，测序信号会混乱甚至停止，降低可用序列数据的信息。

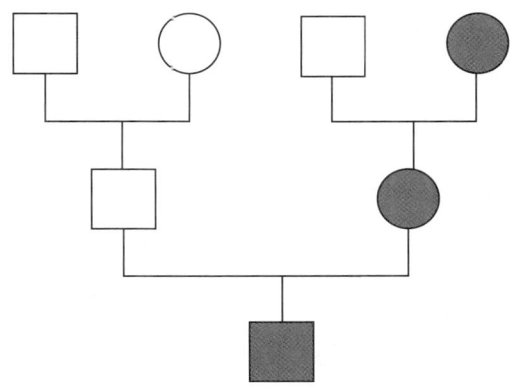

图15-12　mtDNA的遗传模式

仅从母亲获得传递，通过女儿传递至后代

表15-6　核DNA与线粒体DNA的差异

	核DNA	线粒体DNA
结构	线状分子，形成核小体	闭合的环状分子，无组蛋白
大小	约30亿bp	大小为16，569bp
数目	1个拷贝/细胞	50～几千个拷贝/细胞
编码	基因组大部分为非编码区	约有1，100bp非编码区
遗传方式	孟德尔方式遗传	母系遗传
重组	发生重组	不发生重组，单倍型遗传
突变率	低	高，至少大于核DNA 5～10倍
全序列获得	2001年草图	1981年，Anderson序列（剑桥序列）
组织同一性	同一	有异质性

考虑到线粒体DNA的异质性（heteroplasmy）现象，当线粒体DNA序列存在3个以上的核苷酸不同时，可直接做出排除的结论；由于mtDNA的多态性有限，当线粒体DNA序列相同时也不能做出肯定结论。此外，由于同一母系的所有个体均有相同的线粒体DNA单倍型，不能区分同胞与表兄弟姐妹。因此目前在亲权鉴定实践中，mtDNA分型多是作为常染色体STR分型的补充手段被应用于亲缘关系鉴定，或是针对没有或很少核DNA的检材，如毛干、陈旧骨骼等进行检验。

四、单核苷酸多态性和插入-缺失多态性分型技术在亲权鉴定技术中的应用

单核苷酸多态性（single nucleotide polymorphism，SNP）是指基因组内特定核苷酸位置上存在着两种不同的碱基，其中最少的一种在群体中的频率不少于1%。组成DNA的碱基虽然有4种，但SNP一般只有两种碱基组成，所以它是一种二态的标记，即二等位基因标记（biallelic marker）。

SNP在人类基因组的平均密度估计为1/1000bp，在整个基因组的分布达3×10^6个，包括

了人类基因组已知多态性的 80%，是最常见的遗传变异类型。早在 2005 年脊椎动物基因组注解数据库（Vertebrate Genome Annotation Database，http：//vega.sanger.ac.uk/Homo_sapiens/）中就已收录了多达 153 146 个候选 SNP 标记。

插入 - 缺失（insertion-deletion，INDEL）多态性是另一种特殊的二等位基因遗传标记，表现为基因组中插入或缺失不同大小的 DNA 片段所形成的多态性。2006 年 5 月，Genome Research 杂志上发表了一个包含了人类基因组中超过 40 万个 INDEL 标记的图谱，这一工作大大地促进了 INDEL 在各领域的应用研究。

SNP 和 INDEL 只涉及单个和几个碱基或序列的变异，因而检验 SNP 意味着从单核苷酸水平对每个个体的 DNA 序列多态性进行最本质的鉴别和区分，这在法医个人识别和亲子鉴定中具有巨大的意义。同 STR 遗传标记相比，SNP 和 INDEL 具有以下适用于法医学检验的特点和优点：

1. SNP 和 INDEL 位点含量的丰富性及分布的高密度性　虽然单个 SNP 或 INDEL 位点提供的信息相对较少，但分布的高密度弥补了信息量的不足。3～4 个相邻的 SNP 位点构成的单倍型可达 8～16 种，相当于一个 STR 位点的多态性，1000 个 SNP 与 400 个 STR 扫描得出的连锁信息量等同。

2. SNP 和 INDEL 位点的遗传稳定性　SNP 和 INDEL 被认为是一种能稳定遗传的早期突变，较 STR 遗传标记具有更高的遗传稳定性。STR 基因座突变率高达 10^{-4}～10^{-2} 数量级，平均为 0.2×10^{-2}，而单核苷酸多态性突变率仅为 10^{-9}～10^{-8} 数量级，具有明显优势。这对于亲权鉴定来说更有意义。

3. SNP 和 INDEL 位点检验技术自动化的可行性　SNP 标记作为双等位基因，结果只表现为简单的"＋/－"或"有/无"形式，这使其检验方法易于实现自动化或全自动化。SNP 检验方法较多，如 PCR-RFLP 分析、单链构象多态性（SSCP）分析等，但这些方法费时、信息量少，且受外部条件的影响较大，不适用于大规模的法医 DNA 分析。近年来，高通量 SNP 检测技术不断涌现，如 DNA 芯片（DNA Chip）、引物延伸结合时间飞行质谱（MALDI-TOF-MS）、变性高效液相色谱法（denaturing high - performance liquid chromatography，DHPLC）、溶解曲线基因分型方法（melting curve genotyping）、TaqMan 法、微测序法（mini-sequencing），以及焦磷酸测序法（pyrosequencing）等。而 INDEL 标记既有 SNP 二等位基因的特征，又能采用片段长度多态性分析技术进行分型，与目前 PCR-STR 分型技术平台兼容，可采用荧光标记复合扩增结合阵列毛细管电泳技术进行检测，较一般的 SNP 具有更强的法医学应用普适性，因而受到众多法医学者的关注。

SNP 和 INDEL 遗传标记广泛存在于常染色体、Y 染色体和 X 染色体上。根据其所在染色体的位置，具有同相应 STR 相同的遗传特性和使用价值。国内外研究者也已陆续建立了一些常染色体、X 染色体和 Y 染色体 SNP 或 INDEL 复合扩增分型体系并应用于亲权鉴定，部分已成为商品化试剂盒。

随着高通量检测技术的进一步发展，检测步骤更加简化，检测成本进一步降低，SNP 和 INDEL 遗传标记必将在亲权鉴定方面显示很好的应用前景。

（孙宏钰）

第三节　亲权鉴定结果评估

亲权鉴定的过程是通过对各类遗传标记的检测和分型，分析受检者之间的表现是否符合遗传规律，从而判定有无某种血缘关系。例如在肯定孩子的某个等位基因是来自生父，而 AF 并不带有这个基因的情况下，可以排除他是孩子的生父；另一方面，在肯定孩子的某些等位基因是来自生父，而 AF 也带有这些基因的情况下，不能排除他是孩子的生父。这时需要计算判断他是孩子生父的把握度究竟有多大。这个过程即是对亲权鉴定结果进行评估的过程。

对亲权鉴定结果的评估要从两方面进行，首先要进行系统效能的评估，然后再进行个案效能的评估。

一、系统效能评估指标

1. 非父排除概率　用以评估亲权鉴定系统效能的指标是非父排除概率（probability of exclusion，PE 或 mean exclusion chance，MEC），指不是孩子生父的男子（即非父）能被某个遗传标记排除的概率，它是衡量遗传标记系统在亲权鉴定中实用价值大小的客观指标。

不是小孩生父的男子被误认为生父时，理论上可以根据遗传标记检测予以否定。但在遗传标记的鉴别能力较差时，无血缘关系的男子与小孩的遗传标记偶然也会符合遗传规律，因而不能否定他与孩子有亲子关系。对孩子的生父来说，不论检查多少遗传标记，都不可能找到排除他与孩子有亲子关系的证据；而对于不是孩子生父的男子，随着检测遗传标记的增加，他被排除的概率就越大。不同遗传标记多态性程度高低不同，无关男子因偶然机会不能被排除的概率也有高有低，因此有必要知道不是小孩生父而被控为生父的男子，应用某种遗传标记检测有多大的可能性能被排除父权。这就是非父排除概率的意义。

通常，遗传标记系统的多态性程度越高，排除非父的能力越强。例如 STR 基因座 D8S1179 在中国汉族三联体亲子鉴定的非父排除率为 0.685，表示 100 名非父通过检测 D8S1179 基因座，理论上可排除 68.5 名；另一 STR 基因座 TPOX 在中国汉族三联体亲子鉴定的非父排除概率为 0.302，表示 100 名非父通过检测 TPOX 基因座，理论上可排除 30.2 名，显然 D8S1179 的非父排除概率大于 TPOX，其在亲权鉴定中的应用价值也较高。

非父排除概率的大小取决于遗传方式、等位基因数目及等位基因的频率分布。非父排除概率依据遗传标记系统是否为显隐性或共显性遗传方式有不同的计算方法。目前在亲权鉴定中常用的 DNA 遗传标记，如一个 STR 基因座有多个等位基因，并且均为显性。设 f_i 代表群体中第 i 个等位基因频率，f_j 代表群体中第 j 个等位基因频率，并且等位基因 i 不等于等位基因 j，则常染色体 STR 进行三联体亲子鉴定的非父排除概率为：

$$PE = \sum_i f_i(1-f_i)^2 - \frac{1}{2}\sum_{i<j}(f_i f_j)^2(4-3f_i-3f_j)$$

常染色体 STR 进行对二联体亲子鉴定的非父排除概率计算公式为：

$$PE = \sum_i f_i^2(1-f_i)^2 + \sum_{i<j} 2f_i f_j(1-f_i-f_j)^2$$

而对于 X-STR 遗传标记而言，父 - 母 - 女三联体非父排除率计算公式为：

$$PE = 1 - \sum_i f_i^2 + \sum_i f_i^4 - \left(\sum_{i<j} f_i^2\right)^2$$

X-STR 遗传标记对父 - 女／母 - 子二联体非父排除率的计算公式为：

$$PE = 1 - 2\sum_i f_i^2 + \sum_i f_i^3$$

评估 Y-STR 基因座鉴别能力的非父排除率等同于其基因多样性（gene diversity，GD）和个体识别能力（discrimination power，DP）值，计算公式为：

$$PE = \frac{n}{n-1}\left(1 - \sum_i f_i^2\right)$$

其中，n 为群体样本数目，f_i 为 Y-STR 单倍型频率。

评估线粒体 DNA 鉴别能力的非父排除率的计算公式同样为：

$$PE = \frac{n}{n-1}\left(1 - \sum_i f_i^2\right)$$

其中 n 为群体样本数目，f_i 为线粒体 DNA 单倍型频率。

2. 累积非父排除概率　上述各种计算非父排除概率的公式是对于某一个基因座而言的。既然亲权鉴定不止使用一个基因座，有必要知道使用的全部遗传标记对于不是小孩生父的男子，否定父权有多大的可能性，即累积非父排除概率（cumulative probability of exclusion，CPE）。计算累积非父排除概率的前提条件是一个遗传标记系统独立于另一个系统。在此前提下，一个无关男子不能被多个遗传标记排除的概率可由单个遗传标记不能排除的概率计算求得。具体地说，一个无关男子不能被一个遗传标记排除的概率（即累积不能排除概率）等于该男子不能被单个遗传标记排除的概率的乘积。用 1 减去累积不能排除概率，即得排除无关男子的累积机会。累积非父排除概率计算公式为：

$$CPE = 1 - (1-PE_1)(1-PE_2)(1-PE_3)\cdots(1-PE_n) = 1 - \prod(1-PE_n)$$

式中 n 为检测的遗传标记数，PE_n 为第 n 个遗传标记的非父排除概率。检测的遗传标记越多，累积非父排除概率越高，排除非父的能力越强。累积非父排除率是衡量亲权鉴定实验室的质量控制指标之一，一般对三联体和二联体亲子鉴定要求检测体系的累积非父排除概率大于 0.9999。

表 15-7 以中国汉族群体为例，给出了常用的 19 个 STR 基因座的累积排除概率计算实例。

二、个案效能评估指标

进行亲权鉴定时，经过遗传标记检测，若被控父带有孩子生父所应有的等位基因，这时不能排除其与孩子间存在亲生关系，但并不等于一定是亲生关系，因为也可能是因为随机个体正好携带有与生父相同的等位基因所致。另一方面，若被控父不带有孩子生父应有的等位基因，也不一定就排除其与孩子间存在亲生关系，因为也可能是由于突变所致。因此，经过遗传标记分型后，必须对亲权鉴定个案效能通过某种评价指标进行评估，量化被控父与孩子具有亲子关系的可能性。

1. 父权指数　父权指数（paternity index，PI），或称亲权指数，是亲子鉴定中判断遗传证据强度常用的指标。PI 是判断亲子关系所需的两个条件概率的比值，即具有 AF 遗传表型的男子是孩子生物学父亲的概率（X）与随机男子是孩子生物学父亲的概率（Y）的比值。由下列公式表示：

$$PI = X/Y$$

PI 本质上是两个条件概率的比值，属于似然比（likelihood ratio，LR）。对标准三联体亲子鉴定来说，对应的两个假设条件（或称备择假设）是：

H1：被控父是孩子的父亲。

H2：被控父是其他男子。

表15-7 中国汉族群体常用的19个STR基因座的累积排除概率计算

基因座	非父排除概率	累积非父排除概率
D3S1358	0.4806	0.5194
vWA	0.6092	0.79708480
FGA	0.7068	0.940485818
D8S1179	0.6882	0.981443478
D18S51	0.7184	0.994774483
D21S11	0.6502	0.998172114
D5S818	0.5671	0.999208708
D13S317	0.6000	0.999633483
D16S539	0.5749	0.999855449
TH01	0.4046	0.999919888
TPOX	0.3701	0.999949538
CSF1PO	0.5001	0.999974774
D7S820	0.5576	0.999988840
D2S1338	0.6950	0.999996596
D19S433	0.6554	0.999998827
D6S1043	0.7310	0.999999684
D12S391	0.6790	0.999999899
Penta D	0.5907	0.999999959
Penta E	0.7325	0.999999989

其中，H1又称为原告假设（prosecution proposition），H2称为被告假设（defense proposition）。根据父权指数的定义和概率乘法原则换算后，PI可简化为：

$$PI = \frac{X}{Y} = \frac{母亲提供生母基因的概率 \times AF提供生父基因的概率}{母亲提供生母基因的概率 \times 随机男子提供生父基因的概率}$$

计算父权指数的步骤如下：①测定母亲、孩子与AF的表型；②确定生父应该给孩子的必需基因；③计算母亲给孩子必需基因概率（f）；④计算随机男子给必需基因概率（g）；⑤计算AF给必需基因的概率（c）；⑥AF给必需基因成为孩子生父的概率 $X = c \times f$；⑦随机男子给必需基因成为孩子生父的概率 $Y = g \times f$。

对二联体亲子鉴定来说，根据PI计算原则，将缺少的一方作随机人员考虑，即X为被控父遗传生父基因和随机母遗传生母基因产生孩子的机会，Y为随机父和随机母产生孩子的机会，即人群中孩子表型的概率。

作为两种假设条件的概率比，PI值大于1表示倾向于认同父子关系，其理论值可接近无穷大。PI小于1表示倾向于排除父子关系。

包括常染色体STR在内大量遗传标记是共显性的，其计算PI的方法举例如下：

【例1】某三联体亲子鉴定案件，检测D8S1179基因座被控父（AF）基因型为"12"，生母（M）的基因型为"13，14"，孩子（C）的基因型为"12，14"，则：

X = AF提供等位基因12的概率 × M提供等位基因14的概率 = $1 \times 0.5 = 0.5$

Y = 随机男子提供等位基因12的概率 × M提供等位基因14的概率 = $p_{12} \times 0.5$

$$PI = 0.5/(p_{12} \times 0.5) = 1/p_{12}$$

【例2】 某二联体亲子鉴定案件，检测 D8S1179 基因座被控父（AF）基因型为"12"，孩子（C）的基因型为"12，14"，则：

X = AF 提供等位基因 12 的概率 × M 提供等位基因 14 的概率 = $1 \times p_{14} = p_{14}$

Y = 随机男子提供等位基因 12 的概率 × M 提供等位基因 14 的概率 = $p_{12} \times p_{14} = p_{12}p_{14}$

$$PI = p_{14} / (p_{12}p_{14}) = 1/p_{12}$$

【例3】 某三联体亲子鉴定案件，检测 D8S1179 基因座被控父（AF）基因型为"12，13"，生母（M）的基因型为"12，13"，孩子（C）的基因型为"12，13"，则：

X =（AF 提供等位基因 12 的概率 × M 提供等位基因 13 的概率）+（AF 提供等位基因 13 的概率 × M 提供等位基因 12 的概率）= $0.5 \times 0.5 + 0.5 \times 0.5 = 0.5$

Y =（随机男子提供等位基因 12 的概率 × M 提供等位基因 13 的概率）+（随机男子提供等位基因 13 的概率 × M 提供等位基因 12 的概率）= $p_{12} \times 0.5 + p_{13} \times 0.5$

$$PI = 0.5 / (p_{12} \times 0.5 + p_{13} \times 0.5) = 1/(p_{12} + p_{13})$$

此例中母亲与随机男子的基因配合有两种方式，则 Y 值应是两个独立结合概率的数学和。同样道理，如果母亲与 AF 的基因配合有两种或两种以上的方式，则 X 值应是几种独立结合概率的数学和。

表 15-8 和表 15-9 分别列举了标准三联体和二联体亲子鉴定包括常染色体 STR 在内的共显性遗传标记计算父权指数的方法。

表15-8　三联体亲子鉴定PI值简化计算公式

基因型组合			X	Y	PI
孩子	母亲	被控父			
AA	AA	AA	1	p	$1/p$
		AB	1/2	p	$1/2p$
	AB	AA	1	p	$1/p$
		AB	1/2	p	$1/2p$
		AC	1/2	p	$1/2p$
AB	AA	BB	1	p	$1/p$
		BC	1/2	p	$1/2p$
		AB	1/2	p	$1/2p$
	AB	AA/BB	1/2	$(p+q)/2$	$1/(p+q)$
		AB	1/2	$(p+q)/2$	$1/(p+q)$
		BC	1/4	$(p+q)/2$	$1/2(p+q)$
	AC	BB	1	p	$1/p$
		BD	1/2	p	$1/2p$
		AB	1/2	p	$1/2p$

注：p、q 为人群生父基因的概率。

多个遗传标记用于亲权鉴定时，若每个遗传标记之间独立遗传，PI 值分别为 PI_1、PI_2、PI_3...PI_n，则可将 n 个遗传标记的父权指数相乘，计算即得累积父权指数（combined paternity index，CPI），表示为：

$$CPI = PI_1 \times PI_2 \times PI_3 \cdots \times PI_n$$

表15-9　二联体亲子鉴定PI值简化计算公式

基因型组合		X	Y	PI
被控父	孩子			
AA	AA	1	p	$1/p$
	AB	1	$2p$	$1/2p$
AB	AA	0.5	p	$1/2p$
	AC	0.5	$2p$	$1/4p$
	AB	0.5 $(p+q)$	$2pq$	$1/4p+1/4q$

2．父权相对机会　父权指数是两个条件概率的比值，由这个数字不易看出父权的机会，它可以按 Bayes 定理换算成一个条件概率，从而引出另一个参数，称之为父权相对机会（relative chance of paternity，RCP）或父权概率（probability of paternity），后者常简写为 W，来源于德语 Vaterschaftswahrscheinlichkeit。父权相对机会即是代表判断 AF 是孩子生父的把握度大小，父权的相对机会越高，肯定父权的把握度就越大。该计算公式中含有从非遗传标记估计亲子关系的概率，这种估计称为前概率（prior probability，P_0）。通常设定从非遗传标记估计 AF 是孩子的生父或不是孩子的生父机会均等，前概率为 0.5，在此前提下父权相对机会的计算公式可推导为：

$$RCP = \frac{PI}{PI + 1}$$

多个遗传标记用于亲权鉴定时，先单独计算每一个遗传标记获得的 PI 值，然后计算多个遗传标记的 CPI 值，由此再计算出该系统检验该亲权鉴定案件获得的 RCP 值。

例如某三联体亲子鉴定案经过 15 个 STR 基因座检测 CPI 计算值为 12 023，设定前概率为 0.5，则：

RCP = CPI/（CPI + 1）= [12023/（12023 + 1）]×100% ≈ 99.992%

CPI 理论值接近无穷大时，RCP 接近 100%，但不能达到 100%。二者之间的对应关系列举如表 15-10 所示：

表15-10　CPI值和RCP值的对应关系

CPI值	RCP值（W值）
<1	<50%
1~10	50%~90%
10~100	90%~99%
100~1000	99%~99.9%
1000~10 000	99.9%~99.99%
10 000~100 000	99.99%~99.999%

三、亲权鉴定的判定标准

基于遗传标记系统的系统效能达到一定要求，即累计非父排除率足够高的前提下可以根据个案效能的指标，即 CPI 值对亲权鉴定结果进行评判，看是否达到适当的认定或排除标准。包括美国血库协会（American Association of Blood Banks，AABB）、国际法医遗传学会（International Society of Forensic Genetics，ISFG）、中国公安部、司法部等部门和组织近年来相继出台对亲权鉴定技术规范，对排除父权和确信父权的标准进行了规定。

（一）中华人民共和国公共安全行业关于亲权鉴定的标准

参考中华人民共和国公共安全行业标准《GA/T 965-2011 法庭科学 DNA 亲权鉴定规范》，排除父权和确信父权的标准为：

1．实验室使用的遗传标记累及排除概率应大于或等于0.9999。

2．为了避免潜在突变影响，任何情况下都不能仅根据一个遗传标记不符合遗传规律就排除父权。

3．检测的遗传标记均需计算父权指数，包括符合和不符合遗传规律的遗传标记。任何情况下都不能为了获得较高的父权指数，将检测到的不符合遗传规律的遗传标记删除。

4．对于所有单个（符合遗传规律和不符合遗传规律）遗传标记的父权指数后，计算累积父权指数。

5．在满足上述（1）～（4）条件下，被检测男子的累积父权指数小于0.0001时，支持被检测男子不是孩子生物学父亲的假设。鉴定意见可表述为：被检测男子不是孩子的生物学父亲，从遗传学角度已经得到科学合理的确信。

6．在满足上述（1）～（4）条件下，被检测男子的累积父权指数大于10 000时，支持被检测男子是孩子生物学父亲的假设。鉴定意见可表述为：被检测男子是孩子的生物学父亲，从遗传学角度已经得到科学合理的确信。

7．在不能满足上述（5）或（6）指标时，应当通过增加检测的遗传标记来达到要求。

（二）不符合遗传规律的遗传标记的亲权指数的计算

亲权鉴定进行个案结果评估时，要求符合遗传规律和不符合遗传规律的遗传标记均需计算PI值。目前《GA/T 965-2011 法庭科学 DNA 亲权鉴定规范》推荐使用 Brenner 法进行不符合遗传规律的遗传标记的 PI 值计算，公式亦为 PI=X/Y。表 15-11 和表 15-12 为三联体和二联体 PI 值计算公式。

表15-11　Brenner法计算三联体PI值公式

突变步数	父系突变（PI值）	母系突变（PI值）	来源不明（PI值）
1	$\mu/(4p)$	$\mu/(4\times 3.5\times p)$	$\mu/(4p)+\mu/(4\times 3.5\times p)$
2	$\mu/(40p)$	$\mu/(40\times 3.5\times p)$	$\mu/(40p)+\mu/(40\times 3.5\times p)$
…	…	…	…
n	$\mu/(4\times 10^{n-1}\times p)$	$\mu/(4\times 10^{n-1}\times 3.5\times p)$	$\mu/(4\times 10^{n-1}\times p+\mu/(4\times 10^{n-1}\times 3.5\times p)$

表15-12　Brenner法计算二联体PI值公式

突变步数	父系突变（PI值）	母系突变（PI值）
1	$\mu/(8p)$	$\mu/(8\times 3.5\times p)$
2	$\mu/(80p)$	$\mu/(80\times 3.5\times p)$
…	…	…
n	$\mu/(8\times 10^{n-1}\times p)$	$\mu/(8\times 10^{n-1}\times 3.5\times p)$

注：μ 为 STR 基因座突变率，p 为生父或生母必需的等位基因，n 为突变步数。

表 15-13 以 D7S820 为例介绍三联体中存在不符合遗传规律的遗传标记时亲权指数的具体计算。

表15-13　D7S820基因座不符合遗传规律的分型结果的亲权指数计算示例

生母	孩子	争议父	亲权指数
7	7, 8	9, 11	$\mu/(4p_8)$
7	7, 8	10, 11	$\mu/(40p_8)$
7	7, 8	11, 12	$\mu/(400p_8)$
7	7, 8	9	$\mu/(2p_8)$
7, 8	8	9	$\mu/(2p_8)$
7, 8	8	7, 9	$2\mu/(4p_8)$
7, 8	8	9, 11	$\mu/(4p_8)$
7, 9	7, 9	10, 11	$\mu/([4(p_7+p_9)]$
7, 9	7, 9	10	$\mu/([2(p_7+p_9)]$
7, 9	7, 9	8, 10	$3\mu/([4(p_7+p_9)]$
7, 8	7, 9	7	$\mu/(1+1/3.5)/(4p_9)$
9	7, 8	7	$\mu/(2\times3.5\times p_8)$

四、其他亲缘关系鉴定

进行亲缘鉴定对检测体系的效能要求较亲子鉴定更高，需综合常染色体 DNA、性染色体 DNA 和 mtDNA 等多种遗传标记进行检测，从各种遗传方式进行亲缘关系的判断。

其中常染色体 DNA 遗传标记进行亲缘关系鉴定的原理是基于：①有亲缘关系的个体比无血缘关系的个体共享相同等位基因的概率高；②亲缘关系近的个体比亲缘关系远的个体共享相同等位基因的概率高。因此可以通过与无关个体比较概率高低来判断存在亲缘关系的可能性大小。

Y 染色体 DNA 遗传标记进行亲缘关系鉴定的原理是基于判断其单倍型传递是否符合 Y 染色体连锁遗传的特点，来自同一父系的男性个体理论上应具有相同的 Y-DNA 单倍型。

X 染色体 DNA 遗传标记进行亲缘关系鉴定的原理是基于判断其基因传递是否符合 X 染色体连锁遗传的特点。

线粒体 DNA 遗传标记进行亲缘关系鉴定的原理则是基于判断其单倍型传递是否符合母系遗传的特点，来自同一母系的后代理论上应具有相同的 mtDNA 单倍型。

目前常见的 DNA 检测体系对祖孙关系、全同胞鉴定的判别效能相对较高，但对半同胞、叔侄、堂兄弟等的鉴定尚处于可以明确排除但不能认定的水平，需尽可能检验更多的遗传标记，以及更多的参考样本以便进行结果的判定。

五、亲权鉴定的基本流程

1. **案件受理**　了解委托人的委托事项和要求，履行知情告知义务，如鉴定的时限、结果的稳定性等。填写委托书或委托合同，包括被鉴定人的姓名、性别、称谓、年龄、身份证号码等。

2. **检材采集**　法医物证各类生物检材均可用于亲权鉴定，常见的亲权鉴定检材类型包括：血液、血痕、口腔拭子、精液、精斑、羊水、肌肉、毛发、病理组织、骨骼、牙齿等。需注明是否自带样本。被鉴定人采样时同时照相和留取指模，新生儿要按脚印，委托人签名确认。

3. **实验室检测**　根据委托事项选择适当的遗传标记，采用标准化的鉴定方法进行检验。

实验室环境、仪器、试剂、耗材等均需满足相关的要求。

4. 结果评估和报告书写　对遗传标记的检测结果进行计算、分析并按照相关的标准做出相应的鉴定结论。一份规范的亲权鉴定报告应包含以下要素：委托单位、委托人或送检人、鉴定要求、简要案情、受理时间、鉴定样本、检测时间、检测方法及过程、检测结果、分析说明、鉴定意见、鉴定人（两名以上）、报告撰写时间等。鉴定报告应实事求是报告检测结果。

六、亲权鉴定注意事项

亲权鉴定的开展，为刑事侦查、刑事诉讼、民事诉讼等诸多司法活动提供了有利的证据，为我国法制建设的进一步完善做出了积极的贡献。但是，在某些时候也存在滥用亲权鉴定影响家庭的安定，可能造成对被检孩子的精神伤害，应当慎重对待。

亲权鉴定涉及面广，责任重大，是一项十分严肃的事情，因此检验结果的高度准确性和可重复性十分重要。在进行鉴定时必须注意：

1. 确保亲权鉴定检材的真实性　确保被检查者必需确认无误，作为能在法庭上发挥证据作用的亲权鉴定尤其需要规定严格的检材采集程序，避免检材张冠李戴，防止身源被弄虚作假。

2. 确保亲权鉴定技术方法的科学性　亲权鉴定使用的检测技术必需科学、准确、标准化。实验室必须制定严格的质量控制体系，采用标准化的鉴定方法，以保证检测结果的成功率及准确性。

3. 确保亲权鉴定结论的可靠性　遗传标记的检测结果应该由有鉴定资质且具备一定工作经验的鉴定人进行计算、分析，对突变、稀有等位基因、无效等位基因等特殊现象进行识别和评判，并严格按照肯定父权或否定父权的标准做出相应的鉴定结论。鉴定意见是以不考虑双胞胎或者近亲情况为前提的。近亲情况应采用另外的公式，并需全面、系统地结合其他因素做综合分析。

（孙宏钰）

第四节　亲权鉴定在临床医学中的应用

一、双生子卵型鉴定

双生子研究（twin study）是确定复杂疾病或性状遗传学基础的重要方法之一，非常适用于研究遗传和环境因素对表型变异贡献的相对大小。经典的双生子研究基于两种类型的双生子，即同卵双生子（monozygotic twins，MZ）和异卵双生子（dizygotic twins，DZ）。MZ是从一个受精卵分化来的，而后发育成两个个体，因此他们具有100%相同的遗传基础。DZ是两个卵子分别受精并发育成的两个个体，因此他们和普通的同胞对一样平均共享50%的遗传基础。虽然这两种双生子在遗传学相似性上存在差异，但一般认为这两种双生子受内环境因素影响的程度是相等的（即共同环境假设）。如果MZ的表型相似程度高于DZ，则可能是由于遗传学相似程度增加所致，而在MZ中表型的不一致只能是个体特异环境不同所致，这就是经典双生子研究进行遗传度测量的基础。目前以双生子为研究方法已经应用于传染病及寄生虫病、肿瘤、内分泌、营养和代谢疾病、精神和行为障碍、眼及附属器、循环系统疾病、消化系统疾病、肌肉骨骼系统和结缔组织疾病、先天性畸形、变形和染色体异常，以及正常形态学、行为学各领域展开的研究。近几年有研究者甚至利用双生子进行选举行为、愿意接受投资风险、高中生逃学、幽默感等方面的遗传学分析，以及宗教对于幸福感遗传度的影响等。

用双生子法进行研究的前提是准确地鉴别双生子的卵型。通过 STR 检测，同卵双生子均具有相同的分型，异卵双生子则只有 50% 的可能具有相同的分型，能快速、简便、直观而又准确地进行卵型判别。由于它具有自动化的优点，适用于大规模的检测，是目前进行双生子卵型鉴定的主要方法。

二、怀疑婴儿调换的医疗纠纷案件

1986 年，广东省人民医院产房一孕妇急产，匆忙中实习医生告知家属生了个"大肥仔"，但是没有告诉产妇该新生儿的性别。9 天后，产妇出院拒绝带该新生儿出院。该女婴在广东省人民医院度过了 13 个月。受广州市中级人民法院委托中山医科大学法医学系进行亲子鉴定，并出庭作证。最后广州市中级人民法院宣判该女婴的父母有抚养孩子的法律义务，顺利解决了争议。此案广东媒体全程进行了追踪报道，是中国第一例引起社会巨大反响的亲子鉴定案件。

这类案件通过进行亲权鉴定，可以提供科学、客观的证据，是办理此类案件重要的方法。

三、试管婴儿的血缘鉴定

试管婴儿又名体外受精和胚胎移植（in vitro fertilization and embryo transfer，IVF-ET），是一种针对不孕不育症的辅助生育技术，即是用人工方法分别将卵子与精子取出后，让卵子和精子在体外受精并进行早期胚胎发育，然后移植到母体子宫内发育而诞生的婴儿。自 1978 年英国第一个试管婴儿诞生，该项技术发展迅速，日益成熟，成功率不断提高，目前国内开展该技术时间比较长，经验丰富的大医疗机构，成功率已可达 40%～50%，接近国际先进水平。

经过取卵—受精—植入程序，孩子最终还是在母体子宫内发育成熟。除非求医夫妇没有卵子（如卵巢早衰）或没有精子（如无精症）并提出申请要求医院提供卵子或精子的情况，试管婴儿均是以夫妇双方的卵子及精子培养出来的。当委托人怀疑经体外受精获得的试管婴儿有无实验室的差错时，可通过亲子鉴定进行确认。

四、亲属器官移植的程序确认

器官移植（organ transplantation）是将一个人健康的器官移植到患者体内的复杂手术，目的是替换患者因疾病丧失功能的器官。广义的器官移植还包括细胞移植和组织移植。自 20 世纪中叶以来，器官移植的免疫学理论逐渐建立并不断完善，器官移植手术技术和围术期治疗水平不断提高，新型免疫抑制药物不断涌现并应用于临床，肾、肝、心脏、胰腺、小肠移植等相继获得成功，器官移植患者的生存率和生活质量显著提高，因此器官移植技术已经成为公认的治疗各种终末期器官疾病的有效手段。根据器官移植供受双方的遗传关系，可分为自体移植、同系移植、同种异体移植和异种移植。

《中华人民共和国人体器官移植条例》已经 2007 年 3 月 21 日国务院第 171 次常务会议通过，自 2007 年 5 月 1 日起施行。其中明确规定"任何组织或者个人不得以任何形式买卖人体器官，不得从事与买卖人体器官有关的活动"、"活体器官的接受人限于活体器官捐献人的配偶、直系血亲或者三代以内旁系血亲，或者有证据证明与活体器官捐献人存在因帮扶等形成亲情关系的人员"，同时要求"医疗机构进行活体器官摘取前，应当举行听证，邀请医学、法学、伦理学、社会学等方面的专家和活体器官捐赠者本人及其家属参加，确认符合法律法规和医学伦理学原则、是活体器官捐赠者本人真实意愿、无买卖器官或者变相买卖器官后，方可进

第十五章 亲权鉴定

行活体器官移植"。因此当近亲属作为供体时，有时需对其配偶、直系血亲或者三代以内旁系血亲等关系进行鉴定，作为申请器官移植时的证明材料。

（孙宏钰）

思考题

1. 简述亲权鉴定的概念及其原理。
2. 请列举几种亲权鉴定中常用的遗传标记。
3. 如何对亲权鉴定的 DNA 分型结果进行评估？

第十六章 生物性检材的个体识别

生物性检材是指各种生物性组织、器官、组织液,以及组织液干燥后形成的斑痕。法医学涉及的生物性检材主要包括人体组织、器官与体液、分泌液、排泄物,以及由它们形成的斑痕。有些案件中也涉及动物或植物的生物性检材。个体识别就是应用科学的方法对生物性检材进行检验、分析,从而判断检材的种属属性、组织属性,以及个体属性,以揭示检材与案件的内在联系,为案件的侦破提供线索,为审判提供科学依据。

通过分析生物性检材进行个体识别对案件侦查和审判具有重要意义。在刑事案件中,如凶杀、抢劫、盗窃、殴斗、强奸、碎尸等,通过寻找和提取案发现场的生物性检材,并进行个体识别,可帮助侦查人员重现案发过程,为案件的侦破提供有价值的线索,分析的结果形成鉴定意见可作为法庭证据使用。在灾难事故中,如空难、地震、火灾、海啸、交通事故等,需要对遇害者的尸体或尸体残骸进行个体识别和身源认定,查明死者身份,以便进行安葬、抚恤等善后处理。此外,在一些医疗纠纷案件中,如患者怀疑医院把检验标本搞错,就必须对检验标本进行个体识别,明辨是非。因此,对于医生、司法人员、律师,学习和了解生物性检材的个体识别是很有必要的。

第一节 生物性检材的采集和送检

一、生物性检材的发现

生物性检材的发现和提取工作主要由现场勘查人员完成,现场勘查人员须具有专门知识、接受过相关培训、具有现场勘验资格。

在案发现场,生物性检材的原始分布规律一般是:①以受害人所在位置为中心分布;②罪犯进入和离开的现场路径;③罪犯移尸的路径;④作案工具上。所以,在现场勘查中,首先要注意在这些位置寻找生物性检材。此外,还要根据不同生物性检材的形态学特征及分布规律进行仔细搜寻。

不同生物性检材的分布规律:①血痕常见于现场地面、草丛、墙壁、家具、衣服、鞋帽、被褥、蚊帐、工具、木棒、窗台、门把手、头发、指甲缝等处。作案人处理过的现场,特别注意观察家具脚、缝隙、家具底下的地面、家具挡住的墙角、地板缝、衣缝、刀刃与刀身结合部、鞋底与鞋面结合部等。交通肇事逃逸车辆,仔细观察轮胎、车底盘、挡泥板、撞击变形处附近等隐蔽部位。黑暗现场的血痕,可用鲁米诺喷雾寻找,血痕发出荧光;②精斑可附着于衣裤、被褥、手帕、卫生纸及受害人腹壁、大腿、阴毛处等。精斑的形状不规则,浓精斑在白色织物上呈黄色类似糨糊状,在有色织物上呈灰白色结痂状,触之有硬感。稀薄精斑不易发现,可用紫外灯照射,精斑在紫外线下可发出银白色带淡紫晕的荧光;③唾液斑常见于现场遗留的烟头、烟斗、口香糖、瓜子壳、吸管、饮料容器、咬痕、牙签、牙刷和信封口与邮票背面等处;④毛发可自然脱落,也常在案发中被外力拔脱,常见于地面、被褥、家具、凶器上,也可见于受害人手中、口中和衣服上。强奸案件中,应注意被害人内衣、外阴和大腿间。盗窃案件要留意罪犯来去的通道或门窗等部位。

二、生物性检材的提取

生物性检材提取的基本原则：①提取前先照相或录像，提取过程及每份检材都要有详细记录；②提取时戴手套持洁净器具，防止污染检材，不损失和破坏检材；③新鲜体液立即冷藏或制成斑痕晾干，组织应冷冻或浸泡于75%乙醇的中，防止检材降解；④附着于小件载体上的检材应整件提取，附着于大件不易搬动的物体上的检材，根据附着载体的不同特性采用剪切、刮削、擦拭、吸敷、浸泡、锯凿、挖取等不同提取方法；⑤从各种载体上提取检材者，还应提取检材附近材料作空白对照；⑥对于尸体，优先提取新鲜组织。

三、生物性检材的包装和送检

生物性检材的包装要注意防污染、防降解原则。使用专用的包装纸袋、纱布、玻璃瓶等对每个检材进行单独包装，包装物外面详细记录检材名称、数量、采集日期、采集人等。液体或湿润检材在采集后，尽快于-20℃冰冻保存，冰冻是保存DNA检测样本的简单有效方法，但冰冻不能杀菌，解冻后，仍会出现微生物的快速繁殖。干燥能抑制微生物的生长繁殖，大部分检材均可制成干燥斑痕长期保存。将斑痕保存于-20℃冰箱中效果更好。

检材送检由专人进行，送检人应持工作证、鉴定委托书送检。委托书内容包括：鉴定委托单位、送检人、送检物品清单、简要案情、送检目的要求、委托日期与复函地址、联系人与联系电话等。送检时要注意保证冷链运输，防止运输过程中检材发生降解。

（李淑瑾）

第二节 生物性检材的确认

一、血液（痕）的确认

血液在体外干燥后形成的斑迹称为血痕（bloodstains）。血痕是最常见的生物性检材，血痕检验也是法医物证检验中最常见的项目。血痕检验需要解决以下问题：①提取和送检的可疑斑痕是否是血痕；②若是血痕，是人血还是动物血；③若是人血，检测遗传标记，进行个体识别；④推断出血量、出血时间，以及出血部位等。血痕检验遵循所有生物性检材检验的一般原则：从简单到复杂，逐步排除，逐步缩小范围。

因此，血痕检验的基本程序为：①肉眼检查，②预试验，③确证试验，④种属鉴定，⑤遗传标记测定，⑥其他检验等。

（一）肉眼检查

现场勘察中可通过观察血痕的数量、分布范围、颜色，以及形状来推断出血量、出血时间、出血部位及方式。首先，根据血痕的大小可估计出血量，出血量常与死后及伤后存活时间等有关。其次，根据血痕的干燥程度及颜色推测血痕形成的时间，新鲜血痕的颜色呈暗红色，有光泽，随后逐渐变暗色、褐色或灰褐色。再次，根据血痕的形状推测出血部位及方式。血痕的形状往往与出血者的体位、行走方向及出血部位有关，血滴的形状受血滴滴落的高度和方向影响。例如，从0.1m内的高度落在地面时的血滴呈圆滴状，血滴边缘基本光滑稍带锯齿状。从0.5m高度落下时，血滴边缘呈明显的锯齿状。从1m高度落下时，血滴边缘呈放射状，周边有溅出的逗点状或线条状小血痕。受伤后行走中滴落的血滴为一边呈锯齿状的圆形或椭圆形血滴，锯齿状边缘的方向为伤者行走的方向。动脉受伤，形成喷射状血痕；大量血液喷射到墙上形成流注状血痕。静脉出血时，往往形成流注状血痕。此外，还有擦拭血痕、血印痕、血泊等。详细的肉眼检查可发现许多重要的信息，为重建案发过程提供重要线索。

（二）预试验

预试验（preliminary test）是一种筛选试验，目的是要从大量的可疑血痕中筛除不是血痕的检材。血痕预试验的特点是灵敏度高、操作简便、快速，但特异性相对较差。预试验的方法有很多，多数通过是测定血痕中血红蛋白或其衍生物的过氧化物酶活性，进行筛查血痕。由于过氧化物酶在自然界广泛存在，因此预试验阳性仅表示可能是血，而不能肯定是血。血痕预试验的意义在于阴性结果可以否定血痕。

1. 联苯胺试验（benzidine test） 1904年Adler进行大便隐血试验而建立的方法，是目前最常用的血痕预试验。

（1）原理：血痕中的血红蛋白或正铁血红蛋白具有过氧化物酶活性，可使过氧化氢释放出新生态氧，将无色联苯胺氧化为联苯胺蓝。

（2）方法：剪取或刮取微量检材置于白瓷反应板上，或用滤纸轻拭血痕，依次滴加冰醋酸、联苯胺无水乙醇饱和液各1滴，1~2min后无蓝色反应，再滴加3%过氧化氢1滴，立即出现蓝色为阳性反应，否则为阴性反应。

联苯胺试验的灵敏度极高，血液稀释50万倍仍呈现阳性结果，因此联苯胺试验阴性结果可以否定检材为血痕。该试验有两类干扰物质，一是氧化剂，例如高锰酸钾、重铬酸钾、铁锈和镍盐等，能直接将联苯胺氧化为联苯胺蓝，呈蓝色反应，但氧化剂造成的蓝色反应出现在未加过氧化氢之前，故试验时必须必须按照顺序滴加试剂。另一类是生物源性物质，例如某些植物、蔬菜、水果、人体脓液、鼻涕、某些细菌等，本身含有过氧化物酶或具有过氧化酶活性，可出现阳性结果。因此，阳性结果只能说明检材可能是血痕，不能肯定为血痕。联苯胺试验的意义在于阴性结果，阴性结果可以否定血痕。联苯胺能够破坏血痕，不能再进行后面的检测，因此试验时不要将试剂直接滴在原始检材上。联苯胺具有致癌性，操作时要加强防护。

2. 酚酞试验（phenolphthalein test） 原理与联苯胺试验相同，新生态氧使还原酚酞氧化为酚酞，在碱性溶液中呈桃红色或红色。该法的灵敏度稍低于联苯胺试验，但酚酞试剂无毒、安全，所以较联苯胺试验更为安全。

（三）确证试验

预试验呈阳性结果的检材需进一步进行确证试验。确证试验（confirmatory test）的目的是要确证检材是否为血，主要依据是检测检材中是否含有血红蛋白或其衍生物，阳性结果可确证检材是血痕。确证试验的特点是特异性好，但灵敏度较低。检材被过度稀释、微生物污染、日晒或过于陈旧，确证试验往往呈阴性反应。

1. 血色原结晶试验

（1）原理：血色原结晶试验又称高山结晶试验（Takayama crystal test），是由日本学者高山建立的方法。血红蛋白在碱性溶液中分解为正铁血红蛋白和变性珠蛋白。在还原剂的作用下，正铁血红蛋白还原为血红蛋白，同变性珠蛋白和其他含氮化合物（如吡啶、氨基酸等）结合形成血色原结晶。高山试剂由10%氢氧化钠3ml、30%葡萄糖10ml、吡啶3ml组成。

（2）方法：剪取或刮取少量检材，置于载玻片上，用针分离成细纤维，盖上盖玻片，滴加1~2滴高山试剂，室温下静置10min后镜检，出现樱桃红色星状、菊花状或针状结晶，即为阳性（图16-1）。不出现结晶，为阴性反应。结晶形成的速度和结晶的形态大小与血液浓度有关。

该试验特异性高、灵敏度低，血液稀释200倍就观察不到阳性结果。因此试验的意义在于阳性结果，阳性结果即可以肯定是血痕。阴性结果没有意义，阴性结果的检材仍应继续进行种属试验。

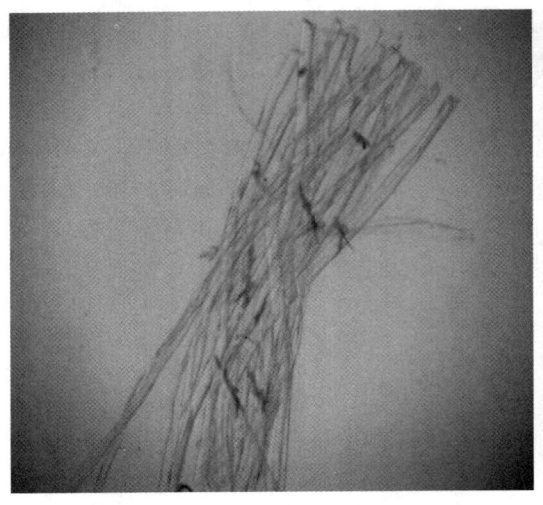

图 16-1　高山结晶试验阳性结果（400×）

2．其他确证试验　血痕确证试验的方法还有氯化血红蛋白结晶试验，其原理是血红蛋白受酸性作用，分解产生正铁血红蛋白，与氯离子反应生成氯化血红蛋白结晶，其特点及意义与血色原结晶试验相同。此外，血红蛋白及其衍生物均为有色物质，对不同波长的光线具有很强的选择性吸收能力，因此，也可应用吸收光谱检材法在分光镜下检查有无特定的吸收线，来确证检材是否是血痕。

3．分子生物学方法　近年来，有学者报道了一些具有组织特异性的分子标记物进行体液来源鉴定，如 mRNA、microRNA 等。血型糖蛋白 A（glycophorin A）位于人红细胞膜上，携带 MN 抗原，与其他体液无交叉反应，可作为血液的特异性标记物。基质金属蛋白酶（MMP）在月经血和循环血中表达差异，其中 MMP11 在月经周期的子宫内膜稳定而明显的表达，在循环血及非月经期的阴道拭子不表达。应用 RT-PCR 方法检测血型糖蛋白 A 和 MMP11 的 mRNA 表达可用于确认月经血。

（四）种属鉴定

种属鉴定的目的是明确血痕是人血还是动物血，必要时还需确定是哪种动物血。由于人血与动物血含有一些类似的遗传标记物质，如 A、B 抗原，若不进行种属鉴定，直接检测 ABO 血型，可造成误判。因此，种属鉴定是在检测遗传标记之前的一个必须步骤。血痕种属鉴定的方法有免疫学方法、生物化学及分子生物学方法。免疫学方法有沉淀反应、酶联免疫吸附试验、胶体金试剂条法等；生物化学方法有等电聚焦、纤维蛋白溶解试验等；分子生物学方法可通过分析 Alu 序列、28srRNA、细胞色素 b 基因序列进行种属鉴定。上述方法中，以胶体金试剂条法最为简便实用。

1．胶体金试剂条法

（1）原理：胶体金法是一种免疫层析技术，具有灵敏度高、操作简便的特点。胶体金由金化合物制备而成，带负电荷，可作为抗体染料结合物。胶体金将抗体免疫球蛋白吸附在表面，形成一种标记了该种免疫球蛋白的"探针"，用此"探针"可以结合相应的抗原。此种由抗体标记后的胶体金称为免疫胶体金。胶体金颗粒自身呈红色，当免疫胶体金颗粒结合对应的抗原后，再与抗原相应的抗体结合，免疫胶体金颗粒便被滞留而富集，出现肉眼可见的红色，据此判断结果。免疫层析胶体金试剂条是将所有反应物均固定在硝酸纤维素膜上，反应利用膜的毛细作用原理。试剂条分为加样区、反应区、吸附区三部分。加样区贴有一层有免疫胶体金颗粒的免疫球蛋白抗体。吸附区将加样区和反应区层析扩展上来的剩余免疫胶体金颗粒吸附于其中，以提供层析的动力。血痕种属鉴定所应用的胶体金试剂条有两种：抗人血红蛋白胶体金试剂条和抗人转铁蛋白胶体金试剂条。

（2）方法：取少量待检样本用蒸馏水浸泡，使浸泡液微带黄色。取出试剂条，在加样区滴加 3～5 滴浸出液或将试剂条的加样区浸于待检样本的浸泡液中 5～10s，静置 3～5min 观察结果。反应区中的检测线和质控线出现两条红色区带为阳性结果。只有质控线显现红色区带为阴性结果，无红色条带出现可能是操作失误或试剂条失效，应重复测试（图 16-2）。

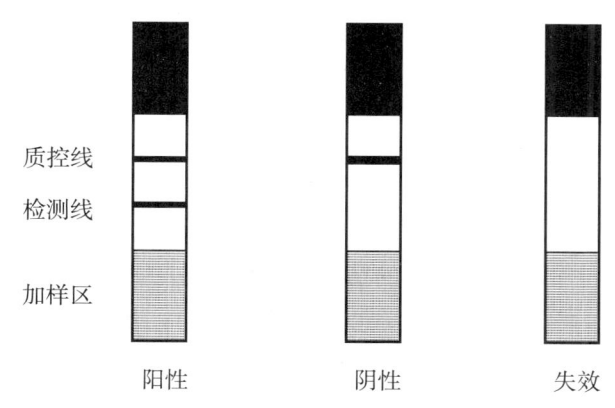

图 16-2　胶体金实验结果判读

二、精液（斑）的确认

精液斑（seminal stain）是精液干燥后形成的斑迹，是民事和刑事案件常见的生物性斑迹。强奸和猥亵等案件常涉及精液斑检验。精液斑多存在于受害人的衣、裤、外阴部或大腿内侧，以及犯罪现场的地面、被褥、草席、床板、毛巾、纸张及手帕上等。

对疑为精斑的检材需解决以下问题：①可疑斑痕是否为精斑；②是人精斑还是动物精斑；③是何人的精斑。检验步骤为预试验、确证试验、种属鉴定确证为人精斑后进行个体识别。

（一）肉眼检查

肉眼检查的目的是发现可疑精斑，确定其所在部位及分布，以便准确取材检验，提高阳性检出率。有时还可根据精斑的形态和部位分析有关作案过程。

肉眼观察并记录可疑斑迹的分布情况、数目、位置、形状、大小、颜色、气味、手感等，必要时可用放大镜进行观察。实际工作中要进行拍照。精斑无固定的形态，其外观也因附着载体不同而有差异。在体表，精斑常呈白色鳞片状痂片。在深色纺织品上，浓厚精斑呈灰白色糊状斑迹，偶可见结痂；较稀薄的精斑浸润于布纤维间，则不易察见。在浅色纺织品上，精斑多呈黄白色地图状，边缘色深。用放大镜检查，可在布纤维表面或中间见黄白色小鳞片。在软质载体上的精斑手触之有硬感。新鲜精斑有特殊腥气味。

精斑中的黄素在紫外线下发出银白色荧光，斑痕边缘呈紫蓝色，借此可画出斑痕的范围。紫外线下观察出阴性结果，不要轻易否定精斑的存在。因为精斑过于淡薄或陈旧，或精斑受其他物质污染，均可无荧光产生。紫外线下观察出现阳性结果时，也不能断然确定为精斑。因为其他一些物质，包括阴道分泌物、尿液、鼻涕、唾液、乳汁、脓液、肥皂斑、洗涤剂、植物汁液、纺织品中的某些色素、燃料、漂白剂、含荧光素的各种载体等，在紫外线下也能发出相似的荧光。

（二）预试验

精斑预试验是在肉眼观察的基础上，为进一步确定存在精斑的可能性而进行的筛选试验，方法简单、灵敏度高但不具特异性。预试验的方法有结晶试验、酸性磷酸酶检测、锌检出法及马铃薯凝集抑制试验等。常用的方法为检测酸性磷酸酶。

精液的主要成分前列腺分泌液中含有大量的酸性磷酸酶，为 540～4000U/ml，其浓度较其他人体体液、分泌液及器官中的含量高 100 倍以上，且酶活性相当稳定，对腐败及高热有较强的抵抗力，可用于检测精斑的存在。检验酸性磷酸酶的方法很多，如磷酸苯二钠试验、α-酸性萘酚-固蓝 B 试验、电泳法等。

磷酸苯二钠试验的原理是：精液中的酸性磷酸酶可分解磷酸苯二钠，产生萘酚，后者经铁氰化钾作用并与氨基安替比林结合，生成红色醌类化合物。

方法：剪取可疑精斑检材少许（约 0.1cm^2）置于试管内，加缓冲液 3～4 滴，放入 37℃温箱温浴 5～10min，加显色剂 3～4 滴，振摇，观察结果。同时取无斑痕处检材及已知精斑做阳性与阴性对照。立即出现淡红色至深红色反应为阳性，颜色深浅可反映精斑的浓度，浓度越高，颜色越深红，浓度过高时可出现红色沉淀。橙黄色为阴性反应，表明检材不是精斑或精斑中的酸性磷酸酶被破坏。

该试验灵敏度较高，稀释 20 000 倍的精液、被水洗过的淡薄精斑，以及保存 10 余年的精斑，适当延长缓冲液在 37℃温浴时间，均可出现阳性反应。由于灵敏度高，操作时要按照空白部位、可疑精斑、已知精斑的顺序剪取检材，避免污染。

该试验组织特异性较差，人体其他含有少量酸性磷酸酶的心、肺、肝、肾等组织及鼻涕、汗液、唾液、成年男性尿液等也呈弱阳性反应。因此该试验为精斑预试验而非确证试验。精液中若混有血液不影响检验，血痕在该试验中呈灰褐色。

（三）确证试验和种属鉴定

精斑确证试验是检验精液中的特有成分，阳性结果可以确认精斑。常用方法有精子检出法、免疫学方法和生物化学方法。其中免疫学方法还可同时进行种属鉴定。

1. **精子检出法** 检出精子是确认精斑最简便、最可靠的方法。精斑中的精子相当稳定，陈旧精斑也能检出精子，最长可达 10 年。

方法：剪取可疑斑迹中央部分（精子多集中在斑迹的中央），约 1cm^2，剪碎置试管内，滴加生理盐水 0.5ml（如拟对检材的浸出液做抗人精液环状沉淀试验及 ABO 血型测定，则应严格控制浸泡检材的生理盐水量，以免稀释 ABH 抗原）。新鲜精斑，室温浸泡 0.5h，玻棒搅拌。陈旧精斑则延长浸泡时间，4℃过夜。吸出全部浸液，移入小试管中，2500r/min 离心 5min，上清液留作抗人精沉淀反应及血型测定。沉渣涂于玻片上，干燥后染色，镜检。

染色方法采用复染法，如 HE 染色法、酸性品红亚甲蓝染色法、酸性品红靛蓝胭脂红染色法等。HE 染色结果：精子头前半部不着色或浅染，后半部呈蓝色，尾部呈红色。酸性品红亚甲蓝染色结果：精子头部呈红色，尾部呈蓝色。酸性品红靛蓝胭脂红染色结果：精子头部染深紫红色，颈段呈白色，尾部主段和末段染成紫蓝色。

一般只要发现一个完整的典型精子，即可确定为人精斑；若发现几个典型的精子头部也可确认精斑。典型的精子头部呈椭圆形，着色特点是前半部淡染或不着色，后半部染色明显，应注意与植物孢子、细菌、阴道滴虫等相鉴别，后者染色均匀一致，形态多呈圆形。

精子射入阴道后，一般经过 4～5min 即达子宫颈部，30min 后达子宫体，60min 后可达输卵管伞部。人精子在女性生殖道内的生存时间长短受很多因素影响。性交后阴道内 3～8h，宫颈 2～5 天，子宫、输卵管 1～10 天的内容物涂片可检见活精子；阴道内 3～9 天，宫颈 17 天的内容物涂片可检见死精子。精子的检出期限与被害人的体位、活动情况月经周期有关。若被害人处于月经期前后或被强奸后就行走，精子的检出期限缩短。

在性犯罪调查中，取阴道拭子的时间越早越好，如果在 24h 后取材阴道拭子，精子检测阳性率下降 50%；48h 取材，阳性率仅 10%。在活体阴道内，精子的检出期限一般为 1.5～2 天。若被害人死亡，尸体处仰卧位，则精子的可检出期长，最长检出期限则可达 3 周，而且检出的精子数目多，形状也较完整。而冰冻两个半月的尸体，宫颈涂片偶能检出精子。精子检出率的高低也与阴道内容物的提取部位有关，宫颈刮片和阴道后穹擦拭物精子的检出率较高。

2．免疫学方法　P30是前列腺上皮细胞分泌的一种糖蛋白，存在于成年男性的精液中，具有高度的种属特异性和器官特异性，理化性质稳定，是法医学确认人精斑的理想标记，尤其适用于精子缺乏症或输精管结扎者。P30的检测方法主要是免疫学方法，包括环状沉淀反应、琼脂糖免疫扩散试验、免疫电泳、酶联免疫吸附试验（ELISA）、胶体金技术等。目前最常用的是胶体金技术检测抗人P30抗原进行精斑的确证试验及种属鉴定。其原理与方法与胶体金法确证血痕一样，不同点只在于标记的抗体不同。该方法特异性好、灵敏度高，稀释6000倍的精液仍能获得阳性结果。阳性结果不仅可确认是精斑，而且可确认是人精斑。

3．分子生物学技术　近年来，有学者报道了一些可进行体液来源识别的分子标记，如mRNA、microRNA、DNA甲基化等，根据不同组织特异性的分子标记物进行体液来源鉴定。精子细胞中富含鱼精蛋白（protamine，PRM），PRM1和PRM2在新鲜精液及干燥精斑均有表达，PRM2的表达水平明显高于PRM1，在循环血、月经血、无精子的阴道拭子、子宫内膜组织及唾液均无表达，可作为鉴定有精子细胞的精液的标记物。精液中的另一种标记物转谷氨酰胺酶（transglutaminase 4，TGM4）是前列腺特异的，在精子及精液中呈高表达，可用于鉴定无精子的精液。应用RT-PCR方法检测二者的mRNA表达，可用于确认精液或精斑。此外，最近有学者还建立了分析特异位点DNA甲基化的方法来确认精液。

三、唾液（斑）的确认

唾液斑（salivary stain）是唾液干燥后形成的斑痕，可见于现场的烟蒂、手帕、口罩、瓜子皮、果核、口香糖及喝过水的茶杯或饮料瓶上，皮肤及其他物体上的咬痕亦附有唾液斑。唾液斑的检验首先要确定检材是否为唾液斑，确证唾液斑后再进行个体识别。由于含唾液斑的检材通常出现在人们日常生活用品或物品上，例如口杯、烟头、果核等，故确证唾液斑后可直接进行个体识别，不必进行种属鉴定。但在鉴定咬痕的唾液斑时，需确定是人咬痕还是动物咬痕。

（一）唾液斑的确证试验

唾液中含有大量的淀粉酶，但淀粉酶也存在于人体其他分泌液如鼻涕、尿、精液等，故淀粉酶检测可作为唾液斑检验的预试验，如果在检材中同时检出淀粉酶和口腔黏膜脱落上皮细胞，即可确证唾液斑。

1．淀粉酶试验

（1）原理：淀粉遇碘显蓝色。淀粉酶能将淀粉分解为糖，糖遇碘不呈蓝色反应。因此，将已知淀粉溶液与检材斑痕作用后，再加碘，若显蓝色，证明待测斑痕不是唾液斑；若不显蓝色，表示检材中已无淀粉存在，可能被淀粉酶分解，检材可能是唾液斑。再利用糖的还原作用，验证淀粉已分解为糖，便可判断检材中含有唾液。

（2）方法：剪取可疑唾液斑痕约$0.2cm^2$，同时剪取无斑痕检材作为对照，分别置于试管内。向试管内加入0.01%淀粉溶液，将试管放入37℃温箱中30～60min。取上述检材淀粉溶液1滴，加碘液1滴，观察颜色变化。对照管应立即出现蓝色，若检材管无色或呈淡黄色即为阳性反应，证明检材可能含唾液斑；若检材管出现蓝色，则可判为阴性反应，证明不是唾液斑。

阳性反应者可进一步证明糖的存在。于试管中首先加入1%氯化三苯基四氮唑溶液1滴，然后加入检材淀粉液1滴。立即在火焰上短时间加热，观测颜色反应。还可用碱性铜试剂进行糖生成的证明，即将碱性铜试剂与检材淀粉液反应。若为阳性则出现红色沉淀，证明有糖的存在，检材是唾液斑；阴性则呈无色透明或浅红色，证明检材不是唾液斑。碱性铜试剂与检材淀粉液反应后，若出现棕红色沉淀为阳性反应。

本实验非常灵敏，保留 5 年以上的唾液斑检材，经 100℃加热 20min，或者 200～300℃加热 15min，均可呈阳性反应。

2．口腔黏膜脱落上皮细胞的检查　唾液中含有口腔黏膜脱落上皮细胞，为复层扁平上皮，又称复层鳞状上皮。将检材用生理盐水充分浸泡，弃去载体，离心，取沉淀物涂片，干燥后 HE 染色，显微镜下检查（图 16-3）。口腔黏膜上皮细胞的形态多样，但以多角形为主；伊红染色胞质呈粉色；胞核呈圆形、较小、蓝染。如观察到非角化扁平上皮细胞，同时结合淀粉酶结果，可判断为唾液斑。

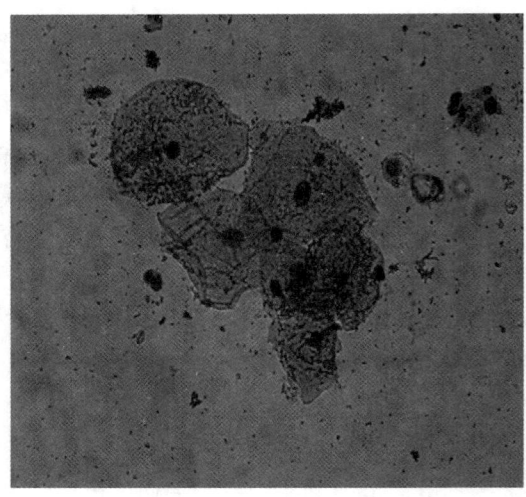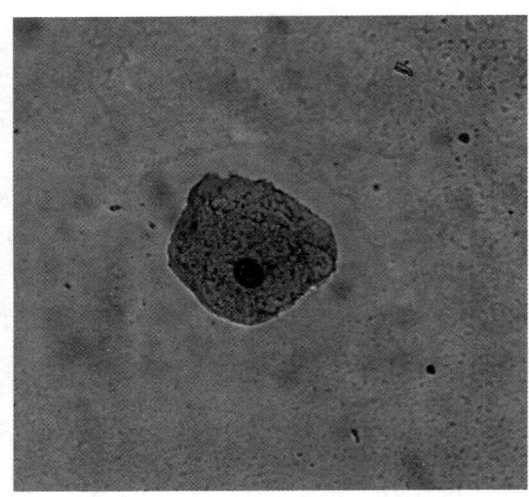

图 16-3　唾液检验：口腔黏膜脱落细胞（400×）

3．分子生物学技术　唾液中的富组蛋白（histatin）和富酪蛋白（statherin）mRNA 的表达丰富，是唾液的标志物，应用 RT-PCR 方法检测二者的 mRNA 表达，可用于确认唾液。

四、人毛发的确认

毛发是皮肤的附属器，由排列规律的角化鳞状上皮细胞组成。由于毛发的自然脱落或受到机械外力作用导致的损伤脱落，常遗留在案发现场，并且不易被犯罪分子清理干净，因此，毛发是法医检案中的常见物证。由于毛发具有特殊的形态结构，根据形态结构可以判断样本是否为毛发，是人毛还是动物毛，还可以判断毛发的部位以及损伤形态。因此，形态学观察是毛发检验的重要方法。

（一）毛发与其他纤维的区别

天然或人工合成的纤维如丝、棉、麻、毛纤维以及石棉、玻璃丝等，在外观上与毛发很相似。典型的毛发有毛尖、毛干和毛根的结构特征，故一般通过肉眼观察可以区分毛发与其他纤维。若肉眼无法区分，可通过显微镜观察来区分，人毛和动物毛有毛小皮、皮质、髓质三层结构，纤维无此结构。

（二）人毛与动物毛的区别

通过显微镜观察可以区别人毛和动物毛（图 16-4）。其鉴别要点见表 16-1。

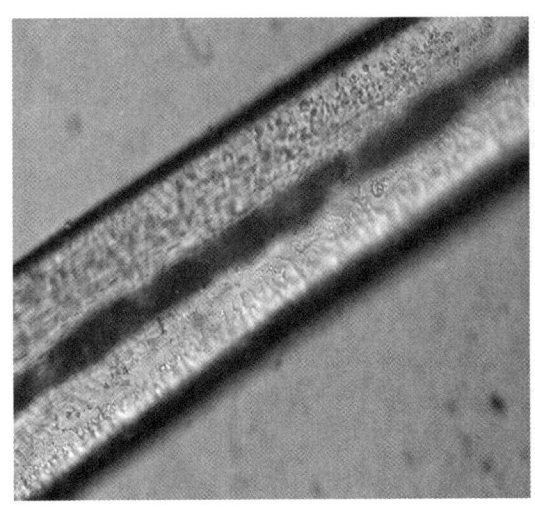 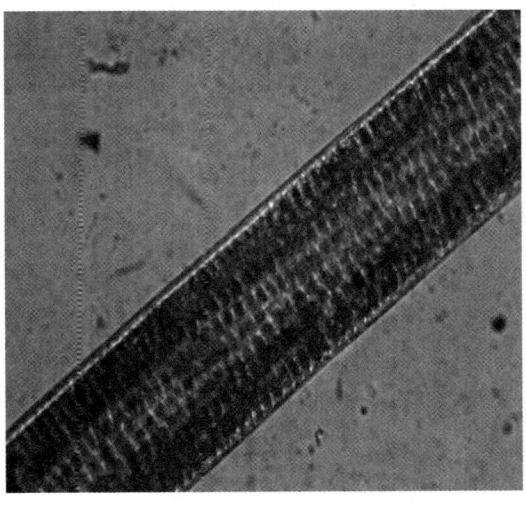

图 16-4　人毛与动物毛的镜下形态（400×）

表 16-1　人毛与动物毛的鉴别

毛的结构	人毛	动物毛
毛小皮	鳞片小、薄，纹理呈波浪状，毛小皮游离缘呈细锯齿状	鳞片大而厚，纹理粗大，毛小皮游离缘呈细锯齿状
皮质	宽，占毛干直径 2/3 以上，色素颗粒多分布在皮质边缘	窄，占毛干直径 1/2 以下，色素颗粒多均匀分布在髓质边缘
髓质	窄，不连续（个别部位的毛可出现连续），占毛干直径 1/2 以下	宽，连续，占毛干直径 1/2 以上，多数兽类有特殊的花纹
外表颜色	一般为一种颜色	常见一根毛上有几种颜色

（三）毛发的脱落与损伤

毛发有一定的生长期。毛发停止生长时，毛球逐渐萎缩，并与毛囊分离，被新生的毛发推出而自然脱落。因此，自然脱落毛发的毛根部干燥萎缩、呈棍棒状，内腔下方呈闭锁状；而人工拔脱毛发的毛根部湿润、内腔下方呈开放状，同时毛根部周围附着毛囊残片。未角化的毛根含巯基，可与硝普钠溶液作用而呈红色。

毛发受损后，损伤痕迹难磨灭。根据损伤的形态，可以推断致伤物和成伤方式：①被锐利刀刃切断的毛发断端整齐、锐利；②由推剪切断的毛发断端呈不规则凹凸；③锐器打击可将毛干压榨成扁平状；④高温作用可使毛发变色、失去光泽、角质膨胀、出现空泡、卷缩、炭化。

五、人体软组织的确认

在交通肇事、碎尸、空难、爆炸等案件中，组织块是最常见的法医生物检材。组织的检验首先要确定是否是组织，是人体组织还是动物组织，若是人体组织，进一步进行个体识别。

（一）组织的确定

组织的确定主要通过形态学观察进行。组织块较大时，肉眼即可确定；若肉眼无法确定，可进行组织切片、HE 染色，在显微镜下观察即可确定是否为组织及何种组织。

（二）组织的种属鉴定

1. **免疫学方法**　人体组织中的蛋白质具有种属特异性，可利用抗人血清蛋白抗体或抗人血红蛋白抗体进行种属鉴定，常用简便快捷的免疫胶体金试验或沉淀反应，方法同血痕的种属鉴定。

2．分子生物学方法　人类和其他动物的基因序列存在差异，选用具有人类特异性的DNA序列可进行种属鉴定，如细胞色素b基因、12s rRNA、16s rRNA基因、Alu序列、线粒体DNA等。

六、其他生物性检材的确认

（一）骨组织的确认

骨骼是个体识别的重要检材。骨骼的特殊结构使其具有较强的抗腐败能力，即便是白骨化，骨残骸碎片也可通过骨组织磨片进行组织形态学观察进行种属鉴定，或从中提取DNA进行种属鉴定及个体识别。

如果骨骼比较完整，肉眼观察即可确定骨骼。对残碎的骨片则可根据是否具有一般骨质特点，如有无骨干、骨骺、关节面、肌嵴、凹陷、孔管等；剖面是否分骨松质和骨密质等进行综合分析和判断。当肉眼观察不能确定时，可在显微镜下观察判断是否为骨组织。

骨骼的种属鉴定可选用形态学观察法或分子生物学方法。形态学上，人骨与动物骨的区别：①人骨的内外环骨板规则、厚薄均匀，而动物骨的内外环骨板大多不发达；②人骨的哈氏系统形态规则，横断面呈圆形或椭圆形，直径大，平均比动物大2～3倍，而动物的哈氏管形态不规则，多呈长圆形或条形，直径小。分子生物学方法与软组织的种属鉴定相同。

（二）牙齿的确认

牙齿是人体最坚硬的组织，不易受环境和理化因素的影响，抗腐败能力最强，保存时间最长。碎尸、高度腐败、白骨化、火灾案件中严重破坏的尸体可能仅剩下牙齿，此时鉴定牙齿成为进行尸源认定的唯一方法。因此，牙齿检验在法医学中具有重要意义。肉眼观察可确认牙齿，也可判断是动物牙还是人牙。牙齿的个体识别可采用分子生物学方法检验DNA多态性。

（李淑瑾）

第三节　生物性检材的DNA分析

各种生物性检材在经过肉眼观察、预试验、确证试验及种属鉴定，并且确定了检材的组织来源和种属来源后，即可检测遗传标记，进行个体识别，以判断生物性检材的来源个体。目前，法医学常用的遗传标记可分为两大类：蛋白质水平的遗传标记和DNA水平的遗传标记。前者包括红细胞血型、白细胞血型、血清型及酶型等，后者包括DNA长度多态性和DNA序列多态性。法医生物性检材不同于临床的新鲜样本，往往受环境因素影响具有很大的不确定性，甚至发生腐败降解。由于DNA较蛋白质具有更强的抗降解能力，而且DNA水平的遗传标记数量多，联合应用可达到识别无关个体的能力。因此，目前法医学生物性检材个体识别的主流技术是检测DNA水平的遗传标记。

一、DNA提取技术

从各类生物检材中提取DNA是进行法医DNA分析的前提，也是后期DNA分型成功与否的关键。细胞核中的DNA一般与蛋白质结合，抽提DNA的过程就是破碎细胞，去除与DNA结合的蛋白质、多糖、脂类（也包括其他核酸），最后分离、纯化DNA的过程。DNA提取时应根据检材种类、来源和保存条件，有针对性地选择适当的DNA提取方法，保证获得法医

DNA 分析所需的数量和质量。

有机溶剂提取法、Chelex-100 法或其他 DNA 提取方法均可用于制备模板 DNA。因 PCR 技术对模板要求不高，目前常规采用 Chelex-100 法提取基因组 DNA。Chelex-100 是一种螯合树脂，由苯乙烯和二乙烯苯的共聚体组成，含有成对的亚氨基二乙酸盐离子，能够螯合二价金属离子，抑制 DNA 酶，保护 DNA 分子。Chelex-100 提取法比较简单，用 5% Chelex-100 溶液悬浮检材细胞，根据需要加入蛋白酶 K，经 56℃孵化和 100℃加温，在低渗条件下破坏细胞膜和核膜，释放出 DNA。离心后的上清液即可作为 PCR 反应的模板 DNA 液。

Chelex-100 法在同一离心管中完成提取过程，避免了样本 DNA 的损失。但 DNA 纯度不如有机试剂提取法，EDTA、盐和蛋白酶等残留过多均会影响扩增反应，案件检材中常见的抑制物如土壤、血红蛋白衍生物等也会干扰 PCR 反应，有时需要对提取的模板 DNA 进行纯化处理。

不同生物性检材 DNA 提取的前处理略有不同。

1. 血液（血痕）DNA 提取的前处理　血液中基因组 DNA 主要存在于有核的白细胞中，红细胞没有细胞核却含有血红蛋白，其中的血卟啉是 PCR 反应的强抑制剂，因此在提取基因组 DNA 时需除去红细胞，然后再将白细胞中的 DNA 提取出来。

（1）新鲜血液：混匀血样，吸取全血 50～100μl（酚氯仿法）或 3～10μl（Chelex-100 法），放入 1.5ml 微量离心管中，加入 1ml 灭菌双蒸水，混匀静置 10min。8000 r/min 离心 5～10min，弃上清，获得细胞沉淀液，提取 DNA。若上清液颜色较深，可重复上述步骤。

（2）血痕：剪取血痕约 1.0cm^2（酚氯仿法）或 0.5cm^2（Chelex-100 法），剪碎，放入 1.5ml 微量离心管中。加入 1ml 灭菌双蒸水，室温轻轻倒转混匀，浸泡约 10min，8000r/min 离心 5～10min，弃上清液，获得细胞沉淀液，提取 DNA。

2. 精液（精斑）DNA 提取的前处理　精液中的主要有核细胞是精子细胞。精子细胞膜和核膜均含有大量硫醇蛋白，含有丰富的二硫键，需要用特殊的化学试剂如二硫苏糖醇（DTT）打开二硫键，该试剂应在 DNA 提取时加入。

（1）精液：吸取精液 10～100μl（酚氯仿法）或 1～50μl（Chelex-100 法），置于 1.5ml 离心管中。加灭菌双蒸水 1ml，混匀，8000r/min 离心 5min，弃上清液，收集细胞沉淀液，提取 DNA。

（2）精斑：取精斑约 1cm^2（酚氯仿法）或 0.5cm^2（Chelex-100 法），剪碎，置于 1.5ml 离心管中，加灭菌双蒸水 1ml，混匀，室温浸泡 10min，8000r/min 离心 5min，弃上清液，收集细胞沉淀液，提取 DNA。

3. 唾液（唾液斑）DNA 提取的前处理　唾液中含有自然脱落的口腔黏膜上皮细胞，可从中提取 DNA，方法与血液等类似。

（1）新鲜唾液：吸取唾液 50～100μl（酚氯仿法）或 3～20μl（Chelex-100 法），放入 1.5ml 微量离心管中，加入 1ml 灭菌双蒸水，混匀静置 10 min。8000 r/min 离心 5～10min，弃上清液，获得细胞沉淀液，提取 DNA。若上清液颜色较深，可重复上述步骤。

（2）唾液斑：剪取血痕约 1.0cm^2（酚氯仿法）或 0.5cm^2（Chelex-100 法）或口腔拭子 1 根，剪碎，放入 1.5ml 微量离心管中。加入 1ml 灭菌双蒸水，室温轻轻倒转混匀，浸泡约 10min，8000r/min 离心 5～10min，弃上清液，获得细胞沉淀液，提取 DNA。

在法医实践中，唾液斑的载体形式多样。口腔拭子是常见的比对样本的提取方式；现场样本则表现在烟蒂、口罩、瓜壳、饮料瓶口、口香糖、咬痕、邮票、信封等多种类型的检材上，需细心进行现场检材提取，并根据不同的载体类型直接或转移唾液斑进行 DNA 提取。

4. 毛发 DNA 提取的前处理　毛发由角蛋白、微量金属元素、代谢产物、气泡及色素颗粒组成。色素颗粒是强 PCR 抑制剂。通常认为，拔脱的毛根（带毛囊）存在有核细胞，可进行核基因组 DNA 分析；而已角化的毛干和自然脱落的毛囊的核 DNA 降解，只含有线粒体 DNA 和短片段的核 DNA，因而大多数的法庭科学实验室都是将毛干作为检测线粒体 DNA 非编码区序列的检材。毛发生长过程中，毛发的细胞在离开毛囊以后会脱水，蛋白质角质化，并通过胱氨酸的双硫键形成交联，因此在提取过程中需加入 DTT。

(1) 毛囊：剪取拔脱毛发的毛囊 5～10 个（酚氯仿法）或 1～5 个（Chelex-100 法），按顺序依次用无水乙醇、灭菌双蒸水、无水乙醇各冲洗 1 次，挥干，提取 DNA。

(2) 毛干：剪取毛干 1～5cm（酚氯仿法）或 1～2cm（Chelex-100 法），剪为 3mm 的小段，放入 0.5ml 离心管中，按顺序用无水乙醇、灭菌双蒸水、无水乙醇各冲洗 1 次，挥干，提取 DNA。

5. 软组织 DNA 提取的前处理　软组织在人体内分布广泛，皮肤、肌肉、胃肠、膀胱、心、肝、脾、肾等内脏器官、未钙化的软骨组织（如肋软骨）等都属于软组织。由于含有大量的有核细胞，DNA 的含量也较高。剪取肌肉组织 0.5cm×0.5cm（酚氯仿法）或 0.2cm×0.1cm（Chelex-100 法），放入 1.5ml 离心管中，剪碎，加入灭菌双蒸水 1.5ml，8000r/min 离心 5min，弃上清液，收集细胞沉淀液，提取 DNA。

6. 其他组织 DNA 提取　骨组织和牙齿结构坚硬，提取 DNA 难度较大。新鲜的软骨组织可直接碾压粉碎后提取 DNA，但硬骨组织的 DNA 位于高度钙化的骨细胞里，必须先进行脱钙处理。而且，法医检验的硬骨多受外界理化因素作用，例如长期埋于地下、暴露在恶劣环境下等，被严重污染。骨骼污染物中，腐殖酸、单宁酸、卟啉类化合物、含酚化合物会抑制 PCR 反应。所以研磨骨粉前应清洗干净骨的外层，去除 PCR 抑制物。可将牙齿碾碎成粉末或剖开牙齿、刮取牙髓质来提取 DNA。

其他组织，如绒毛、羊水、尿液等，都可提取到其中脱落细胞的细胞核 DNA。角化的指（趾）甲可提取线粒体 DNA。对于甲醛固定的组织以及石蜡包埋组织，也可通过特殊处理获得 DNA。

二、DNA 分型技术

对生物性检材进行 DNA 分析时，应根据不同检材的特点及检验目的选用不同的遗传标记进行个体识别。对于血痕、精斑、唾液斑、带毛囊的毛发、软组织、骨组织、牙齿、羊水、绒毛等大多数检材，能够得到核基因组 DNA，通常进行 13 个以上常染色体 STR 基因座的分型检验，即可明确检材的个体来源。同时进行性别基因座的检验，还可明确性别。

常用的进行性别鉴定的 DNA 遗传标记有人类牙釉质蛋白基因（amelogenin gene）、Y 染色体特异片段、锌指蛋白（ZFY/ZFX）基因等，其中牙釉质蛋白基因应用得最为广泛。牙釉质蛋白基因位于人类 X 染色体 p22，编码牙釉质蛋白，并且在 Y 染色体中心粒附近分布与牙釉质蛋白基因的序列具有 90% 的同源性基因。在这两段同源序列中，存在很多多态性位点，同时又有足够长的同源序列设计引物，即用一对引物在一个 PCR 反应中同时扩增 X、Y 染色体上的牙釉质蛋白基因，但扩增产物的长度不同或序列不同，可实现性别判定。目前最常用的牙釉质蛋白基因的检测方法就是 Sullivan 于 1993 年建立的方法，即用同一对引物扩增 X、Y 染色体上同源的牙釉质蛋白基因，X 染色体上该序列有 6bp 的缺失。用该对引物进行扩增，女性得到一条 106bp 条带，男性得到 106bp 和 112bp 两条条带。Amel-X 和 Amel-Y 的序列存在很多插入/缺失或 SNP 位点，可以设计多对引物进行检测。

对于性犯罪案件中的混合斑，Y 染色体 STR 检测结果不受女性成分的干扰，可与犯罪嫌疑人的参照样本直接比对，提供更有价值的线索。但由于同一父系家族的所有男性个体，其 Y 染色体 STR 分型都一致，所以如果比对结果一致，也不能认定，但可大大缩小侦查范围。Y

染色体 STR 检验的意义不是认定，而是排除。

对于毛干、指（趾）甲等角化组织，没有细胞核，只能得到线粒体 DNA，就需要采用线粒体 DNA 分型技术进行检测分析。另外，由于线粒体 DNA 的拷贝数多，并且抗降解能力较核 DNA 高，故对于陈旧骨、牙、严重腐败或焚烧的残骸，线粒体 DNA 检测的成功率比核 DNA 高。但需要注意的是，线粒体 DNA 为母系遗传，同一母系家族的成员其线粒体 DNA 的序列基本一致，故线粒体 DNA 的比对结果也不能认定个体，只能排除或缩小侦查范围。

（李淑瑾）

第四节　个体识别的结果评估

通过对法医生物性检材遗传标记的检测，得到各遗传标记的检测结果之后，就需要和参照样本的检测结果进行比对，若二者的结果不一致，则可判定该生物性检材与参照样本不是来自同一个体；若二者结果一致，则考虑二者可能来自同一个体，接下来就要评估这种可能性的大小。这个过程即同一认定的过程。

如果个体识别时只检测一种遗传标记，无论是蛋白质水平遗传标记还是 DNA 水平遗传标记，如 ABO 血型或 1 个 STR 基因座 D3S1358，若现场生物检材与嫌疑人的分型结果一致，提示现场检材可能来自于嫌疑人，但不能认定现场检材就是来自于嫌疑人。因为具有同样表型的个体不止嫌疑人，还有很多其他无关个体可能也具有这样的分型结果。所以，只检测 1 个遗传标记，是远远不能达到个体识别的效能的。但如果我们同时检测很多个相互独立的遗传标记，若这些遗传标记的分型结果在现场检材与嫌疑人之间都一致，就大大增加了认定嫌疑人的可能性。这是因为其他无关个体在所有这些遗传标记都出现同样分型的可能性大大降低了。那么，我们究竟要检测多少个遗传标记，检测什么样的遗传标记，就能做到识别无关个体了呢？这就需要我们对这些遗传标记识别无关个体的能力进行评估，也就是个体识别所选用的遗传标记系统效能的评估。只有在系统效能足够高的情况下，才能增加认定的可能性。如果系统效能较低，即使两份检材的分型结果一致，也不足以进行同一认定。

因此，要进行生物性检材的个体识别，首先要进行系统效能的评估，然后再进行个案效能的评估。

一、系统效能评估指标

系统效能的评估指标是个体识别能力（discrimination power，DP），个体识别能力是指从群体中随机抽取两名个体，其遗传标记表型不相同的概率。DP 是衡量一个无关个体效能大小的遗传标记识别指标。对某一个遗传标记而言，多态性程度越高，随机抽取两名个体，其表型不相同的概率越高，说明其识别无关个体的能力就越强。DP 值的计算公式为：

$$DP = 1 - \sum_{i=1}^{n} P_i^2 = 1 - Q$$

式中 n 为一个遗传标记的表型数目，P_i 为群体中第 i 个表型的频率。$\sum_{i=1}^{n} P_i^2$ 为人群中随机抽取两个无关个体，其表型纯粹由于机会而一致的概率（Q）。以 STR 遗传标记 TH01 在中国成都汉族群体的个人识别能力计算为例，表 16-2 给出了计算数据。

第十六章 生物性检材的个体识别

表16-2 遗传标记TH01的个体识别能力计算

表型	表型数	表型频率（Pi）	Pi^2
6-6	2	0.017	0.000289
6-7	9	0.074	0.005476
6-8	1	0.008	0.000064
6-9	15	0.124	0.015376
6-10	3	0.025	0.000625
7-7	7	0.058	0.003364
7-8	2	0.017	0.000289
7-9	32	0.264	0.069696
7-9.3	3	0.025	0.000625
7-10	2	0.017	0.000289
8-9	7	0.058	0.003364
8-10	2	0.017	0.000289
9-9	26	0.215	0.046225
9-9.3	4	0.033	0.001089
9-10	5	0.041	0.001681
9.3-10	1	0.008	0.000064
合计	121	1.00	Q = 0.148805

由表计算，则TH01在中国成都汉族群体中的个体识别能力为：

$$DP = 1 - Q = 1 - 0.148805 = 0.851195$$

这意味着在成都汉族群体中随机抽取两个无关个体，纯粹由于机会导致二者TH01分型结果一致的概率为0.1488，二者TH01分型结果不一致的概率为0.8512。也可以理解为如果在成都汉族群体中100次随机抽取两个无关个体，纯粹由于机会将有约15次（14.88%）二者TH01分型结果一致，约85次（85.12%）二者的TH01分型结果不同。显然，二者分型结果不相同的概率越高，遗传标记识别无关个体的能力就越强。

在个体识别案件中，只检测一个遗传标记是远远不够的，通过增加检测的遗传标记数目，可提供系统的个体识别能力。评价整个检测系统的个体识别能力，需要计算累积个体识别能力（TDP）。

$$\text{TDP} = 1 - (1-DP_1)(1-DP_2)(1-DP_3)\cdots(1-DP_K)$$
$$= 1 - Q_1 \times Q_2 \times Q_3 \cdots \times Q_K$$
$$= 1 - \prod_{i=1}^{n} Q$$

式中Q_j为第j个遗传标记的Q值。先求出每种遗传标记的DP值及Q值，在求出所有遗传标记的Q值的乘积，最后计算累积DP值。通常检测系统中的遗传标记数目越多，累积DP值就越高，个体识别能力就越强。但必须指出的是，所有检测的遗传标记均是独立遗传的，符合乘积定律的要求。表16-3列出了成都汉族人群13个STR基因座的累积DP的计算。

表16-3 成都汉族群体13个STR基因座的个体识别能力及累积个体识别能力

基因座	个体识别能力	累积个体识别能力
TPOX	0.789	0.789
D3S1358	0.856	0.9696
FGA	0.952	0.99854
D5S818	0.912	0.999872
CSF1PO	0.858	0.9999818
D7S820	0.917	0.99999849
D8S1179	0.950	0.999999924
TH01	0.833	0.999999987
VWA	0.924	0.999999999
D13S317	0.931	>0.999999999
D16S539	0.921	>0.999999999
D18S51	0.958	>0.999999999
D21S11	0.931	>0.999999999

二、个案效能评估指标

对于具体个案鉴定，个体识别的实质是通过比较案发现场收集到的法医物证检材与嫌疑人的遗传标记，判断其是否为同一个体。鉴定无非有两种结果：二者为同一个体，二者不是同一个体。若两份检材的遗传标记表型不同，则可明确二者不是来自同一个体。若表型相同，则称两份检材的遗传标记表型匹配（match）。匹配有两种可能的原因：①两份检材来自同一个体；②两份检材不是来自同一个体，只是碰巧出现了一致的表型。此时，我们就需要估计一下碰巧一致的概率有多大，也就是理论上随机个体出现与现场检材遗传标记表型一致的可能性有多大。假定这种表型组合来自于群体中一名与嫌疑人无关的随机个体，人群中发现这种表型组合的理论概率就称为随机匹配概率。例如，凶杀案现场的血痕与嫌疑人13个STR表型相同，各个基因座的表型频率可通过群体遗传学调查获得（表16-4）。由于13个STR基因座是独立遗传的，所以人群中出现这种表型组合的概率就可以应用乘积定律计算，即将13个基因型的频率相乘得到随机匹配概率。随机匹配概率越小，则说明两份检材表型相同越不像是一个随机事件，越支持这两份检材来自同一个体的假设。目前大多数学者认为，如果某种表型组合的稀有程度大大超过了人类个体总数的倒数，从概率上估计在全世界人群中几乎不可能找到具有同样表型组合的另一个人，同一性的认定应毫无疑问。

表16-4　13个STR特定表型组合在群体中出现的概率

遗传标记	现场血痕STR表型	嫌疑人STR表型	表型频率（P）	群体中存在该表型组合的概率（ΠP）
TPOX	8-11	8-11	0.323	0.323
D3S1358	15-16	15-16	0.242	0.078
FGA	22-23	22-23	0.103	0.008
D5S818	11-12	11-12	0.154	0.0012
CSF1PO	11-12	11-12	0.190	0.00023
D7S820	11-12	11-12	0.143	0.000033
D8S1179	13-14	13-14	0.075	0.0000025
TH01	7-9	7-9	0.294	0.000000074
VWA	14-17	14-17	0.131	0.0000000097
D13S317	8-11	8-11	0.105	0.0000000010
D16S539	9-11	9-11	0.144	0.0000000001
D18S51	14-15	14-15	0.086	0.00000000001
D21S11	29-31	29-31	0.092	0.000000000001

同一鉴定中，法医统计学更倾向于用似然率（likelihood ratio，LR）方法来评估遗传分析提供的证据强度。似然率基于两个假设。例如，现场血痕与嫌疑人血样遗传标记组合均为 E，可以考虑两种假设：①现场血痕是嫌疑人所留（原告假设 Hp）；②现场血痕是一个与案件无关的随机个体所留（被告假设 Hd）。似然率是原告假设条件下现场血痕与嫌疑人的表型组合都是 E 的概率与被告假设条件下现场血痕与嫌疑人的表型组合都是 E 的概率之比。

用竖线分开条件与事件，竖线右边为条件，左边为事件。Pr（E｜Hp）为原告假设条件下获得证据 DNA 图谱的概率，Pr（E｜Hd）为被告假设条件下获得证据 DNA 图谱的概率，似然率可写为：

$$LR=\frac{\Pr(E\mid Hp)}{\Pr(E\mid Hd)}$$

对于仅由一名个体留下的斑痕，在原告假设条件下获得证据 DNA 图谱的概率为 $1\times 1=1$；而被告假设条件下获得证据 DNA 图谱的概率即随机匹配概率 $1\times P(X)=P(X)$，以频率来估计概率，数值上为人群中该种 DNA 图谱的频率 $P(X)$。根据 LR 的计算公式可得：$LR=1/P(X)$，即 LR 就是群体中这种 DNA 图谱表型频率的倒数。

似然率提供了一种基于术语"支持"的简单约定，以便根据一定数据来支持一种假设，排斥另一种假设。如果似然率在数值上超过 1，证据支持原告假设（Hp）。反之，如果 LR 小于 1，则支持被告假设（Hd）。实践中，若 LR 大于全世界人口总数，可以认为遗传分析提供的证据是充分的。

（李淑瑾）

第五节　个体识别在临床医学中的应用

一、移植状态监测

造血干细胞移植（hematopoietic stem cell transplantation，HSCT）是通过大剂量放化疗预处理，清除受者体内的肿瘤或异常细胞，再将自体或异体造血干细胞移植给受者，使受者重建正常造血及免疫系统。目前广泛应用于恶性血液病（如慢性粒细胞白血病、急性髓细胞白血病、急性淋巴细胞白血病、非霍奇金淋巴瘤、霍奇金淋巴瘤、多发性骨髓瘤、骨髓增生异常综合征等）、非恶性难治性血液病（如再生障碍性贫血、范可尼贫血、地中海贫血、镰状细胞贫血、骨髓纤维化、重型阵发性睡眠性血红蛋白尿症、无巨核细胞性血小板减少症等）、某些实体瘤（如乳腺癌、卵巢癌、睾丸癌、神经母细胞瘤、小细胞肺癌等）及免疫系统疾病（重症联合免疫缺陷症、严重自身免疫性疾病）的治疗，并获得了较好的疗效。

HSCT 按照采集造血干细胞的来源不同分为骨髓移植（bone marrow transplantation，BMT）、脐血移植（cord blood transplantation，CBT）、外周血造血干细胞移植（peripheral blood stem cell transplantation，PBSCT）等；按照供体与受体的关系分为自体移植和异体移植。大多数异体移植为异基因移植，少数情况下，异体移植的供者是同卵双生子，称为同基因移植。

不同移植类型各自优劣不同，自体造血干细胞移植的优点在于不受供者的限制，移植后不发生移植物抗宿主病，不需要使用免疫抑制剂，严重并发症较少，费用较低，缺点是复发率高。异基因造血干细胞移植（allogeneic hematopoietic stem cell transplantation，Allo-HSCT）治疗恶性疾病，植入的供者细胞有持久的抗肿瘤作用，复发率低，但严重并发症多，费用相对较高。一般根据患者的疾病种类、疾病状态及预后、HLA 配型结果及供者年龄等因素综合考虑来选择造血干细胞移植方式。目前 Allo-HSCT 绝大多数为配型相同的同胞间、半相合父母与子女间、不全相合同胞间的移植，而随着全世界及我国骨髓库的增加，非血缘供者的 Allo-HSCT 数量也在不断增加。

Allo-HSCT 的成功与否与供者细胞在受者体内的植入存活密切相关。Allo-HSCT 后一般要经历一段时间供者、受者造血细胞共存的状态，称为嵌合状态（chimerism），嵌合状态表现为 3 种：供者源型、受者源型和供/受者混合型。一般认为供者嵌合率 > 95% 为供者源型，处于 5%~95% 为供/受者混合型，< 5% 为受者源型。多数研究认为移植后如果形成稳定的供者型嵌合体，表示移植成功；如为受者型或嵌合体中供者细胞比例逐渐减少，则提示移植失败或复发；稳定的供/受者混合嵌合状态存活率也较高。因此，动态监测 Allo-HSCT 后受者体内细胞的嵌合状态，可最直观地反映移植物的植入状况，是判断移植是否成功的指标，是移植后免疫抑制剂的合理应用、移植物抗宿主病的发生，以及判断疾病复发的重要依据。能否提供移植后异基因植入状态的有效和客观的实验室分析指标，直接影响着患者的预后和临床的诊治。

目前，Allo-HSCT 术后对植入状态进行定性及定量分析已成为常规的监测手段。嵌合状态的检测方法很多，大致可分为 3 类：①传统的检测方法，包括血型、血清型、酶型、细胞学方法等，这些方法的灵敏度低、不能定量或不能早期识别（如 ABO 血型术后 2 个月才改变），因此已基本不再使用；②遗传学方法，如染色体荧光原位杂交技术（fluorescence in situ hybridization，FISH），FISH 具有操作简便、观察容易、方法敏感、结果可靠等优点，但需要细胞培养，检测周期长，而且只局限于性别不同的供受者；③分子生物学方法，包括 RFLP、STR-PCR 等。RFLP 技术操作比较繁琐、对 DNA 的质量要求也比较高。而 STR-PCR 方法识别力和灵敏度高、简便快速、对样本要求低，因此得以广泛应用，成为目前国际骨髓移植登记处推荐的检测供/受者嵌合状态的金标准。

(一)STR-PCR 鉴定植入状态的方法

1. **标本采集** 留取移植前供、受者外周血各 1ml，移植后每周或每两周抽取外周血各 2ml，直至达到完全供者嵌合状态，然后根据植入情况定期跟踪随访。

2. **STR-PCR 检测** 提取血液基因组 DNA，采用商品化的人类身份鉴定多位点 STR 复合荧光分型试剂盒（如 Identifiler®、Poweplex16®、Goldeneye20A® 等）扩增基因组 DNA，应用 ABI310/31XX/35XX 系列遗传分析仪进行毛细管电泳，应用 Genemapper 软件进行片段分析，得到分型图谱。

3. **嵌合状态分析** 比较受者移植前后的 STR 分型及供者的 STR 分型，判定嵌合状态。若受者移植后的 STR 分型与供者完全相同，表明供者的血细胞完全替代受者的血细胞，移植成功，为供者嵌合；若受者移植后血液 STR 分型同时表现为受者移植前与供者的混合分型，表明处于供/受者嵌合状态，可进一步计算供/受者细胞的比例进行定量分析。

供/受嵌合状态中供/受者细胞的比例的定量分析：对于有信息的位点，应用 Genemapper 软件测出该位点每个扩增片段的峰高或峰面积，按照以下公式计算供者细胞成分所占的百分比（图 16-5）：

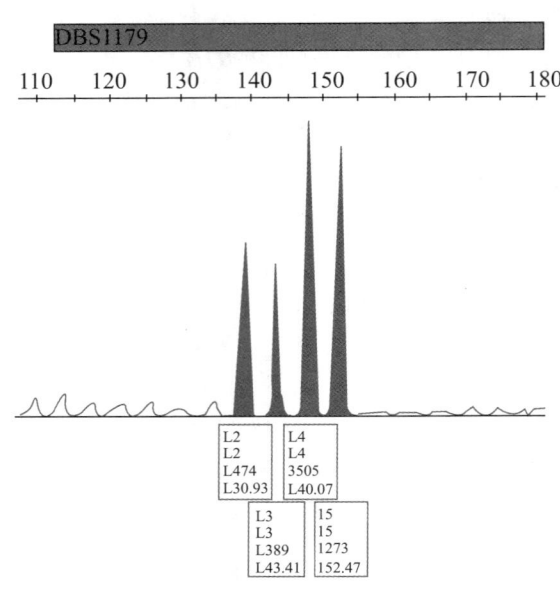

图 16-5 植入状态供者嵌合率的计算

D8S1179 基因座受者基因型为 12/13，供者基因型为 14/15，受者接受移植术后两天测得外周血细胞的基因分型图谱，处于供/受者嵌合状态，由 Genemapper 软件测得各条带的峰面积，计算供者嵌合率，供者嵌合率 = (2505+2273) / (2505+2273+1474+1289) × 100%=63.36%。

供者细胞（%）=（供者等位基因峰高或峰面积之和 / 全部等位基因峰高或峰面积之和）× 100%

(二)STR-PCR 鉴定植入状态的优势

1. **识别力高** 人类身份识别 STR 分型系统的个体识别力高，能够识别全世界除同卵双生子外的任意两个个体，不仅可用于血型、性别、HLA 完全相合的 Allo-HSCT 植入状态的鉴定，还可用于多来源造血干细胞的移植物存活鉴定。

2. **方便追踪监测和动态分析** STR 分型结果以数字记录，可储存与计算机中，便于追踪监测，动态比较分析。动态监测供者细胞的嵌合率，对预测患者移植后转归及预后，指导早期干预治疗具有重要参考价值。

3. **可定量评估混合嵌合状态中供者、受者细胞的比例** 在 5%～95% 供者细胞嵌合率范围内能准确反映受者体内真实的嵌合状态。

4．灵敏度高，对标本质量和数量要求低。

5．方法操作简便快捷。

（三）造血干细胞移植有关的个体识别问题

接受异基因移植的受者，移植成功后，造血系统完全被供者的造血系统所替代，血液细胞的 DNA 分型将改变成与供者相一致，对个体识别提出了挑战。更有甚者，男性受者接受了女性供者的造血干细胞移植，其血液细胞的性别鉴定结果也会变为女性。如果这样的移植者走上了犯罪道路，那么侦查员所取到的物证无疑会把侦查引向歧途。此外，移植者不同组织的 DNA 分型可能表现不一致，比如，毛发的 DNA 分型表现为移植前的分型，口腔拭子理论上也应表现为移植前的分型，但若混有血液细胞，则可表现为受者与供者的混合分型，给个体识别带来困扰。因此，有时在案件侦查过程中，遇到难以解释的问题时，不妨考虑一下有无骨髓移植的影响因素。还有，值得注意的是，接受过骨髓移植的个体，如果需要做亲子鉴定，是不可以采集血样的，可以采集带毛囊的毛发进行检测。

二、怀疑病理标本调换的医疗纠纷案件

患者就医时的病理标本，不仅仅是医院诊断和研究的病理资料，有时还是法医物证鉴定的重要生物性检材。在司法实践中，为解决投诉病理标本调错而误诊的医疗纠纷案、疑为利用他人病变组织进行医疗保险欺诈案，以及刑事犯罪侦察中的个人身份认定等，常常需要对病理标本进行 DNA 检验，认定身源。

（一）病理标本对 DNA 检测的影响

医学病理标本的常规处理是经过甲醛固定、石蜡包埋、切片及 HE 染色。在这个过程中任意阶段的标本都可能成为法医物证鉴定的生物性检材，包括甲醛固定的组织、石蜡包埋的组织、未染色切片及 HE 染色切片。而病理标本的这些处理因素都会不可避免地造成 DNA 降解，影响检测结果。

1．甲醛固定对 DNA 的影响　甲醛有效固定组织的机制是蛋白质末端基团之间形成交联链，这种交联作用也会发生在 DNA 与蛋白质之间，形成牢固的 DNA-蛋白质复合物，阻碍蛋白酶对组织的消化，影响 DNA 的提取，并阻碍 PCR 过程中 DNA 与引物的结合及引物的延伸。最为致命的是随固定时间延长，DNA 分子会呈现可逆性亚氨基和氨基的羟甲基化，生物大分子之间缓慢形成广泛的亚甲基交联桥，导致 DNA 链的脆性增加，从而使其在受到剪切力作用时，发生随机断裂，即 DNA 降解，这是甲醛本身造成的 DNA 分子损伤。除此之外，甲醛与氧化性物质接触后形成的甲酸，可导致 DNA 结构改变，甚至完全解聚，当 pH 达到 2.5 以下时，几乎所有碱基之间的氢键解离，DNA 双链断裂而产生不可逆的变性，固定 5 天后可出现螺旋化 DNA 提取率仅有 8%。很多实验结果表明，甲醛固定时间越长，DNA 损伤越严重，大片段 DNA 得率越低。

2．石蜡包埋对 DNA 的影响　组织在被石蜡包埋后检测到的基因座数与被包埋前相比没有显示太大的变化，说明石蜡包埋过程对组织基因座的检出影响不大。影响石蜡包埋组织 STR 分型有效性的主要因素还是固定剂甲醛溶液对 DNA 的降解和破坏，这种破坏作用不仅发生在石蜡包埋前的组织固定上，还延续到石蜡包埋后残余甲醛对 DNA 片段的继续侵害上，由此导致档案留存石蜡包埋组织块中的 DNA 随存放时间的延长而持续降解。

3．HE 染色切片对 DNA 的影响　常规制备的病理显微染色切片的厚度通常是 $5\mu m$，1 片切片提取得到的 DNA 量一般能够满足 STR 分型检测。应用合适的方法提取未染色切片和 HE 染色切片组织 DNA，比较二者的 STR 分型结果，发现二者检出的基因座数目基本相同。说明如果 DNA 提取方法得当，可最大限度地去除染色剂小分子的影响。

（二）病理标本 DNA 提取方法

石蜡虽然不能直接导致被包埋组织 DNA 的降解，但可阻碍消化液对组织的渗透，从而抑制蛋白酶 K 与组织内蛋白质的接触，影响组织消化和 DNA 释放。因此，提取石蜡包埋组织 DNA 时，首先要进行脱蜡处理，如用石蜡溶剂二甲苯脱蜡或水浴脱蜡。甲醛固定和石蜡包埋组中的 DNA 因受甲醛作用脆性增加，受机械剪切力作用后容易发生断裂。因此，提取 DNA 过程中，应尽量减少提取过程中的操作步骤，减少对 DNA 分子的额外损伤。此外，甲醛固定和石蜡包埋组织中存在着一些不能通过蛋白酶 K 消化和有机萃取法去除的 PCR 抑制剂，如某些染色剂小分子对 DNA 聚合酶的抑制，以及 DNA 严重降解后出现的大量寡核苷酸碎片可竞争性结合 PCR 体系中的 Mg^{2+}，降低 Mg^{2+} 的有效浓度，从而降低 Taq 酶的活性，同时还可干扰引物与模板的结合而降低 PCR 扩增效率。因此，对于此类样本，DNA 的纯化相当重要。目前有一些成熟的商品化试剂盒，专门用于提取甲醛固定、石蜡包埋组织 DNA，效果都很不错。

（三）肿瘤组织身源鉴定的问题

与正常组织相比，肿瘤组织中 STR 基因座常会由于突变导致基因型发生改变，且肿瘤组织中 STR 基因型改变的发生率也高于其在减数分裂中的自发突变率。所以，对于肿瘤组织进行 DNA 鉴定不能完全按照正常组织的评价体系解释结果，否则会做出错误的结论。肿瘤组织中 STR 基因座的突变类型分为四种：出现新等位基因（new allele，A_{new}）、等位基因增加（additional allele，A_{add}）、完全杂合性缺失（loss of heterozygous，LOH）、部分杂合性缺失（partial loss of heterozygous，pLOH）（图 16-6）。前三种突变类型均可改变其基因型，因此，对肿瘤组织样本进行个体识别时，应在显微镜下观察，尽可能选择病理标本中的正常组织进行 DNA 检验，以免得出错误结论。

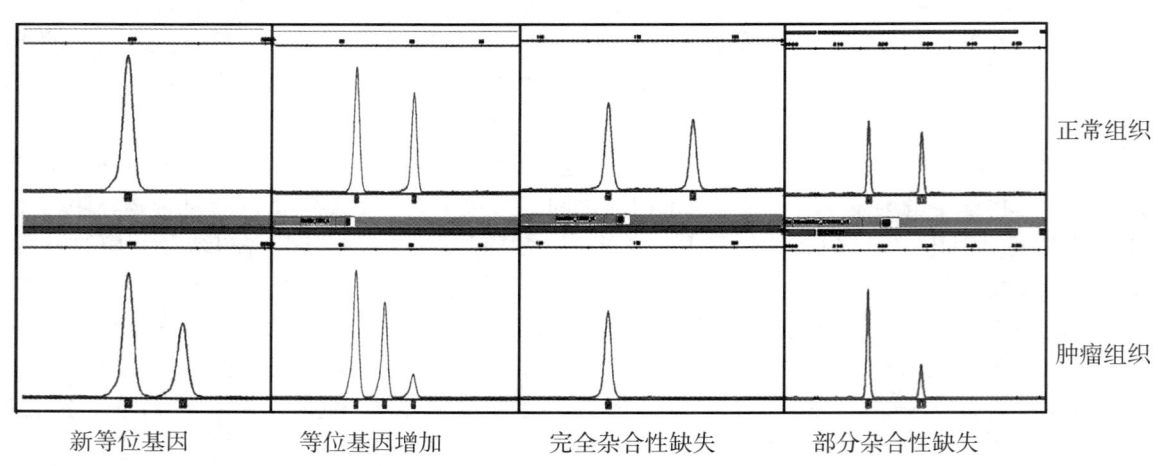

图 16-6　肿瘤组织四种 STR 突变类型

（李淑瑾）

思考题

1. 生物性检材个体识别的概念和意义是什么？
2. 血痕检验需要解决哪些问题？
3. 血痕确证实验的原理和方法是什么？
4. 如何确认精斑？
5. 什么是个体识别能力？其法医学意义是什么？

第十七章 出庭作证

随着社会法制的不断完善和科学技术的日益发展，诉讼活动中涉及的专门性问题越来越多，在各类民事案件或刑事案件中使用各种鉴定意见的情形也越来越广泛，其中一部分鉴定意见涉及法医学鉴定的各个方面。法官是法律专家，原被告双方及其诉讼代理人亦非科学技术专家，在各类诉讼活动中所涉及的可能作为证据使用的鉴定意见解决的是各种专门性技术问题，常常不为法官及诉讼参与人理解并判断其在诉讼活动中的证据价值。这就需要司法鉴定人出庭参与法庭质证活动，帮助法官及诉讼参与人理解并判断鉴定意见在诉讼活动中的证据价值。在司法实践中，需要这种专家证言予以定案的情况层出不穷。

对于涉及法医学各种机械性损伤的案件，在进行法医学鉴定时，被鉴定人的损伤大多已经痊愈。为了确定被鉴定人的损伤程度及伤残程度，法医学司法鉴定时常需参阅临床医生书写的病历记录以确定受伤当时的情况。故临床医生所书写的病历资料与法医学司法鉴定意见一样，均可作为医学证据。由于医学学科本身的特殊性及专业性，临床医生受邀参与法医学司法鉴定活动非常常见。所以，临床医生受邀参与法庭诉讼活动，对涉及医学知识的专门性问题进行法庭质证，就顺理成章了。

第一节 出庭作证的必要性

一、我国相关法律要求

2002年4月1日起施行的《最高人民法院关于民事诉讼证据的若干规定》第六十一条规定："当事人可以向人民法院申请一至二名具有专门知识的人员出庭就案件的专门性问题进行说明。人民法院准许其申请的，有关费用由提出申请的当事人负担。审判人员和当事人可以对出庭的具有专门知识的人员进行询问。经人民法院准许，可以由各方当事人自行申请的具有专门知识的人员就有关案件中的问题进行对质。具有专业知识的人员可以对鉴定人员进行询问。"

2005年2月28日第十届全国人民代表大会常务委员会第十四次会议通过《关于司法鉴定管理问题的决定》第十一条规定："在诉讼中，当事人对鉴定意见有异议的，经人民法院依法通知，鉴定人应当出庭作证。"第十三条规定："鉴定人或者鉴定机构有违反本决定规定行为的，由省级人民政府司法行政部门予以警告，责令改正。

鉴定人或者鉴定机构有下列情形之一的，由省级人民政府司法行政部门给予停止从事司法鉴定业务三个月以上一年以下的处罚，情节严重的，撤销登记：①因严重不负责任给当事人合法权益造成重大损失的；②提供虚假证明文件或者采取其他欺诈手段，骗取登记的；③经人民法院依法通知，拒绝出庭作证的；④法律、行政法规规定的其他情形。鉴定人故意作虚假鉴定，构成犯罪的，依法追究刑事责任；尚不构成犯罪的，依照前款规定处罚。"

2013年1月1日起施行的《中华人民共和国刑事诉讼法》第一百八十七条规定："公诉人、当事人或者辩护人、诉讼代理人对证人证言有异议，且该证人证言对案件定罪量刑有重大影响，人民法院认为证人有必要出庭作证的，证人应当出庭作证……。公诉人、当事人或者辩护人、诉讼代理人对鉴定意见有异议，人民法院认为鉴定人有必要出庭的，鉴定人应当出庭作证。经人民法院通知，鉴定人拒不出庭作证的，鉴定意见不得作为定案的根据。"第一百九十二条规定："法庭审理过程中，当事人和辩护人、诉讼代理人有权申请通知新的证人到庭，调取新的物证，申请重新鉴定或者勘验。公诉人、当事人和辩护人、诉讼代理人可以申请法庭通知有专门知识的人出庭，就鉴定人做出的鉴定意见提出意见。法庭对于上述申请，应当做出是否同意的决定。第二款规定的有专门知识的人出庭，适用鉴定人的有关规定。"该条款增加规定公诉人、当事人和辩护人、诉讼代理人可以申请法庭通知有专门知识的人出庭，就鉴定人做出的鉴定意见提出意见，有专门知识的人出庭，适用鉴定人的有关规定。

2013年1月1日起施行《中华人民共和国民事诉讼法》第七十八条规定："当事人对鉴定意见有异议或者人民法院认为鉴定人有必要出庭的，鉴定人应当出庭作证。经人民法院通知，鉴定人拒不出庭作证的，鉴定意见不得作为认定事实的根据；支付鉴定费用的当事人可以要求返还鉴定费用。"第七十九条规定："当事人可以申请人民法院通知有专门知识的人出庭，就鉴定人做出的鉴定意见或者专业问题提出意见。"

前述规定包括了以下几层含义：①法庭允许具有专门知识的人员出庭有助于改进和完善现行的鉴定人制度。我国法律规定的"具有专门知识的人员"类似英美法系国家的"专家证人"，这类专业人员出庭有利于阐明案件涉及的专业技术问题，并就专门性问题进行证据质证，以便使法官尽可能有效地发现事件的真实性，解决纠纷；②诉讼活动中，除了法官可以向专业技术人员进行询问以外，双方当事人均可以对出庭的这类专业人员进行询问。必要时经人民法院许可，还可以由诉讼双方各自所聘请的具有专门知识的人员就相关问题进行相互质询；③通过在诉讼活动中，"具有专门知识的人员可以对鉴定人进行询问"，这在客观上要求司法鉴定人必须出庭，同时接受具有专门知识的人员的询问，既可使法官在不了解相关专业技术知识的情况下对鉴定人做出的鉴定意见进行评判，又可有力维护法官的中立地位，使法官"兼听则明"，发现事实真相。

二、出庭作证的意义

（一）司法鉴定意见是一种特殊的证据形式

我国《刑事诉讼法》《民事诉讼法》和《行政诉讼法》都将司法鉴定意见规定为一种独立的证据形式。根据我国现行法律规定，司法鉴定意见具有证据的功能，具体表现为：①我国《刑事诉讼法》《民事诉讼法》《行政诉讼法》均将司法鉴定意见规定为证据之一，但同时又规定鉴定意见必须经过查证属实，才能作为定案的根据。司法鉴定意见不享有当然的证据力，其有无证据能力以及证据能力的大小与强弱必须经过质证后由法官依职权审查认定；②根据刑事诉讼法，为了有效查明案件客观事实，司法机关依职权调查证据。在刑事诉讼中，公、检、法三机关都负有查明案件客观事实的责任，即均担负证明责任。但由于法律赋予三机关的职能不同，是不同的诉讼证明主体，因此，他们所担负的证明责任的具体性质和内容也不相同。在我国民事诉讼和行政诉讼中，根据当事人举证责任原则，双方当事人都充分享有利用司法鉴定意见作为证据来证明自己所提出的事实主张，或用来反驳对方所提出的事实主张的权利。当某一待证事实涉及某一专门性问题时，一方当事人可以委托对该专门性问题进行专业技术鉴定，并将该司法鉴定意见作为证据支持其主张事实，与此同时，另一方当事人也可以相应的方式对该司法鉴定意见提出异议或提出己方的司法鉴定意见以作为对抗手段；③司法鉴定意见的实质是司法鉴定人就案件中某些专门性问题进行鉴定后所做出的判断，因此需要对影响其判断可靠性的各种因素进行审查；④基于公开、公平、公正的程序原则，当法院将包括司法鉴定意见在内的证据作为认定案件事实的依据时，必须经过当事人的质证和法庭的认证才能最终采信。

（二）具有专门知识的人员出庭质证是司法改革的必然要求

随着科学技术的日益发展，在诉讼活动中所涉及的专门性问题也越来越多，在各类民事案件或刑事案件中使用各种鉴定意见的情形也越来越广泛，其中一部分司法鉴定意见涉及法医学鉴定的各个方面。当案件事实涉及这些医学专门性问题时，缺乏相关专业知识的当事人和法官都需要获得专家的帮助。这就需要具有医学专门知识的人员出庭参与质证活动，帮助法官及诉讼参与人理解并判断司法鉴定意见在诉讼活动中的证据价值。具有专门知识的人员（专家证人）对法庭的职责包括以下几个方面：①向法庭提供建议或结论性意见。这是专家证人对法庭的主要职责。但是，专家证人在向法官提供意见的同时还应当向法官提供判断其意见是否正确所必需的科学依据，以便让法官据此形成自己的独立判断；②向法官解释案件中涉及的专门性问题。法官在案件审理的过程中对医学问题相对陌生，而当事人一方出于自己利益的考虑往往会故意混淆或模糊对方当事人对某个问题的说明。对此，专家证人的解释对法庭而言就显得尤为重要；③通过调查分析生成附加信息。当双方当事人都没有很好地解决某个专门性问题时，法庭聘请的专家证人可以通过相应的调查分析为法庭解决这一问题提供必要的帮助；④帮助确立诉讼的焦点。参与诉讼的专家证人可以帮助法庭确认双方当事人主张的一致之处，以便法庭将焦点集中于双方的分歧点上，从而确认进一步调查的方向或有针对性地提出一个可供选择的建议。

（三）司法鉴定人和（或）专家证人出庭是其合理定位的直接体现

根据我国诉讼法的规定，司法鉴定人和（或）具有医学专门知识的人员出庭均是诉讼参与人。"专家证人"（即具有专门知识的人员）在英美法系被视为证人的一种，或者说是一种特殊的证人，其诉讼地位与证人基本相同，并未从法律上进行严格区分。由于专家证人与一般证人的诉讼地位相同，因此专家证人的权利义务与一般证人也大体一致。专家能否具有作为专家证人的资格是首先需要接受质询的，尽管专家证人由当事人聘请，但是法庭不希望专家只是当事人的"喉舌"，因此对专家的资历及其作证的依据都会进行认真审查。同时，这种专家证人与鉴定人一样拥有以下特征：①专家证人与司法鉴定人均拥有阅卷权、调查取证权。另外，专家证人与司法鉴定人均有出庭作证的义务，一旦被选任，他们不仅应尽职做出司法鉴定意见，而且都要以当庭口头报告的形式发表其意见；②专家证人与司法鉴定人均具有人身可替代性。专家证人及司法鉴定人参与诉讼活动是基于当事人或者法官的聘请或选任，聘请及选任的依据是专家和司法鉴定人的专业水准、经验水平及其在法庭上的说服力，他们是可以被更换、取代的。人身可替代性是专家证人及司法鉴定人与一般证人最显著的区别。一般证人之所以参与诉讼活动是基于其亲身参与了案件某一过程，无论是犯罪行为的目击者、知情人、自首者、线人，还是提供犯罪嫌疑人不在场证明的证人，他们都对案件事实有不可或缺的认知价值，这种认知只有证人本人才拥有，具有人身依附性，是不可能被其他人所代替的。而专家证人和鉴定人对案件的认识时间发生在诉讼过程中，在时间上要晚于证人，他们作证是基于特别的知识或经验，并且经过试验或推测而得出结论，在这一点上他们有别于一般证人；③专家证人与司法鉴定人均可发表意见证据。专家证人和司法鉴定人所发表的言论和推断，是意见证据规则的例外，他们"可以其所拥有的来自于具体案件事实之外的知识来作证"，并且被法庭采纳。

（刘　敏）

第二节　质证的程序与内容

一、司法鉴定人和（或）专家证人出庭质证的程序和要求

司法鉴定人和（或）专家证人出庭质证依照一定的程序进行，它包括程序的启动、通知、出庭、法庭质证、签名及退庭。

1. 程序的启动　司法鉴定人和（或）专家证人出庭质证可以由案件的双方当事人提起，亦可以由法官提起，但最终决定权在法庭。

2. 出庭通知　当事人申请司法鉴定人和（或）专家证人出庭的，应当在举证期限届满前七日向法院提出书面申请。法院经审查同意后，应在开庭前三日向司法鉴定人和（或）专家证人送达出庭通知。

3. 出庭　司法鉴定人和（或）专家证人按出庭通知上规定的日期、时间准时出庭，并向法庭提供司法鉴定人和（或）专家证人的资格证明材料。

4. 法庭质证　司法鉴定人和（或）专家证人在法庭上对案件公诉人、辩护人、当事人、代理人、法官等诉讼参与人员依照法律程序对作为证据的司法鉴定意见提出的有关问题，以通俗易懂的语言如实回答。

5. 签名　法庭质证完毕后，司法鉴定人和（或）专家证人对质证笔录进行仔细阅读。如果没有错误，即可签名。如有错误，提请法庭书记员改正笔录。笔录改正后，再签名。

6. 退庭　司法鉴定人和（或）专家证人对质证笔录签名后，征得法官同意，即可退庭。至此，整个出庭质证过程全部结束。

二、出庭质证前的准备

司法鉴定人和（或）专家证人出庭质证能否达到应有的目的，除与司法鉴定人和（或）专家证人所掌握的专业知识、专业技能和基础工作是否周密、严谨有关外，很大程度上还与出庭前的准备工作是否充分有关。因此，充分做好出庭前的准备工作尤为重要。出庭质证前的准备一般包括以下几项：

1. 接到出庭通知后，应详细了解原鉴定档案材料，仔细阅读全部内容。了解原鉴定时的鉴定细节，翻阅有关记录，熟悉相关资料，对原鉴定意见进行审查，了解对案件中所涉及的鉴定方法、使用仪器设备等是否满足司法鉴定委托要求，做到对司法鉴定人的鉴定技术能力以及工作职责内的问题了如指掌。

2. 与案件的承办法官联系，详细了解案件当事人双方及其代理人对司法鉴定意见所提出的疑点、难点和争议焦点。此外，还应针对司法鉴定意见书以及案件的情况进行分析，预测可能出现的问题，对于鉴定过程中可能涉及的专业性、技术性很强的问题逐一进行充分准备。

3. 准备出庭材料　出庭材料包括两部分：一是以原司法鉴定意见书为基础，详细阐明司法鉴定情况，主要包括鉴定过程、检验所见、鉴定结论及其依据、必要的补充说明等。二是答辩材料。经与案件承办法官联系所得案件的疑点、难点和争议焦点，或者通过自己的分析对有关鉴定可能提出的问题列出清单（例如鉴定人的鉴定资格、鉴定程序的合法性、鉴定方法的科学性、鉴定结论的证据效力等）进行准备。必要时还应准备一些文献资料以备查用。对于疑难、复杂或已有多个鉴定意见的案件，在出庭前最好组织相关人员进行讨论，以防止准备工作中的疏漏或片面性。

4. 心理准备　在接到出庭通知时，除了做好出庭前准备工作外，还需要有良好的出庭心理素质，以保证质证效果。

5. 证件准备　出庭前应当准备好身份证、专业职称证明、学历证明、司法鉴定人资格及执业证书等各种证件的原件和复印件，以备开庭时接受查验。

三、参加法庭质证

（一）出庭质证的程序

1. 审判人员宣布请司法鉴定人和（或）专家证人到庭。

2．审判人员审查司法鉴定人和（或）专家证人的身份信息、执业资质、专业能力证明等情况。

3．审判长告知出庭作证的权利和义务。

4．审判人员询问出庭作证或质证目的或证明对象。

5．申请出庭作证或质证方首先向司法鉴定人和（或）专家证人询问，然后由对方询问，法官只在必要时对司法鉴定人和（或）专家证人做一些补充性的询问。司法鉴定人和（或）专家证人在法庭上必须陈述所做司法鉴定意见的根据、过程和科学基础是否真实、客观，在回答相关各方提出的疑问时，如果所提问题的内容与案件的事实无关、涉及国家机密、商业秘密、技术秘密或当事人隐私的问题，司法鉴定人和（或）专家证人可以拒绝回答。

6．校对笔录，签字后退庭。

（二）司法鉴定人和（或）专家证人出庭质证的言行举止

1．着装整齐，容貌端庄，仪表大方。

2．在质证过程中要听从审判长的指挥，遵守法庭纪律。允许发言时才发言。

3．在法庭上讲话要沉着、冷静、口齿清楚、语言坚定；回答问题时要把握情绪和态度，要充满自信。切记："有理不在声高"，避免情绪激动。

4．回答或提出问题应当简明扼要，注重条理性、逻辑性，有理有据，要避免使用模棱两可、含混其词的语言。说话内容不能前后矛盾。属于当前学术界尚无定论或者有争论的问题，可以"未经科学证明或确认不能作为评断司法鉴定意见的依据"予以答复，或者不予回答。

5．回答或提出问题仅限于与司法鉴定有关的内容。辩论中，经审判长许可，仅就司法鉴定的有关问题进行回答或提问。如果当事人或其代理人的发问超出了司法鉴定的范围或者与本案无关，或者审判长没有要求回答的问题等，都不必回答。如果当事人及其代理人的发问方式不当或者纯属无理刁难，应立即提请审判长予以纠正、制止。

6．质证结束后，审判长宣布司法鉴定人和（或）专家证人退庭时，司法鉴定人和（或）专家证人应立即退出法庭。

四、司法鉴定意见质证的内容和对象

司法鉴定意见必须接受诉讼参与人的互相质证，这是一种正当的程序保障；司法鉴定人出庭接受当事人的询问，解答鉴定过程中的相关技术性问题，是其法定义务。质证的内容是指质证主体对证据进行质证时所涉及的范围，即证据的客观性、关联性、合法性。质证的对象就是与待证事实相关联的司法鉴定意见的证据能力与证据力。

证据的合法性是指证据必须为法律所允许，可用于证明案件的待证事实。它包括以下两个方面：①必须符合法律规定的程序，凡是不符合法定程序提供、收集的证据，均不属于合法证据；②某些事实必须符合法律所要求的特定形式，不具有这种特定形式的证据，亦不属于合法证据。证据的关联性指证据材料与需要证明的案件事实具有的内在的客观联系，对其有证明作用。证据的客观性指证据所反映的内容应当是真实的、客观存在的。这种真实应当是法律上的客观真实，决非一般意义上的客观真实。

质证的目的是确定证据是否可以作为定案的根据，故质证应包括以下两个方面的内容：一方面要审查证据是否具有证据能力，另一方面要审查证据的证明力。当事人针对证据的证据能力和证明力的大小进行质疑、说明与辩驳的过程，也是法官心证形成的过程。

（一）对司法鉴定意见证据能力的质证

1．审查鉴定主体是否合法　审查司法鉴定人是否具有司法鉴定人资格、是否有解决这些专门性问题所应具备的知识、技能和经验；根据法律规定，对有关专门问题的鉴定，凡是法律规定由法定鉴定机构进行的，鉴定必须由相应的法定鉴定机构进行，其他鉴定机构无权鉴定。此外，对于一些特定的鉴定事项，国家明确规定只能由指定的鉴定机构从事鉴定活动，如对某些药品、农药、毒品等物品，国家对其管理有严格和特殊的要求。因此，对涉及此类物品的鉴定时，应审查其鉴定主体是否是经特别授权的合法的鉴定机构和鉴定人员。

2．审查鉴定意见的形式和内容是否符合法律的规定　如根据一些法律、法规的规定，进行某项鉴定活动，司法鉴定人必须达到一定人数。如司法鉴定人未达到法定人数而做出的鉴定意见，是不具有证据能力的。

3．审查鉴定程序是否合法　鉴定委托、受理、实施等程序是否符合法律规定。司法鉴定人是否具有我国诉讼法上所规定的法定回避情形。例如，司法鉴定人是否为本案的当事人或者当事人的近亲属，是否与本案有利害关系等。

（二）对司法鉴定意见的证据力的质证

1．审查检材、样本或与鉴定对象有关的其他鉴定资料是否真实、是否符合鉴定条件，即是否能够作为有关司法鉴定意见的基础。只有提供了充分、可靠的鉴定材料才能保障鉴定活动的正常开展。审查时应按顺序先审查检材的鉴定条件，而后审查样本的鉴定条件。对检材的审查，首先应审查检材的发现、提取、处理、固定方法；检材提取的部位是否准确；检材在储存、运送、传输过程中是否遭到损坏、污染，检材有无变形、伪装、损失；检材的性状、数量、质量是否符合检验要求；检材是否反映了客体的特性等问题。审查样本时应从样本的来源是否真实可靠，数量是否充分，是否具备可对比条件等方面进行。

2．审查司法鉴定人所使用的仪器设备是否经过国家有关部门的计量认证、是否先进、完善可靠，采取的方法和操作程序是否科学、规范、正确，其技术手段是否先进、有效和可靠，所使用的仪器设备灵敏度如何，其所获结果的稳定性和准确性如何等。这些因素都关系到司法鉴定意见是否具有证据力以及证明力的大小、强弱。鉴定的步骤、方法不当，会导致司法鉴定意见不正确；同一检材，采用灵敏度不同的仪器或不同的检验方法可能会得出不同的检验鉴定意见。

3．审查司法鉴定人在鉴定过程中检验、试验的程序是否规范或者在检验方法使用上是否符合国家有关法定标准或行业标准的要求。

4．审查司法鉴定意见是否有科学根据，论据是否充分，推论是否合理，论据与结论之间是否有矛盾。

5．审查司法鉴定人是否受到外界的影响，即是否有徇私、受贿或者故意作虚假鉴定的情况。司法鉴定人主观上所存在的不利因素将影响司法鉴定意见的真实性、可靠性。也就是说，即使司法鉴定人具备高超的专业知识和丰富的技能，鉴定条件优越，检材充分、可靠，但是如果司法鉴定人受到外界的不良因素的影响，这种影响必然会对司法鉴定意见客观性和真实性造成实质性的危害，因此，在这种情形下的司法鉴定意见应受到质疑或应失去其证明力。

（刘　敏）

第三节　出庭作证的要求与技巧

一、证据规则与答辩技巧

（一）证据规则

证据是证明案件事实的依据。全部诉讼活动实际上都是围绕证据的搜集和运用进行的。在证据运用中，现代各国证据法虽然普遍认可与形式证据制度相对立的自由心证制度，允许事实裁判者根据理性和经验对证据做出自由判断，但由于诉讼证明过程存在利益价值的冲突和证据及事实认定上的矛盾等原因，如果不确立为某一诉讼结构所需要的一定的证据规则，将难以保证诉讼的效率和对案件客观事实的正确确认。对诉讼主体的证明活动而言，证据规则的存在至少有以下两个作用：①在诉讼活动中规范诉讼各方的取证和举证行为；②在根据证据认定事实时限制对证据的自由取舍。

证据规则的存在及其内容首先要受到诉讼基本结构的制约。目前在世界范围内存在两种基本的诉讼结构，即在证据调查上控辩方主导型的对抗制和法官主导型的审问制。主要区别在于对证据规则的繁简及其内容要求不同，前者的证据规则复杂而严格，后者则十分简略且灵活。

实行对抗制或以对抗制为庭审方式的英美日等国的诉讼，在审判活动中适用的主要证据规则有：

1. **传闻证据**　传闻证据指以下两种证据资料，一是证明人在审判期日以外对直接感知的案件事实亲笔所写陈述书及他人制作并经本人认可的陈述笔录；二是证明人在审判期日以他人所感知的事实向法庭所作的转述。故传闻证据有以下三个特点：①是以人的陈述为内容的陈述证据；②不是直接感知案件真实的人亲自到法庭所作的陈述，而是对感知事实的书面或口头形式的转述；③是没有给予当事人对原始人证进行反询问机会的证据。

传闻证据规则是指原则上排斥传闻证据作为认定事实的根据的证据规则。根据这一规则，如无法定理由，在庭审或庭审准备期日外所作的陈述不得作为证据使用。此外，记载检察官或司法警察职员勘验结果的笔录不具有当然的证据能力，只有当勘验人在公审期日作为证人接受询问和反询问，并陈述确实系他根据正确的观察和认识做成时，才能作为证据使用。司法鉴定人制作的司法鉴定意见亦属于传闻证据。只有等司法鉴定人在庭审时作为证人接受询问和反询问，说明其司法鉴定意见书系其以正确方法做成时，才具有证据能力。

传闻法则的例外。传闻法则在英美有时被称为"例外的规则"，这是因为在许多情况下，如果绝对排除传闻证据，实际上做不到，不仅会造成诉讼拖延，而且也势必妨碍查明事实真相，有违设立传闻法则的初衷。因此，制定法或判例法规定了众多的例外情况，允许传闻证据作为定案证据使用。

2. **相关性**　诉讼证据必须具有相关性。相关性是实质性和证明性的结合，如果所提出的证据对案件中的某个实质性争议问题具有证明性，那它就具有相关性。

在英美诉讼实践中，对相关性的确认受到较为严格的限制，例如，证人、被告人或被害人的品格原则上被视为不具有相关性。即关于一个人的品格或者他的一种性格特点（如暴力倾向）的证据，对于证明这个人在特定环境下实施了相类似的行为（如被指控的犯罪行为）上不具有相关性，这种品格证据原则上应予排除。但排除品格证据的要求也有一些例外，如对于证明被告作案目的和动机却有证明作用的品格证据可能纳入诉讼。例如美国网球明星辛普森被控杀害其前妻及其男友案，控方将证明辛普森曾多次殴打、威胁其前妻的一系列证据作为控诉证据提出，辩护方以品格证据为由要求排除，法官认为这些证据符合允许品格证据使用的那些"例外情况"，因此裁决允许这些证据进入诉讼。

3. **违法证据排除规则**　违法证据排除规则主要是指在刑事诉讼中应当排除那些通过非法搜查和扣押获取的物证的规则。现代任何国家的刑事诉讼法都禁止以违反法律的方式获取证据。美国是实行非法物证排除规则的主要国家。它通过一系列判例确定通过违法的、无根据的搜查和没收所获得的证据，以及通过违法收集的证据发现、收集的证据均应排除。英国、德国和法国等西方国家与美国的态度有区别，这些国家一般并不排斥违法取得的物证。而是注意违法的严重程度以及排除违法证据对国家利益的损害程度，进行利益权衡，同时赋予法官一定程度的对于证据取舍的自由裁量权。

（二）国内情况

我国庭审方式并非典型的对抗制，仍然存在较大程度法官职权运用。由于法官积极运用职权查明案情，对证据规则的要求应当较之英美等国具有更大的灵活性，如相关性规则，不需要如英美那样对相关性（如品格证据的相关性）严格限制。同时，我国刑事诉讼制度中存在一些特有的做法，如被告不享有沉默权而负有供述义务，那么在证据规则上对口供自愿性的要求与国外存在较大区别。

我国现阶段民事诉讼中的证明标准可以被界定为"明显优势"，法院根据"明显优势"来判断双方当事人对同一事实提出的相互矛盾的证据，这一裁判准则即为"优势证据规则"。《最高人民法院关于民事诉讼证据的若干规定》（以下简称证据规定）第七十三条规定："双方当事人对同一事实分别举出相反证据，但都没有足够的依据否定对方证据的，人民法院应当结合案件情况，判断一方提供的证据的证明力是否明显大于另一方提供证据的证明力。并对证明力较大的证据予以确认。"据此解释，民事诉讼中的证明标准可以被界定为"明显优势"。法院根据"明显优势"来判断双方当事人对同一事实提出的相互矛盾的证据，这一裁判准则即为"优势证据规则"。

我国《证据规定》第二条规定："当事人对自己提出的诉讼请求所依据的事实或反驳对方诉讼请求所依据的事实有责任提供证据加以证明。没有证据或者证据不足以证明当事人的事实主张的，由负有举证责任的当事人承担不利后果。"它包含了行为意义上的举证责任和结果意义上的举证责任两层含义：一是行为意义上的举证责任，指当事人对自己提出的主张有提供证据的责任；二是结果意义上的举证责任，指当待证事实真伪不明时由依法负有证明责任的人承担不利后果的责任。在民事诉讼中，一方面，民事权益主体必须提出明确的诉讼请求和具体的诉讼主张；另一方面，民事权益主体必须通过积极的行为提供与其主张内容相符的证据，以获取法官对其主张事实的确信，弱化和消解对方当事人的事实主张，避免发生不利的法律后果。行为意义上的举证责任随一方当事人举证程度的变化可以数次反复，是一种动态的举证责任。行为意义上的举证责任因一方当事人提供证据证明力的强弱而在当事人之间移位，又是一种可以在当事人之间互相转移的举证责任，围绕着法官对案件事实的判断与确信程度而不断地在当事人双方之间转移。结果意义上的举证责任是指一方当事人主张的事实存在与否不能确定时应当规定由哪一方当事人对不利后果进行负担的一种风险和责任。它解决了两个问题：一是法官不能因案件事实不清而拒绝裁判。只要案件符合起诉的条件，法官就必须对原告的起诉以判决或裁定的方式做出回应。二是法官在案件事实处于真伪不明时如何裁判。尽管案件事实真伪不明，法官仍可对当事人主张的请求权做出肯定或否定的判决。结果意义上的举证责任，是由法律预先设定的，是一种不能转移的举证责任。当案件中的待证事实真伪不明时，结果意义上的举证责任就会凸现出来，才能要求负有举证责任的一方当事人承担不利的后果。

（三）司法鉴定人质证需关注的问题

1．司法鉴定人的资格　司法鉴定意见是司法鉴定人运用其专门知识对诉讼涉及的专门性问题进行鉴别和判断所提供的专业性意见，具有专门知识是成为司法鉴定人的前提条件，司法鉴定人的专业胜任能力（专业水平）是保证司法鉴定意见科学性和客观性的基础。

鉴于我国的司法鉴定人实际水平存在较大差距，有的甚至相差悬殊，所以，对司法鉴定意见进行质证时，除了关注司法鉴定人的鉴定资格、专业技术职称、专业执业资格、学历、工作经历等形式要件外，还应关注其工作业绩、研究成果、从事相应司法鉴定领域的经历、处理类似个案的记录等情况。

2．鉴定资料与案件事实联系的客观性　鉴定资料（包括检材和样本）是形成司法鉴定意见的直接依据。鉴定资料是否能够满足司法鉴定要求，为是否能够做出有关司法鉴定意见的基础。鉴定资料本身的真实性和完整性及其与案件事实联系的客观性是司法鉴定意见关联性、客观性、真实性和正确性的必要前提。其来源的地点、场所或渠道、收集方法、保管条件、提供主体等环节都可能对鉴定资料的上述方面产生影响，因此，对这些环节所涉及的有关情况也应该进行质证。

3．鉴定方法的科学性　鉴定方法的科学性是司法鉴定意见科学性和正确性的根本保证。鉴定方法科学性的体现之一是鉴定过程具有可重复性，即不同的司法鉴定人采用相同的技术方法和设备，或采用相同的分析方法，所得出的鉴定意见应相同或相似。这是由鉴定方法的科学性和鉴定客体的相对稳定性所决定的，也是可以对司法鉴定意见进行质证的基础。

对鉴定方法的科学性进行质证，是司法鉴定意见质证的核心内容，可从以下几方面进行：①选择的技术方法是否有效、可靠。这是对司法鉴定中所运用技术方法成熟程度的质证。被鉴定客体的基本属性已被现代科学技术方法加以证实，并能以科学手段加以检验、显示和记录，是作为司法鉴定客体必须具备的基本条件。②采用的专业技术标准、程序、方法是否正确。这是对选用标准的"适时性"、"适当性"或"适用性"问题的质证。以人体损伤程度鉴定为例，应分别依据现行有效的《人体损伤程度鉴定标准》。③采用的技术手段或设备是否先进。随着科学技术发展及人们认识能力的增强，技术手段和设备也在不断改进，检验、测试、检测中所使用的技术手段或设备存在更新换代。在有不同的司法鉴定意见（如重新鉴定的情况）时，若司法鉴定的技术方法、标准、程序都相同，只是由于技术手段或设备不同，产生了有差异的结果，那么，对于所采用技术手段或设备先进性的比较可能成为比较不同司法鉴定意见证据力（即证明能力）的关键。一般情况下采用更先进的技术或设备进行鉴定所得出的司法鉴定意见应该具有更强的证明能力。

4．司法鉴定意见的合理性　司法鉴定意见的本质是专业人员依据专业知识所发表的一种专业性意见，要求司法鉴定意见具有合理性而不是绝对真实性是诉讼理性的体现。科学技术发展的阶段性及人的认识能力的局限性和差异性，在司法鉴定实践中体现为司法鉴定意见在一定程度上可能存在的差异性，这种差异性可能表现为不同司法鉴定人做出的司法鉴定意见可能不同，甚至对能否做出司法鉴定意见的判断也不相同。司法鉴定意见的科学性并不等同于绝对客观真实，司法实践中作为判决依据的实际上是裁判事实，或法律真实。

对司法鉴定意见合理性的质证主要涉及以下几方面：①对检验、测试、检测数据差异的分析。需要分析差异的产生是由于合理的设备误差还是其他原因，对于前者应视为合理，予以接受；而对于后者，则应进一步分析查找具体原因，必要时进行重新鉴定；②对司法鉴定意见所依赖的因果关系的评价。在各种事故鉴定中，往往都是多因一果或者多因多果，即事故的后果是由许多可能的原因造成的，司法鉴定的目的是要从众多的原因中找到引起事故后果发生的一个或几个主要原因，在证明确实存在多个原因时，还要区分主次，以达到分清责任、确定行为人、查清案件事实的目的。譬如在医疗事故技术鉴定中，医疗过失行为和患者原有疾病状况等因素都可能导致患者的人身损害后果，认定医疗过失行为与人身损害后果之间存在因果关系是确定医疗事故责任的前提，对其因果影响程度的判断则是划分责任程度的依据，作为判断因果关系性质（是必然因果关系，还是偶然因果关系）或因果联系程度（如特定原因导致特定结果的概率）依据的有关事实（实验数据、专业标准、科学理论等）是影响司法鉴定意见合理性的关键，应该是质证的重点；③对司法鉴定人不同鉴定意见的评判。如在医疗事故技术鉴定中，鉴定意见是根据半数以上专家鉴定组成员的一致意见形成，并对专家鉴定组成员对鉴定结论的不同意见予以注明。这种依少数服从多数原则做出结论的鉴定中，虽然各个鉴定人在鉴定过程中的所见所闻相同，但得出的结论却不同，质证中应特别关注各种不同意见，尤其是少数鉴定人意见的合理性。在多次鉴定（包括重新鉴定），且鉴定意见不同时，如果各鉴定意见都没有法定不能采信的情形，那么质证的焦点可能就是哪个鉴定意见更合理。

(四)答辩技巧

1．在熟悉、掌握大量客观资料的基础上，运用语言逻辑学和答辩技巧，采取灵活多变的辩论方式，沉着应对来自各方的询问。

2．对当事人及其代理人刁难性的发问，采用反问方式要求对方以浅显易懂的语言解释清楚，明了其真实含义后再进行简短而有针对性的回答。

3．对于听不懂、听不明白或未考虑成熟的问题不轻易回答，避免由于人为因素造成不良的答辩后果和被动局面。

4．回答问题时言辞要清晰明确肯定，最好不用"可能"、"大概"、"或许"等之类的模糊词语；并且回答问题时遇到各方当事人都不明白的专业术语时要予以解释说明，并将解释说明的理由和出处都要向法庭提供。庭审中应简明扼要地说明问题，切忌庭审中夸夸其谈，盲目回答，一旦被当事人及其代理律师或当事人聘请的专家证人抓住言辞中的漏洞，紧抓不放，就会使出庭回答陷入被动状态。

5．切忌浮躁心急。当临床医师参与法医司法鉴定工作时，可能被申请出庭。由于当事人申请司法鉴定人出庭大部分是对司法鉴定意见有异议，他们会在庭审前收集对司法鉴定人不利的种种证据，以达到法庭拒绝采信司法鉴定意见或重新鉴定的目的，因此庭审中他们会千方百计寻找司法鉴定人鉴定过程中存在的漏洞，甚至会聘请相关专家向司法鉴定人发问，以寻找司法鉴定人鉴定过程中的问题及司法鉴定意见的弱点。司法鉴定人被询问的问题也是花样百出，有些问题与司法鉴定有关，有些问题与司法鉴定无关，有些问题甚至是对司法鉴定人的人身攻击，但是司法鉴定人不要被当事人或其聘请专家的言论激怒，有时候司法鉴定人的愤怒正是当事人所希望的，因为人在愤怒时候很容易冲动，这时的言语有可能没有经过深思熟虑，很容易被当事人或其聘请的专家抓住言语上的破绽，使司法鉴定意见的采信陷于被动局面，因此司法鉴定人一定要沉着冷静对待当事人及其聘请的专家的提问。最忌讳拍案而起、怒目而视，一走了之。因为司法鉴定人的中途离去就意味着司法鉴定人未出庭支持自己的司法鉴定意见，司法鉴定意见即使很正确，也有可能不会被合议庭采信，因为法院贯穿整个案件的审理原则是程序优先原则的体现。

6．出庭时要适当维护自己的合法权利。《最高人民法院关于民事诉讼证据的若干规定》第六十条第二款规定"询问证人、鉴定人、勘验人不得使用威胁、侮辱及不适当引导证人的言语和方式"，因此出庭时发现有损自己的权利时可以向审判长提出，以维护自己的合法权利。对不属于必须回答的与鉴定有关的问题，可以经审判长同意后不予回答。

二、司法鉴定人的权利与义务

司法鉴定人在诉讼活动中作为鉴定专家，是独立的诉讼参与人，具有特定的诉讼权利和诉讼义务。

1．司法鉴定人享有的诉讼权利

（1）知悉案情的权利。

（2）考察被鉴定物品和地点的权利。

（3）参与法庭审理发表意见的权利。

（4）质证、询问的权利。司法鉴定人有权询问当事人、司法鉴定人或其他诉讼辅助人，并在法庭上与之进行辩论。

（5）获得报酬的权利。原则上司法鉴定人的报酬由聘请他的一方负担。

（6）司法鉴定人的自身各种权益（包括生命安全、财产安全等）应得到法庭保护的权利。

2．司法鉴定人的参与诉讼活动的义务

（1）客观公正的提供证言，不得作伪证的义务。若违反此项义务将被依法追究其法律责任。

（2）出庭参与质证活动的义务。司法鉴定人必须出庭参与质证活动，否则其证言不能作为证据使用。

（3）保密义务。司法鉴定人应当保守在诉讼中知悉的秘密，不得泄露当事人的隐私。

（刘　敏）

思考题

1．简述鉴定人（或专家证人）出庭参与质证的意义。

2．简述鉴定人（或专家证人）出庭质证的程序与内容。

3．简述鉴定人（或专家证人）出庭质证的答辩技巧。

4．简述鉴定人（或专家证人）出庭质证的权利与义务。

主要参考文献

1. 包建明．论司法鉴定结论的质证及其制度之完善．中国司法鉴定，2004，1：6-10．
2. 曹喆，于文，朱宝利．中暑死与冻死的法医学鉴定．中国法医学杂志，2011，6：462-464．
3. 常林．法医学．北京：中国人民大学出版社，2008．
4. 常伟，孙汉英，黄敏等．异基因造血干细胞移植后早期嵌合状态研究．临床血液学杂志，2006，19：347-349．
5. 陈小平，骆利敏，罗敏等．PCR-STR 在肝移植后移植物抗宿主病中的诊断意义．南方医科大学学报，2012，32：874-877．
6. 陈忆九，王慧君．法医病理司法鉴定实务．北京：法律出版社，2009．
7. 戴瑜珍，喻朝霞，胡小安等．心源性猝死 33 例尸检临床病理分析．临床与实验病理学杂志，2009，25（2）：174-177．
8. 邓振华，陈国第．法医临床学理论与实践．成都：四川大学出版社，2004．
9. 高飞．论刑事诉讼专家证人制度的构建．中国司法鉴定，2007，5：27-30．
10. 官大威．法医学．北京：人民卫生出版社，2008．
11. 郭景元．法医鉴定实用全书．北京：科学文献技术出版社，2002．
12. 郭景元，李伯龄．法医物证学．北京：中国人民公安大学出版社，2002．
13. 侯一平．法医物证学．第 3 版．北京：人民卫生出版社，2009．
14. 侯一平．法医学．北京：高等教育出版社，2004．
15. 胡彬，阎慧芝，刘晓华等．STR-PCR 定量检测嵌合体供者嵌合率准确性探讨．中国输血杂志，2009，22：653-655．
16. 黄光照，麻永昌．中国刑事科学技术大全·法医病理学．北京：中国人民公安大学出版社，2001．
17. 亢登峰，李晓英，王英元等．1294 例心源性猝死的回顾性分析．中西医结合心脑血管病杂志，2007，5（1）：63-65．
18. 李莉，林源，孙宏钰．X 染色体上的遗传标记及法医生物学应用．北京：群众出版社，2012．
19. 李洋，董晓梅，王声湧等．我国城乡老年人虐待的流行现况及防治策略．中华疾病控制杂志，2013，17（5）：437-441．
20. 李成涛，赵书民，柳燕．DNA 鉴定前沿．北京：科学出版社，2011．
21. 李建仓．洛阳"12·25"特大火灾事故法医学检验．刑事技术，2002，5：37-39．
22. 李生斌，张林，官大威等．法医学．北京：人民卫生出版社，2009．
23. 廖林川．法医毒物分析．第 4 版．北京：人民教育出版社，2009．
24. 林蓉，刘伟佳，张维蔚等．广州市儿童家庭虐待现状及其影响因素分析．中国儿童保健杂志，2011，1：21-23．
25. 刘良．法医毒理学．第 4 版．北京：人民卫生出版社，2009．
26. 刘文，刘世沧，吴军．中国刑事科学技术大全·法医临床学分册．北京：中国人民公安大学出版社，2002.
27. 刘国斌．大型矿难致死的群体性尸检．刑事技术．2007，5：47-49.
28. 刘技辉．法医临床学．第4版．北京：人民卫生出版社，2009.
29. 刘技辉．损伤程度评定及其相关的法律问题．中国司法鉴定，2007，5：34-39.
30. 柳娜，艾小青，曹玉萍等．家庭暴力老年人受虐的研究进展．中南大学学报（医学版），2012，37（4）：419-423.
31. 罗大华，何为民，解玉敏．司法心理学．北京：人民教育出版社，1999.
32. 罗鹏晖，郭新峰．次声波的危害及其应用．重庆科技学院学报（自然科学版），2008，10：165-166.
33. 闵建雄．法医损伤学．第2版．北京：中国人民公安大学出版社，2010.
34. 南登崑，黄晓琳．康复医学．第4版．北京：人民卫生出版社，2008，72-74.
35. 裴魏．现代DNA分析技术理论与方法．北京：中国人民公安大学出版社，2002.
36. 邱卓英，张爱民．《国际功能、残疾和健康分类》应用指导（一）．中国康复理论与实践，2003，9（1）：20-34.
37. 邵劭．论专家证人制度的构建——以专家证人制度与鉴定制度的交叉共存为视角．法商研究，2011，4：89-96.
38. 沈洪，刘中民，王育珊等．急诊与灾难医学．北京：人民卫生出版社，2013.
39. 孙宏钰，吕德坚，曾艳红等．造血干细胞移植植入存活检定技术的应用性研究．中华检验医学杂志，2003，26：169-171.
40. 汪建成．专家证人模式与司法鉴定模式之比较．证据科学．2010，1：17-28.
41. 王保捷．法医学．第6版．北京：人民卫生出版社，2013.
42. 王保捷，侯一平，赵子琴．法医学．第5版．北京：人民卫生出版社，2008.
43. 王一镗，刘中民．灾难医学．江苏：江苏大学出版社，2009.
44. 吴家馼．法医学．第3版．成都：四川大学出版社，2006.
45. 伍新尧．法医物证学实验指导．北京：人民卫生出版社，2008.
46. 武丽，胡洋，张涛等．农村老年人身心健康状况与虐待关系．中国公共卫生，2013，29（1）：4-7
47. 杨亚明，凤尔翠．国内儿童虐待的流行病学研究．中国卫生事业管理，2011，274（4）：314-316.
48. 殷德耀，李健．谈3D扫描仪在地形测量中的有效应用．中国科技信息，2012，11.
49. 曾艳红，黄艳梅，李向阳等．DNA多态性分析技术检测异基因造血干细胞移植后植活的证据．实用儿科临床杂志，2005，20：649-651.
50. 张林．法医物证学实验指导．北京：人民卫生出版社，2008.
51. 张继宗．广西南丹"7·17"特大事故遇难者尸体的法医学检验．中国法医学杂志，2002，1（17）：34-35.
52. 张益鹄．法医学．北京：科学出版社，2002.
53. 赵顺勇，赵艳琼，马国成．165例地震遇难人员尸体检验分析．中国法医学杂志，2009，24（5）：338-339.
54. 赵子琴，陈玉川，张益鹄等．法医病理学．第3版．北京：人民卫生出版社，2004.
55. 赵子琴，廖志钢，王英元等．法医病理学．第4版．北京：人民卫生出版社，2009.
56. 中华人民共和国公安部．法庭科学DNA亲权鉴定规范（GA/T 965-2011），2011.
57. 中华人民共和国司法部令第107号，司法鉴定程序通则，2007.
58. 中华人民共和国司法部司法鉴定管理局．司法鉴定技术规范（SF/Z JD0105 001-

2010)，2010.
59. 中华人民共和国主席令第 21 号，中华人民共和国侵权责任法，2009.
60. 周怀谷，平原，顾丽华等．骨髓移植引出的个体识别问题．法医学杂志，2003，19：228-231.
61. 周文铺，刘子刚．谈临场尸检法医人身自我保护．中国法医学杂志，2002，17：49-50.
62. 朱广友．法医临床司法鉴定实务．北京：法律出版社，2009.
63. 朱广友．医疗纠纷司法鉴定的基本原则．中国司法鉴定，2004，S1：3-8.
64. Alonso A, Martin P, Albarrán C, et al. Challenges of DNA profiling in mass disaster investigations. Croat Med J, 2005, 46: 540-548.
65. Blau S, Robertson S, Johnstone M. Disaster victim identification: New applications for postmortem computed tomography. J Forensic Sci, 2008, 53: 956-961.1993.
66. Butler JM. Advanced Topics in Forensic DNA Typing: Methodology. Burlington: Elsevier Academic Press, 2011: 347-472.
67. Butler JM. Forensic DNA Typing-biology, Technology, and Genetics of STR Markers. 2nd ed. Burlington: Elsevier Academic Press, 2005.
68. Budowle B, Bieber FR, Eisenberg AJ. Forensic aspects of mass disasters: Strategic considerations for DNA-based human identification. Legal Med, 2005, 7: 230-243.
69. DiMaio VJ, Dimaio D. Forensic Pathology. 2nd ed. Boca Raton: CRC Press, 2001.
70. Dimaio VJ, Dana SE. Handbook of Forensic Pathology. 2nd ed. Boca Raton: CRC Press, 2006.
71. DK Molina. Handbook of Forensic Toxicology for Medical Examiners. Boca Raton: CRC Press, 2009.
72. Henssge C, Knight B, Krompecher T, et al. The Estimation of the Time since Death in the Early Postmortem Period. Bath: The Bath Press, 1995.
73. Knight B, Saukko P. Knight's Forensic Pathology. 3rd ed. London: Hodder Arnold, 2004.
74. Leclair B, Shaler R, Carmody GR, et al. Bioinformatics and human identification in mass fatality incidents: The World Trade Center disaster. J Forensic Sci, 2007, 52: 806-819.
75. Moorea E, Gaskinc C, Indiga D. Childhood maltreatment and post-traumatic stress disorder among incarcerated young offenders incarcerated young offenders. Child Abuse Neglect, 2013.
76. Payne-James J. Simpson's Forensic Medicine. 13th ed. London: Hodder Arnold, 2011.
77. Shepherd R. Simpson's Forensic Medicine. 12th ed. London: Hodder Arnold, 2003.
78. Stonake ME, Perez R, Periago MR. Management of Dead Bodies in Disaster Situations. Washington D.C.: Diane Publishing, 2004.
79. Takarori T. Essentials of Forensic Medicine. Tokyo: Ishiyaku publishers, INC., 1993.

中英文专业词汇索引

A

阿片　opium　34
阿司匹林　aspirin　153
阿托品　atropine　153
安乐死　euthanasia　34

B

巴比妥类　barbiturates　152
白骨化　skeletonized remains　28
斑蝥素　cantharidin　166
棒打中空/铁轨样挫伤　train-line or railway line bruise　41
保存型尸体　preserved corpse　29
保险杠损伤　bumper injury　53
暴力风险量表　violence risk scale，VRS　203
暴力风险评估指南　violence risk appraisal guide，VRAG　203
暴力性死亡　violent death　22
被动安乐死　passive euthanasia　34
编码区的SNP　coding region SNP，cSNP　234
变性　denaturation　237
表皮烧伤　epidermal burn　83
濒死期　agonal stage　20
丙胺苯丙酮　baxarytmon　154
病理性窒息　pathological asphyxia　64
不刹车碾轧　run-over no in braked　54

C

擦痕　grazes，brush abrasion　39
擦伤　abrasion　38
残疾　disability　178
残疾人　disabled person　178
残损　impairment　179
残障　handicap　179
插入-缺失多态性　insertion-deletion，INDEL　266
刹车碾轧　run-over in braking　54
产瘤　caput succedaneum　127
常染色体STR　autosomal STR，A-STR　255
超生反应　supravital reaction　23
成熟儿　mature infant　128
惩教精神病学　correctional psychiatry　201
迟发脑病　delayed encephalopathy　158
迟发性溺死　delayed drowning　77
持续性植物状态　persistent vegetative state，PVS　20
充血性心肌病　congestive cardiomyopathy　111
触发区　trigger region　41
传导　conduction　87
创　wound　39
创伤性休克　traumatic shock　85
创伤性窒息　traumatic asphyxia　76
锤击伤　injury by hammer　44
刺创　stab wound　46
刺切创　stab-incised wound　46
猝死　sudden unexpected natural death　104
挫伤　contusion，bruise　39
错误出生　wrongful life　223
错误生产　wrongful birth　222
错误受孕　wrongful conception　222

D

大麻　cannabis sativa　161
大脑电沉默　electrocerebral silence　19
大型灾难事故个体识别　disaster victim identification，DVI　138
单核苷酸多态性　single nucleotide polymorphisms，SNP　265
单核苷酸引物延伸法　single nucleotide primer extension，SnuPE　230
单基因座探针　single-locus probe，SLP　236
胆碱酯酶　cholinesterase，ChE　162
道路交通事故受伤人员　the injured in road traffic accident　130
等位基因特异性寡核苷酸　allele-specific oligonucleotide，ASO　247
等位基因脱逸　allelic drop-out　240
低血容量性休克　hypovolemic shock　85
低氧血症　anoxia　34
抵抗伤　defense wound　48
地高辛　digoxin　154
电击伤　electrical injury　94
电击死　electrical death　94
电击纹　lightning mark　96
电流斑　electric mark　96

电流损伤　electricity　34
电流性昏睡　electric lethargy　97
电烧伤　electric burn　96
电性窒息　electric asphyxia　63
冻伤　frostbite　90
冻死　death from hypothermia　90
毒毛旋花子苷K　strophanthin K　154
毒鼠强　tetramine，tetramethylenedisulphotetramine，TETS　163
毒物　poison，toxicant　149
毒蕈　toxic mushroom　64
独立作用　independent effect　149
短串联重复序列　short tandem repeats，STR　232
钝器伤　blunt force injury，blunt instrument injury　41
多个充分原因　multiple sufficient cause　223
多基因座探针　multi-locus probe，MLP　236

E

扼痕　throttling mark　74
扼死　manual strangulation　73
二酯纳洛啡　diacetylmorpine　160

F

法医病理学　forensic pathology　4
法医毒理学　forensic toxicology　5
法医毒物分析　forensic toxicological analysis　5
法医精神病学　forensic psychiatry　5
法医昆虫学　forensic entomology　30
法医临床学　clinical forensic medicine　4
法医人类学　forensic anthropology　5
法医生物学　forensic biology　5
法医死亡学　forensic thanatology　18
法医学　forensic medicine，legal medicine　1
法医学鉴定书　documentary evidence of medicolegal expertise　10
法医血清学　forensic serology　230
法医血型血清学　forensic blood group serology　230
法医血液遗传学　forensic hematogenetics　230
法医遗传学　forensic genetics　230
反常脱衣现象　paradoxical undressing　90
方向盘挤压损伤　steering wheel injury　58
非暴力性死亡　none violent death　22
非父排除概率　probability of exclusion，PE或mean exclusion chance，MEC　267
非医源性医疗纠纷　noniatrogenic medical tangle　216
非荧光淬灭基团　nonfluorescent quencher，NFQ　250
非正常死亡　abnormal death　22
非自然性死亡　unnatural death　22

肥厚型心肌病　hypertrophic cardiomyopathy　110
肺冲击伤　blast lung injury　99
肺浮扬试验　hydrostatic test of lung　131
肺死亡　lung death　17
分子死亡　molecular death　20
吩噻嗪猝死综合征　phenothiazine sudden death syndrome　152
吩噻嗪类　phenothiazine　152
酚酞试验　phenolphthalein test　279
风险评估管理和审查系统　Risk Assessment Management and Audit System，RAMAS　203
服刑能力　competence of serving a sentence　207
氟尿嘧啶　fluorouracil，fluracil，fluril　154
氟乙酰胺　fluoroacetamide　163
辐射　radiation　87
斧背伤　injury by back of axe　44
辅助死因　contributory cause of death　20
腐败　putrefaction，postmortem decomposition　27
腐败静脉网　putrefactive venous networks　27
腐败气泡　putrefactive blister　27
父权相对机会　relative chance of paternity，RCP　271
父权指数（或亲权指数）　paternity index，PI　268
复合性病变　complicated lesion　107
富酪蛋白　statherin　284
富组蛋白　histatin　284

G

概率权衡　balance of probability　223
干尸　mummification　29
干性溺死　dry drowning　77
高体温症　hyperthermia　88
个体识别　personal identification　230
个体识别能力　discrimination power，DP　268
根本死因　primary cause of death　20
哽死　choking　75
骨髓移植　bone marrow transplantation，BMT　293
骨折　fracture　40
骨珍珠　osseous pearl　97
冠状动脉粥样硬化性心脏病　coronary atherosclerotic heart disease　107
硅藻　diatom　80
棍棒伤　injury by club　41
国际残损、残疾、残障分类　International Classification of impairment，Disabilities & Handicaps，ICIDH　179
国际功能、残疾和健康分类　International Classification of Functioning，Disability and Health，ICF　179

H

海洛因　heroin　160
行为状态目录　behavioral Status Index，BSI　203
河豚毒素　tetrodotoxin，TTX　166
河豚中毒　tetrodon poisoning，puffer poisoning　166
横纹肌溶解　rhabdomyolysis　158
红斑性烧伤　combustio erythematosa　83
呼气性呼吸困难期　stage of expiratory dyspnea　65
呼吸机脑　respiratory brain　19
呼吸停止期　stage of respiratory arrest　65
呼吸暂停期　stage of apnea　65
忽视　neglect　122
化骨核　ossification center　128
坏死性烧伤　combustio escharotica　83
磺胺类药　sulfonamides　153
挥鞭样损伤　whiplash injury　57
活体检查　examination of living body　174

J

机械性损伤　mechanicalinjury　37
机械性窒息　mechanical asphyxia　64
肌肉松弛　muscular flaccidity　23
基序　motif　232
基因分型标准物　allelic ladder　241
即时死　instantaneous death　104
急性胆碱能危象　acute cholinergic crisis　162
挤压伤　crush injury　56
剂量-效应关系　dose-effect relationship　149
继发性脑死亡　secondary brain death　19
甲醇　methanol，methyl alcohol　157
假死　apparent death　34
减压病　decompression disease　99
剪创　clip wound　49
交通事故现象　phenomenon of traffic accident　53
交通事故再现　traffic accident reconstruction　59
交通损伤　traffic injury，injury in traffic　52
角膜混浊　postmortem turbidity of cornea　23
脚踏板损伤　pedal injury　58
拮抗作用　antagonistic effect　150
金属毒物　metallic poison　154
金属异物沉积　electric metallization of skin　96
筋膜间隙综合征　compartment syndrome　158
精神病　psychosis　205
精神病态清单　psychopathy checklist，PCL　203
精神错乱辩护　insanity defense　201
精神错乱而无罪　Not Guilty by Reason of Insanity，NGRI　204
精神疾病与法律　psychiatry and law　201
精神损伤　mental injury　209
精神障碍　mental disorders　205
精液斑　seminal stain　281
痉笑　risus sardonicus　153
酒精　alcohol　157
巨人观　bloated cadaver　28
聚合酶链反应　polymerase chain reaction，PCR　237

K

砍创　chop wound　48
可变数目串联重复序列　variable number of tandem repeats，VNTR　232
可卡因　cocaine　160
可能性大于不可能性　more likely than not　223
空难事故　air disaster　136
空气缺氧性窒息　asphyxia due to low atmospheric oxygen content　64
夸大病情　aggravation　186
扩增片段长度多态性　amplified fragment length polymorphisms，Amp-FLP　235
扩张型心肌病　dilated cardiomyopathy　110

L

劳动能力丧失　labour incapacity　178
老年人受虐　elder mistreatment　123
勒死　strangulation by ligature　71
雷击死　lightning death　98
雷击纹　lightning mark　99
雷击综合征　lightning syndrome　98
雷米封　rimifon　153
累积非父排除概率　cumulative probability of exclusion，CPE　268
历史临床风险20项　Historical Clinical Risk 20，HCR-20　203
立即性生理性死亡　instantaneous physiological death　118
利多卡因　lidocaine　153
连锁群　linkage group　261
联苯胺试验　benzidine test　279
联合死因　combined cause of death　21
林可霉素　lincomycin　153
临床死亡期　clinical death　20
磷化锌　zinc phosphide，Zn3P2　164
氯丙嗪　chlorpromazine　152
氯化低汞　mercurous chloride，HgCl　156
氯化高汞　mercuric chloride，HgCl2　156

M

吗啡　morphine　160
麦克纳顿条例　M'Naghten Rule　204

霉尸　molded cadaver　28
美国联合DNA检索系统　Combined DNA Index System，CODIS　234
美西律　mexiletine　154
闷死　suffocation　75
民事行为能力　civil capacity　208

N

脑死亡　brain death　18
内部征象　internal finding　84
内脏破裂　rupture of viscera　40
尼古丁　nicotine　153
泥炭鞣尸　cadaver tanned in peat bog　29
匿病　dissimulation　186
溺死　drowning　77
碾轧伤　run-over injury　54
尿毒症　uremia　34
虐待　maltreat，abuse　122
虐待儿　child abuse　123
虐待儿综合征　child abuse syndrome　123

P

排泄　excretion　151
泡沫器官　foaming organ　28
皮革样化　parchment-like transformation　27
匹配　match　291
贫血　anemia　34
破裂创　heat rupture　84
普鲁卡因　procaine　153
普罗帕酮　propafenone　154

Q

脐血移植　cord blood transplantation　293
气压病　dysbarism　99
气压损伤　barotrauma　99
嵌合状态　chimerism　293
强奸　rape　192
切创　incised wound　46
亲权鉴定　parentage testing　230
亲缘关系鉴定　relationship testing　254
青壮年猝死综合征　sudden manhood death syndrome，SMDS　116
轻伤　minor injury　176
轻微伤　slight injury　176
情感虐待　emotional abuse　122
氰化合物　cyano-containing compounds　159
氰化物　cyanides　159
庆大霉素　gentamicin　153
秋水仙碱　colchicine　154

躯体虐待　physical abuse　122
全层烧伤　deep burn　83
拳斗姿势　pugilistic attitude，fighting position　84
确证试验　confirmatory test　279
群体性伤亡事件　mass fatality incidents　135
群体性灾难　mass disaster　135

R

染色体荧光原位杂交技术　fluorescence in situ hybridization，FISH　293
热痉挛　heat cramps　87
热射病　heat stroke　87
热衰竭　heat exhaustion　87
热损伤　thermal injury　83
热作用呼吸道综合征　heat induced respiratory tract syndrome　84
人类线粒体DNA　mitochondrial DNA，mtDNA　246
日射病　sun stroke　87
锐器伤　sharp instrument injury　46

S

三氧化二砷　arsenic trioxide，As2O3　155
丧失康复机会　loss of chance of recovery　222
丧失生存机会　loss of chance of survival　222
杀婴　infanticide　126
烧伤　burn　83
烧死　death from burning　83
伸展创　extension wound　54
砷　arsenic，As　155
神经源性休克　neurogenic shock　41
生命体征　vital sign　17
生物学死亡期　biological death　20
生物转化　biotransformation　151
尸斑　livor mortis，cadaveric lividity　24
尸臭　odor of putrefaction　27
尸僵　rigor mortis，postmortem rigidity　25
尸蜡　adipocere　29
尸冷　algor mortis，postmortem cooling　23
尸绿　greenish discoloration on cadaver　27
尸体痉挛　cadaveric spasm，instantaneous rigor　26
尸体现象　postmortem phenomena　23
石头伤　injury by stone　44
"实质性因素"检验方法　material element or substantial factor rule　223
士的宁　strychnine　153
似然率　likelihood ratio　268
受审能力　competence to stand trial　207
摔跌伤　tumbling injury　56
水疱性烧伤　combustio bullosa　83

水性肺气肿　aqueous emphysema　79
水杨酸类药　salicylates　153
水杨酸钠　sodium salicylate　153
死后变化　postmortem changes　23
死后毒物再分布　postmortem redistribution　151
死后分娩　postmortem delivery　28
死后化学变化　postmortem chemical changes　30
死后间隔时间　postmortem interval，PMI　31
死后经历时间　the time since death，TSD　31
死后呕吐　postmortem vomiting　28
死后人为现象　postmortem artifacts　30
死后循环　cadaveric circulation　27
死亡　death　18
死亡方式　manner of death　22
死亡机制　mechanism of death　21
死亡时间　time of death　31
死亡时间推断　estimation of time since death　31
死亡学　thanatology　18
死亡诱因　inducing cause of death　21
死亡原因　cause of death　20
损伤　injury　37
索米痛　somedon　154

T

他杀死　homicidal death　22
胎便小体　meconium corpuscle　127
胎头血肿　cephalohaematoma　127
炭化　charring　83
探针　probe　236
碳氧血红蛋白　carboxyhemoglobin，HbCO　158
烫伤　scalding　83
特发性心肌病　idiopathic cardiomyopathy　110
特殊回文式序列　palindrome sequence　236
特殊型古尸　the ancient corpse　30
体温过低　hypothermia　92
突变　mutation　261
退火　annealing　238
拖擦伤　dragging injury　56
唾液斑　salivary stain　283

W

外表征象　external findings　83
外周血造血干细胞移植　peripheral blood stem cell transplantation，BPSCT　293
完全杂合性缺失　loss of heterozygous，LOH　296
晚期尸体变化　late postmortem change　23
微测序法　mini sequencing　266
微卫星DNA　microsatellite DNA　232
维斯涅夫斯基斑　Wischnevsky's gastric lesions　91
伪装指数　Malingering Index　215
猥亵行为　indecency　196
卫星DNA　satellite DNA　232
未成熟儿　premature infant　128
胃肠浮扬试验　hydrostatic test of stomach and bowel　131
乌头属　Aconitum　164
侮辱妇女　humiliating women　196
捂死　smothering　75

X

吸气性呼吸困难期　stage of inspiratory dyspnea　65
洗衣妇手　washerwoman's hands　79
细胞性死亡　cellular death　20
限制性核酸内切酶　restriction endonuclease，RE　236
限制性片段长度多态性　restriction fragment length polymorphism，RFLP　235
线粒体DNA　mitochondrial DNA，mtDNA　246
相加作用　additive effect　149
小球隐孢子虫　Cryptosporidium parvum　147
小卫星DNA　mini satellite DNA　232
协同作用　synergistic effect　149
心瓣膜病　valvular diseases of the heart　111
心肌炎　myocarditis　110
心理解剖　psychological autopsy　202
心脏传导系统　cardiac conduction system，CCS　111
心脏死亡　heart death，cardiac death　17
新生儿窒息　neonatal asphyxia　64
刑事责任能力　criminal responsibility　204
性犯罪　sexual crime　191
性行为　sexual behavior　192
性虐待　sexual abuse　122
性侵害　sexual offending　200
性窒息　sexual asphyxia　76
性自我防卫能力　ability to defend oneself against sexual assault　206
序列多态性　sequence polymorphisms　234
血痕　bloodstains　278
血酒精浓度　blood alcohol concentration，BAC　60
血型糖蛋白　glycophorin　280

Y

压擦痕　fiction abrasion，pressure abrasion　39
压迫胸腹部所致的窒息　asphyxia due to overlay　76
牙釉质蛋白基因　amelogenin gene　288
亚甲二氧基甲基苯丙胺　3,4-methylenedioxymethamphetamine，MDMA　161
延伸　extension　238

中英文专业词汇索引

洋地黄　digitalis　154
一氧化碳　carbon monoxide，CO　158
医疗风险注意义务　duty of care　220
医疗纠纷　medical tangle　216
医疗事故　medical negligence　217
医疗损害　medical damage　217
医源性医疗纠纷　iatrogenic medical tangle　216
遗传标记　genetic marker　232
乙醇　ethanol，ethyl alcohol　157
乙醚　ether　153
异基因造血干细胞移植　allogeneic hematopoietic stem cell transplantation，Allo-HSCT　293
异烟肼　isoniazid，isonicotinic acid hydrazide，INH　153
异质性　heteroplasmy　265
抑制死　death from inhibition　118
意外死　accidental death　22
缢沟　furrow，groove　68
缢死　death from hanging　67
癔症　hysteria　188
印迹转移　blot transfer　236
婴幼儿猝死综合征　sudden infant death syndrome，SIDS　117
硬脑膜外热血肿　extradural heat hematoma　85
有毒动物　poisonous animal　165
有毒植物　poisonous plant　164
有害物质处理专业队　Hazardous Material Team，HAZMAT　137
有机磷迟发性神经病　organophosphate induced delayed neuropathy，OPIDN　162
有机磷农药　organophosphorus pesticide　162
鱼精蛋白　protamine，PRM　283
预试验　preliminary test　279
原发性脑死亡　primary brain death　19
原发性心肌病　primary cardiomyopathy　110

Z

砸压伤　tamp injury　56
灾害　disaster　135
灾难医学　disaster medicine　137
再僵直　re-stiffness　25
早产儿　preterm infant　128
早期尸体变化　early postmortem changes　23
造血干细胞移植　hematopoietic stem cell transplantation，HSCT　293
造作病　artificial disease　188
造作伤　artificial injury　189
增毒作用　potentiation　150
诈病　simulation，malingering　186

长度多态性　length polymorphisms　232
真皮烧伤　epidermal burn　83
震荡伤　coneussive injury　41
整体死亡　somatic death　20
肢体断离　dismemberment　40
直接死因　immediate cause of death　20
植物状态　persistent vegetative state　201
治疗终结　treatment finality　175
致心律失常性右室心肌病　arrhythmogenic right ventricular cardiomyopathy　111
窒息　asphyxia　34
窒息前期　prodromal stage of asphyxia　65
窒息死　asphyxial death　64
中毒　poisoning，intoxication　149
中毒性窒息　toxic asphyxia　64
中间综合征　intermediate syndrome，IMS　162
中央暗点　central scotoma　158
终末呼吸期　stage of irregular respiration　65
重大事故　tremendous accidents　137
重伤　severe injury　176
主动安乐死　active euthanasia　34
注意标准　standard of care　220
抓痕　scratches，finger nail abrasion　39
专家义务　duty of specialist　221
专家证言　expert testimony　201
砖头伤　injury by brick　43
转谷氨酰胺酶　transglutaminase4，TGM　283
撞痕　impact abrasion，crushing abrasion　39
撞击伤　impact injury　53
自家消化　autodigestion　26
自然性死亡　natural death　22
自溶　autolysis　26
自杀试切创　hesitation mark，hesitation wound　47
自杀死　suicidal death　22
组织间桥　tissue bridge　40

其他

DNA测序　DNA sequencing　245
DNA多态性　DNA polymorphisms　232
DNA芯片　DNA chip　251
DNA指纹　DNA fingerprint　236
Mallory小体　alcohol hyaline　157
Novaco愤怒量表　Novaco Anger Scale　203
Tardieu斑　Tardieu's spots　66
X染色体STR基因座　X chromosomal STR，X-STR　260
Y染色体STR基因座　Y chromosomal STR，Y-STR　258

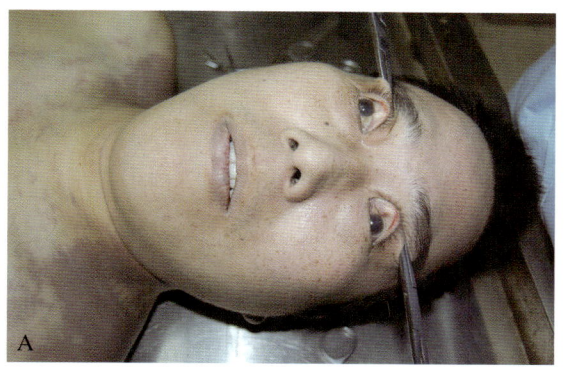
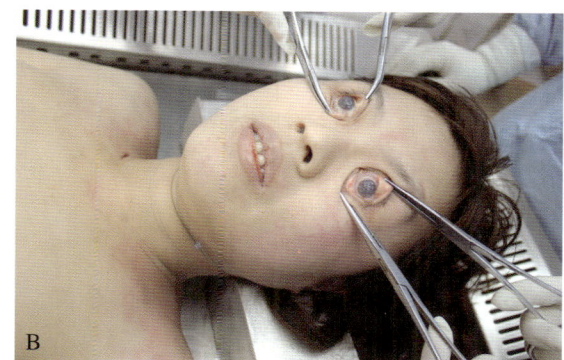
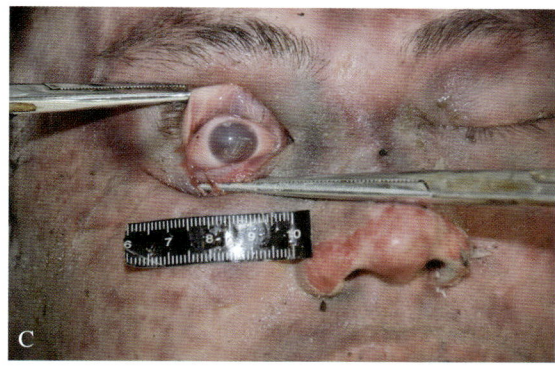

彩图 2-1 角膜混浊
A. 轻度混浊；B. 中度混浊；C. 重度混浊

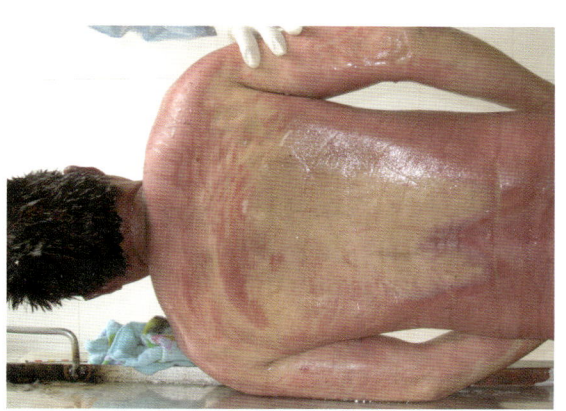

彩图 2-2 尸斑

彩图 2-3 尸僵

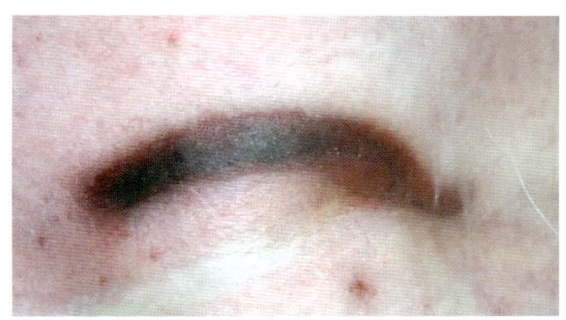

彩图 2-4 皮革样化

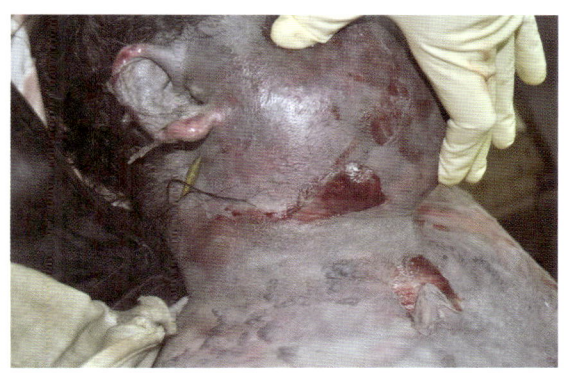

彩图 2-5 腐败水泡

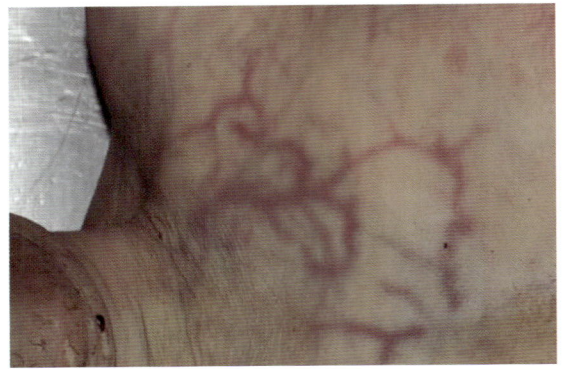

彩图 2-6　腐败静脉网

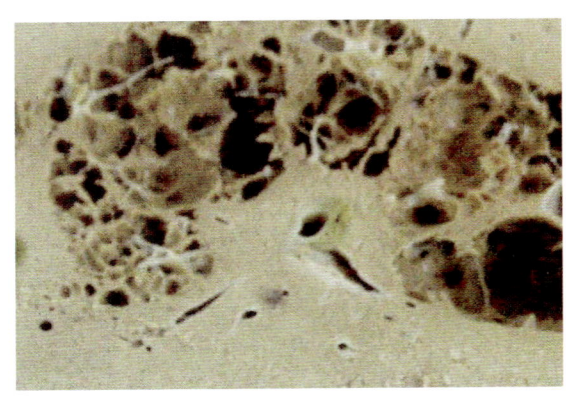

彩图 2-7　泡沫器官

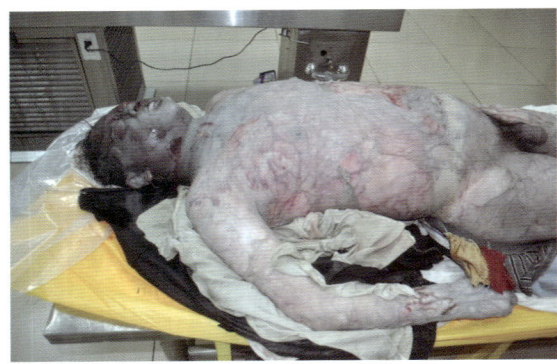

彩图 2-8　巨人观

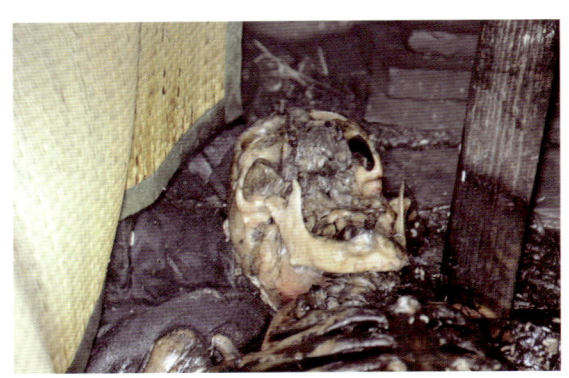

彩图 2-9　白骨化

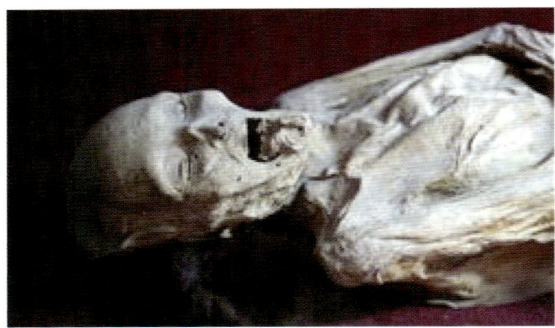

彩图 2-10　木乃伊

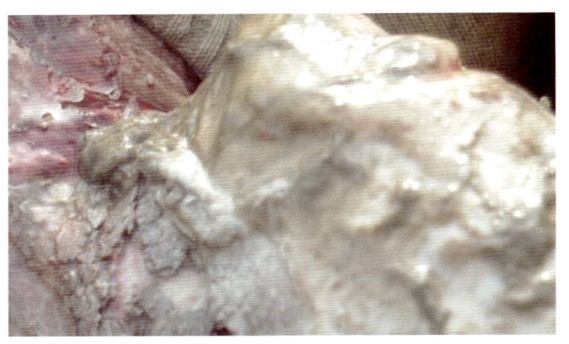

彩图 2-11　尸蜡

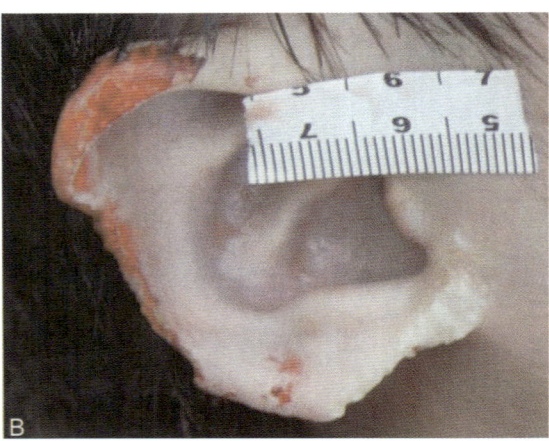

彩图 2-12　动物对尸体的毁坏

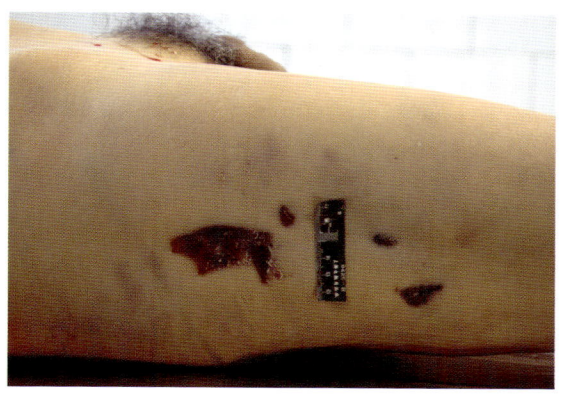

彩图 3-1 表皮剥脱
本照片系大庆市公安局王宝军提供

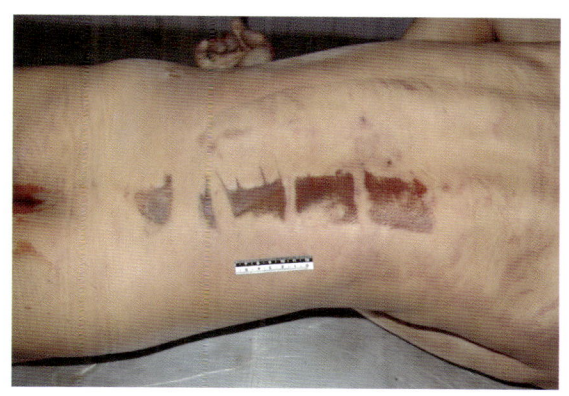

彩图 3-2 高坠撞痕
本照片系大庆市公安局王宝军提供

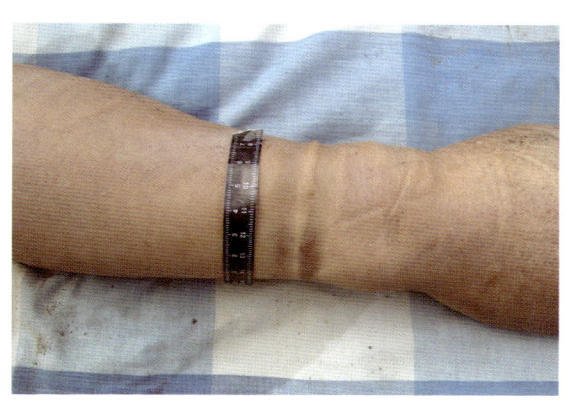

彩图 3-3 绳索形成的压擦痕
本照片系大庆市公安局王宝军提供

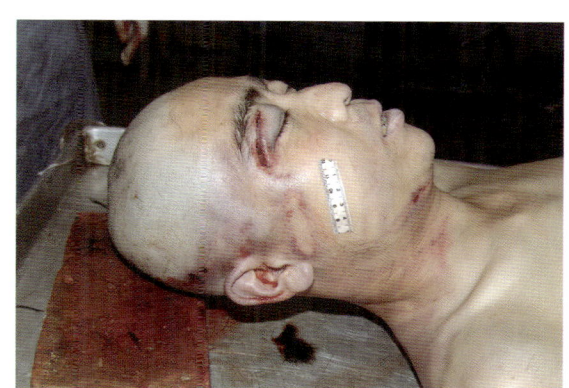

彩图 3-4 挫裂创
本照片系大庆市公安局王宝军提供

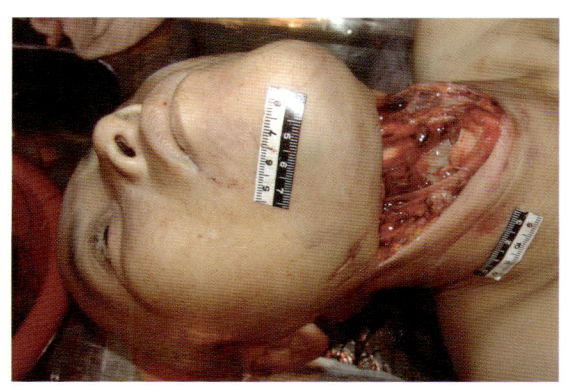

彩图 3-5 切割创
本照片系大庆市公安局王宝军提供

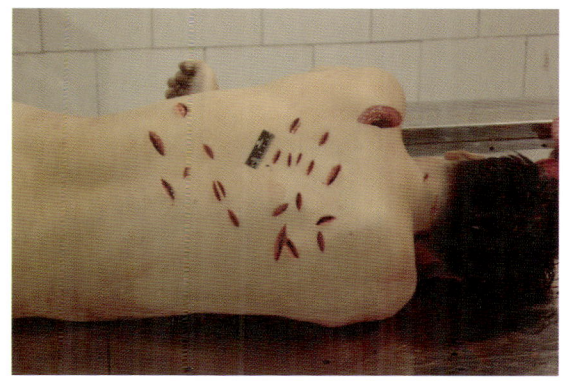

彩图 3-6 刺创
本照片系大庆市公安局王宝军提供

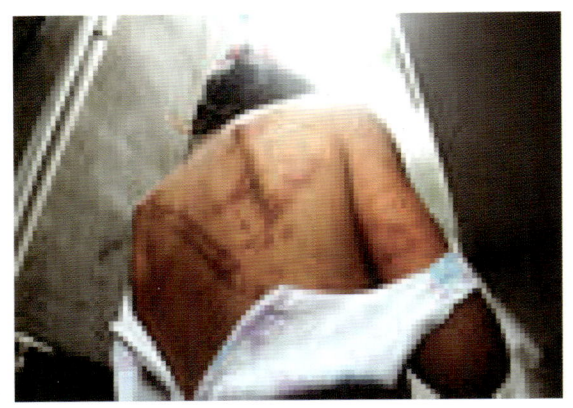

彩图 3-7 中空性挫伤
背部可见两处中空性挫伤，由木棍打击形成

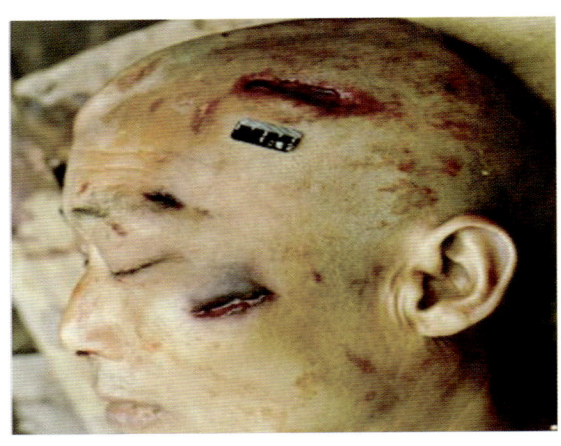

彩图 3-8 圆柱形棍棒致头皮挫裂创
左颞顶部创口两侧创缘可见对称"镶边"样挫伤带

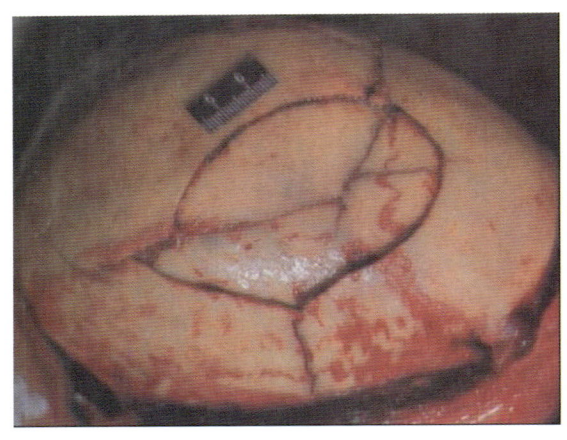

彩图 3-9 "舟状"凹陷性骨折
与打击方向一致的主骨折线周围，可见一类椭圆形环状骨折线，两者之间有放射状截断骨折线，骨折区中央凹陷呈"舟状"

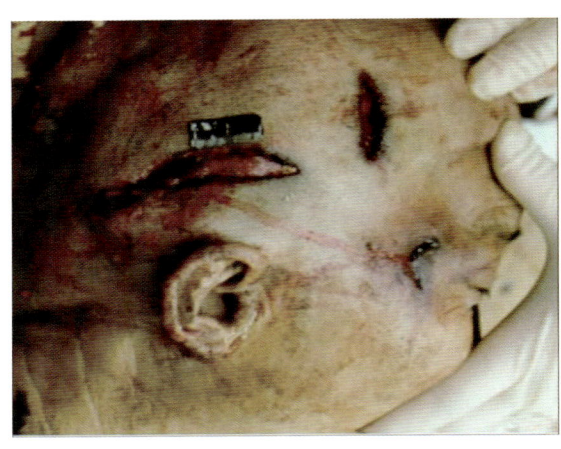

彩图 3-10 方形棍棒棱边致头皮条状挫裂创
图片上方可见两处长短不一的条状挫裂创，创缘的挫伤带较窄；右下方一呈直角三角形的挫裂创为棒端截击所致

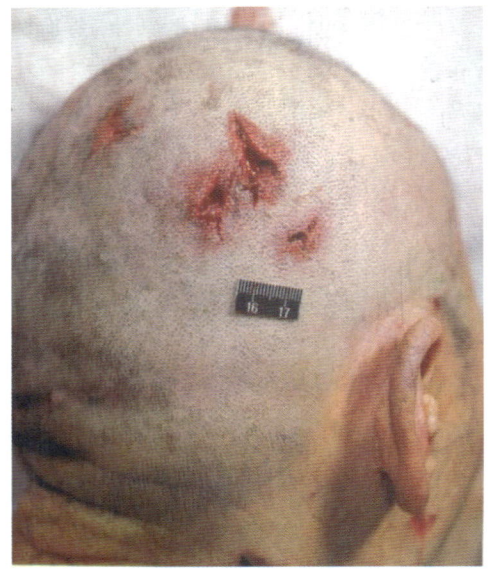

彩图 3-11 星芒状挫裂创
图中 4 个星芒状挫裂创周围有明显的挫伤带，挫伤带边界不清

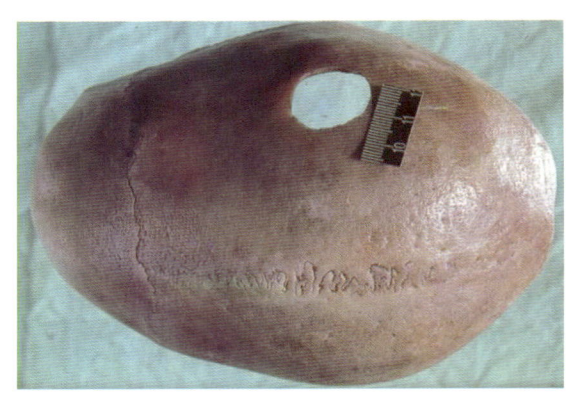

彩图 3-12 颅骨圆形孔状骨折
圆形锤面打击导致颅骨孔状骨折

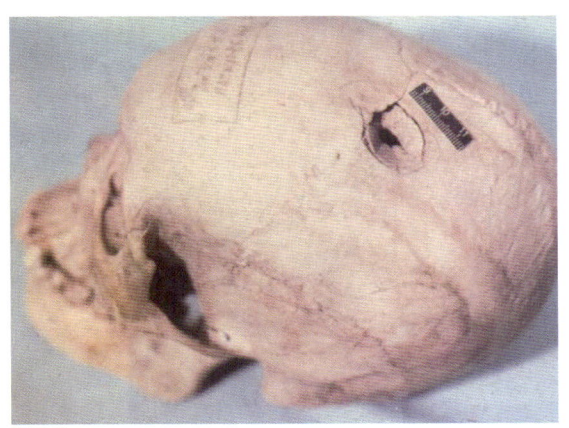

彩图 3-13　颅骨类圆形凹陷骨折
奶头状锤背打击致颅骨类圆形凹陷骨折

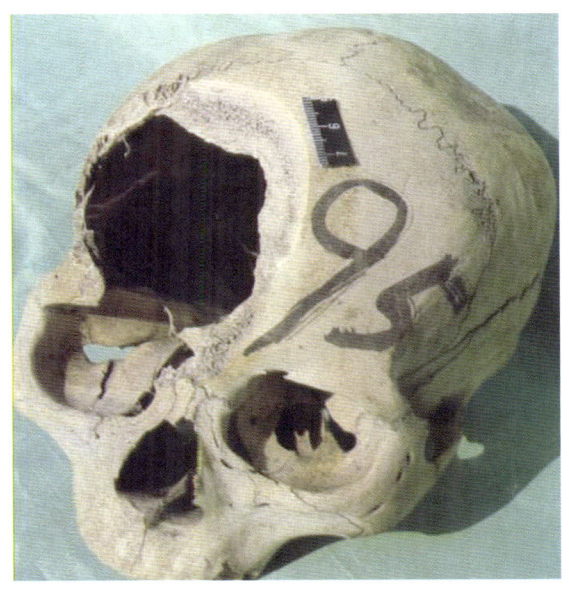

彩图 3-14　右前额颅骨洞样砍创
右前额颅骨洞样砍创的内上方呈典型的平直砍创断面，而断面的其他部位则由砍后撬折呈凸凹不平

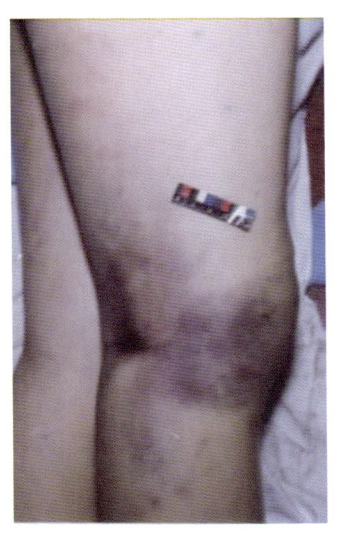

彩图 3-16　保险杠损伤

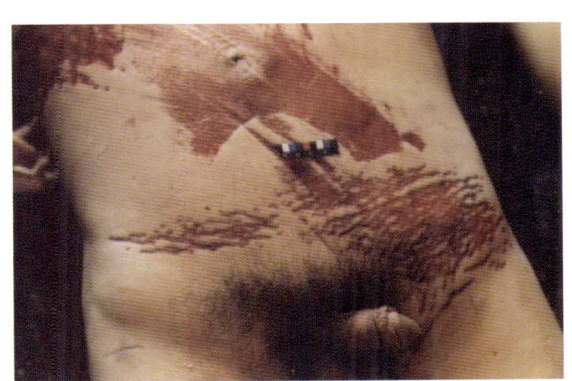

彩图 3-18　伸展创

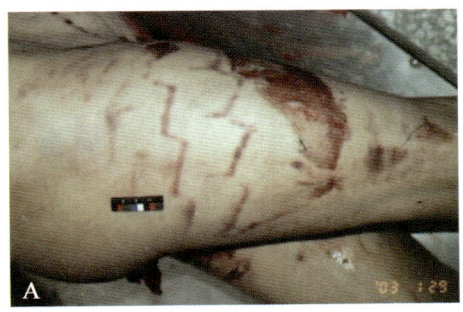
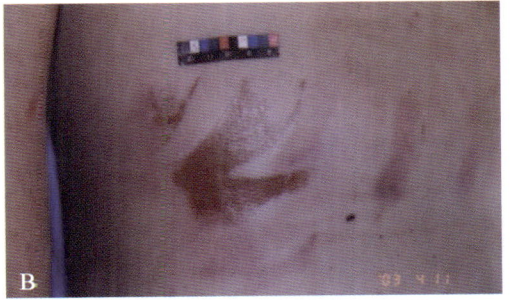

彩图 3-19　汽车轮胎碾轧印痕
A．轮胎凹面花纹印迹；B．轮胎凸性花纹印痕。

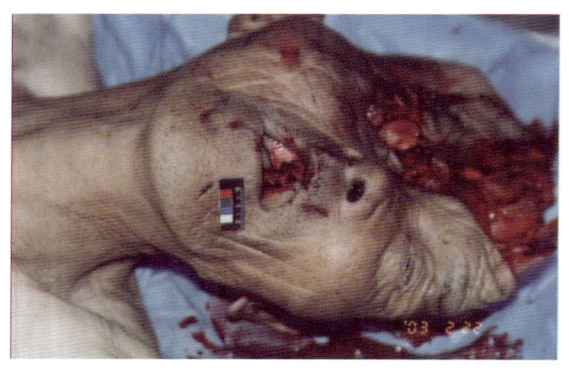
彩图 3-20　头颅被碾轧崩裂变形

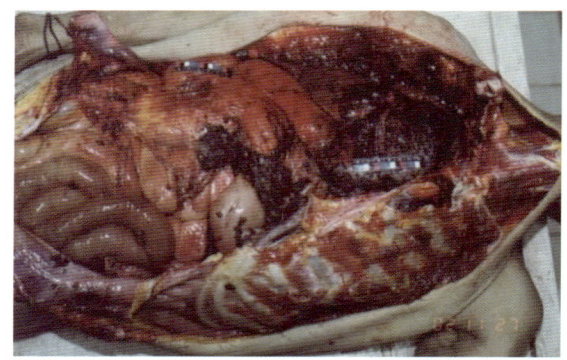
彩图 3-21　碾轧腹部致胃破裂和肝、胃疝入胸腔

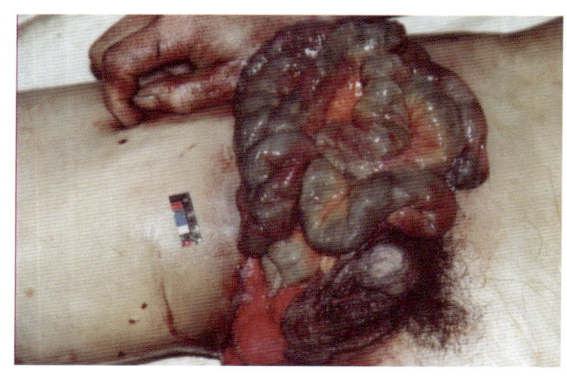
彩图 3-22　碾轧腹部致腹壁破裂和腹腔器官脱出体外

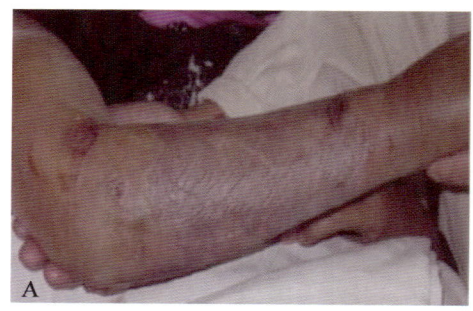
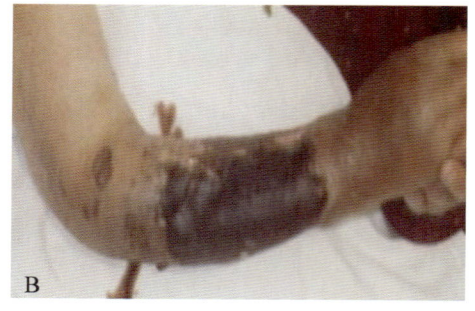

彩图 3-24　碾轧致闭合性撕脱创

A．右前臂被一夏利轿车前轮碾轧，形成闭合性皮肤撕脱伤，伤后 20 余天受损皮肤发暗，起水泡；B．右前臂被一夏利轿车前轮碾轧，其闭合性皮肤撕脱伤在伤后 30 余天呈半环状干性坏死缺失，边缘整齐，其宽度与轮宽吻合

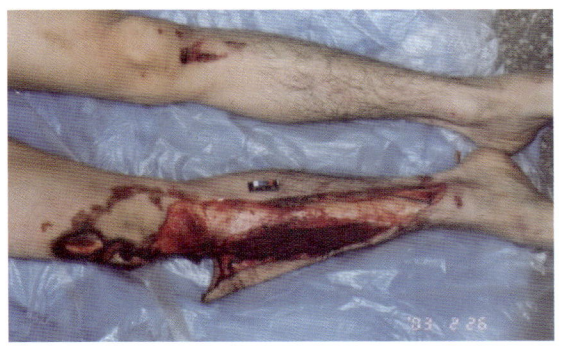

彩图 3-25　小腿皮肤碾轧至环形撕脱

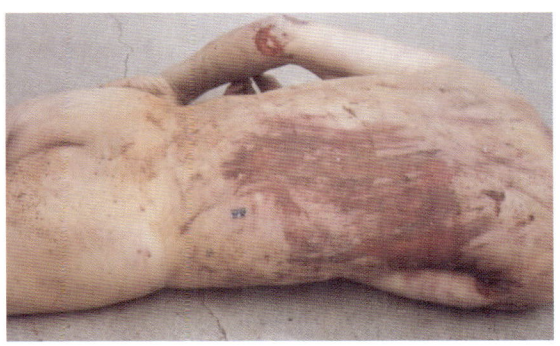

彩图 3-26　背部擦伤

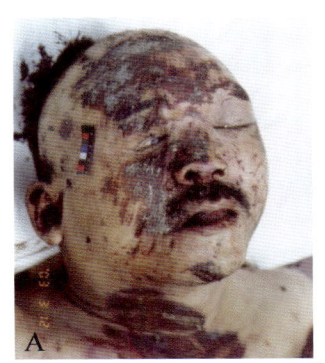

彩图 3-30　挡风玻璃损伤
A．颜面部的片状擦挫伤；B．颜面部的玻璃刺划伤

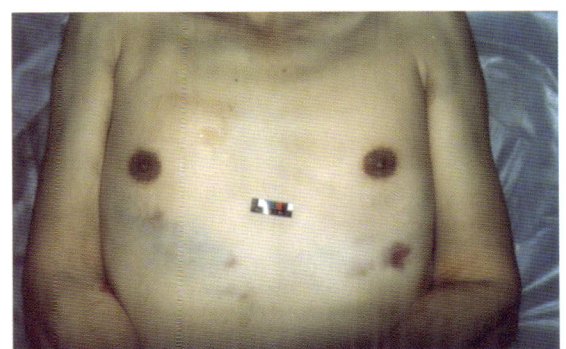

彩图 3-31　方向盘挤压伤

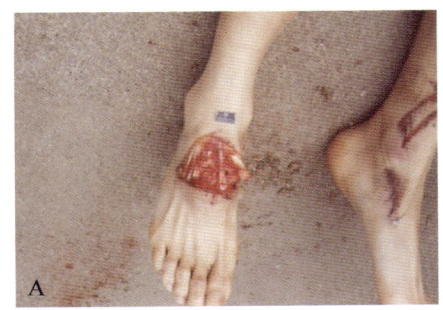
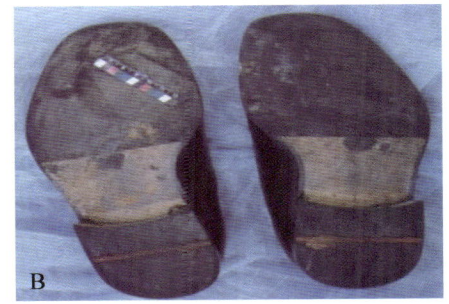

彩图 3-32　脚踏板损伤
A．右脚脚踏板损伤；B．右脚鞋底刹车踏板印痕

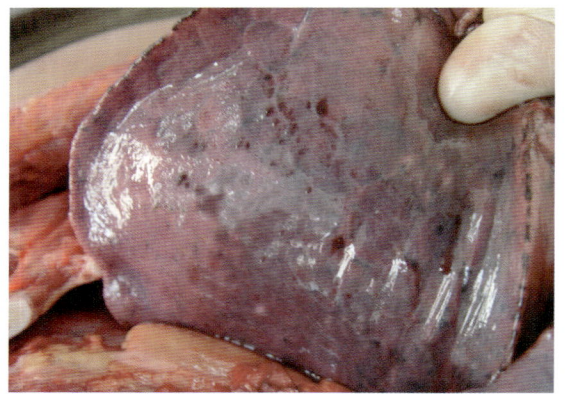

彩图 4-1　肺浆膜瘀点性出血（勒死）

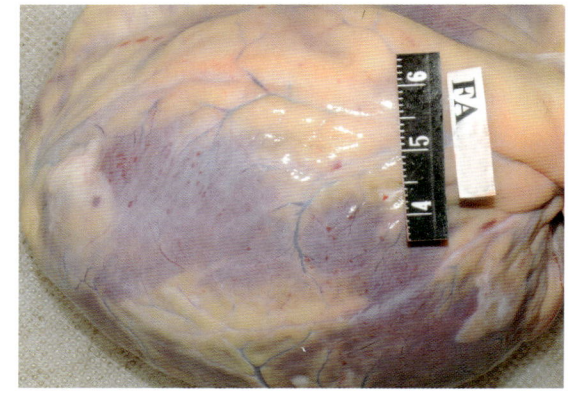

彩图 4-2　心外膜瘀点性出血（扼死）

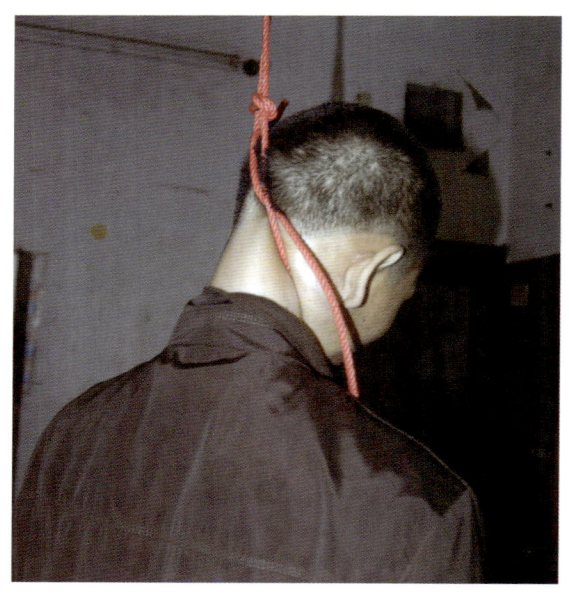

彩图 4-3　前位缢型（典型缢型）缢死

彩图 4-4　侧位缢型缢死

彩图 4-5　后位缢型缢死

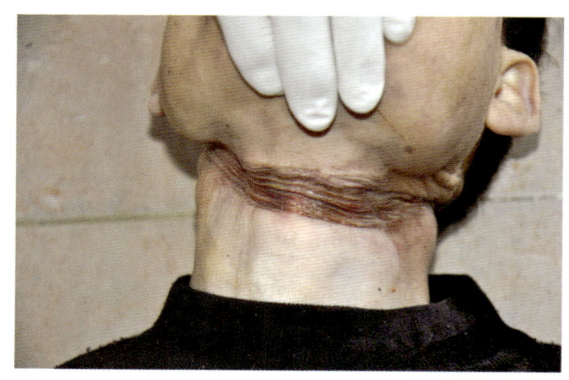

彩图 4-6　多匝缢索形成的缢沟，呈皮革样化

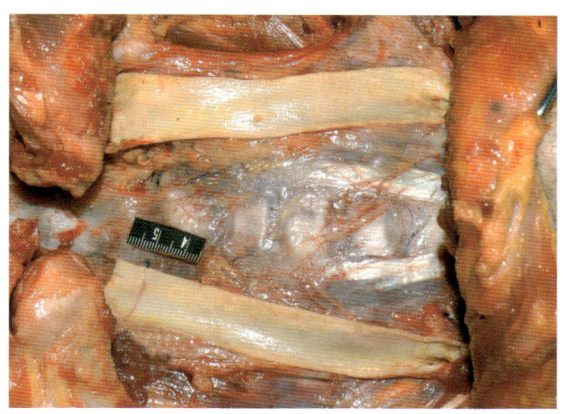

彩图 4-7　缢死者右侧颈总动脉内膜横裂

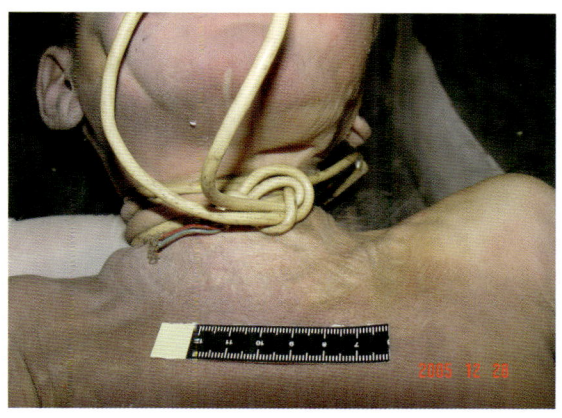

彩图 4-8　勒死者颈部勒索及结扣（他杀）

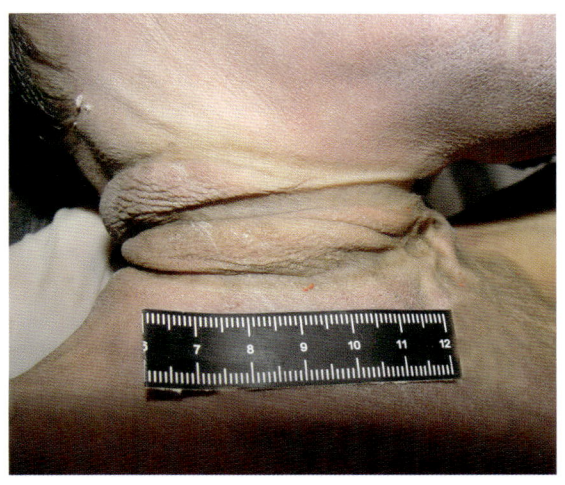

彩图 4-9　颈部勒沟，可见结扣印痕（他杀）

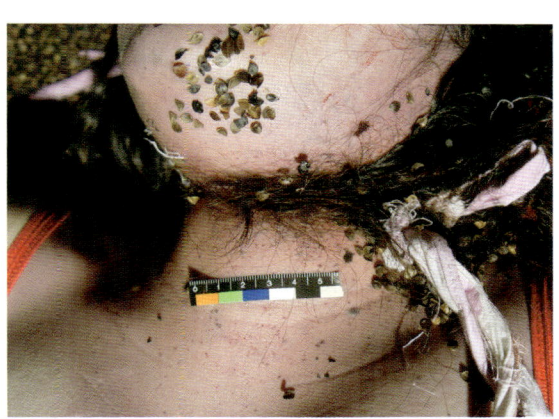

彩图 4-10　他杀勒死，将发辫勒入勒索与颈部之间

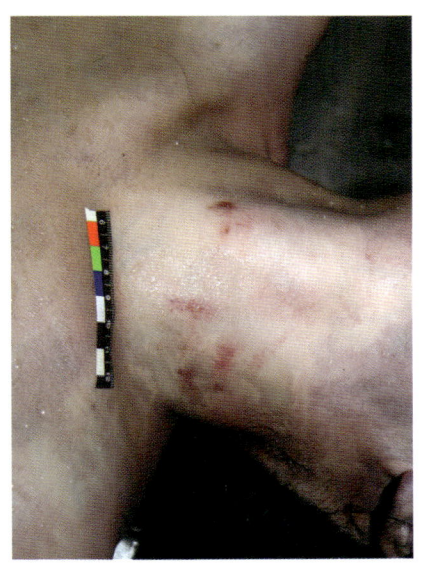

彩图 4-11　颈部扼痕，呈片、灶状表皮剥脱

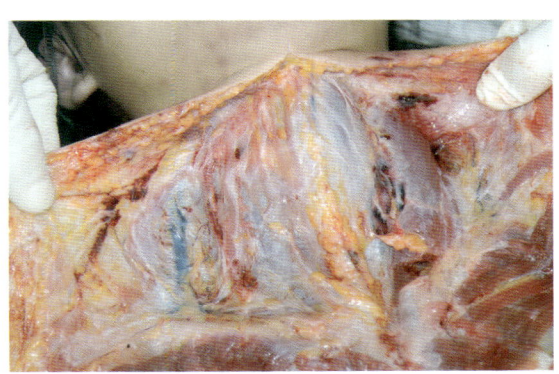

彩图 4-12　扼颈死亡，颈部皮下出血

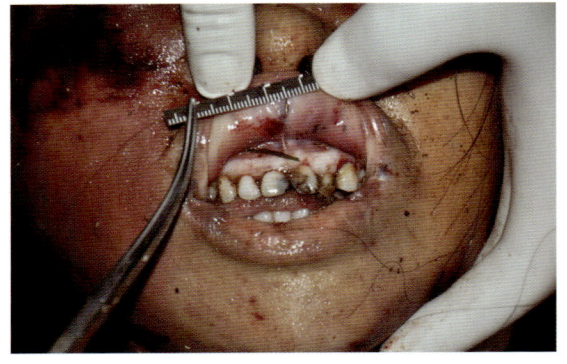
彩图 4-13　被捂死者口唇黏膜破裂、出血

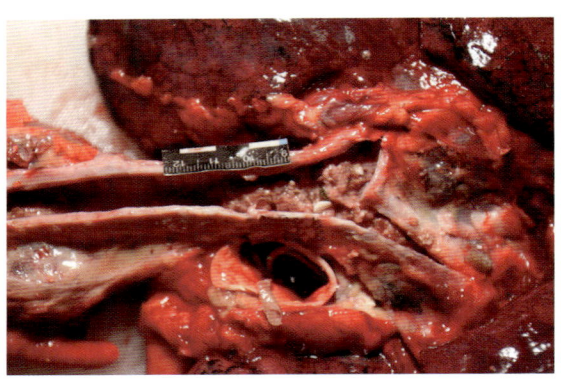
彩图 4-14　胃内容物吸入气管腔

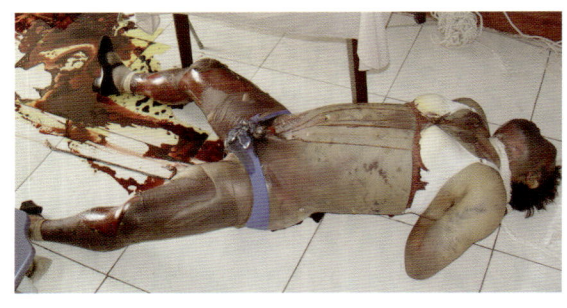
彩图 4-15　性窒息死亡者穿着乳罩及女性内裤、高跟鞋

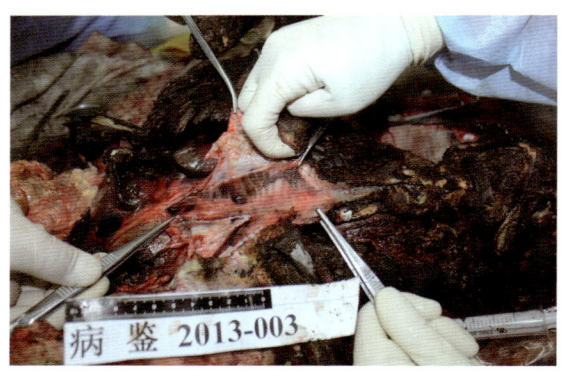
彩图 5-1　烧死者呼吸道内炭末沉着

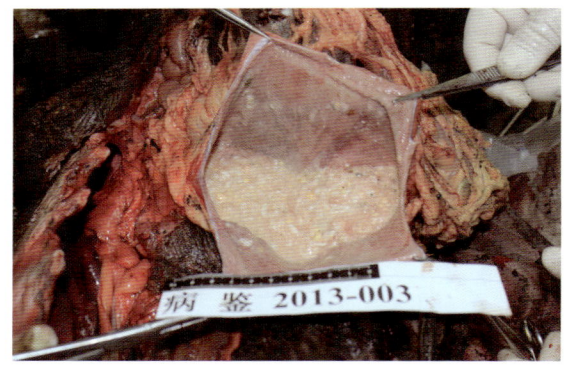
彩图 5-2　烧死者胃内的烟灰和炭末

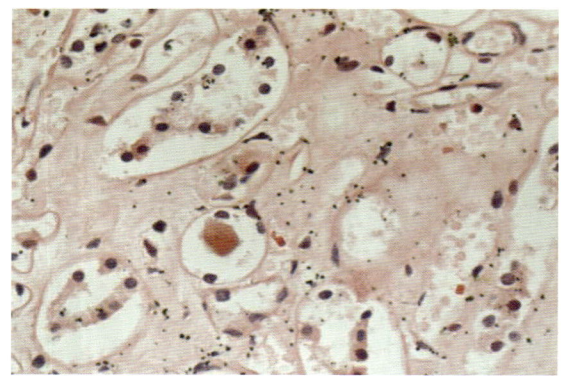
彩图 5-3　中暑死亡者肾内可见蛋白管型

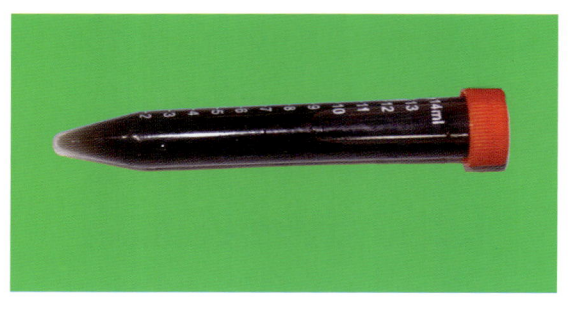
彩图 5-4　中暑死亡者尿液呈酱油样改变

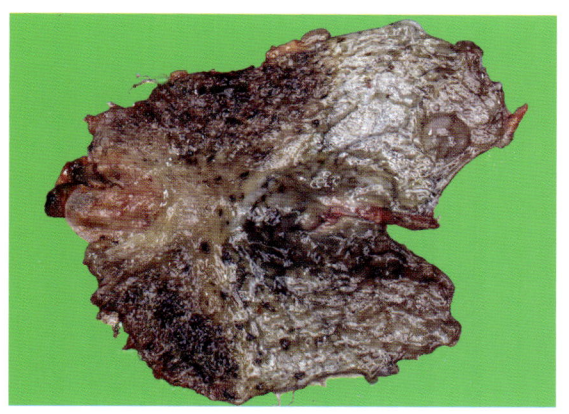

彩图 5-5　冻死者胃黏膜斑点状出血

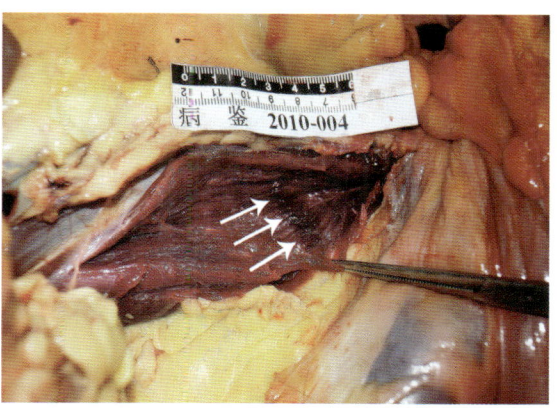

彩图 5-6　冻死者髂腰肌出血

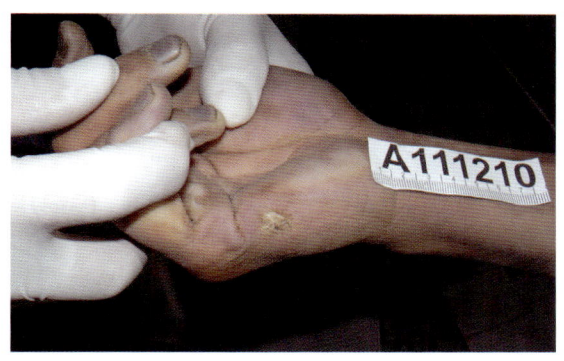

彩图 5-7　手掌小鱼际处电流斑形成

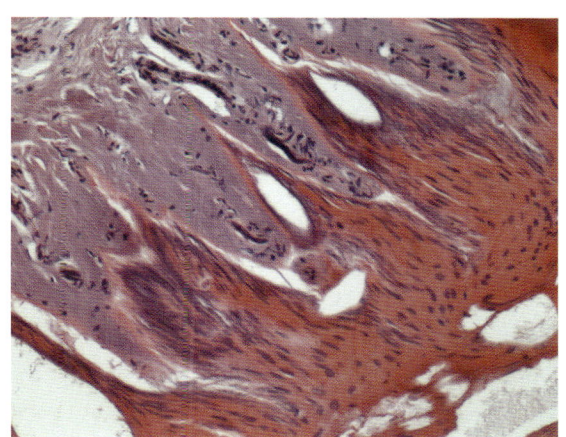

彩图 5-8　电流斑电镜下特征

光镜 200 倍，电流斑中心表皮各层特别是基底层细胞及细胞核纵向伸长，排列呈栅栏状或漩涡状，细胞长轴与电流方向一致。毛囊、汗腺与毛细血管内皮细胞亦呈极性化

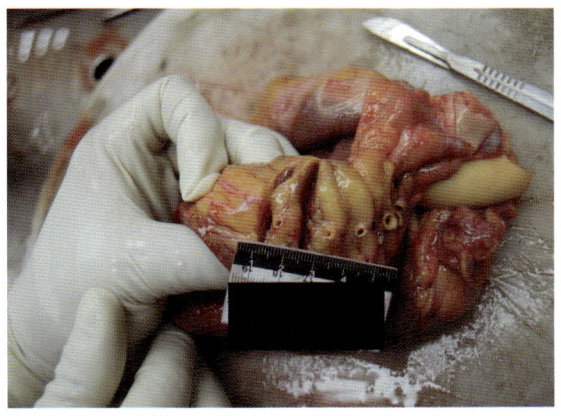

彩图 6-1　冠状动脉粥样硬化的肉眼观

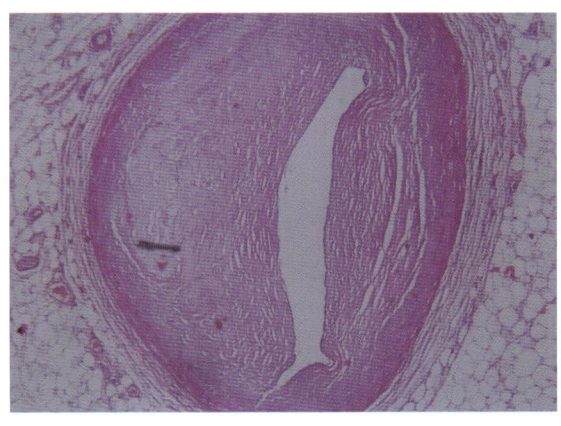

彩图 6-2　冠状动脉粥样硬化的光镜下彩图

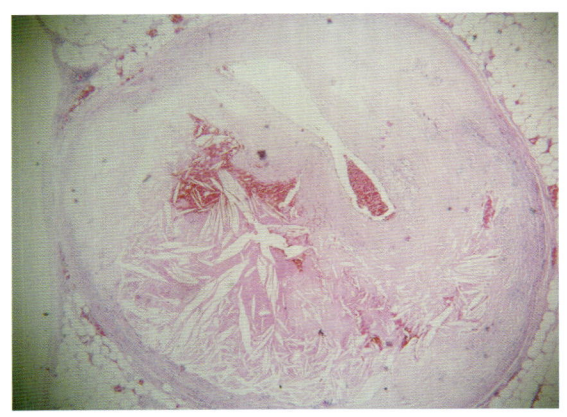

彩图 6-3 冠状动脉粥样硬化斑块破裂出血

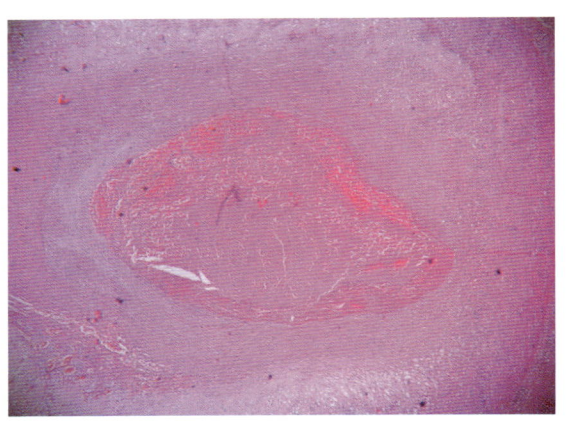

彩图 6-4 冠状动脉管腔狭窄并附壁血栓形成

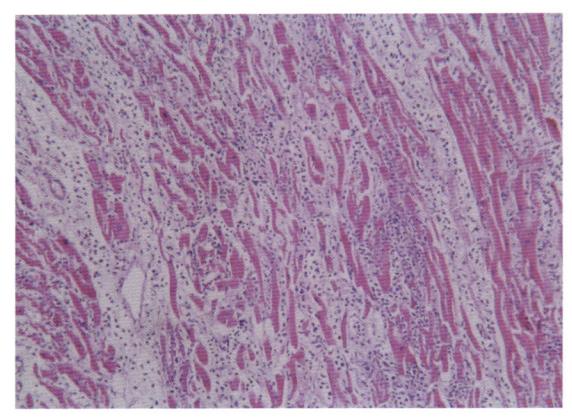

彩图 6-5 病毒性心肌炎光镜下表现

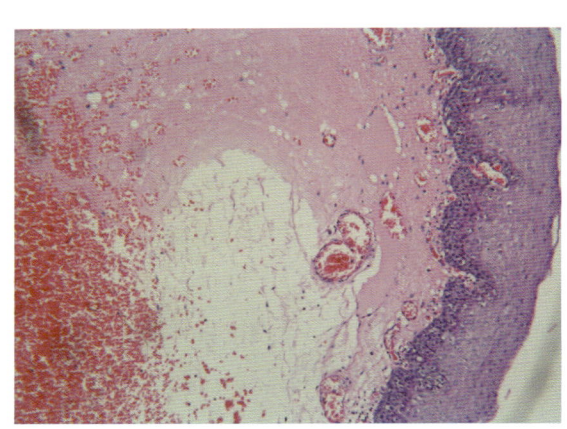

彩图 6-6 急性喉头水肿病理组织切片

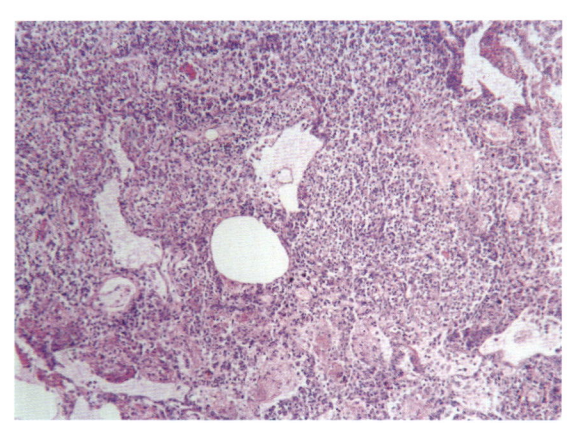

彩图 6-7 支气管肺炎病理组织学表现

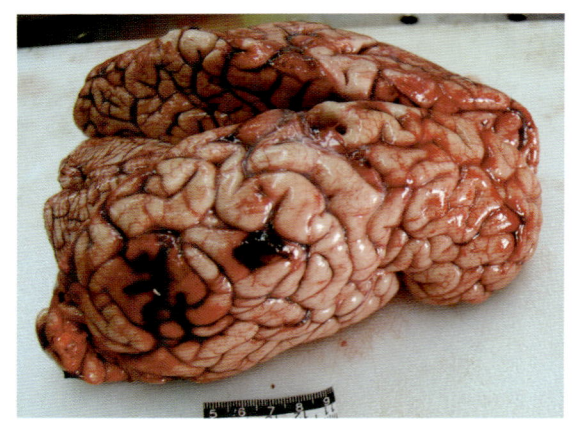

彩图 6-8 蛛网膜下腔出血大体观彩图

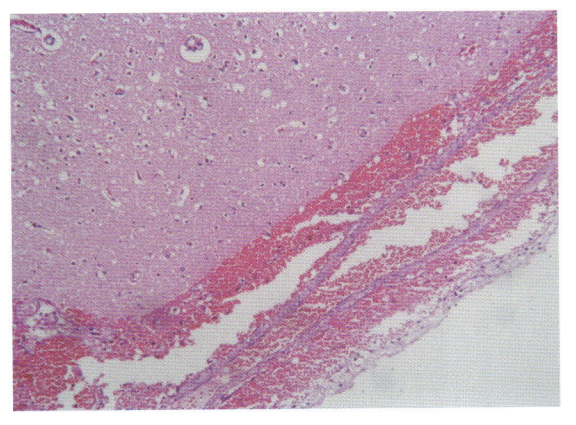

彩图 6-9 蛛网膜下腔出血病理组织学表现

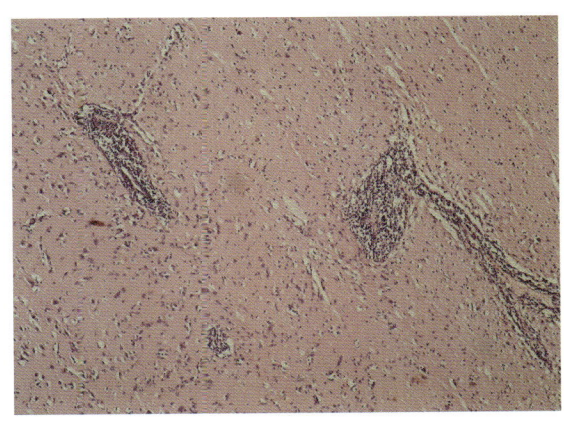

彩图 6-10 病毒性脑炎

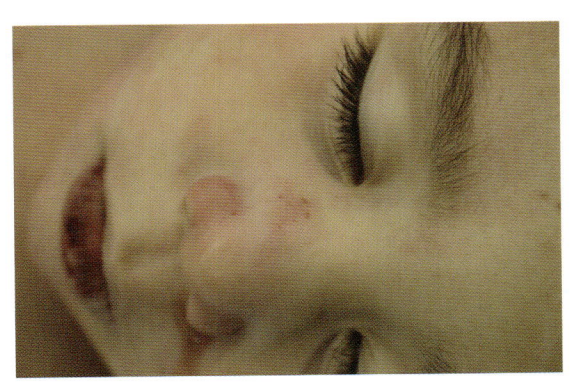

彩图 7-1 被虐待儿鼻背部擦挫伤、唇黏膜挫伤

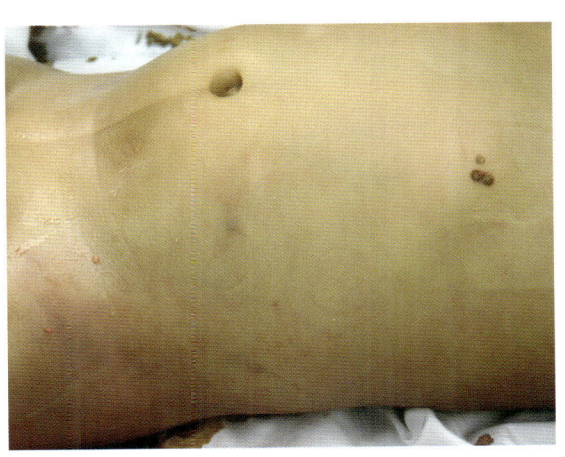

彩图 7-2 左上腹部略陈旧性灼伤，左腹部挫伤

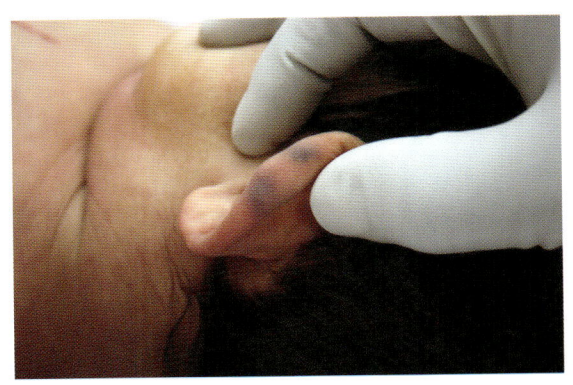

彩图 7-3 左耳郭挫伤

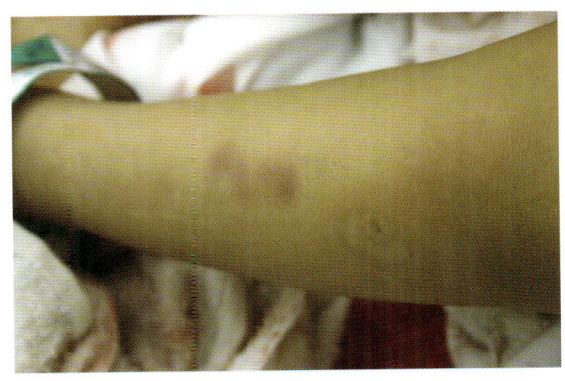

彩图 7-4 左前臂三处挫伤，其后上方可见瘢痕

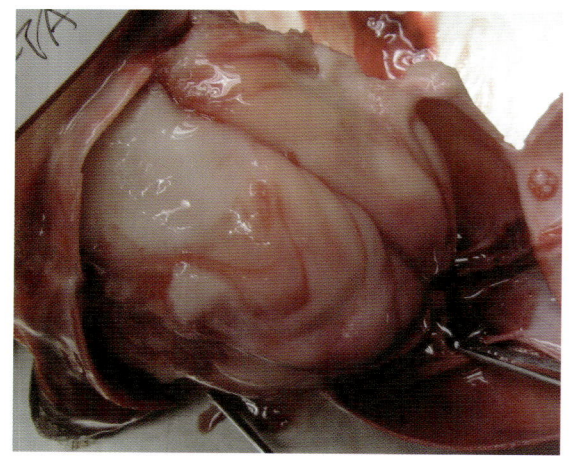

彩图 7-5　未成熟儿（体重 1350g，身长 40cm）
脑发育不全，脑沟回不明显，出生不久即死亡

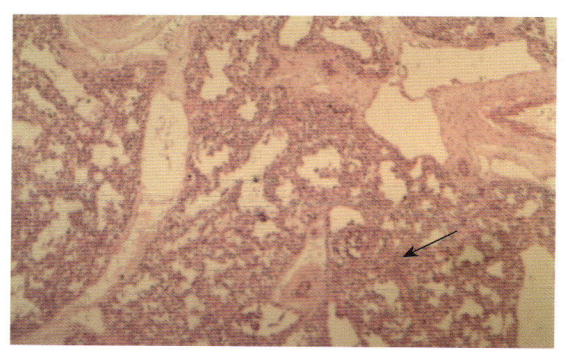

彩图 7-6　未成熟儿，肺发育不全，活产
部分小支气管及肺泡扩张，与未扩张的肺组织同时存在

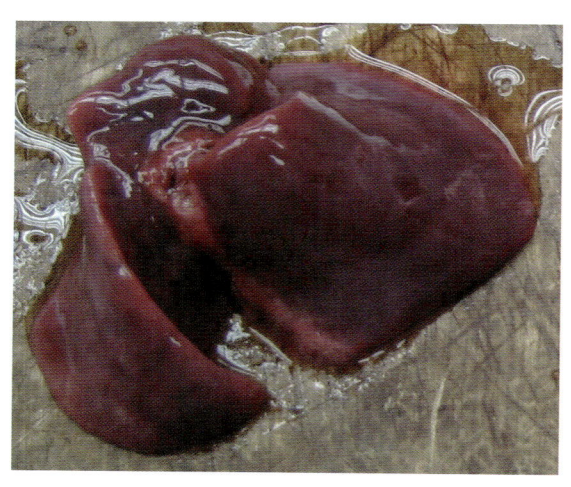

彩图 7-7　死产儿肺，外观似肝，呈实体状
体积小，边缘锐薄，表面光滑，呈均匀暗紫红色

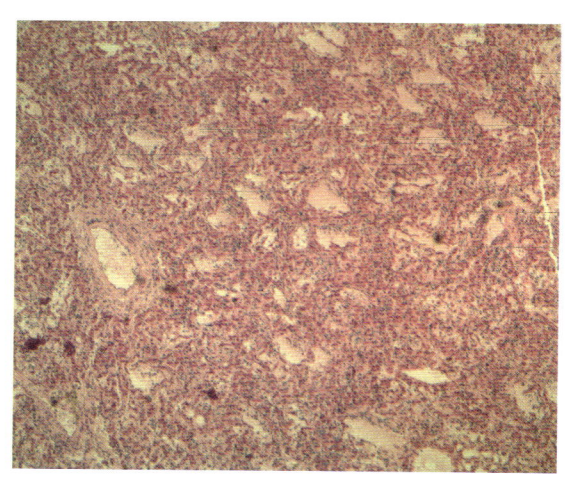

彩图 7-8　死产儿肺显微镜下观
肺组织致密，小支气管及肺泡未扩张（×10）

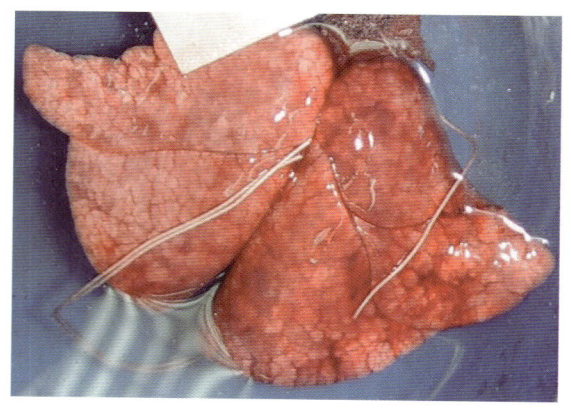

彩图 7-9　活产肺，肺体积膨隆，边缘
圆钝，表面显大理石样纹

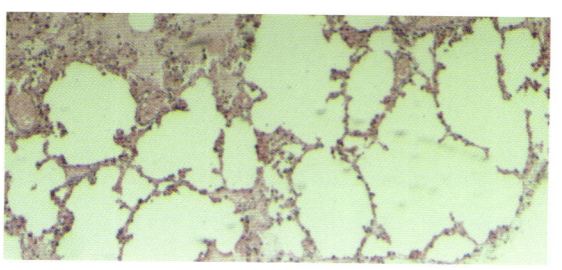

彩图 7-10　活产肺，已呼吸的肺，细
支气管和肺泡已经扩张（×20）